CORRESPONDANCE COMPLÈTE

DE

MME DU DEFFAND

I

CORRESPONDANCE COMPLÈTE

DE

Mme DU DEFFAND

AVEC

LA DUCHESSE DE CHOISEUL
L'ABBÉ BARTHÉLEMY ET M. CRAUFURT

PUBLIÉE AVEC UNE INTRODUCTION

PAR

M. LE Mis DE SAINTE-AULAIRE

TOME PREMIER

NOUVELLE ÉDITION REVUE ET CONSIDÉRABLEMENT AUGMENTÉE

PARIS

MICHEL LÉVY FRÈRES, LIBRAIRES ÉDITEURS

RUE VIVIENNE, 2 BIS, ET BOULEVARD DES ITALIENS, 15

A LA LIBRAIRIE NOUVELLE

1866

Tous droits réservés

PAUL MENGIN

NOTICE

SUR

MADAME DU DEFFAND

L'accueil fait aux deux volumes de la *Correspondance inédite de madame du Deffand* par nous publiés en 1859, et dont l'édition est aujourd'hui complétement épuisée, nous encourage à en donner une nouvelle, soigneusement revue, augmentée de beaucoup de lettres de la duchesse de Choiseul à madame du Deffand, et de toute une correspondance encore inédite de madame du Deffand avec un M. Craufurt [1], dont elle parle souvent dans ses lettres à Walpole, qu'elle appelle : « Mon petit Craufurt, » qui était le premier en date dans son amitié, et qui, paraît-il, l'avait mise en rapport avec Walpole. « Je vous aime, lui écrit-elle le 3 juin 1766, parce que vous m'avez induite à aimer M. Walpole!... » Pour les lettres déjà publiées, nous espérons avoir évité les inadvertances ou les erreurs malheureusement trop nombreuses qu'on a pu signaler dans les deux

---

[1]. Nous avons trouvé ce nom écrit de différentes manières, et dans les premières feuilles de notre premier volume on trouvera plusieurs fois *Crawford;* mais la véritable orthographe est *Craufurt.* C'est ainsi que l'écrit le représentant actuel de la famille, et que nous l'avons corrigé sur les feuilles suivantes.

volumes de 1859. Quant aux lettres nouvelles, nous n'avons pas l'idée qu'elles doivent révéler une madame du Deffand jusqu'ici inconnue, ni même ajouter des traits nouveaux à la physionomie de la spirituelle marquise. Il faudrait, pour qu'il en fût ainsi, que cette physionomie eût été jusqu'à présent bien mal observée. Nos lettres nouvelles confirmeront au contraire et justifieront l'idée que les publications antérieures ont pu donner d'elle. On la trouvera toujours, comme le lui reproche si souvent et si durement M. Walpole[1], « exigeante au delà de toute croyance, voulant qu'on n'existât que pour elle, empoisonnant ses jours par des soupçons et des défiances, s'exposant à rebuter ses amis, à qui elle fait éprouver sans cesse l'impossibilité de la contenter,... » ne les rebutant pas pourtant (Dalembert est le seul avec qui elle se soit jamais brouillée); tant il y avait de sûreté dans son commerce, de charme dans son esprit, de sensibilité vraie, quoique maladive et souffrante, comme celle de Rousseau par exemple, dans cette nature qu'on a crue sèche et qui l'était si peu!... Ce qui rend curieuses et intéressantes ces lettres à M. Craufurt, c'est bien plutôt l'identité de ton avec celles qu'elle adressait à Walpole. Rien n'aurait été plus propre à rassurer ce dernier sur la crainte qu'il laisse voir si souvent d'avoir inspiré à cette vieille femme un sentiment exclusif, dont l'expression les aurait rendus ridicules l'un et l'autre, que de la voir ainsi prodiguer à un autre les témoignages d'une amitié presque également passionnée.

Nous avons sous les yeux les lettres originales de madame du Deffand à M. Craufurt, que nous avons classées à leur date — précise ou probable, car plusieurs ne sont pas

---

1. Voyez lettre à Walpole, 21 mars 1770, édition anglaise. Note.

datées, — dans le recueil qu'on va lire. On trouvera plus
loin des détails sur celui à qui elles sont adressées; les
lettres elles-mêmes nous ont été communiquées par son
petit-neveu, le général Craufurt aujourd'hui vivant. On
trouvera également quelques lettres à Walpole déjà publiées,
mais seulement dans nos deux volumes de 1859, et dont
nous possédons les originaux. Nous les tenons de miss
Berry elle-même, l'éditeur anglais de 1810, de qui nous
avons alors reçu l'assurance que tout le reste avait été
détruit après cette publication de 1810.

Quant aux lettres de madame du Deffand à la duchesse
de Choiseul et de la duchesse de Choiseul à madame du
Deffand, nous en possédons tous les originaux autographes;
celles-ci de la main de la duchesse de Choiseul, d'une
petite écriture très-fine et très-serrée, assez difficile à lire,
et d'une orthographe très-défectueuse. Celles de madame
du Deffand pour la plupart d'une belle et grande écriture,
qui est celle de Wiart, et d'une orthographe assez correcte;
quelques-unes dictées à un autre secrétaire qui remplaçait
Wiart au besoin. L'écriture de madame du Deffand elle-
même est inconnue, et il n'existe, que nous sachions,
dans les plus riches collections, aucun autographe de sa
main. Nous devons cependant à l'obligeance de M. le marquis d'Aulan la communication d'un manuscrit qui pourrait bien être d'elle. C'est un petit volume bien relié en
maroquin rouge, sur la garde le nom de madame du Deffand, et sur la première feuille ces mots : « Théâtre des
Porcherons. » Il contient *la Petite Maison,* pièce en trois
actes, du président Hénault, et qui se trouve imprimée
dans ses œuvres; puis un petit divertissement inédit, intitulé : « *l'Apothéose, de M. de Pont de Veyle,* » le tout précédé du nom des acteurs figurant dans cette représentation

« donnée aux Porcherons, *le 1ᵉʳ mars 1741,* » avec les rôles remplis par chacun :

JULIE,	Madame de Rochefort.
CIDALISE,	Madame de Luxembourg.
ARAMINTE,	Madame du Deffand.
CLITANDRE,	M. d'Ussé.
VALÈRE,	M. de Forcalquier.
LA MONTAGNE,	M. de Clermont.
MATHURIN,	M. de Pont de Veyle.

A la suite des deux pièces viennent plusieurs couplets intitulés : *Prix des Auteurs* et *Prix des Acteurs*, dont chacun était sans doute chanté à la fin de la pièce par un des acteurs, ou à lui adressé. Ainsi à madame du Deffand :

Air : *Vivent les Grecs !*

Tout s'anime, tout s'éclaire
    Par sa gaîté ;
A tout bien elle préfère
    Sa liberté.
Jusqu'au théâtre elle a porté
    La vérité.

A M. d'Ussé :

Air : *Vous me l'avez dit.*

J'ai pensé ne pas venir,
Faute de m'en souvenir ;
Mes amis en me priant
  Me disent souvent :
  Souvenez-vous-en !
Pour moi, je n'entends pas bien,
Comme on se souvient de rien.

D'Ussé avait en effet la réputation d'être fort distrait. Madame du Deffand était déjà citée pour cette franchise, cet amour du vrai qui distinguaient son caractère et faisaient l'originalité de son esprit, au milieu d'une société en général assez factice. La plupart de ces couplets, d'ailleurs médiocres, ne sont pas, sous ce rapport, sans un certain intérêt, parce qu'ils font souvent allusion ainsi à quelque trait de caractère, et peuvent servir à faire connaître le personnage. Quant au manuscrit, il aurait une assez grande valeur de curiosité, si l'on avait la certitude qu'il est de l'écriture de madame du Deffand. Quelques lignes tracées à l'aide d'une machine, et dont le fac-simile se trouve reproduit dans toutes les éditions de ses lettres à Walpole, sont tout ce qui reste d'elle-même sous ce rapport. Toutes ses lettres et ses manuscrits sont, comme nous venons de le dire, de la main de Wiart ou du secrétaire qui le remplaçait.

A la fin de l'année 1774, les lettres que madame du Deffand avait reçues jusqu'alors de Walpole furent, sur la demande de ce dernier, remises au général Conway, et rapportées à Strawberry-hill. Le 6 septembre 1778, elle dit avoir brûlé celles qu'elle avait reçues de lui depuis cette date de 1774. Quant à sa correspondance avec la duchesse de Choiseul, la seule dont nous ayons à nous occuper désormais, elle ne fut pas comprise apparemment dans le legs universel de ses papiers fait à Walpole, mais sans doute remise à la duchesse par le prince de Beauvau, exécuteur testamentaire de madame du Deffand. La lettre suivante, donnée en partie dans notre édition de 1859, mérite d'être reproduite tout entière et suffirait au besoin pour constater l'authenticité de celles qui vont suivre.

LA DUCHESSE DE CHOISEUL A L'ÉVÊQUE D'ALAIS.

1er avril 1793.

« Je vous rends fidèlement votre propriété, monseigneur ; je ne puis trop vous remercier de me l'avoir prêtée. Je ne connaissais pas une seule des lettres de l'abbé[1], elles m'ont enchantée. Quelle gaieté, quelle imagination, quelle fécondité ! C'est le monde sur la pointe d'une aiguille ; c'est tout de rien, c'est une véritable création. Je vous recommande surtout celle du rêve des lampes de la fin de 73. Ces lampes, dans toutes leurs situations, représentent le palais de la mémoire, les unes resplendissantes de lumière, les autres entourées de vapeur qui en éclipse l'éclat ; d'autres éteintes, mais susceptibles d'être rallumées ; d'autres, enfin, cassées ; c'est en vain qu'on veut les remplir d'huile ; l'huile s'échappe. Quel ingénieux apologue ! Hélas ! hélas ! Ce palais de la mémoire est le tableau de notre vie ; nous ne vivons que dans le passé. Le plus près de nous est resplendissant de lumière (bonne ou mauvaise, car toute lumière n'est pas celle du soleil). A mesure qu'il s'éloigne, il s'entoure de nuages, jusqu'à ce qu'enfin nous l'ayons perdu sans retour. Le présent fugitif n'est rien pour nous ; c'est le mercure qu'on ne fixe pas ; et l'avenir n'existera peut-être pas, et c'est cependant dans son futur contingent que nous bâtissons. Nous ne vivons donc en effet que dans le passé ; il est le magasin de toutes nos idées par la mémoire. Celui qui naîtrait au présent serait la statue de l'imagination. C'est avoir bien de l'esprit d'avoir envisagé la mémoire sous cet aspect, et bien de l'imagination de nous l'avoir présentée sous cette image.

[1] L'abbé Barthélemy.

« Les lettres de madame du Deffand ont pour elles le charme du naturel, les expressions les plus heureuses, et la profondeur du sentiment dans l'ennui. Pauvre femme ! elle m'en fait encore pitié. Mais il y a peu de mouvement, parce que tous les événements qui étaient hors d'elle n'étaient rien pour elle. En effet, il ne pouvait plus y avoir d'événements pour une femme de son âge. Ainsi ses lettres se ressentent un peu de la monotonie de quelqu'un qui ne parle que de ses sentiments, et qui en parle toujours à la même personne. Cependant l'abbé m'a assuré, monseigneur, qu'elles vous avaient intéressé, et je me suis fait un plaisir de vous faire l'hommage de celles que j'avais d'elle. Elles sont à vous, comme celles que l'abbé vous a données. Quant aux miennes, quand il me les a rendues, je n'ai pas imaginé qu'il y eût un autre usage à en faire que de les brûler, et elles allaient en effet être livrées aux flammes, lorsqu'il m'a dit que vous les désiriez ; j'ai été étonnée, mais j'ai cru devoir me soumettre. Je les ai relues, pour en corriger les fautes d'orthographe les plus honteuses. En les lisant, j'ai trouvé qu'elles étaient d'une raisonneuse, de sorte que j'ai été bien plus étonnée encore en apprenant qu'elles vous plaisaient. Puisque cela est, monseigneur, elles sont aussi à vous, d'autant plus que vous serez toujours à temps d'en faire l'usage que j'en voulais faire. Mais en attendant, je vous prie qu'elles ne soient que pour vous, par mille raisons, et entre autres parce que vous y retrouverez des traces d'anciennes tracasseries dont les acteurs vivent encore, et qu'il ne faut pas réveiller. A propos de ces tracasseries, il faut que je me sois corrompue depuis, car en lisant mes grandes colères, je me suis trouvée bien douce. Mais ce que j'ai regretté, monseigneur, c'est que vous n'ayez pas partagé ces joies du paradis ; véritablement du paradis, car elles coulaient de source, et c'est pour cela qu'il n'y a rien à en dire. Quand vous serez établi dans votre nouvelle maison, je vous prêterai, si vous voulez, les chansons dont il est parlé dans ces lettres. »

Aucun des inconvénients dont s'inquiétait encore en 1793 madame de Choiseul ne peut plus être aujourd'hui à craindre. Il n'y a plus à tenir compte des tracasseries de la société du xviiiᵉ siècle. Cette société a maintenant disparu tout entière, hommes et choses. Elle appartient à l'histoire, et tout ce qui peut contribuer à la faire mieux connaître mérite d'être soigneusement recueilli. A ce titre, cette correspondance présente un véritable intérêt. Elle nous transporte et nous fait vivre au milieu de toute la bonne compagnie de ce temps-là. On peut dire qu'elle est au xviiiᵉ siècle ce que la correspondance de madame de Sévigné est au xviiᵉ. Source d'instruction d'autant plus précieuse pour l'histoire de cette société, que les Mémoires, très-nombreux au xviᵉ et au xviiᵉ siècle, semblent tarir tout à coup dans les premières années du xviiiᵉ. Dangeau s'arrête en 1722, Saint-Simon en 1723. Depuis cette époque jusqu'à la Révolution française, on n'a plus guère, sauf les Mémoires récemment publiés du duc de Luynes, lesquels commencent en 1735 et vont jusqu'en 1758, que des recueils d'*anecdotes* plus ou moins authentiques, des autobiographies écrites comme celle de Marmontel, par exemple, avec une préoccupation toute personnelle, pour l'édification de ses enfants ! — c'est lui qui l'annonce — ou par des personnes appartenant, comme madame d'Épinay, à quelque société particulière, à une coterie, plutôt qu'au grand monde, celui qu'on est convenu d'appeler la bonne compagnie. C'est la bonne compagnie pourtant qui, à toutes les époques, mais surtout alors, est le plus curieuse à étudier, à bien connaître. Les classes bourgeoises et populaires ont toujours à peu près les mêmes mœurs, le même caractère. On s'y presse, on s'y pousse pour en sortir, pour monter un échelon ; c'est le mouvement, plus ou moins fébrile, plus ou moins contenu par les institutions. Les classes supérieures de la société en représentent au contraire et en doivent défendre le principe conservateur. Or le caractère propre du xviii° siècle, c'est que les rôles s'y trouvent intervertis. On répète souvent que le malheur de nos générations actuelles, c'est d'avoir perdu le *respect*. Il est bon de le constater, c'est au xviii° siècle que s'est perdu le *respectable*, et par la faute de ceux à qui en est plus spécialement confié dans le monde le précieux dépôt. Jamais l'estime publique n'a été plus unanimement refusée à ceux que leur situation acquise ou conquise classait aux premiers rangs. Sans parler du roi lui-même, deux des figures principales de ce temps-là sont assurément Voltaire et le duc de Richelieu. Quels sentiments inspiraient-ils l'un et l'autre à leurs contemporains?... « Le caractère de Voltaire dégoûtera toujours de ses talents... » écrit à madame du Deffand M. des Alleurs [1]. — «... Qu'il est pitoyable, ce Voltaire ! qu'il est lâche !... il fait pitié et dégoût !... il a toujours été poltron sans danger, insolent sans motif, et bas sans objet... » dit la duchesse de Choiseul. — «... Ce grand poëte est toujours à cheval sur le Parnasse et sur la rue Quincampoix [2]... » dit d'Argenson. Grimm, Dalembert, Marmontel, sa livrée elle-même, ne parlent pas de lui dans de meilleurs termes. On riait de ses finesses, qui ne trompaient personne, à l'occasion d'une foule de pamphlets, quelquefois odieux, dont il niait effrontément d'être l'auteur. On se moquait de sa vanité,

---

1. Lettre du 17 août 1740.
2. *Mémoires* de d'Argenson, janvier 1751.

de ses ridicules ; ses plus fervents admirateurs disaient de lui : « Il faut l'encenser et le mépriser !... Ils ne se faisaient aucune illusion sur sa valeur morale, et jugeaient très-sévèrement son caractère. — Quant au duc de Richelieu, ce roi de l'élégance et de la mode, la déconsidération, même dans le monde le plus frivole, alla pour lui jusqu'au mépris, et à la fin de sa vie, jusqu'au ridicule. On peut le dire, le trait saillant de l'histoire du xviiie siècle, c'est l'avilissement de toutes les aristocraties ; elles ne s'en sont pas relevées. Cet élément nécessaire manque aujourd'hui encore à l'équilibre de notre société. C'est de ce temps-là que date dans nos mœurs publiques cet amour si ombrageux et si jaloux de l'égalité, que nos lois ont sagement consacré, mais que la passion exagère et exalte jusqu'à la haine de toutes les supériorités ; sentiment fâcheux, et qui n'a pas été sans influence sur nos fréquentes révolutions.

On trouve dans les Mémoires de Marmontel une amusante anecdote qui prouve bien que le mauvais exemple est venu d'en haut, que les *conservateurs naturels* de la société ont les premiers failli à leur mission, en se faisant esprits forts, en s'affranchissant des pratiques religieuses, de toutes ces lois qui maintiennent la discipline dans les esprits, et dont les lois humaines ne devraient être que les échos. — Il raconte sa détention à la Bastille, où on l'avait mis pour s'être fait une affaire avec le duc d'Aumont. Le duc de Choiseul, M. de Sartines lui voulaient du bien, et les ordres étaient donnés pour qu'il y fût traité avec beaucoup d'égards. Aussi, quelques heures après son arrivée, deux geôliers chargés d'un dîner qu'il croit être le sien, entrent, mettent le couvert et se retirent en silence. Marmontel se met à table et mange de bon appétit, servi par son domestique, à qui on avait permis de partager sa détention. C'était un vendredi, le dîner était maigre, mais fort bon; il en donne le menu avec complaisance. Comme il se levait de table et que son domestique allait s'y mettre à son tour, car il y avait encore à dîner pour lui dans ce qui restait, voilà les deux geôliers qui rentrent avec des pyramides de nouveaux plats dans les mains, de beau linge, de l'argenterie et un dîner gras, tranche de bœuf, chapon bouilli, etc... « Monsieur, lui dit le domestique, vous avez mangé mon dîner, trouvez bon que je mange le vôtre!... » On aurait cru manquer d'égards pour un Monsieur, en lui faisant faire maigre un vendredi. C'était bon pour son valet.

Pour revenir à madame du Deffand, elle s'est toujours maintenue dans le *beau monde;* elle y a occupé, à toutes les époques de sa vie, une grande place. Elle a toujours été en relations d'intimité avec les personnes les plus considérables de la cour, la duchesse du Maine, les maréchales de Luxembourg et de Mirepoix, enfin, dans les dernières années de sa vie, avec madame Necker, dont elle appréciait l'esprit, et dans le salon de qui elle commençait à prendre des habitudes. Elle toucherait encore à notre génération par un autre personnage illustre, et dont l'illustration nous transporte dans un monde séparé par un abîme de ce monde où elle-même a vécu, s'il était possible d'admettre l'authenticité de quelques lettres à elle adressées par Voltaire, en faveur d'un jeune homme qu'il demande la permission de lui présenter, « dont les parents, dit-il, sont mes amis particuliers, je ne dirai pas de cœur, vous savez qu'on n'en a pas, mais que j'aime et estime fort... Issu d'une des meilleures familles de ce pays...; cela n'a pas quinze ans; il a beaucoup entendu parler de vous, et pour cela il n'est pas nécessaire d'avoir l'âge de Mathusalem... » Le jeune homme était Benjamin Constant. Les lettres sont datées d'avril (25) — auguste (9), 1774. Benjamin Constant n'avait pas alors plus de sept ans, s'il est né, comme le dit la *Biographie universelle* et comme cela paraît bien certain, en 1767. Ces lettres, au nombre de quatre, publiées séparément en 1837, ne se trouvent dans aucune collection des lettres de Voltaire ; l'éditeur anonyme dit les avoir acquises, après la mort de Benjamin Constant, d'une personne à qui elles avaient été léguées, et invite ceux qui désireraient constater l'authenticité à prendre connaissance des originaux chez M. Chevillard père, notaire, rue du Bac, 15. Nous avons vainement cherché à profiter de l'invitation, et n'avons pu retrouver la trace d'un notaire de ce nom, ni à l'adresse indiquée, ni ailleurs [1].

---

[1]. L'authenticité est pour nous d'autant plus difficile à admettre, que nous possédons l'original d'une lettre autographe, bien authentique, celle-là, écrite par Benjamin Constant âgé de dix ans, datée de Bruxelles, le 14 août 1777. C'est une lettre d'enfant, mais si amusante, que nous croyons pouvoir la donner ici :

« Mon cher grand-papa, j'ai été bien malade, j'ai eu la coqueluche pendant deux mois, ensuite de la langueur. Je suis fort bien à présent et j'en veux faire usage pour répondre à votre lettre. Je suis bien triste de la mort de ma chère grand'maman. Je l'aimais beaucoup ; j'aurais voulu lui plaire, mais il est bien naturel qu'elle ait préféré mes cousins, comme mon papa me le marque. Je sais bien que je n'ai pas fait tout ce que je devais ; ma tête va toujours avant mon cœur. Mes chères tantes auront été bien affligées de la perte d'une si bonne mère ; je voudrais bien leur dire que je les plains : mon cher grand-papa, dites-le-leur pour moi, en les assurant que je les aime de tout mon cœur. Je prie ma chère tante Pauline de continuer à m'aimer, malgré mon éloignement et tous mes défauts ; j'ai bien l'envie de m'en corriger ; si j'écoutais ce qu'on me dit, je le ferais ; mais les passions, mon cher grand-papa, les passions !... Je suis bien en peine de papa, par ce temps si chaud, il est dans une mauvaise garnison, bien malsaine ; je voudrais être à sa place, et qu'il fût ici. Je suis parfaitement heureux. On est content de moi ; il est vrai qu'on a tant de bonté qu'il est impossible que je sois méchant. Cependant il faut que j'avoue que mes affaires ne vont pas tant bien : mes progrès sont lents, je ne m'applique pas assez, je me le reproche ; mais le matin je fais des projets et le long du jour des sottises. Comment se porte ma chère tante de Villars ? Je sais qu'elle a été très-malade ; j'en suis inquiet, je voudrais lui écrire, mais je n'ose, je barbouille, je deviens timide, je ne compte plus sur l'indulgence des personnes que j'aime, et je chéris tendrement ma tante de

Enfin, pour n'omettre aucun des noms qui l'introduisent en quelque sorte dans les salons du XIXᵉ siècle, et font pour nous presque une contemporaine de madame du Deffand, née sous Louis XIV, dont les premières amies furent madame de Prie, mademoiselle Aïssé, madame de Staal, citons encore madame de Genlis qui lui fut présentée en 1776, et qui donne sur elle quelques détails dans ses Mémoires. « Je restai, dit-elle, deux ou trois heures avec elle, et j'écoutai presque toujours. Elle me parla de l'ancien temps, de la cour, de madame la duchesse du Maine... et me promit de me montrer une autre fois plusieurs petits manuscrits et beaucoup de lettres de l'impératrice de Russie... »

Madame du Deffand, de son côté, parle de madame de Genlis dans une de ses dernières lettres à Walpole, en lui annonçant comme une nouveauté agréable, d'un style excellent et d'une moralité très-utile, quatre volumes de comédies de madame de Genlis. « Il y a, ajoute-t-elle, une sorte de parenté entre elle et moi. Son mari est du même nom qu'avait feu ma mère... » Le mari de madame de Genlis, compris dans la proscription des girondins, fut le dernier de cette famille illustrée dans ses différentes branches sous les noms de Puisieux et de Sillery. — Mais il est temps de donner quelques détails biographiques sur madame du Deffand elle-même et sur les personnes de son intimité dont les noms reviennent le plus souvent dans les lettres qu'on va lire.

Marie de Vichy-Chamrond était née en 1697, un an

Villars. Dites-le-lui bien pour moi, mon cher grand-papa. Je voudrais bien que mon papa m'eût laissé à Lille; je me souviens encore d'y avoir été si heureux, et sous les yeux de ma tante, je me serais bien mieux conduit et bien mieux formé qu'ici. Adieu, mon cher grand-papa, *felix faustusque sis!* Voilà du latin; en français je vous dirai que je vous aime bien. Benjamin. »

après la mort de madame de Sévigné; elle donne elle-même la date de sa naissance dans une lettre à Walpole [1] : « C'est aujourd'hui le jour de ma naissance, je n'aurais jamais cru voir l'année 1777. Quel usage ai-je fait de tant d'années? Cela est pitoyable! Qu'ai-je acquis, qu'ai-je conservé?... » Elle avait alors quatre-vingts ans. On ne sait pas le lieu de sa naissance. A Auxerre, suivant la biographie de Feller; peut-être au château de Chamrond, sur la paroisse de Saint-Julien de Cray, dont MM. de Vichy-Chamrond étaient coseigneurs, et qui fait aujourd'hui partie de l'arrondissement de Charolles (Saône-et-Loire [2]).

Son père était Gaspard de Vichy-Chamrond, d'une bonne maison de Bourgogne, et qui ne paraît pas avoir fait parler de lui en aucune circonstance; sa mère Anne Brulard, fille du premier président au parlement de Bourgogne. Elle eut pour marraine, son aïeule maternelle, Marie de Bouthillier de Chavigny, veuve du premier président Brulard, et femme, en secondes noces, de César-Auguste, père d'Étienne-François, duc de Choiseul, d'où la plaisanterie qui revient à chaque page dans ces lettres, du nom de grand'maman, donné par madame du Deffand à la duchesse de Choiseul, bien plus jeune qu'elle, et qui aurait pû être sa petite-fille. « Le duc de Choiseul, las de sa misère, dit Saint-Simon, à l'année 1699, épousa une sœur de l'ancien évêque de Troyes et de la maréchale de Clérembault, fille de Chavigny, secrétaire d'État. Elle était veuve de Brulard, premier président au parlement de Dijon, et fort riche. Quoique vieille, elle voulut tâter de la cour et du tabouret; elle en trouva un à acheter et le prit... » Madame du Deffand avait connu sa grand'mère la duchesse de Choiseul. Elle

---

1. 25 décembre 1777.
2. Notice de M. de Lescure.

raconte dans une lettre à Walpole [1], en parlant de Bussy-Rabutin, qu'il était amoureux de sa fille... « C'est ce que j'ai su, dit-elle, par ma véritable grand'mère, qui avait beaucoup vécu avec lui... »

Une autre fille de Nicolas Brulard et de Marie de Chavigny fut mariée d'abord au marquis de Charost, tué à la bataille de Malplaquet (1709), et en secondes noces, en 1732, au duc de Luynes [2]. Madame du Deffand témoigna toujours beaucoup de déférence et de respect pour cette tante. On voit par sa correspondance qu'elle prenait l'avis de la duchesse de Luynes dans toutes les circonstances importantes, qu'elle attachait du prix à en être approuvée, et qu'elle craignait ses reproches : « Ne dites pas à madame de Luynes que madame de Pecquigny me déplaît, écrit-elle de Forges au président Hénault. Il est dangereux de lui dire ce qu'on pense, ce sont des armes qu'on lui donne contre soi... » De la part d'une personne indépendante de caractère comme madame du Deffand, qui craignait si peu de se compromettre avec Voltaire et les philosophes, à qui elle tenait si hardiment tête, cette déférence un peu timorée paraît assez singulière. Elle tenait en grande partie, sans doute, à l'esprit de famille mieux accepté et discipliné qu'aujourd'hui ; un peu aussi peut-être à un calcul de prudence et de savoir-vivre. La duchesse de Luynes était une de ces personnes graves, dont la considération, fondée sur une conduite de tout temps irréprochable, couvre et protége tous ceux qui savent se ménager un abri sous son ombre.

---

1. Lettre du 21 février 1772.
2. Né en 1717 ; veuf lui-même d'une Bourbon-Soissons. Il était petit-fils du duc de Chevreuse, ami de Saint-Simon, et conseil du duc de Bourgogne. C'était un homme de beaucoup de mérite et d'instruction. Mort à Dampierre en 1758. Il avait hérité des Mémoires de Dangeau, qu'il continuait; cette continuation vient d'être récemment publiée.

Madame du Deffand a fait son portrait. Le président Hénault en parle à son tour comme d'une femme du plus grand mérite, « d'une figure très-agréable sans être belle, avec toutes les qualités et les vertus du plus honnête homme, noble, généreuse, fidèle, discrète ; considérée de toute la famille royale qu'elle recevait quelquefois chez elle, et aimant la cour devenue sa patrie... » Elle remplaça, en 1735, la maréchale de Boufflers comme dame d'honneur de la reine, dont elle devint la confidente et l'intime amie. C'est en témoignage de cette amitié de Marie Leczinska pour sa dame d'honneur, qu'une pension de 2,000 écus fut accordée à madame du Deffand [1], sur la cassette de Sa Majesté. Cette pension fut continuée après la mort de la reine, et madame du Deffand en a joui jusqu'à l'époque des réformes financières de l'abbé Terray.

Le comte de Vichy-Chamrond, frère aîné de madame du Deffand, maréchal des camps et armées du roi, quitta le service, pour raison de santé, en 1743, se retira dans son château de Chamrond, près de Roanne, après avoir épousé mademoiselle d'Albon, d'une très-ancienne maison de la province, illustrée dans plusieurs de ses branches, entre autres par Jacques d'Albon, marquis de Fronsac, maréchal de France, connu sous le nom de maréchal de Saint-André, et tué en 1562, à la bataille de Dreux. C'est de cette comtesse de Vichy-Chamrond, belle-sœur de madame du Deffand, que mademoiselle de Lespinasse était la sœur naturelle.

Un second frère de madame du Deffand fut trésorier de la Sainte-Chapelle à Paris : « Vous ne me paraissez pas profonde en théologie, quoique vous soyez sœur d'un tré-

---

[1]. Lettre du 1er février 1770.

sorier de la Sainte-Chapelle, » lui écrit Voltaire [1]. Il paraît qu'après s'être séparée de son mari, elle s'établit auprès de ce frère, et tint pendant quelque temps sa maison, avant d'en avoir pris une et ouvert elle-même un salon... « Je vous aime comme à la Sainte-Chapelle, » lui écrit un jour le duc de Choiseul...

Enfin, une sœur fut mariée à Avignon au marquis d'Aulan ; madame du Deffand parle avec affection d'un de ses neveux de ce nom, qu'elle reçut et à qui elle donna, pendant quelque temps, l'hospitalité à Saint-Joseph. Cette famille d'Aulan existe encore, et c'est à son chef que nous devons la communication du manuscrit décrit plus haut.

Orpheline de bonne heure, mademoiselle de Vichy fut élevée, et si on l'en croit, mal élevée, au couvent de la Madeleine de Traisnel, rue de Charonne, à Paris. Elle revient souvent, mais avec plus d'aigreur encore que de tristesse, que de justice surtout, sur les vices de l'éducation qu'elle reçut et qui n'était pas différente de celle que recevaient toutes les jeunes personnes de sa condition ; quelques-unes en profitèrent mieux, d'autres plus mal encore. « On fait quelquefois la question, écrit-elle plus tard [2], si on voudrait revenir à tel âge ? Ah ! je ne voudrais pas redevenir jeune à la condition d'être élevée comme je l'ai été, de ne vivre qu'avec les gens avec lesquels j'ai vécu, et d'avoir le genre d'esprit et de caractère que j'ai ; j'aurais tous les mêmes malheurs que j'ai eus... » Rien de plus ordinaire à ces esprits moroses, mécontents d'eux-mêmes, que d'accuser leur passé, de rendre les autres responsables de leurs malheurs et de leurs fautes. Rien de plus injuste aussi ; c'est presque toujours en soi-même qu'il faut chercher la cause

---

1. Lettre du 20 janvier 1760.
2. Lettre à Walpole du 11 décembre 1767.

de ses maux présents, que le repentir alors ne manque jamais d'adoucir. Elle avait d'autant moins le droit de « maudire, » comme elle le fait souvent, son éducation, que rien au contraire ne paraît avoir été négligé. Tout prouve que cette éducation fut sage et chrétienne ; que ses maîtresses mirent tous leurs soins à combattre de bonne heure cette vague curiosité d'esprit, cette indépendance de caractère qui finirent par lui jouer de si mauvais tours et par lui faire perdre la foi. On fit de son mieux pour remettre dans la bonne voie une pauvre âme qui s'égarait, une intelligence dont les belles facultés appelaient l'intérêt des gardiens de son innocence et des protecteurs de son avenir ; elle fut bien disputée à elle-même. « Ses parents, raconte M. Walpole, alarmés sur ses sentiments religieux, lui envoyèrent un jour Massillon pour s'entretenir avec elle et la catéchiser... » Elle-même confirme cette circonstance dans une lettre à Voltaire [1] : « Je me souviens, dit-elle, que dans ma jeunesse, étant au couvent, madame de Luynes m'envoya le père Massillon. Mon génie trembla devant le sien ; ce ne fut pas à la force de ses raisons que je me soumis, mais à l'importance du raisonneur... » Walpole assure que la jeune pensionnaire ne fut pas plus intimidée par le caractère, que persuadée par les raisonnements de Massillon ; qu'elle soutint la discussion avec beaucoup de bon sens, et que le prélat futur la quitta plus frappé de son esprit et de sa beauté que scandalisé de ses hérésies. L'abbesse lui ayant demandé, au moment où il se retirait, quel livre il fallait faire lire à cette enfant, il réfléchit une minute et répondit : « Un catéchisme de cinq sous !... » on ne put en tirer autre chose [2]. Excellent conseil ! mais qui malheureusement rappelle un

---

1. Lettre à Voltaire du 28 septembre 1765.
2. Champfort.

peu trop la fameuse recette pour prendre les petits oiseaux avec un grain de sel!...

Quoi qu'il en soit, madame du Deffand, c'est Walpole lui-même qui l'atteste, ne fit jamais parade d'un scepticisme trop à la mode dans sa société; elle désira toujours, au contraire, de pouvoir être dévote, ce qui lui paraissait l'état le plus heureux de cette vie... «... Une personne comme vous, qui a toujours voulu être dévote, et qui, soit dit sans reproche, n'a jamais pu y parvenir.... » lui écrit le chevalier d'Aydie. Elle-même parle souvent de ce désir avec une grande simplicité, sans affectation comme sans respect humain. Elle voudrait, écrit-elle une fois à Walpole, chercher dans les pratiques de la religion des consolations ou du moins une ressource contre l'ennui... « Souvenez-vous, ajoute-t-elle, du songe d'Athalie :

> Dans le temple des Juifs un instinct m'a poussée,
> Et d'apaiser leur Dieu j'ai conçu la pensée.

« J'ai donc essayé de satisfaire cette inspiration... » Dans plusieurs de ses lettres, on trouve la preuve qu'elle a fait une étude de la religion, travaillé sur les livres saints. Elle fut, toute sa vie, tourmentée du besoin de croire... « Croyez, dit-on, c'est le plus sûr!... mais comment croire ce qu'on ne comprend pas?... Ce qu'on ne comprend pas peut exister, sans doute; aussi, je ne le nie pas! je suis comme un sourd ou un aveugle-né. Il y a des sons, des couleurs; il en convient; s'il suffit de ne point nier, à la bonne heure... mais cela ne suffit pas. A quoi se déterminer, et est-il possible de se déterminer? Je vous le demande à vous qui avez le caractère si vrai, que vous devez, par sympathie, trouver la vérité si elle est trouvable[1]?... » Elle

---

1. Lettre du 1er avril 1769.

se mit une fois en rapport avec un père jésuite qu'elle ne nomme pas; Laharpe prétend que ce fut le père Lenfant, célèbre prédicateur de ce temps-là, et qui aurait, dit M. de Lescure, assisté le roi Louis XVI, s'il ne l'avait précédé sur l'échafaud. Elle lui trouve beaucoup d'esprit et en est très-contente; mais elle n'ajoute rien de plus et ne parle pas du fruit qu'elle aurait retiré de ces conférences. Le désir seul lui sera sans doute compté, mais quand on est chrétien, on comprend bien pourquoi elle n'en pouvait retirer aucun. Elle demandait à la religion de satisfaire ou d'exercer son esprit, plutôt que d'édifier son cœur. Elle-même confesse qu'il lui a toujours été impossible de se résigner à apprendre une seule page du catéchisme qu'on lui faisait lire tous les matins au couvent: « J'étais, dit-elle, comme Fontenelle; j'avais à peine dix ans, que je commençais à n'y rien comprendre... » Plus tard, après qu'elle eut perdu la vue, elle entreprend un jour de se faire lire les épîtres de saint Paul, et, s'impatientant de ne pas entendre cela comme un roman, elle interrompt le lecteur en s'écriant: « Eh! mais, est-ce que vous comprenez quelque chose à tout cela, vous?... » Triste sort de ces raisons orgueilleuses, qui veulent escalader le ciel comme les architectes de la tour de Babel, et prétendent follement conquérir la foi au lieu de la demander humblement et de l'espérer avec amour... Il est peu d'exemples plus frappants et peu de natures plus curieuses à observer, sous ce rapport, que celle de cette pauvre femme. On voit que son esprit net, actif et sincère, souffre dans le doute comme un malheureux être à qui la respiration manque dans le vide... « Un incurable ennui l'obsède... elle est inquiète; elle tient du caractère de l'inquiet... elle n'a pas d'objet, et c'est le plus grand des malheurs[1]... elle

---

1. Lettre du 31 juillet 1772.

dissipe sa vie sans en jouir [1]... elle en envisage le terme avec terreur, et répète tristement : « C'est un grand mal de l'avoir reçue, quoique c'en soit aussi un fort grand de savoir qu'on la perdra [2]... »

Il paraît cependant que même au milieu des désordres de sa jeunesse, madame du Deffand conserva l'habitude de certaines pratiques religieuses : « Vous serez étonnée, écrit quelque temps avant sa mort mademoiselle Aïssé à madame Calandrini, quand je vous dirai que mes confidents et les instruments de ma conversion sont mon amant [3], mesdames de Parabère et du Deffand... » et plus loin : » Madame du Deffand, sans savoir ma façon de penser, m'a proposé elle-même son confesseur, le père Boursault [4]. Je ne doute pas que ce qui se passe sous leurs yeux ne jette dans leur cœur quelque étincelle de conversion. Dieu le veuille! »

A une époque où la mode aurait, comme pendant les dernières années de Louis XIV, poussé les indifférents et les incrédules à l'accomplissement de leurs devoirs religieux et préparé ou servi la fortune de ceux qui les remplissaient, ce mélange de désordre et de régularité paraîtrait suspect, et blesserait comme un pénible scandale. Nulle idée de ce genre ne peut se présenter à propos de mesdames de Parabère et du Deffand. Ce n'était certes pas par respect humain qu'elles avaient un confesseur en même temps qu'un amant. Ce n'était pas non plus par la pensée que l'un pût le moins du monde autoriser l'autre, et tranquilliser la conscience d'une femme qui vivait mal. D'ailleurs, toute hypocrisie intérieure ou extérieure, pour ainsi dire, est antipathique

1. 11 janvier 1771.
2. 31 août 1772.
3. Le chevalier d'Aydie.
4. Supérieur des Théatins, fils de l'auteur connu d'*Ésope à la cour*.

au caractère éminemment *vrai* de madame du Deffand. Mais elle, et beaucoup d'autres femmes de son temps, tenaient encore, par les traditions de leur famille, par le souvenir d'une enfance et d'une première éducation chrétiennes, à la foi des générations précédentes. Le *credo* philosophique était encore repoussé par beaucoup d'esprits très-distingués, et l'on ne peut évidemment ajouter foi à l'anecdote rapportée par Champfort, qui prétend que madame du Deffand, « encore petite fille au couvent, prêchait l'irréligion à ses petites camarades... »

Malheureusement, il est certain aussi que ces étincelles dont parle mademoiselle Aïssé n'allumèrent pas un grand feu dans le cœur de la pénitente du père Boursault. Elle indique elle-même jusqu'où, dans ses velléités de dévotion, elle a poussé les austérités : « ... Je me suis mise tout à fait dans la réforme, écrit-elle à Formont ; j'ai renoncé aux spectacles ; je vais à la grand'messe de ma paroisse. Quant au rouge et au président[1], je ne leur ferai pas l'honneur de les quitter !... » Mais c'était assez de ces faiblesses et de cette disposition passagère à entr'ouvrir son cœur aux instincts de la piété, pour s'attirer la malveillance haineuse de la coterie philosophique, dont la destruction du christianisme était la grande affaire, et qui ne pardonnait sur ce point ni hésitation ni tiédeur. Il fallait à ces messieurs des sujets bien décidés et bien nets contre « le grand préjugé, » surtout quand ces sujets tenaient un rang parmi les honnêtes gens[2]... » Ils avaient cru pouvoir compter sur madame du Deffand. Son refus de concours fit l'effet d'une trahison, et plusieurs fois elle fut dénoncée comme faux frère au patriarche de Ferney. A diverses reprises Voltaire

---

1. Le président Hénault.
2. Lettre de Diderot à mademoiselle Voland.

lui adresse à ce sujet des reproches assez vifs : « Pourquoi haïssez-vous les philosophes, lui écrit-il un jour?... vous devriez être leur reine et vous vous faites leur ennemie?... » Elle lui répond avec plus d'indépendance que cet « enfant gâté du siècle qu'il gâta [1], » n'en tolérait de la part de ses meilleurs amis. De son côté, madame du Deffand s'exprime en toute occasion sans nul ménagement sur la livrée de Voltaire : « Votre livrée me hait, lui dit-elle ; je sais bien pourquoi :

Je n'ai oint devant eux pu fléchir le genou [2] !

« Vos philosophes, ou plutôt soi-disant philosophes, sont de froids personnages, fastueux sans être riches, téméraires sans être braves, prêchant l'égalité par esprit de domination ; se croyant les premiers hommes du monde de penser ce que pensent tous les gens qui pensent ; orgueilleux, haineux, vindicatifs ; ils feraient haïr la philosophie [3]... » Elle revient souvent, dans ses lettres à Voltaire, sur l'ennui mêlé de dégoût qu'inspirent ces rabâchages continuels contre la religion et ses ministres, avec une liberté de langage que l'irritable grand homme n'aurait pas souffert de tout autre. Nulle part, peut-être, on ne saisit mieux que dans les lettres de Voltaire à madame du Deffand son diabolique esprit de prosélytisme. C'est une âme qu'il dispute et qu'il se désole de ne pouvoir emporter. Les démonstrations qu'il lui prodigue pour lui prouver que ce qui pourrait lui procurer quelque consolation n'existe pas, qu'elle a tort de

---

1. C'est Grimm, qui, dans sa correspondance, rapporte cette épitaphe de Voltaire par une dame de Lausanne :

Cy gît l'enfant gâté du siècle qu'il gâta.

2. Lettre du 29 novembre 1770.
3. Lettre du 5 janvier 1769.

s'attacher à ces idées, et pour l'en détourner, tout cela fait l'effet d'un sermon à l'envers. « Voltaire ne cesse de s'attendrir sur les malheurs de mon état, écrit-elle un jour à madame de Choiseul [1], et il ne tient pas à lui d'en augmenter l'horreur par l'excès de sa compassion. On est toujours maladroit en feignant des sentiments qu'on n'a pas ! »

Madame du Deffand donne elle-même la date de son mariage, comme celle de sa naissance : « Il y a à peu près cinquante ans que j'ai été mariée, » écrit-elle à Walpole le 5 juillet 1767. C'est exactement le 2 août 1718, en pleine régence, qu'elle épousa le marquis du Deffand de La Lande, à l'époque de la plus grande dissolution des mœurs dans le beau monde. Duclos parle de ce flot montant de démoralisation qui envahit alors et submergea bientôt la société tout entière. « La régence, dit-il, est une des époques de la plus grande dépravation des mœurs, comme le *système* en est une encore plus marquée de l'avilissement des consciences... » L'amour de l'argent, la cupidité, encouragée par le système de Law, et le bouleversement des fortunes patrimoniales, fut en effet une des causes les plus actives de cette crise déplorable. Tant il est vrai que partout et toujours les révolutions sont fatales aux mœurs publiques ! En 1718, mademoiselle de Vichy avait vingt et un ans. C'était tard pour se marier, suivant les usages du temps. Mais elle n'était pas riche. Le marquis du Deffand fut sans doute le premier qui se présenta. Le parti était sortable, et peut d'ailleurs avoir été déterminé par des convenances de famille. Une parenté éloignée les unissait déjà ; M. du Deffand était petit-fils d'une sœur du premier président Brulard, grand-père maternel de mademoiselle de Vichy-

---

1. Lettre du 17 juillet 1767.

Chamrond. Né en 1688, il avait huit ans de plus que sa femme. Il venait d'être fait brigadier, après avoir été colonel d'un régiment de dragons réformé en 1713, et d'obtenir, sur la démission de son père, lieutenant général des armées du roi et gouverneur de Neuf-Brisach, la lieutenance générale de l'Orléanais. Il se trouvait en position de faire un beau chemin ; sa recherche fut agréée. On le prit sans consulter sans doute le moins du monde l'inclination de la jeune personne ; aussi, tout était-il parfaitement assorti, sauf les caractères, qui ne se convenaient pas du tout ! Les deux époux ne tardèrent pas à s'en apercevoir, et madame du Deffand, naturellement sujette aux humeurs noires et aux vapeurs, qui écrivait cinquante ans plus tard à Walpole : « L'ennui a été et sera toujours cause de toutes mes fautes, » ne tarda pas à s'ennuyer de son mari et à s'en séparer, d'abord à l'amiable, judiciairement plus tard. On a peu de détails sur sa première jeunesse et sur son entrée dans le monde. Mais elle y fut accueillie avec empressement et appréciée. « Vous êtes recherchée comme vous le fûtes en entrant dans le monde, lui écrit plus tard Voltaire ; on ambitionne de vous plaire ; vous faites les délices de quiconque vous approche[1]... » Ses goûts et sa manière de vivre furent sans doute ceux de toutes les jeunes femmes de son temps. Le jeu y tenait une grande place. « La cause de presque tous les malheurs ici, c'est la fureur du jeu, écrit en 1720 la duchesse d'Orléans, mère du régent. On m'a souvent dit : Vous n'êtes bonne à rien, vous n'aimez pas le jeu. » Il paraît que c'était une véritable fureur, et que, dès le commencement de la régence, le goût en avait tourné toutes les têtes. Les rues de Paris étaient éclairées la nuit de pots à feu placés devant les hôtels des

---

1. Lettre du 18 juillet 1769.

plus grands seigneurs, convertis en maisons de jeu. Entrait qui voulait[1] ! Madame du Deffand, comme tout le monde, subit l'influence de l'épidémie régnante, mais en guérit bientôt. « La vilaine passion que le jeu, écrit-elle un jour[2] à M. Craufurt, qui resta joueur toute sa vie ; je l'ai eue pendant trois mois ; elle me détachait de tout ; je ne pensais à rien. C'était le biribi que j'aimais ; je me fis horreur, et je me guéris de ma folie ! »

Il est à croire qu'elle ne se singularisa pas davantage par une régularité de conduite et une fidélité conjugale, peu à la mode dans le monde où elle entrait ; elle était fort jolie : « Vous avez perdu deux yeux que j'ai vus bien beaux il y a trente ans, » lui disait encore Voltaire en 1770[3]. Les premières amies avec lesquelles on la trouve en rapport sont mesdames de Parabère, de Prie, d'Averne. Son nom se trouve parmi ceux des principales jeunes femmes élégantes de la société, de ce qu'on appelle aujourd'hui *les lionnes*, à qui le régent donna à Saint-Cloud, dans une maison qui avait appartenu à l'électeur de Bavière, une fête magnifique, spécialement destinée à la maréchale d'Estrées, et que raconte en détail le journal de Mathieu Marais, à la date du 30 juillet 1721. « Madame d'Averne y était brillante, avec madame du Deffand et une autre dame. Plusieurs autres avaient refusé d'y paraître. La fête dura une partie de la nuit ; les jardins de Saint-Cloud étaient illuminés de plus de vingt mille bougies, qui faisaient avec les cascades et les jets d'eau un effet merveilleux. Tous les carrosses de Paris étaient dans le bois de Boulogne, à Passy, à Auteuil, et on voyait de toutes parts les délices de Ca-

---

1. Voir les *Mémoires du marquis d'Argenson*.
2. Lettre du 13 février 1767.
3. Lettre du 23 novembre.

poue. » Il est question ailleurs [1] d'une joyeuse orgie faite par la marquise du Châtelet avec cinq de ses amies dans un cabaret de Chaillot, à l'enseigne de *la Maison Rouge*. « Le souper, dit un ancien valet de chambre de madame du Châtelet, chargé de l'ordonner et de mettre les plats sur la table, commença fort tard, et avait quelque ressemblance avec ceux que Tibère faisait dans l'île de Caprée... Les convives étaient mesdames du Châtelet, de Meuse, de Boufflers, du Deffand, de Graffigny et de la Popelinière... Ces dames envoyèrent leurs gens souper, et restèrent à table jusqu'à cinq heures du matin, après quoi elles montèrent dans leurs voitures qui les attendaient, et revinrent chez elles... Je ne crois pas qu'elles se soient beaucoup amusées à cette fête ; ce qui me le ferait croire, c'est qu'elles ne l'ont pas recommencée. »

On lit encore dans le journal de Mathieu Marais, à la date du 7 septembre 1722, qu'elle obtint du régent « par ses intrigues, 6,000 livres de rente viagère sur la ville, qui valent mieux que tout le papier qui lui reste... Son mari l'a renvoyée, ajoute-t-il un peu plus loin ; il n'a pu souffrir davantage ses galanteries avec Fargis, autrement Delrieu, fils du partisan Delrieu, dont on disait qu'il avait tant volé qu'il en avait perdu une aile... Ce Fargis était un des courtisans du régent, et de ses débauches. »

Malgré tout cela, on peut dire encore que madame du Deffand est une des jeunes femmes relativement ménagées par la chronique contemporaine. Peut-être sa personne fut-elle même, à tout prendre, moins déconsidérée de son vivant que ne l'est aujourd'hui sa mémoire. C'est surtout la postérité, qui donne volontiers dix ou vingt amants aux femmes

---

1. *Voltaire et madame du Châtelet*, révélations d'un serviteur attaché à leur personne, manuscrit et pièces inédites. Paris, Dentu, 1863.

qui en ont eu un ou deux ! un certain nombre d'attentifs se pressent toujours auprès d'une jeune femme à la mode. Ils ressemblent à des zéros, qui décuplent la valeur du chiffre primitif, et qui n'en ont pas par eux-mêmes, quand on ne peut les joindre à une unité. Pour madame du Deffand, il n'est guère possible de douter de l'unité tout au moins. Walpole dit dans une lettre à son ami le poëte Gray, qu'elle fut un moment la maîtresse du régent. Ailleurs, il parle de quinze jours... La question de temps importe peu. Le fait ne se trouve mentionné dans aucun Mémoire contemporain ; mais Walpole pouvait l'avoir appris de madame du Deffand elle-même, et savait évidemment à quoi s'en tenir. Une circonstance assez singulière pourrait faire soupçonner la nature de ses rapports avec Voltaire, au moins à une certaine époque. Leur liaison date de 1722 ou 1723 ; car, dans une lettre de 1768, Voltaire lui dit : « Je vous suis attaché depuis plus de quarante-cinq ans... » Toute correspondance cesse entre eux vers 1734, et c'est à peu près le moment où commence la vie quasi conjugale de Voltaire avec madame du Châtelet. Cette correspondance reste interrompue pendant quatorze ans, et ne recommence, en 1749, qu'à la mort de cette même madame du Châtelet, par un billet de Voltaire à madame du Deffand, pour lui faire part de cette mort. On remarque la même lacune dans la correspondance d'abord très-intime entre Voltaire et Formont. Quand elle recommence, le ton de l'intimité a cessé entre eux, et Formont avait dans l'intervalle pris une grande place dans celle de madame du Deffand.

Quoi qu'il en soit, on peut dire que plus ou moins compromise par le nombre de ses galanteries, madame du Deffand ne fut jamais complétement déconsidérée. Moins soutenue par une grande situation personnelle que la maréchale de Luxembourg par exemple, et tant d'autres, qui gardèrent ou parvinrent à reconquérir à la fin de leur vie une grande existence, après une jeunesse signalée par un public dévergondage et de grands scandales, elle paraît avoir compris de bonne heure la nécessité de compter avec l'opinion, et de se ménager en respectant des convenances, à la vérité, bien peu sévères. Elle aimait l'ordre, et en mettait dans sa conduite comme dans l'administration de sa fortune. « J'ai été toute ma vie, dit-elle quelque part[1], dans le cas de m'établir ou de me maintenir, et dans la nécessité d'avoir un appui. Je l'ai toujours cherché dans l'amitié!... » Pour une jeune femme de ce temps-là, un pareil calcul de prudence humaine, c'était presque de la sagesse. On n'était pas difficile au XVIIIe siècle. Du reste, peut-être ne serait-il pas juste d'attribuer uniquement à un pur et froid calcul une prudence de conduite qui pouvait tenir dans une certaine mesure à de bons instincts, à un reste de goût pour la vertu. C'est sans doute un retour sur elle-même qui lui faisait dire : « La jeunesse ordinairement n'est pas corrompue. Ses fautes sont moins criminelles, parce qu'elles ne sont pas réfléchies, ni de propos délibéré. Les agréments de la figure lui tiennent lieu de bon sens et d'esprit, mais toutes les liaisons qu'on peut former avec la jeunesse ne tiennent qu'aux sens, et c'est peut-être tout ce qu'il y a de réel pour bien des gens. Je crois avoir remarqué sans me tromper que ceux qui dans leur jeunesse n'ont eu que des affections de ce genre perdent toute existence dans leur vieillesse; ils ne tiennent à rien, et leur âme est pour ainsi dire un désert, quoiqu'ils soient environnés de connaissances, de parents et d'amis; je plains ces gens-là, ce

---

[1]. Lettre du 7 octobre 1771, à Walpole.

n'est pas leur faute. Nous sommes tels que la nature nous a faits. On peut peut-être, et c'est un peut-être, régler sa conduite, mais non pas changer ses sentiments ni son caractère[1]. »

Ce qui est certain, c'est que madame du Deffand valait mieux que la plupart de ses amies. Une des premières avec qui on la trouve en rapport est madame de Prie, qu'elle allait souvent visiter en 1725, à Courbépine en Normandie, où madame de Prie était exilée. Celle-là était simple dans le vice, comme dit Duclos, cachant sous un voile de naïveté la fausseté la plus dangereuse, sans la moindre idée de la vertu, mot pour elle vide de sens; digne en tout point de ces belles et honnêtes dames dont parle Brantôme, avec l'ambition de plus, car elle voulait gouverner l'État, et l'a en effet gouverné pendant deux ans, jusqu'à la disgrâce de monsieur le Duc. Elle était fille de Berthelot de Pleneuf, homme d'affaires allié aux familles les plus distinguées et les plus considérables de la finance, ruiné par la chambre de justice... et trop heureux de racheter sa vie en rendant un argent mal acquis[2]. Rien de plus délicieusement joli que cette jeune femme quand elle partit pour Turin en 1714, avec son mari qui venait d'y être nommé ambassadeur. Elle avait à peine quinze ans, une taille déliée, au-dessus de la moyenne, une figure, un air de nymphe; le visage délicat, des yeux un peu chinois, mais vifs et gais, la physionomie la plus fine et la plus distinguée, tous les dons que sait exploiter la coquetterie!... un esprit délié et qui allait à tout; étourdie, avec de la présence d'esprit. Son mari, dont les affaires étaient depuis longtemps fort en désordre, se trouva bientôt tout à fait

---

1. Lettre à Walpole, du 5 juillet 1767.
2. *Mémoires* du président Hénault.

ruiné; il imagina alors d'envoyer madame de Prie en France, pour solliciter quelque pension qui le mît en état de subsister... Envoyer une jeune femme de dix-huit ans solliciter!... on sait ce que cela veut dire... Elle entra de bonne foi dans les vues de son mari, et visa au plus haut, mais ne put réussir auprès du régent. Monsieur le Duc devint amoureux d'elle, et lui sacrifia madame de Sabran. Mais il était si laid, sa figure si repoussante, que le marché fut difficile à conclure. Ses amis la décidèrent pourtant, c'est toujours le président Hénault qui parle, et elle finit par se résigner... mais se dédommageait sans scrupule avec d'autres, de son sacrifice. Causant un jour avec madame du Deffand, elle se plaignait très-amèrement de monsieur d'Alincourt. « Je ne vous conseille pas, lui dit cette dernière, de donner trop d'éclat à vos plaintes!... — Pourquoi donc?... — C'est que le public interprète fort mal les plaintes entre gens qui se sont aimés!... — Comment, est-ce que vous croyez aussi comme les autres que j'ai été bien avec monsieur d'Alincourt?... — Mais, sans doute, » répond madame du Deffand, et voilà madame de Prie à se récrier contre cette *calomnie*, à donner mille raisons pour s'en justifier... Madame du Deffand écoutait très-froidement cette apologie... « Vous n'êtes pas convaincue?... — Non!... — Mais sur quoi donc jugez-vous que monsieur d'Alincourt a été mon amant?... — C'est que vous me l'avez dit!... — Vraiment!... je l'avais oublié, » répond tranquillement madame de Prie.

Elle mourut empoisonnée de sa façon, dit d'Argenson. Mais ce qu'elle n'avait pas prévu, ce furent les douleurs inexprimables de ses derniers moments, si bien que la plante de ses pieds était tournée derrière, et il ajoute à propos de je ne sais quel bruit qui courait, qu'elle s'était donnée au diable : « Voilà, pour ceux qui le sauront, de quoi faire songer à ces pactes avec le diable, où il vient à l'heure convenue vous tordre le cou... et dire qu'à elle ce furent les jambes!... » Madame du Deffand, parlant d'elle plus tard, dans une lettre à Walpole, dit qu'elle mourut tout simplement « du regret de ne plus gouverner l'État!... » Il paraît cependant que ces dames savaient se distraire. « Étant à Courbépine avec madame de Prie, qui y était exilée, dit encore madame du Deffand[1], nous nous envoyions tous les matins un couplet l'une contre l'autre; j'en avais reçu un sur un air dont le refrain était : *tout va cahin caha!...* elle l'appliquait à mon goût; je lui fis ce couplet, qui est absolument du genre des vers de Chapelain, auteur de *la Pucelle* :

Air : *Quand Moïse fit défense.*

Quand mon goût au tien contraire,
De Prie, te semble mauvais,
De l'écrevisse et sa mère
Tu rappelles le procès.
Pour citer gens plus habiles,
Nous voyons dans l'Évangile,
Que paille en l'œil du voisin
Choque plus que poutre au sien.

A peu près à la même époque (en 1725), la correspondance de Voltaire nous montre madame du Deffand au château de la Rivière-Bourdet, dans les environs de Rouen, chez la présidente de Bernière. « Je m'imagine, écrit-il à celle-ci, que vous faites des soupers charmants... » et il parodie, en les appliquant à ces deux dames qui passaient pour gourmandes, ces jolis vers de Voiture à Anne d'Autriche :

---

1. Lettre à Walpole, du 22 mars 1779.

> Que vous étiez bien plus heureuse
> Lorsque vous étiez autrefois,
> Je ne veux pas dire amoureuse,
> La rime le veut toutefois.

Il parle de l'imagination de madame du Deffand : « Je préférerais bien votre cour à celle-ci (de Fontainebleau), dit-il, surtout depuis qu'elle est ornée de madame du Deffand; quand on est avec madame du Deffand et M. l'abbé d'Amfreville, il n'y a personne qu'on ne puisse oublier. » Ce doit être vers le même temps qu'il lui adressa cet impromptu, à la suite duquel sont écrits ces mots : « Fait chez vous, ce 8 janvier, après dîner :

> Qui vous voit et qui vous entend
> Perd bientôt sa philosophie;
> Et tout sage avec du Deffand
> Voudrait en fou passer sa vie.

En 1728, ses meilleures amies sont madame de Parabère et mademoiselle Aïssé ; l'une, ancienne maîtresse du régent, l'autre qui n'avait pas voulu l'être, mais qui rendait, il faut en convenir, de singuliers services aux amies à qui elle voulait du bien. « Je suis parvenue, écrit-elle, à faire faire connaissance à Bertin avec madame du Deffand. Elle est belle, elle a beaucoup de grâce ; il la trouve aimable ; j'espère qu'il commencera avec elle un roman qui durera toute sa vie... » Un peu plus tard elle écrit[1] : « Je veux vous parler de madame du Deffand. Elle avait un violent désir de se raccommoder avec son mari. Comme elle a de l'esprit, elle appuyait de très-bonnes raisons cette envie ; elle agissait donc en plusieurs occasions de façon à rendre ce raccommodement durable et honnête. Sa grand'mère[2] meurt,

---
1. Lettre XVIe.
2. La duchesse de Choiseul, morte le 11 juin 1728.

et lui laisse quatre mille livres de rente. Sa fortune devenant meilleure, c'était un moyen d'offrir à son mari un état plus heureux que si elle avait été pauvre. Comme il n'était pas riche, elle prétendait rendre moins ridicule son mari de se raccommoder avec elle, devant désirer des héritiers. Elle réussit comme nous l'avions prévu. Elle en reçut les compliments de tout le monde. J'aurais voulu qu'elle ne se pressât pas autant ; il fallait encore un noviciat de six mois, son mari devant les passer naturellement chez son père. J'avais mes raisons pour lui conseiller cela ; mais, comme cette bonne dame met partout de l'esprit, ou pour mieux dire de l'imagination au lieu de raison et de stabilité, elle emballa la chose de manière que le mari amoureux rompit son voyage et se vint établir chez elle, c'est-à-dire y dîner et y souper, car pour habiter ensemble elle ne voulut pas en entendre parler de trois mois, pour éviter tout soupçon injurieux pour elle et pour son mari. C'était la plus belle amitié du monde pendant six semaines. Au bout de ce temps-là elle s'est ennuyée de cette vie, et a repris pour son mari une aversion outrée. Sans lui faire de brusquerie, elle avait un air si désespéré, si triste, qu'il prit le parti de retourner chez son père. Elle prend toutes les mesures imaginables pour qu'il ne revienne pas. Je lui ai représenté durement toute l'infamie de son procédé. Elle a voulu me toucher et me faire revenir à ses raisons. J'ai tenu bon ; j'ai resté trois semaines sans la voir. Elle est venue me chercher ; il n'y a sortes de bassesses qu'elle n'ait mises en usage pour que je ne l'abandonnasse pas. Je lui ai dit que le public s'éloignait d'elle comme je m'en éloignais ; que je souhaitais qu'elle prît autant de peine de plaire à ce public qu'à moi ; qu'à mon égard, je le respectais trop pour ne pas lui sacrifier mon goût pour elle. Elle pleura beaucoup ; je n'en fus pas touchée. La fin de cette misérable conduite, c'est qu'elle ne peut vivre avec personne. Un amant qu'elle avait avant son raccommodement avec son mari, excédé d'elle, l'avait quittée, et quand il apprit qu'elle était bien avec M. du Deffand, il lui a écrit des lettres pleines de reproches. Il est revenu, l'amour-propre ayant réveillé des feux mal éteints. La bonne dame n'a suivi que son penchant, et, sans réflexion, elle a cru un amant meilleur qu'un mari. Elle a obligé ce dernier à abandonner la place ; il n'a pas été parti, que son amant l'a quittée. Elle reste la fable du public, blâmée de tout le monde, méprisée de son amant, délaissée de ses amies ; elle ne sait plus comment débrouiller tout cela. Elle se jette à la tête des gens pour faire croire qu'elle n'est pas abandonnée ; cela ne lui réussit pas. L'air délibéré et embarrassé règne tour à tour dans sa personne. Voilà où elle en est et où j'en suis avec elle... »

Le président Hénault, et plusieurs des amis de madame du Deffand ont fait son portrait à différentes époques. C'était un exercice d'esprit fort à la mode alors, et assez en rapport avec l'état moral de la société. La frivolité qui fait perdre de vue l'idéal donne d'autant plus d'importance aux nuances, et habitue facilement à ne plus juger que par comparaison. La manière d'être de chacun devient *un fait,* une variété d'autant plus curieuse à observer, qu'on ne reconnaît plus guère de principes auxquels se puisse mesurer la vraie valeur morale des individus. Madame du Deffand, qui observait mieux que personne, et qui se connaissait à merveille, a fait elle-même deux fois son propre portrait, à quarante ans de distance. Mais aucun ne la peint plus ressemblante que ce récit de mademoiselle Aïssé. Ce portrait-là a l'avantage d'être en action, et on la connaît à fond quand on a lu cette singulière anecdote de sa vie. On y voit sa légèreté, son inconstance, ses vapeurs, quelques bons mouvements, mais un incurable ennui, et le désir d'y échapper à tout prix, sans presque aucun sentiment, du moins sans aucun respect sérieux du devoir ; enfin une absence absolue de principes moraux. Il ne paraît pas que depuis cette seconde et définitive rupture elle ait revu son mari, lequel mourut à Paris le 24 juin 1750. Une seule fois, dans une des premières lettres qu'elle adresse des eaux de Forges au président Hénault en 1742 : « ... Il y a ici, lui dit-elle, un M. Sommeri, et un autre homme dont on ne sait pas le nom. Ce M. Sommeri pourrait bien être l'ami de M. du Deffand. Je lui en connais un de ce nom, et il se pourrait faire que l'anonyme fût M. du Deffand. Cela serait plaisant ! » Le président lui répond par des plaisanteries passablement cyniques, et qui ne trahissent pas beaucoup de jalousie : « Qu'on vienne trouver les rencontres de comédie hors de vraisemblance !... Si cela était pourtant, que feriez-vous ?... je m'imagine qu'il prendrait son parti et qu'il ferait une *troisième* fugue... C'est pourtant une plaisante destinée d'avoir un mari et un amant que l'on retrouve comme cela à tout moment, et qu'on quitte de même... Votre maison ne vous déplaît pas ; vous avez votre lit et votre fauteuil ; en ajoutant à cela un verrou, vous n'aurez à craindre ni les incursions du bel esprit, ni les entreprises conjugales. Prenez-y garde, au moins ; les eaux de Forges sont spécifiques, et ce serait bien le diable d'être allée à Forges pour une grosseur, et d'en rapporter deux !... »

Mademoiselle Aïssé s'était exagéré sans doute la déconsidération encourue par son amie à la suite de l'aventure qu'elle raconte. Peut-être, si le scandale fut aussi grand qu'elle le dit, le souvenir s'en effaça-t-il très-vite, comme cela devait être, du reste, dans un monde qui n'était pas autrement sévère, et où beaucoup d'esprit et de savoir-vivre suffisaient pour rétablir l'existence la plus compromise. Quoi qu'il en soit, très-peu de temps après, madame du Deffand était fort attirée et fort appréciée à Sceaux par madame la duchesse du Maine, comme par tous ceux qui composaient la petite cour de cette princesse... « Nous avions à Sceaux, dit madame de Staal, alors encore mademoiselle de Launay, madame la marquise du Deffand. Personne n'a plus d'esprit, et ne l'a plus naturel. Le feu pétillant qui l'anime pénètre au fond de chaque objet, le fait sortir de lui-même, et donne du relief aux simples linéaments. Elle possède au suprême degré le talent de peindre les caractères, et ses portraits, plus vivants que les originaux, les font mieux connaître que le plus intime commerce avec eux. Elle me donna une idée toute nouvelle de ce genre d'écrire, en me montrant un portrait de moi qu'elle avait fait; mais un peu trop de prévention et trop de politesse l'avaient, contre son ordinaire, écartée du vrai. J'essayai de le faire moi-même, pour lui prouver sa méprise, et je le lui donnai.... » On trouve ce portrait dans les Mémoires de madame de Staal. C'est à cette occasion qu'elle disait si plaisamment : « Je me suis peinte en buste !... »

La duchesse du Maine s'arrangeait peu « d'une amitié métaphysique, bonne pour de purs esprits[1]... » Comme le roi Louis XIV, elle exigeait de ses courtisans une continuelle assiduité. Sa passion dominante était « la multitude, goût qui augmentait et se fortifiait à mesure qu'elle trouvait moins de ressources en elle-même [2]. Incapable de se passer des choses et des personnes dont elle ne se souciait guère, » elle voulait voir réunies autour d'elle toutes ses

---

[1]. Lettre à madame du Deffand, du 7 juin 1747.
[2]. Mémoires de madame de Staal.

bêtes : les abbés de Chaulieu et de Polignac, Lamothe, Voltaire, mesdames de Lambert et du Deffand, et le berger de Sceaux, le marquis de Sainte-Aulaire, que le temps avait oublié, ainsi que Fontenelle, et à qui il fut donné, comme à ce dernier, d'être aimable pendant près de cent ans. Parfois le métier paraissait rude à ces malheureux, condamnés aux « galères du bel esprit... » comme disait Malézieux. Pourtant, à voir comme ils s'en plaignaient, surtout comme ils s'en reposaient, il paraît que leur verve n'était pas encore épuisée. C'est en revenant un soir de Sceaux, que le marquis de Sainte-Aulaire fit cet impromptu, moins connu que le fameux quatrain :

> Je suis las de l'esprit, il me met en courroux ;
> Il me fait tourner la cervelle,
> Lambert, je viens chercher un asile chez vous,
> Entre Lamothe et Fontenelle [1].

On invoquait madame du Deffand comme une des personnes les plus propres à apporter du mouvement et de l'entrain dans cette société. On voit que souvent elle se faisait un peu prier, comme une personne qui tenait à constater son indépendance. Elle faisait ses conditions, et chargeait madame de Staal de lui retenir l'appartement qu'elle désignait. « S. A. S. désire infiniment que vous puissiez venir à Anet... S. A. S. s'est fort divertie de votre récit, et m'a paru véritablement touchée du témoignage de votre amitié ! elle m'a chargée de vous donner toutes sortes d'assurances de la sienne ; elle meurt d'envie de vous voir, et s'il vous est absolument impossible de venir ici, elle se fera un grand plaisir de vous trouver à Sceaux. Si le mauvais temps vous rend incommode votre logement du petit château, vous aurez, de pré-

---

1. Nous possédons l'original autographe.

férence à tout le monde, celui que vous souhaitez... Mais il vous faudra montrer un peu plus dans la journée. Si vos voyages à Paris devaient être longs et fréquents, je crois qu'on serait peiné de garder au grand château un appartement souvent vide. C'est à quoi on se résout difficilement... Madame la duchesse du Maine vous assure qu'elle vous aime autant que jamais, et vous donnera l'appartement que vous souhaitez... Si au grand château vous ne paraissez que le soir, et que vous soyez beaucoup à Paris, on vous en saura très-mauvais gré, ne fût-ce que le mauvais exemple de faire sa volonté dans cette enceinte... » Madame du Deffand n'était pas femme à accepter, vis-à-vis qui que ce soit, cette attitude de complaisante à laquelle se résignent parfois pour être, et surtout pour paraître de la maison, les personnes d'un caractère moins indépendant, et d'une situation relativement moindre. Madame de Staal, que la distinction de son esprit et de ses sentiments n'avait pu cependant sortir tout à fait des rangs de la domesticité, ne comprenait pas qu'on pût traiter aussi légèrement sa princesse !

Au milieu de cette petite cour de Sceaux, trônait avec une frivolité majestueuse, comme pour parodier les magnificences de la cour du grand roi, la petite-fille du grand Condé, Louise-Bénédicte de Bourbon, la divine Ludovise, la femme du monde peut-être en l'honneur de laquelle il a été dépensé le plus de petits vers et de madrigaux ; tour à tour déesse et bergère, dont Lamothe, au dire de Fontenelle, prétendait être amoureux. On conférait en grande solennité à madame du Deffand l'ordre de la Mouche à miel[1], et on tenait cour d'amour, comme au moyen âge.

1. Voir les couplets composés à cette occasion par le président Hénault. La duchesse du Maine était grande maîtresse de cet ordre, dont la devise tirée de

Quand la pensée se reporte de cette cour de Sceaux avec ses futilités prétentieuses et son marivaudage à la trame toujours passablement grivoise, sur l'hôtel de Rambouillet, avec le composé majestueux de ses conversations, sa recherche quintessenciée de sentimentalité pure, on est frappé du caractère différent des deux siècles et de la vérité de cette observation, que le mauvais goût de la décadence est bien pire que celui du premier âge. La duchesse du Maine se plaisait à se voir ainsi entourée, moins pour jouir de l'esprit des autres que pour faire briller le sien. « J'aime beaucoup la société, disait-elle avec une naïveté de princesse ; tout le monde m'écoute, et je n'écoute personne ! » Madame du Deffand, au contraire, savait écouter, qualité aussi rare peut-être, même alors, que celle de bien dire. Personne ne s'entendait mieux qu'elle à faire causer, à mettre en mouvement et en valeur tout ce qui l'entourait. Aussi le chevalier d'Aydie, grand chasseur, la comparait-il à un bon chien qui fait lever beaucoup de gibier.

Ce fut probablement à Sceaux que madame du Deffand fit connaissance ou du moins se lia intimement avec le président Hénault, l'un des hommes les plus recherchés dans la bonne compagnie de ce temps-là, et d'habitudes moins sérieuses que ses écrits, que ceux du moins par lesquels il est aujourd'hui connu, car il en a composé de moins graves que son fameux *Abrégé chronologique.* » Voltaire a dit de lui : « Les femmes l'ont pris bien souvent pour un ignorant agréable ; les hommes en *us* pour un savant!... » Un jour de la Saint-Charles Borromée, sa fête, madame de Jonsac, sa nièce, lui offrit un ananas avec ce compliment :

l'*Aminta* du Tasse « Picciola sì, mà fa pure grave le ferite, » faisait allusion à la petite taille de la duchesse.

> Lorsqu'en l'Inde je pris naissance,
> Je ne me doutais pas qu'un jour,
> Je dusse être offert par l'amour
> A l'Anacréon de la France.

On a quelque peine à joindre aujourd'hui le souvenir d'Anacréon avec celui du président Hénault. Ses contemporains le classaient moins sérieusement que n'a fait la postérité : « Je trouve dans *le Méchant*, de Gresset, dit le marquis d'Argenson, des études de caractère faites d'après nature... Pasquin est le président Hénault, bonne caillette, quoique avec l'esprit des belles-lettres [1]... » L'amour des lettres était du reste héréditaire dans cette famille. L'oncle du président, frère de sa mère, Charles Ponthon, associé de Crozat dans les armements et fort riche, fut l'ami de Boileau, et laissa en mourant une pension viagère de 2,000 livres à Charles de Moncheux, connu sous le nom de Delolme, l'auteur du *Boleana*. Son père, Jean Remy, avait été fermier général et lié avec tous les hommes célèbres de son temps. « Il eut part, j'en suis fâché, dit dans ses Mémoires le président, à plusieurs mauvaises brochures qui parurent dans le temps contre les tragédies de Racine. Mais il faut le pardonner à ses liaisons avec les Corneille. » C'est lui qui donna à Molière, pour jouer *le Malade imaginaire*, la robe de chambre et le bonnet de nuit d'un M. de Foucault, son parent, « original fort chagrin et redouté dans sa famille... »

Né en 1685, élevé aux Jésuites, le président Hénault était entré en 1700 aux Oratoriens, avec l'intention de se vouer à la carrière ecclésiastique. Au bout de deux ans, il s'aperçut que la vocation lui manquait, et prit son congé.

---

1. Mémoires de d'Argenson, 21 décembre 1747.

Le général et tous les supérieurs de l'Institution, qui l'aimaient fort et fondaient sur lui les plus grandes espérances, ne se consolaient pas de son départ. « Franchement, avez-vous pu croire qu'il nous resterait? » leur dit Massillon, qui avait souvent causé avec lui. En 1710, il fut reçu dans la charge de président de la première chambre des enquêtes, à la place du président Maupeou, père du premier président, depuis chancelier Maupeou, d'impopulaire mémoire. Il épousa, en 1714, mademoiselle de Montargis, fille de M. de Montargis, garde du trésor, et de mademoiselle Mansart [1]; il la perdit en 1723, et fait d'elle, dans ses Mémoires, un touchant éloge. Plus tard, il fut sur le point de se remarier avec mademoiselle d'Atys, sa parente; mais le président Chauvelin, neveu du garde des sceaux, s'étant mis sur les rangs, lui-même fut remercié, et n'y eut pas de regrets : « Où aurais-je pu trouver, dit-il, une femme telle que celle que je venais de perdre?... douce, simple, m'aimant uniquement; crédule sur ma conduite qui était un peu irrégulière, mais dont la crédulité était aidée par le soin extrême que je prenais à l'entretenir et par l'amitié tendre et véritable que je lui portais... je n'ai jamais cessé de la regretter... » Dans ce temps-là, on pouvait, à ces conditions, se donner pour un bon mari. Quant à l'irrégularité de sa conduite, il paraît qu'elle était assez connue : « Belle affaire vraiment que des bonnes fortunes, répondait un jour le régent à un des roués qui le félicitaient à ce sujet! comment n'en aurais-je pas?... le président Hénault et le petit Pallu en ont bien!... » Le journaliste [2] qui rapporte cette anecdote ajoute : « L'un est président aux enquêtes, l'autre conseiller

---

1. L'autre fille de Mansart avait épousé le marquis d'Arpajon, et leur fille unique fut mariée au comte de Noailles. Une fille de cette comtesse de Noailles épousa le marquis, depuis duc de Duras.

2. Mathieu Marais, année 1721.

au Parlement, et ils ont tous deux bien de l'esprit; mais ils
ne sont pas taillés en gens galants... »

Parmi les personnes auxquelles il rendait des soins, on
citait entre autres madame de Civrac, fille du duc d'Aumont, dame d'honneur de Mesdames, et qui était de la
société intime de la reine. On avait ordonné des eaux minérales à cette jeune femme déjà fort malade, et bientôt enlevée à l'affection de toute cette société. Le président Hénault,
pour la distraire pendant son voyage, imagina une série de
fêtes qui lui étaient données dans tous les lieux où elle se
reposait. Ses amis partaient pour la devancer de quelques
postes et préparer leurs déguisements. A Bernis, elle trouva
un groupe de seigneurs costumés en anciens chevaliers
français, accompagnés des meilleurs musiciens de la chapelle du roi, qui lui chantèrent des couplets composés par
le président. A Nemours, les mêmes personnes en habits de
villageois et de villageoises lui donnèrent une fête champêtre. Ailleurs, ils parurent en bourgeois et en bourgeoises,
avec le bailli et le tabellion. « Ces travestissements, parés et
animés par l'esprit aimable du président, suivirent madame
de Civrac jusqu'aux eaux où elle se rendait...[1] »

On citait encore au nombre des bonnes fortunes du
président : la maréchale d'Estrées et la princesse de Léon,
fille aînée du duc de Roquelaure. Chez cette dernière, il avait rencontré, en 1716, la duchesse de Luynes,
tante de madame du Deffand, et avec qui il n'avait pas
tardé à se lier assez intimement. « Elle a, dit-il dans ses
Mémoires, toutes les qualités et les vertus du plus honnête
homme; noble, généreuse, fidèle, discrète, ennemie de
toute ironie, proscrivant la médisance qui n'approche pas
de sa maison, considérée de toute la famille royale, qu'elle

---

1. *Mémoires* de madame Campan.

reçoit quelquefois chez elle... » Celle-là ne voulait pas d'amants, mais se montrait fort sensible à l'amitié, y portait une certaine coquetterie, et s'y livrait avec une simplicité et une bonne foi qui la défendaient peut-être de l'amour... » Elle goûta l'esprit du président Hénault. C'est par elle qu'il fut présenté à la reine, et quand plus tard M. d'Argenson, avec qui il était de tout temps fort lié, fut établi à la cour, le président, appuyé par la dame d'honneur et par le ministre, fut bientôt admis dans l'étroite familiarité. Un jour, la reine écrivit quelques mots de sa main au bas d'une lettre que la duchesse de Luynes adressait au président, il répondit par ces vers :

> Ces mots tracés par une main divine,
> Ne m'ont causé que trouble et qu'embarras ;
> C'est trop oser, si mon cœur la devine :
> C'est être ingrat que ne deviner pas.

La charge de surintendant de la maison de la reine étant venue à vaquer fut spontanément et gratuitement donnée par Sa Majesté au président. Cette charge avait été payée 500,000 livres par le précédent titulaire ; 15,000 francs d'appointements y étaient attachés. Du reste, les fonctions n'étaient pas fort actives et ne l'occupaient guère ; mais elles l'approchaient souvent de la reine. Il sut se rendre agréable, obtint les « entrées de la chambre, un logement dans le château ; d'être nommé pour Marly, et le droit de ne plus porter de manteau à la cour, comme en portaient tous les gens de robe sans exception, si ce n'est le seul contrôleur général... » Il n'en fallait pas davantage pour donner alors quelque importance politique à un *amateur*, d'ailleurs homme d'esprit. Au moment de la disgrâce de M. de Maurepas (1749), le président Hénault servit de médiateur entre le comte d'Argenson, ministre de la guerre et le duc de Richelieu. Il leur donna des dîners tête à tête, et grâce à lui ces deux personnages « devinrent amis, d'ennemis qu'ils avaient été toute leur vie... » — «... Mon frère, ajoute le marquis d'Argenson, tient toujours le président Hénault logé près de lui à Versailles, dans une chambre qui joint la sienne, et le président, grand ami de la reine, le relaye pour lui persuader ce qu'il faut; de là, il va chez la marquise de Pompadour; il négocie, il espionne... » C'est dans sa maison, à Paris, place Vendôme, et dans l'appartement occupé par l'abbé Alary, que se tinrent, en 1726, ces conférences fameuses, devenues l'Académie des sciences morales et politiques, et connues alors sous le nom de conférences de l'entre-sol. On voit encore qu'il était en correspondance active avec le comte de Noailles, au moment des négociations suivies pour amener la paix générale (1746). Le marquis d'Argenson, qui travaillait de son côté à Paris avec le maréchal de Belle-Isle et les envoyés de Hollande, négligeait d'informer le duc de Noailles, à qui le président Hénault donnait les nouvelles, et qu'il tenait au courant [1].

Ce fut sans doute quand madame du Deffand, compromise par sa rupture définitive avec son mari, se vit, s'il faut en croire mademoiselle Aïssé, « la fable du public, blâmée de tout le monde et délaissée de ses amies..., » que, pour refaire sa situation, elle commença ce qu'on peut appeler « son ménage » avec le président. La nature de leurs relations ne peut être douteuse, mais rien n'annonce, de part ou d'autre, un entraînement bien vif, et même à son début, cette liaison paraît avoir eu plus de rapport avec un mariage de raison, qu'avec une de ces passions fougueuses dont à aucune époque de sa vie, du reste, le pré-

---

1. *Mémoires* de Noailles, t. VI.

sident Hénault ne passe pour avoir été bien susceptible. Walpole imprima plus tard, sans doute par égard pour madame du Deffand, une tragédie intitulée *Cornélie*, que le président avait composée, « fruit de sa première jeunesse et ouvrage de l'amour, » dit-il dans une épître dédicatoire. « Il est à craindre, ajoute-t-il, qu'elle ne se ressente de l'emportement d'une première passion... » — « Pauvre président, observe Grimm [1], il a pu être amant aimable, mais amant passionné... on ne saurait lui faire cette injustice!... » Voltaire le jugeait moins défavorablement :

> Hénault, l'un des meilleurs suppôts
> Du Dieu que les buveurs adorent,
> Que l'amour doit compter encore
> Au rang de ses zélés dévots.

Quoi qu'il en soit, à l'époque de sa liaison avec madame du Deffand, ni l'un ni l'autre n'étaient plus de la première jeunesse. Elle avait environ trente-trois ans, lui quarante-cinq, et il avoue lui-même « qu'il commençait à être bien aise, quand, par hasard, il se trompait d'heure et arrivait trop tard à un rendez-vous... »

Les lettres échangées entre eux pendant un voyage qu'elle fit aux eaux de Forges, en 1742, donnent une idée de cette liaison quasi conjugale. Les détails de santé les plus intimes y tiennent une grande place. C'était du reste fort l'usage dans les correspondances du XVIIIe siècle, et sur ce sujet, comme sur tant d'autres, il semble que Voltaire donnât la mode. On sait combien il se montre préoccupé et parle longuement de la sienne à tous ses amis. Plus tard, dans ses lettres à la duchesse de Choiseul, madame du Deffand donne et exige, sur ce sujet, des détails minutieux,

---

1. *Correspondance littéraire*, 15 juillet 1768.

que nous avons souvent supprimés ou fort abrégés. La duchesse de Choiseul fait, sous ce rapport, une exception. Aussi est-ce à l'abbé Barthélemy qu'on s'adresse pour avoir des nouvelles de *la grand'maman;* et celui-ci répond d'une manière tellement circonstanciée qu'il est difficile de ne pas être étonné parfois de le voir si bien informé. Les premières lettres de madame du Deffand au président Hénault, pendant ce voyage à Forges, la peignent bien déjà telle qu'elle se montrera plus tard dans toutes ses correspondances, plus romanesque qu'elle ne se l'avoue à elle-même, ou du moins qu'elle n'ose l'avouer aux autres; moins dépourvue de sensibilité, de chaleur de cœur, qu'on ne l'en accuse généralement; mais exigeante, chagrine, ennuyée surtout, et moins incapable d'aimer passionnément que furieuse et découragée de ne trouver personne, pas même elle, qui lui paraisse mériter d'être aimée ainsi : « Lorsque je remarque en vous un grain de sentiment vrai, lui écrit-elle, il fait en moi le miracle du grain de l'Évangile... il transporte les montagnes, mais rarement me laissez-vous jouir de cette illusion... Je vais être longtemps sans vous voir; j'en suis plus fâchée que je n'en veux convenir avec moi-même... Vous m'êtes aussi nécessaire que ma propre existence, et je préfère être avec vous à être avec tous les gens que je vois. Ce n'est pas une douceur que je prétends vous dire, c'est une démonstration géométrique que je prétends vous donner... Tout ce que je vous conseille, c'est de profiter pleinement de mon absence, d'être bien aise avec vos amis. Pour moi, je suis fâchée de ne vous point voir; mais je supporte ce malheur avec une sorte de courage, parce que je crois que vous ne le partagez pas beaucoup, et que tout vous est égal; et puis je songe que je ne vous tyranniserai pas pendant deux mois. Écrivez-moi seulement de longues lettres, pleines de détails sur l'état de votre santé. Je vous passerai de n'être pas si exact sur vos amusements. Vingt-huit lieues d'éloignement sont un rideau trop épais pour prétendre voir à travers. De plus, j'ai mis ma tête dans un sac comme les chevaux de fiacre; ainsi, dites-vous bien que vous avez la clef des champs, et ne craignez pas que je veuille jamais la reprendre; comme vous avez un passe-partout, j'en connais toute l'inutilité... »

Ce n'est assurément ni la sécheresse, ni l'indifférence que trahissent malgré elle ces expressions, et l'on est tenté de croire qu'elle ne se jugeait pas très-bien, quand elle ajoute un peu crûment : « Je n'ai ni tempérament, ni roman... » — « Je vous en plains beaucoup, lui répond brutalement le président, et vous savez comme un autre le prix de cette perte, car je crois vous en avoir entendu parler... » Il lui débite à son tour de singulières douceurs, et ne se cache pas du plus naïf égoïsme : « A vrai dire, je commence à m'ennuyer déjà beaucoup, et vous m'êtes un mal nécessaire; il y aurait bien de la métaphysique à faire sur cela; mais vous ne l'aimez pas mieux que la politique. Ce qu'il y a de vrai, c'est que l'idée de la liberté m'est beaucoup plus chère que la liberté même, et que dans le temps où je suis avec vous avec le plus de plaisir, la pensée que je ne serais pas le maître de n'y être pas, si j'avais autre chose que je crusse devoir faire et qui me fût plus agréable, cette pensée trouble mon bien-être. Cela revient à ces deux vers admirables de *Cornélie* que vous trouvez si mauvais :

> Et ne pouvant souffrir la honte d'un lien,
> Il voudrait être enfin libre de n'aimer rien !

... « Ce qui m'a diverti, lui dit-il dans une lettre du

8 juillet[1], c'est la relation d'un voyage à Limoges, écrite par M. de Sainte-Aulaire en forme de lettres en 1663, c'est-à-dire il y a soixante-dix-neuf ans, je vous assure qu'il y a de jolies choses. Ces lettres sont adressées à mademoiselle de la Force... » Il paraît aujourd'hui certain que ces lettres adressées à mademoiselle de la F..., et où il y a en effet de jolies choses, sont de La Fontaine, et écrites par lui à sa femme Marie Héricart, laquelle n'étant pas de bonne maison, n'avait pas droit, dans les bizarres usages de ce temps-là, au titre de madame, et que son mari lui-même devait n'appeler que *mademoiselle,* sous peine de se donner un ridicule[2] Elles sont imprimées dans les œuvres complètes de La Fontaine, et un ouvrage qui fait autorité, la vie de La Fontaine, par Walckenaër, ne laisse à ce sujet aucun doute. Mademoiselle de la Force était parente du marquis de Sainte-Aulaire. Les initiales de son nom purent tromper les contemporains, et leur faire supposer que les lettres étaient adressées à cette étrange demoiselle qui ne l'était ni plus ni moins que madame de La Fontaine... il reste assez singulier cependant, que le président Hénault, qui voyait sans doute souvent à Sceaux M. de Sainte-Aulaire, lequel vivait encore à la date de cette lettre (il n'est mort qu'au mois de décembre suivant), ait pu lui attribuer ainsi un ouvrage qui n'était pas de lui.

Madame du Deffand avait fait le voyage et s'était établie pendant son séjour à Forges avec madame de Pecquigny[3], plus tard duchesse de Chaulnes, singulière personne, dont elle a tracé un si fin et spirituel portrait :

1. 1742.
2. Voir à ce sujet un petit livre amusant, intitulé : *Satires sur les femmes bourgeoises qui se font appeler madame,* par le chevalier D... (de Nisard), Lahaye, 1713.
3. Michel-Ferdinand-d'Albert d'Ailly, né en 1744. Appelé d'abord le vidame

« L'esprit de madame la duchesse de Chaulnes est si singulier, qu'il est impossible de le définir; il ne peut être comparé qu'à l'espace; il en a pour ainsi dire toutes les dimensions, la profondeur, l'étendue et le néant, il prend toutes sortes de formes, et n'en conserve aucune. C'est une abondance d'idées toutes indépendantes l'une de l'autre, qui se détruisent et se régénèrent perpétuellement. Il ne lui manque aucun attribut de l'esprit, et l'on ne peut dire cependant qu'elle en possède aucun. Raison, jugement, habileté, on aperçoit toutes ces qualités en elle; mais c'est à la manière de la lanterne magique; elles disparaissent à mesure qu'elles se produisent. Tout l'or du Pérou passe par ses mains sans qu'elle en soit plus riche; dénué de sentiments et de passions, son esprit n'est qu'une flamme sans feu et sans chaleur, mais qui ne laisse pas de répandre beaucoup de lumières... »

Dans ses lettres au président Hénault, madame du Deffand traite assez mal cette compagne de voyage : « Oh! mon Dieu, qu'elle me déplaît! elle est radicalement folle... elle mange comme un singe; ses mains ressemblent à leurs pattes, elle ne cesse de bavarder, sa prétention est d'avoir de l'imagination et de voir toutes choses sous des faces singulières. Comme la nouveauté des idées lui manque, elle y supplée par la bizarrerie de l'expression sous prétexte qu'elle est naturelle... Son âme est comme les chambres de cabaret, il ne lui faut de tapisseries que des enluminures... » — « Je vous conseille, répond avec bien du bon sens le président, de ne demander à son caractère que ce qui s'y trouve, et comme vous êtes sûre que les intentions sont

---

d'Amiens, puis duc de Pecquigny, puis duc de Chaulnes après la mort de son père, en 1744; avait épousé, en 1734, Anne-Josèphe Bonnier de la Mousson, fille du trésorier des États du Languedoc. Il la laissa veuve en 1769.

bonnes, de passer l'écorce qui ressemble assez à du maroquin du levant. » Autant qu'on en peut juger par une lettre que madame de Chaulnes adresse quelques années après [1] au président Hénault, elle n'en était pas moins, malgré ses bizarreries, une personne fort aimable et de beaucoup d'esprit, mais sans grande considération, et n'y tenant guère. Helvétius fut pendant quelque temps son amant en titre. Du reste elle eut en amour plus d'une affaire. C'est à elle que l'on reprochait d'avoir pris dans sa vieillesse pour amant un jeune financier de vingt-cinq ans : « Une duchesse n'a jamais plus de trente ans pour un bourgeois !... » répondait-elle avec assurance... Son mari avait moins d'esprit qu'elle. On raconte qu'il l'avait fait peindre en *Hébé*, et ne savait sous quel costume faire faire son propre portrait pour servir de pendant : « Faites-vous peindre en *Hébété !...* » lui dit un jour mademoiselle Quinault. Devenue veuve, madame de Chaulnes fit pourtant le sacrifice de ce titre de duchesse auquel elle attribuait de si précieux avantages, pour épouser en secondes noces M. de Giac, conseiller du roi, maître des requêtes, surintendant honoraire de la maison de la reine. M. de Giac était *homme de peu*, comme on disait alors. Aussi après ce mariage inégal, appelait-on l'ex-duchesse « *la femme à Giac.* » Elle en riait la première. Sénac de Meillan a fait d'elle deux portraits ; elle mourut au mois de décembre 1782, fort âgée.

Revenue des eaux de Forges, madame du Deffand reprit à Paris ses habitudes et ses relations. Elle avait cessé d'habiter avec son frère, trésorier de la Sainte-Chapelle, et logeait alors rue de Beaune, dans une petite maison où devait plus tard mourir Voltaire. Des soupers dont la bonne

1. En 1746.

chère n'était pas le seul mérite réunissaient autour d'elle une société choisie :

> Formont, vous, et les du Deffand,
> C'est-à-dire les agréments,
> L'esprit, le bon goût, l'éloquence,
> Et vous, plaisirs, qui valez tant !
> Plaisirs, je vous suivis par goût,
> Et les Newton par complaisance,

écrit vers ce temps-là Voltaire au président Hénault. Newton est là pour madame du Chatelet. Voltaire ajoute en parlant d'elle et de madame du Deffand : « Ce sont deux personnes bien aimables que ces deux femmes-là. » Les rapports de cette dernière avec la cour de Sceaux restaient toujours fort habituels et assez intimes. En 1747, elle fut empêchée par les couches de madame de la Guiche[1], avec qui il paraît qu'elle était liée, d'être d'un voyage à Anet où madame la duchesse du Maine passa une partie de l'été. Grâce à cet empêchement, on a plusieurs lettres très-piquantes de madame de Staal à madame du Deffand ; une entre autres, où elle lui raconte plaisamment la visite de Voltaire et de madame du Chatelet à Anet : « Ils s'étaient annoncés depuis longtemps ; on les avait perdus de vue ; enfin ils parurent hier sur le minuit comme deux spectres, avec une odeur de corps embaumés qu'ils semblaient avoir apportée de leur tombeau. On sortait de table ; c'étaient pourtant des spectres affamés ; il leur fallut un souper, et, qui

---

1. « Henriette, dite mademoiselle de Verneuil, légitimée de Bourbon, fille naturelle de Louis-Henri de Bourbon, reconnue par lettres patentes enregistrées au Parlement, mariée le 15 ou le 16 de ce mois (de novembre 1740), sous le nom de mademoiselle de Verneuil, à M. le comte de la Guiche, parent de madame la comtesse de Lassay, que M. le comte de Lassay, premier écuyer de madame la duchesse, première douairière, et son favori depuis très-longtemps, a fait son héritier, et qui se trouvera par conséquent très-riche. Madame la duchesse l'a menée dans sa loge à l'Opéra le 18 et le 19 de ce mois ; elle était couverte de pierreries. Elle a quinze ans et est assez jolie. » (*Journal de Barbier*, novembre 1740.)

plus est, des lits qui n'étaient pas préparés ; le concierge, déjà couché, se leva en grande hâte... Voltaire s'est bien trouvé du gîte... pour la dame, son lit ne s'est pas trouvé bien fait ; il a fallu la déloger aujourd'hui. Notez que ce lit, elle l'avait fait elle-même faute de gens, et avait trouvé un défaut dans le nombre [1] des matelas, ce qui, je crois, a plus blessé son esprit exact, que son corps peu délicat. Elle a, par intérim, un appartement qui a été promis, qu'elle laissera vendredi ou samedi pour celui du maréchal de Maillebois qui s'en va l'un de ces jours... »

« ... Madame du Chatelet en est d'hier à son troisième logement. Elle ne pouvait plus supporter celui qu'elle avait choisi ; il y avait du bruit, de la fumée sans feu (il me semble que c'est son emblème). Le bruit, ce n'est pas la nuit qu'il l'incommode, à ce qu'elle m'a dit, mais le jour, au plus fort de son travail ; cela dérange ses idées. Elle fait actuellement la revue de ses principes ; c'est un exercice qu'elle réitère chaque année, sans quoi ils pourraient s'échapper, et peut-être s'en aller si loin qu'elle n'en retrouverait pas un seul. Je crois bien que sa tête est pour eux une maison de force, et non pas le lieu de leur naissance ; c'est le cas de veiller soigneusement à leur garde. Elle préfère le bon air de cette occupation à tout amusement, et persiste à ne se montrer qu'à la nuit close. Voltaire a fait des vers galants [2] qui

---

1. Ce mot *nombre*, qu'on n'avait probablement pas pu déchiffrer, était resté en blanc dans l'édition de 1809. Ce malheureux mot était chanceux avec madame du Chatelet. Le 21 mars 1752, Voltaire écrit de Postdam à Formey : « Je vous remercie d'avoir donné l'*Éloge de madame du Chatelet*,... il y a une étrange faute, page 144 : *elle se livrait au plus grand nombre*, au lieu de *au plus grand monde*... Je vous demande en grâce de réparer cette méprise. » On comprend l'humeur que cette épigramme involontaire dut donner à Voltaire, qui se trouvait ainsi perdu dans la foule.

2. Entre autres ceux-ci :

J'ai la chambre de Sainte-Aulaire
Sans en avoir les agréments ;

réparent un peu le mauvais effet de leur conduite inusitée...
Nos deux ombres, évoquées par M. de Richelieu, disparaîtront demain ; il ne peut aller à Gênes sans les avoir consultées. Rien n'est si pressant... On vous garde l'appartement dont madame du Chatelet, après une revue exacte de toute la maison, s'était emparée. Il y aura un peu moins de meubles qu'elle n'y en avait mis, car elle avait dévasté tous ceux par lesquels elle avait passé, pour garnir celui-là. On y a retrouvé six ou sept tables. Il lui en faut de toutes les grandeurs : d'immenses pour étaler ses papiers, de solides pour soutenir son nécessaire, de plus légères pour les pompons, pour les bijoux, etc. Cette belle ordonnance ne l'a pas garantie d'un accident pareil à celui qui arriva à Philippe II, quand, après avoir passé la nuit à écrire, on répandit une bouteille d'encre sur ses dépêches. La dame ne s'est pas piquée d'imiter la modération de ce prince : aussi n'avait-il écrit que sur des affaires d'État, et ce qu'on lui a barbouillé c'était de l'algèbre bien plus difficile à remettre au net !... Ils se sont fait détester ici, n'ayant de politesse ni d'attention pour personne [1]. »

Madame du Deffand n'avait pas plus d'indulgence que son amie pour les ridicules de madame du Chatelet. Le portrait qu'elle en a fait [2] est assez piquant pour que nous le donnions ici : « Représentez-vous une femme grande et sèche... sans hanches, la poitrine étroite, de gros bras, de grosses jambes, des pieds énormes, une très-petite tête, le visage maigre, le nez pointu, deux petits yeux vert de

Peut-être à quatre-vingt-dix ans
J'aurai le cœur de sa bergère.
Il faut tout attendre du temps
Et surtout du désir de plaire.

1. 30 août 1747.
2. 6 septembre 1747.

mer, le teint noir, rouge, échauffé, la bouche plate, les dents clair-semées et extrêmement gâtées. Voilà la figure de la belle Émilie, figure dont elle est si contente qu'elle n'épargne rien pour la faire valoir. Frisure, pompons, pierreries, verreries, tout est à profusion. Mais comme elle veut être belle en dépit de la nature, et qu'elle veut être magnifique en dépit de la fortune, elle est souvent obligée de se passer de bas, de chemises, de mouchoirs et autres bagatelles.

« Née sans talent, sans mémoire, sans imagination, elle s'est faite géomètre pour paraître au-dessus des autres femmes, ne doutant pas que la singularité ne donne la supériorité. Le trop d'ardeur pour la représentation lui a cependant un peu nui. Certain ouvrage donné au public sous son nom, et revendiqué par un cuistre, a semé quelques soupçons; on en est venu à dire qu'elle étudiait la géométrie pour parvenir à entendre son livre. Sa science est un problème difficile à résoudre; elle n'en parle que comme Sganarelle parlait latin devant ceux qui ne le savaient pas. Belle, magnifique, savante, il ne lui manquait plus que de devenir princesse; elle l'est devenue, non par la grâce de Dieu, ni par celle du roi, mais par la science. Ce ridicule lui a passé comme les autres. On la regarde comme une princesse de théâtre, et l'on a presque oublié qu'elle est femme de condition. On dirait que l'existence de la divine Émilie n'est qu'un prestige. Elle a tant travaillé à paraître ce qu'elle n'est pas, qu'elle ne sait plus ce qu'elle est en effet. Ses défauts mêmes ne lui sont peut-être pas naturels. Ils pourraient tenir à ses prétentions : son impolitesse et son inconsidération, à l'état de princesse; sa sécheresse et ses distractions, à celui de savante; son rire glapissant, ses grimaces et ses contorsions, à celui de jolie femme. Tant de prétentions satisfaites n'auraient cependant pas suffi pour la rendre aussi fameuse qu'elle voulait l'être ; il faut, pour être célèbre, être célébrée. C'est à quoi elle est parvenue en devenant maîtresse déclarée de M. de Voltaire. C'est lui qui la rend l'objet de l'attention du public et le sujet des conversations particulières. C'est à lui qu'elle devra de vivre dans les siècles à venir. En attendant, elle lui doit ce qui fait vivre dans le siècle présent... »

Quand ce portrait, écrit avec une amertume et une crudité d'expressions qui ne se remarquent dans aucun autre de ceux qu'a tracés la même plume, commença à courir le monde, où il eut beaucoup de succès, « madame du Deffand, dit Thomas, me rappelle cette naïveté d'un médecin de ma connaissance : *Mon ami tomba malade, je le traitai ; il mourut, je le disséquai !...* [1] » Du reste, cette aigreur et cette malveillance pour madame du Chatelet trouveraient peut-être leur explication dans la conjecture dont nous avons parlé plus haut, sur les rapports antérieurs de madame du Deffand avec Voltaire.

La perte de madame de Staal [2] rendit le concours de madame du Deffand plus que jamais nécessaire pour entretenir le mouvement et l'activité dans la petite cour de Sceaux, elle y passait souvent plusieurs semaines de suite. « Vous vous établissez donc tout à fait à Sceaux avec d'Alembert, lui écrit Formont... » Cependant, plus indépendante de position, de fortune, d'esprit et de caractère surtout que madame de Staal, elle n'était pas sans trouver parfois un peu onéreuse cette assiduité obligatoire que Voltaire, pour lui-même apparemment moins susceptible, lui rappelle plus tard dans une lettre écrite de Postdam : « Savez-vous bien

---

1. *Correspondance de Grimm*, t. IX, page 321.
2. En 1750.

que vous étiez des esclaves à Sceaux et à Anet; oui, des esclaves, en comparaison de la vraie liberté que l'on goûte à Postdam, avec un roi qui a gagné cinq batailles!... » C'est probablement pour échapper un peu à cet esclavage qu'elle voulut avoir un établissement convenable, et, quittant son petit appartement de la rue de Beaune, elle en prit dans le couvent de Saint-Joseph, rue Saint-Dominique, un plus considérable, qu'elle paraît avoir mis tous ses soins à meubler avec une certaine élégance. « Je vous vois d'ici dans cet appartement, lui écrit de Constantinople le comte des Alleurs, admirant la moire et les nœuds couleur de feu! Je vous révère d'aimer la propriété; vous méritez d'avoir du bien, non-seulement par le bon usage que vous en faites, mais par l'ordre avec lequel vous le conduisez... » Elle donne, dans une de ses lettres à Walpole, le chiffre exact de ses revenus, qui se montaient à 33,000 livres de rente, et seraient loin de pouvoir suffire aujourd'hui à l'état de maison qu'elle s'était arrangé. Son nouvel établissement lui permit d'ouvrir un salon qui bientôt compta dans la société de Paris. Quelques années plus tard, en 1753, la mort de la duchesse du Maine la rendit complétement à elle-même et à ses amis. Ses soupers du lundi furent bientôt fort à la mode. La bonne chère et la conversation y attirèrent du monde, et ce salon devint un des centres de la bonne compagnie.

Le couvent de Saint-Joseph, aujourd'hui le ministère de la guerre, devra tenir sa place dans une histoire qui reste à écrire, celle des salons de Paris [1]. Madame du Deffand l'a habité pendant vingt-sept ans, et mademoiselle de Lespi-

---

1. M. Rœderer l'a commencée dans un charmant travail : *Histoire de la Société polie*.

nasse pendant dix; Madame de Genlis, que l'on appelait alors la comtesse de Lancy, occupait en même temps, avec sa mère, un appartement dans l'intérieur, et ce fut là que se négocia son mariage. Sous le règne précédent, madame de Montespan, protectrice de la maison qu'elle avait fondée, y venait de temps à autre faire de dévotes retraites dont les intervalles étaient moins édifiants. C'est encore là que le Prétendant, après sa sortie de prison, trouva un asile, et vécut caché pendant trois ans, dans les conditions les plus bizarres et les plus romanesques. Enfermé le matin chez madame de Vassé, il en sortait le soir par un escalier dérobé, et on l'introduisait mystérieusement dans l'alcôve de mademoiselle Ferrand, femme distinguée par son esprit, fort à la mode, qui recevait beaucoup de monde, et dont la société ne soupçonnait pas la présence d'un tel auditeur. Le prince assistait ainsi, à l'insu des interlocuteurs, à des conversations intéressantes dont souvent, sans s'y mêler, il faisait les principaux frais. La nuit il changeait encore une fois de retraite, et oubliait ses malheurs auprès de la princesse de Talmont, qui occupait aussi un appartement à Saint-Joseph.

L'aspect des lieux n'a guère moins changé que les habitants depuis cette époque. Madame du Deffand logeait dans la partie gauche du bâtiment, voisine de l'hôtel de Brienne, aujourd'hui l'hôtel du ministre, et dans le même appartement qu'avait occupé madame de Montespan, dont on voyait encore les armes sur la plaque de la cheminée. Les habitués les plus intimes étaient alors avec le président Hénault, d'Alembert, « son petit ami, » comme l'appelle le baron Scheffer, qu'elle se donna beaucoup de mouvement pour faire arriver à l'Académie. Il avait pour concurrent l'abbé de Boismont, dont la duchesse de Chaulnes appuyait vivement la candidature, et qui prétendait avoir été toute sa vie à la chasse du ridicule, à quoi un plaisant répondait: « L'animal s'est retourné et a imprimé sa griffe sur le chasseur. » L'abbé de Boismont [1] obtint neuf voix contre quatorze données à d'Alembert. Quand, pour prix de son actif concours, madame du Deffand voulut obtenir de la complaisance de ce dernier quelques éloges dans l'*Encyclopédie* en faveur du président Hénault et de son *Abrégé chronologique*, elle n'y put parvenir. L'ouvrage cependant obtint un succès énorme quand parut, en 1744, la première édition. Il fut traduit dans toutes les langues, même en chinois. D'Alembert persista toujours à n'en parler que froidement. « Dieu et vous, ou vous-même toute seule, répondit-il à ses plus vives instances, ne me feront pas changer de langage. » Ce ne fut pas, du reste, le seul acte d'ingratitude qu'elle ait eu à lui reprocher. Quelques années plus tard la haine devait remplacer entre eux l'amitié. Il est juste de remarquer que de toutes les personnes avec qui elle a été en rapports d'affection et d'intimité, d'Alembert est le seul avec qui elle se soit jamais brouillée.

Pont de Veyle et Formont lui furent plus fidèles. Le premier, fils de madame de Ferréol, frère aîné de d'Argental, et neveu de madame de Tencin, était, pour madame du Deffand, un ami d'enfance. Elle écrit à Walpole le 5 juillet 1767 : « Je l'aime beaucoup ce Pont de Veyle, il m'a toujours été fidèle, et c'est peut-être la seule personne dont je n'aie jamais eu occasion de me plaindre. Nous nous connaissions il y a cinquante ans... » Et dans une lettre du 13 février de la même année à M. Craufurt : « Pont de Veyle est toujours mon meilleur ami; il pratique l'amitié

---

1. L'abbé de Boismont fut reçu un peu plus tard, en 1755, à la place de M. Boyer, évêque de Mirepoix.

sans la sentir, c'est quelque chose... » A en croire madame du Deffand, égoïste, ennuyé, il n'était pas sans quelques rapports de caractère avec elle, ce qui rend plus singulière la persévérance de leur intimité ; car, dans le monde, on se plaît par les contrastes plus que par les ressemblances. Du reste, d'autres le jugeaient plus favorablement. C'était le favori de sa mère qui témoignait peu de tendresse aux autres membres de la famille. « Philosophe sans affiche, ami fidèle et constant, recherché de tout le monde et assorti à toutes les sociétés... [1] » — « C'est un très-bon garçon qui a de l'esprit et de la finesse dans l'esprit, qui est aimé et qui mérite de l'être... mais sa santé est fort délicate, je crains que nous le perdions ; je dis cela le cœur serré, car c'est la plus grande perte que je puisse faire. Il a toutes les qualités les plus essentielles, beaucoup de mérite et d'esprit ; ses procédés à mon égard sont d'un ange... » dit de lui mademoiselle Aïssé [2].

Grimm rapporte sous ce titre : *Idée des liaisons de Paris*, un prétendu dialogue entre les deux amis : « — Pont de Veyle !... — Madame !... — Où êtes-vous ?... — Au coin de votre cheminée... — Couché les pieds sur les chenets comme on est chez ses amis ?... — Oui, madame. — Il faut convenir qu'il est peu de liaisons aussi anciennes que la nôtre... — Cela est vrai !... — Oui, cinquante ans passés... et dans ce long intervalle pas un nuage, pas même l'apparence d'une brouillerie... — C'est ce que j'ai toujours admiré... — Mais, Pont de Veyle, cela ne viendrait-il pas de ce qu'au fond nous avons toujours été fort indifférents l'un pour l'autre ?... — Cela se pourrait bien, madame !... » Rien n'est assurément moins conforme à cette plaisanterie

---

1. *Mémoires* du président Hénault.
2. Lettres, 1727-1728.

que le caractère de madame du Deffand, bien plus exigeante et passionnée qu'indifférente. Mais Grimm ne la connaissait pas, et n'aurait pas contribué, s'il avait lu sa correspondance, à lui faire cette réputation de sécheresse qui lui est si injustement restée. — Ami de Maurepas, Pont de Veyle partagea sa disgrâce en 1749. Il courut grand risque d'être exilé avec Caylus et quelques autres, mais lui surtout, qu'on savait « grand faiseur de vers et qu'on accusait d'avoir chansonné [1]. » Le duc de Richelieu intervint et le protégea auprès de madame de Pompadour. Il avait composé quelques comédies qui ne sont pas restées à la scène [2], et de jolis contes qui ne se lisent plus guère : *le Siége de Calais, le Comte de Cominges, les Malheurs de l'Amour*. Mais il avait surtout un talent fort amusant et qui le mettait fort à la mode : l'art de parodier, pour lequel il était unique. Il composait des paroles sur des airs de danse. « Il a entre autres adapté à l'un de ces airs, dit Walpole, la fable de *Daphnis et Chloé*, qu'il a rendue dix fois plus indécente ; mais il est si vieux et chante si bien ses parodies, que dans les meilleures sociétés on consent à l'entendre [3]... » Il mourut le 3 septembre 1774. Madame du Deffand annonce sa fin dans une lettre du 4 septembre : « Je fais une grande perte, dit-elle, une connaissance de cinquante-cinq ans qui était devenue une liaison intime... Il n'était ni tendre, ni affectueux ; mais loyal et sincère... J'étais ce qu'il aimait le mieux... Son frère d'Argental est un bon homme ; il a de l'esprit, de la douceur ; nous avons beaucoup vécu ensemble dans notre jeunesse ; mais il y avait bien quarante ans que nous ne nous voyions plus. Il nous reste cependant quelque

---

1. *Mémoires* de d'Argenson.
2. *Le Fat puni, le Complaisant*.
3. Lettres de Walpole.

réminiscence qui empêche que ce soit une connaissance nouvelle... »

Formont passait pour un des hommes les plus aimables de la société. Il joignait à beaucoup d'esprit une simplicité charmante. Sans prétention lui-même, il n'était ni blessé, ni incommodé de celles des autres, paraissait à son aise avec tout le monde, comme tout le monde l'était avec lui. Nul ne savait si bien causer sans disserter... « Nous parlerons de tout, et nous ne traiterons de rien, » disait-il. Madame du Deffand le perdit en 1758, et se montra fort sensible à cette perte. Voltaire, qui avait lui-même été fort lié avec Formont, et qui paraît s'être refroidi pour lui, comme nous en avons fait plus haut la remarque, ne se prêta que d'assez mauvaise grâce au désir que lui exprima madame du Deffand, de le voir consacrer quelques pages à la mémoire de cet ancien ami. La lettre de Voltaire est imprimée dans sa correspondance; la réponse suivante de madame du Deffand est inédite[1] :

Paris, janvier 1759.

« Je croyais que vous m'aviez oubliée, monsieur; je m'en affligeais sans m'en plaindre, mais la plus grande perte que je pouvais jamais faire et qui met le comble à mes malheurs me rappelle à votre souvenir. Nul autre que vous n'a si parfaitement parlé de l'amitié; la connaissant si bien, vous pouvez juger de ma douleur. L'ami que je regretterai toute ma vie me faisait sentir la vérité de ces vers qui sont dans votre discours de la modération :

---

[1]. Nous la trouvons dans le recueil manuscrit des lettres de madame du Deffand, que le prince de Beauvau, son exécuteur testamentaire, a fait copier suivant l'autorisation à lui laissée. Le nouvel éditeur de la *Correspondance* de madame du Deffand avec Walpole la reproduit à la date de novembre 1758. C'est une erreur évidente : la lettre à laquelle celle-ci sert de réponse, et qui se trouve également dans notre recueil manuscrit, porte la date du *27 décembre 1758*.

Oh ! divine amitié, félicité parfaite ! etc...

« Je les disais avec délices, je les dirai présentement avec amertume et douleur ! Mais, monsieur, pourquoi refusez-vous à mon ami un mot d'éloge ? Sûrement vous l'en avez trouvé digne ; vous faisiez cas de son esprit, de son goût, de son jugement, de son cœur et de son caractère ; il n'était point de ces philosophes *in-folio* qui enseignent à mépriser le public, à détester les grands, qui voudraient n'en reconnaître dans aucun genre, et qui se plaisent à bouleverser les têtes par des sophismes et par des paradoxes fatigants et ennuyeux. Il était bien éloigné de ces extravagances. C'était le plus sincère de vos admirateurs, et je crois un des plus éclairés. Mais, monsieur, pourquoi ne serait-il loué que par moi ? Quatre lignes de vous, soit en vers, soit en prose, honoreraient sa mémoire et seraient pour moi une vraie consolation.

« Si vous êtes mort, comme vous le dites, il ne doit plus rester de doutes sur l'immortalité de l'âme. Jamais, sur terre, on n'eut autant d'âme que vous en avez dans le tombeau. Je vous crois fort heureux ; me trompé-je ? Le pays où vous êtes semble avoir été fait pour vous ; les gens qui l'habitent sont les vrais descendants d'Ismaël, ne servant ni Baal, ni le Dieu d'Israël !... On y estime et admire vos talents sans vous haïr ni vous persécuter.. Vous jouissez encore d'un fort grand avantage : beaucoup d'opulence qui vous rend indépendant de tous, et vous donne la facilité de satisfaire vos goûts et vos fantaisies. Je trouve que personne n'a si habilement joué que vous. Tous les hasards ne vous ont pas été heureux, mais vous avez su corriger les mauvais et vous avez tiré un bien bon parti des favorables. Enfin, monsieur, si votre santé est bonne, si vous jouissez des douceurs de l'amitié, le roi de Prusse a raison, vous êtes mille fois plus heureux que lui, malgré la gloire qui l'environne et la honte de ses ennemis.

« Le président fait toute la consolation de ma vie, mais il en fait aussi le tourment par la crainte que j'ai de le perdre ; nous parlons de vous bien souvent. Vous êtes cruel de nous dire que vous ne nous reverrez jamais. Jamais, c'est effectivement le discours d'un mort ; mais, Dieu merci, vous êtes bien en vie, et je ne renonce point au plaisir de vous revoir.

« Adieu, monsieur, personne n'a pour vous plus de goût, plus d'estime, plus d'amitié ; il y a quarante ans que je pense de même. »

Parmi les habitués de Saint-Joseph, il faut citer encore le chevalier d'Aydie, quand il se trouvait à Paris. C'est chez madame du Deffand qu'il avait pour la première fois rencontré cette délicieuse mademoiselle Aïssé, dont la touchante histoire est trop connue pour que nous la racontions ici. Peut-être est-ce cette histoire qui a inspiré à l'abbé Prévost son plus charmant roman après *Manon Lescaut*, l'*Histoire d'une Grecque moderne*. On lit dans les *Mémoires* de l'avocat Barbier, à la date d'avril 1732, que M. de Ferriol, ambassadeur à Constantinople, avait ramené à Paris deux esclaves très-belles. Il en garda une pour lui ; le comte de Nogent, son ami, prit l'autre, qu'il épousa, ce qui ne l'empêchait pas « de le porter fort haut » et d'avoir pour ses enfants de grandes prétentions aux priviléges de la plus haute naissance. Le sort de la pauvre Aïssé fut moins brillant. M. Sainte-Beuve, dont l'autorité est si compétente en toute matière, croit pouvoir absoudre M. de Ferriol de l'accusation qui rend sa mémoire odieuse. On voudrait rester convaincu ; pourtant *les textes* sont bien formels : « J'ai voulu faire de vous ma fille ou ma maîtresse ; le destin veut que vous soyez l'un et l'autre !... » Quoi qu'il en soit, elle céda plus tard à l'amour du chevalier d'Aydie. Mais tout ce que la sincérité, le dévouement, le repentir, peuvent apporter d'excuse à une unique faiblesse, se trouve réuni en sa faveur et lui donne un charme incomparable. Elle reste comme une touchante et romanesque figure, à une époque où l'amour se faisait en général d'une façon peu romanesque. Elle mourut dans les sentiments de la plus édifiante piété.

Il faut citer aussi l'auteur de l'*Esprit des lois*, dont le livre, qui venait de paraître, avait fourni à madame du Deffand l'occasion d'un de ces mots qui firent fortune : « C'est de l'esprit sur les lois ! » Montesquieu, dans une de ses lettres, rappelle les soupers qui faisaient ses délices, et « qu'aucune lecture ne pouvait remplacer pour lui; » enfin, tout ce qui se trouvait de passage à Paris en hommes considérables à divers titres. On était certain de rencontrer dans ce salon les étrangers les plus célèbres, « attirés par la curiosité de connaître cette France ancienne et nouvelle, que chez eux ils dénigraient avec pesanteur et accusaient de frivolité, mais qui dans tous les temps est, fut et sera toujours l'objet de leur jalousie [1]... La conversation, du reste, n'était pas toujours frivole à ces soupers : « Je me souviens, écrit en 1754 lord Bath, d'un soir qu'elle tomba sur notre histoire d'Angleterre. Combien ne fus-je pas tout à la fois surpris et confus de voir que les personnes qui composaient la compagnie savaient toutes cette histoire mieux que nous ne la savions nous-mêmes ! »

---

[1]. *Mémoires* du comte de Ségur.

La mort du marquis du Deffand[1], qu'elle n'avait probablement pas revu depuis leur tentative infructueuse de réconciliation en 1732, lui donna un peu plus d'aisance sous le rapport de la fortune, mais n'ajouta rien à sa liberté. Elle continua à recevoir, à donner à souper ; puis un beau jour, au mois d'avril 1752, sans qu'on puisse bien comprendre pourquoi, l'ennui la prend. Elle se sent triste, *isolée*, malheureuse au milieu des amis qui l'entourent, quitte cette société dont le mouvement, la vie semblaient si conformes à ses goûts et à ses habitudes d'esprit, pour s'en aller tomber à l'improviste chez son frère, en Bourgogne, annonçant l'intention de s'y fixer pour toujours. Dans sa correspondance avec Voltaire, elle rappelle plus tard cette fantaisie, et lui écrit qu'elle aurait été le voir alors, si elle avait persisté dans son projet de s'établir en province. Elle explique un peu plus longuement à Walpole la singulière tentation de renoncer à Paris : « La sorte d'humiliation qui tient à l'abandon m'est insupportable, lui dit-elle... C'est un point fixe que j'ai dans la tête, une espèce de folie, qui me fit aller il y a vingt-cinq ans en province, où je passai une année entière... »

Recherchée, entourée comme elle l'était, on ne comprend guère cependant qu'elle souffrît de l'*abandon*. Tous ses amis essayèrent vainement de la retenir, et, quand elle fut partie, malgré tous leurs efforts de dissiper par leurs lettres les vapeurs à l'obsession desquelles elle avait cédé : « Vous ne faites pas assez d'usage, lui écrit l'un d'eux, des forces et des lumières de votre esprit... Il faut tenir tête à ses ennemis, dissimuler avec de faux amis, et regarder les hommes comme une fausse monnaie avec laquelle on ne laisse pas d'acheter de l'amusement et de la distraction... Il

---

1. 1750.

n'y a pas de plus grande folie que d'être malheureux ! Vous m'avez envoyé des jérémiades, je vous renvoie un sermon !... »

« Vous me paraissez triste jusqu'à la mort, lui écrit à son tour d'Alembert ; mais de quoi ? Pourquoi craignez-vous de vous retrouver chez vous ? Avec votre esprit et votre revenu, pouvez-vous y manquer de connaissances ? Je ne vous parle pas d'amis, je sais combien cette denrée-là est rare ; mais avec un bon souper, on a qui on veut, et si on le juge à propos, on se moque encore après de ses convives !... » Il est curieux de comparer cette philosophie avec celle du siècle précédent : « Je ne comprends pas, écrivait madame de Sévigné à Bussy, qu'on puisse avoir un moment de repos en ce monde, si on ne regarde Dieu et sa volonté ; avec cet appui, dont on ne saurait se passer, on trouve la force de supporter les plus grands malheurs [1]. » Voilà les consolations que Notre-Dame de Livry, comme Walpole appelait madame de Sévigné, aurait données à madame du Deffand, et c'étaient bien les seules propres à la soutenir dans la cruelle épreuve dont elle était menacée, une cécité qui devint bientôt complète et la plongea, suivant son énergique expression, dans un cachot éternel. Voltaire et ses amis n'avaient à lui offrir, au lieu de cela, que de galants madrigaux :

> La perte des yeux de Thémire
> Affligerait moins son esprit,
> Si les choses qu'elle entend dire
> Valaient celles qu'elle nous dit.

« ... Ils étaient autrefois bien brillants et bien beaux, ces yeux-là !... Pourquoi faut-il qu'on soit puni par où l'on

---

[1]. Lettre de madame de Sévigné à Bussy, le jour des Rois, 1689.

a péché, et quelle rage a la nature de détruire ses plus beaux ouvrages ! »

Ou des encouragements comme ceux-ci :

> Ce monde est un amas d'horreurs,
> De coupables et de victimes !
> Des maux passés le souvenir
> Et les terreurs de l'avenir
> Seraient un poids insupportable.
> Dieu prit pitié du genre humain ;
> Il le créa *frivole* et *vain*
> Pour le rendre *moins misérable*.

Entre ces gentillesses et le fameux axiome : *Dieu, c'est le mal,* il n'y a en vérité de différence que dans l'accompagnement ; la musique est la même. Madame du Deffand, et c'est par ce côté qu'elle intéresse, n'était pas à la hauteur de cette philosophie-là. Malheureusement elle n'avait pas davantage l'intelligence de la véritable. Elle n'apporta ni ne trouva chez son frère les dispositions qu'il fallait pour s'y créer un intérieur de famille. « Je n'ai, écrit-elle un jour à la duchesse de Choiseul, que la spéculation des vertus dont vous avez la pratique. » Bientôt elle s'ennuya de cette vie tranquille, elle quitta le château de Chamrond, essaya de s'établir à Mâcon, réduite à la société de l'évêque, puis à Lyon, auprès du cardinal de Tencin, qu'elle connaissait depuis longtemps, mais sans se trouver tolérablement nulle part, comprenant qu'il lui serait impossible, comme le lui avaient prédit ses amis, de devenir jamais *provinciale* et annonçant son retour à Paris pour l'année suivante. C'est pendant le séjour qu'elle fit alors en Bourgogne, qu'elle lia connaissance avec mademoiselle de Lespinasse, dont la vie se trouve ensuite associée, sinon assujettie à la sienne, pendant dix années.

Mademoiselle de Lespinasse était fille naturelle de la comtesse d'Albon, de qui le comte de Vichy, frère de madame du Deffand, avait épousé la fille légitime. M. Beuchot, dans une note de la correspondance de Voltaire [1], désigne le cardinal de Tencin comme le père de mademoiselle de Lespinasse. Il n'est fait mention nulle part ailleurs de cette prétendue paternité. Quoiqu'elle fût portée sur les registres de la paroisse comme enfant légitime d'un bourgeois de Lyon, dont le nom lui fut donné, le secret et toutes les circonstances de sa naissance étaient bien connus dans la province; et comme elle était née après le mariage de la comtesse d'Albon, peut-être aurait-elle pu, après la mort de celle-ci, faire admettre en justice son droit à partager la fortune avec les enfants légitimes. Quoique la délicatesse de ses sentiments dût à cet égard rassurer la famille, le comte et la comtesse de Vichy paraissent n'avoir pas été sans inquiétude. Moins par tendresse que par méfiance et pour la mieux surveiller, ils voulurent la garder auprès d'eux au château de Chamrond. Elle s'y trouvait depuis quatre ans, chargée de l'éducation des enfants (ses neveux), traitée sans bienveillance, et dans une position assez équivoque, lorsque madame du Deffand y arriva, ne tarda pas à l'apprécier, et forma le projet de se l'attacher comme une compagne qui lui sauverait l'ennui de la solitude. Avant de mettre ce projet à exécution, elle crut devoir consulter la duchesse de Luynes « comme une personne de qui elle se faisait un devoir de dépendre; » elle l'informe de l'opposition qu'y mettent son frère et sa belle-sœur; « quoique leurs raisons n'aient aucune apparence de justice, le désir de conserver la paix lui fait attacher du prix à obtenir leur consentement, et réclamer à cet effet l'intervention de madame de Luynes.

---

1. *Correspondance*, t. I. p. 482.

L'existence de cette fille n'est d'aucun danger pour M. et madame de Vichy, et s'il y avait quelque inconvénient à craindre d'elle, son séjour près de madame du Deffand est précisément ce qui devrait le plus les rassurer... Au reste, elle a fait de son mieux pour témoigner à ses parents l'amitié et la confiance qu'ils étaient en droit d'attendre d'elle. Toute la province rendra témoignage de ses attentions pour eux ; qu'elle se louait de tout, se conformait à leurs usages ; loin de causer de l'embarras dans leur maison, ses domestiques leur étaient plus utiles que les leurs propres. Si le mécontentement qu'ils ont de lui voir prendre cette fille leur fait oublier aujourd'hui ces bons procédés, c'est une fantaisie dont elle a le droit à son tour de ne tenir aucun compte, etc... »

La duchesse de Luynes la remercie de cette consultation, « dont il n'y a que votre cœur qui eût besoin, lui dit-elle... En général, il y a beaucoup d'inconvénients à s'attacher une complaisante. Les commencements en sont d'ordinaire merveilleux, mais souvent l'ennui et le dégoût viennent. D'abord, on le dissimule, puis il se fait sentir avec amertume. Au surplus, c'est à vous à bien peser toutes les raisons. M. et madame de Vichy ne m'en ont rien écrit ; j'en conclus que cela ne leur tient pas trop au cœur... » La suite devait justifier ces sages conseils. Pendant cette négociation, mademoiselle de Lespinasse s'était retirée à Lyon, dans un couvent. Madame du Deffand, avant de se remettre en route pour retourner à Paris, lui écrit de venir l'y rejoindre, l'avertit de la position qui lui sera faite à Saint-Joseph, de la manière dont elle devra s'y conduire ; mais elle l'engage surtout à se bien examiner encore avant de s'engager dans une vie très-sérieuse, et de contracter cette espèce de mariage avec une personne aigrie, susceptible, difficile ; elle se peint telle qu'elle se voit et telle qu'elle est en effet, avec ses qualités et ses défauts... « Si vous me connaissez bien, lui dit-elle, vous ne devez pas avoir d'inquiétude sur la façon dont je traiterai votre amour-propre. Mais il faudra vous en rapporter à la connaissance que j'ai du monde. Si l'on croyait d'abord que vous fussiez établie auprès de moi, on ne saurait, quand même je serais une bien plus grande dame, de quelle manière on devrait traiter avec vous ; les uns pourraient vous croire ma propre fille, les autres ma complaisante..., et sur cela faire des commentaires impertinents... Le moindre artifice et même le plus petit art que vous mettriez dans votre conduite avec moi me serait insupportable. Je suis naturellement méfiante, et tous ceux en qui je crois de la finesse me deviennent suspects au point de ne pouvoir plus prendre aucune confiance en eux. J'ai deux amis intimes, qui sont Formont et d'Alembert ; je les aime passionnément, moins par leurs agréments et par leur amitié pour moi que par leur extrême vérité... Il faut donc vous résoudre à vivre avec moi dans la plus grande vérité et sincérité, ne jamais user d'insinuation ni d'exagération ; en un mot, ne jamais perdre un des plus grands agréments de la jeunesse, qui est la naïveté. Vous avez beaucoup d'esprit, vous avez de la gaieté, vous êtes capable de sentiments ; avec toutes ces qualités vous serez charmante tant que vous vous laisserez aller à votre naturel et que vous serez sans prétention et sans *entortillage*... »

Ses propositions furent acceptées avec reconnaissance, et toutes choses ayant été bien convenues entre ces deux dames, madame du Deffand se mit en route pour Paris, où il lui tardait de se retrouver établie. Elle avait annoncé son retour à d'Alembert. « La vie que je mènerai vous conviendra, j'espère, lui écrit-elle ; nous dînerons souvent ensemble tête à tête, et nous nous confirmerons l'un l'autre dans la résolution de ne faire dépendre notre bonheur que de nous-mêmes. Je vous apprendrai peut-être à supporter les hommes, et vous m'apprendrez à m'en passer. » Elle le trouva venu à sa rencontre au château du Boulay, chez M. d'Héricourt [1], où elle s'arrêta quelques jours. Dans le courant de novembre 1753, elle avait rouvert son salon à Saint-Joseph. Mademoiselle de Lespinasse, qui vint la rejoindre au mois d'avril ou de mai de l'année suivante, l'aida depuis lors à en faire les honneurs. Celle-ci occupait une petite chambre donnant sur la cour, et où quelque commis du ministère de la guerre travaille aujourd'hui, ne se doutant pas probablement que de hautes notabilités du siècle dernier se sont, pendant plusieurs années, donné tous les jours, de cinq à six heures, rendez-vous dans son bureau. On a malheureusement peu de détails sur les dix années que ces deux dames passèrent ensemble, et sur les circonstances qui ont amené leur séparation. Le différend qui s'éleva entre elles est difficile à juger, quoique les rapporteurs n'aient pas manqué au procès. Presque tous condamnent madame du Deffand ; mais leur impartialité doit paraître suspecte, car ils appartiennent en général à la coterie philosophique dont elle n'était pas, qu'elle appelait *la livrée de Voltaire,* et qu'elle s'inquiétait fort peu de ménager. Sans doute elle était difficile à vivre ; elle-même le reconnaît et s'en accuse souvent ; elle en avait, on l'a vu, prévenu franchement sa compagne avant de se l'attacher. On serait donc porté à lui supposer tous les torts, si les let-

---

1. Bénigne-Jérôme du Trousset-d'Héricourt, marquis du Boulay, intendant de la marine à Marseille, puis à Toulon. Il est connu par la correspondance de madame de Simiane, petite-fille de madame de Sévigné. La terre du Boulay fut érigée en marquisat en sa faveur, par lettres patentes enregistrées au parlement de Paris, le 17 janvier 1749.

tres de mademoiselle de Lespinasse, publiées en 1811, ne la faisaient connaître, elle aussi, comme une personne inconstante et passionnée, au point que, d'après ses propres aveux, l'ami même qui s'était entièrement dévoué à elle fut en droit de lui reprocher la dissimulation et l'ingratitude. Quoi qu'il en soit, Grimm, Marmontel, Laharpe, parlent des griefs que madame du Deffand imputait à sa dame de compagnie. Il paraît, s'il faut en croire Marmontel, que le principal était d'attirer dans son petit appartement les habitués du salon, avant l'heure ordinaire où il s'ouvrait pour les recevoir, et de les détourner ainsi à son profit. D'Alembert surtout, que madame du Deffand, quand il entra dans le monde « *en qualité de prodige,* » avait attiré, captivé, et qui en était venu plus tard « à l'aimer à la folie, » c'est lui-même qui nous l'apprend, d'Alembert, « son petit ami, » quelque dévoué qu'il fût encore à sa vieille amie, ne fut pas fâché sans doute de voir rompre ses tête-à-tête avec elle par une personne de vingt-deux ans, bien faite, et d'un visage agréable avant que la petite vérole l'eût gâté, dont l'esprit et le charme demeurèrent toujours incomparables. Madame du Deffand s'en plaignit avec amertume, reprocha aigrement à mademoiselle de Lespinasse *sa trahison.* Celle-ci se plaignit à son tour de manque d'égards, de mauvais procédés ; plusieurs scènes, qui paraissent avoir été fort vives, précédèrent la rupture. Laharpe raconte dans sa *Correspondance littéraire,* que mademoiselle de Lespinasse, au désespoir, voulut s'empoisonner et prit *soixante grains* d'opium, qui ne lui donnèrent pas la mort, mais la jetèrent dans des convulsions épouvantables dont ses nerfs demeurèrent toujours fort affaiblis. Il ajoute que, croyant n'en pas revenir et voyant au pied de son lit madame du Deffand qui fondait en larmes, elle lui dit seulement : « Il est trop tard, madame. » Elle en revint pourtant et témoigna le désir de rentrer en grâce. Madame du Deffand fut inflexible et ne lui pardonna jamais. « Je ne puis consentir à vous revoir sitôt, lui écrit-elle pour la dernière fois, et je ne saurais croire que ce soient des sentiments d'amitié qui vous le fassent désirer. Il est impossible d'aimer ceux dont on sait qu'on est *détesté, abhorré,* etc., etc., par qui *l'amour-propre est sans cesse humilié, écrasé,* etc., etc. Ce sont vos propres expressions et la suite des impressions que vous receviez depuis longtemps de ceux que vous dites être vos véritables amis. Ils peuvent l'être, en effet, et je souhaite de tout mon cœur qu'ils vous procurent tous les avantages que vous en attendez, agréments, fortune, considération, etc. Que feriez-vous de moi aujourd'hui? Ma présence ne vous serait pas agréable. Elle ne servirait qu'à vous rappeler les premiers temps de notre connaissance, les années qui l'ont suivie, et tout cela n'est bon qu'à oublier... »

Mademoiselle de Lespinasse ne parla jamais de son ancienne protectrice après leur rupture, qu'avec une grande réserve et fit toujours profession de respect et de reconnaissance pour elle [1]. En quittant Saint-Joseph, elle se retira d'abord dans un petit appartement, rue Saint-Dominique, au coin de la rue de Belle-Chasse, pour lequel la maréchale de Luxembourg, qui ne cessa pas de la voir, lui donna un mobilier complet. Elle y vécut seule pendant quelque temps. Une modique somme d'argent qu'elle avait reçue de sa mère mourante composait alors toute sa fortune. On découvrit seulement après sa mort que, pendant ses dernières années, madame Geoffrin lui faisait une pension de 1,000 écus. D'Alembert [2] étant bientôt après tombé

---

1. Laharpe, *Correspondance littéraire.*
2. D'Alembert était fils naturel de Destouches et de madame de Tencin. Il fut

gravement malade, elle s'établit chez lui, le soigna avec tant de dévouement, qu'après sa guérison il quitta la maison de la vitrière Rousseau, sa nourrice, chez laquelle il avait vécu jusqu'alors, pour venir loger avec sa nouvelle amie. Il le pouvait, paraît-il, sans la beaucoup compromettre. « C'était un petit homme d'une nature grêle et fluette [1]; le son de sa voix, claire et perçante, le laissait soupçonner d'avoir été dispensé par la nature de faire à la philosophie le même sacrifice qu'Origène. Tout Paris savait la réponse faite à un de ses fanatiques admirateurs, qui, dans un accès d'enthousiasme, s'écriait : « C'est un Dieu! » « Allons donc! si c'était un Dieu, il commencerait par se faire homme! » Marmontel, qui les voyait souvent, affirme que « rien ne fut plus innocent que cette intimité; que la malignité même ne l'attaqua jamais. » Rousseau parle de même de cette liaison [2], ajoutant « qu'ils vivaient ensemble, en tout bien tout honneur s'entend, et cela ne pouvait guère s'entendre autrement!... » Quoi qu'il en soit, mademoiselle de Lespinasse lui fut fort utile. La société qu'elle sut réunir, l'importance que prit bientôt son salon, contribuèrent beaucoup à celle de d'Alembert lui-même et à cette espèce de domination philosophique dont il se montrait si jaloux. Ce salon devint, en effet, le rendez-vous des hommes les plus distingués, qu'elle savait faire causer et mettre en valeur avec un tact et une habileté rares. Personne n'avait tout à la fois plus d'esprit, moins d'envie d'en montrer, et plus de talent pour mettre en jeu celui des autres. Sans qu'elle y parût prendre la moindre peine, d'un mot jeté

---

abandonné et exposé sur les marches de l'église de Saint-Jean-le-Rond, porté aux Enfants-Trouvés, retiré de cet hôpital par son père, et mis en nourrice chez la femme Rousseau, vitrière, rue Michel-le-Comte.

1. Grimm, *Correspondance littéraire.*
2. *Confessions*, liv. II.

adroitement, elle soutenait la conversation, la ranimait, la variait à son gré, l'entretenant toujours générale et sans la laisser languir jamais. « Pour porter à ce point l'art de la conversation, beaucoup d'esprit et une grande souplesse de caractère ne lui auraient pas suffi; il fallait avoir été à même d'exercer ce talent de bonne heure et de le former par l'usage du monde. C'est ce qu'elle avait pu faire auprès de madame du Deffand [1]... » Dévouée uniquement au soin de conserver ses habitués, elle leur avait sacrifié tous ses goûts. Jamais elle n'allait au spectacle ni à la campagne; ou lorsqu'il lui arrivait, par grand hasard, de faire exception à cette règle, c'était un événement dont tout Paris était instruit à l'avance. On était certain de la trouver chez elle tous les jours, de cinq à six heures du soir.

Il paraît que rien ne peut se comparer à l'ascendant qu'elle prit sur d'Alembert, et pas un Savoyard de Paris n'était chargé de plus de courses, de commissions fatigantes que n'en faisait chaque matin pour elle le dictateur de toutes les académies. Encore n'est-ce pas tout ce qu'elle en exigeait. « Confident de la belle passion qu'elle avait prise pour un jeune Espagnol, M. de Mora, il était chargé de tous les arrangements qui pouvaient favoriser cette intrigue, et lorsque son heureux rival eut quitté la France, c'était lui qu'on obligeait d'aller attendre au bureau de la grande poste l'arrivée du courrier, pour assurer à la demoiselle le plaisir de recevoir ses lettres un quart d'heure plus tôt... » On sait aujourd'hui que M. de Mora n'était pas le seul rival heureux du complaisant d'Alembert; il l'apprit lui-même quelques moments avant la mort de son amie, qui lui fit alors sa confession entière, et il ne se résigna pas sans peine à cette longue mystification. Au reste, bien que

---

1. Grimm.

la place que tenait en dernier lieu M. de Guibert dans le cœur de mademoiselle de Lespinasse fût un mystère, personne n'ignorait que d'Alembert ne remplissait pas ce cœur à lui tout seul. On fut persuadé, dans sa société, qu'elle mourait victime d'une passion malheureuse, et c'était, disait-on, la cinquième ou la sixième qu'elle avait eue dans sa vie !

Malgré la démoralisation profonde de cette société, on a de la peine à comprendre qu'une personne tenant une pareille conduite fût encore comptée, jusqu'à un certain point considérée dans la bonne compagnie. Comment s'en étonner cependant, puisqu'en lisant aujourd'hui ces lettres où la passion a un accent si douloureux et si vrai, on éprouve plus d'affectueuse et sympathique pitié que de répugnance et de dégoût? Tant il est vrai que l'égoïsme, et surtout l'égoïsme satisfait, est le seul vice irrémédiablement insociable, le seul qui condamne celui qui en est atteint à l'isolement, et lui ôte tout droit à l'indulgence. Mademoiselle de Lespinasse était malheureuse et dévouée; elle était surtout aimante, et les frais qu'elle faisait pour tout le monde tenaient moins, quoi qu'on en ait dit, de la politesse apprise que de la bienveillance naturelle. Personne, peut-être, n'a jamais eu autant d'amis et « chacun d'eux en était aimé comme s'il eût été le seul à l'être. Jamais on n'a eu plus d'activité ni plus de plaisir à obliger. Elle inspirait tant de confiance qu'il n'y avait personne qui, au bout de quinze jours de connaissance, ne fût prêt à lui conter l'histoire de sa vie. » Après avoir perdu cette compagne, d'Alembert alla occuper au Louvre le logement qu'il y avait comme secrétaire perpétuel de l'Académie. « Le désordre et l'anarchie qui se mirent dans le parti des philosophes, après la mort de mademoiselle de Lespinasse et la paralysie de madame Geoffrin [1], dit Grimm, prouvent combien la sagesse de leur gouvernement avait prévenu de maux, combien elle avait dissipé d'orages, et surtout combien elle avait *sauvé de ridicules*. Jamais, sous leur *respectable administration*, nous n'eussions vu toutes les scènes auxquelles la guerre de la musique a donné lieu ; jamais ! »

De tous les amis de madame du Deffand, d'Alembert fut le seul qui rompit complétement avec elle à l'occasion de mademoiselle de Lespinasse ; quelques autres restèrent fidèles à la première, et conservèrent leur place dans son intimité, sans se brouiller avec la seconde, comptant même toujours parmi ses habitués ; la comtesse de Boufflers entre autres, celle que madame du Deffand appelle « *l'idole du Temple,* » à cause de son intimité avec le prince de Conti qui habitait le Temple en qualité de grand prieur de l'ordre de Malte ; et le président Hénault, qui, à soixante-dix ans, peut-être même, suivant Laharpe, *parce qu'il* avait soixante-dix ans, proposa, dit-on, à mademoiselle de Lespinasse de l'épouser !... En apprenant sa mort, en 1776 [2] : « Elle aurait bien dû, dit froidement madame du Deffand, mourir seize ans plus tôt, je n'aurais pas perdu d'Alembert ! »

Le 23 mai 1776, elle écrit à Walpole : « Mademoiselle de Lespinasse est morte cette nuit. Ç'aurait été un événement pour moi autrefois. Aujourd'hui, ce n'est rien du tout... » Du reste, dans ses lettres les plus intimes à Walpole ou à la duchesse de Choiseul, elle ne parle que rarement de *la demoiselle* ou de d'Alembert, et toujours avec une réserve de bonne compagnie qui contraste avec la grossièreté injurieuse à laquelle se laisse aller d'Alembert toutes les fois que dans sa correspondance avec Voltaire il

---

1. *Correspondance littéraire.* Juillet 1777.
2. Le 23 mai.

est question de cette ancienne amie. Par un testament que madame du Deffand trouve « ridicule, » mademoiselle de Lespinasse laisse à M. de Vichy, qu'elle qualifie son neveu, un perroquet; des boucles de cheveux à tous ses fidèles. Elle charge son exécuteur testamentaire, d'Alembert, du soin de « faire vendre tous ses effets, d'employer le produit à payer ses dettes; s'il ne suffit pas, elle compte assez sur l'amitié et la générosité de *son neveu* de Vichy, pour le prier d'ajouter le surplus. A l'égard des d'Albon, elle n'en veut point parler, parce que non-seulement elle n'a reçu d'eux aucun bienfait, mais encore qu'ils lui ont volé une somme que sa mère avait mise en dépôt pour elle... » Elle signe ce testament : « Julie d'Albon. »

C'est en 1764 que mademoiselle de Lespinasse et madame du Deffand se séparèrent. Depuis longtemps déjà celle-ci était complétement aveugle, mais sa physionomie n'avait contracté aucune difformité : ses yeux étaient fermés, sans qu'elle fût défigurée ; tous ses traits avaient conservé leur première régularité, ils étaient d'une grande finesse ; son visage d'une fraîcheur et d'une délicatesse qu'elle conserva jusqu'à un âge fort avancé. Ne pouvant souffrir qu'on la plaignît de son malheur, elle mettait tous ses soins à le faire oublier, en se tournant toujours vers la personne à qui elle adressait la parole, attentive et adroite à éviter la gaucherie ordinaire aux aveugles. Elle se plaint souvent dans sa correspondance de son défaut de gaieté, de sa disposition aux réflexions mélancoliques et moroses. Ceux qui l'ont connue personnellement disent, au contraire, que sa conversation était singulièrement vive et amusante. — C'est alors, en 1765, qu'elle fit connaissance avec celui qui devait remplacer d'Alembert dans son intimité, à qui elle s'attacha malgré les circonstances qui auraient dû l'en détourner, si son cœur n'avait été capable que d'affections égoïstes, avec une tendresse exaltée. Ce nouvel ami était un de ces étrangers de distinction qui, pendant leur séjour à Paris, dont ils voulaient connaître la société, ne manquaient jamais de se faire présenter dans son salon.

Horace Walpole, qu'on ne peut se dispenser de faire connaître avec quelque détail dans une notice sur madame du Deffand, était le troisième et le plus jeune fils de Robert Walpole, premier comte d'Orfort, ministre tout-puissant et « la gloire du parti whig. » Élevé au collége d'Eton et à l'université de Cambridge, il y contracta une amitié intime, plus tard troublée, avec le poëte Gray, en compagnie duquel, à l'expiration de leurs études, il commença ses voyages sur le continent. Il parcourut alors en touriste la France et l'Italie, mais ne s'arrêta que peu de semaines à Paris, dont pendant ce premier séjour il apprécia peu les habitudes et les habitants : « Les cartes et la mangeaille sont ici les seules occupations, dit-il, au point de ne laisser place à aucune distraction. On va pourtant encore trois fois par semaine à l'Opéra ; mais pour moi, c'est encore pire que de manger maigre !... Leur musique, à mon avis, ne ressemble pas plus à de l'harmonie qu'à une tarte aux groseilles. Nous n'avons pas encore été aux Italiens, et il y va en général fort peu de monde. Ce qu'il y a ici de mieux, et fort supérieur à tout ce que nous avons dans ce genre, c'est la comédie. Trois ou quatre de leurs acteurs laissent bien loin derrière eux tous les nôtres. Mais personne ne va les entendre que les jours à la mode, et ces jours-là, on y va que la pièce soit bonne ou mauvaise, pourvu qu'elle ne soit pas de Molière cependant ; de celles-là on est ennuyé !.... Hier, nous avons été, Gray et moi, voir *l'Avare*, qui nous a paru mal joué. Des dîners interminables à trois services, et presque tous les plats bariolés de salades, beurre, petits pâtés et autres ingrédients étrangers ; des voitures d'une magnificence digne des noces de Cupidon et de Psyché. Rien de ridicule comme leurs enseignes : *à l'Y grec; à la Toilette de Vénus; au Chat qui tette*, etc. Quant à leurs idées sur l'honneur, elles sont étranges. Je vous en donnerai un exemple. Il est honteux pour un gentilhomme de n'être pas dans l'armée, *au service du roi*, comme ils disent. Mais il n'y a nul déshonneur à tenir publiquement une maison de jeu. Plus de cent cinquante personnes de la plus grande qualité, dans Paris, n'ont pas d'autres ressources. Vous pouvez entrer chez elles à toute heure de la nuit, vous êtes sûr d'y trouver un jeu de hasard, pharaon, etc. Le fermier de ces tables de jeu, chez le duc de Gèvres, lui paye douze guinées par nuit. Les princesses du sang elles-mêmes n'ont pas honte de tirer profit des banques établies dans leurs maisons. Nous en avons vu deux ou trois ; elles ne sont ni jeunes, ni remarquables, si ce n'est par l'épaisseur de leur rouge, dont elles usent avec plus d'extravagance encore que les autres femmes, ce qui n'est assurément pas peu dire... Au reste, nous n'avons vu que fort peu de monde ; on fait ici, en général, peu d'accueil aux étrangers, surtout quand ils ne jouent pas et ne parlent que difficilement la langue. »

Après avoir quitté Paris, Walpole fit un plus long séjour à Florence, et s'y vit bientôt apprécié dans une société, déjà en grande partie composée d'étrangers : « La princesse de Craon [1] donne à souper et à jouer tous les soirs ; chacun est chez elle fort à son aise. J'ai un peu parcouru le pays

---

1. Lettre du 9 juillet 1740 à M. Conway. La princesse de Craon, maîtresse de Léopold, dernier duc de Lorraine, femme de Marc de Beauvau, prince de l'empire et président du conseil de régence de l'empire. Elle était fille de Melchior, comte de Ligneville, et autrefois dame d'honneur d'Élisabeth-Charlotte d'Orléans, petite-fille de France, duchesse douairière de Lorraine.

avec elle et le prince ces jours derniers... Ces gens-ci sont aimables et à leur aise. Ce qui me les rend agréables, c'est que je crois leur plaire. On aime à se voir soigné sans arrière-pensée par des gens à qui on ne peut être bon à rien... Seulement j'ai vu, depuis que je suis ici, tant de cartes et tant d'amoureux, que de ma vie je ne pourrai souffrir ni l'un ni l'autre... Au reste, je suis plus jeune que jamais; je ne pense qu'à me divertir et à vivre au milieu des plaisirs. Matin et soir, nous avons opéra, bal et concert. Je n'ose vous conter notre manière de vivre. Vous prendriez votre figure de grave censeur en apprenant qu'on se lève à onze heures du matin, qu'on va à l'Opéra à neuf heures du soir, pour souper à une heure et se coucher à trois. Mais c'est qu'en vérité les soirées et les nuits sont ici tellement charmantes qu'on n'y peut résister... Vous ne me reconnaîtriez plus; au lieu de m'occuper de beaux-arts comme je me figurais que je le ferais en commençant mes voyages, de passer mes matinées à la galerie, nous courons la ville et les amusements. Je suis à Florence depuis six mois, et je n'ai encore été voir ni Pise, ni Lucques, ni Pistoja... Que voulez-vous? on ne peut pas trop se divertir dans sa jeunesse. Il faut vieillir, et vieillir en Angleterre! deux nécessités bien sérieuses ; car je ne connais pas de pays sur la terre où il y ait tant de vieux fous et si peu de jeunes! »

Il revint à Londres au mois de septembre 1741. C'était le moment d'une crise décisive pour le ministère de son père. Porté au pouvoir vingt ans auparavant (1721), en quelque sorte par une acclamation populaire, à la suite d'une grande perturbation financière par lui prévue et prédite, perturbation amenée par la débâcle de la compagnie de la mer du Sud, contemporaine du système de Law et cause des mêmes désastres, Robert Walpole s'était montré plus habile que les frères Paris. Il avait justifié la confiance publique, ranimé le crédit, encouragé et développé le commerce, donné une grande impulsion à la prospérité matérielle du pays. Il avait gouverné avec sagesse et déjoué les conjurations des jacobites à l'intérieur, contenu par des négociations bien conduites le mauvais vouloir des puissances étrangères, et maintenu à l'intérieur une paix honorable. Bientôt cependant une opposition puissante s'était formée contre lui dans le Parlement, et pour se maintenir il avait largement usé ou abusé des moyens que le pouvoir mettait à sa disposition. Cette lutte de l'intrigue et de la corruption, si habituelle dans les gouvernements parlementaires qu'elle peut presque passer pour une triste et nécessaire conséquence des institutions, s'était engagée et passionnée d'année en année avec une fureur croissante. Après avoir fait tous ses efforts pour maintenir la paix, le ministère s'était vu contraint de déclarer à l'Espagne une guerre injuste[1], et le mauvais succès des premières campagnes, dont on le rendait responsable, fournissait à l'opposition de nouveaux arguments contre lui. Horace Walpole, nommé membre de la nouvelle Chambre des communes, fit son *maiden-speech* à l'occasion d'une proposition d'enquête sur la manière dont la guerre avait été conduite, véritable acte d'accusation contre le premier ministre, et qui ne fut rejeté qu'à la majorité de trois voix (décembre 1741). Le 11 février suivant, Robert Walpole donna sa démission, et fut appelé à la Chambre des pairs sous le titre de comte d'Orfort. Pour échapper à la vengeance de ses adversaires, que n'apaisa pas sa chute, il eut besoin de

---

1. 1739. Quelques années plus tard, les adversaires les plus animés de Walpole, qui avaient le plus contribué à faire déclarer cette guerre, en reconnaissaient et en proclamaient hautement l'injustice.

l'amitié du roi et du crédit qu'il conservait dans le Parlement...

Moins tendre fils que whig passionné, d'ailleurs sans ambition personnelle, Horace Walpole fut plus malheureux de la défaite de son parti que de la décadence de sa famille : « Nous avons triomphé vingt ans, écrivait-il à un de ses amis, peu avant l'événement[1]; est-il surprenant que la fortune nous tourne le dos? Ne devions-nous pas nous y attendre, surtout en ce pays? On parle hautement de tout ce que nous réserve l'année 1742. On s'en promet des révolutions pareilles à celles qui ont commencé à pareille date il y a cent ans!... J'espère que la prophétie ne se réalisera pas. Quoi qu'il arrive, je trouve de la douceur dans une pensée pourtant bien mélancolique. Si notre famille doit être la victime offerte à la discorde pour détourner de notre pays ses fureurs, du moins celui de ses membres sur qui s'étaient concentrées mes plus chères affections, qui aurait souffert de notre ruine, celle-là[2] est à l'abri, protégée contre la rage de nos ennemis : rien ne peut troubler la paix dont elle jouit!... Quant à la grandeur si enviée de notre maison, elle ne me coûtera pas un soupir de regret; elle ne m'a pas donné un moment de plaisir, j'y renoncerai sans un moment de chagrin. Ma liberté, mes aises, la faculté de choisir mes amis et ma société sans consulter autre chose que mon goût, compenseront bien les splendeurs de *Downing-Street*. Je suis si las de tout cela que, victorieux ou non, je me propose de quitter l'Angleterre au printemps!... »

Il ne donna pas suite de plusieurs années à ces projets de voyage, et resta à son poste à côté de ses amis politiques,

---

[1] 16 décembre 1741, à M. Horace Mann.
[2] Sa mère, Catherine Shorter, lady Walpole, morte quatre ans auparavant, en 1737.

prenant part aux discussions de la Chambre; mais, malgré la vivacité de ses opinions, plutôt en amateur qu'en homme d'État actif et ambitieux. Quelques discours, évidemment fort étudiés, et qu'il a soigneusement conservés, furent applaudis même par ses adversaires, un peu comme des morceaux académiques, et sans grande influence, paraît-il, dans la discussion. Cependant les causes qu'il défendit avec le plus de chaleur témoignent la rectitude de son jugement et les bons instincts de son cœur. En 1747, il fit de grands efforts pour sauver l'amiral Bing et chercha, l'un des premiers, à réveiller la conscience publique sur la traite des nègres. Il exprime à ce sujet des sentiments fort en avance de la moralité contemporaine. « Nous avons discuté cette semaine le bill sur la compagnie d'Afrique. Nous, sénat de la Grande-Bretagne, ce temple de la liberté humaine, boulevard du christianisme réformé, nous avons été occupés depuis une semaine à rechercher la manière de rendre plus efficace cet horrible trafic des noirs. Nous avons trouvé que quarante-six mille seulement de ces malheureux sont vendus chaque année dans nos possessions! Cela fait frémir, en vérité. Pour tout le continent de l'Amérique je ne voudrais pas me sentir sur la conscience d'avoir donné mon vote à ce bill. La destruction des malheureux habitants par les Espagnols n'a été qu'une infortune passagère, comparée à ce fléau persévérant qu'elle fait peser sur l'Afrique. Nous condamnons les Espagnols, et en massacrant d'innocentes créatures nous n'avons pas même comme eux le pitoyable prétexte de travailler au salut de leur âme! »

De bonne heure fatigué de la vie politique, il n'attendait pour y renoncer entièrement que le retour au pouvoir de ses amis, qu'il ne voulait pas abandonner tant que son concours pouvait leur être nécessaire. Quant à lui, il pensait, disait-il, avoir assez figuré pour laisser l'idée qu'il n'était pas une bête, et c'est toute l'impression qu'il voulait produire, ayant toujours redouté par-dessus toute chose qu'on lui fît l'application de cet oracle : ἥρωων παῖδες λωϐοι, *les enfants des héros sont des butors...* Sans craindre qu'il pût se repentir jamais de cette résolution qu'il exécuta quelques années plus tard[1], il se complaisait dès lors dans l'idée de n'avoir rien à faire, de ne penser qu'à se divertir en obscur voyageur, ou à vivre à sa guise dans son pays. Peu de temps après la mort de son père, il avait acheté une petite maison de campagne près de Twickenham, « si petite, écrit-il à son ami M. H. Mann, que je pourrais, je crois, vous l'envoyer dans une lettre pour vous en faire juger, » mais dans une situation délicieuse, sur une colline qui descendait jusqu'aux bords de la Tamise, à travers de jolies prairies peuplées de quelques beaux moutons et de deux vaches. La petite maison fut remplacée plus tard par une espèce de château gothique, construit et meublé avec beaucoup de recherche. Il donne lui-même avec complaisance la description de sa chambre à coucher, dans laquelle, en bon whig, il avait fait pendre, de chaque côté de son lit, la *Magna Charta* et le *warrant d'exécution* de Charles Ier, avec cette inscription : « *Charta Major,* » convaincu que « sans cette seconde charte la première ne serait demeurée qu'une lettre morte. »

Ce dernier trait fait moins d'honneur à ses sentiments, que son éloquente indignation au sujet de la traite des nègres. Ses opinions, du reste, se modifièrent sensiblement

---

1. Aux élections générales de 1768, il renonça à toute candidature. Appelé plus tard à la pairie par la mort de son neveu, il ne prit pas même possession de son siége à la Chambre des lords, et ne porta jamais le titre de comte d'Orfort qui lui appartenait.

par la suite. Il lui arriva à peu près la même chose qu'au poëte Alfieri. « *Ah!* répondait ce dernier à quelqu'un qui s'étonnait de le voir infidèle à ses anciennes idées républicaines, *je connaissais les grands; je ne connaissais pas les petits!...* » Loin d'accueillir la Révolution française comme la réalisation probable de ses théories politiques, Walpole prévit de bonne heure les excès auxquels devaient se trouver entraînés les réformateurs, et se sentit ramené à plus de respect et de sympathie pour le pouvoir, qui représente l'ordre dans les sociétés. Il est curieux de l'entendre déclarer lui-même les motifs de sa conversion [1]. « Nous avons longtemps professé les mêmes opinions politiques, et je vous soupçonne de n'en devoir jamais changer, écrivait-il à un de ses amis. Pour ma part, je le confesse, j'en ai changé complétement, et de chaud partisan de la liberté je suis devenu un dévoué partisan du pouvoir. Vous me demanderez quelle bonne place on m'a donnée, quelle gratification j'ai reçue pour prix de cette conversion; car c'est en général quelque motif de ce genre qui détermine les conversions en Angleterre!... Mais comme la mienne est d'origine étrangère, elle ne me rapportera rien du tout. Ce qui l'a déterminée, c'est la vue de ce qui se passe en France. Quand deux ministres sont humains, vertueux, excellents, n'ont d'autre but que le bien-être et le soulagement des peuples; quand un bon roi accorde à ces ministres sa confiance, et qu'un parlement, guidé par les motifs les plus intéressés et les plus bas, ne cherche qu'à arrêter les effets de cette bénédiction, ne suis-je pas obligé en conscience de modifier mes opinions, et de placer ma confiance dans le pouvoir? Puis-je les garder de bonne foi en restant fidèle au principe même de mes convictions?... Les deux tiers de la

---

[1]. Lettres d'Horace Walpole. 1776.

France ont l'air de penser qu'ils peuvent remanier le monde sur un nouveau plan, avec des compas métaphysiques; ils tiennent que ni cruautés, ni injustices ne sauraient être comptées pour rien dans une pareille expérience. De tels législateurs sont de sublimes empiriques, qui dans leur bienveillance universelle ont bien peu de sensibilité individuelle! Le résumé de mes observations sur ce qui s'est passé en Europe depuis plusieurs siècles, c'est que les tyrans n'ont pas de conscience et que les réformés n'ont pas de cœur. Le monde est-il donc destiné à souffrir toujours également du mal et du remède?... »

Décidé à quitter les affaires dès qu'il croirait le pouvoir honorablement, Walpole ne songea plus qu'à embellir son habitation, à y rassembler des collections et des curiosités de toute sorte, dont il faisait les honneurs aux amis qui le venaient visiter; à y vivre à sa guise, en égoïste qu'il était avant tout, surveillant l'impression de ses propres ouvrages et de ceux de quelques auteurs favoris, par une presse qu'il avait établie chez lui. Quelques romans, *la Mère mystérieuse, le Château d'Otrante,* qu'on ne lit plus guère, mais dans lesquels Walter Scott, qui s'y connaissait, signale beaucoup d'originalité et de talent; une description des objets d'art réunis à Houghton par son père, et vendus plus tard à l'impératrice de Russie, *Ædes Walpolianæ;* un essai de réhabilitation de Richard III; sans compter des Mémoires publiés après sa mort, sur les dernières années de Georges III, lui donnaient droit à une place honorable comme littérateur parmi ses contemporains. Mais son meilleur titre aux yeux de la postérité sont « *ses incomparables lettres*[1], » qui passent en Angleterre pour des modèles de grâce et de facilité, et le classent, au jugement de Walter

---

1. Lord Byron.

Scott, comme un écrivain du premier ordre. « Son style épistolaire, dit un autre de ses biographes anglais, a prouvé que notre langue était capable de tout le charme dont madame de Sévigné semblait s'être réservé le secret... » Il n'était pas, paraît-il, sans prétention à cet égard. Mais sa *facilité* lui coûtait beaucoup de travail ; une foule de notes, d'anecdotes recueillies et de narrations préparées pour le courant de sa correspondance, prouvent combien il était loin de son modèle, pour lequel, du reste, il professait un véritable culte[1].

En 1765, peu après la réunion du Parlement et le retour au pouvoir de ses amis « qu'il n'aurait pas voulu quitter pendant qu'ils étaient *martyrs*, mais avec lesquels il se souciait peu d'entrer dans le paradis de Saint-James... » il partit pour la France, et arriva dans le courant de septembre à Paris, qu'il n'avait pas revu depuis son premier voyage, vingt-quatre ans auparavant. Il y trouva l'esprit de la société bien changé. « Si les Anglais qui sont maintenant à Paris, écrivait-il alors, ne sont pas contents, je voudrais qu'ils eussent vu comment on nous y recevait il y a une vingtaine d'années. On ne nous y faisait pas fête dans ce temps-là. Il en sera encore de même quand la mode d'admirer l'Angleterre sera passée... Du reste, les Français, à notre imitation, sont devenus si philosophes, si *géomètres*, si *moraux*, que je n'ai certainement pas passé la mer pour chercher un ennui si facile à trouver dans mon pays. Amuser mon esprit par un changement de scène et par l'observation de mille bagatelles, voilà tout ce que je me propose. J'ai éprouvé la vanité de toute chose sérieuse et le mensonge

---

[1]. Les lettres d'Horace Walpole, ce prince de la littérature épistolaire, suivant l'expression d'un critique anglais, ont été recueillies et publiées plusieurs fois. La dernière édition, dont nous avons tiré les matériaux de cette notice, forme six volumes in-8°. (Londres, 1840.)

de tout ce qui se prétend tel. Je veux voir les théâtres, les boutiques, non les hommes politiques ou les ministres. Différent de bien des gens devenus vieux, je suis convaincu qu'il n'y a d'important au monde que ce qui le paraît dans la jeunesse et passe plus tard pour folie. Ah! du moins ces folies étaient sincères, et si les préoccupations de l'âge mûr le sont aussi, elles n'ont pas d'autre but que l'égoïsme!... »

On s'étonne un peu d'entendre accuser l'égoïsme par quelqu'un de si profondément égoïste lui-même. Quant à la frivolité dont il fait profession, Paris était bien dès lors sa vraie capitale. La frivolité, en effet, c'est moins l'aversion pour les choses sérieuses que la disposition à s'en amuser. Son caractère essentiel, c'est l'envahissement de *l'esprit*, son débordement pour ainsi dire, et sa tendance à s'exercer indistinctement sur tous les sujets, même ceux qui ne sont pas de son domaine. Arts, sciences, politique, religion même, *l'esprit* avait alors tout absorbé en France, se substituant avec une fatuité merveilleuse, comme ces hommes de qualité de la comédie qui prétendaient tout savoir sans avoir rien appris, au goût, à l'érudition, aux traditions, à la foi!... Il croyait trouver en lui-même la source de tous ces dons naturels ou acquis, et s'arrogeait le droit de juger de tout, comme souverain arbitre de tout. MM. les encyclopédistes étaient, à cet égard, les véritables héritiers des marquis de Molière, et même de leur temps n'échappaient pas tout à fait au ridicule pour cette prétention. « A peine ont-ils entrevu un art, dit un contemporain, qu'ils en prétendent enseigner la théorie aux maîtres de cet art même ; Rousseau veut professer la musique à Rameau ; Diderot fait une poétique complète à l'occasion de son *Fils naturel* [1]. » Que cette prétention universelle se donne carrière à propos de

---

[1]. *Journal de Collé.*

belles manières, de politique ou d'érudition, c'est toujours frivolité pure. Ennuyé des affaires, et sans aucune arrière-pensée d'action, Walpole, tout en s'amusant à des bagatelles, était, en réalité, plus sérieux que la plupart de ces graves philosophes « *géomètres* et *moraux*, » dont il se moque, et qui prétendaient gouverner ce monde-ci, et même l'autre, du fond de leur cabinet.

Quoi qu'il en soit, il fut tout d'abord accueilli dans la société avec un empressement auquel il se montra sensible, sans s'en exagérer la valeur. « Peut-être n'est-il pas plus sincère que notre froide civilité, disait-il ; et, au fait, pourquoi le serait-il ? Mais il est mieux habillé, et paraît naturel. Peut-on demander davantage ? » Après quelques semaines, il se sentit à son aise dans deux ou trois maisons, sans qu'on lui proposât « de toucher une carte, ni de prendre part à la moindre dissertation. » Il était dispensé même « de faire sa cour *aux auteurs du logis;* car chaque maîtresse de maison en avait un ou deux dans son salon, et Dieu sait comme ils y étaient encensés ! » Le plus souvent, c'est eux qui *donnaient le ton* à la coterie dont ils faisaient partie, et qui, suivant leur renommée, leur considération, leur importance personnelle, déterminaient l'importance de cette coterie elle-même, la classaient en quelque sorte.

Cette absence d'unité, de couleur générale, est un des caractères particuliers de la société française au dix-huitième siècle. Bien des gens qui écrivent aujourd'hui sur la bonne compagnie de cette époque, ne s'en font peut-être pas, à cet égard, une idée très-exacte. Ils la jugent tout entière sur les Mémoires de madame d'Épinay, ou sur les lettres de Diderot à mademoiselle Voland. C'est cependant une grande erreur de s'imaginer que le ton et les manières du *Grand-Val* ou de *la Chevrette* fussent ceux du salon de Saint-Joseph. Les relations de madame du Deffand, à cette époque de sa vie, appartenaient surtout à l'ancienne aristocratie, à ce que l'on est convenu d'appeler *la bonne compagnie*, à peu près comme on appelait autrefois *honnête homme*, un *homme aimable*, un *galant homme*. Les maréchales de Luxembourg et de Mirepoix, la duchesse de la Vallière, les Beauvau, les Choiseul, les Boufflers, la soignaient assidûment, et se réunissaient presque chaque soir pour causer autour de son *tonneau* [1]. Certaines traditions de langage et de manières s'étaient conservées dans cette coterie, qui la distinguaient des autres, et la même poussière de frivolité avait pour chacune des nuances différentes. Le salon de madame Geoffrin elle-même, malgré ses royales intimités, servait de lieu de rendez-vous à un tout autre monde. Un jour que l'on faisait, devant madame du Deffand, l'éloge de cette dernière : «Voilà bien du bruit pour une omelette au lard, » répondit-elle avec dédain. Des hommes de lettres alors fort répandus, Laharpe, Marmontel, par exemple, n'ont que bien rarement paru chez elle. Dans une lettre à Walpole [2], elle parle une fois de ce dernier : « Qu'il a de peine, qu'il se donne de mouvement pour avoir de l'esprit! Ce n'est qu'un gueux revêtu de guenilles! » Suard dit qu'il n'a été que deux fois chez madame du Deffand ; Diderot une seule fois : « Nous n'avons pas d'atomes crochus, » dit-elle en parlant de lui. Grimm, qui souvent la fait parler, n'a très-probablement jamais mis les pieds chez elle, et la manière même dont il la fait parler en est la meilleure preuve : « A l'un de ces soupers de Louis XIV et de madame de Maintenon, dit-il [3], où Racine *avait souvent l'honneur d'être admis*, la conversation

---

1. C'était un fauteuil d'une forme particulière, auquel elle était habituée, et dont elle parle souvent dans ses lettres.
2. 30 octobre 1771.
3. *Correspondance littéraire*, t. IX, p. 116.

tomba sur le théâtre de Molière, et l'on observa que ses premières pièces étaient remplies de scènes indécentes et du plus mauvais ton. Tout courtisan qu'il était, Racine eut, peut-être pour la première fois de sa vie, un moment de distraction et dit avec beaucoup de vivacité : « Sans doute, c'est *ce misérable, ce fiacre de Scarron* qui l'avait gâté! » Ce mot échappé fit une impression que la favorite ne put jamais lui pardonner, et qui le rendit plus odieux que ses Mémoires et son jansénisme. *Nous devons cette anecdote à madame du Deffand qui la tient de première main.* » Cette anecdote se trouve rapportée dans les Mémoires de Saint-Simon, et madame du Deffand pouvait la connaître, quoiqu'elle ne la tînt certainement ni du roi, ni de madame de Maintenon, ni même de Racine, mort en 1699. Mais si elle l'a racontée dans son salon, ce n'est certainement pas dans les termes que lui prête Grimm, de manière à faire croire que Racine soupait en tiers avec Louis XIV et madame de Maintenon, ou qu'en pareille compagnie il se fût servi de ces expressions : « Ce misérable, ce fiacre de Scarron ! » Le dix-septième siècle ne pouvait être ainsi traduit que par ceux qui en avaient perdu les traditions et oublié le langage.

C'est à l'occasion de ces « auteurs du logis, » auxquels il était dispensé de faire la cour, que Walpole prononce pour la première fois, et sans beaucoup de bienveillance, le nom d'une personne destinée à occuper bientôt une si grande place dans ses habitudes et même dans son cœur. « Le président Hénault est *la pagode* chez madame du Deffand, une vieille aveugle, *débauchée d'esprit,* chez laquelle je soupe souvent. Le vieux président, presque sourd, est assis à table à côté de la maîtresse de la maison, qui a été la sienne. Elle s'informe de tous les plats, se fait dire qui a mangé de chacun et corne dans l'oreille du président ces intéressants détails... En général, les hommes sont ici lourds et vides. Ils affectent de la gravité, pensant que cela est philosophique et *anglais*. Mais ils n'ont rien gagné en échange de leur légèreté et de leurs grâces naturelles. Les femmes ne semblent pas du même pays. Si elles sont moins gaies qu'elles ne l'étaient, elles sont plus instruites, et cela suffit pour rendre la conversation très-agréable. J'en connais six ou sept d'une vraiment remarquable intelligence, quelques-unes avec beaucoup d'esprit, de charme et de bon sens. »

Madame du Deffand était sans doute une de celles-là. Walpole ne tarda pas à l'apprécier et à trouver dans *cette vieille débauchée d'esprit* autre chose que des ridicules. Il devint un des habitués les plus assidus de Saint-Joseph et fit régulièrement partie des soupers du dimanche. Une conversation spirituelle et pleine de verve, que son mauvais français rendait quelquefois plus piquante, beaucoup d'originalité sans la moindre affectation, charmèrent madame du Deffand, qui aimait par-dessus toute chose le naturel, et qui en trouvait si peu chez les beaux esprits de sa société. « Vous autres Anglais, lui écrit-elle un jour, vous ne vous soumettez à aucune règle, à aucune méthode... vous auriez tout l'esprit que vous avez, alors même que personne n'en aurait eu avant vous. Ah! nous ne sommes pas comme cela! Nous avons des livres sur l'art de penser, d'écrire, de comparer, de juger!... Nous sommes des enfants de l'art. Quelqu'un de parfaitement naturel chez nous devrait être montré à la foire, ce serait un phénomène. Mais il n'en paraîtra jamais!... »

Présenté peu de jours après son arrivée à la reine, à Versailles, Walpole en fut fort distingué, et racontant que Sa Majesté lui avait parlé longtemps, il terminait par cette réminiscence de madame de Sévigné : « *La reine est le plus grand roi du monde !* » Mais ce qui le mit surtout fort à la mode, c'est une plaisanterie qui fit fureur... Un soir, chez madame Geoffrin, la conversation avait roulé sur les bizarreries de Rousseau. Rentré chez lui, Walpole composa sur ce sujet une lettre supposée écrite par le roi de Prusse au philosophe genevois. Helvétius, le duc de Nivernois et quelques amis auxquels il la montra, en prirent des copies qui se multiplièrent et amusèrent fort tout le monde, excepté, bien entendu, Rousseau, qui prit la chose au tragique. Voici cette lettre, telle qu'elle se trouve dans les papiers de madame du Deffand :

« Mon cher Jean-Jacques, vous avez renoncé à Genève, votre patrie ; vous vous êtes fait chasser de la Suisse, pays tant vanté dans vos écrits ; la France vous a décrété ; venez donc chez moi. J'admire vos talents, je m'amuse de vos rêveries qui, soit dit en passant, vous occupent trop et trop longtemps. Il faut, à la fin, être sage et heureux. Vous avez fait assez parler de vous par des singularités peu convenables à un véritable grand homme. Démontrez à vos ennemis que vous pouvez avoir quelquefois le sens commun : cela les fâchera, sans vous faire tort. Mes États vous offrent une retraite paisible ; je vous veux du bien, et je vous en ferai, si vous le trouvez bon. Mais si vous vous obstinez à rejeter mon secours, attendez-vous que je ne le dirai à personne. Si vous persistez à vous creuser l'esprit pour trouver de nouveaux malheurs, choisissez-les tels que vous voudrez. Je suis roi, je puis vous en procurer au gré de vos souhaits, et, ce qui sûrement ne vous arrivera pas vis-à-vis de vos ennemis, je cesserai de vous persécuter quand vous cesserez de mettre votre gloire à l'être. Votre bon ami,

« Frédéric. »

Walpole prolongea son séjour à Paris plus qu'il n'en avait eu le projet en y arrivant. « J'en suis presque à regretter d'être venu ici, écrivait-il à ses amis en Angleterre; j'en aime la manière de vivre, et je me suis attaché à plusieurs personnes au point de me sentir à les quitter plus de regret que je n'aurais cru. Je vous ferais l'effet d'un fat, si je vous racontais combien j'y suis distingué, fêté, à la mode... » Le nom de madame du Deffand revient dans presque toutes ses lettres, avec la liste des personnes qu'il avait rencontrées chez elle les jours précédents : « Tout ce que je puis vous envoyer aujourd'hui, écrit-il le 20 novembre à lady Hervey, est un très-joli logogriphe fait par la vieille et aveugle madame du Deffand, que vous connaissez peut-être, et dont certainement vous avez entendu parler. J'y soupe très-souvent; elle m'a donné ceci hier soir; il faut que vous le deviniez :

> Quoique je forme un corps, je ne suis qu'une idée,
> Plus ma beauté vieillit, plus elle est décidée.
> Il faut pour me trouver ignorer d'où je viens.
> Je tiens tout de celui qui réduit tout à rien [1] !

... Cette madame du Deffand, qui a été jadis pendant peu de temps maîtresse du régent, aujourd'hui vieille et aveugle, a gardé toute sa vivacité, son esprit, sa mémoire, ses passions et ses agréments. Elle va à l'Opéra, à la comédie, à Versailles, reçoit chez elle deux fois par semaine, se fait lire tout ce qu'il y a de nouveau, fait de jolies chansons, des épigrammes charmantes, et se rappelle toutes celles qui ont été faites depuis quatre-vingts ans. Elle est en correspondance avec Voltaire, pour qui elle dicte les lettres les plus piquantes. Elle le contredit hardiment, n'a aucune dévotion,

---

1. Le mot est : Noblesse.

ni pour lui, ni pour personne, et reste aussi indépendante du clergé que des philosophes. Dans les discussions où elle s'engage facilement, elle est très-ardente, et cependant presque jamais dans le faux. Son jugement sur chaque sujet est aussi droit qu'il est faux sur chaque point de conduite. Car elle est toujours dominée par l'amour ou par la haine; passionnée pour ses amis jusqu'à l'enthousiasme, elle est encore tourmentée du besoin d'être *aimée*, non pas *d'amour*, bien entendu. Privée de tout autre amusement que la conversation, la solitude lui est insupportable, ce qui la met à la merci des premiers venus qui mangent ses soupers, la haïssent parce qu'elle a cent fois plus d'esprit qu'eux, ou se moquent d'elle parce qu'elle n'est pas riche... »

Voici le portrait que, de son côté, madame du Deffand traçait de Walpole à cette époque (novembre 1765) :

« Non, non ! je ne veux pas faire votre portrait ; personne ne vous connaît moins que moi ; vous me paraissez tantôt tel que je voudrais que vous fussiez, tantôt tel que je crains que vous soyez, et peut-être jamais tel que vous êtes. Je sais bien que vous avez beaucoup d'esprit ; vous en avez de tous les genres, de toutes les sortes ; tout le monde sait cela aussi bien que moi, et vous devez le savoir mieux que personne.

« C'est votre caractère qu'il faudrait peindre, et voilà de quoi je ne suis pas très-bon juge. Il faudrait de l'indifférence, ou du moins de l'impartialité. Cependant, je peux vous dire que vous êtes un fort *honnête homme*, que vous avez des principes, que vous êtes courageux, que vous vous piquez de fermeté ; que lorsque vous avez pris un parti bon ou mauvais, rien ne vous le fait changer, de sorte que votre fermeté ressemble souvent à l'opiniâtreté. Votre cœur est bon et votre amitié solide ; mais elle n'est ni tendre ni facile. La peur d'être faible vous rend dur ; vous êtes en garde contre toute sensibilité. Vous ne pouvez pas vous refuser à rendre à vos amis des services essentiels ; vous leur sacrifiez vos propres intérêts ; mais vous leur refusez les plus petites complaisances. Bon et humain pour tout ce qui vous environne, vous ne vous mettez pas en peine de plaire à vos amis, en les satisfaisant sur les moindres bagatelles.

« Votre humeur est très-agréable, quoiqu'elle ne soit pas fort égale. Toutes vos manières sont nobles, aisées, naturelles. Votre désir de plaire ne vous porte à aucune affectation. La connaissance que vous avez du monde, et votre expérience, vous ont donné un grand mépris pour tous les hommes et vous ont appris à vivre avec eux. Vous savez que toutes leurs démonstrations ne sont que faussetés ; vous leur donnez en échange des égards et de la politesse, et tous ceux qui ne se soucient pas d'être aimés sont contents de vous.

« Je ne sais pas si vous avez beaucoup de sentiments. Si vous en avez, vous les combattez ; ils vous paraissent une faiblesse ; vous ne vous permettez que ceux qui ont l'air de la vertu. Vous êtes philosophe ; vous n'avez pas de vanité, quoique vous ayez beaucoup d'amour-propre. Mais votre amour-propre ne vous aveugle pas ; il vous exagère vos défauts plutôt qu'il ne vous les cache. Vous ne faites cas de vous que parce que, pour ainsi dire, vous y êtes forcé quand vous vous comparez aux autres hommes. Vous avez du discernement, le tact très-fin, le goût très-juste, le ton excellent. Vous auriez été de la meilleure compagnie du monde dans les siècles passés ; vous l'êtes dans celui-ci, et vous le seriez dans ceux à venir. Votre caractère tient beaucoup de votre nation ; mais pour vos manières, elles conviennent à tous pays également.

« Vous avez une faiblesse qui n'est pas pardonnable. Vous y sacrifiez vos sentiments, vous y soumettez votre conduite : c'est la crainte du ridicule. Elle vous rend dépendant de l'opinion des sots, et vos amis ne sont pas à l'abri des impressions que les sots veulent vous donner contre eux. Votre tête se trouble aisément. C'est un inconvénient que vous connaissez, et auquel vous remédiez par la fermeté avec laquelle vous suivez vos résolutions. Votre résistance à ne vous en jamais écarter est quelquefois poussée trop loin, et sur des choses qui n'en valent pas la peine.

« Vos instincts sont nobles et généreux ; vous faites le bien pour le plaisir de le faire, sans ostentation, sans prétendre à la reconnaissance ; enfin votre âme est belle et bonne. »

Quand Walpole quitta Paris, au mois d'avril 1766, après un séjour de sept mois, pour retourner en Angleterre, ce n'était plus seulement l'attrait d'une conversation spirituelle, mais le sentiment d'une affection très-sincère qui l'attachait à madame du Deffand. Dès le lendemain de son départ de Paris, il commence avec elle une correspondance très-active, et qui se continue sans interruption jusqu'à la mort de son amie ; il lui dédie un des premiers ouvrages sortis des presses de Strawberry-Hill, les *Mémoires de Grammont*, « comme un monument de son amitié, de son admiration, de son respect ; » à elle « dont les grâces, l'esprit et le goût retracent au siècle présent le siècle de Louis XIV, et les agréments de l'auteur de ces Mémoires. » Jamais il ne manque de demander *sérieusement* aux Anglais considérables qui partent pour Paris, de s'occuper beaucoup, pour l'amour de lui, « de cette vieille et chère amie à lui, si bonne, si dévouée, qui l'aime presque comme l'aimait sa mère... » Il leur témoigne sa reconnaissance de leur empressement pour elle ; de leur indulgence « pour *ses indiscrétions* et ses exigences que doit faire pardonner son excellent cœur... » Il les conjure surtout de ne pas se laisser mener chez « *une certaine demoiselle de Lespinasse,* un prétendu *bel esprit,* autrefois humble compagne de madame du Deffand, qui l'a trahie et a été fort mal pour elle... » Trois fois enfin, pour la revoir, il a le dévouement « d'échanger la propreté, la verdure, la tranquillité de son cher Strawberry-Hill, contre un vilain vaisseau, de mauvaises auberges, le pavé des routes bordées d'éternelles rangées d'arbres mutilés, et le fracas d'un hôtel garni, se sentant payé de ses peines par le bonheur que donnait sa visite, et par la satisfaction qu'il éprouvait lui-même à retrouver cette fidèle amie mieux portante, active à son âge de soixante et mille ans, comme elle disait, forçant son corps de se prêter aux habitudes de son esprit toujours jeune... » Enfin, lorsque la pension de six mille francs que madame du Deffand recevait de la cour fut réduite de moitié par l'abbé Terray, il lui demande « comme une grâce, et à genoux, de permettre qu'il lui offre la portion de sa pension qui lui a été enlevée... Laissez-moi, lui dit-il, goûter la joie la plus pure de vous avoir mise à votre aise, et que cette joie soit un secret entre vous et moi... » Il ne put, malgré ses instances, faire accepter son offre.

Tout soupçon de galanterie était bien évidemment impossible entre un homme de cinquante ans et une femme de soixante et dix. Mais Walpole redoutait par-dessus tout le ridicule. Les lettres que lui adressait madame du Deffand pouvaient être ouvertes à la poste, l'expression de sa tendresse exaltée, donner à leurs rapports un faux air de roman burlesque, et faire rire à ses dépens les habitués de l'*OEil-de-Bœuf*. Il ne supportait pas cette idée. De là cette apparente dureté qu'il témoigne si souvent, et qui contraste avec les sentiments dont il faisait profession pour elle : « Je lui porte, en vérité, écrit-il encore à M. Conway[1], tout l'attachement, toute l'affection qu'elle mérite, et je vous sais très-bon gré de vos attentions pour elle. Je compte bien la revoir encore, pour peu que je sois en état de faire le voyage. Mais c'est toujours pour moi un plaisir mélancolique, en pensant que ce sera probablement la dernière fois, et que nous nous dirons l'un à l'autre, dans un sens différent de celui où on l'entend d'ordinaire : au revoir ! »

Madame du Deffand souffrait de ses duretés, mais ne leur opposait que tendresse et soumission. Parfois elle se plaignait, s'irritait même ; bientôt elle revenait plus humble encore, dominée par un sentiment qui avait tous les caractères de l'amour, et qu'elle mettait tous ses soins à dissimuler à celui qui l'inspirait. Il est impossible de ne pas s'étonner de cette réputation de sécheresse qu'on lui a si injustement faite, quand on trouve dans ses lettres des passages comme celui-ci, par exemple : « ... Je pensais l'autre jour que j'étais un jardin dont vous étiez le jardinier ; que, voyant l'hiver arriver, vous aviez arraché toutes les fleurs que vous jugiez n'être pas de la saison, quoiqu'il y en eût encore qui n'étaient pas entièrement fanées, comme de petites violettes, de petites marguerites, etc..., et que vous n'aviez laissé qu'une certaine fleur, qui n'a ni odeur ni couleur, qu'on nomme immortelle, parce qu'elle ne se fane jamais !... C'est l'emblème de mon âme, dont il résulte une grande privation de pensées et d'imagination ; mais où il reste

[1]. Le 12 novembre 1774.

une grande constance, estime et attachement... » Walpole la grondait bien fort quand elle se laissait aller à ces mouvements de tendresse mal contenue. Il comparait ironiquement ses lettres aux élégies de madame de la Suze ou aux « lettres d'une religieuse portugaise, » ce qui la mettait au désespoir ! « ... Je n'ose plus me permettre de vous parler de moi, lui dit-elle, et c'est pourtant, je l'avoue, ce que je sais le mieux. J'aimerais à vous dire... mes grands chagrins, mes petits contentements, enfin pouvoir causer avec vous comme je faisais avec mon pauvre ami Pont de Veyle. Mais vous êtes épineux, difficile, et, qui pis est, vous vous ennuyez de tout !... » Quand il est malade, elle le supplie d'ordonner qu'un simple bulletin soit adressé à Wiart, à qui elle fait apprendre l'anglais, pour éviter à Walpole la peine d'écrire en français ; ou bien elle confie ses inquiétudes à M. Craufurt, qu'elle supplie de lui donner des nouvelles.

Ce dernier tenait aussi, on le voit par les lettres que nous publions pour la première fois, une assez grande place dans son affection; elle le connaissait même de plus ancienne date, et c'est lui qui « l'avait induite à aimer Walpole. » Il est question de lui pour la première fois dans une lettre de Voltaire à madame du Deffand, de mars 1765 [1], et le 13 février suivant, celle-ci parle de son amitié pour M. Craufurt, dont le nom revient, à partir de ce moment, très-souvent dans ses lettres comme celui d'un de ses meilleurs amis, qu'une assez grande conformité de caractère lui rendait, peut-être à son insu, plus intéressant et plus cher encore qu'elle ne le sentait elle-même. « Le petit Craufurt est un être bien malheureux, écrit-elle à

---

[1]. Walpole n'était pas encore à Paris, où il n'arriva qu'au mois de septembre suivant.

Walpole. Il a une mauvaise santé ; mais sa tête est bien plus mauvaise encore. Je ne sais pas ce qu'il fera ; rien ne ressemble à son incertitude ; l'ennui le ronge. Je le plains. Oh ! sa société ne vous convient nullement. Il perdit hier au vingt-et-un une centaine de louis... Il a plus d'esprit que de jugement, et je ne sens pas que ce soit à la jeunesse qu'il faut l'attribuer... un fonds de mélancolie, qui me donne avec lui de grands rapports... Quelquefois, de petites velléités de sortir de la vie quand il ne s'y trouve pas bien ; il a grand tort ; ce n'est pas aux gens aimables de se tuer... Il me confirme bien dans ce que je pense sur les Anglais ; je crois qu'il n'y a chez eux que les imbéciles qui ne soient pas extrêmes. Ceux qui ont de l'esprit sont ou excellents, ou détestables, ou insensés... Je l'aime, et, quoiqu'il m'impatiente et que sa déraison me fatigue, je suis bien aise quand je suis avec lui... Sa femme est simple et bonne [1]... » Il fut membre du Parlement ; lié d'amitié avec M. Fox, grand joueur comme lui et son compagnon de voyage en 1769 ; à Ferney, l'année suivante. Il revenait plus souvent que Walpole à Paris, où il passait même la plus grande partie de sa vie, fort apprécié dans le monde. On trouve quelques détails sur sa personne, et son portrait sous le nom « d'Astaque, » dans les Mémoires de Dutens. Il revit à Londres, pendant l'émigration, quelques débris de cette société qu'il avait connue si brillante, et resta en correspondance avec les amis qui n'avaient pas quitté la France. Nous avons sous les yeux une lettre que lui adressait, le 2 janvier 1793, cette charmante duchesse de Biron, Amélie de Boufflers, élevée

---

1. Lettres à Walpole, 28 septembre 1765 ; 9 octobre 1767 ; 10 et 26 décembre 1769 ; 21 octobre 1770 ; 26 octobre 1777, etc.

par sa grand'mère, la maréchale de Luxembourg, et l'une des plus aimables personnes de son temps, dont la duchesse de Choiseul parle souvent avec admiration. M. Craufurt mourut à Londres en 1814. Madame du Deffand avait servi de lien entre Walpole et lui. La lettre inédite suivante de Walpole à Craufurt donne d'intéressants détails sur cette amie commune, en même temps qu'elle fait connaître le caractère et la nature d'esprit de celui qui allait bientôt occuper une si grande place dans son cœur.

Paris, 6 mars 1766.

« Vous ne sauriez croire, mon cher monsieur, combien j'ai été heureux de recevoir votre lettre, non pas tant encore pour mon propre compte que pour madame du Deffand. Je ne parle pas seulement du plaisir que votre lettre lui a causé par elle-même. Mais elle a fait cesser les reproches que madame du Deffand avait à souffrir à votre sujet. On la tourmentait à la fois à cause de sa bienveillance pour vous, et à cause de votre indifférence pour elle. Même cette niaise madame de La Vallière a été tout à fait impertinente pour elle à votre occasion. Vous n'en serez pas surpris; vous en avez assez vu de l'humeur envieuse et méchante de toutes ces dames, et j'en ai vu beaucoup plus encore. Elles ont non-seulement les défauts ordinaires au cœur humain, mais encore cette bassesse et cette malice, effet naturel du gouvernement arbitraire sous lequel les sujets n'osent pas élever leurs regards jusqu'à quelque chose de grand. Le roi vient précisément de casser le Parlement, et ils sont tous ici charmés à la pensée qu'ils vont continuer à ramper au pied du trône. Parlons de choses moins méprisables. Votre bonne vieille femme a pleuré comme un enfant avec feu ses pauvres yeux, à la lecture que je lui ai faite de votre lettre. Je ne m'en étonne pas. Elle est bonne, affectueuse, délicate et juste, si juste, que c'est pour moi un ennui de me voir forcé à combattre continuellement la bonté de son cœur et à détruire de vaines illusions qu'elle se fait sur l'amitié. « Ah « mais, dit-elle enfin, il ne parle pas de revenir !... » Je lui ai dit que si quelque chose pouvait vous ramener ici, vous ou moi, ce serait le désir de la voir. C'est ce que je pense à votre égard ; j'en suis bien sûr pour mon compte. Si j'avais prolongé mon séjour à Paris, je n'aurais appris qu'à les connaître plus à fond. La barbarie, l'injustice avec laquelle on traite cette bonne vieille amie est vraiment inimaginable. La plus méchante de ces pestes vient de mourir, madame de Lambert. Vous ne la regretterez pas. Madame de Forcalquier, j'en conviens avec vous, est de toutes ses relations la plus sincère, incapable de faire comme les autres, manger ses soupers quand elles ne peuvent se réunir dans une maison plus élégante, pour ensuite se moquer d'elle, la tromper et essayer de lui faire des ennemis de ceux qui se disent ses amis. Elles ont été jusqu'à faire que ce vieux radoteur de président la traite aujourd'hui comme un chien. Son neveu l'archevêque de Toulouse, je le vois bien, n'est pas plus attaché à elle que les autres ; mais j'espère qu'elle se fait à cet égard plus d'illusions que je ne m'en fais. Quant à madame de Choiseul, elle lui veut réellement du bien, je le crois. Cependant, peut-être est-ce encore une illusion. La princesse de Beauvau paraît sincère aussi ; mais je me défie un peu du prince. Vous pardonnerez ces détails sur une personne que vous aimez, et que vous avez tant de raison d'aimer. Je ne crains pas d'avouer que je m'intéresse moi-même extrêmement à elle. Pour ne rien dire de ses très-remarquables facultés, elle est assurément l'être le plus libéralement affectueux qui soit sur la terre. Mais ni ses facultés, ni sa malheureuse situation ne touchent les indignes habituées de son salon. Figurez-vous qu'elle était tout à fait fâchée de l'argent que vous avez laissé pour ses domestiques. Wiart n'a pas voulu entendre à le recevoir, et quand j'ai fait tout ce que j'ai pu pour obtenir d'elle qu'elle leur donnât la permission de le prendre, j'ai si mal réussi, qu'elle a donné elle-même cinq louis à Wiart pour l'engager à persister dans son refus. Ainsi donc, je vous rapporterai votre mandat, et vous ne me devrez que cinq louis que j'ai ajoutés à ce que vous m'avez donné pour payer à Dulac les deux porcelaines de Chine qui partiront pour l'Angleterre avec les miennes.

« Mais je vous en ai trop dit sur madame du Deffand, et j'ai trop tardé à vous remercier de la lettre à moi adressée. Je vous en remercie donc, et bien cordialement, bien sincèrement. Je sens tout ce que vous valez, et toute la reconnaissance que je vous dois ; mais il faut que je vous prêche comme je prêche votre amie. Songez combien il y a peu de temps que vous me connaissez, et combien vous avez eu peu d'occasions de connaître mes défauts. Pour moi, je les connais bien. Pour contenir vos sentiments dans de justes bornes, faites attention que mon cœur n'est pas comme le vôtre, jeune, bon, chaud, sincère, ardent à se donner. Non ! il est usé par la bassesse, les trahisons, les cupidités dont j'ai eu si longtemps le spectacle sous les yeux. Il est soupçonneux, méfiant, glacé !... Je ne considère toute chose autour de moi que comme objet d'amusement ; car si je regardais sérieusement, je prendrais tout en haine. Je ris pour ne pas pleurer... Je joue avec singes, chiens et chats, pour n'être pas mangé par la *Bête du Gévaudan*. Je cause avec mesdames de Mirepoix, de Boufflers, de Luxembourg, de peur de trop aimer madame du Deffand ; et, après tout, elles me la font aimer encore davantage ! ne m'aimez donc pas, je vous en prie, ne m'aimez pas !... Les vieilles femmes ne sont que de vieilles folles, qui se passionnent pour leur dernier amant comme elles se sont passionnées pour le premier. Je me sens pourtant exposé à vous croire, et je ne partage pas l'avis de madame du Deffand, qu'autant vaut être mort que de n'aimer personne. Je pense au contraire que mieux vaut être mort que d'aimer quelqu'un. Transigeons donc à ce sujet ; aimez-la, puisqu'elle veut être aimée, et je serai le confident. Nous ferons ainsi tout ce que nous pourrons chacun de notre côté pour lui plaire. Ce rôle de confident est le seul que je puisse accepter. J'ai pris le voile, et je ne romprais pas mes vœux pour un empire. Si vous voulez venir causer avec moi à travers la grille à Strawberry-Hill, je ne demande pas mieux ; mais pas un mot d'amitié !... Je ne la sens pas plus que si je faisais état de la sentir !... C'est un papier de crédit, et, comme tout autre billet de banque, destiné à être un jour ou l'autre converti en argent. Je pense bien que vous ne voudrez jamais me *réaliser*. Mais comment pouvez-vous, comment puis-je savoir moi-même que j'aurai de mon côté la même délicatesse ?... Le temple de l'amitié, comme les ruines du Campo-Vaccino, en est réduit à une seule colonne, à Stowe [1]. Ces chers amis se sont pris en haine, et se haïront jusqu'à ce que quelques-uns d'entre eux se voient contraints à reprendre de l'amour. Et comme les crevasses sont réparées par la haine, il est possible que ce sentiment rende un peu de solidité à l'édifice. Vous voyez mon opinion sur l'amitié. Convenez, après cela, que ce

---

1. Maison de campagne du duc de Buckingham, où se voyaient des ruines factices.

serait vous faire un joli présent que de vous offrir la mienne !...

« Vos ministres n'en savent peut-être rien ; mais la guerre a été sur le point d'éclater entre la France et l'Angleterre ; et cela pour une cause toute anglaise, une course de chevaux !... Lord Forbes et Lauraguais étaient les champions ; ils ont couru ; le second a perdu, son cheval s'étant trouvé malade. Il est mort en effet dans la nuit. On l'a ouvert, et les hommes de l'art ont déclaré que la bête avait été empoisonnée. Les Anglais ont soupçonné qu'un groom, qui sans doute avait lu Tite-Live et Démosthènes, a donné le poison par patriotisme pour assurer la victoire à son pays. Les Français, au contraire, pensent que le poison est aussi commun que l'avoine ou les féveroles dans les écuries de Newmarket. En un mot, il n'y a pas d'impertinence qui n'ait eu cours à cette occasion ; et cela a été si loin, que le roi, disait-on l'autre soir, a défendu une autre course annoncée pour lundi entre le prince de Nassau et lord Forbes, afin d'éviter une explosion d'animosité nationale. Pour ma part, j'ai essayé de calmer ces ardeurs en les menaçant du retour de M. Pitt au ministère, et la menace n'est pas restée sans quelque effet. Cette observation a, du reste, confirmé ce que j'avais découvert dès mon arrivée ici, que c'en est fait de l'anglomanie. La mode, aujourd'hui, c'est l'anglophobie... Quoi qu'il en soit, ceci est pour vous seul, car j'ai su que quelques-unes de mes lettres adressées en Angleterre, et dans lesquelles je parlais un peu librement, ont couru de manière à me faire des tracasseries. Comme nous ne sommes pas amis, je peux compter sur votre discrétion, n'est-il pas vrai ? En général, je n'y compte pas beaucoup.

« Peut-être est-il nécessaire de prendre encore plus de précautions en parlant de moi à lord Ossory. Faites-le aimablement. J'ai beaucoup de considération pour lui. Mais je ne veux pas l'ennuyer de moi. Vous ne me dites pas un mot de notre duchesse [1], si supérieure à toutes les duchesses de la terre. Combien elle me paraîtra grandie après toutes ces petites tracasseries de Paris !... J'espère la voir bientôt... Je fais mes paquets ; mais, bien que renonçant aux cancans de société, je n'ai nulle intention de me mettre à la tête de la populace dans l'un ou l'autre parti. Je hais la politique autant que l'amitié, et je me propose de causer dans mon pays comme j'ai fait dans celui-ci, avec des dévots, des philosophes, des Choiseul, des Maurepas... la cour et *le temple*.

« Quel volume je vous ai écrit là !... Mais ne soyez pas effrayé. Vous n'avez pas à me répondre, si vous n'en avez bien envie, car je serai en Angleterre au moment où votre réponse pourrait me parvenir ici. La *Geoffriniska* a reçu de magnifiques fourrures d'hermines, de martres, d'agneaux d'Astrakhan ; je suppose que la czarine a eu le plaisir d'écorcher vifs ces derniers de sa propre main. *Oh ! pour cela, oui !* dirait le vieux Brantôme. Du reste, je ne pense pas qu'il y ait ici rien de nouveau. M. Jung fait des calembours, le docteur Gem n'en fait pas ; Lorenzi fait des bêtises plus qu'on n'en peut répéter ; Voltaire plus de volumes qu'on n'en peut imprimer, et j'achète plus de chinoiseries que je n'en peux payer.

« Je suis bien aise d'apprendre que vous avez été deux ou trois fois chez lady Hervey. Par ce qu'elle dit de vous, vous devez être fort encouragé à lui faire la cour. Mais vous

---

1. Je suppose la duchesse de Devonshire, dont M. Craufurt était amoureux. (Voir Dutens.)

n'aurez pas l'approbation de madame de Valentinois. Sa pomme d'or, à la vérité déjà bien grignotée par tout Paris, est réservée pour lord Holderness.

« Tout à vous,

« WALPOLE. »

La sensibilité que madame du Deffand n'osait laisser voir à Walpole, elle l'épanchait dans ses lettres à la duchesse de Choiseul et à l'abbé Barthélemy. Leur sympathique et affectueuse indulgence lui offrait toutes les consolations que peut donner l'amitié la plus dévouée. Une seule fois l'abbé Barthélemy la reprend sans humeur, mais avec quelque sévérité, de ses exigences et de ses soupçons. Du reste, ils la soignaient comme un enfant malade, dont les plaintes injustes, les tristesses déraisonnables n'épuisent jamais ni la tendresse, ni la patience de ceux qui les chérissent. Eux aussi cependant, elle les tourmente par la susceptibilité, la méfiance continuelle qui rendait son commerce difficile. Jamais elle ne décourage leur affection qui la soutient dans ses défaillances et parvient quelquefois à lui rendre un peu de sérénité.

On a déjà vu sa parenté avec Étienne-François, duc de *Choiseul*, fils de Marie de Bouthillier de Chavigny, grand'-mère maternelle de madame du Deffand, et mariée en secondes noces à César-Auguste de Choiseul. Entré au service fort jeune sous le nom de comte de Stainville, Étienne-François, fils de César-Auguste, s'y distingua par une brillante valeur, et fut nommé officier général en 1759. Une grande naissance, beaucoup d'esprit et d'assurance compensaient en sa faveur les désavantages d'une taille remarquablement petite, plutôt désagréable. Duclos prétend qu'il choisit en entrant dans le monde le rôle d'homme à bonnes fortunes, « ce qui prouve bien, remarque-t-il, que tout le monde y peut prétendre... » Mais Duclos fut toujours pour le duc de Choiseul d'une malveillance qui doit rendre ses jugements suspects. En réalité, malgré une figure plutôt laide, une taille médiocre, des cheveux presque roux, son extérieur et ses manières ne manquaient ni d'agrément, ni surtout de distinction. Sa physionomie était vive, ouverte et bienveillante, sa gaieté naturelle si agréable si communicative, « qu'elle serait venue à bout de vaincre le flegme d'un Espagnol[1]. » Personne peut-être, tous les contemporains s'accordent sur ce point, n'a possédé autant que lui l'art de séduire; mais d'une légèreté, d'une mobilité d'impressions qui ne permettait pas de le tenir pour ami fidèle, s'il n'était pour personne, grâce à la bonté de son cœur, un ennemi dangereux!... « En vérité, s'il n'était le plus léger des hommes, il en serait le meilleur, » dit de lui madame du Deffand. Les sentiments de la haine et de la vengeance lui étaient si étrangers, que pendant dix ans de ministère et de toute-puissance, il ne fit jamais de mal à personne. On a prétendu pourtant, impossible de découvrir sur quels fondements, qu'il avait inspiré à Gresset le rôle du « méchant » dans la pièce de ce nom. Aucun trait de son caractère ne peut justifier cette supposition. Ce n'est pas qu'il ne s'emportât facilement, mais il revenait de même; et le désir de réparer un tort devenait souvent, dans ce cas, très-utile à ceux qu'il pouvait avoir blessés. On le soupçonna aussi d'être l'auteur de l'opéra *la Reine de Golconde*, dont il exigea la reprise et dont « les paroles sont assez mauvaises pour être de lui, » disent les Mémoires de Bachaumont, à la date du 27 février 1767. « Facilement

---

1. Dutens.

dominé par les femmes, généreux, prodigue, plus séduisant que fidèle ; réunissant une partie de ce qu'il faut pour leur plaire, il a cependant, dit M. de Besenval, presque toujours échoué près de celles qu'il a désirées... » On en citait pourtant qui ne passaient pas pour lui avoir été cruelles : « Le grand'papa, dit madame du Deffand[1], a aujourd'hui une nouvelle amie... c'est madame de Brionne ; mais je crois qu'elle lui coûte beaucoup d'argent... » Une amusante anecdote, rapportée dans les Mémoires de Dutens, peint bien son caractère. Lorsqu'il recherchait madame de Choiseul en mariage, elle n'avait presque que des espérances de fortune. Son bien, qui devait être fort considérable, lui était disputé par des parents. M. de Choiseul ne voulut pas attendre la décision du procès pour l'épouser, et le lendemain du mariage, le procès fut perdu. Il n'en parut pas plus triste, consola sa belle-mère qui prenait la chose avec moins de philosophie et s'alarmait sur son avenir, en lui disant de ne pas perdre courage, qu'il ne quitterait pas la partie avant d'avoir obtenu une grande ambassade et acheté une terre de 200,000 livres de rente. Lui et le duc de Gontaut, son beau-frère, appelèrent de la sentence rendue contre eux, et obtinrent une révision du procès. Le duc de Gontaut était alors fort amoureux d'une madame Rossignol, femme de l'intendant de Lyon ; il en parlait sans cesse à M. de Choiseul qu'il avait mis dans sa confidence, et son refrain était : « Mon frère ! croyez-vous que madame Rossignol m'aime !... » Le jour où l'on jugea leur procès, ils étaient ensemble, et entendirent prononcer la sentence qui donnait gain de cause à leur partie adverse, et les ruinait. Pendant qu'on lisait cette sentence, M. de Choiseul dit tout bas à M. de Gontaut : « Mon

1. Lettre à Walpole, 3 mars 1770.

frère, croyez-vous que madame Rossignol vous aime?... »
et tous deux de partir d'un éclat de rire dont l'assistance
fut fort étonnée... Un arrêt de la grande chambre finit
par rendre à M. de Choiseul les biens de sa femme.

Quand il fut nommé ambassadeur à Rome, on fut
étonné de cette grande fortune pour quelqu'un alors assez
mal en cour. On assure qu'un homme d'esprit qui le connaissait, prédit que cette fortune ne s'arrêterait pas là, et
qu'on verrait le nouvel ambassadeur à Rome premier ministre un jour. D'autres le jugeaient moins favorablement :
« Ce n'est, disaient-ils, qu'un petit-maître sans talent qui a
un peu de phosphore dans l'esprit[1]!... » Quoi qu'il en soit,
l'origine de sa grande faveur est une assez vilaine histoire.
La comtesse de Choiseul, sa parente (Romanet), l'avait pris
pour confident et pour conseil dans une intrigue de galanterie avec le roi[2]. Fort expert en pareilles matières, il ne
tarda pas à comprendre que cette liaison n'avait pas d'avenir, et que sa cousine n'était pas de force à détrôner madame de Pompadour, à laquelle il était plus habile de la
sacrifier. Il rendit compte de tout à cette dernière, jusqu'alors son ennemie, lui communiqua des lettres inter-
ceptées, et lui fournit par cette trahison domestique les
moyens d'abréger l'interrègne. Il est bien difficile d'admettre avec l'auteur de l'article sur le duc de Choiseul dans
la biographie de Michaud, que sa conduite en cette circonstance ait pu être déterminée par la crainte « d'immoler
l'honneur de son nom au soin de sa fortune... » Pourtant
les consciences de grand seigneur avaient alors en pareille
matière d'étranges caprices. Ainsi voit-on le duc de Richelieu, parfait cynique, refuser pour son fils la main de made-

---

1. *Mémoires* de madame du Hausset.
2. Voir *Mémoires* de d'Argenson.

moiselle Alexandrine, fille légitime de madame de Pompadour, que tous les Mémoires du temps représentent comme une jeune personne accomplie, véritable perle dans ce fumier!... Quoi qu'il en soit, la favorite se montra fort touchée du procédé. La nomination de M. de Choiseul aux ambassades de Rome et de Vienne, son élévation au ministère (1758), ne furent pas, paraît-il, les seuls témoignages qu'elle lui donna de sa reconnaissance. « Elle le considérait, dit un contemporain, plus qu'elle ne fit jamais aucun ministre; lui-même avait avec elle les manières les plus aimables du monde, respectueuses et galantes... » Ce qu'il y a de plus singulier, c'est que la duchesse de Choiseul faisait profession de partager pour madame de Pompadour les sentiments de son mari : « Je joins pour elle l'estime à la reconnaissance, disait-elle[1]; croyez-vous d'après cela qu'elle puisse avoir une meilleure amie que moi?... » Quant à M. de Marigny, frère de madame de Pompadour, il ne pouvait pas souffrir le duc de Choiseul. Un jour, chez le docteur Quesnay, il disait de lui : « Ce n'est qu'un petit-maître, et s'il était plus joli, fait pour être un favori de Henri III. »

L'usage qu'il fit du pouvoir fut plus honorable que les moyens par lui mis en œuvre pour y parvenir. Nous n'avons pas à le juger ici comme homme politique; mais on ne peut nier que le Pacte de famille, la conquête de la Corse, la paix de Paris de 1763, assurent à son nom une place distinguée dans l'histoire. Le roi lui-même appréciait ses talents; on sait qu'en apprenant le premier partage de la Pologne : « Voilà ce qui ne serait pas arrivé, dit Louis XV, si Choiseul avait encore été ici... » Peut-être pourrait-on ajouter que la manière dont il en sortit, sa persistance à refuser les avances de madame du Barry, et jusqu'à la com-

---

[1]. Lettre du 15 mars 1764.

plicité de son silence aux dernières ignominies de ce déplorable règne, sont de nature à réhabiliter jusqu'à un certain point la mémoire de l'homme privé, si les vrais motifs de sa conduite en cette circonstance étaient mieux connus. Mais il est encore bien difficile d'attribuer cette conduite au réveil de quelque sentiment de moralité ou d'honneur, et une conscience aristocratique, si indulgente pour mademoiselle Poisson, n'avait pas le droit de se montrer si scrupuleuse pour mademoiselle Vaubernier!... Rien cependant ne put fléchir le duc de Choiseul. Après plusieurs démarches conciliantes, madame du Barry, déjà toute-puissante, lui fit dire « qu'il prît garde à lui; qu'on avait souvent vu des maîtresses faire renvoyer des ministres, mais qu'on n'avait jamais vu de ministre obtenir la disgrâce d'une maîtresse!... » Le duc de Choiseul sentait bien qu'elle avait raison, et ne se dissimulait pas les conséquences probables de sa roideur; mais il s'y résignait sans peine : « Il sera, disait madame du Deffand, comme Charles VII; on ne peut perdre un royaume plus gaiement. » Peu de jours avant son renvoi, voulant entrer chez le roi de bon matin et trouvant la porte encore fermée, il alla vers la croisée, où il trouva le duc d'Aiguillon nez à nez. « Eh bien, lui dit-il, vous me chassez donc! j'espère qu'ils m'enverront à Chanteloup; vous prendrez mes places; quelqu'un vous chassera à son tour, ils vous enverront à Veretz. Nous serons voisins, nous n'aurons plus d'affaires politiques, nous voisinerons et nous en dirons de bonnes [1]... » La prophétie ne tarda pas à se vérifier. On dit que le roi hésita longtemps avant de se décider; qu'il se releva trois fois dans la nuit qui précéda le jour où son ministre devait recevoir la nouvelle, et qu'il avait déjà brûlé plusieurs lettres de cachet... Il s'y décida

---

[1]. *Chronique de Paris*, par Mathieu Marais.

pourtant. Le 24 décembre 1770, les ducs de Choiseul et de Praslin furent exilés dans leurs terres. Ce dernier dormait suivant son habitude, après son dîner, quand on lui apporta l'ordre du roi ; il le lut, fit refermer ses rideaux, se rendormit tranquillement, et ne se réveilla que pour monter en voiture. La lettre du roi au duc de Choiseul était conçue en ces termes : « Mon cousin, le mécontentement que me causent vos services me force à vous exiler à Chanteloup, où vous vous rendrez dans vingt-quatre heures. Je vous aurais envoyé beaucoup plus loin, si ce n'était l'estime particulière que j'ai pour madame la duchesse de Choiseul dont la santé m'est fort intéressante. Prenez garde que votre conduite ne me fasse prendre un autre parti. Sur ce je prie Dieu, mon cousin, qu'il vous ait en sa sainte garde. » Au compliment du duc de La Vrillière sur le chagrin qu'il éprouvait d'être chargé d'une pareille commission, M. de Choiseul, qui connaissait la liaison de celui-ci avec le duc d'Aiguillon, répondit froidement : « Je suis persuadé, monsieur le duc, de vos sentiments en cette circonstance. » Il partit le lendemain pour sa magnifique terre de Chanteloup, près d'Amboise. M. de Muy, que le roi voulut d'abord lui donner pour successeur, refusa d'aller chez madame du Barry comme il avait refusé d'aller chez madame de Pompadour. On nomma, sur son refus, M. de Monteynard.

« Il n'a tenu qu'à M. de Choiseul, écrit madame du Deffand à Walpole, de faire de madame du Barry ce qu'il aurait voulu. Je ne puis croire que sa conduite ait été bonne et sa fierté bien entendue. Je crois que mesdames de Beauvau et de Grammont l'ont bien mal conseillé... » Les lettres que nous publions donnent de curieux détails sur la manière dont vécut à Chanteloup, jusqu'à la mort de Louis XV, le ministre exilé, et sur l'empressement public dont il fut l'objet. Les compliments lui furent prodigués en vers et en prose; on lui adressa entre autres le quatrain suivant :

> Comme tout autre dans sa place,
> Il eut de puissants ennemis;
> Comme nul autre en sa disgrâce,
> Il acquit de nouveaux amis!

« La consternation fut générale, dit Lauzun qui n'est pas suspect, à la nouvelle de sa disgrâce; et dans tous les états il n'y eut personne qui ne cherchât à lui donner quelque marque d'attachement et de vénération. » Les personnes les plus considérables de la cour se trouvèrent le lendemain sur son passage, et lui firent cortége en carrosse. L'abbé de Voisenon seul osa faire des couplets en l'honneur de madame du Barry et du chancelier Maupeou, à l'occasion de l'exil du duc de Choiseul son bienfaiteur. L'Académie française, dont il était membre, délibéra s'il n'y avait pas lieu à lui infliger un blâme public pour une conduite aussi honteuse : « Messieurs, dit Duclos, pourquoi voulez-vous tourmenter ce pauvre infâme [1]?... »

« Compiègne est abandonné, écrit Walpole; Villers-Coterets et Chantilly [2] encombrés. Mais Chanteloup surtout est à la mode; tout le monde y court, quoique le roi réponde à ceux qui en demandent l'autorisation : « Je ne le permets ni ne le défends... » C'est la première fois peut-être que la volonté d'un roi de France a été interprétée contre son inclination. Après avoir annihilé le Parlement, ruiné le crédit, il se voit bravé par ses plus immédiats serviteurs.

---

1. *Chronique secrète de Paris.* (Mathieu Marais.)
2. Résidences du duc d'Orléans et du prince de Condé, disgraciés l'un et l'autre pour avoir épousé la cause du Parlement de Paris, exilé et remplacé par le chancelier Maupeou.

Madame de Beauvau et deux ou trois autres femmes de cœur, défient ce czar des Gaules. Toutefois elles et leurs coteries sont aussi inconséquentes de leur côté. Elles font des épigrammes, chantent des vaudevilles contre la maîtresse, écrivent des pamphlets contre le chancelier, et tout cela sans plus d'effet que n'en ont les jappements d'un roquet. Sans compter que dans trois mois d'ici c'est à qui se montrera le plus empressé à la cour et obtiendra la faveur de souper avec madame du Barry... »

Le roi ne se bornait même pas toujours à cette réponse, « je ne le permets ni ne le défends... » La lettre suivante qu'il adressa au maréchal de Beauvau, et qui n'empêcha pas celui-ci de partir quelque temps après l'avoir reçue pour Chanteloup, en est une preuve : « Mon cousin, vous êtes bien vif et tenace dans ce que vous désirez; je ne suis pas surpris que le beau sexe ne puisse vous résister longtemps; moi qui n'en suis pas, je devrais vous refuser, et je le ferais, si je ne vous avais pas fait trop espérer que je vous laisserais aller à Chanteloup; car j'ai de bonnes raisons pour cela, et cet empressement d'y aller ne me plaît pas du tout; sachez-le. Sur cela, je prie Dieu qu'il vous ait, mon cousin, en sa sainte garde. A Versailles, le 3 mars 1771. *Signé* : LOUIS. »

Il paraît que le duc de Choiseul conserva longtemps l'espérance d'être rappelé au ministère. Le duc de Lauzun parle dans ses Mémoires d'un voyage qu'il fit en 1775 à Chanteloup, où il trouva tout le monde occupé du bruit répandu de sa faveur auprès de la reine : « Madame de Gramont fondait, dit-il, les plus grandes espérances sur cette faveur; elle ne doutait pas que je fisse tous mes efforts pour ramener son frère au ministère... » Il est certain que la reine, dont il avait négocié le mariage, l'y désirait et fit plusieurs tentatives pour l'y faire appeler. Mais le roi ne l'aimait pas, et s'y refusa constamment. Il ne pouvait oublier que son père avait eu autrefois gravement à se plaindre de ce ministre. On connaît la réponse du duc de Choiseul au Dauphin, père de Louis XVI, à la suite d'une vive discussion sur les mesures prises contre les jésuites : « Je pourrai avoir le malheur de devenir votre sujet; mais je ne serai jamais votre serviteur... » Les habitudes fastueuses et prodigues des Choiseul choquaient et effrayaient en outre l'esprit d'ordre et les goûts d'économie du roi. Un jour que l'on parlait devant lui de l'archevêque de Cambray, frère de l'ancien ministre, et récemment mort en banqueroute pour des sommes considérables : « Cela ne m'étonne pas, dit sa majesté ; tout ce qui est Choiseul est mangeur... » On comprend, au reste, quel désordre devait entraîner la manière de vivre suivie à l'hôtel de Choiseul. Un quart d'heure avant dix heures[1], Lesueur, maître d'hôtel, venait jeter un coup d'œil dans les salons, et au juger faisait mettre quarante, cinquante couverts pour le souper, toujours servi à profusion. Un pareil train de maison absorbait, et au delà, les 800,000 livres de rente dont jouissait alors le duc de Choiseul, et quand il mourut en 1785, ses dettes étaient évaluées à 6 millions de livres; le capital de sa fortune à 14 millions. Il avait vendu l'année précédente son magnifique hôtel, près le boulevard et la rue de Richelieu, aux comédiens italiens, jusqu'alors établis dans la rue Mauconseil. En vendant ces terrains, le duc avait mis la condition que lui et sa postérité garderaient la propriété d'une loge avec une entrée séparée, quelle que fût par la suite la destination du théâtre qu'on allait y construire. La clause a été respectée, et la loge reste aujourd'hui encore une propriété

[1]. Dutens.

de famille qui, plus heureuse que bien d'autres, a passé de génération en génération. Par son testament, il ordonnait que son corps et celui de madame de Choiseul « soient enfermés dans la même tombe à côté de laquelle sera planté un cyprès, se plaisant dans la pensée qu'il reposera après sa mort à côté de celle qu'il a chérie et respectée de son vivant. » Il invitait sa femme à concourir au payement de ses dettes. Celle-ci se retira immédiatement au couvent des Récollettes avec deux femmes et deux laquais seulement, consacrant tous ses revenus à acquitter cette pieuse obligation.

Louise-Honorine Crozat du Châtel était petite-fille de ce Crozat qui, de bas commis, puis de petit financier, enfin de caissier du clergé, s'était mis aux aventures de la mer et des banques, et passait avec raison pour un des plus riches hommes de Paris[1]. Ayant acheté plus tard en Bretagne la seigneurie du Châtel, berceau du fameux Tanneguy, M. Crozat en prit le nom. Il mourut en 1738, à quatre-vingt-trois ans, énormément riche, « et glorieux à proportion. » Il avait marié sa fille au comte d'Évreux, troisième fils du duc de Bouillon, et dont la mère appelait cette petite fille « son petit lingot d'or. » C'est à cette charmante jeune femme, connue dans son temps par son esprit et son instruction, que l'abbé Lefrançais dédia un ouvrage souvent réimprimé, et encore estimé aujourd'hui sous le titre de *Géographie de Crozat*. « Ce mariage, dit Saint-Simon, devint pour le vieux Crozat le repentir et la douleur de toute sa vie. Le comte d'Évreux, colonel général de la cavalerie, était un homme bizarre, passant sa vie à la chasse, et ne cachant pas sa passion pour la duchesse de Lesdiguières, qui le suivait partout et qu'il trouvait « meil-

[1]. Saint-Simon.

leure que la petite Crozat... » Celle-ci avait cependant apporté en dot cinq cent mille écus, que son mari, après avoir obtenu une séparation, lui rendit aisément pendant le règne du papier, et grâce au don que lui fit le régent d'une partie des taxes mises par la chambre de justice, lors de la liquidation du système, sur son propre beau-père, imposé à six millions. La comtesse retourna chez son père encore très-jeune, et fut trop heureuse de retrouver sa chambre de petite fille[1].

Le vieux Crozat eut de quoi se consoler par le mérite de ses trois fils. L'aîné, Louis-François, marquis du Châtel, lieutenant général, épousa en 1722 mademoiselle de Gouffier, dont il eut deux filles mariées au duc de Choiseul, alors comte de Stainville, et au duc de Gontaut. Le second, « chevalier, marquis de Tugny, » président au Parlement de Toulouse, mourut en 1751, sans enfants. Le troisième, appelé le baron de Thiers, officier général comme son frère aîné[2], épousa, en 1726, Marie-Louise-Augustine de Montmorency-Laval, dont il eut trois filles, mariées au comte de Béthune, au duc de Broglie et au marquis de Béthune. Le président de Tugny et le baron de Thiers étaient, l'un et l'autre, grands collectionneurs de curiosités. On consulte souvent le catalogue des objets d'art rassemblés par ce dernier. Sa galerie de tableaux passait pour la plus belle qu'il y eût en France après celle du Palais-Royal. Elle fut achetée par l'impératrice de Russie, et M. de Marigny eut la douleur de voir passer toutes ces richesses à l'étranger. Un seul tableau nous resta, le portrait en pied de Charles Ier, roi d'Angleterre, peint par Van Dyck. Il fut acheté par madame du Barry, qui le paya vingt-quatre mille livres, et

---

1. On trouve quelques détails et une étrange histoire sur la comtesse d'Évreux dans les *Mémoires* de Bois-Jourdan.

2. C'est lui qui entra le premier dans la ville de Prague, quand elle fut prise en 1741 par l'armée française.

prétendait que c'était pour elle un portrait de famille ; les du Barry se prétendaient parents des Stuarts[1]. La duchesse de Choiseul parle souvent du baron de Thiers dans ses lettres à madame du Deffand, et témoigne pour « le petit oncle, » comme elle l'appelle, une vive affection. Elle le perdit en 1770.

Le président Hénault parle du marquis du Châtel, père de madame de Choiseul, comme d'un homme d'infiniment d'esprit, quoique « se plaisant un peu trop à disséquer ses idées, à remonter à la source des choses, en un mot, un peu trop métaphysicien... Il avait, ajoute-t-il, communiqué ce goût à madame du Châtel, sa femme, qui avait autant d'esprit que lui, d'un commerce charmant, d'un caractère aussi solide qu'agréable... » Peut-être pourrait-on dire qu'il l'avait aussi communiqué à sa fille. Cette disposition un peu *raisonneuse*, sans pédanterie pourtant, sans prétention surtout, se retrouve quelquefois dans l'esprit de la duchesse de Choiseul. Elle-même le sentait ; madame du Deffand le remarque. « La grand'-maman, dit-elle une fois à Walpole, m'a montré des choses fort bien écrites ; *peut-être* un peu trop abstraites [2]... » Il est assez singulier que madame du Deffand, fort liée dans sa jeunesse avec M. et madame du Châtel, ne fasse jamais mention d'eux, et prononce à peine leur nom dans son intime correspondance avec leur fille. Madame de Choiseul elle-même parle très-rarement de sa mère. La seule instruction qu'elle se rappelle en avoir reçue est : « Ma fille, n'ayez pas de goûts !... » « On croit, dit-elle ailleurs, que ma première éducation a été excellente, parce que ma mère était une femme

---

1. Bachaumont, 25 mars 1771.
2. Lettre du 20 février 1767.

d'esprit... La vérité est qu'elle a été complétement nulle, et c'est peut-être encore ce qu'elle a eu de mieux, car au moins ne m'a-t-on pas donné les erreurs des autres. Si j'ai acquis quelque chose, je ne le dois ni aux préceptes ni aux livres, mais à quelques disgrâces. Peut-être l'école du malheur est-elle la meilleure de toutes, quand ces malheurs ne sont pas de nature à avilir l'âme ou que l'âme n'est pas de nature à être avilie... On a souvent besoin de faire du courage... Ah! combien j'en ai fait dans ma vie... Je n'ai jamais eu de la jeunesse que cette heureuse duperie qu'on m'a si tôt et si inhumainement enlevée! » Du reste, elle parle rarement, sans entrer jamais dans aucun détail et toujours sans la moindre amertume, des peines qui ne purent altérer l'admirable sérénité de sa belle âme. Tous les contemporains s'accordent pour rendre témoignage aux vertus de cette charmante personne. Dans une lettre au poëte Gray, Walpole parle avec autant d'éloges de son caractère que de ses agréments. « La duchesse de Choiseul n'est pas fort jolie, dit-il, mais elle a de beaux yeux, et c'est un petit modèle en cire, qui, pendant quelque temps, n'ayant pas eu la permission de parler, sous prétexte qu'elle en était incapable, a contracté une modestie qui ne s'est pas perdue à la cour, et une hésitation qui est compensée par le plus intéressant son de voix, effacée par l'expression la plus convenable. Ah! c'est la plus gentille, la plus aimable, la plus honnête petite créature qui soit jamais sortie d'un œuf enchanté. Si correcte dans ses expressions et dans ses pensées, d'un caractère si attentif et si bon!... Tout le monde l'aime... » Ailleurs, il parle plus favorablement encore de sa figure, et reproche à un portrait de la duchesse par Carmontelle, de n'avoir su reproduire « rien de cette délicatesse mignonne, de cet esprit personnifié, de cette finesse sans méchanceté et sans affectation; rien de cette beauté qui paraît une émanation de l'âme, qui vient se placer sur le visage, de peur qu'on ne la craigne au lieu de l'aimer... » Enfin madame du Deffand, parlant d'elle à Voltaire [1], qui ne l'avait jamais vue : « Figurez-vous, dit-elle, une nymphe, faite comme un modèle, jolie comme le jour ; je ne la connais que par réminiscence et par ce que j'en entends dire !... »

Mais son caractère avait plus de charme encore que sa figure. Le chagrin l'avait assoupli sans l'aigrir. Mariée presque enfant, adorant son mari, martyre des préférences que, sans cesser d'avoir pour elle de justes égards, il prodiguait à d'autres, la pauvre femme eut sans doute beaucoup à souffrir : « Avec un cœur chaud qui a besoin d'aliment et une imagination vive qui a besoin de pâture, dit-elle d'elle-même, j'étais plus disposée au malheur et à l'ennui que personne. Cependant, je suis heureuse, et je ne m'ennuie pas... J'ai vieilli avant le temps ; mais comme mon expérience m'est heureusement venue dans la force de l'âge, j'ai pu la mettre à profit... » et ailleurs : « ... Je n'ai pas de remède à vous donner contre les peines du cœur, et si j'en avais, je vous les refuserais. Conservez votre sensibilité ; c'est la source de tous les plaisirs, et un seul dédommage de bien des peines. Mais il faut en savoir jouir. Le seul art est de s'y livrer entièrement... » — « ... Vous êtes gaie, lui répond madame du Deffand [2], parce que vous êtes raisonnable ; vous êtes heureuse, parce que vous avez des sentiments, et vous êtes contente parce que votre conscience ne vous fait jamais le plus petit reproche. Voilà votre parfait bonheur !... » A peine âgée de dix-huit ans, quand elle arriva comme ambassadrice à Rome, elle y fut immédiate-

---

[1]. Lettre du 21 mars 1769.
[2]. 22 juillet 1766.

ment appréciée et considérée. « Elle y jouissait, dit l'abbé Barthélemy, de cette profonde vénération qu'on n'accorde généralement qu'à un long exercice des vertus. Tout en elle inspirait l'intérêt; son âge, sa figure, la délicatesse de sa santé, la vivacité qui animait ses paroles et ses actions, le désir de plaire, qu'il lui était si facile de satisfaire, et dont elle rapportait le succès à un époux, digne objet de sa tendresse et de son culte ; cette extrême sensibilité qui la rendait heureuse ou malheureuse du bonheur ou du malheur des autres, enfin cette pureté d'âme qui ne lui permettait pas de soupçonner le mal. On était surpris de voir tant de lumières avec tant de simplicité. Elle réfléchissait dans un âge où l'on commence à peine à penser... » Cette première éducation, dont elle avait reconnu l'insuffisance, elle l'avait complétée; elle avait formé son esprit par de bonnes lectures, et après avoir acquis l'instruction qui lui manquait d'abord, conservé la modestie et la simplicité qui faisaient le charme de sa nature. Quoique timide et n'aimant pas à se mettre en avant, elle causait avec grâce ; mais elle avait surtout « l'art de bien écouter, de faire valoir l'esprit des autres [1]... » Dans ses lettres intimes à madame du Deffand, elle parle souvent de cette timidité, dont elle ne put jamais se défaire entièrement, mais dont elle savait pourtant triompher quand il le fallait pour assurer sa dignité de femme et de maîtresse de maison. Rien de plus ferme, de plus noble et de plus sensé que son explication avec sa belle-sœur, la duchesse de Gramont, en arrivant à Chanteloup après l'exil. Une autre fois, elle croit avoir à se plaindre de madame de Beauvau, le lui dit nettement, sans embarras comme sans emportement ; et quand elle en a reçu l'assurance que celle-ci n'a pas eu l'intention de l'offenser, elle reprend à l'instant sa

---

1. *Mémoires* de Dutens.

sérénité bienveillante, car « il est impossible, dit-elle, de se fâcher ou de rester fâchée contre quelqu'un qui n'a pas voulu vous faire de peine. Ma justice imite celle de Dieu ; il n'y a que l'intention qui m'affecte véritablement... » Rien de plus vrai et de plus *sociable,* que ce qu'elle dit quelque part sur *l'humeur* : « C'est un défaut qui équivaut à tous les vices ; il rend injuste, parce qu'on ne peut justifier ses propres torts que par son injustice ; il rend haineux, parce qu'on hait ceux à qui on fait injustice ; il donne l'apparence de la fausseté, parce qu'il rend inconséquent. Si j'avais une prière à adresser à Dieu, je lui dirais tous les matins : Mon Dieu ! gardez-moi de l'humeur que je pourrais avoir, et de celle que je pourrais causer !... »

Madame du Deffand termine ainsi le portrait qu'elle a tracé de la duchesse de Choiseul : « Il n'y a pas un habitant du ciel qui vous ait surpassée en vertus ; vous êtes aussi pure, aussi juste, aussi charitable qu'ils ont pu l'être... Si vous deveniez aussi bonne chrétienne, vous deviendriez tout de suite une aussi grande sainte... » Malheureusement elle ne le devint jamais. La grâce semblait la circonvenir ; c'est elle qui en fait la remarque[1]. La plupart de ses amies étaient dévotes ; la comtesse de Choiseul, la petite sainte ; madame d'Achy, madame de Thiers... — A elle la foi religieuse ne fut jamais donnée, mais elle ne se torturait pas l'esprit comme madame du Deffand pour l'acquérir ou pour s'en passer, et quoiqu'elle détestât Rousseau, son évangile lui suffisait. Elle s'en tenait paisiblement à la profession de foi du vicaire savoyard. L'attachement respectueux et dévoué de l'abbé Barthélemy fut son plus ferme appui dans les mauvais jours ; cet appui, du moins, ne lui manqua jamais.

---

1. Lettre du 3 février 1769 de l'abbé Barthélemy.

Né en 1716, aux environs de Marseille, destiné dès son enfance à l'état ecclésiastique, l'abbé Barthélemy s'était appliqué spécialement à l'étude des langues anciennes et surtout du grec. Il apprit aussi l'arabe et fit avec succès quelques sermons dans cette langue au collége de la Propagande, à Marseille, à plusieurs maronites arméniens et autres catholiques arabes qui n'entendaient pas bien le français. Un jour, quelques-uns de ses auditeurs vinrent le prier de les entendre à confesse. Mais il leur répondit qu'il n'entendait pas la langue des péchés arabes. On connaît cette histoire, que lui-même raconte plaisamment dans des notes sur sa vie, d'un rabbin converti qui se prétendait versé dans la connaissance des langues orientales et qu'on lui amena un jour pour vérifier l'exactitude de ses assertions en l'interrogeant dans un idiome que cet aventurier prétendait connaître : « Je fus tellement effrayé qu'il m'en prit la sueur froide. Je cherchais vainement à leur prouver qu'on n'apprend pas ces langues pour les parler, lorsque cet homme commença l'attaque avec une intrépidité qui me confondit d'abord. Je m'aperçus heureusement qu'il récitait en hébreu le premier psaume de David que je savais par cœur. Je lui laissai dire le premier verset et je ripostai bravement par un des dialogues arabes qu'avait dressés pour moi mon maître, contenant par demande et par réponse des compliments, des questions, etc. Nous continuâmes, lui par le second verset, moi par la suite du dialogue... La conversation devint plus animée, nous parlions tous deux à la fois et avec la même rapidité. Quand il eut fini, je dis à ces messieurs que cet homme méritait, par ses connaissances et ses malheurs, d'intéresser leur charité. Pour lui, il leur dit dans un mauvais baragouin qu'il avait voyagé en Espagne, en Portugal, en Allemagne, en Italie, en Turquie, et qu'il n'avait jamais vu un aussi habile homme que ce jeune abbé. J'avais alors vingt et un ans... »

Après avoir fini ses études au séminaire, « quoique pénétré des sentiments de la religion, et peut-être même parce qu'il en était pénétré, il n'eut pas la moindre idée d'entrer dans le ministère ecclésiastique. » A vingt-neuf ans, se voyant sans état, sans fortune, et redoutant de devenir à charge à sa famille, il partit pour Paris sans vocation décidée et sans trop savoir ce qu'il y ferait. Il y arriva au mois de juin 1744, avec une lettre de recommandation pour M. Boze, garde des médailles du roi, de l'Académie des inscriptions, qui le reçut avec bienveillance, l'invita à ses dîners du mardi et du mercredi, le mit en rapport avec les savants et les hommes de lettres les plus considérables. Peu à peu ses relations s'étendirent. M. Boze étant mort en 1753, l'abbé Barthélemy, déjà membre de l'Académie, semblait son successeur naturel. La place, néanmoins, était convoitée par un de ses confrères de l'Académie, dont il ne voulut pas qu'on lui dît le nom, mais qui faisait valoir auprès de M. d'Argenson des protecteurs puissants. M. de Malesherbes, alors directeur de la librairie, prit l'abbé Barthélemy sous sa protection, à la prière du comte de Caylus, et lui fit obtenir justice, grâce au crédit du duc de Gontaut et de M. de Stainville, depuis duc de Choiseul, avec lequel cette circonstance le mit pour la première fois en rapports. Celui-ci ayant, l'année suivante, été nommé ambassadeur à Rome, l'abbé consentit à venir le rejoindre dans cette ville, y arriva le 1er novembre 1755, et fut, depuis cette époque, considéré à l'hôtel de Choiseul, non comme *l'auteur du logis,* mais comme l'ami le plus cher et le mieux apprécié. « Cet abbé est un trésor, écrit à Walpole madame du Deffand; c'est le vrai bonheur de la *grand'maman.* Lui seul supplée et remplace parfaitement les différentes compagnies et n'en laisse regretter aucune[1]. » Si douce que fût pour l'abbé Barthélemy cette intimité, il avait dû lui faire le sacrifice de son indépendance, et ce sacrifice lui coûta; l'aveu lui en échappe une seule fois dans une de ses lettres à madame du Deffand[2]. Il accepta cependant, et remplit fidèlement, dans toutes les fortunes, les devoirs de l'amitié la plus dévouée. Secrétaire général des Suisses, dont le duc de Choiseul était colonel, il refusa de conserver sa place quand M. de Choiseul fut invité à donner sa démission, et repoussa toutes les avances que lui fit à cet égard le duc d'Aiguillon, lui offrant son amitié s'il voulait abandonner ses anciens protecteurs et ne pas retourner à Chanteloup.

A son tour madame de Choiseul fut assez heureuse pour lui sauver la vie pendant la Terreur. Chassée par la Révolution du couvent où elle s'était retirée après la mort de son mari, elle vivait seule dans un petit appartement, ne recevant guère d'autre visite que celle de l'abbé. Il était chez elle le 2 septembre 1793, quand on l'y vint arrêter. Le soir même il vit entrer dans sa prison sa digne amie. « Cette femme si délicate et si frêle, dont une extrême sensibilité use les ressorts, mais à qui l'amitié fait toujours trouver des forces, n'avait pas perdu un moment pour éclairer la religion du gouvernement sur l'erreur commise dans les bureaux, qui avait fait arrêter ce respectable vieillard; des amis zélés l'avaient aidée. Le comité, qui n'ignorait ni l'âge, ni la réputation de Barthélemy, ni la pureté de sa conduite, n'avait jamais eu l'intention de le comprendre dans l'ordre général qui frappait les employés de la Bibliothèque, et son arrestation était un malentendu, une erreur qu'on répara

---

[1]. Lettre du 30 novembre 1773.
[2]. Lettre du 18 février 1771.

sur-le-champ. Les commis s'empressèrent d'expédier l'ordre de la sortie, avec lequel on alla le réveiller sur les onze heures du soir, et à minuit on le ramena chez sa tendre et constante protectrice, d'où on l'avait enlevé le matin[1]. » Le billet suivant est de cette époque :

A LA CITOYENNE DE CHOISEUL,
RUE DOMINIQUE, AU COIN DE LA RUE BOURGOGNE.

« Au nom de Dieu, divine citoyenne, ne prenez pas la peine de venir ici, ni par la faveur d'un fiacre, ni par le secours de M. de Nivernois ; laissons passer ce mauvais temps, puisqu'il veut passer. Quand il aura fini sa course, je commencerai la mienne. Je suis assez bien, je ne suis arrêté que par mes nerfs, qui ressemblent à des cordes à violon qui jurent sous l'archet. J'ai à la vérité deux officieux ; mais ils sont si souvent de garde que je ne puis pas envoyer tous les jours. Je voudrais, à l'exemple des Levantins, élever un pigeon pour vous porter mes billets. Mais outre que nous n'avons pas encore de professeur pour ce genre de courrier, j'aurais peur que Marianne, dans un moment de disette, mît le mien à la broche. Regardez à vos pieds, vous m'y trouverez toujours. Ce xv ventôse. »

La duchesse de Choiseul mourut à Paris le 3 décembre 1801. Madame du Deffand l'avait précédée depuis longtemps. Dans ses lettres du mois de juillet et d'août 1780, elle se plaint d'être plus faible et plus languissante. Mais les deux maux qu'elle redoute le plus, c'est la solitude et l'insomnie. Pour échapper à la première, on prétend qu'elle

---

1. Notice sur l'abbé Barthélemy, par le duc de Nivernois, écrite peu après la mort de l'abbé, en 1795. On dirait que madame du Deffand a eu comme un pressentiment de cette scène en écrivant la lettre du 16 septembre 1771.

fit venir son cuisinier et lui dit qu'ayant besoin de plus de distractions, elle voulait attirer le plus de monde possible, qu'il eût donc à lui faire faire bonne chère. Ses soupers devinrent en effet plus recherchés et plus nombreux que jamais. C'était un des grands éléments de la sociabilité dans ce temps-là : « Le souper, lui disait un jour un de ses amis, est une des quatre fins de l'homme ; je ne me rappelle pas quelles sont les trois autres. »

Quelquefois, pour occuper ses cruelles insomnies, elle composa d'assez jolis vers qui rappellent la manière de Chaulieu ; ceux-ci entre autres :

> Il est un âge heureux, mais qu'on perd sans retour,
> Où la folle jeunesse entraîne sur ses traces
> Le plaisir vif avec l'amour
> Et les désirs avec les grâces.
> Il est un âge affreux, sombre et froide saison,
> Où l'homme encor s'égare et prend dans sa tristesse
> Son impuissance pour sagesse
> Et ses craintes pour sa raison.

On peut citer encore ceux-ci :

> Le ver à soie est, à mes yeux,
> L'être dont le sort vaut le mieux.
> Il travaille dans sa jeunesse,
> Il dort dans sa maturité ;
> Il meurt enfin dans sa vieillesse
> Au comble de la volupté.
>
> Notre sort est bien différent,
> Il va toujours en empirant.
> Quelques plaisirs dans la jeunesse,
> Des soins dans la maturité,
> Tous les malheurs dans la vieillesse,
> Puis la peur de l'éternité!...

A la fin du mois d'août, une fièvre ardente l'obligea à

garder le lit. Ses meilleures amies, madame de Choiseul, les maréchales de Luxembourg et de Mirepoix, ne quittèrent le chevet de son lit que peu d'heures avant sa mort. Elle la vit venir avec résignation et courage. « Je suis d'une faiblesse et d'un abattement excessifs, écrit-elle encore le 22 août à Walpole, ma voix est éteinte; je ne puis me donner aucun mouvement; j'ai le cœur *enveloppé*, j'ai de la peine à croire que cet état n'annonce pas une fin prochaine. Je n'ai pas la force d'en être effrayée, et ne vous devant revoir de ma vie, je n'ai rien à regretter... » Apercevant auprès de son lit son secrétaire Wiart qui pleurait : « Vous m'aimez donc?... » lui dit-elle avec un étonnement où se trahit le principe de sa maladie morale : mécontentement et mépris de soi-même qui ne permettent pas de croire à l'affection des autres, sans cette humilité qui fait aimer les autres par la pensée qu'ils valent mieux que nous.

Elle expira quelques moments après, le 24 octobre, dans sa quatre-vingt-quatrième année.

CORRESPONDANCE

COMPLÈTE

DE MADAME DU DEFFAND

AVEC LA DUCHESSE DE CHOISEUL

L'ABBÉ BARTHÉLEMY ET M. CRAWFORD

LETTRE PREMIÈRE [1]

DE LA DUCHESSE DE CHOISEUL A MADAME DU DEFFAND

Ce 26....., (sans date).

Je ne suis arrivée hier au soir qu'à une heure chez moi, ma chère enfant; j'y ai trouvé votre lettre du 24, qui est d'un noir horrible. Mon Dieu! qui a pu vous donner tout ce noir? J'espère que ce n'est pas moi. Seriez-vous malheureuse? j'en serais au désespoir; je ne puis soutenir l'idée du malheur même pour les personnes qui me sont le plus indifférentes, jugez pour vous; je suis sur cela d'une pusillanimité qui vous ferait pitié. S'il n'avait pas été si tard, et si je n'eusse pas été morte de fatigue et accablée de sommeil, je serais remontée en voiture pour aller partager votre encre ou vous faire part de mon couleur de rose. Je ne sais point encore quand je pourrai vous voir. M. de Choiseul devait être ici ce matin; il est trois

---

[1]. Nous ne trouvons rien dans cette lettre ni dans les deux suivantes qui puisse en indiquer la date précise. On voit seulement qu'elles sont antérieures à l'exil du duc de Choiseul. Nous les avons classées un peu au hasard.

heures et demie, il n'y est point encore. Je ne ferai rien, je ne verrai rien, je ne saurai rien, que je ne l'aie vu. Je sais pourtant que je ne pourrai vous donner aucune de mes soirées, je les ai toutes promises à mon pauvre ambassadeur, qui est dans un état où ses amis ne peuvent lui donner trop de soins. Mais je vous verrai, n'en doutez pas, et je me livrerai au plaisir de vous dire combien je vous aime.

LETTRE II

DE LA DUCHESSE DE CHOISEUL A MADAME DU DEFFAND

(Sans date.)

Oui, oui, ma chère enfant, je crois que vous m'aimez, parce que vous êtes une enfant; il n'y a plus que les enfants qui aiment, parce qu'il n'y a plus que les enfants qui puissent aimer : la triste expérience dessèche le cœur; on est vieux quand on a le cœur desséché; mais le cœur ne se flétrit que pour avoir été trop sensible; être sensible, c'est être dupe; mais être enfant, c'est être innocent. L'innocence est de toutes les vertus la plus estimable, parce qu'elle est la plus sûre; l'enfance est de toutes les qualités la plus aimable et la plus heureuse; un enfant a toujours le bonheur d'aimer et le plaisir inestimable d'être toujours aimé. Je vous aime donc aussi très-véritablement, et par cette raison même que vous êtes une enfant. Ne croyez pas que je vous insulte par ce titre. Ah! que je changerais bien ma décrépitude contre votre enfance! Qu'il est étrange d'être si vieille à mon âge! qu'il est heureux d'être si jeune au vôtre!

Vous n'avez point été ridicule hier, vous avez été vive, naturelle et enfant; enfin, vous avez été très-aimable, parce que vous étiez vous-même, et vous avez parfaitement bien réussi.

Je ne vous réponds pas de M. de Choiseul pour lundi, mais je vous réponds de moi, qui n'en vaux pas la peine; je vous demande toujours Vattelet; si j'y suis seule, il ira bien; si M. de Choiseul y est, il ira encore mieux.

La médecine a fort bien fait; on a fort bien dormi cette nuit; on est parti ce matin. Pour moi, j'ai l'estomac dérangé, mais je ne me donne pas la peine ni de m'inquiéter de mes maux, ni de m'en affliger, ni de chercher à les guérir. J'irai vous voir tantôt, chez le président, parce que je veux le voir, et parce que c'est le plus près de chez moi. Toute vieille que je suis, je n'en suis pas moins étourdie; je ne me suis souvenue de votre livre que parce que vous me l'avez demandé; je l'ai cherché dans tous mes sacs, et partout on le cherche encore; j'imagine que j'ai oublié de l'emporter de chez vous; faites-l'y chercher, je vous prie, et vous m'en direz des nouvelles tantôt.

Adieu, ma chère enfant.

LETTRE III

DE LA DUCHESSE DE CHOISEUL A MADAME DU DEFFAND

De Chatellier, ce...... 24 (sans date).

Point de comparaisons, je vous prie, ma chère enfant; je ne pense pas qu'elles puissent jamais être à mon avantage, surtout celle de madame de Flamarens; aimez-moi comme moi et non comme une autre, afin que par la suite je n'aie rien à y perdre. Je suis aussi touchée qu'étonnée, ma chère enfant, du sentiment que vous me marquez; je ne me croyais pas faite pour en inspirer un si vif, mais je n'en suis que plus flattée, car la vanité ne perd jamais de ses droits, ou plutôt, c'est mon cœur qui réclame les siens dans cette occasion; mais je vous vois d'ici me dire ce que vous m'avez déjà dit mille fois : Ah! ma grand'maman, vous ne pensez pas un mot de ce que vous dites là. Je vous demande pardon, ma chère enfant, je le pense très-véritablement; mais est-ce que vous croyez que l'on ne se rend pas justice? Pour moi, je pense que tout le monde se la rend, et qu'il n'y a de différence entre la modestie que vous croyez que j'affecte, et la vanité que vous découvrez dans les autres, que celle de cacher ou d'avouer ce que l'on pense de soi; croyez-moi, les hommes ne s'abusent pas eux-mêmes, ils ne font que chercher à s'abuser entre eux; et moi aussi je vous abuse, moins je crois que les autres, parce qu'étant plus franche, j'en ai moins la volonté, et plus vive, j'en ai moins le pouvoir; mais on veut plaire, et il faut être aimable; on veut être estimé, et il faut paraître estimable; de là viennent ces formes sur lesquelles nous modelons nos caractères, et qui les différencient aussi peu entre eux que nous le sommes par nos vêtements; ce sont cependant ces formes qui font le lien et même la sûreté de la société, car la plupart ne doivent leurs vertus qu'à la nécessité de paraître vertueux; loin de les blâmer, soumettons-nous-y donc, puisqu'elles sont si nécessaires et quelquefois si agréables. Mon Dieu, voilà, je crois, de la morale; pardon, ma chère enfant; je lisais l'autre jour, dans le dernier volume de Voltaire qui vient de paraître, qu'il n'y a rien de si ennuyeux que les livres de morale, parce qu'ils n'apprennent rien de nouveau; cela est très-vrai, et ils m'ennuient à mort; ainsi, quoique la mienne m'amuse, ce n'est pas une raison pour que je vous en ennuie. Quoi qu'il en soit, croyez ce que je viens de vous dire, car rien n'est si vrai; croyez-le, dis-je, si vous l'avez vu, car comment pourrais-je exiger que l'on m'en crût sur ma parole, moi qui ne crois plus rien que sur le rapport le plus direct de mes sens? Mon scepticisme est devenu si grand, qu'il donne dans l'excès contraire, et qu'à force de douter de tout, je crois aussi presque également à tout; par exemple, je crois presque autant à la *Barbe-Bleue*, aux *Mille et Une Nuits*, aux Génies, aux Fées, aux Sorciers, aux Farfadets, qu'à... à quoi dirais-je?... M. le Prince disait qu'il valait mieux dire crotté comme une horloge, que de rester court sur une comparaison ; je vous laisse, ma chère enfant, le choix de la mienne.

Pourquoi me dites-vous que vous espérez qu'il n'y a point d'indiscrétion à me demander de mes nouvelles ? Qu'est-ce que c'est que ce beau mot-là ? De l'indiscrétion, c'est bien là une forme, mais de celles qui ne sont ni belles ni bonnes ; si la fantaisie vous prend encore de m'écrire, écrivez-moi sans discrétion ; envoyez-moi des lettres de Voltaire, des nouvelles, enfin tout ce qui vous passera par la tête, et soyez sûre de me plaire, ou plutôt de me faire plaisir, pour parler plus poliment ; mais ne vous attendez pas à beaucoup d'exactitude de ma part ; car je vais être livrée à un médecin qui est ennemi mortel de l'écriture.

J'imagine que vous êtes dans tout le noir de madame de Luxembourg, je vous en plains et je la plains bien aussi ; la pauvre femme, elle a perdu tout ce qu'elle aimait. Hélas ! elle ne pourra peut-être plus aimer.

Il me semble, ma chère enfant, que c'est pour me demander de mes nouvelles que vous m'avez écrit, et c'est justement ce dont j'oublie de vous parler. C'est que je me porte bien ; je n'ai point été fatiguée de mon voyage, je suis dans un petit château le plus ridicule du monde, avec l'ameublement le plus bizarre, mais dans la plus belle situation qu'il soit possible de voir. Je vous en ferais une belle description, si je ne l'avais déjà faite à M. de Choiseul, mais je n'aime pas les rabâchages. Je suis, en effet, dans une grande solitude, mais je chéris le calme et le repos qu'elle me donne ; je ne m'ennuie jamais et je m'amuse de tout : un gros homme ventru, qui a été garde-du-corps, qui est actuellement capitaine de cavalerie, chevalier de Saint-Louis, capitaine des gardes du gouvernement, capitaine des chasses de M. de Choiseul, capitaine enfin, de toutes les capitaineries du monde ; de plus, grand-prévôt de la maréchaussée et maire de la ville d'Amboise, tout bouffi de ces titres, et fort gros seigneur, comme vous voyez, mais cependant mon serviteur, est ici ma seule ressource et mon...
(*La fin de cette lettre manque.*)

LETTRE IV

DU DUC DE CHOISEUL A MADAME DU DEFFAND

7 mai 1761.

Oui, je vous verrai aussitôt que j'irai à Paris ; j'y serai le 15, et le 16 à vos pieds pour vous remercier d'une amitié qui m'est bien chère et dont je sens le prix et l'agrément ; mais, soyez-en persuadée, malgré tous les présidents du monde[1], nous finirons notre vie ensemble et nous rirons aux dépens de l'envie et des envieux.

LETTRE V

DE MADAME DU DEFFAND AU DUC DE CHOISEUL

De Saint-Joseph, ce samedi 11 mai 1761.

Un neveu, un guidon, une réforme, des promesses positives qu'il n'arriverait point de mal qui ne fût bien réparé, ma folle passion pour vous, votre bienveillance pour moi, me font vous dire : « *In te, Domine, speravi, non confundar in æternum.* »

La grand'maman vous dira le reste : elle voulut bien passer hier la soirée avec son enfant ; nous bûmes à son « qui tu sais ; » elle fut de la meilleure humeur du monde ; les deux maréchales[2] en furent charmées. J'espère qu'elle vous parlera de moi. Vous devriez rougir de ce que je n'entends jamais parler de vous. Ne pas m'aimer est de la dernière ingratitude, moi qui vous aime comme une religieuse, qui m'affecte de tout ce qui vous regarde, plus que vous ne vous en affectez vous-même, moi qui veux avoir un petit château à Chanteloup ;

---

1. Le président Hénault.
2. De Luxembourg et de Mirepoix.

moi, enfin, qui résiste à vos rigueurs, et de qui vous réformez le neveu après m'avoir promis qu'il ne le serait pas; moi qui suis la seule de toutes vos connaissances que vous ne voyez jamais, tandis que je suis la personne de l'univers qui vous aime le plus constamment, le plus tendrement, le plus passionnément, le plus follement, etc., etc...

J'ai donné un petit Mémoire à la grand'maman; c'est pour une petite affaire que je voudrais bien qui pût se faire sans vous, parce que je n'aime pas vous importuner; mais j'ai fort à cœur qu'elle réussisse.

LETTRE VI

DU DUC DE CHOISEUL A MADAME DU DEFFAND

13 mai 1761.

Je dois être accoutumé, Madame, aux tracasseries du président[1]; je vois qu'il m'en a fait une avec vous en ne vous rendant pas que je l'avais prié de vous faire ma réponse à votre première lettre; il est vrai qu'il était peu propre pour la commission de vous transmettre l'envie que j'ai, et que j'aurai toujours toute ma vie de vous plaire. M. votre neveu profitera, dès que l'occasion s'en présentera, du désir que j'ai de vous prouver mon respect et mon obéissance pour vos ordres.

LETTRE VII

DU DUC DE CHOISEUL A MADAME DU DEFFAND

Ce 22 mai 1761.

Je ne sais pas pourquoi vous doutez de moi; personne ne vous est plus attaché. J'ai saisi toutes les occasions de vous le

---

1. Hénault.

marquer. Dans celle-ci, votre neveu ne pouvait pas avoir une nouvelle commission de capitaine réformé, puisqu'il l'est déjà. En suivant la règle, je fais son bien. Enfin, soyez une fois juste à mon égard, et quoique je ne vous voie point, ayez assez bonne opinion de mon cœur pour être certaine qu'il vous est fidèle.

LETTRE VIII

DE MADAME DU DEFFAND A VOLTAIRE

20 septembre 1761.

Je vous écrivis l'autre jour quatre mots; je satisfaisais mon impatience en me hâtant de vous indiquer un moyen de m'envoyer ce que je désirais. J'ai bien peur que vous n'ayez pas reçu ma lettre avant le départ de M. de Jaucourt. Je ne suis heureuse en rien, et vous êtes accoutumé à me tout refuser; mais de tous vos refus, celui qui me surprend le plus, c'est le compliment au président sur la mort de M. d'Argenson. Je vous mandais qu'il en recevait de tout le monde; que le défunt lui avait fait un legs; enfin, vous n'ignorez pas quelle était la liaison et l'ancienneté de leur connaissance. Qu'importe que vous eussiez dû des compliments à M. d'Argenson en pareil cas?... vous n'étiez pas autant de ses amis que vous l'êtes du président; et puis vous lui eussiez dû un compliment, n'eût été que pour honorer la mémoire du président, lui donner des témoignages de regret, d'estime et d'amitié. C'est avec répugnance que je me prête à une pareille supposition. Mais, Monsieur, vous m'affligez par la conduite que vous avez avec mon meilleur ami, et qui, en vérité, devrait être le vôtre. Il n'y a point de marque de considération et d'estime que vous n'ayez reçu de lui. Nous ne cessons l'un et l'autre de parler de vous; et nous ne trouvons personne qui sente aussi bien que nous le mérite et l'agrément de tout ce que vous avez fait. J'évite

actuellement de lui parler de vous ; je détourne la conversation
qui pourrait y amener, pour éviter l'embarras où je serais de
vous excuser. Je crois, mais je n'en suis pas sûre, qu'il vous
a envoyé son estampe. Je lui en ai vu l'intention; mais apparemment vous ne l'avez pas encore reçue; je le détournerai
de vous l'envoyer, je vous assure, si vous ne réparez pas vos
torts.

Expliquez-moi votre conduite, et croyez-moi, ne perdez pas
volontairement l'amitié du plus ancien, du plus aimable et du
plus sincère de vos amis.

Vous n'aurez que cela de moi aujourd'hui; un autre jour
nous philosopherons.

LETTRE IX

DE LA DUCHESSE DE CHOISEUL A MADAME DU DEFFAND

A Versailles, ce... décembre 1861.

Faites-moi grâce, ma chère enfant, des gens de Versailles;
il y a, comme vous dites fort bien, cinq mois que j'y suis; j'y
croirais être encore. Pourquoi ne me parlez-vous pas du président ? Il y a mille ans que je ne l'ai vu, il m'abandonne tout à
fait; je serai bien aise d'avoir l'occasion de le lui reprocher;
d'ailleurs, qu'avez-vous besoin de tant de monde ? Vous pouvez craindre d'être seule avec moi, mais je ne crains pas de
l'être avec vous. Plus vous aurez de monde, plus je serai distraite du plaisir de vous voir; on me distrait à présent du
plaisir de vous écrire et l'on me désespère. Je viens de m'arracher de mon lit pour achever une frisure commencée d'hier;
quatre pesantes mains accablent ma pauvre tête. Ce n'est pas
le pire pour elle, j'entends résonner à mes oreilles le fer, les
papillotes. Il est trop chaud... Quel ajustement madame mettra-t-elle donc aujourd'hui ?... Cela va avec telle robe... Angélique, faites donc le tocquet; Marianne, apprêtez le panier

— vous entendez bien que c'est la suprême *Tintin* qui ordonne ainsi. — Elle a beaucoup de peine à nettoyer ma montre avec un vieux gant; elle me fait voir que le fond en est toujours noir. Ce n'est pas tout. Un militaire pérore de l'expulsion des jésuites; deux médecins parlent, je crois, de guerre, ou se la font peut-être; un archevêque me montre une décoration d'architecture; l'un veut attirer mes regards, l'autre occuper mon esprit, tous obtenir mon attention. Vous seule intéressez mon cœur. On me crie de l'autre chambre : « Madame, voilà les trois quarts; le roi va passer pour la messe... — Allons! vite! vite! mon bonnet, ma coiffe, mon manchon, mon éventail, mon livre: ne scandalisons personne. Ma chaise, mes porteurs; partons! » — J'arrive de la messe; une femme de mes amies entre presque aussitôt que moi; elle est en habit; mon très-petit cabinet est rempli de la vastitude de son panier. Elle veut que je continue : « Je n'en ferai rien, Madame; je ne serai pas assez mon ennemie pour me priver du plaisir de vous voir et de vous entendre... » Enfin elle est partie; reprenons ma lettre; mais on vient me dire que le courrier de Paris va partir : « Il demande si madame n'a rien à lui ordonner. — Eh! si fait, vraiment! J'écris à ma chère enfant; qu'il attende. » Une jeune Irlandaise vient me solliciter pour une grâce que je ne lui ferai pas obtenir. Un fabricant de Tours vient me remercier d'un bien que je ne lui ai pas procuré. Celui-ci vient me présenter son frère que je ne verrai pas; il n'y a pas jusqu'à mademoiselle Fel[1] qui n'arrive chez moi.

J'entends le tambour; les chaises de mon antichambre sont culbutées : ce sont les officiers suisses qui se précipitent dans la cour.

Le maître-d'hôtel vient demander si je veux qu'on serve. Il m'avertit que le salon est plein de monde, que monsieur est ren-

---

1. Célèbre chanteuse. Elle débuta à l'Opéra en 1733 et se retira en 1759. On peut lire dans les *Confessions* de Jean-Jacques le récit de la singulière passion qu'elle inspira à Grimm.

tré, qu'il a demandé à dîner. — Allons donc, il faut finir. Voilà le tableau exact de tout ce que j'ai éprouvé hier et aujourd'hui en vous écrivant, et presque tout cela à la fois ; jugez si je suis lasse du monde et si vous devez vous donner tant de peine pour m'en procurer ; jugez aussi si je vous aime pour pouvoir m'occuper de vous, et comme votre pauvre grand'maman est impatientée, tiraillée, harcelée ! Plaignez-la, aimez-la, et vous la consolerez de tout.

LETTRE X

DU DUC DE CHOISEUL[1] A MADAME DU DEFFAND

Ce mercredi... 1763.

J'aurais trop de plaisir à vous rendre service pour m'ennuyer du détail de vos intérêts. Je vous conseille de prendre patience ; ce qu'on désire à la cour ne se fait pas dans un jour ; il faut que la reine parle au roi, elle le fera. M. de Saint-Florentin est bien disposé ; il est nécessaire qu'il travaille avec le roi. Ce ne sera peut-être pas de sitôt ; prenez donc patience, ne vous tourmentez point, comptez sur vos amis et continuez seulement vos sollicitations auprès de la reine.

LETTRE XI

DE MADAME DU DEFFAND A LA DUCHESSE DE CHOISEUL

..... 1763.

Je me flattais, chère grand'maman, que ce serait par vous que j'apprendrais la réussite de mon affaire, et c'était le moyen de me la rendre cent fois plus agréable ; mais il y a quatre ou

---

1. Cette lettre et les suivantes, relatives à la pension de madame du Deffand, sont écrites pendant le voyage de Fontainebleau qui avait lieu en automne.

cinq jours que la reine écrivit au président ces paroles : « *Je suis comblée, madame du Deffand aura sa pension.* »

Le président a demandé une explication à la reine, et voici la réponse qu'il a reçue aujourd'hui[1].

Ce sont les propres termes de Sa Majesté ; elle ne dit point de combien est la pension. Mais on peut inférer qu'elle est de deux mille écus, puisqu'elle les a demandés. Mandez-moi, chère grand'maman, ce que je dois croire, et si vous jugez cette affaire absolument consommée. Il me reste encore quelques doutes, parce qu'il me semble que vous n'avez pas pu l'ignorer, et que, le sachant, vous auriez eu sûrement la bonté de me le mander; enfin, quoi qu'il en soit, c'est à vous, c'est à M. de Choiseul que je me crois le plus redevable; c'est lui qui a bien voulu m'indiquer la tournure qu'il fallait prendre pour obtenir cette grâce.

Je n'avais pas besoin, en vérité, de vous avoir tant d'obligations pour vous aimer bien tendrement l'un et l'autre, et si, dans la position où vous êtes tous les deux, vous pouviez avoir quelques moments de libres, je vous prierais d'examiner et de juger s'il y a quelqu'un dans le monde qui vous soit plus tendrement, plus inviolablement et plus parfaitement attaché que moi.

J'ai un désir et un besoin de vous voir qui ne se peuvent exprimer. Il y a mille ans d'ici à votre retour. Donnez de vos nouvelles à votre enfant, dites-lui que vous l'aimez et répondez-moi aussi de l'amitié de M. de Choiseul. Sans les soins qu'il a bien voulu prendre, je n'aurais jamais rien obtenu !...

---

1. Cette réponse ne s'est pas retrouvée.

LETTRE XII

DE LA DUCHESSE DE CHOISEUL A MADAME DU DEFFAND

A Fontainebleau, ce 21....., 1763.

Voilà assurément, ma chère enfant, la chose du monde la plus extraordinaire. Je ne vous ai pas écrit parce que je voulais avoir quelque chose à vous apprendre, et j'étais bien éloignée de soupçonner que ce serait vous qui me donneriez des nouvelles. Enfin, quoique vous n'ayez pas entendu parler de moi, il est bien certain que je n'en étais pas moins occupée de vous. M. de Choiseul, avec qui j'en parlais incessamment, m'avait dit, il y a quelques jours, que votre affaire était en bon train, et qu'il comptait qu'elle allait bientôt finir. Je l'avais bien prié de m'avertir du moment ; mais, impatientée de ne rien apprendre, j'avais imaginé de faire parler à la reine par M. de La Lannes[1]. Voilà ma première intrigue de cour, et vous allez voir comment elle m'a réussi. La reine a eu de l'indigestion et de la colique pendant trois jours, La Lannes n'a pas trouvé le moment de placer mon mot. Je ne sais comment elle était hier, je l'ai vue à la comédie. Je ne suis plus malade, et La Lannes n'est pas venu ce matin chez moi ; mais j'ai reçu votre lettre et je suis tombée des nues. Je l'ai montrée à M. de Choiseul, qui est fait pour tomber de plus haut que moi ; il a écrit tout de suite à madame de Luxembourg, pour savoir ce qui en était, et elle nous a donné la confirmation de votre bonne nouvelle : c'est deux mille écus, et la chose n'a été faite que ce matin ; on vous en avait donné l'avant-goût. Il n'est pas besoin de vous dire la joie où nous sommes. M. de Choiseul doit vous écrire pour vous faire son compliment, et moi j'ai la tête tournée. Vous voyez, ma chère petite-fille, que je suis une grand'-

---

1. Premier médecin de la reine.

maman aussi tendre qu'inutile. Cela vous prouve que j'ai plus de sentiment que de vanité. Qu'importe de quelle part arrive le bien de ce que l'on aime, pourvu qu'il en jouisse! C'est la seule vraie, la plus grande consolation au malheur de ne l'avoir pas procuré!...

LETTRE XIII

DU DUC DE CHOISEUL A MADAME DU DEFFAND

A Fontainebleau, ce mardi 1763.

J'ai été enchanté de la réussite de votre pension. Je craignais qu'à force d'en parler, on ne se trompât sur les formes. Tout a réussi. Je vous en fais mon compliment, et je vous prie d'être persuadée de la vérité de l'intérêt que je prendrai toute ma vie à votre tranquillité et à votre bonheur.

LETTRE XIV

DE LA DUCHESSE DE CHOISEUL A MADAME DU DEFFAND

Ce 9 .....1763.

J'ai été aujourd'hui chez M. de Saint-Florentin, chère petite-fille, pour votre affaire; il m'a dit que comme votre pension se payait sur un billet au porteur, que M. Boulogne n'avait plus le trésor royal, et que M. le contrôleur-général ne savait pas encore votre affaire, il écrirait *tout cela* à M. Leclerc, son commis, pour qu'il vous fît payer tout de suite. Je n'ai pas moi-même trop entendu *tout cela*. Mais comme je vis que le résultat était que vous seriez payée, je m'en suis contentée. Cependant, si vous ne l'étiez pas dans huit jours, ne manquez pas de m'en avertir pour que je fasse à *tout cela* tout ce qu'il faudra faire.

Je me porte bien, ma chère enfant, je vous aime de tout

mon cœur, et je n'ai pas le temps de vous en dire davantage.

LETTRE XV

DE LA DUCHESSE DE CHOISEUL A MADAME DU DEFFAND [1]

A Versailles, ce 19 décembre.....

Vous aviez eu la bonté, ma chère petite-fille, de me procurer les voix de MM. Dalembert et Le Maunier pour M. Poissonnier à la dernière élection de l'Académie des sciences. Quoique le succès n'ait pas répondu à d'aussi bons titres, je n'en ai pas moins de reconnaissance pour vous et pour ces messieurs, et votre protégé n'en sent pas moins l'avantage d'avoir excité votre intérêt et obtenu leurs suffrages; je vous le demande encore pour l'une des deux places qui vont être créées. Ce sera moi qui y gagnerai le plus. J'aurai le plaisir de vous avoir encore obligation; mais je ne puis augmenter celui que j'ai à aimer ma chère petite-fille, parce que les sentiments que j'ai pour elle et le plaisir qu'ils me procurent sont à leur comble.

LETTRE XVI

DE LA DUCHESSE DE CHOISEUL A MADAME DU DEFFAND

Décembre.....

Ne me plaignez pas, ma chère enfant, mais réjouissez-vous avec moi. Madame de Pompadour est enfin hors d'affaire. Je nage dans la joie. J'irai vous voir le plus tôt que je pourrai. Soyez sûre que vos amis ne peuvent vous oublier, et que l'ingrat que vous aimez ne l'est que de nom [2]. Il partage tous les

---

1. Ce billet est antérieur à la rupture de madame du Deffand avec Dalembert, en 1764.
2. Le duc de Choiseul.

sentiments que j'ai pour vous; il a été saigné hier de précaution; il prend des eaux de Vichy, il sera purgé après.

LETTRE XVII

DE LA DUCHESSE DE CHOISEUL A MADAME DU DEFFAND

Mars 1764.

Je n'ai pas pu vous répondre plus tôt, ma chère enfant, parce que je ne savais rien de rien. Madame de Pompadour a été saignée trois fois depuis hier. Elle est infiniment mieux aujourd'hui. Je pars pour Choisy; je ne sais quand j'en reviendrai. Je ne puis ni profiter de vos arrangements, ni y nuire; mais à mon premier voyage à Paris, non pas celui-ci, je voudrais que le président me donnât à souper avec vous et madame d'Usson. Ce choix peut vous paraître bizarre. Mais j'ai de petites raisons pour cela. J'embrasse ma chère enfant, et la reverrai le plus tôt que je le pourrai.

LETTRE XVIII

DE LA DUCHESSE DE CHOISEUL A MADAME DU DEFFAND

Mars 1764.

Madame de Pompadour a eu beaucoup de toux et assez de fièvre cette nuit, ma chère enfant. Cependant on assure qu'il n'y a aucun danger à son état; mais je suis inquiète parce que je l'aime [1]; et comment ne l'aimerais-je pas? Vous savez ce que je vous en ai dit hier. Je joins pour elle l'estime à la reconnaissance. Croyez-vous, d'après cela, qu'elle ait à la cour une meilleure amie que moi?... Je voulais aller à Choisy pour la

---

1. Dévouée comme l'était madame de Choiseul à son mari, elle en partageait tous les sentiments, même pour madame de Pompadour, dont il n'aurait tenu qu'à elle d'être jalouse. Mais que dire de son *estime?*

voir; le temps, ma santé et mon mari m'en ont empêchée. Il
y est allé avec M. de Gontaut, et comme elle n'est pas en état
d'être transportée à Versailles, le roi reste jusqu'à samedi à
Choisy, et moi je reste à Paris jusqu'à ce jour. Mais je n'ai pu
me défendre de souper aujourd'hui chez madame de Stahren-
berg et demain chez madame Rouillé. Je suis morte de fatigue
du bal; mais la fatigue et l'inquiétude ne m'empêchent pas de
m'occuper de ma chère enfant et de l'aimer toujours; il n'y a
pas de distraction pour ce sentiment.

LETTRE XIX

DE LA DUCHESSE DE CHOISEUL A MADAME DU DEFFAND

A Choisy, ce 22 mars 1764.

M. de Saint-Florentin est d'hier au soir à Versailles; mais
comme je reviens demain, j'ai cru mieux faire de garder votre
lettre pour la lui donner moi-même. J'ai oublié de vous mander que je lui avais parlé, et qu'il m'avait dit que votre pension était assurée par une lettre qu'il a écrite à M. Boulongue;
qu'il devait vous être plus commode de l'avoir en cette forme,
parce qu'elle vous serait payée exactement, et que tous ceux
qui ont des pensions ne peuvent pas l'être; que, quoique la
vôtre fût bien assurée et à l'abri de tout événement, cependant
si vous aviez envie d'avoir une sûreté de plus, il vous écrirait
encore une lettre comme vous la voudriez; à quoi j'ai répondu
que je vous en parlerais.

Vous ne m'effrayez pas par vos noirs pressentiments, parce
que les médecins et mes yeux me rassurent plus que vous
ne m'alarmez. Madame de Pompadour a dormi cinq heures
cette nuit (dans un fauteuil, il est vrai, parce que le lit l'étouffe),
mais elle se trouve si bien qu'elle essayera le lit ce soir; elle
ne tousse presque plus, la respiration est libre. Depuis qu'elle
est dans un fauteuil, il n'y a plus de redoublement, et la fièvre

est si légère que les médecins disent qu'ils ne seraient pas étonnés qu'il n'y en eût plus demain ou après-demain et qu'elle retournât mercredi à Versailles. Il n'y en a plus que ce qu'il faut pour achever de cracher ses tubercules qui sont à leur fin, mais il est certain qu'elle aura besoin pendant longtemps de beaucoup de ménagements [1].

Je vous remercie de m'aimer; il n'y a que le plaisir d'aimer qui l'emporte dans mon cœur sur le plaisir de l'être, et vous me les procurez tous deux.

LETTRE XX

DE LA DUCHESSE DE CHOISEUL A MADAME DU DEFFAND

..... 1765.

J'ai fait votre commission à M. de Saint-Florentin, ma chère enfant, qui m'a promis de parler à Boulongne, et de s'arranger avec lui pour vous faire payer votre pension; ainsi, j'espère que dans peu de jours vous verrez l'effet de leur sublime conférence.

J'ai gardé votre lettre, parce que je ne pouvais pas mieux dire que tout ce que vous dites sur mademoiselle Sanadon; je ne pourrais pas donner une plus grande envie de faire ce que vous désirez, que celle qui naît à la lecture de cette lettre; je l'ai éprouvé sur moi, et je la garde pour une bonne occasion; mais je ne les trouve, ces bonnes occasions, qu'en voyageant avec M. de Choiseul, et y voyageant seule; mon carrosse était plein quand je suis venue à Fontainebleau; s'il peut être vide quand j'en retournerai, vous saurez ce que vous avez à espérer. Je ne vois guère M. Hume [2], quoique j'aie grande envie de le voir; il se perd dans la foule de Fontainebleau, et moi

---

1. Elle mourut le 15 avril suivant.
2. Il était arrivé à Paris avec lord Hertfort en 1763, et en repartit en 1766.

je m'y noie; ce n'est pas le moyen de se rencontrer. Je regrette les occasions de parler de vous, ma chère enfant, car je vous aime, je vous assure, infiniment.

LETTRE XXI

DE LA DUCHESSE DE CHOISEUL A MADAME DU DEFFAND

..... 1766.

Vous avez bien raison, mon enfant, je n'ai pas le temps de vous répondre, et cependant je vous écris, mais c'est que j'ai autre chose à faire; notre souper avec madame de Luxembourg sera pour vendredi, je le lui propose au moins; n'en parlez pas à madame la maréchale de Mirepoix; elle serait peut-être fâchée que je ne priasse pas sa nièce, et je ne veux pas la fâcher parce que je l'aime. Quoique vous ayez deviné le secret de mon indifférence imperturbable, je trouve que vous en parlez comme les dévots de l'impénitence finale; vous avez bien raison, les cœurs froids sont réprouvés; je ne sais s'ils brûleront dans l'autre monde, mais je suis bien sûre qu'ils sont gelés dans celui-ci, ils sont morts avant que de naître. La vie est dans le feu, la jeunesse brûle pour le plaisir, les cœurs sensibles pour l'amour, les ambitieux pour la gloire, les gens vertueux pour l'honneur, pour le bien, ce bien par lequel on fait jouir et l'on jouit soi-même. Ceux qui, dans quelque genre que ce soit, ont acquis quelque célébrité, ceux qui des siècles les plus reculés ont transmis leurs noms jusqu'à nous, étaient tous embrasés de ce feu divin; il étend l'existence sur le présent, il la perpétue dans les siècles futurs. Ceux dont les noms sont morts pour la postérité, l'étaient déjà pour leurs contemporains. Je sais que l'on peut acquérir cette célébrité par des moyens criminels, mais ce n'est pas le crime qui est devenu célèbre, c'est ce principe ardent qui a produit les grands effets qui ont étonné l'univers ou en ont changé la face. Je sais qu'Alexandre, ce fou de conquérant, est devenu aussi célèbre que le sage Philippe de Macédoine, dont la sagesse avait préparé les matériaux qu'a employés la folie de son fils; les proscriptions de Sylla, de César et d'Auguste, en effrayant le monde, n'ont pas fait leur seule célébrité. Les Antonin, les Marc-Aurèle n'ont dû leurs noms qu'à leurs vertus, et celui de Titus, qui n'a été que montré aux nations, s'est transmis jusqu'à nous pour un seul sentiment. Ne croyez donc pas ces âmes froides et ces esprits étroits qui nous disent que les meilleurs princes de l'antiquité ont été ceux qui ne nous sont pas connus, par cette raison même qu'ils nous sont inconnus; ils font de la bonté un être passif, c'est la bonté des sots, elle consiste à ne pas nuire; mais la véritable bonté est le résultat de toutes les vertus, et des vertus actives, parce qu'elles tendent toutes à produire le bien; quoi qu'ils en disent, on est encore plus célèbre par le bien que par le mal que l'on fait aux hommes. Les premières divinités de la terre ont été les premiers bienfaiteurs de l'humanité. Cérès eut des autels en Sicile pour y avoir porté l'art de cultiver la terre, et Noé, qui nous apprit à cultiver la vigne, fut le Bacchus des Grecs.

Mais qu'est-ce que tout cela fait à la nièce de madame la maréchale? Non, je ne peux pas les prier, et pour ne pas faire de peine à la tante que j'aime, que j'honore, et à qui je dois de la reconnaissance, je me passerai plutôt d'elle que de prier sa nièce ou de lui faire de la peine. Pour samedi, je serai à Versailles. J'envoie votre lettre à M. de Choiseul pour qu'il devine l'aimable ingrat dont vous me parlez, et qu'il lui fasse passer vos amours et vos injures, et en même temps pour m'acquitter de la commission de tabac que vous me donnez. Adieu, ma chère enfant; vous êtes insupportable, vous m'avez fait perdre tout mon temps.

LETTRE XXII

DE LA DUCHESSE DE CHOISEUL A MADAME DU DEFFAND

A Chanteloup, ce 23..... 1766.

Savez-vous pourquoi vous vous ennuyez tant, ma chère enfant? C'est justement par la peine que vous prenez d'*éviter*, de *prévoir*, de *combattre* l'ennui; vivez au jour la journée, prenez le temps comme il vient, profitez de tous les moments, et avec cela vous verrez que vous ne vous ennuierez pas. Si les circonstances vous sont contraires, cédez au torrent et ne prétendez pas y résister; si l'on oppose une digue trop faible en raison du volume d'eau qu'elle doit contenir, elle sera brisée; mais ouvrez la digue, l'eau s'écoulera et la digue ne sera seulement pas endommagée. Croyez-moi, le mal que l'on se résout à supporter est bientôt passé, et il n'en reste rien après lui; surtout évitez le malheur toujours dupe et superflu de la crainte. Celui-là n'est pas dans la nature des choses, il n'est que dans la nôtre, et nous doublons le mal par l'action rétroactive que nous lui donnons en le craignant. Je ne prétends pas vous dire que j'en sois déjà venue au point de suivre exactement la morale que je vous prêche, mais en vérité, à force de réflexions et j'ose dire de courage, je suis bien près de la mettre en pratique; avec un cœur chaud qui a besoin d'aliment, et une imagination vive qui a besoin de pâture, j'étais plus disposée au malheur et à l'ennui que personne; cependant je suis heureuse et je ne m'ennuie pas. Jugez de là, ma chère enfant, qu'il vous est possible aussi d'être heureuse, et soyez-la, je vous en prie. Je vous l'ai déjà dit, j'ai vieilli avant le temps; mais comme mon expérience m'est heureusement venue dans la force de l'âge, il me donne le temps et le ressort de la mettre à profit, et par conséquent mes conseils à cet égard ne sont pas à dédaigner.

Je m'aperçois, ma chère enfant, que je vous dis des choses bien communes, mais accoutumez-vous à les supporter : Primò parce que je ne suis pas en état de vous en dire d'autres; secondò parce qu'en morale elles sont toujours les plus vraies, parce qu'elles tiennent à la nature. Après avoir bien exercé son esprit, le philosophe le plus éclairé sera obligé d'en revenir à l'axiome du plus grand sot, de même qu'il partage avec lui l'air qu'il respire, de même qu'il possède en commun avec le dernier des hommes les besoins et les facultés naturels. Les préjugés se multiplient, les arts s'accroissent, les sciences s'approfondissent, mais la morale est toujours la même, parce que la nature ne change pas; elle s'est toujours réduite à ces deux points, être juste pour être bon, être sage pour être heureux. Saadi, poëte persan, dit que *la sagesse est, de jouir, la bonté de faire jouir*; j'y ajoute la justice.

Je vois que vous ne croyez pas trop au tableau que je vous ai fait de la vie que je mène ici; vous vous trompez si vous croyez qu'elle est occupée; elle n'est que remplie, et cela vaut bien mieux, mais si bien remplie que je n'ai pas le temps de lire, et qu'à peine ai-je celui d'écrire à mes amis. Mes ouvrages et mes ouvriers sont les seules choses qui m'occupent véritablement, mais vous sentez bien que ce ne peut être ni tous les jours, ni toute la journée; j'y ai cependant des intérêts très-pressants, mon agrément, ma commodité et l'amour-propre de bien faire; d'ailleurs, ma vie est la plus uniforme possible, mais de cette uniformité même naissent une infinité de petites variétés qui tiennent à sa nature, qui ne coûtent pas de peines à arranger, ni de fatigues pour en jouir, et qui n'en sont que plus douces; enfin, si nos plaisirs ne sont pas grands, du moins nos peines sont légères. Je suis bien et très-bien, et si bien que je m'abandonnerais à être toujours comme cela; ce qui prouve que je n'ai pas encore acquis le dernier période de ma philosophie, car elle devrait me rendre tous les lieux et tous les genres de vie égaux. Je suis bien fâchée de la mort de ce pauvre Clérault, pour lui que je connaissais un peu, et surtout pour vous qui l'aimiez. Hélas! je n'ai pas de remèdes à vous donner contre les peines du cœur, et si j'en avais, je vous les refuserais; conservez vos facultés sensitives, c'est la source de tous les plaisirs, et un seul plaisir dédommage de bien des peines; mais il en faut savoir jouir : le seul art est de s'y livrer entièrement.

J'ai écrit à M. de Choiseul pour monsieur votre neveu; je suis étonnée que vous n'ayez pas entendu parler de lui, mais je vous prie, ma chère enfant, rejetez toutes ces fautes sur le manque de temps et non sur le manque de sentiment, et croyez que quand on vous aime une fois, il faut vous aimer toute la vie.

LETTRE XXIII

DE MADAME DU DEFFAND A M. CRAWFORD

Paris, ce 8 mars 1766.

Je ne sais en vérité pas sur quel ton je vous écrirai; je ne sais pas ce que je pense; je sais encore moins ce qu'il faut dire; je ne sais pas si je suis contente de votre lettre; je ne sais pas si sa date et tout ce qu'elle contient est bien vrai; je ne sais pas quelle est l'opinion que vous avez de moi; je ne sais pas si ce n'est pas une contrainte et une gêne pour vous de m'écrire; je ne sais pas si vous ne seriez pas bien aise de ne plus entendre parler de moi; je ne sais pas si vous n'êtes pas dans le dessein de ne plus revenir ici; je ne sais pas si je ne devrais pas vous oublier; je ne sais pas si je ne devrais pas prendre au pied de la lettre ce que M. Walpole me dit de l'amitié; enfin, je ne sais pas où j'en suis; je sais seulement que vous me dites des choses fort flatteuses, et qu'elles ont plus l'air de la politesse que de l'amitié. Vous ne me parlez point de votre santé; vous ne me dites point quel jour vous êtes arrivé à Londres. Je suis plus de cinq semaines après votre départ sans avoir de vos nouvelles; on me dit, pour me calmer, que vous avez dû passer par la Hollande, que vous n'avez pu être arrivé avant le 11; votre lettre est datée du 13, et vous me mandez que vous voyez souvent M. Hume, que vous n'avez pu découvrir où demeure M. Taaffe, et vous ne me dites pas un mot de milord Ossory. Je n'ose demander raison de tout cela à M. Walpole; je n'attends pas de vous que vous dissipiez ces obscurités et je vois avec déplaisir qu'il n'y a rien de clair qu'une seule chose, qui est que nous ne nous reverrons plus. J'ai dû m'y attendre, je devrais y être préparée, et ce n'est pas votre faute ni celle de M. Walpole si je me suis trompée; je vais bientôt le perdre aussi; je ne veux point me permettre d'en être fâchée; je ne veux plus me permettre aucun examen, aucune distinction, aucune préférence, aucun sentiment; tout cela n'est bon qu'à rendre malheureux, et ce qui, de plus, m'est particulier, cela me rend ridicule. Je veux dans mes amis, dites-vous, des amants et même passionnés. Ah! mon Dieu! quelles pensées! quelles idées! Comment ai-je pu les faire naître?... Voilà où j'en suis, Monsieur; jugez de ce que je puis dire.

Je n'ai point vu madame de Forcalquier depuis que j'ai reçu votre lettre. Je compte la voir ce soir et la lui montrer, et je ne fermerai la mienne qu'après y avoir ajouté ce qu'elle me chargera de vous dire. J'ai fait vos compliments au président et à madame de Jonsac; figurez-vous que vous en avez été témoin, et vous saurez parfaitement ce qu'ils m'ont répondu. Il y a bien peu de gens qui ne disent pas tout ce qu'on doit dire, et dont on ne sache pas par conséquent, avant qu'ils aient parlé, tout ce qu'ils diront.

Je ne sais pas si c'est un bonheur d'avoir rencontré des personnes qui ne sont pas semblables à ces gens-là; mais je sais bien que ces personnes dégoûtent bien de ces gens-là. Non, non, Monsieur, vous ne devez pas me savoir gré de vous avoir bien connu et bien jugé; je ne pouvais pas m'y méprendre; mais je vous avoue que je ne m'applaudis point de mon discernement; je préférerais d'avoir celui de madame de Valentinois, et de donner toute préférence aux Allemands sur les Anglais; elle a une singulière antipathie pour votre nation, et je ne puis vous dire à quel point je lui parais ridicule d'oser avouer que je ne pense pas de même.

J'allais oublier de vous dire que madame de Lambert est morte; j'en suis un peu fâchée. Madame de Forcalquier la regrette; madame de La Vallière, dont elle était amie intime et à qui elle laisse des diamants, n'en a pas été émue.

Nous avons beaucoup soupé, M. Walpole et moi, depuis votre départ, chez mesdames de Luxembourg et de Boufflers; celle-ci triomphe des succès de Jean-Jacques; vous ne les pouvez ignorer, puisque vous voyez si souvent M. Hume; mais comment l'aviez-vous pu voir si souvent avant le 13 de février qui est la date de votre lettre? et comment cette lettre ne m'est-elle parvenue que le 6 de mars? Il règne dans tout cela une obscurité impénétrable; M. Walpole se met en colère quand je cherche à la pénétrer; je ne vous dirai point qu'il vous aime, puisqu'il veut qu'on soit bien persuadé qu'il n'aime rien; mais je pense qu'il vous aimerait s'il ne s'était pas fait un système de ne rien aimer. Mais vous, Monsieur, qui ne vous êtes point encore fait de système, et qui avez le malheur aussi bien que moi de vous ennuyer toujours, dans vos heures de loisir écrivez-moi, et ne vous piquez pas que toutes vos lettres soient aussi bien écrites que celle que j'ai reçue; il est impossible de faire aussi peu de fautes quand on écrit du premier mouvement, et on n'a du plaisir qu'autant qu'on n'y porte point d'attention. Mandez-moi si vous avez vu milord Ossory, et si vous êtes content de lui; s'il ne vous aime point de préférence à tout, il aura grand tort; lui avez-vous donné ma lettre? J'imagine que non, il m'aurait répondu ou il vous aurait chargé de me répondre.

Je vous suis très-obligée du soin que vous prenez de me chercher un chien. Madame de Beauvau m'en a rapporté un de Montpellier : c'est une petite barbette qui n'est pas trop jolie, mais elle m'aime, et cela me suffit.

Je m'aperçois que cette lettre est bien longue et bien ennuyeuse, mais je suis dans mes jours d'aridité, je ne la fermerai que demain.

J'apprends dans le moment par un billet de M. Walpole qu'il a une fluxion sur les yeux; malgré son peu d'amitié, il me fait entendre qu'il ne serait pas fâché de me voir; je vais me lever pour l'aller trouver; il y a toute apparence que nous parlerons un peu de vous; le mal que nous en dirons vaudra mieux que le bien que nous dirons des autres.

Ce dimanche, 9.

J'ai lu votre lettre à madame de Forcalquier, ou plutôt je la lui ai donnée à lire; j'ai jugé à son ton qu'elle lui a fait plaisir; d'ailleurs, je n'ai pu tirer d'elle aucune parole qui eût quelque signification; elle est plus qu'incompréhensible; la Trinité n'est pas plus mystérieuse; elle s'est fait des systèmes qu'elle n'entend pas bien elle-même; ce sont de grands mots, de grands principes, de grands coups d'archet dont il ne reste rien. Cependant je suis de votre avis, elle vaut mieux que toutes mes autres connaissances; elle est convenue « qu'elle serait bien aise que vous vécussiez dans ce pays-ci; mais que, pour ne vous y voir qu'en passant, il lui était égal que vous y vinssiez ou que vous n'y vinssiez pas; que, par rapport à moi, elle désire que vous y reveniez; elle ne vous a point oublié, mais elle vous oubliera. Eh! pourquoi ne vous oublierait-elle pas? Elle ne vous connaît pas... » Que sais-je, cent mille propos de cette sorte qui m'ont impatientée. On dit des gens qui ont trop de vivacité qu'ils ont eu le four trop chaud; on pourrait dire d'elle le contraire, il lui manque des degrés de cuisson; elle est l'esquisse d'un bel ouvrage, mais il n'est pas fini.

Ce qui est certain, c'est que ses sentiments (si sentiments il y a) sont honnêtes et qu'elle est sans inconvénient. Je lui ai montré votre lettre parce que j'ai cru que cela vous ferait plaisir; mais soyez sûr que qui que ce soit au monde, pas même elle, ne verra à l'avenir ce que vous m'écrivez, excepté Wiart, qui, comme vous savez, est un puits. A propos de Wiart, M. Walpole s'est acquitté de vos commissions; il vous en rendra compte.

Je viens de vous faire une belle promesse que je ne montrerai point vos lettres; je ne serai peut-être jamais dans le cas de les pouvoir montrer. En vérité, en vérité, je suis comme madame de Forcalquier, je ne vous connais point.

Je passai hier trois heures avec M. Walpole; je ne fus qu'un demi-quart d'heure seule avec lui. *Milord* George et sa femme lui rendirent une petite visite, mais votre docteur James y resta tout le temps; c'est un homme bien triste et bien ennuyeux.

Avez-vous vu Jean-Jacques? Reste-t-il à Londres? Avez-vous vu monsieur votre père? Imaginez-vous être avec moi tête à tête au coin du feu, et répondez à toutes les questions que je vous ferais, mais surtout à celles qui regardent votre santé. Avez-vous vu des médecins? vous ordonneront-ils des eaux? Et dites-moi aussi, avec la plus parfaite bonne foi, si je vous reverrai jamais. Songez que vous n'avez que vingt-cinq ans, que j'en ai cent, que j'ai beaucoup d'amitié pour vous, qu'il ne s'agit que d'une complaisance de peu de durée pour mettre de l'agrément dans ma vie.

Adieu, Monsieur, je ne veux point tomber dans le pathétique; ne faites que ce qu'il vous plaira.

LETTRE XXIV

DE MADAME DU DEFFAND A M. CRAWFORD

Paris, 12 avril 1766.

Remarquez la date de cette lettre, il pourrait en arriver comme de la date de votre première lettre que je soupçonnais être antidatée; mais vous, vous n'aurez pas un pareil soupçon, car vous ne vous occupez pas de semblables calculs. Le départ de cette lettre dépendra de celui de M. Walpole. Je crains et je souhaite qu'il soit différé: il en sera bien fâché, mais il pourra bien y être forcé; son suisse est malade depuis hier matin, il en est très-inquiet et il se trouve dans les plus grands embarras; ses ballots ne sont point finis. Je lui ai offert tous les secours qui dépendent de moi, médecins et domestiques; le suisse ne veut voir aucun catholique, et le maître refuse tout service de mes gens. J'ai appris ce matin que le suisse allait mieux; il sera peut-être rétabli mardi prochain, et c'est le jour que M. Walpole veut partir. Il vous dira qu'il m'a rendue parfaite; il prétend que depuis un mois je ne suis pas reconnaissable, que je suis devenue un prodige de prudence. Il s'en fait tout l'honneur, et moi je prétends qu'une sentence que j'ai trouvée dans un livre, y a pour le moins autant contribué que ses leçons et ses préceptes. M. Walpole trouve cette sentence *précieuse*; mais c'est par humeur qu'il la juge telle, car il a quelquefois de l'humeur. Enfin, voici la sentence; je suis persuadée que vous la trouverez très-juste :

La discrétion est à l'âme ce que la pudeur est au corps. L'excessive franchise est une nudité.

Excepté M. Walpole, tous ceux à qui j'ai dit cette sentence l'ont trouvée parfaite.

Je serais très-contente de votre lettre si vous m'y donniez l'espérance de vous revoir; il n'y a qu'un mot qui pourrait y avoir quelque rapport, et ce mot, à bien l'examiner, n'est qu'un compliment, une honnêteté vague, sur lequel je ne prends point le change. Je suis persuadée que je ne vous reverrai plus, et tout ce que je peux faire pour m'en consoler, c'est de me dire que j'ai été folle de ne le pas prévoir; je devais juger par la vie que vous avez menée ici et l'excessif ennui que vous y aviez, que vous ne reviendriez jamais; je devais me défendre de l'amitié que j'ai prise pour vous, et suivre les conseils de M. Walpole. Mais l'esprit a beau entendre raison, il n'en est pas ainsi du cœur. Cependant je crois que je serai contente si vous m'accordez quelque estime et si vous me donnez quelque marque de souvenir. Je regretterai toute ma vie votre société et celle de M. Walpole : vous vous êtes montrés l'un et l'autre, pour me dégoûter de tout ce qui m'environne, et me faire sentir la vérité de ces vers de Despréaux qu'il dit à l'occasion des ouvrages, et moi que j'applique aux hommes :

> Le faux est toujours fade, ennuyeux, languissant;
> Mais la nature est vraie, et d'abord on la sent;
> C'est elle seule en tout qu'on admire et qu'on aime.
> Un esprit né chagrin plaît par son chagrin même.

Vous ne vous ressemblez point, M. Walpole et vous, mais vous êtes des originaux chacun dans votre genre; enfin, pour mon malheur, vous ne serez jamais remplacés ni l'un ni l'autre par personne, et je prévois un grand ennui pour moi à l'avenir. J'espère cependant que M. Walpole reviendra ici. Savoir quand ce sera, je l'ignore; mais si les choses s'arrangeaient suivant mes désirs, vous viendriez aussi ici au commencement de juin, vous y resteriez jusqu'au mois..... Je ne puis pas le nommer, ce serait consentir à votre départ, et cela m'est impossible.

Je viens de relire votre lettre; je vois que mes soupçons vous ont déplu. Vous me conseillez d'établir ma confiance sur mon

propre mérite. Ce serait bâtir sur le sable. Je crois qu'il est fort
facile de m'oublier, mais je crois que quand on veut bien me
dire qu'on se souvient de moi, qu'on m'estime et qu'on m'aime,
je dois m'en contenter. Ces mots sont toujours agréables, n'eus-
sent-ils que le son. Ce que vous me dites de madame de Forcalquier est fort bien, c'est dommage que je ne puisse pas le
lui montrer; il y a dans ce que vous dites qu'elle est, des
choses qui pourraient la choquer, mais il n'y a rien dans ce
que vous dites qu'elle pourrait être qui ne dût lui plaire infiniment; je lui ai seulement dit que vous n'étiez point étonné
de l'indifférence avec laquelle elle avait reçu vos assurances
d'attachement; et que vous me mandiez qu'il n'y avait que les
aveugles à qui vous pussiez plaire, et tout de suite elle a dit :
Il devait ajouter, et *à ceux qui ont des oreilles*. « *Il saura ce
que vous venez de dire, Madame...* » J'ai fait des compliments
au président et à madame de Jonsac; ils ont été fort bien reçus.
La nièce m'a demandé s'il était bien vrai que son nom fût
dans votre lettre; j'ai fait un faux serment, et elle en est toute
fière. M. Walpole vous dira qu'il croit qu'elle ne me hait point,
mais le pauvre président est dans un terrible état; je trouve
qu'il s'affaiblit tous les jours. Quand vous verrez M. Walpole,
il vous racontera, si vous en êtes curieux et s'il en a le loisir,
toutes les minuties qui remplissent ma vie, mais qui, à ma
grande honte, influent sur mon bonheur.

Je me passerai fort bien d'une lettre de milord Ossory; il
a répondu à la mienne. Puisque vous êtes content de lui, je
m'intéresserai toujours à ce qui le regarde : ainsi, mandez-moi
s'il a gagné ou perdu à Newmarket, et faites-lui mes compliments sur le mariage de mademoiselle sa sœur.

Vous ne me dites pas un mot de ma lettre à M. Taaffe; je
voudrais seulement savoir si vous la lui avez fait rendre; si
par hasard vous l'aviez vu lui-même, je serais curieuse de
savoir ce qu'il vous aurait dit. Il faudrait me le raconter naturellement; je n'aurai aucun chagrin d'apprendre qu'il conti-

nuât ses anciennes correspondances [1], et je me passerai très-facilement d'en reprendre aucune avec lui.

J'ai remis, pour le dernier article de cette lettre, à vous parler de votre santé. Je ne puis vous dire à quel point j'en suis inquiète. Je suis persuadée qu'à Londres ainsi qu'à Paris vous vous conduisez comme un fou, que vous faites tout de travers les remèdes qu'on vous ordonne, que vous n'observez aucun régime, que vous jouez le plus gros jeu du monde, ce qui certainement ne peut être sans troubler votre sang. Enfin, il faut qu'il y ait une grande différence entre la tête et le caractère : je crois votre tête détestable et votre caractère excellent, et ce qui me le prouve, c'est que d'une part vous vous conduisez fort mal pour vous-même, et parfaitement bien pour vos amis. Je désire passionnément que M. Walpole et vous soyez intimement unis, vous êtes parfaitement dignes l'un de l'autre, et, sans vous ressembler par l'humeur, vous avez ensemble de grands rapports. Je le regretterai beaucoup, et quoi qu'il me puisse dire, je suis persuadée qu'il m'aime; il se moquera bien de moi et me dira bien que non quand il lira cette lettre, car je la lui ferai voir. S'il ne part pas mardi, suivant son projet, je la ferai mettre à la poste lundi.

Que ce ne soit point, je vous prie, une corvée pour vous de m'écrire; ne vous piquez point de me dire des choses flatteuses; donnez-moi seulement des nouvelles de votre santé; voilà tout ce que j'exige.

Ce dimanche.

P. S. Je fais partir ma lettre aujourd'hui lundi, parce que M. Walpole a retardé son voyage par la maladie de son valet de chambre. Le plus tôt qu'il pourra partir, ce sera jeudi.

---

1. Probablement avec mademoiselle de Lespinasse.

LETTRE XXV

DE LA DUCHESSE DE CHOISEUL A MADAME DU DEFFAND

Avril.

Ma nouvelle qualité d'étrangère[1] m'impose des obligations, ma chère enfant, et ces obligations me sont fort pénibles quand elles me privent du plaisir de vous voir. Vendredi, par exemple, je donne à souper à madame de Stahremberg; cela ne vous plairait assurément pas; pour le vendredi 2 mai, je ne sais encore où je serai; mais si c'est à Paris, je me tiens engagée chez vous. Quant à l'ingrat, au parjure, qui ne mérite pas tous ces titres, il a lu avant moi votre billet qu'il a trouvé sur la cheminée, et il a ri. Si je puis vous l'amener poings et mains liés, en esclave soumis, je le trouverai bien heureux.

Non-seulement je vous permets, mais je vous prie instamment de parler de moi à M. Walpole; il aurait eu le plus grand succès possible auprès de moi, même quand je n'aurais point eu de vanité. Jugez ce qu'a dû ajouter, dans l'esprit d'une femme, le plaisir de lui avoir plu[2]. Si je pouvais le déterminer à revenir, comme vous le dites, si je m'en flattais au moins, je vous assure que je lui écrirais tout à l'heure pour l'en presser. Mais bon!... est-ce que vous pouvez croire que des Anglais, des gens sages, qui apprécient tout, et qui en appréciant tout détruisent tout, puissent être enthousiastes comme vous?... Conservez-moi celui que vous me flattez de vous avoir inspiré, car ce serait me faire bien du chagrin que de m'en priver.

---

1. Le duc de Choiseul venait d'être nommé ministre des affaires étrangères.
2. M. Walpole écrivait, le 11 janvier de cette même année, à lady Hervey : « Ma dernière passion, et je crois la plus forte, est la duchesse de Choiseul. Son visage est joli, sa personne est un petit modèle; gaie, modeste, pleine d'attentions, avec la plus charmante expression et la plus grande rapidité de jugement et de raison. Vous la prendriez pour la reine d'une allégorie. On craint que cela finisse autant qu'un amoureux. Si elle en admettait, on désirerait que cela finisse. »

LETTRE XXVI

DE LA DUCHESSE DE CHOISEUL A MADAME DU DEFFAND

Versailles, 24 mai 1766.

Vous avez très-bien fait, ma chère enfant, d'écrire à M. de Choiseul, quoique je lui eusse fait votre commission. Je lui remettrai votre lettre dès qu'il sera revenu du conseil.

Je crois avoir rempli toutes les attentions requises pour la boîte de M. Walpole [1]. J'ai écrit un billet à M. de Guerchy, où je le prie de la lui faire tenir sûrement et mystérieusement, c'est-à-dire de faire remettre le paquet sur sa table, sans qu'il sût de quelle part il venait, parce que je me suis souvenue que vous m'aviez dit que vous vouliez lui donner l'embarras du doute sur l'auteur du présent. Ainsi, quoique vous ne m'ayez pas prescrit cette forme dans votre lettre, j'ai imaginé que vous seriez bien aise que je l'employasse, si ce moment d'incertitude peut ajouter quelque chose au plaisir que M. Walpole aura de la tenir de vous. Ensuite, je prie M. de Guerchy de vouloir bien me faire donner des nouvelles du succès de mon mystérieux envoi, et tout cela comme de moi; pas un mot de vous. Je voulais profiter de la permission que vous me donniez de voir la boîte, mais j'ai craint de déranger le paquet. Je suis curieuse surtout de la lettre de madame de Sévigné. Vous me la montrerez, n'est-ce pas ?... Je vous envoie la lettre que m'a écrite M. Walpole, qui est très-aimable, et que j'imagine que vous serez bien aise de voir; puis celle de M. le chevalier d'Aulan, que j'avais oublié de vous renvoyer. Je ne comprends pas pourquoi vous voulez que je vous renvoie votre paquet. Il serait tout aussi bien parti d'ici que de chez vous; mais n'importe.

---

1. Il s'agissait d'une tabatière avec le portrait de madame de Sévigné, et une lettre d'envoi supposée d'elle, à M. Walpole son grand admirateur, la lettre était de madame du Deffand.

Vous voyez qu'il est bien garanti pour le voyage, et qu'il a une première adresse bien contre-signée à M. de Guerchy. Je vous avertis qu'il y en a encore une seconde; ainsi tout est dans la règle.

Pour Dieu, plus d'excuses et de remercîments; rien n'est plus froid. Vous me demandez quelque chose, je le fais; cela vous fait plaisir, et votre plaisir m'en fait aussi; voilà qui est bien comme cela. Je ne sais pas en vérité quand j'irai à Paris. Je vis dans une incertitude insupportable; mais quand j'irai, sûrement je vous verrai; oui, sûrement. Adieu, ma chère enfant.

LETTRE XXVII

DE MADAME DU DEFFAND A M. CRAWFORD

Paris, mardi 3 juin 1766.

Vous serez toujours mon petit Crawford, quelque conduite que vous puissiez avoir : Primò parce que je vous aime, et je vous aime parce que je vous estime et que je crois que vous m'aimez quand vous vous souvenez de moi, ce qui arrive à la vérité fort rarement; secondò parce que vous m'avez induite à aimer M. Walpole, dont je me trouve très-bien, malgré toutes les duretés et les injures atroces dont il remplit ses lettres; une page me transporte de fureur, et tout de suite une autre me fait crever de rire; on n'a jamais été plus original, personne ne lui ressemble; je l'avais fort prié de me mander votre marche. J'avais des raisons pour vouloir la savoir; je croyais que j'aurais besoin de vous pour quelque chose, et je n'en ai eu que faire.

Vous allez donc en Écosse? Je vous plains, je connais toute la puissance de l'ennui et l'impossibilité qu'il y a de le surmonter; mais il ne faut pas penser, mon cher Monsieur, qu'il vaut mieux se ruiner que de s'ennuyer, à moins qu'on ne soit résolu de se pendre au lieu de mourir de faim. La pauvreté est un malheur insupportable par l'excessif ennui qui en est inséparable. Vous avez une très-mauvaise tête. Que faire à cela ?... Je n'en sais rien. Je voudrais que vous devinssiez amoureux à la rage d'une femme raisonnable ; je ne vois que ce remède-là pour vous ; vous aimez le jeu à la folie sans aimer l'argent; vous seriez bien aise d'entrer dans les affaires en les détestant. Vous avez tout l'esprit qu'on peut avoir sans nulle curiosité, sans nul désir de rien savoir ; enfin, sans milord Ossory, que je suppose que vous aimez toujours, je craindrais sérieusement qu'on ne vous trouvât dans la Tamise ou attaché à quelque arbre. Vous voyez que j'esquive le mot propre parce que je le trouve malsonnant. Vous n'avez d'autre rapport avec M. Walpole, dites-vous, que l'amitié que vous avez l'un et l'autre pour moi ; si vous n'en aviez pas infiniment d'autres, croyez que je ne vous aimerais pas tous les deux autant que je fais. Vous êtes mélancolique, et lui est gai ; tout l'amuse et tout vous ennuie : voilà les seules différences. Mais du côté de la morale et peut-être du sentiment, c'est, je crois en vérité, la même chose. Pourquoi vous persuadez-vous que vous avez de la peine à écrire?... Votre style est trop naturel pour que cela soit; vous êtes paresseux, mais d'une paresse qui ne vous rend point heureux; elle ne vous ôte point le besoin de l'occupation ; vous êtes sans prétention, mais vous n'êtes pas sans amour-propre. Vous voudriez peut-être faire de belles lettres? Ah! bon Dieu! si c'était votre projet et que vous réussissiez, je n'en voudrais jamais recevoir !... Je ne trouve rien de si fastidieux que ce que presque tout le monde appelle *éloquence*. Je n'aime et n'estime que les bâtons rompus. Les phrases, les propos suivis, les dissertations, les traités, etc., etc., sont faits pour nos beaux esprits français; tenez-vous-en, vous autres Anglais, à être baroques, tantôt durs, tantôt tendres, tantôt farouches, tantôt apprivoisés; enfin, à être toujours vrais, et à n'avoir jamais un protocole de compliment, de civilité banale et dont il résulte une *fastidiosité* très-dégoûtante. Je vous avertis que *fastidiosité* est un mot de ma façon et non pas de notre langue.

Dites-moi, je vous prie, s'il est vrai que milord Ossory soit amoureux à la folie, et de qui, s'il vous plaît? Êtes-vous content de cela? Vous en aime-t-il plus ou moins?... Il en doit résulter quelque changement dans votre commerce. Vous en voit-il plus? vous en voit-il moins? Je lui pardonne de ne me point écrire; trop de distances nous séparent : celle des lieux n'est rien en comparaison de beaucoup d'autres; ce pourrait être la même chose avec vous; mais vous êtes si triste, que cela vous rapproche de moi d'une quarantaine d'années.

Demandez à M. Walpole qu'il vous conte ma versade avec madame de Forcalquier [1]. La conduite superbe de monseigneur

---

1. Le carrosse de madame du Deffand, où elle se trouvait avec madame de Forcalquier, avait versé devant l'hôtel du duc de Praslin, et on leur avait brutalement refusé l'hospitalité. Voyez à ce sujet la lettre de madame du Deffand à Walpole, du 26 mai 1766. — Pour l'autre histoire, madame du Deffand la raconte ainsi dans sa lettre à Walpole, du 3 juin; mais le nom des personnages avait été supprimé :

« Il y a une autre histoire qui fait bien tomber la nôtre : c'est celle de M. de... et de madame de...; il y a trois semaines qu'elle est arrivée, et il n'y a que quatre jours qu'on la sait. Ces deux personnes étant allées souper chez madame de Beuvron, ne voulurent pas se mettre à table, et au lieu de rester dans la chambre ou dans le cabinet, elles allèrent dans un petit boudoir, tout au bout de l'appartement. Après le souper, madame de... aborda madame de Beuvron avec l'air tout troublé et tout déconcerté. Elle lui dit qu'il lui était arrivé le plus grand malheur du monde. — « Ah! vous avez cassé mes porcelaines... il n'y a pas grand mal. » — « Non, madame, cela est bien pire. » — « Vous avez donc gâté mon ottomane? » — « Ah! mon Dieu non, cela est encore bien pire! » — « Mais qu'est-ce donc qui est arrivé? qu'avez-vous pu faire? » — « J'ai vu un très-joli secrétaire, nous avons eu la curiosité de voir comme il était dedans; nous avons essayé nos clefs pour tâcher de l'ouvrir, il s'en est cassé une dans la serrure. » — « Ah, madame, cela est-il possible? il faut que vous le disiez vous-même pour que cela puisse se croire... » — Un valet de chambre que l'on soupçonnait d'avoir vu cette opération, fut sollicité par prières et promesses d'aller chercher un serrurier, il n'en voulut rien faire, et dit qu'il se garderait bien de toucher à ce qui appartenait à sa maîtresse. La crainte ou plutôt la certitude d'être dénoncé par cet homme, détermina à le prévenir en en faisant l'aveu. » « Je ne soufflerai pas un mot de cette histoire, répond Walpole; mais réellement le cavalier était bien maladroit d'employer si lourdement son temps dans un boudoir avec la plus jolie femme de France, et si disposée à la curiosité... »

de Praslin et de tous ses vassaux; qu'il vous raconte aussi l'histoire de M. de Thiars et de madame de Monaco, et que cela ne soit, je vous en prie, qu'entre nous deux. Je ne veux point qu'il revienne ici que j'écris la chronique scandaleuse; ce qu'on dit à Londres parvient très-facilement à Paris. Depuis votre départ, ou plutôt depuis que je suis sous la tutelle de M. Walpole, je suis devenue d'une prudence consommée. Aussi, je suis plus importante et bien plus *conséquencieuse* que vous ne m'avez vue. *Conséquencieuse* est encore un terme de ma façon; il ne veut pas dire être *conséquente*, mais être *de conséquence*. Vous êtes, par exemple, *conséquent*, parce que vous raisonnez bien, et monseigneur de Praslin est *conséquencieux*.

Écrivez-moi du moins une fois avant votre départ pour l'Écosse, et ne promettez point de revenir ici dans le courant de l'année si vous pouvez changer de résolution. Adieu, mais encore un mot. Faites mes compliments à M. Selwyn, et dites-lui que quand on veut avoir réponse, il faut donner son adresse.

Avouez que vous me trouvez bien bavarde; je souhaite que cette lettre ne vous fatigue pas plus à lire qu'elle ne m'a fatiguée à l'écrire.

J'ai fait tous vos compliments, et vous croyez bien qu'on y répond.

LETTRE XXVIII

DE MADAME DU DEFFAND A M. CRAWFORD

Ce dimanche, 15 juin 1766.

Gardez-moi le plus inviolable secret sur ce que je viens vous confier; c'est de moi qu'est la boîte et la lettre. C'est madame de Choiseul qui s'est chargée de la faire rendre. Elle a écrit à M. de Guerchy et lui a donné toutes ses instructions.

Elles ont été suivies à merveille ; il est ineffable que M. Walpole soupçonne d'autre que moi ; mais j'exige de vous de ne le point instruire, détournez-le seulement de laisser entrevoir qu'il en soupçonne d'autres. Il me mande que vous voulez le battre quand il laisse voir ses doutes.

Je n'ai pas le temps de vous en dire davantage, parce que je veux que cette lettre parte demain.

LETTRE XXIX

DE LA DUCHESSE DE CHOISEUL A MADAME DU DEFFAND

Versailles, (des 1ers jours de juin) 1766.

Votre petit-fils, ma petite-fille, qui est un indiscret, est arrivé à ma toilette comme on m'apportait votre lettre. Il l'a prise, il l'a lue, il a ri, il a chanté votre chanson, il a très-bien entendu les *importances* qu'il dit n'avoir pas besoin d'explication, il en a ri encore. Il a raconté toute la journée à tout le monde la mascarade des quatre tableaux et l'étonnement fondé où vous êtes qu'on ait trouvé quatre visages qui se soient prêtés à cette plaisanterie.

Quant à mes arrangements, je n'en sais rien du tout. Madame de Beauvau dit qu'elle en dépend aussi à cause de vous ; cela me donne très-bon air. Voici ce qu'on dit : que le roi ira mardi à Choisy ou n'ira pas ; qu'il y aura des dames ou qu'il n'y en aura pas ; que j'irai ou que je n'irai pas ; qu'il y restera jusqu'à mercredi ou jeudi ; qu'il y aura conseil mercredi à Choisy ou jeudi à Versailles. Ce qui m'a paru le plus clair de tout cela, c'est que le roi ne sera à Choisy qu'après y être arrivé et n'y sera plus quand il en sera parti ; mais s'il y va, s'il y a des dames, si j'en suis, s'il retourne le mercredi, s'il soupe à cinq heures comme l'autre fois, je viendrai à Paris donner un triste souper à mon oncle et à sa fille, dont vous ne serez pas. Ainsi vous pouvez toujours vous engager pour ce jour-là et jeudi. Si je ne retourne pas à Versailles pour le conseil où je suis très-nécessaire, je vous donnerai à souper. Comment l'abbé a-t-il pu vous dire ce qui m'a fait trouver mal jeudi? il ne le savait pas, et je vais vous le confier, parce que cela est digne de vous. A propos de rien, j'ai eu la nuit une si grande peur des voleurs qu'elle m'a causé une suppression; en sortant de table il m'est arrivé une petite révolution qui m'a fait trouver mal. Voilà toute l'histoire, qui est aussi absurde que ridicule, mais qui est faite pour trouver grâce devant vous.

Voilà donc la lettre de M. Walpole, puisque vous la voulez; ne me la perdez pas, car je veux l'avoir pour quand je lui écrirai. Je n'aurais jamais imaginé à votre lettre, ma chère enfant, que vous vous ennuyassiez, car elle est bien gaie et votre chanson est charmante. L'abbé a raison d'avoir voulu que vous me l'envoyassiez, et ce M. de Walpole a raison aussi de dire qu'il aime sa mie au gai; pour moi, ma chère enfant, je l'aime de toutes les manières.

Je rouvre ma lettre pour vous dire que je viens d'apprendre que je vais mardi à Choisy, que je n'en reviens que mercredi après souper, que je ne retourne que vendredi à Versailles, et que par conséquent je vous donnerai à souper jeudi.

LETTRE XXX

DE MADAME DU DEFFAND A LA DUCHESSE DE CHOISEUL

Ce jeudi, 18 juin 1766.

Si à chaque grâce que je reçois de vous, chère grand'maman, vous receviez une lettre de remercîment, je vous deviendrais insupportable; je vous ennuierais à la mort, et demandez à M. de Choiseul s'il ne préfère pas les ingrats aux ennuyeux. Il voit assez des uns et des autres pour pouvoir décider lesquels valent mieux.

M. de Saint-Florentin a eu une grande ingratitude pour M. Walpole en ne lui accusant pas seulement la réception d'un beau présent qu'il a fait à la Bibliothèque du roi, qu'il lui avait adressé; c'est quatorze volumes de son imprimerie, magnifiquement reliés. Il lui a épargné l'ennui d'un remercîment. Je reçus avant-hier une lettre de lui, où il me chargeait de m'informer de ce qu'étaient devenus ses livres. J'ai appris aujourd'hui par l'abbé Boudot, qu'ils étaient depuis plus de six semaines à la Bibliothèque, et que ni lui ni M. Capronier n'avaient pas cru devoir écrire à M. Walpole, n'imaginant pas que M. de Saint-Florentin n'en eût daigné prendre la peine.

Vous conviendrez que cette conduite n'est pas polie. Je conviens avec regret que la lettre que je vous renvoie n'est pas bonne, mais c'est que son génie tremble devant le vôtre; ce n'est pas votre faute. Vous adoucissez autant qu'il dépend de vous l'éclat qui vous environne; mais vous avez plus d'une sorte d'éclat. Celui qui ne tient qu'à votre personne n'est susceptible d'aucun adoucissement; il jette à la renverse tous ceux qui sont frappés d'un vrai mérite, qui le connaissent, qui le sentent, et qui en ont beaucoup eux-mêmes. Prenez donc votre parti sur lui; jamais il ne sera aussi naturel avec vous qu'avec moi qu'il voit à vue d'oiseau.

J'ai envoyé votre lettre à madame de Jonsac [1], ne voulant pas la priver du plaisir de voir écrit de votre propre main ce que vous lui dites de poli et d'agréable.

Votre petite-fille ne vous ressemble guère, pourquoi ne m'avez-vous pas mieux élevée? Vous avez été, et vous êtes encore trop indulgente pour moi; il en résulte que je vaux fort peu, mais aussi que je vous en aime davantage.

J'ai appris que l'abbé avait joué au volant ce matin avec l'abbé Boudot; ils vont avoir un clavecin, et feront de la musique les soirs. L'abbé Boudot a une jolie voix, j'ignore les ta-

---

1. Nièce du président Hénault.

lents de l'abbé : mais vous l'aimez, il vous aime, je n'en veux pas davantage.

J'oubliais tout net de vous parler de la reconnaissance de madame de Jonsac. Je garderai sa lettre pour vous la faire voir, elle est très-bien écrite; on ne saurait douter qu'elle ne soit pénétrée de reconnaissance et d'attachement.

LETTRE XXXI

DE MADAME DU DEFFAND A LA DUCHESSE DE CHOISEUL

Ce mercredi, 18 juin 1766.

Convenez, chère grand'maman, que votre petite-fille n'est pas importune; mais pousser la discrétion plus loin marquerait de la défiance dans vos bontés. Je me flatte même que vous m'en sauriez mauvais gré; et puis, j'ai bien des choses à vous raconter.

M. de Guerchy est un grand ministre; il a suivi vos instructions avec une telle ponctualité que M. Walpole est prêt à en devenir fou; j'en ai reçu deux lettres depuis qu'il a trouvé le petit paquet sur son bureau; il m'en a fait un récit à faire mourir de rire; il a fait le signe de la croix; il a crié au secours; il a cru qu'il y avait de la magie. Je vous montrerai ses lettres. Dans la dernière, il me mande qu'il a été dîner chez M. de Guerchy, avec tous les ministres; qu'on l'avait prié d'apporter la boîte et la lettre. Depuis ce jour, il soupçonne madame de Guerchy d'avoir quelque connaissance de ce mystère; cela l'éloigne de penser à moi, parce qu'il sait que je ne la connais pas; mais il croit qu'au moins je suis dans la confidence; il est comme une âme en peine; il me demande à genoux de lui dire tout ce que j'en sais; après l'avoir bien ballotté, lui avoir nommé cinq ou six personnes, je lui dis que mon secrétaire me dit que c'est peut-être madame de Valentinois [1]; que je

---

[1] Connue dans la société par son antipathie pour les Anglais.

trouve qu'il a raison, qu'il faut s'en tenir là; mais que je lui conseille cependant de ne se pas presser de faire ses remercîments. Je lui écris cet ordinaire-ci et je lui apprends la vérité.

Je vais vous transcrire ce qu'il m'a écrit il y a quelque temps sur la lettre qu'il a reçue de vous :

« La lettre de madame la duchesse de Choiseul est charmante et pleine de lumières; remerciez-l'en dans les termes les plus forts que vous saurez choisir; il ne faut pas que j'y réponde, n'est-ce pas? ce serait la prier d'une correspondance, ce qui serait très-impertinent et très-présomptueux de ma part. »

Vous aurez madame de Biron la semaine prochaine; rien au monde ne m'empêcherait de vous aller trouver si j'étais du nombre des vivants; mais je ne puis prétendre qu'à être comme M. de Laitre, la plus vivante de toutes les mortes, et encore faut-il que je pense à vous pour jouir de cette sorte d'existence; mais je vous ai promis de ne vous plus écrire rien de triste. Le plus sûr moyen pour bannir toute tristesse, c'est de penser à votre retour; dites-moi, je vous supplie, quand on peut l'espérer; faites-moi savoir de vos nouvelles, et permettez-moi de faire mille compliments à madame la comtesse de Choiseul.

Adieu, chère grand'maman, je voudrais bien que vous m'aimassiez un peu, c'est tout ce que je désire.

LETTRE XXXII.

DE LA DUCHESSE DE CHOISEUL À MADAME DU DEFFAND

A Chanteloup, ce 21 juin 1766.

Comment! vous êtes informée, ma chère enfant, du succès de votre présent? M. Walpole vous en a écrit? J'en suis au désespoir, j'espérais vous en donner les premières nouvelles en vous envoyant ce billet de M. de Guerchy, pour lequel j'allais vous écrire, et ce n'a pas encore été une petite mortification pour moi que vous eussiez mis la main à la plume la première, car j'espérais me targuer de ma diligence et vous couvrir de honte en vous accablant de reproches sur votre paresse; au lieu de cela, c'est à moi de rougir; mais un peu de honte, dit-on, est bientôt passé, et le plaisir très-certain de posséder votre charmante lettre, de la lire et relire, me reste et me restera jusqu'à ce qu'une nouvelle vienne éclipser celle-ci par l'impression d'un nouveau plaisir. Mais lisez, je vous prie, le billet de M. de Guerchy, il m'a charmée par malice et par vanité; il est clair, à la tournure de ce billet, que M. de Guerchy ne doute pas que le présent et surtout la lettre de madame de Sévigné ne soient de moi. Il n'est personne pour qui il ne fût assez flatteur d'être soupçonné d'avoir ajouté aux grâces et à l'esprit de madame de Sévigné. Jugez donc si je tire vanité de ce soupçon. Ce qui me charmait le plus encore, c'était d'imaginer que M. de Guerchy ne manquerait pas enfin de confier ce qu'il croyait sa certitude à M. Walpole, qui allait m'en adresser ses remercîments, que vous sentiriez tout cela par le billet; que vous seriez furieuse de n'avoir pas été découverte, et que vous seriez obligée de recourir enfin à...

> Ce moyen honteux de décliner son nom,
> Disant : Je suis Oreste ou bien Agamemnon...

J'étais ravie de vous faire cette petite niche; mais, comme je ne veux cependant pas avoir l'air de me parer des plumes du paon, j'ai écrit tout de suite à M. de Guerchy que ni la boîte ni la lettre ne venaient de moi, mais sans lui nommer l'auteur de cette galanterie.

Quoi! M. Walpole trouve qu'il y a des *lumières* dans ma lettre? Oh! je ne suis plus étonnée qu'il ne m'écrive pas. Il n'y a rien de si ennuyeux que les *lumières*, les *lumières* d'une lettre surtout; elles n'éblouissent ni n'éclairent; il n'y a que les savants et les artistes qui aient des *lumières :* les premiers ont éclairé le monde par les *lumières* de leurs découvertes et de leur instruction : les seconds l'ont perverti par des idées *lumineuses* avec lesquels ils ont porté leur art à son comble et notre luxe au dernier période ; malgré cela, il me semble que j'ai bien plus d'obligations à ceux-ci qu'aux autres ; je me sens du faible pour eux ; ce sont les mies qui nous gâtent, les savants sont les pédants qui nous élèvent. Oh ! je les respecte beaucoup, beaucoup, infiniment. Mais vous savez bien, ma chère enfant, que l'on aime toujours sa mie de préférence à tout. Quoi qu'il en soit, moi je n'aime guère les *lumières*. Je hais surtout celles d'une femme, et d'une femme du monde ; rien de si faux et de si plat. Mais, dites-moi un peu, est-ce que vous ne seriez pas au désespoir d'avoir des *lumières* ?

J'attends demain la comtesse de Biron [1], et je m'en fais un grand plaisir, quoique j'aie fait tout ce que j'ai pu pour qu'elle ne vînt pas ; mais j'ai si bien pris mes précautions pour qu'on ne me rendît responsable de rien (quoique assurément je sois plus persuadée que personne qu'il n'y aurait rien à risquer à répondre de tout pour elle), que j'espère jouir sans trouble du plaisir de l'avoir avec moi. C'est une grande obligation que j'ai à madame la maréchale de Luxembourg et à madame la duchesse de Boufflers, d'avoir consenti à me la céder pendant quelque temps. Je voudrais bien leur en marquer ma reconnaissance. Personne n'est plus propre que vous, ma chère enfant, à la bien exprimer, si vous avez la bonté d'en prendre la peine. Bon Dieu, ne dites donc pas que vous n'êtes plus du nombre des vivants !... C'est le cœur qui vit, tout le reste n'est que formes. Si à cent ans vous aimez encore, vous serez plus en vie que telle jeune personne de quinze ans fraîche et saine, mais impassive ; et si vous aimez on vous aimera mieux qu'elle, et vous aurez plus de raison d'être attachée à la vie, puisqu'on

---

1. Amélie de Boufflers, petite-fille et héritière de la maréchale de Luxembourg, avait épousé cette même année Armand-Louis de Gontaut, connu également sous les noms de Lauzun et de Biron.

vous aimera. Ne perdez donc pas ce feu sacré qui vous a été donné avec tant d'abondance; aimez, soyez aimée; vous serez toujours jeune; et que votre grand'maman entre pour quelque chose dans votre vie et dans ce qui vous y attache.

BILLET DE M. DE GUERCHY [1], AMBASSADEUR A LONDRES.

A LA DUCHESSE DE CHOISEUL

(Inclus dans la lettre précédente.)

A Londres, ce 11 juin 1766.

Le commissionnaire de madame la duchesse, très-flatté de la confiance dont elle l'a honoré, n'a pu exécuter ses ordres aussi promptement qu'il l'aurait désiré, M. Walpole ayant été à la campagne; mais il se flatte d'avoir rempli assez exactement ses intentions. M. Walpole a trouvé sur sa table l'envoi mystérieux, sans savoir qui l'avait apporté; le lendemain, il a paru, à une assemblée, d'une agitation singulière et, selon lui-même, avec le suprême degré de fatuité. Il est enchanté de la boîte qu'il ne trouverait comparable à rien si la lettre qui y était jointe ne lui était fort supérieure. Tous ceux, en grand nombre, à qui il a montré l'une et l'autre, en ont porté le même jugement. Il a accablé de questions le représentant de la nation française pour l'aider à découvrir l'auteur de ce présent, ne doutant pas qu'il ne vienne de son pays. Celui-ci s'est borné à lui répondre qu'il trouvait que madame de Sévigné avait beaucoup acquis en tout genre depuis qu'elle habitait les Champs-Élysées.

Il paraîtrait indispensable, par un sentiment d'humanité, que pour le repos de M. Walpole on le tirât incessamment de l'état violent où il est; il semble cependant avoir quelques soup-

---

1. Le comte de Guerchy, mort en 1778. Sa fille fut mariée au comte d'Haussonville.

çons ; mais malgré toute sa fatuité, il n'ose les communiquer.

Le commissionnaire présente ses respectueux hommages à madame la duchesse, et les assurances de la vive reconnaissance de son épouse sur les marques de souvenir dont elle a voulu l'honorer ; il espère d'être à portée de lui faire sa cour vers la fin de ce mois.

LETTRE XXXIII

DE MADAME DU DEFFAND A LA DUCHESSE DE CHOISEUL

Ce mercredi, 25 juin 1766.

Je me suis acquittée de vos commissions, chère grand'maman, auprès de mesdames de Luxembourg et de Boufflers. Imaginez-vous entendre tout ce que l'esprit fait penser, tout ce que le cœur fait sentir, et tout ce que l'usage fait dire : voilà leurs réponses. — Venons vite à M. Walpole. J'en reçus hier une lettre datée du 19, et ce n'est que le 20 qu'il aura reçu les éclaircissements qui l'auront tiré de son erreur, et l'auront rendu le phaéton et l'Icare de nos jours ! Hélas ! hélas ! je ne serai pas sur les bords de la Tamise pour déplorer sa chute !

En vérité, chère grand'maman, c'est à vous à le consoler, et quoique ce ne soit pas à moi de le plaindre, je me sens émue de compassion. Si vous saviez tout ce que la reconnaissance lui faisait imaginer, vous ne pourriez pas vous empêcher *d'en pleurer et d'en rire*. Il voulait vous envoyer son château. C'est, après madame de Sévigné, ce qu'il a de plus cher. Il n'y avait que le transport qui lui paraissait difficile. Je lui aurais conseillé de le laisser où il est, et d'en faire une chapelle qu'il vous aurait dédiée, où il vous aurait invoquée et adorée ; mais voilà qui est fait. Dans ce moment-ci, il ne pense plus à rien ; je le crois au fond de la Tamise !

Ce qui me fait bien rire, ce sont les prodigieux éloges que l'on a donnés à la lettre de madame de Sévigné. C'est la seule fois que vous ayez été louée sans que ce fût de bonne foi, et que vous ayez été à portée d'apprendre par votre épreuve ce que c'est que la flatterie. Aujourd'hui que ces éloges me reviennent, je me vois l'*âne chargé de reliques*. C'est vous qu'on encensait, c'est moi que l'on critiquerait si l'on n'était pas retenu par la honte de se dédire. Il résulte de tout ceci des marques de votre bonté infinie, et une augmentation de tendresse et d'amour de la petite-fille pour sa grand'maman. Quand reviendra-t-elle, cette grand'maman? quand sa petite-fille pourra-t-elle lui dire qu'elle est heureuse par elle, qu'elle ne se croira que vingt ans quand elle sera auprès d'elle? Adieu, chère grand-maman ; je ne me porte pas trop bien. Je n'ai pas la force de penser; mais j'ai celle de sentir que je vous adore.

LETTRE XXXIV

DE MADAME DU DEFFAND A M. CRAWFORD

Ce dimanche, 29 juin 1766.

Vous ne valez rien, mon petit Crawford, vous me donnez de l'encens à me tourner la tête; vous me croyez vaine et qu'il ne faut que me louer pour être bien avec moi.

Vous ne me mandez point si vous avez reçu le petit billet où je vous confiais que le portrait et la lettre de madame de Sévigné étaient de moi, et si vous détournâtes sur-le-champ M. Walpole de former d'autres soupçons, et il ne me mande point que vous lui ayez parlé. Ainsi, je juge que vous avez négligé cette commission. Mon premier projet avait été de vous confier toute cette intrigue; mais je craignais de vous causer un embarras qui vous mettrait au désespoir. Personne n'est si paresseux que vous.

Quand est-ce que vous partez pour l'Écosse? Combien comptez-vous y être? Je crois que monsieur votre père nuira moins à votre retour ici que milord Ossory; c'est mon rival, et un rival si préféré qu'il serait inutile et ridicule de lui rien disputer ; faites-lui mes compliments, mais sans lui dire aucune douceur ; je sais qu'il n'y répond pas.

Adieu, mon petit Crawford, puisque vous voulez toujours l'être. Faites-moi savoir quand vous quitterez l'Angleterre, quand vous y retournerez et quand vous reviendrez en France.

Je vous prie de faire souvenir de moi M. Hume. Je me vante d'être la première qui lui ait marqué de l'empressement, c'est le seul titre dont je puisse tirer quelque avantage. Les charmes et les agréments qu'il a trouvés ailleurs l'ont emporté et m'ont laissée dans la classe des simples connaissances. Vous savez si j'en suis fâchée, si je ne sens pas tout son mérite, si je n'en suis pas touchée, et si je n'aurais pas été fort aise d'être du nombre de ses amies.

LETTRE XXXV

DE MADAME DU DEFFAND A LA DUCHESSE DE CHOISEUL

Ce samedi, 5 juillet 1766.

Je soupai hier avec madame de Biron ; jugez de ma joie. Je courus à elle : « De quand êtes-vous arrivée, madame ? D'hier au soir. — Comment se porte la grand'maman ? — A merveille. — Quand doit-elle revenir ? — Pour Compiègne. — Ah ! mon Dieu ! qu'il y a loin d'ici là ! Pense-t-elle à moi ? — Oui. Elle m'a chargée de vous dire de lui écrire, quelque tristes que soient vos lettres. — Mes dernières n'étaient point tristes, madame. Êtes-vous bien sûre qu'elle vous a dit cela ? — Oh ! oui, » a-t-elle affirmé d'une voix faible et tremblante. J'obéis donc et je vous écris ; mais si, en effet, vous avez trouvé mes dernières lettres tristes, je suis perdue, celles qui les suivront vous paraîtront des leçons de Ténèbres. Vous me donnez beau jeu pour que cela soit ainsi, puisque vous ne voulez revenir que pour Compiègne. Ce procédé est d'une marâtre. C'est abandonner son enfant; c'est le faire crever de chagrin et d'ennui ; mais les reproches ne sont bons à rien, les injures réussiront mieux; je les préfère. Et pour vous offenser mortellement, apprenez que je vous trouve des *lumières*, mais des *lumières* étonnantes; d'infinies dans vos lettres, de sublimes dans la conversation. Vous avez un esprit surprenant, une sagacité, une profondeur, une énergie, etc., etc. Vous êtes outrée, n'est-ce pas? Eh bien! je ne dis pas encore tout ce que je pourrais dire. Je laisse à part toutes vos connaissances, toutes vos sciences, et tout cela joint avec de la gaieté, du badinage, de la modestie, même de l'humilité selon M. Walpole.

Eh bien! suis-je vengée? vous ai-je assez déplu? C'était bien mon intention de vous ennuyer et de vous mettre en colère.

Vous allez donc rester tête à tête avec M. l'abbé? Ah! mon Dieu! que je serais aise d'être en tiers! mais je n'en serais pas digne, car je n'ai point de *lumières*, moi; hélas! d'aucune sorte; et je le regrette bien davantage quand je suis avec vous. Enfin, chère grand'maman, M. Walpole a reçu par moi des *lumières* différentes de celles que lui avait données M. de Guerchy. Il est dans une confusion inexprimable; mais je veux vous divertir en vous transcrivant ce qu'il m'écrivit après que M. de Guerchy l'eut instruit; je ne changerai rien à son langage :

« Je suis très-persuadé que c'est madame la duchesse de Choiseul qui a bien voulu me faire le charmant présent dont je vous ai tant parlé. Pour répondre à la lettre comme il faudrait, il n'y a pas moyen, il faudrait avoir son esprit ou le vôtre. Ajoutez-y encore la difficulté de m'exprimer dans une langue étrangère; enfin, tout cela est désespéré. Je n'ai pas moins de difficulté quand je pense à lui envoyer quelque bagatelle; il ne faudrait pas qu'elle fût trop recherchée, ça serait toujours de l'imitation, et une imitation gauche et manquée; il ne faudrait non plus de la dépense, ce qui serait impertinent de ma part, et rien moins que galant. Enfin, il faudrait quelque chose qu'on ne pourrait avoir que de ce pays-ci; malheureusement nos productions ne sont ni rares ni galantes ; si mon château pesait deux onces de moins, je pourrais fort bien le lui envoyer, et assurément c'est ce qu'elle n'aurait vu ailleurs. »

Ne trouvez-vous pas que ces fautes de langage font fort bien ? Vous devriez, en vérité, lui écrire quatre mots. Ne m'en écrirez-vous pas autant, et n'apprendrai-je pas par vous que vous ne serez pas aussi cruelle qu'on me le fait craindre, et que vous reviendrez huit ou dix jours au moins avant Compiègne?...

Le chevalier de Boufflers vous a-t-il bien divertie? S'il a fait des couplets, je vous demande en grâce de me les envoyer. Il écrivait à madame de Luxembourg que madame de Biron était aussi aimable qu'on pouvait l'être par signes.

Je viens de relire ma lettre, je trouve qu'une grande partie ressemble à une épître dédicatoire, toute des plus plates.

LETTRE XXXVI

DE MADAME DU DEFFAND A LA DUCHESSE DE CHOISEUL

Paris, ce 13 juillet 1766.

Depuis huit jours, chère grand'maman, j'ai un grand rhume, de la fièvre, des insomnies, et je suis tout hébétée; je devrais attendre, pour vous écrire, de me mieux porter. Mon esprit, ainsi que mon cerveau et ma poitrine, sont noyés de flegme et de pituite. Mais si je vais toujours rester bête, il faudra bien que vous me preniez telle que je suis et que vous supportiez votre enfant.

Vous avez été contente de ma dernière lettre ; je ne le comprends pas. Celle que vous avez condamnée au feu était, ce me semble, moins plate. J'y faisais de belles applications de la Fable. Mais on est mauvais juge de soi-même [1].

---

1. Voir la lettre du 25 juin.

Croiriez-vous que j'ai tiré de madame de Biron le récit de l'aventure qui a donné l'occasion des vers que je vous envoie?... Sa parole était bien tremblante et entrecoupée. Il me paraît qu'elle vous aime à la folie, et qu'elle s'est parfaitement bien divertie à Chanteloup. Je ne suis pas trop contente de la santé de la maréchale[1]; tout le monde est frappé de son changement; elle me paraît fort affectée d'une histoire qui fait ici grand bruit. Ce sont des lettres de M. Hume au baron d'Holbach contre Jean-Jacques. En voici un extrait qu'on assure être très-fidèle, c'est-à-dire voici ce qu'on écrit à milord Holderness, qui avait prié qu'on lui mandât ce qu'on en apprendrait:

« J'eus l'honneur de vous écrire hier, milord; mais j'étais mal instruite. Voilà le fait assuré. M. Hume a fait avoir une pension à Rousseau de son consentement. Il a changé d'avis et n'en a plus voulu; mais, pour toute reconnaissance, il a écrit à M. Hume une lettre pleine d'insolence, par laquelle il lui a marqué qu'il sait qu'il est lié avec ses ennemis et qu'il a voulu le déshonorer, etc. M. Hume, qui a pris cela pour une déclaration de guerre, comme il le marque au baron d'Holbach, a voulu en faire prévenir ses amis, et, en conséquence, a écrit deux lettres à ce baron, en anglais, où il déclare qu'il veut le dénoncer à toute la terre. On lit encore dans la même lettre au baron d'Holbach: C'est le plus indigne mortel qui ait jamais déshonoré l'humanité... »

Voilà tout ce qu'on sait de cette histoire; il n'en est venu aucune nouvelle d'Angleterre, et M. Hume n'en a rien mandé à M. le prince de Conti ni à madame de Boufflers[2].

1. De Luxembourg.
2. Ce fut à cette occasion que M. Walpole écrivit à Hume la lettre suivante, trouvée dans les papiers de madame du Deffand.

DE M. HORACE WALPOLE A M. HUME

Arlington-Street, le 26 juin 1766.

« Je ne peux pas me rappeler avec précision le temps où j'ai écrit la lettre du roi

Connaissez-vous une feuille volante assez ancienne et qui a pour titre : *Prédiction tirée d'un vieux manuscrit?* C'est l'analyse du roman d'Héloïse. Si vous ne l'aviez pas lu et que vous vouliez le voir, je vous l'enverrai. Je suis fâchée que vous ne vous expliquiez pas sur votre retour ; je crains qu'il ne soit bien éloigné. Vous n'avez point soin de l'éducation de votre enfant ; personne aujourd'hui ne me gouverne, ne me gronde, ne me caresse. Je suis comme Zaïre, *on me laisse à moi-même*. Et je ne puis pas être en de plus mauvaises mains. Venez donc avant que j'aie pris un mauvais pli. Je suis quelquefois tentée de faire l'importante, la grande personne, et de me moquer de tout ce que je vois et j'entends. Le monde est bien sot ; malheur à ceux qui n'ont pas d'idée prédominante qui puisse les distraire et les rendre indifférents pour tout ce qui les environne. Oh ! je suis bien de l'avis qu'il vaut mieux avoir des sentiments qui font souffrir que de n'en point avoir !... Adieu ; la toux, les éternuements m'interrompent à tout moment. Donnez de vos nouvelles à votre enfant, et soyez bien aise qu'il vous aime.

de Prusse. Mais je vous assure avec la plus grande vérité, que c'était plusieurs jours avant votre départ de Paris et avant l'arrivée de Rousseau à Londres ; et je peux vous en donner une forte preuve, car non-seulement par égard pour vous je cachai la lettre tant que vous restâtes à Paris ; mais ce fut aussi la raison pour laquelle, par délicatesse pour moi-même, je ne voulus pas aller le voir, quoique vous me l'eussiez souvent proposé. Je ne trouvai pas qu'il fût honnête d'aller faire une visite cordiale à un homme, ayant dans ma poche une lettre où je le tournais en ridicule. Vous avez pleine liberté, Monsieur, de faire usage soit auprès de Rousseau, soit auprès de tout autre, de ce que je dis pour votre justification. Je serais bien fâché d'être cause qu'on vous fît aucun reproche. J'ai un mépris profond pour Rousseau et une parfaite indifférence sur ce qu'on pensera de cette affaire.

« Mais s'il y a en cela quelque faute, ce que je suis bien loin de croire, je la prends sur mon compte : il n'y a point de talents qui m'empêchent de rire de celui qui les possède, s'il est un charlatan ; mais s'il a de plus un cœur ingrat et méchant, comme Rousseau l'a fait voir à votre occasion, il sera détesté par moi comme par tous les honnêtes gens. H. WALPOLE. »

LETTRE XXXVII

DE LA DUCHESSE DE CHOISEUL A MADAME DU DEFFAND

A Chanteloup, ce 17 juillet 1766.

Je ne puis souffrir que madame la maréchale de Luxembourg se tourmente à se rendre malade des malheurs qu'attirent à Rousseau ses folies fastueuses, quand il est bien sûr qu'il ne sacrifierait pas pour elle un grain de son insolent orgueil. Ce que vous m'avez mandé de lui a fait un plaisir indicible à l'abbé, à qui je l'ai lu, parce que M. de Gontaut m'avait déjà écrit, il y a quelque temps, à peu près la même chose, et en lui répondant, je m'étais échauffée sur le compte de Jean-Jacques. Quand la lettre a été finie, je me suis aperçue qu'elle était trop longue et je ne l'ai pas envoyée, comme vous savez qu'il m'arrive souvent; mais je me suis dit : Elle sera bonne pour ma petite-fille, qui est indulgente, et je la lui porterai. Sur ces entrefaites, l'abbé est arrivé. Que dire à la campagne quand on est seul et quand il pleut? Nous étions seuls et il pleuvait; cela invite à parler de soi, et c'est ce que l'on sait le mieux. Je lui ai donc raconté ma plate aventure, et lui ai lu la lettre réformée qui vous était destinée. A quelques jours de là est arrivée la vôtre. *Oh! la bonne occasion, s'est écrié l'abbé, pour envoyer la vôtre en réponse. Quel honneur cela fera à votre à-propos; il faut avouer que voilà un heureux hasard.* Et de là il n'a cessé de me poursuivre de plaisanteries et de m'accabler de ridicules. Il est de fait que rien ne répond mieux à votre lettre que celle que j'écrivais à M. de Gontaut. Je vais donc tout bêtement vous la transcrire, et je vous dirai, ma chère enfant, tout comme je le lui disais, que je ne serais pas du tout étonnée qu'on me prouvât que Rousseau n'est pas un honnête homme; et je parie bien, par parenthèse, que ma petite-fille ne le serait pas plus que moi. Mais que je pourrais l'être davantage, si l'on me prouvait qu'un homme toujours subjugué par sa vanité, qui s'est fait singulier pour se rendre célèbre, qui s'est toujours refusé au doux plaisir de la reconnaissance, pour se soustraire à la plus légère obligation; qui a prêché toutes les nations, leur criant : « Écoutez, je suis l'oracle de la vérité; mes manières bizarres ne sont que la marque de ma simplicité, dont la candeur de mon front est le symbole; je suis le fabricateur des vertus, l'essence de toute justice... » Et de là, portant le trouble dans les sociétés, a fini par lever l'étendard de la révolte dans son propre pays, a soufflé le feu de la discorde entre ses concitoyens, les a armés les uns contre les autres en répandant des écrits séditieux dans le peuple; je serais bien étonnée, dis-je, que cet homme fût un honnête homme!... Rousseau est peut-être un des auteurs qui a eu le plus d'esprit, qui a écrit avec le plus de chaleur, et dont l'éloquence est la plus séduisante. Il a prêché le bien; mais croyez que s'il eût prêché le mal, personne ne l'eût écouté. Il n'y aurait pas d'imposteurs si la vertu n'avait pas un masque propre à couvrir tous les visages; il nous a prêché une bonne morale, que nous connaissions du reste parce qu'il n'y en a qu'une seule; mais il en a tiré des conséquences suspectes et dangereuses, ou nous a mis dans le cas de les tirer par la façon dont il les a présentées. Méfions-nous toujours de la métaphysique appliquée aux choses simples. Heureusement pour nous rien n'est si simple que la morale, et ce qu'il y a de plus vrai en ce genre est ce qui est le plus près de nous : *Ne faites point aux autres ce que vous ne voudriez pas qu'on vous fît.* Tout le monde sait cela, tout le monde entend cela; et si tout le monde le pratiquait, il n'y aurait que de la vertu sur la terre, parce que tout le monde serait juste, parce qu'être juste et être bon c'est la même chose; voilà toute la morale. Il n'est pas besoin de belles dissertations *sur le bien et le mal moral, l'origine des passions, les préjugés, les mœurs,* etc., et tant d'autres beaux galimatias dont ces messieurs remplissent les journaux, les boutiques et nos bibliothèques, pour nous apprendre ce que c'est que la vertu. Défions-nous surtout de ceux qui s'élèvent avec tant d'acharnement contre les préjugés reçus dans la société. S'ils ont examiné les sociétés, ils verront que les lois n'ont pu prévoir et statuer que sur des choses positives; elles peuvent être l'effroi des criminels et le frein des crimes, mais les préjugés sont le seul frein des mœurs. Les gouvernements sont également fondés sur les mœurs et sur les lois; détruisez les uns ou les autres, et vous renverserez l'édifice. Je conviens qu'il s'est dû nécessairement glisser des erreurs dans les préjugés comme des abus dans les lois; mais vouloir tout détruire pour les corriger, c'est comme si l'on coupait la tête à un homme pour lui ôter quelques cheveux blancs. Si ceux qui écrivent contre les préjugés n'ont pas vu cela, ils ne sont pas philosophes, et, par conséquent, point en droit de nous instruire; et s'ils l'ont vu, ils sont des méchants de chercher à détruire de petits inconvénients qui peuvent gêner un peu leur liberté par de très-grands maux dont nous souffririons tous. L'emploi de l'esprit aux dépens de l'ordre public est une des plus grandes scélératesses, parce que de sa nature elle est ou la plus impunissable ou la plus impunie; et de toutes la plus dangereuse, parce que le mal qu'elle produit s'étend et se promulgue par la peine même infligée au coupable, et des siècles après lui. Cette espèce de crime est une semence, c'est positivement la mauvaise ivraie de l'Évangile.

Un véritable citoyen servira sa patrie de son mieux par son esprit et ses talents, mais n'ira pas écrire sur le pacte social pour nous faire suspecter la légitimité des gouvernements et nous accabler du poids des chaînes que nous n'avions pas encore senties. Je me suis toujours méfiée de ce Rousseau, avec ses systèmes singuliers, son accoutrement extraordinaire et sa chaire d'éloquence portée sur les toits des maisons. Il m'a toujours paru un charlatan de vertu.

J'en connais d'autres que j'appelle des hypocrites de vertu.

Ceux-là affectent la modestie ; ils ne prêchent pas de paroles, mais d'exemple ; ils répandent à tort et à travers leurs bienfaits, mais au plus grand jour, et ils les cachent d'un manteau de gaze dès qu'ils ont été remarqués. Leur voix timide, leurs profondes révérences, leurs paupières abattues, cachent le cas qu'ils font d'eux et le mépris qu'ils ont pour les autres, qu'ils cherchent pourtant à tromper. Je ne crois ni n'estime pas plus ceux-ci que les premiers. La vertu est plus simple. Elle ne montre rien parce qu'elle ne croit avoir à s'enorgueillir de rien ; elle ne cache rien, parce qu'elle ne croit pas être regardée, et qu'elle ne s'attend pas à être louée ; elle n'est ni vaine ni modeste, parce qu'elle est simple ; et elle est simple parce qu'elle est vraie.

Voilà, ma chère enfant, une partie de ma lettre à M. de Gontaut. Vous pensez bien, je crois, qu'elle a été revue, augmentée et corrigée en votre honneur, et peut-être pour votre malheur. Ne croyez-vous pas, en lisant tous ces mots : *société, gouvernement, mœurs, lois, ordre public*, etc., entendre la comtesse de Boufflers ?... Mais malheureusement la méprise ne peut pas durer. Pour Dieu, ne lui dites pas un mot de tout cela, ni à elle, ni à la maréchale de Luxembourg ; car je ne serais bonne qu'à pendre, et je ne veux l'être qu'au cou de ma chère enfant.

LETTRE XXXVIII

DE MADAME DU DEFFAND A LA DUCHESSE DE CHOISEUL

Paris, ce mardi 22 juillet 1766.

Sauf votre respect, chère grand'maman, ce ne sera point à vous que je parlerai d'abord, ce sera, s'il vous plaît, à M. l'abbé Barthélemy.

Je vous ai, Monsieur, la plus grande obligation d'avoir déterminé la grand'maman à m'envoyer les pages qu'elle avait destinées à M. de Gontaut. Je crois pouvoir penser, sans vanité, qu'il n'en aurait pas mieux senti le prix que moi. Je ne me juge pas digne de donner à cette lettre toutes les louanges qu'elle mérite; mais je l'ai fait voir au président Hénault et à M. de Secondat, qui est un homme de beaucoup d'esprit (c'est le fils du président de Montesquieu); ils en ont été enchantés, et ils sont émerveillés qu'une personne de l'âge de la grand'-maman, aussi environnée de tout ce qui nuit à l'application et de tout ce qui écarte la réflexion, pense, raisonne et s'énonce comme les philosophes les plus éclairés. Voilà ce qui est digne de vos recherches et de vos observations, Monsieur l'abbé, et qui doit vous faire abandonner l'Égypte et toute l'antiquité. Vous n'avez pas besoin de mon conseil pour prendre ce parti, et quand on est avec la grand'maman, peut-on penser à autre chose qu'à elle? Pour moi, j'en suis folle; je ne connais rien qui puisse lui être comparé; et si jamais je lui ai l'obligation d'être de vos amies, elle mettra le comble à tout ce que je lui dois.

Venons à vous, chère grand'maman. Ce Rousseau, qui vous inspire de si bonnes choses, vient de mettre le comble à toutes ses folies. M. Hume a envoyé au baron d'Holbach, et en dernier lieu à M. d'Alembert, les copies de deux lettres où il lui dit les plus grandes injures, sur ce qu'il apprenait qu'il avait obtenu pour lui une pension du roi d'Angleterre, mais à la condition d'en garder le secret. Ces détails seraient trop longs à écrire, et j'espère qu'on pourra bientôt vous raconter toute cette histoire. Ce que j'y trouve d'*ineffable*, c'est que M. Hume n'a pas écrit un mot de tout cela à M. le prince de Conti ni à madame de Boufflers. On est fort curieux de savoir quel parti ils prendront. On croit que ce sera celui d'abandonner Jean-Jacques. On me donna l'autre jour une petite brochure que je trouvai jolie; je vous l'envoie; elle n'est point nouvelle. Peut-être la connaissez-vous, en ce cas vous en serez quitte pour ne la point lire. Mais je vous supplie de me la rapporter.

Vous ne parlez point de votre retour, cela me tue; j'ai le plus grand besoin de vous; je ne sais que trop que je suis destinée à passer ma vie sans vous voir, mais j'aime à en sentir la possibilité. Quelque vaine que soit l'espérance, elle est comme l'air qu'on respire; il est nécessaire pour vivre et l'espérance pour ne pas mourir. Vous ne sauriez imaginer quel bonheur ce serait pour moi de vous voir souvent, et de quelle utilité vos exemples, vos leçons me seraient.

Quand je suis accablée de dégoût, de tristesse et d'ennui, je songe à la grand'maman, à sa raison, sa force, son courage ; cette pensée est pour moi de l'eau de la reine de Hongrie, elle me réveille et me ranime ; mais c'est pour un instant. Allons, allons!... il faut me taire, et ne point ennuyer et attrister ce qu'on aime!...

Si vous saviez à quel point je vous admire, vous auriez bonne opinion de moi. Il y a du mérite à aimer et à estimer les vertus et les qualités qu'on n'a pas... Vous êtes gaie parce que vous êtes raisonnable ; vous êtes heureuse parce que vous avez des sentiments, et vous êtes contente parce que votre conscience ne vous fait jamais le plus petit reproche. Voilà votre vrai bonheur. Il est indépendant de tout état et de toute situation. Votre première éducation a été très-bonne, mais celle que vous vous êtes donnée depuis et que vous vous donnez journellement, est excellente ; votre âge, comme vous me le mandiez il y a quelque temps, fait que votre âme a tout son ressort, et ce ressort vous fait faire un grand usage de vos lumières. Tous vos jugements sont sains, vous vous conduisez toujours en conséquence ; nulle passion ne vous emporte, rien ne vous irrite et ne vous décourage ; vous êtes le médecin de votre âme, vous connaissez le régime qui lui est propre, et vous l'observez exactement.

Ne croyez pas que je pense à vous louer ; je vous étudie, je vous épluche ; vous êtes pour moi le meilleur traité de morale que je puisse jamais lire.

Il est impossible d'être plus d'accord avec vous que je le suis sur les jugements que vous portez de Jean-Jacques ; son esprit est faux ; l'éloquence qu'on ne peut lui refuser est fatigante et fait sur l'esprit l'effet qu'une musique pleine de dissonances ferait sur les oreilles. C'est un Comus ; il vous présente la vertu, vous croyez la tenir, vous la suivez et il se trouve que c'est le vice qu'il vous a prêché. C'est un fou, et je ne serais pas étonné qu'il commît exprès des crimes qui ne l'aviliraient pas, mais qui le conduiraient à l'échafaud, s'il croyait augmenter sa célébrité. Je hais trop tout ce qui est faux pour avoir la moindre considération pour ce personnage. Je n'ai pas lu tous ses ouvrages, mais je ne relirai jamais ceux que j'ai lus, et je ne lirai jamais les autres. J'estime et j'aime trop le style de Voltaire pour goûter celui de Jean-Jacques ; la justesse, la facilité, la clarté et la chaleur, voilà les quatre qualités qui font le bon style. Rousseau a de la clarté, mais c'est celle des éclairs ; il a de la chaleur, mais c'est celle de la fièvre. Tout est dit sur sa morale, et comme vous le dites fort bien, il n'y en a qu'une. Il n'est permis qu'à ceux qui veulent la rendre chrétienne de l'entortiller de métaphysique.

Oh ! non, non, mesdames de Luxembourg et de Boufflers ne verront point votre lettre, vous pouvez vous en rapporter à moi.

LETTRE XXXIX

DE LA DUCHESSE DE CHOISEUL A MADAME DU DEFFAND

A Chanteloup, 25 juillet 1766.

Je suis véritablement fâchée, ma chère enfant, de tout l'enthousiasme dont votre lettre est remplie pour moi, parce qu'il devrait m'empêcher de me livrer à celui que d'ailleurs elle m'inspire. C'est bien vous qui êtes étonnante !... Laissez dire toutes les femmes et les philosophes qui les jugent ; vous avez cent fois plus d'esprit dans votre petit doigt, qu'aucune d'elles dans toute sa personne. Comme si de connaître les lois de Lycurgue, la république idéale de Platon, la vie de Socrate, les comédies d'Aristophane, les tragédies de Sophocle et d'Euripide; le don de tous les philosophes grecs, celui de tous les poëtes latins, leurs historiens, leurs orateurs; Tacite, Tite-Live, les Commentaires de César, les Oraisons de Cicéron ; enfin les Éléments d'Euclide et le calcul intégral, la philosophie d'Aristote et celle de Platon ; puis la suite des rois de France, celle des rois de Syrie, d'Assyrie, de Macédoine, et le nom de celui qui éleva la grande pyramide d'Égypte, était de l'esprit ! Pour moi, je ne suis qu'une froide et plate raisonneuse, auprès de vous qui êtes tout trait, tout feu, toute lumière. L'abbé, à qui j'ai lu votre lettre, en est enchanté, et c'était bien aussi par vanité que je la lui ai montrée. Mais c'était par vanité pour ma chère enfant et non pour moi. Il ne répondra pas à ce qui lui est adressé dans cette lettre, parce qu'il dit qu'il n'a pas assez d'esprit, mais qu'il n'en sera pas moins votre esclave le plus soumis et votre chevalier le plus déclaré.

Je ne doute pas que vous ne m'aimiez, à tout ce que vous pensez de moi, quelqu'un qui serait comme vous me peignez, serait en effet très-aimable et très-estimable; mais, hélas!... que je suis loin de ressembler à ce portrait!... Il vaut mieux vous l'avouer que de vous laisser le temps de vous en apercevoir. Vous croyez, par exemple, que je suis sans passions parce que je suis raisonnable, et que je suis sans reproches parce que je suis sans passions!... Eh bien! apprenez donc que mon caractère est, au contraire, un des plus violents et des plus passionnés qui aient jamais existé, et que si j'ai quelque mérite, c'est d'en avoir un peu triomphé. Jugez donc si j'ai tant de raison que vous m'en supposez et aussi peu de reproches à me faire!.. Vous croyez encore que mon éducation a été excellente, parce que ma mère était une femme d'esprit; mais cette éducation a été la plus nulle de toutes, et c'est peut-être encore ce qu'elle a eu de mieux ; car au moins ne m'a-t-on pas donné les erreurs des autres. Si j'ai acquis quelque chose, je ne le dois ni aux préceptes ni aux livres, mais à quelques disgrâces. Peut-être l'école du malheur est-elle la meilleure de toutes, quand ces malheurs ne sont pas de nature à avilir l'âme, ou que l'âme n'est pas de trempe à se laisser avilir ; les passions peut-être sont le plus grand des maîtres comme le plus grand des obstacles ; c'est la force proportionnée à la résistance. Mais voilà assez et beaucoup trop parler de moi ; les découvertes que je vous fais faire ne peuvent vous être agréables, et ces aveux ne sont qu'humiliants pour moi.

Je vous remercie de la petite brochure que vous m'avez envoyée ; je ne la connaissais pas ; je l'ai trouvée fort jolie, et elle m'a divertie. Mais j'aime encore mieux votre lettre. Je suis fâchée que vous ayez montré la mienne au président et à M. de Secondat. Désabusez-vous de croire que tout le monde doive partager votre enthousiasme à mon égard. Ne montrez surtout celle-ci à personne. Voyez que d'applications on en pourrait faire, que de conséquences on en pourrait tirer. Et dites après cela que je n'ai pas de confiance en vous !... C'est vous qui en manquez pour moi. J'aperçois que vous avez des chagrins que vous ne me dites pas. Qui mieux que moi cependant vous donnerait au moins les consolations de l'intérêt ?... Adieu, ma chère enfant : je ne vous écrirai plus d'ici ; mais j'irai vous voir à Paris.

LETTRE XL

DE MADAME DU DEFFAND A M. WALPOLE

Ce mardi, 5 août 1766.

J'ai reçu votre lettre du 31 juillet, sans numéro, papier nouveau format. Toutes ces remarques ne signifient rien, si ce n'est que quand on n'a rien à faire ni à penser, on s'occupe de choses puériles.

En vérité, j'aurais grand tort de ne pas profiter de toutes vos leçons et de persister dans l'erreur de croire à l'amitié, et de la regarder comme un bien ; non, non, j'abjure mes erreurs, et je suis absolument persuadée que, de toutes les illusions, c'est la plus dangereuse. Vous qui êtes l'apôtre de cette sage doctrine, recevez mes serments et les vœux que je fais de ne jamais aimer, ni prétendre à être aimée de personne ; mais dites-moi s'il est permis, sans trahir cet engagement, de désirer le retour de ceux dont la société est agréable ; si l'on peut souhaiter de recevoir souvent de leurs nouvelles, et si ce n'est pas manquer de vertu, de bon sens et de conduite de s'intéresser à eux et de le leur laisser connaître? J'attends sur cela des éclaircissements. Je ne puis douter de votre vérité, vous m'en donnez trop de preuves ; expliquez-vous donc sans ménagement.

Ce mercredi, 6.

De tous les articles de votre lettre, celui qui me frappa le plus hier, ce furent vos moralités sur l'amitié ; il me fut impossible de n'y pas répondre sur-le-champ. Je fus interrompue par M. et madame de Beauvau, qui vinrent me prendre pour me mener souper avec eux à la campagne, chez la bonne duchesse de Saint-Pierre [1] ; j'en suis revenue de bonne heure ; je n'ai pas fermé l'œil de la nuit. J'ai réveillé Wiart plus tôt qu'à l'ordinaire pour reprendre ma lettre, et, auparavant, me faire relire la vôtre ; j'en suis plus contente ce matin que je ne le fus hier ; l'article de l'amitié me choque moins ; je trouve que le résultat est de dire : Soyons amis sans amitié. Eh bien, soit, j'y consens ; peut-être cela est-il fort agréable, faisons-en vite l'expérience, et pour cela, hâtez-vous de revenir incessamment.

1. Née Colbert et sœur du marquis de Torcy, ministre de Louis XIV ; mère du marquis de Clermont d'Amboise, premier mari de madame de Beauvau, et qui passait pour la maîtresse de Walpole.

Dans le fond, vous n'avez qu'une comédienne [1], une sourde [2] et des poules à quitter; il est vrai que vous n'aurez qu'une aveugle et maint oison à trouver; mais je vous promets que l'aveugle aura bien des questions à vous faire et bien des choses à vous raconter.

Je ne sais que vous dire sur votre ministère; vous m'avez si peu entretenue de politique, que si d'autres ne m'avaient instruite, tout ce qui se passe chez vous me serait moins intelligible que ce qui se passe à la Chine; on m'a un peu mise au fait du caractère de M. le comte; et pour ce certain *vivant* [3], ami de la morte, je crois que je le connais parfaitement; je suis contente de ce qu'il est resté, mais je ne le suis pas de ce qu'il ne s'oppose pas à votre philosophie. Tous vos sentiments sont beaux et louables; mais si j'étais à sa place, j'empêcherais bien que vous en fissiez usage, et je ne règlerais pas ma conduite sur votre modération et votre désintéressement. Oh! pour milord [4], vous ne pouviez pas le conserver, c'est le cri public. Il me paraît que le frère et la belle-sœur ne sont pas contents. Est-ce que vous ne détestez pas le peuple? Depuis la loi Agraria jusqu'à votre monument, vos lampions et votre étendard noir, sa joie, sa tristesse, ses applaudissements, ses murmures, tout m'est odieux! Mais je retourne sur mes pas pour vous parler de vous. Vous dites que votre fortune, loin d'augmenter, souffrira des diminutions. J'en ai grand'peur! Point de liberté sans aisance, mettez-vous cela dans la tête. Si votre économie va tomber sur vos voyages en France, je serai désolée. Mais écoutez ceci sans vous fâcher.

J'ai, comme vous savez, un petit logement chez moi, peu digne du fils de Robert Walpole, mais dont peut se contenter

---

1. Madame Clive, qui demeurait au petit Strawberry-Hill, tout près de Strawberry-Hill.
2. Henriette Howard, comtesse de Suffolk, qui habitait Marble-Hill.
3. M. Conway.
4. Richmond.

le philosophe Horace; s'il y trouvait ses commodités, il pourrait l'occuper sans encourir le moindre ridicule; il peut consulter les gens sensés, et, en attendant, être persuadé que ce n'est point mon intérêt particulier qui m'engage à le lui offrir. Tout de bon, mon tuteur, vous ne pourriez pas mieux faire que de le prendre; vous seriez près de moi ou à cent lieues de moi si vous l'aimiez mieux. Cela ne vous engagerait à aucun soin ni à aucune assiduité; nous renouvellerions nos serments contre l'amitié; il faudrait même alors rendre plus de culte à l'idole [1]; car qui est-ce qui en pourrait être choqué si ce n'était elle? Pont-de-Veyle, qui approuve et conseille cet arrangement, prétend que l'idole même n'y trouverait rien à redire; faites-y vos réflexions.

Où prenez-vous que je ne condamne pas extrêmement Jean-Jacques? Je l'ai toujours si méprisé, que ce dernier trait ne m'a point surprise; c'est un coquin, c'est un fou. Mais je n'estime guère le paysan [2]. Sa réserve sur l'idole ne me surprend pas, on lui aura imposé le silence. On veut mettre une grande discrétion et une grande modération dans cette affaire. Le parti dont il résultera le plus de célébrité est celui qu'on prendra. Le paysan est un plus grand personnage que l'Arménien. L'Arménien sera abandonné, mais le paysan a eu le tort de ne pas écrire d'abord. On a été mécontente, on veut le lui faire sentir. Je voudrais que vous pussiez tirer de lui la confidence de la lettre que l'idole lui a écrite. C'est, ce dit-on, un chef-d'œuvre. Madame la maréchale de Luxembourg m'avait promis d'engager l'idole à me la faire voir; j'étais alors fort en faveur; mais cette faveur ne subsiste plus, elle me sera peut-être revenue quand vous recevrez cette lettre.

La grand'maman est de retour d'hier matin. Ma faveur auprès d'elle est plus établie; elle soupera chez moi vendredi,

---

1. La comtesse de Boufflers.
2. Hume, qu'on appelait le paysan du Danube.

et comme le souper était arrangé sans prévoir qu'elle dût y être, elle trouvera une compagnie qui ne lui conviendra guère, entre autres l'idole et l'archevêque de Toulouse.

J'aurai bien des choses à vous conter quand je vous verrai ; il se pourrait bien qu'elles ne vous intéressassent guère, mais ce seront mes galeries de mon Strawberry-Hill.

Vous avez porté le même jugement que moi des lettres, cela m'a fait un plaisir extrême. Je me crois un génie quand je me trouve d'accord avec vous. Ce prince Geoffrin [1] est excellent. Assurément le ciel est témoin que je ne vous aime pas ; mais je ne puis m'empêcher de vous trouver fort aimable.

Mon avis est que vous attendiez votre arrivée ici pour donner un pot à la maréchale de Luxembourg. Je ne vois nulle nécessité de faire un présent à l'idole : de la fumée, de la fumée, voilà tout ce qu'il lui faut !...

J'ai bien envie de vous faire lire un mémoire de La Chalottais ; il est très-rare, extrêmement défendu, mais je fais des intrigues pour l'avoir.

Je suis chargée par M. de Beauvau de vous prier de m'envoyer pour lui de la poudre fébrifuge, qui est, je crois, du docteur James ; il y en a de deux sortes, l'une est douce et l'autre violente. Il en faut pour un louis de chaque façon.

Vous vous trompez lourdement, si vous croyez Voltaire l'auteur de l'analyse du roman d'Héloïse ; l'auteur est un homme de Bordeaux, ami de M. de Secondat. A propos de Voltaire, il a fait demander au roi de Prusse s'il consentirait à lui accorder un asile à Wesel, en cas qu'il fût contraint de quitter sa demeure. Ce que Sa Majesté lui a accordé très-agréablement.

Adieu ; je compte pouvoir à l'avenir vous apprendre des nouvelles de votre cour et de votre ministère, j'ai fait une nouvelle connaissance, qui est un favori de milord Butte, et le plus

---

1. Le roi de Pologne, que madame Geoffrin appelait son fils.

intime ami de milord Holderness [1]. Je ne doute pas que ce milord [2] ne fasse des tentatives pour venir à la place de milord Rochefort, qu'on prétend qui ne se soucie guère de l'ambassade.

Écrivez-moi, je vous prie, au moins une fois la semaine.

Mandez-moi si M. Crawfort est en Écosse. On croit qu'on apprendra par la première nouvelle de Rome la mort du chevalier Macdonald.

LETTRE XLI

DE MADAME DU DEFFAND A M. CRAWFORD

Lundi, 1er septembre 1766.

Je reçus hier votre lettre du 26. Jugez du plaisir qu'elle m'a fait par ma promptitude à y répondre. Tous vos torts ne me détachent point de vous ; vous devez mon indulgence à la bonne opinion que j'ai de votre cœur, et à la connaissance que j'ai de votre mauvaise tête. Votre lettre m'y confirme. Tout ce que vous me dites me prouve votre amitié, et tout ce que vous omettez de me dire me persuade que votre conduite est déplorable. Vous gouvernez mal votre santé, vous vous ruinez au jeu, vous êtes peut-être mal avec M. votre père. Je vous sais très-mauvais gré de ne me pas dire un mot de tout ce qui vous regarde. Vous ignorez donc, ou vous faites semblant d'ignorer le très-tendre intérêt que je prends à vous ; mais il y a un article dans votre lettre qui me fait vous tout pardonner : c'est la promesse que vous me faites et l'engagement que vous contractez de venir ici dans le mois de novembre. Je serai, je vous assure, bien aise de vous revoir. Je regarderais comme un grand malheur l'honneur de votre connaissance si elle n'avait

1. Charles Jenkinson, premier lord de Liverpool.
2. Nous avons laissé partout ces mots *milord* et *milady* dont se sert madame du Deffand, au lieu de *lord* et *lady*.

d'autre suite que des souvenirs et des regrets. Je ne sais pas si je ne me trompe point dans les jugements que je porte des Anglais, et si je ne pousse pas pour eux l'estime trop loin. Est-ce une raison de leur accorder toute préférence sur mes compatriotes parce qu'ils n'en ont pas les défauts?... N'en peuvent-ils pas avoir d'autres qui soient pis? Cela pourrait bien être; mais ils ne me seraient pas sûrement si désagréables. Je suis si ennuyée de n'entendre que des échos, de ne trouver qu'une civilité froide et fausse, des airs avantageux fondés sur rien, de la jalousie, de l'envie, et une sotte et plate vanité qui dirige et conduit tout, que j'aime votre nation, parce qu'il me semble que ce ne sont pas là ses défauts. Certainement elle en a d'autres, mais vous ne me les avez pas fait connaître; je n'ai observé que vous et M. Walpole. Il m'écrit quelquefois, c'est-à-dire plus souvent que vous; il ne me donne pas l'espérance de le revoir bientôt.

Pourquoi ne me parlez-vous point de M. Hume? Vous n'ignorez pas qu'il m'a écrit, car j'imagine que c'est par votre conseil. Je voudrais savoir comment il a trouvé ma réponse. Il est inutile de vous prier de me le mander; vous ne m'écrirez que dans deux mois d'ici, et vous aurez un beau prétexte (si vous daignez en chercher) : les voyages que vous devez faire. Ce prétexte ne vaudra rien, mais il sera pourtant meilleur que celui que vous prenez si maladroitement quand vous dites qu'il vous en coûte beaucoup pour écrire dans notre langue. Cela est faux; car vous écrivez très-bien, très-naturellement; vous ne faites presque pas de fautes. Et puis, si vous saviez quelle est sur cela mon indulgence, vous seriez bien à votre aise. Personne au monde ne lit vos lettres; j'ai sur cela une fidélité extrême, et ce serait pour moi un plaisir infini si vous m'écriviez souvent. J'aimerais à la folie que vos lettres fussent pleines de barbarismes, et que vous eussiez assez de confiance et d'amitié pour ne vous point embarrasser de bien dire; je puis répondre que vous direz toujours bien! Je ne sais ce que c'est que l'éloquence; mais j'aime les pensées, et personne ne pense plus que vous, et ne sait mieux se faire entendre.

N'espérez point que l'*idole* communique jamais à personne le bonheur ineffable dont elle jouit, de se complaire en elle-même! c'est un attribut de la divinité. M. Hume n'est-il pas un peu refroidi pour elle? Je me l'imagine. N'ayez point la discrétion de ne vouloir pas me le dire. Pourquoi ne me parlez-vous point de M. Selwyn. Il m'avait mandé qu'il viendrait ici à la fin de l'été avec milord Holland, et vous me dites que vous allez à la campagne chez ce milord. Si vous voyez M. Selwyn, faites-lui mes compliments.

J'avais de M. Keene la même idée que vous, mais je le croyais bavard; aujourd'hui, je le crois muet. J'ai soupé deux jours de suite avec lui, et je ne l'ai pas entendu proférer une parole. Je rencontre quelquefois votre chevalier de Redmond; c'est un puissant génie. Eh bien! madame d'Aiguillon s'accommode de tout cela. Je vois un M. Jenkinson, c'est un Écossais; il me paraît assez instruit des nouvelles de *votre chose publique*, et elles m'intéressent. Tous les Richmond sont à Paris. Je vois quelquefois les Georges. Je serais fort aise de connaître votre milady Sarah, puisqu'elle veut bien faire connaissance avec moi; j'espère qu'elle me parlera de vous; j'en parle quelquefois avec madame de Forcalquier; je puis vous dire qu'elle sera fort aise de vous revoir. J'établirai des petits soupers quand vous serez ici, où nous n'admettrons que bien peu de personnes. M. Hume compte-t-il revenir? Les liaisons qu'il a formées seront toujours un obstacle au plaisir que j'aurai de vivre avec lui.

Que pensez-vous du retour de M. Walpole?... Comment est-il possible que vous ne vous voyez pas souvent?... Il y a donc des gens bien aimables en Angleterre, puisque vous ne vous recherchez pas l'un et l'autre de préférence à tout autre?

Je vous sais un gré infini des larmes que vous a coûtées ce

pauvre chevalier Macdonald; je le regrette sincèrement. Son cœur était excellent; il avait mille bonnes qualités, et il avait acquis toutes les connaissances qui peuvent mettre en valeur les talents qu'on a reçus de la nature. Sa mère doit être au désespoir. Tous ceux qui le connaissaient ici sont très-affligés de sa perte.

Écrivez-moi je vous prie, incessamment, et ne vous embarrassez point de votre style. Je vous le répète, plus il y aura de fautes dans vos lettres, plus elles me seront agréables.

Adieu, mon petit Crawford; que j'aie une de vos lettres avant la fin du mois. Parlez-moi de votre santé, de monsieur votre père. Est-il dans l'intention de faire ce que vous désiriez?... Êtes-vous toujours dans de gros jeux?... Aimez-vous toujours autant milord Ossory, et serez-vous réellement bien aise de me revoir?...

LETTRE XLII

DE MADAME DU DEFFAND A M. CRAWFORD

Ce dimanche, 16 novembre 1766.

J'attendais cette lettre que vous prétendez m'avoir écrite, et je ne comptais vous répondre qu'après l'avoir reçue. Je vois bien que je l'attendrais vainement; je prends donc le parti de vous écrire aujourd'hui. Vous vous en passeriez bien, et l'on ne peut pas craindre de vous le reproche ou la plainte. Vous avez un bon préservatif : c'est l'oubli.

Est-il vrai que vous ayez mandé au chevalier de Redmond que vous viendriez ici le mois prochain? J'ai peine à le croire; et il a ajouté une circonstance qui le rend tout à fait incroyable, c'est qu'avant que de venir, vous devez le charger de vous chercher un logement tout auprès de chez lui. Oh! cette intimité me rend la nouvelle de votre retour bien suspecte. Mandez-moi, je vous prie, ce qui en est et ne me trompez pas;

mandez-moi aussi comment vous vous portez et comment se porte M. Walpole. Je suis inquiète de sa santé que je ne crois point bonne. J'attendais de ses nouvelles aujourd'hui, je n'en ai point eu ; cela m'inquiète.

Conservez-moi votre amitié, venez me voir; en attendant, écrivez-moi de temps en temps quelques lignes. Voilà comme vous pouvez payer mes larmes.

LETTRE XLIII

DE LA DUCHESSE DE CHOISEUL A MADAME DU DEFFAND

Novembre 1766.

Puisque je n'ai pas le temps, ma chère enfant, d'entrer en discussion sur le portrait que vous m'avez envoyé, il faut au moins que je vous remercie de vous être occupée de moi, et de vous en être occupée d'une façon qui m'est si flatteuse. Car c'est de votre opinion dont je suis flattée et non du portrait qui n'est pas le mien. Mais je suis pour vous ce que vous me voyez; et tant que votre cœur seul me jugera, je n'aurai rien à désirer. Mais sans nulle modestie, et pour l'honneur inviolable de la vérité, je vous démontrerai quand j'en aurai le temps que ce portrait écrit avec tant d'esprit, de feu et de grâce ne me ressemble presque en rien. Je vous apprendrai, à mes dépens, à me connaître; mais gardez-m'en, je vous prie, le secret pour vous cœur [1].

---

1. PORTRAIT DE LA DUCHESSE DE CHOISEUL PAR MADAME DU DEFFAND.

Vous me demandez votre portrait, vous n'en connaissez pas la difficulté. Tout le monde le prendra pour le portrait d'un être imaginaire ; les hommes ne sont point accoutumés à croire aux mérites qu'ils n'ont pas. Mais il faut vous obéir, le voici :

Il n'y a pas un habitant du ciel qui vous ait surpassée en vertus; mais ils vous ont surpassée par leurs intentions et leurs motifs.

Vous êtes aussi pure, aussi juste, aussi charitable, aussi humble qu'ils ont pu l'être. Si vous devenez aussi bonne chrétienne, vous deviendrez tout de suite

LETTRE XLIV

DE LA DUCHESSE DE CHOISEUL A MADAME DU DEFFAND

..... 1766.

Mon Dieu non, ma chère enfant, je n'ai pas montré ce portrait à l'abbé; d'abord, je n'ose pas le dire, parce que je l'ai oublié, et si je m'en étais souvenue, je le lui aurais bien moins

une aussi grande sainte. En attendant, contentez-vous d'être ici-bas l'exemple et le modèle des femmes.

Vous avez infiniment d'esprit, de la profondeur, de la justesse; vous observez tous les mouvements de votre âme.

Vous voulez en connaître tous les replis; cette idée n'apporte aucune contrainte à vos manières, et ne vous rend que plus facile et plus indulgente pour les autres.

La nature vous a fait naître avec tant de chaleur et de passion, qu'on juge que si elle ne vous avait pas aussi donné infiniment de raison, et que vous ne l'eussiez pas fortifiée par de continuelles et solides réflexions, vous auriez eu bien de la peine à devenir aussi parfaite, et c'est peut-être ce qui fait qu'on vous pardonne de l'être. L'habitude où vous êtes de réfléchir vous a rendue maîtresse de vous-même; vous tenez pour ainsi dire tous les ressorts de votre âme dans vos mains; et sans rien perdre de l'agrément du naturel, vous résistez et vous surmontez toutes les impressions qui pourraient nuire à la sagesse et à l'égalité de votre conduite.

Vous avez de la force et du courage sans avoir l'air de faire jamais aucun effort. Vous êtes parvenue, suivant toute apparence, à être heureuse; ce n'est point votre élévation ni votre éclat qui fait votre bonheur, c'est la paix de la bonne conscience, c'est de n'avoir point à vous reprocher d'avoir offensé, ni désobligé personne; vous recueillez le fruit de vos bonnes qualités par l'approbation et l'estime générales; vous avez désarmé l'envie, personne n'oserait dire et même penser qu'il mérite autant que vous la réputation et la fortune dont vous jouissez.

Il n'est pas besoin de parler de la bonté de votre cœur; on doit conclure, par tout ce qui précède, combien il est rempli de sentiments.

Tant de vertus et tant d'excellentes qualités inspirent du respect et de l'admiration, mais ce n'est pas ce que vous voulez; votre modestie, qui est extrême, vous fait désirer de n'être jamais distinguée, et vous faites tout ce qui dépend de vous pour que chacun se croie votre égal.

Comment se peut-il qu'avec tant de vertus et de charmantes qualités, vous n'excitiez pas un empressement général? c'est qu'on se voit arrêté par une sorte de crainte et d'embarras; vous êtes, pour ainsi dire, la pierre de touche qui fait connaître aux autres leur juste valeur, par la différence qu'ils ne peuvent s'empêcher de trouver, qu'il y a de vous à eux.

montré encore. Mais j'apprends que vous le faites voir à tout le monde. Cela me fâche, en vérité. C'est un ridicule pour moi, parce qu'il ne me ressemble pas ; ce serait une fatuité s'il me ressemblait. Enfin, ne le montrez plus, je vous en prie ; laissez-moi seulement dire : Ah ! combien je suis aimée de ma chère petite-fille, puisqu'elle me voit ainsi!.. Cela suffit à ma gloire et à mon sentiment.

LETTRE XLV

DE MADAME DU DEFFAND A LA DUCHESSE DE CHOISEUL

Paris, ce dimanche 28 décembre 1766.

Savez-vous, chère grand'maman, que vous êtes le plus grand philosophe qui ait jamais existé ? Tous ceux qui vous ont précédée parlaient peut-être aussi bien ; mais ils n'étaient pas si conséquents dans leur conduite. Tous vos raisonnements partent du même sentiment, et c'est ce qui fait le parfait accord qu'il y a entre ce que vous dites et ce que vous faites. Je sais bien pourquoi, vous aimant à la folie, je ne suis pourtant pas trop à mon aise avec vous ; c'est que je crois qu'il est impossible que vous ne regardiez pas en pitié tout ce qui est différent de vous. L'envie que j'ai de vous plaire, le court espace de temps que je suis avec vous, le désir d'en bien profiter, tout cela me trouble, m'embarrasse, m'intimide et me rend moins naturelle.

J'exagère, je dis des platitudes, et je finis par être mécontente de moi et par désirer de vous revoir incessamment pour rectifier l'impression que j'ai pu vous faire.

Vous voulez que j'écrive à M. de Choiseul, et que ma lettre soit jolie et gaie!.. Ah vraiment ! c'est bien moi qui commande à mon imagination!.. Je dépends du hasard. Le dessein de faire ou dire telle ou telle chose m'en ôte la possibilité ; je suis bien éloignée d'être comme vous. Je ne tiens pas les ressorts de mon âme dans mes mains. J'écrirai cependant à M. de Choiseul. J'attendrai un bon moment. Le plus sûr moyen de le faire arriver, c'est d'être pressée par le temps.

Je vous envoie un extrait d'une impertinente petite brochure qui s'appelle : *Lettre à l'auteur de la justification de Jean-Jacques*. Vous verrez comme notre ami y est traité. Je ne sais pas si cela se doit souffrir, et si M. de Choiseul n'en devrait pas dire un mot à M. de Sartines. C'est à vous, chère grand'maman, à juger si cela est convenable, et si M. de Choiseul doit souffrir ces impertinentes licences.

Je meurs d'envie de vous voir; malgré ma peur, malgré mes craintes, je suis persuadée que vous m'aimez, parce que je vous aime.

LETTRE XLVI

DE LA DUCHESSE DE CHOISEUL A MADAME DU DEFFAND

A Versailles, ce 28 décembre 1766.

Je ne puis pas souffrir, ma chère enfant, que vous disiez que vous avez peur de moi, et je peux encore moins souffrir que vous en ayez peur en effet. Pourquoi donc, bon Dieu! auriez vous peur de quoi que ce soit et de moi encore? Je ne suis pas un foudre de guerre dans aucun genre. Vous serez bien étonnée quand l'illusion sera passée, de votre peur et de ce qui en était l'objet. Vous rirez de l'un et de l'autre; mais dussiez-vous rire à mes dépens, je l'aimerais encore mieux que votre peur !

Pourquoi me croyez-vous un si grand philosophe? à propos de quoi me dites-vous cela aujourd'hui? Je vous répondrai, et avec plus de raison, sur la philosophie, ce que Mairan disait à M. Fontaine sur la géométrie. Celui-ci désapprouvait un traité du premier qui avait été reçu avec applaudissement de l'Académie. « Cela prouve, Monsieur, lui dit Mairan, que chacun a sa petite géométrie. » Chacun aussi a sa petite philosophie ; la meilleure est celle qui diminue l'impression des malheurs, qui multiplie les jouissances, qui apprend que le bien particulier ne se trouve que dans le bien général, et l'intérêt personnel dans ce qui est bon, dans ce qui est juste ; qui apprend enfin à vivre avec les hommes, car c'est la loi de la nature. Tout cynique est un méchant ou un menteur. Une telle philosophie est bonne pour soi et pour les autres ; c'est celle où j'aspire, et si j'y parviens jamais, j'avouerai tout ce que votre imagination vous fait dire de moi. En attendant, je vais au jour la journée comme tout le monde, croyant avoir raison aujourd'hui, voyant demain que je me suis trompée, secouant l'oreille et recommençant sur nouveaux frais, toujours de chute en chute, mais faisant le moins de mal que je puis à moi et aux autres. Je ne suis pas du tout d'avis que M. de Choiseul parle à M. de Sartines de cette brochure où M. Walpole est si ridiculement et si injurieusement traité. L'extrait que vous m'avez envoyé me fait juger qu'on peut laisser à l'auteur le soin de sa chute et de celle de ses ouvrages. Ses impertinentes absurdités ne sont rachetées par aucun trait. Défendre la brochure serait lui donner la célébrité. Les injures n'ont jamais fait de mal à personne. Rabaisser l'attention du gouvernement à cette misère serait y rabaisser les yeux de M. Walpole, et ils doivent être fort au-dessus. Si dans tous les temps on n'a pu empêcher d'écrire ni de parler contre le gouvernement ; si la reine mère, toute-puissante dans sa régence, fut obligée de cesser de sévir contre les auteurs des libelles et placards pour les faire oublier, comment voulez-vous qu'on arrête la plume d'un petit auteur crotté qui attend toute sa célébrité de l'honneur d'injurier un nom illustre ? Auguste disait : « Laissons aux hommes la liberté de dire du mal de nous, pourvu que nous leur ôtions celle de nous en faire. » Cela suffit. Si Auguste pensait cela, à plus forte raison les particuliers doivent se soumettre à ce principe.

Vous voyez par cette citation que je suis dans l'histoire romaine. Je lisais aujourd'hui dans M. Crevier que Bérénice avait des *mœurs magnifiques*, et que l'irruption du Vésuve était un *phénomène inusité*. Cela m'a fait ressouvenir d'une femme de Rome, qui me disait que le tremblement de terre de Lisbonne était un *malheur inespéré*. Vous m'avouerez qu'on est bien heureux quand on fait d'aussi bonnes lectures et qu'on vit en si bonne compagnie. Adieu, ma chère enfant.

LETTRE XLVII

DE MADAME DU DEFFAND AU DUC DE CHOISEUL

De Saint-Joseph, ce 29 décembre 1766.

C'est de tout mon cœur, Monsieur le duc, que je vous souhaite une bonne année; c'est avec beaucoup de confiance que je vous demande la continuation de vos bontés, et c'est avec une grande vivacité que j'en désire l'augmentation.

Ah! mon Dieu, je sais bien que c'est absolument ma faute si je ne vous vois pas extrêmement souvent! Je ne sais par quelle fatalité je vous ai refusé toujours à souper. On a des affaires, on est distrait, on est entraîné, on ne fait rien de ce qu'on veut; mais il n'en sera pas de même, à ce que j'espère, dans l'année soixante-sept. Choisissez dès aujourd'hui le jour qui vous conviendra le mieux, depuis le 1er janvier jusqu'au dernier décembre. Avertissez-moi seulement deux ou trois mois d'avance; il faut bien avoir le temps de s'arranger!...

Cette plaisanterie vous paraîtra assez froide, je la trouve de même; en savez-vous la raison? C'est que je me contrains, c'est que je ne suis plus à mon aise avec vous; c'est que je vous ai aimé à la folie; c'est que je ne sais plus ce que je pense pour vous aujourd'hui; mon premier mouvement est d'être ravie d'entendre dire du bien de vous; j'en dis souvent moi-même; et puis je fais souvent des réflexions qui m'en font penser beaucoup de mal, mais je ne veux pas commercer l'année par vous quereller !...

Monsieur le duc, vous feriez bien de faire réprimander M. Fréron ; il parle insolemment dans sa trente-cinquième feuille d'un homme qui vous respecte et vous admire singulièrement, qui vous plaira et que vous aimerez quand vous le connaîtrez : c'est M. Walpole ; vous êtes le ministre et le protecteur des étrangers ; celui-ci mérite de l'estime et de la considération, et que vous lui accordiez une protection particulière.

J'ai une autre grâce à vous demander, c'est de vous souvenir du vicomte de Vichy ; il meurt d'impatience d'être remplacé et d'ennui de perdre tout son temps dans un triste château.

Je suis fâchée de finir cette lettre en vous parlant comme à un ministre ; j'aimerais mieux que ce fût comme à un ami, que j'ai passionnément aimé, et que j'aimerais encore de même, s'il le voulait, à la barbe de tous les jaloux.

LETTRE XLVIII

DE MADAME DU DEFFAND A LA DUCHESSE DE CHOISEUL

Lundi, 29 décembre 1766.

Je vous envoie, chère grand'maman, à cachet volant, ma lettre pour M. de Choiseul ; si vous en êtes contente, vous la lui ferez rendre ; si vous y trouvez quelque chose à redire, vous aurez la bonté de me le mander.

L'extrait que je vous envoyais hier n'est pas de Fréron : c'est d'un anonyme. Mais dans la trente-cinquième feuille de Fréron, il y a un article tout aussi insolent. Je voudrais que M. de Choiseul parlât à M de Sartines et dît un mot à l'ambassadeur d'Angleterre, et que vous, chère grand'maman, paraissiez indignée de cette licence, et que vous fissiez connaître que vous considérez M. Walpole et que vous vous intéressez à lui.

Réellement, je vous crois ma grand'mère ; si nos figures

donnent quelques difficultés à le croire, nos esprits doivent le persuader; je suis le petit Joas, et vous le sage Nestor! Enfin, quoi qu'il en soit, enfant ou vieille, sensée ou radoteuse, je vous aime à la folie.

Vous aurez vos étrennes, ne vous impatientez pas.

LETTRE XLIX

DE LA DUCHESSE DE CHOISEUL A MADAME DU DEFFAND

A Versailles, ce 29 décembre 1766.

Je parie, ma chère enfant, que vous trouvez bien mauvais tous les beaux raisonnements, les grandes autorités, les grands exemples que je vous ai cités hier, sur la brochure injurieuse à M. Walpole. Vous verrez aujourd'hui que je ne pense pas de même sur les feuilles de Fréron, journal qui a l'aveu du gouvernement et qui paraît sous son autorité. Voici ce que j'en écris à M. de Choiseul; je vous le transcris mot pour mot:

« Je vous prie de lire l'endroit que j'ai marqué dans la feuille de Fréron; ce n'est qu'un mot; vous y verrez comme M. Walpole, homme aimable, estimable, de mérite en tous genres, et à tous égards fort au-dessus de la portée des regards de Fréron, y est traité pour une malheureuse, mais excellente plaisanterie particulière qu'il s'est permise contre le gros Thomas de la philosophie, le célèbre Jean-Jacques, et que l'indiscrétion de ses amis a rendue publique. Il est encore traité d'une façon bien plus grossièrement injurieuse dans une petite brochure nouvelle de je ne sais quel auteur crotté. Mais je ne vous parle pas de l'œuvre éphémère d'un écrivailleur obscur et non avoué du gouvernement; c'est contre Fréron, avoué, protégé par lui, que je réclame votre justice. C'est à lui de réprimer la licence et l'insolence des écrivains qu'il autorise. Je crois qu'il est de votre honneur, comme ministre des affaires étrangères, d'empêcher qu'un étranger de considération et qui ne fait point le métier d'auteur, soit publiquement insulté sous l'autorité du gouvernement. Ainsi, je vous demande particulièrement, pour vous d'abord, qui êtes mon principal objet, et ensuite pour M. Walpole que j'aime, de faire mettre M. Fréron au cachot, pour lui apprendre à écrire; et je crois que vous ferez bien de vous en faire un mérite auprès de l'ambassadeur d'Angleterre, et que cette sévérité ne peut que vous faire honneur ici et dans les pays étrangers; je suis bien fâchée que madame du Deffand vous en ait écrit, car vous croirez que c'est à son instigation que je m'échauffe sur cet objet, et je vous jure que c'est très en conscience que je vous dis ce que je pense et très-indépendamment de tout ce qu'elle a pu me dire. »

J'ai cru devoir ajouter ces dernières phrases pour que nous ne nous nuisions pas mutuellement, ce qui n'aurait pas manqué d'arriver si M. de Choiseul avait cru du concert entre nous, ou de la séduction de votre part. D'ailleurs, j'ai trouvé votre lettre charmante et je la lui ai envoyée. Je ne l'ai point encore vu depuis tout cela. Notre commerce est fort vif depuis quelques jours, ma chère enfant; je souhaite que vous vous en trouviez aussi bien que moi [1].

LETTRE L

DE MADAME DU DEFFAND A LA DUCHESSE DE CHOISEUL

Ce mercredi, 31 décembre 1766.

Vous êtes surprenante, chère grand'maman; c'est bien vous qui êtes un *phénomène inusité;* votre écrit est admirable; il y a cependant deux choses qu'il faudra expliquer dans la conversation : l'*indiscrétion de ses amis* ; c'est lui-même qui a montré la lettre à tout le monde, en s'en avouant l'auteur et pensant qu'il était fort permis de se moquer d'un saltimbanque. L'autre

1. Il est curieux de voir ce que pensait Walpole des attaques de Fréron, et

mot est *qu'il n'est point auteur*. Il a fait quelques ouvrages sur les écrivains illustres et sur les peintres de son pays. J'en ai lu des extraits dans le *Journal encyclopédique*; et puis il a fait des discours sur divers sujets, qui sont traduits en français, et qui se trouvent dans un recueil de feuilles hebdomadaires des années 53 et 54, qui s'appellent *le Monde*; il y en a de fort plaisants que je me proposais même de vous faire lire. Il faut vous prévenir de tout cela, pour que vous soyez en état de répondre à ce qu'on pourra vous dire. Mais d'où vient avez-vous fait rendre ma lettre en prévoyant qu'elle vous ferait soupçonner de connivence avec moi, et que cela pourrait nuire à votre intention? Je l'aurais récrite en retranchant cet article; mais j'espère qu'il ne produira pas le mauvais effet que nous craignons. Toutes les raisons que vous alléguez sont péremptoires, et je ne crois pas qu'elles soient susceptibles de la moindre réplique.

Ah! mon Dieu, mon Dieu, que vous avez de bon sens et de justesse; qu'on serait heureux d'être conseillé par vous et comment se peut-il [1]?... Mais je me tais. J'attends avec impatience et crainte la réponse de notre souverain seigneur et maître.

Oh! si l'affaire prend la tournure que vous indiquez, que ce me sera un bien sensible plaisir, et que la nouvelle en soit donnée à notre ami par l'ambassadeur, et que ce soit de votre part et de celle du ministre!...

En attendant que je vous dresse des autels, recevez mon

---

de l'empressement que mettaient ses amis en France à l'en venger. Voici ce qu'il écrivait à ce sujet à madame Du Deffand : « Je suis redevable à vous et à la duchesse de Choiseul pour cette affaire de Fréron; mais elle ne laisse pas de me fâcher. Nous aimons tant la liberté de l'imprimerie, que j'aimerais mieux en être maltraité que de la supprimer. De plus, c'est moi qui avais commencé cette ridicule guerre; il est injuste que j'empêche les autres de prendre la même liberté avec moi. Je ne sais ce que Fréron a dit, et je ne m'en soucie pas. C'est ma règle constante de ne jamais faire réponse à des libelles, et je serais au désespoir qu'on crût que je me fusse intéressé à attirer des réprimandes à ces gens-là... »

1. Ce passage a trait à l'influence que la duchesse de Grammont exerçait sur son frère, le duc de Choiseul.

encens. C'est M. de Grave qui le remettra en vos mains. Il m'a demandé avec empressement d'être chargé de cette commission et a saisi cette occasion de vous faire sa cour. Faites-moi la grâce de lui témoigner de la bonté, il y sera fort sensible, il me saura gré de l'honneur et du contentement que je lui aurai procurés, et cela m'acquittera de tout ce que je lui dois pour les soins et les attentions qu'il a pour moi.

LETTRE LI

DE LA DUCHESSE DE CHOISEUL A MADAME DU DEFFAND

A Versailles, ce 31 décembre 1766.

Oh ! la belle chose, la belle chose, ma chère enfant, que la corbeille que vous m'avez envoyée ! mon premier mouvement a été de l'admirer, d'en être enchantée, d'en faire l'inventaire ; puis, le second, de craindre qu'elle ne vous ait coûté des trésors, d'en avoir de l'embarras ; puis, par retour sur moi-même, de la honte pour les horreurs que je vous ai offertes. J'ai dit tout cela à M. de Grave, parce que je dis d'abord tout ce que je pense. Je l'ai reçu de mon mieux ; on est toujours sûr d'être bien reçu chez moi quand on y vient de votre part. J'ai payé le port et sa peine avec vos bienfaits. Vous m'avez donné de quoi faire des magnificences, et je me suis déjà bien fait des amis de cour avec vos parfums.

Je ne puis pas vous répondre encore sur M. Walpole, parce que je n'ai pas encore pu obtenir de M. de Choiseul qu'il lût ma lettre. J'ai réponse à toutes les objections que vous me faites. J'appelle ne pas faire le *métier d'auteur*, ne pas vivre de ses ouvrages, et je n'ai pas dit que M. Walpole ne fût point auteur, j'ai dit *qu'il ne faisait pas le métier d'auteur*. Ce que j'appelle l'*indiscrétion de ses amis* est le plaisir avec lequel vous, moi et tout le monde, avons montré sa lettre du roi de Prusse et en avons multiplié les copies à l'infini. Si chacun de ceux à qui il l'a montrée n'en avait pas parlé, elle ne serait jamais devenue publique et elle n'aurait jamais été imprimée, car il ne l'avait pas faite pour l'être.

J'ignore si Fréron sera ou ne sera pas puni ; ce que je sais, c'est que je ferai de mon mieux pour qu'il le soit. Mais dût-il l'être comme je le désire, il vaudrait encore mieux que M. Walpole ignorât sa punition que de connaître sa faute, et dans tous les cas, je ne veux paraître pour rien dans cette affaire. J'ai représenté à M. de Choiseul ce que j'ai cru juste et honnête, et je vous l'ai confié seulement à vous comme à mon amie et à mon enfant : c'est à lui à faire justice, mais ce n'est point à moi à tenir le glaive, et je me réserve d'autres marques publiques d'amitié à donner à mes amis que celles du soin de leur vengeance. Vous m'allez trouver pédante, ma chère enfant, mais vous m'avez tant dit que j'avais raison, que vous m'avez accoutumée à vous ennuyer de tous mes raisonnements. Je vous aime et c'est un fait ; les faits sont plus sûrs que les raisonnements et le sentiment vaut mieux que la raison.

LETTRE LII

DU DUC DE CHOISEUL A MADAME DU DEFFAND

Ce 5 janvier 1767.

J'ai attendu, pour avoir l'honneur de vous répondre, que j'eusse parlé à M. de Sartines sur la feuille de Fréron. Il m'a montré cette feuille où Fréron ne rapporte qu'un ouvrage traduit de l'anglais, et véritablement il n'y a de reproche à lui faire que d'avoir reproduit cette traduction, ce à quoi d'autres personnes l'ont engagé vraisemblablement. Dans l'exacte justice, c'est le censeur qui a tort et non pas Fréron ; ils seront cependant l'un et l'autre corrigés, et il y aura de plus une rétractation dans une feuille suivante. J'aime, j'estime et j'ai beaucoup de considération pour M. Walpole, sans le connaître personnellement, et je ne souffrirai pas qu'il soit insulté ici; mais je le crois fort au-dessus des sottises de Fréron, et, dans ces sortes d'affaires, surtout vu le fanatisme que Rousseau inspire très-mal à propos, les corrections secrètes sont infiniment moins sujettes à inconvénients et à cailletage.

Je vous promets que M. de Vichy sera remplacé dès que je pourrai; vous me grondez, vous vous moquez de moi, vous avez raison, car on est grondable et moquable quand on ne fait pas ce qui est le plus agréable, à la cour : ce serait pour moi de vous voir souvent, et en dépit des jaloux, de vous marquer l'attachement et la tendresse que je ne cesserai de sentir et vous d'inspirer.

LETTRE LIII

DE MADAME DU DEFFAND A LA DUCHESSE DE CHOISEUL

Ce samedi, 10 janvier, à 3 heures.

A peine étais-je éveillée ce matin, chère grand'maman, quand j'ai dicté les lettres que vous devez avoir reçues. Elles se ressentent bien de l'assoupissement et bien peu de la vivacité de ma reconnaissance; de plus, j'aurais voulu bien dire, et rien n'éteint et n'affaisse autant mon imagination que le dessein et le désir d'en avoir. Je suis réellement enchantée de M. de Choiseul, et, comme je vous l'ai mandé, ce qui m'en touche le plus, c'est qu'il a prétendu vous donner une marque de son amitié, et rien ne me prouve autant la vôtre que de penser qu'on croit vous obliger en me marquant de la bonté. Mais ma tendresse pour vous est parvenue à un tel point, qu'il n'y a plus de mots dans la langue qui me semblent propres à l'exprimer. Voici un nouveau moyen dont il est à craindre que je n'abuse, c'est d'avoir en vous une confiance sans bornes; je vais l'éprouver en vous demandant une grâce qui me fera le plus grand plaisir du monde, si vous pouvez me l'accorder : c'est de me faire avoir deux exemplaires d'une feuille volante que la police a supprimée. Elle a pour titre : *Réflexions posthumes sur le grand procès de Jean-Jacques avec David.*

Je voudrais un exemplaire pour moi et un pour l'ami d'outre-mer ; rien ne vous est plus facile que d'avoir cette feuille ; vous pouvez avoir une entière sécurité sur ma discrétion.

Vraiment, j'oubliais de vous dire que j'ai lu cette feuille, mais on ne me l'a laissée que le temps qu'il fallait pour la lire, et celui qui me l'a apportée a attendu dans mon antichambre pour la remporter. Il n'y a qu'un mot qui a rapport à l'ami, et il est susceptible de bonne interprétation. Le portrait de David m'a paru plaisant et ressemblant ; cependant ce petit ouvrage n'est pas d'une grande valeur.

LETTRE LIV

DE LA DUCHESSE DE CHOISEUL A MADAME DU DEFFAND

..... Janvier 1767.

Je vous envoie, ma chère enfant, le seul exemplaire que j'ai pu avoir de la feuille que vous m'avez demandée ; on m'a promis que j'en aurais un second demain ou après-demain. Je vous l'enverrai aussitôt. Je n'ai pas le temps de vous en dire davantage aujourd'hui ; mais vendredi peut-être, j'aurai le plaisir de vous voir. Je n'aurai cependant pas celui de souper avec vous. Si je suis à Paris, il faudra que je soupe chez l'ambassadeur de Naples ; c'est un vieil arrangement.

En fermant mon billet, je me suis avisée de jeter un coup d'œil sur ces « *Réflexions posthumes.* » Elles sont assez bien écrites, assez concises ; quelques-unes présentées assez plaisamment. Je les ai crues d'abord de Palissot. Mais les conséquences en sont communes, plates et tirées de tout ce qui a été écrit à ce sujet : je ne crois plus rien. Il n'y a rien contre M. Walpole ; il n'y est que nommé. Ne nous fourrons pas, ma chère enfant, dans les querelles littéraires. Si nous nous en sommes mêlées, c'était pour en tirer notre ami, et non pour y entrer. Elles ne sont bonnes qu'à déprécier les talents, mettre au jour les ridicules; mais, entre nous soit dit, il doit nous être assez agréable de voir les tyrans de nos opinions se détruire par les mêmes arguments qu'ils ont employés pour subjuguer nos esprits. C'est le moyen le plus sûr de nous soustraire à leur domination, en profitant de leurs lumières. C'est en cela que je préfère la fable de la tour de Babel à celle des Titans. Des constructeurs de la tour purent naître des architectes sages et industrieux, capables d'élever des bâtiments solides avec les mêmes matériaux dont leurs pères avaient tenté de dresser un édifice absurde, impraticable, inutile et nuisible. Des Titans renversés, il ne reste que les traces de la foudre. L'autorité détruit et n'édifie pas; le gouvernement édifie et ne détruit pas. L'autorité doit punir les crimes; le gouvernement ne doit pas sévir contre les erreurs. Il peut leur laisser le soin de se détruire elles-mêmes, qu'elles proviennent d'un odieux fanatisme ou d'une vaine et nuisible philosophie. Ce n'est point par ce que le gouvernement fait, qu'il accélère le progrès des lumières, c'est par ce qu'il empêche. C'est du sein et du mal de l'erreur que naît le jour et le bien de la vérité. L'histoire des erreurs n'est que le magasin du sage; il n'est pas de système qui n'ait un bon principe; mais il n'appartient pas à tous les esprits de se développer, et tous les aspects ne sont pas également bons pour présenter les objets, ni tous les jours pour les regarder. Je sens bien qu'il manque dans tout ceci beaucoup d'idées intermédiaires; mais c'est à vous à faire les liaisons. Il m'est venu tout à travers choux un baron allemand, avec un petit singe qui m'a fait caca dans la main.

Mais qu'est-ce que ce pauvre David Hume avait affaire à tout ceci! Il n'est ni clef de meute, ni chef, ni suivant de secte. C'est qu'il ne suffit pas d'être sage, il faut encore ne pas vivre avec les fous. Je parie que le geôlier des petites-maisons a été pris plus d'une fois pour un des locataires de l'hôtel.

LETTRE LV

DE LA DUCHESSE DE CHOISEUL A MADAME DU DEFFAND

Janvier.....

Malgré ce que je vous ai écrit, ma chère enfant, malgré ce que je vous ai dit, je vois que vous montrez le portrait[1]. J'ai entendu hier que vous en parliez à tout le monde. Croyez, je vous en conjure, qu'autant je suis non flattée, mais touchée que vous me voyez ainsi, autant je suis peinée que vous vouliez faire partager un enthousiasme qui glacera tout ce qui ne m'aime pas autant que vous : et en nous rendant justice à toutes deux, vous conviendrez qu'il n'y en a pas beaucoup!... Encore une fois, il n'a été que trop vu, on n'en a que trop parlé, et vous me perdez s'il en est question encore. Ne tournez pas contre la pauvre grand'maman qui vous aime tant la marque d'amitié la plus sensible que vous puissiez lui donner. Je vous sais pourtant bien bon gré de ne l'avoir pas donné à l'abbé. Adieu, ma chère enfant. Croyez en ma prudente vieillesse, et souvenez-vous toujours qu'il n'y a que vous d'enfant dans ce siècle.

LETTRE LVI

DE MADAME DU DEFFAND A M. CRAWFORD

Paris, ce 13 février 1767.

En vérité, vous êtes admirable; vous avez tous les torts possibles, vous forceriez la constance et la fidélité même à de-

---

1. Le portrait de madame la duchesse de Choiseul par madame du Deffand. Voir ci-dessus lettre XLIII, page 70.

venir indifférente et légère, et c'est vous qui vous plaignez !
c'est vous qui faites des reproches !... Je n'en mérite qu'un
seul, c'est de vous aimer toujours. Vous me croyez assez vaine
pour penser que des louanges, des flatteries m'apaiseront et
me feront oublier tous vos torts. Non ! non ! je ne les oublie
ni ne vous les pardonne; il devrait s'ensuivre de ne vous plus
aimer, mais c'est un vice de mon caractère, de rester attachée
avec opiniâtreté à ce que j'ai aimé et estimé tout de bon et
avec connaissance de cause. Mais vous vous embarrassez peu,
je crois, de savoir ce que je pense: cependant, il faut que je
vous en dise encore un mot. J'ai pleuré votre mort, et dans
votre pays cela m'a donné un ridicule, parce qu'une des belles
qualités des Anglais c'est de n'aimer rien, de ne pas croire à
l'amitié, et d'en prendre toutes les démonstrations pour des
faussetés, des affectations, etc., etc. Oh ! je suis bien revenue
de mon anglomanie. Vous ne valez pas mieux que nous, excepté en un seul point : vous vous laissez voir tels que vous
êtes, et il faut aimer la vérité autant que je l'aime pour être
bien aise de la rencontrer quoiqu'elle soit fâcheuse. Vous êtes
donc encore malade? Cela m'afflige véritablement. Je voudrais
que vous fussiez ici avec votre ami milord Ossory. Je l'aiderais à
chasser votre mélancolie; je vous procurerais peut-être quelques
amusements; mais il n'y en a qu'un pour vous, qui est votre
maudit jeu. Oh ! la vilaine passion ! je l'ai eue pendant trois mois;
elle me détachait de tout, je ne pensais à rien, c'était le biribi
que j'aimais; je me fis horreur et je me guéris de cette folie.
Vous avez de l'esprit comme un ange (car il faut bien que je
vous donne aussi de l'encensoir au travers du visage), le cœur
excellent, l'âme sensible ; vous serez recherché de tous ceux
à qui vous voudrez vous faire connaître; vous êtes jeune; malgré votre mauvaise santé vous avez bien du temps à vivre, et
vous vous découragez, vous vous abandonnez à la tristesse, et
la tristesse augmente tous vos maux. Occupez-vous de votre
fortune; vous m'avez parlé, dans votre dernière lettre, de vues,

de projets que vous n'expliquez pas. Pourquoi cette réserve? soyez sûr de ma discrétion, n'ayez nulle inquiétude de mon secrétaire, il est aussi discret que le pourrait être un pupitre; mandez-moi donc où tout cela en est.

M. Walpole m'a écrit que vous pourriez aller cet été à Aix-la-Chapelle et que vous passeriez par Paris. Vous croyez bien que cela me faisait plaisir. Vous avez apparemment changé de dessein, puisque vous allez à Bath. Je désire que vous vous en trouviez bien; j'exige que vous me donniez de vos nouvelles, et si vous recouvrez la santé, comme je l'espère, j'exigerai que vous veniez faire un tour ici. Je ne veux point mourir avant de vous revoir; souvenez-vous que je suis très-vieille, et qu'on ne doit pas remettre au lendemain les marques d'amitié qu'on veut bien me donner; vous ne trouverez jamais personne qui s'intéresse autant à vous que moi. Tout cela dit, parlons d'autres choses.

Je suis bien éloignée de croire M. Selwyn stupide, mais il est souvent dans les espaces imaginaires. Rien ne le frappe ni ne le réveille que le ridicule, mais il l'attrape en volant; il a de la grâce et de la finesse dans ce qu'il dit, mais il ne sait pas causer de suite; il est distrait, indifférent; il s'ennuierait souvent sans une très-bonne recette qu'il a contre l'ennui, c'est de s'endormir quand il veut. C'est un talent que je lui envie bien; si je l'avais, j'en ferais grand usage. Il est malin sans être méchant; il est officieux, poli; hors son milord March, il n'aime rien; on ne saurait former aucune liaison avec lui, mais on est bien aise de le rencontrer, d'être avec lui dans la même chambre, quoiqu'on n'ait rien à lui dire.

Votre milady Sarah a eu un succès prodigieux; toute notre belle jeunesse en a eu la tête tournée. Sans la trouver fort jolie, toutes les principautés et les divinités du temple l'ont recherchée avec une grande émulation. Je ne l'ai point vue assez de suite pour avoir pu bien démêler ce qu'on doit penser d'elle; je la trouve aimable, elle est douce, vive et polie. Dans notre nation, elle passerait pour être coquette. Je ne crois pas qu'elle le soit; elle aime à se divertir; elle a pu être flattée de tous les empressements qu'on lui a marqués, et je soupçonne qu'elle s'y est livrée plus pour l'apparence que par un goût véritable. Je lui ai soupçonné quelques motifs cachés, et je lui crois assez d'esprit pour avoir trouvé nos jeunes gens bien sots. Si vous êtes de ses amis, elle vous dira ce qui en est.

Mais dites-moi, je vous prie, ce que c'est que M. Dakensonn ?... Je n'y comprends rien; il se dit votre ami intime; je lui ai l'obligation de m'avoir appris votre résurrection; je lui en sais tant de gré, que depuis ce temps-là je lui ai toujours fait bon accueil; mais il a une tournure de conversation à laquelle je n'entends rien. Je ne sais s'il a de l'esprit, je lui crois des prétentions. Est-il de bonne compagnie? Enfin dites-moi ce que j'en dois penser.

Voulez-vous savoir la vie que je mène; elle est plus remplie que quand vous étiez ici. J'ai fait de grands progrès dans la prudence, et je suis devenue indifférente pour bien des choses. Je m'en trouve bien, j'en suis plus recherchée et plus considérée. Cette confidence est bien ingénue, mais c'est à mon petit Crawford que je parle, et il ne se moquera pas de moi. Je suis avec madame de Forcalquier comme vous m'y avez vue; on ne fait point de progrès avec elle; il y a de l'*ineffable* dans ses principes. Madame Dupin a toujours toutes ses affections et sa confiance; c'est la sublimité du galimatias que l'esprit de cette dame. Je vois beaucoup madame d'Aiguillon; mais, ce qui me convient le mieux et que j'aurai grande disposition à aimer, c'est madame de Jonzac. J'entretiens cette disposition sans m'y livrer. Je suis contente au delà de toute expression de la grand'maman; mais c'est de la manière que les dévots le sont des patrons qu'ils ont dans le ciel. Le pauvre président s'affaiblit tous les jours; il me fait faire de bien tristes réflexions. Pont-de-Veyle est toujours mon meilleur ami; il pratique l'amitié sans la sentir, cela vaut mieux que rien. Enfin,

enfin! je donnerais tout ce qui m'environne pour... je ne veux pas dire quoi.

Faites mes compliments à milord Ossory. M. Selwyn s'est-il acquitté de ma commission pour lui? Adieu, adieu. Rétablissez votre santé, ne jouez plus, occupez-vous de votre fortune et venez me voir. Je vous promets de vous écrire toutes les fois que vous m'écrirez.

Je veux vous dire que madame Gréville est de toutes les Anglaises que j'ai connues, et peut-être de toutes les Françaises que je connais, la femme à qui je trouve le plus d'esprit et dont la manière de penser sympathiserait le plus avec la mienne. Trouvez-vous que j'ai raison?

LETTRE LVII

DE MADAME DU DEFFAND A LA DUCHESSE DE CHOISEUL

Paris, ce mercredi 18 mars 1767.

Je parie, chère grand'maman, que vous ne vous êtes point aperçue du silence de votre petite-fille, et que le grand abbé se garde bien de vous en faire apercevoir. Ce n'est pas par aucun bon motif, c'est par oubli. Apprenez qu'il n'y a point eu de jour où je n'aie résisté à l'envie de vous écrire; mais j'étais si noire, que je me suis fait scrupule de troubler votre joie et votre bonheur par un moment d'ennui. Enfin, je ne peux plus y tenir, je ne peux être plus longtemps sans avoir de vos nouvelles; exercez toute votre autorité sur l'abbé, et chargez-le de me mander comment vous vous portez, quelles sont vos occupations, vos amusements, vos conversations, vos disputes, etc.?

Oh! que je regrette nos petits soupers!... Sans l'espérance qu'ils pourront se répéter, en vérité, en vérité, je prendrais congé de la compagnie et j'irais dans l'autre monde demander aux neveux de Richard III s'il est vrai que ce soit leur oncle qui les a tués, et je ferais savoir leur réponse à M. Walpole. Il me mande qu'il a des raisons d'en douter, et qu'il fait de grandes recherches pour s'en éclaircir. Je vois l'abbé hausser les épaules et dire : « Encore passe si c'était un fait arrivé il y a quatre ou cinq mille ans en Égypte ou en Phénicie!... »

Je suis devenue imbécile, je ne me porte pas bien, je ne dors pas, je digère mal et je m'ennuie ; je suis au désespoir d'être éloignée de vous. Faites-moi surintendante de vos cochons. Il est vrai que, s'ils ont le diable au corps, je ne les empêcherai pas de se jeter dans la rivière ; mais je m'y jetterai moi-même si je suis longtemps sans vous revoir.

LETTRE LVIII

DE MADAME DU DEFFAND A M. CRAWFORD

Paris, ce 19 mars 1767.

Le mauvais état de votre santé m'afflige beaucoup ; mais n'y a-t-il point de votre faute ? Ne vous échauffez-vous point le sang au jeu et aux veilles ? Bath ne vous met point à l'abri des occasions, peut-être y êtes-vous encore plus exposé. Au nom de tout ce que vous aimez le mieux (je crois que c'est toujours milord Ossory), soignez-vous, conservez-vous et mettez-vous en état d'exécuter vos projets d'aller à Spa et de passer par Paris au mois de mai. Je serai véritablement charmée de vous revoir, quoique je sois fort persuadée que vous ne vous souciez plus guère de moi. Cependant, je crois que si nous nous retrouvons jamais, nous aurons bien des choses à nous dire, et que pendant quelques jours au moins, nous serons l'un par l'autre un abri sûr contre notre mortel ennemi, qui l'est de tout le monde, mais de vous et de moi plus qu'il ne l'est de personne ; vous comprenez bien que c'est l'ennui. Mais je vous prie, Monsieur, en fait de prudence, point de comparaison de vous à moi ; vous avez montré à M. Selwyn tout ce que je vous dis de lui. Je ne me souviens plus de ce que c'était; ce ne peut être rien de mal, parce que je suis bien loin d'en penser; mais j'en aurais dit beaucoup plus de bien que je pense en effet, si j'avais su qu'il dût le lire, n'eût-ce été que pour faire honneur à mon discernement. J'aime M. Selwyn, et j'ai toutes sortes de raisons pour cela; il s'est moqué de moi très-rarement; j'ai à me louer de son indulgence, de ses attentions; je serai ravie de le revoir. J'attendrai qu'il m'ait mandé qu'il est de retour à Londres pour lui écrire; il faudra qu'il me fasse savoir son arrivée, et qu'il ait la bonté de demander au valet de chambre de milord Carlisle une chaîne de montre dont sir Charles m'a fait l'emplette, qu'il avait donnée à ce valet de chambre pour me l'apporter, et que ce dit valet de chambre a oubliée; sa destination est pour M. de Morfontaine, et ce doit être la conclusion de la comédie où il a joué un si beau rôle. Ceci n'est intelligible que pour M. Selwyn; il vous l'expliquera si vous voulez, mais je vous avertis que cela vous ennuiera.

J'ai deviné plutôt que jugé que votre milady Sarah était aimable; je l'ai toujours peu vue, et le bien qu'elle vous a dit de moi est un trait de coquetterie pour vous, et cela me fait plus de plaisir que si elle pensait en effet ce que vous prétendez qu'elle vous a dit. Non! non! madame de Boufflers l'a charmée, et elle a été très-flattée de tous les hommages qu'on lui a rendus et de toutes les conquêtes qu'elle a faites. Le bon chevalier m'a vue davantage, il ne voyait que des vieilles, disait-il; mais il s'en dédommageait en jouant à la paume. Votre ambassadrice m'a dit qu'il faisait bannir d'ici un bon joueur, qu'il avait une partie projetée de mille ou quinze cents louis. Oh! les Anglais ne sont pas fous à demi. Mais je vous entretiens de balivernes, tandis qu'il y a un triste et terrible événement auquel je ne doute pas que vous ne vous intéressiez beaucoup : la chute de milord Tavistock. On dit que milord Ossory en est pénétré de douleur. Écrivez-lui, je vous prie, que j'y prends toute la part possible. Êtes-vous content de lui, et répond-il à la passion que je vous ai vue? Il me paraît que M. Walpole l'aime beaucoup, et qu'il trouve que je n'ai point exagéré dans le bien que je lui disais de lui. Je suis bien contente de ce que vous êtes content de monsieur votre père; mais les Grafton et les Shelburne, qu'est-ce que cela veut dire? N'attendez-vous rien des Bedfort? enfin vous me devez une entière confiance; vous ne doutez point de l'intérêt que je prends à vous, et vous devez être tout aussi certain de ma prudence. On me reproche aujourd'hui ma circonspection; mais comme elle me pèse un peu, venez, venez, mon petit Crawford, nous nous lâcherons la bride, nous en dirons de toutes sortes ; pour aujourd'hui, je n'ai plus rien à vous dire, si ce n'est adieu.

Faites mes compliments à M. Selwyn, et demandez-lui s'il a fait partir les plateaux avant son départ pour Bath.

LETTRE LIX

DE MADAME DU DEFFAND A M. WALPOLE

Paris, ce 4 avril 1767.

Certainement quelque sorcier, ou peut-être votre mauvais ange, vous fascine les yeux ou trouble votre intelligence quand vous recevez mes lettres; il n'y a pas un mot, pas une syllabe qui ne dût vous être agréable suivant le degré de votre amitié; et en supposant que vous n'en avez pas, il n'y a rien qui doive vous déplaire ni vous être insupportable. Mais c'est une destinée : je ne puis jamais avoir de plaisir qui ne soit contre-balancé par beaucoup de peine. On ne peut pousser la résignation plus loin; je me soumets sans murmurer, sans me plaindre, à tout ce que vous décidez, à tout ce qui vous convient. Je voudrais pouvoir vous envoyer mon âme à la place d'une lettre. Vous verriez si mes sentiments sont ridicules, si je me crois en droit de rien exiger ; les jugements que je porte de vous, si je suis romanesque, si je ne m'apprécie pas à juste valeur, si vous pouvez jamais craindre d'être ingrat, enfin s'il y a un autre être que moi dans l'univers qui soit capable d'un genre d'attachement pareil au mien. Comme je ne puis m'exprimer que par des paroles, et que toutes mes paroles vous choquent ou vous blessent, je prends le sage et très-nécessaire parti de me taire. Je vous dirai seulement que je suis très-contente de la promesse que vous me réitérez de me venir voir. Vous devez cet acte de bonté à vos vertus ; elles seules l'exigent et non pas moi ; tous mes désirs se bornent à passer quelques jours avec vous avant une séparation éternelle. Je ne saurais la croire bien éloignée, et c'est ce qui fait que tout retardement m'effraye. Je me dis souvent qu'en cas que je finisse avant de vous avoir revu, je n'en souffrirai pas dans l'autre monde ; mais cette idée m'afflige tant que je suis dans celui-ci. Dites encore que c'est là du Scudéry !... Je ne sais comment vous l'entendez ; je ne connais que l'amitié qu'on sent, et je ne sais dire que ce que je sens. Je ne pense pas que vous deviez me faire aucun sacrifice, que vous deviez m'aimer de préférence à tout. Ah ! mon Dieu ! je suis à cent mille lieues de cette idée. Rien ne me paraît plus extraordinaire que les complaisances que vous voulez bien avoir pour moi. Il n'y a que ma vérité qui ait pu mériter votre affection : souffrez-la donc telle qu'elle est, et supportez avec patience ce que vous appelez les épanchements, les effusions, etc. Mon intention n'est pas de me les permettre à l'avenir ; mais enfin, si j'avais le malheur d'y retomber, moquez-vous-en, ne les qualifiez pas de romanesques ; nommez-les radotages, et ne grondez pas !...

Ma dernière lettre était du 26, et vous avez dû la recevoir par M. de Chabrillant. Vous avez dû recevoir aussi deux de mes lettres par M. de Guerchy, avec votre *Château d'Otrante ;* enfin, vous avez dû recevoir quatre ou cinq lettres dans l'espace de huit à dix jours. J'ai bien eu, je l'avoue, quelque frayeur que vous ne vous en trouvassiez accablé. Aussi depuis, ai-je été dix jours sans vous écrire. Me revoilà dans le train ordinaire; vous ne recevrez plus de mes lettres qu'en réponse aux vôtres. Vous me ferez un plaisir extrême de m'instruire des allures de vos affaires, et sur toute chose, ce qui regarde la noce de votre petite-cousine. J'imagine qu'elle ne se fera qu'à la fin de mai : voilà maintenant ce qui m'intéresse et qui cause ma curiosité.

Depuis que je vous ai écrit, j'ai soupé plusieurs fois avec la grand'maman, et il y a eu hier huit jours que l'époux, en rentrant, monta chez elle; il n'y avait qu'elle, son oncle M. de Thiers et moi. Nous restâmes jusqu'à quatre heures sonnées. On parla avec toute la liberté et la confiance imaginables. Je fus tentée de vous écrire le lendemain pour vous en rendre compte, et puis je me dis : « Qu'est-ce que tout cela lui fait?... Je ne ferai que l'excéder, l'importuner!... » Nous ne dîmes pas un mot de vous, si ce n'est tout à la fin, qu'il me demanda ce que c'était que le *Château d'Otrante*, qu'on disait être de M. Walpole, si c'était de vous?... Je lui ai dit que oui. « J'ai envie de le lire! » — « Vous le pouvez, lui dis-je... Il est très-bon dans son genre; c'est dans le goût des *Facardins*, de *Tiran-le-Blanc!*... Il a tout le costume gothique. » — « Cela me plaira, dit-il; et puis il me demanda quand vous viendriez? » « Je l'ignore; il ne m'en dit rien. »

Je soupai hier encore avec la grand'maman et ses trois féaux : l'abbé Barthélemy, qui est un bon garçon, son petit-oncle M. de Thiers, qui est sensé et qui l'aime beaucoup, et un M. de Castellane, qui a l'accent provençal et qui ne me plaît guère. Je ne me levai qu'à neuf heures; je revins me coucher à minuit, parce que j'avais de la fièvre. Je ne pris qu'un bouillon chez la grand'maman. Ma nuit n'a pas été mauvaise; je n'ai pas de fièvre actuellement. J'aurai ce soir beaucoup de monde; mais je ne me mettrai pas à table; madame d'Aiguillon restera avec moi et nous mangerons notre soupe au coin de mon feu.

Il y aura, cette semaine, cinq comédies chez madame de

Villeroy. Je dois aller à trois ; mais je pourrais bien n'en voir aucune. Cette dame de Villeroy vous divertirait ; elle a une sorte d'esprit ; elle est brûlante, brillante, sémillante et bonne enfant. C'est la contre-partie de la comtesse de Forcalquier. Ah ! pour la divine comtesse [1], autrement l'idole, elle est en divinité ce que la Duplessis de madame de Sévigné était en provinciale. Elle mène un deuil de milord Tavistock qui fait hausser les épaules. Elle a débité la pension de Jean-Jacques comme en ayant eu la nouvelle de chez vous ; mais elle n'en avait entendu parler que par une ou deux personnes à qui je l'avais dit, et vendredi dernier qu'elle soupa chez le président, elle me demanda si en effet Jean-Jacques avait la pension. Je lui dis que oui ; qu'il avait écrit au ministre qu'il recevrait avec reconnaissance cette grâce du roi et de lui ; qu'on avait attendu l'arrivée de M. Hume, ne voulant pas lui faire accorder cette pension sans son consentement ; qu'il l'avait donnée de la meilleure grâce du monde, et qu'on avait obtenu une augmentation de vingt pièces, en considération des défalcations. Je ne vous nommai point ; elle ne me fit pas d'autres questions. Cette idole ne va pas aux spectacles, elle n'ira même point chez la duchesse de Villeroy. Il est bien pénible, mon tuteur, d'être fausse ! Il faut avoir une grande présence d'esprit pour ne pas se démentir à tout moment.

Hors vous que j'aime et la grand'maman que j'estime, tout le reste me paraît personnages de comédie, qui jouent de bien mauvaises pièces. A propos de pièces, on vient d'en donner une de Voltaire, qu'on appelle *les Scythes* ; elle est détestable. Je vous l'enverrai si j'en trouve l'occasion. Adieu, ne m'écrivez que quand vous en aurez la fantaisie ; et sachez que je n'ai ni le droit, ni la volonté, ni le désir de rien exiger. Portez-vous bien ; mais, si par malheur vous tombiez malade, ayez l'égard alors de me donner de vos nouvelles.

1. De Boufflers.

LETTRE LX

DE MADAME DU DEFFAND A LA DUCHESSE DE CHOISEUL

Paris, ce 16 mai 1767.

Ne me parlez jamais d'esprit, chère grand'maman ; je n'en eus jamais ; mais pour le présent, je ne sais plus moi-même ce que c'est. Si j'avais la prétention de bien dire ou de bien écrire, je serais dans une honte continuelle. Je ne produis rien ; j'entends et je comprends encore quelquefois ce qu'on dit, et je ne trouve pas que ce soit un grand avantage. Il me semble que tout le monde ainsi que moi, est devenu bien bête. Mais malgré cela, je ne me trouve pas à l'unisson, parce que tout le monde veut bien dire. A propos de cela, avez-vous lu le discours de l'abbé Chauvelin? J'en ai lu trois pages. Oh ! c'est bien assez !... Je suis sûre que le grand abbé n'en exige pas davantage de moi. Qu'il y a de différence entre un grand et un petit abbé ! Que le grand abbé est heureux ! Il fait une grande partie de votre bonheur, et c'est en quoi je l'envie ; il vous adore, c'est en quoi je lui ressemble ; il est aimable, et très-aimable, voilà en quoi je suis bien différente.

J'eus avant-hier, pour la première fois, des nouvelles de Marly. Le prince [1] m'a appris que madame la maréchale [2] avait des rougeurs ; que ce n'était point la rougeole, mais une ébullition. Il ne savait pas si elle irait à Saint-Hubert. Elle n'y a pas été, à ce que m'a mandé madame de Luxembourg. Mais vous savez les nouvelles de ce pays-là bien mieux que moi.

Je fus hier à la représentation de *Bajazet*, chez madame de Villeroy. Mademoiselle Clairon joua fort bien, tout le reste

---

1. De Beauvau.
2. De Mirepoix.

fut pitoyable. Acomat, qui était Brizard, fit très-mal, et pour le Bajazet, c'était un polisson. On ne pouvait pas choisir d'acteur plus propre à faire sentir tous les défauts de la pièce; c'est celle de Racine qui me plaît le moins. Ah! quels Turcs! Bajazet est une espèce de Céladon : la scène ne serait point déplacée au bord du Lignon; Acomat ne ressemble pas mal au druide Adamas; le rôle de Roxane, qui est le plus *conséquencieux*, paraît ridicule quand c'est un polisson qui fait Bajazet. Enfin, je m'ennuyai beaucoup. Je ne connais plus de plaisir, d'amusement, de divertissement que les petits soupers chez vous, avec le grand abbé que j'aime, le petit oncle [1] dont je désire être aimée; si vous leur parlez de moi quelquefois, s'ils me protégent auprès de vous, je les aimerai encore davantage.

Cette lettre a été interrompue par une qui vient d'Angleterre; si vous étiez ici, je vous la lirais. On envoie des livres à l'abbé Barthélemy. Ils n'arriveront que dans quinze jours, parce que les personnes qui les apportent ne partiront que la semaine prochaine. On a reçu votre lettre : *on y répondra comme il faut*, me mande-t-on. Je ne sais pas ce que veut dire ce *comme il faut*. J'ai peur que ce soit en beau style. Voilà ce que vous vaut l'estime qu'on fait de vous, et à moi qu'on n'estime guère, on m'écrit d'assez bonnes lettres.

Je voudrais savoir l'arrangement de vos journées, si vous avez un coup de cloche, c'est-à-dire si vous avez des heures marquées pour les différentes occupations. Ce me serait un grand plaisir de vous suivre et de pouvoir dire : « Actuellement la grand'maman lit, écrit, se promène, voit ses moutons, ses cochons, gronde son grand abbé, cajole son petit oncle. » Je crois bien que pour ces derniers articles il n'y a pas de temps marqué.

Pour vous, si vous êtes curieuse de savoir ce que fait votre petite-fille, vous pouvez vous dire sans vous tromper : « Elle

---

1. M. de Thiers, frère de M. du Châtel.

s'ennuie, elle voudrait être avec moi, il n'y a que moi qu'elle aime. »

Que dites-vous de l'ambassadeur d'Angleterre, qui veut que je vous fasse ses compliments et que je vous dise qu'il vous adore? Oh! non, non! je n'en ferai rien; je ne serai point l'écho des échos, je ne vous parlerai jamais des sentiments des gens qui savent ce que vous valez parce qu'ils l'apprennent; mais je vous parlerai de ceux qui le connaissent et qui le sentent, de notre ami d'outre-mer, par exemple. Envoyez-moi sa réponse, je vous prie, chère grand'maman, nous verrons si elle est *comme il faut*.

LETTRE LXI

DE LA DUCHESSE DE CHOISEUL A MADAME DU DEFFAND

Chanteloup, ce 17 mai 1767.

Vous me parlez de votre tristesse avec la plus grande gaieté, et de votre ennui de la façon du monde la plus amusante. Vous faites donc aussi du courage, ma chère enfant? C'est ce qu'on a de mieux à faire quand on n'en a pas. Entre en faire et en avoir, il y a loin; mais c'est pourtant à force d'en faire qu'on en acquiert. Oh! combien j'en ai fait dans ma vie! Faire du courage n'est point, je le sais bien, une expression française; mais je veux parler ma langue avant celle de ma nation, et nous devons souvent à l'irrégularité de nos pensées, celle des expressions pour les rendre telles qu'elles sont. De tout ceci, je conclus que vous êtes malade et ennuyée, et cela me fâche; vous êtes triste et ennuyée, parce que vous êtes malade, et vous êtes malade, parce que vous êtes triste et ennuyée. Soupez peu, ouvrez vos fenêtres, promenez-vous en carrosse, et appréciez les choses et les gens. Avec cela, vous aimerez peu, mais vous haïrez peu aussi. Vous n'aurez pas de grandes jouissances, mais vous n'aurez pas non plus de grands mécomptes, et vous ne serez plus triste, et ennuyée et malade. Écrivez-moi toujours dans vos moments de tristesse, ce sera une dissipation. Ne craignez pas de me faire partager votre ennui; je ne partagerai que vos sentiments, et j'en aurai toujours un infiniment tendre pour vous.

Vous me parlez de M. Walpole et ne parlez pas de son retour; le désir que j'en ai, pour n'être pas personnel, n'en est pas moins intéressé, puisque vous en êtes l'objet.

L'abbé me charge de vous dire tout plein de belles choses, sur vos injustices d'abord, puis les Égyptiens, les Phéniciens, Richard III, M. Walpole. Arrangez tout cela et ce sera beau !...

LETTRE LXII

DE LA DUCHESSE DE CHOISEUL A MADAME DU DEFFAND

A Chanteloup, ce 23 mai 1767.

J'aime votre lettre, ma chère enfant, mais ce n'est ni par votre discrétion ni par votre modestie. Votre discrétion est une injustice pour moi, et votre modestie est une bêtise ou une fausseté. Or, vous avez trop d'esprit pour être si bête, et vous ne devez pas vouloir tromper la grand'maman. J'aimerais encore mieux que vous fussiez bête; vous me raccommoderiez avec les sots, et ce ne serait peut-être pas un si mauvais marché. J'ai envie de vous le conseiller pour vous; c'est la monnaie courante, et sans elle point de commerce, et sans commerce, point.... Allez, allez toujours, ma chère enfant; de conséquence en conséquence, et de soustraction en soustraction, à force d'esprit nous arriverons au philosophe à quatre pattes de Jean-Jacques. J'aime le tableau que vous me faites de tout ce que vous avez vu, de tout ce que vous avez fait, de tout ce que vous avez dit, de tout ce que vous avez pensé; je crois vous voir et vous entendre, et je ris, car la justesse n'en est pas pour cela moins plaisante, et la vérité a plus de droits à notre surprise que l'erreur, parce qu'étant dans la nature elle est presque toujours une découverte pour nous, au lieu que l'erreur est à nous; nous en sommes les pères et les esclaves. Voilà ce qui arrive toujours avec les enfants gâtés et ce qui nous arrive depuis que nous sommes sortis nous-mêmes de la nature, et nous en sommes sortis depuis que nous ne marchons plus à quatre pattes. Oh! vous verrez que ce Jean-Jacques que nous aimons tant l'une et l'autre aura fait une découverte sublime de nous faire marcher à quatre pattes.

Je n'aime point du tout que vous soyez malade, ma chère enfant, que vous ayez des vapeurs, que vous vous ennuyiez. Vous avez bien fait d'envoyer chercher Poissonnier; je le crois moins mauvais qu'un autre. Puis il vous impatientera, et c'est bien quelque chose que l'impatience : c'est toujours un sentiment, et c'est plus par le défaut de sentiments qu'on s'ennuie que par la disette d'idées. Quand je suis à Versailles, je monte souvent à cheval, uniquement pour me faire peur. Mandez-moi si les jours que vous m'écrivez vous vous en trouvez bien pour votre santé, et soyez exacte à ce régime s'il vous est bon; pour moi, il m'est excellent de recevoir vos lettres.

Le discours d'un de Messieurs [1] m'est arrivé avec votre dernière lettre, et sur votre exclamation pour ces trois pages que vous en avez lues, je me suis bien promis de n'en pas lire trois lignes. Je suis comme vous, je hais les beaux discours! Ce n'est pas que je ne sois souvent impatientée de si mal dire.

Vous voulez que je vous rende compte de tout ce que je fais ici. Hélas! je n'en sais rien, et cet hélas n'est ni de pitié, ni de douleur, ni de regret. Nous n'avons de règle sur rien. La règle est une entrave, le plaisir n'en veut point. Seulement, le dîner et le souper sont fixés; mais encore, suivant que nos gens ou s'amusent ou s'ennuient, ils préviennent ou font lan-

---

1. L'abbé de Chauvelin, conseiller au Parlement, grand antagoniste des jésuites.

guir nos pauvres estomacs. Un trictrac, des dés, des volants, des chevaux, la promenade; un pauvre clavecin que l'abbé assomme, et avec lequel parfois j'écorche aussi les oreilles, et ma petite voix de fausset brochant sur le tout, sont nos passe-temps journaliers. Toujours contents de l'instant présent, nous ne formons pas de projets pour celui qui lui succède. Les projets ne sont que le désir du mieux être, fondé sur l'inquiétude du présent, et nous passons chaque jour à faire et dire les mêmes choses sans croire nous répéter. La paix, la douce paix du cœur et de l'esprit n'a pas besoin de diversité; mais cette uniformité fait passer le temps avec une rapidité effrayante, quand on regarde en arrière. Nous avons cependant eu quelques visites et le temps en était plus long, car ce n'était pas ce qu'il y avait de mieux. Vous voudriez être ici? Ce tableau de notre vie ajoutera peut-être à votre envie. Je voudrais aussi que vous y fussiez, si tout ce qui est amusant pour nous pouvait l'être aussi pour vous; mais au lieu de cela, vous vous ennuieriez mortellement, et je dois sacrifier le plaisir que j'aurais de vous posséder, à votre bonheur.

Le petit oncle n'est point encore ici. Il est resté à Paris pour des affaires qui nous sont communes. Je le rappelle de toutes mes forces, car il n'y a pas d'affaire qui vaille un ami. Je n'ai point encore reçu la lettre de M. Walpole. Dès que je l'aurai, je vous l'enverrai.

Ce polisson d'abbé arrive, qui veut que je vous présente ses hommages.

Je vous prie de faire mes remercîments à l'ambassadeur d'Angleterre.

Si vous voyez madame de La Vallière, n'oubliez pas, je vous prie, de lui parler de moi; j'ai peur qu'elle ne m'oublie, et j'en serais bien fâchée, car vous savez que je l'aime beaucoup.

LETTRE LXIII

DE MADAME DU DEFFAND A LA DUCHESSE DE CHOISEUL

Paris, ce 23 mai 1767.

Je comptais, chère grand'maman, que pour cette fois-ci, j'écrirais à l'abbé, me faisant scrupule d'abuser de votre indulgente bonté. Mais il vient de me survenir un trouble, un chagrin qui me force de m'adresser à vous. Je ne sais pas quel monstre sorti de l'enfer a projeté de me mettre mal avec M. de Choiseul; on lui a rapporté que je me réjouissais infiniment de ce que le roi allait prendre une dame à qui il donnerait de quoi tenir maison, et chez qui il irait souper comme il faisait chez la défunte; que je ne doutais pas que ce ne fût madame de M...[1]; que je trouvais cet établissement raisonnable, charmant; qu'il importait peu que cela déplût au ministre, etc., etc. Vous pouvez juger si j'ai tenu un pareil propos. Ce fut hier au soir que madame de Beauvau me raconta tout cela de la part de M. de Choiseul. Elle s'était chargée de ma justification; mais je ne m'en suis pas contentée et je lui ai écrit ce matin. J'espère qu'il ne lui restera aucun soupçon contre moi; mais il me restera à moi l'inquiétude d'être exposée à des tracasseries, puisqu'il écoute et croit tous les rapports, et que le plus ancien et le plus sincère attachement ne me met point hors d'atteinte auprès de lui. Ne lui en écrivez point. Il doit vous aller trouver de lundi en huit, il sera assez temps de lui en dire un mot.

Je ne suis pas d'assez belle humeur aujourd'hui pour vous entretenir longtemps. Ah! j'ai trop souvent besoin de *faire du courage.* Si cette expression n'est pas française, cela ne me fait rien. Je ne l'en trouve pas moins bonne.

---

1. La maréchale de Mirepoix.

Je viens de recevoir une lettre d'Angleterre. On me mande que Jean-Jacques en est parti, brouillé avec son hôte M. Davenport; il a écrit au chancelier pour lui demander une garde pour le conduire à Douvres, où il veut s'embarquer pour aller je ne sais où; l'on me prie, en cas qu'il passe par la France, d'implorer pour lui votre protection.

J'ai reçu aussi une lettre de Voltaire; elle est fort agréable, il y joint un petit écrit sur les panégyriques. Je garde cela pour votre retour.

Dites, je vous supplie, à l'abbé, que j'ai un beau Lucain en latin et un recueil des pièces fugitives de M. Walpole, en anglais, à lui remettre. L'impression en est magnifique, mais la couverture est toute gâtée, parce que cela a été mal emballé.

LETTRE LXIV

DU DUC DE CHOISEUL A MADAME DU DEFFAND

Ce dimanche, 24 mai.

Avant que d'aller à l'Opéra, où j'ai trouvé madame de Beauvau, l'on me dit toute l'histoire qu'elle vous a contée sur *la dame*. Je n'y fis pas grande attention; elle ne me parut, comme les histoires de ce genre, que des bruits oisifs. Madame de Beauvau me dit qu'elle allait souper chez vous; cela me donna l'idée de l'engager à vous rendre cette histoire, parce que j'étais sûr que vous la prendriez comme vous l'avez fait, qu'elle me vaudrait une marque d'amitié de votre part, et que j'aurais le plaisir de vous faire une niche très-innocente.

Je suis bien persuadé que vous n'avez pas dit ce que l'on vous a fait dire; je compte sur vos bontés depuis trop longtemps pour me permettre le plus léger soupçon sur votre façon de penser. Je vous aime tendrement comme ma petite-fille, et vous aimerai toute ma vie.

LETTRE LXV

DE LA DUCHESSE DE CHOISEUL A MADAME DU DEFFAND

A Chanteloup, 26 mai 1767.

Oui, vous êtes bien véritablement ma petite-fille, ma chère enfant; car vous êtes un enfant; un enfant de dix ans, vous faisant des monstres de rien. Ne voyez-vous pas que ce n'est point à vous à qui l'on a voulu faire une tracasserie avec M. de Choiseul, mais à lui, à qui l'on en a voulu faire une en général, pour lui donner le tort de se mêler et de s'inquiéter de choses dont il ne lui convient ni de se mêler ni de s'inquiéter? Je me garderai donc bien de lui en écrire ni de lui en parler; l'importance que vous mettez et que vous croyez qu'il met à ces misères est ce qui l'impatienterait. Ne vous en inquiétez donc plus, ma chère enfant, ni pour lui, ni pour moi. Ne croyez plus qu'on veuille, ni qu'on puisse vous faire des tracasseries en ce genre, et ne m'en écrivez plus : ce ne sont pas là les choses intéressantes que je veux que vous me mandiez. Ceci est absolument hors de vous; mais tout ce qui vous sera propre, particulier, personnel, voilà ce qui m'intéressera. Je ne trouverai rien, dans ce genre, de petit, de frivole, de minutieux. Il n'appartient qu'aux rois, aux ministres, aux intrigants, d'avoir des intérêts politiques; mais il n'appartient qu'aux âmes sensibles d'avoir des intérêts de sentiments. Je ne me suis réservé que ceux-là, et ils seront toujours assez grands, ma chère enfant, pour m'occuper tout entière, quand vous en serez l'objet.

LETTRE LXVI

DE MADAME DU DEFFAND A LA DUCHESSE DE CHOISEUL

Ce vendredi, 29 mai 1767.

Il y a un certain ton de sévérité dans votre lettre, chère grand'maman, qui pourra m'être utile pour l'avenir, en me mettant en garde contre les fautes que je pourrais faire. Dans cette occasion-ci, je n'en ai fait aucune : et ce qui pourra le mieux vous le prouver, je vous envoie la lettre de M. le duc de Choiseul. Je ne pouvais pas ne point vouloir éclaircir une tracasserie aussi inattendue et si peu méritée que celle qu'on m'avait faite; je crus devoir écrire sur-le-champ à M. de Choiseul et à vous. Par delà cela, je n'en ai parlé à qui que ce soit au monde. Vous ferez fort bien, je crois, de n'en rien dire à M. de Choiseul.

Il me sera très-aisé de me conformer à vos volontés. Je n'ai pas attendu que vous me les ayez fait connaître ; je ne suis pas née fort intrigante, ni fort curieuse de me mêler des affaires où je ne suis point appelée, ni je n'ai le désir d'en avoir connaissance. Je renonce même à la curiosité qu'il serait naturel d'avoir de découvrir quel peut être l'auteur de la tracasserie qu'on a voulu me faire avec M. de Choiseul; heureusement on n'y a pas réussi. Ainsi je renonce sans regret à cette recherche, et en vous envoyant sa lettre, il n'en reste plus aucun vestige. La grâce que j'ai à vous demander, c'est que je sois à l'abri auprès de vous de toute espèce de rapports et de mauvais offices. Non-seulement mon attachement vous doit répondre de moi, mais j'ai pour vous un respect, une vénération qui ressemble au *noli me tangere*. Soyez donc sûre que jamais je n'ouvrirai la bouche que pour me joindre à la voix publique sur ce qui vous regarde, sans vouloir faire distinguer la mienne, ni me donner le bon air d'avoir de vos vertus une connaissance plus particulière que tout le monde; que je ne lis vos lettres à personne. Que je sois donc en toute sûreté avec vous. Votre lettre, je l'avoue, est d'un ton à me donner quelque crainte, mais il vous sera aisé de rétablir ma confiance.

J'ai écrit à madame de Mirepoix ce que vous m'aviez ordonné de lui dire, il y a près de quinze jours. Elle ne m'a pas fait réponse; c'est son usage.

Madame de Choiseul se charge de ma lettre. J'ai eu envie de vous envoyer par elle celle que j'ai reçue de Voltaire, mais elle vous serait arrivée dans le temps que vous aurez M. de Choiseul; j'aime mieux attendre votre retour.

J'ai vu celle que l'abbé Barthélemy a écrite à l'abbé Boudot. Elle est charmante. Je n'ai point pu faire encore vos compliments à madame de La Vallière : il y a près de huit jours que je ne l'ai vue, ni l'ambassadeur d'Angleterre.

Adieu, chère grand'maman; pendant le séjour de M. de Choiseul, l'abbé devrait bien m'écrire.

Je ne suis qu'une petite fille, je l'avoue, mais je ne le suis que pour vous.

LETTRE LXVII

DE LA DUCHESSE DE CHOISEUL A MADAME DU DEFFAND

A Chanteloup, ce 3 juin 1767.

Quoi! ma lettre avait un ton sévère! quoi! j'aurais pu inquiéter, affliger ma chère enfant, diminuer de la confiance qu'elle doit à ma tendresse pour elle! Je ne m'en consolerais pas. J'ai donc été bien maladroite!... Mais je n'ai donc pas été entendue? Je croyais que la grossièreté des expressions était trop marquée pour que la plaisanterie qui y était cachée ne fût pas toute à découvert. Je vous expliquerai l'énigme de cette lettre quand je vous verrai; ne me le laissez pas oublier; car loin que j'aie, comme vous m'en soupçonnez, de la prudence, même de la méfiance à votre égard, vous avez au contraire toute ma confiance : vous avez déjà pu le voir, et vous le verrez dans toute occasion. Mais ne m'écrivez plus sur cette misère, à moins que ce soit encore par quelque occasion particulière comme vous avez fait par madame de Choiseul. C'est par M. de Choiseul, qui part demain, que je vous écris aujourd'hui, et, encore un coup, quelque extraordinaires que puissent vous paraître ces précautions, vous verrez que j'ai raison quand je vous aurai expliqué l'énigme, et que tout ce que vous avez trouvé de sévère dans ma lettre ne vous regardait pas. Ainsi, ma chère enfant, pardonnez et aimez-moi ; votre sentiment ne sera pas trompé. Il a toujours raison quand on le paye en même monnaie. Je n'avais pas besoin que vous m'envoyassiez la lettre de M. de Choiseul pour être sûre que vous étiez à merveille avec lui, car il n'a cessé de me parler de vous depuis qu'il est ici, et d'une façon que vous auriez été charmée d'entendre. Jugez si j'en ai été contente ! Je n'avais pas même besoin qu'il me parlât de vous pour croire que vous étiez bien ensemble. Vous savez qu'on juge des autres par soi-même. C'est le sentiment qui fait la prévention, et toute prévention n'est pas erreur. C'est lui qui a commencé à me parler de cette fantastique histoire. Il en riait comme un fou : c'était une niche qu'il vous avait faite, elle a eu tout succès ; et quand j'ai vu cela, je lui ai raconté comment j'avais eu les éclaboussures de votre douleur et de votre colère, ce qui l'a encore fort diverti.

Je suis bien fâchée que vous ne m'ayez pas envoyé par madame de Choiseul la lettre de Voltaire et la vôtre. Vous me l'aviez promis, elle me l'annonçait, et je n'ai eu à sa place que la douleur de vous avoir tourmentée. J'avoue que je suis encore plus curieuse de votre lettre que de celle de Voltaire. Envoyez-les-moi donc. Ah ! c'est bien vous qui avez tout plein de petites réticences avec moi !

J'ai oublié de vous remercier pour l'abbé des livres que lui envoie M. Walpole. Il me paraît bien content d'en recevoir cette galanterie, quoique la couverture des livres soit gâtée.

Adieu, ma chère enfant. Jugez combien je vous aime, j'ai pris le temps d'écrire cette lettre sur le plaisir de voir M. de Choiseul, et pourtant il part demain. Mandez-moi vite que vous m'aimez et que vous m'avez pardonné.

LETTRE LXVIII

DE MADAME DU DEFFAND A LA DUCHESSE DE CHOISEUL

Paris, ce samedi, 6 juin 1767.

Je n'étais point fâchée, parce que je n'avais pas fait de fautes et que je savais bien que tout s'éclaircirait à ma plus grande gloire. Aussi cela est-il arrivé, et la lettre de la grand'-maman est le plus précieux bijou qui soit dans l'univers. Oui, je dis bijou, et je me servirai de toutes les expressions qui me passeront par la tête : les communes et les ordinaires ne conviennent nullement à ce que je pense de la grand'maman.

Tout cela est bel et bon, mais vous ne répondez pas à mes prières. Est-ce qu'elles ne sont pas exaucées? Est-ce que vous ne passerez pas au moins deux fois vingt-quatre heures à Paris avant Compiègne? Est-ce que je ne ferai pas un de ces charmants petits soupers? *Petit* porte sur la compagnie, *petit* porte sur le nombre, et non sur la taille, car je sais bien que l'abbé est une espèce de Patagon. Ce géant, cet indolent, ce négligent abbé, qui ne daigne pas m'écrire un mot, et qui a le cœur assez mauvais pour souffrir que la grand'maman quitte son époux, n'ayant plus que quelques heures à passer avec lui; je suis bien en colère. J'aurais su par lui comment vous vous portez : vous ne m'en avez pas encore dit un mot. J'en pourrai apprendre des nouvelles par M. de Lauzun, mais il faudra aller les chercher à Montmorency, et c'est où je ne me soucie pas trop d'aller.

Je vous envoie, puisque vous le voulez, la lettre de Voltaire, ma réponse et le petit écrit. Je me souviens de vous avoir entendu dire qu'il était bien ridicule de garder copie de ses lettres. Vous le direz bien davantage aujourd'hui ; mais comme je suis fâchée, quand je lis celles de Cicéron ou de Pline, de ne pas trouver les réponses, je garde celles que je fais à Voltaire, et c'est plutôt un trait d'humilité que de fatuité.

Adieu, chère grand'maman, j'ai du catarrhe dans la tête, je me sens tout hébétée. J'aurais cent choses à vous dire, mais je ne suis pas en train d'écrire.

LETTRE LXIX

DE LA DUCHESSE DE CHOISEUL A MADAME DU DEFFAND

14 juin 1767.

Lisez mon billet avant ma lettre, ma chère enfant, car il est pour vous avertir ou de ne la point lire, ou de ne la lire qu'en plusieurs fois. Elle est d'une longueur et d'un ennui mortel. J'ai pensé la jeter au feu ; j'ai pensé ne vous la point envoyer quand en la relisant je l'ai trouvée si mal écrite, si lâche, si diffuse. C'est le défaut presque inévitable d'une lettre écrite à plusieurs reprises. Si j'en avais eu le courage, je l'aurais copiée pour en retrancher plus de moitié. Je trouve que vous n'avez d'autre réponse à y faire que celle de M. Carondas, valet philosophe, dans la comédie des *Philosophes,* à madame Cidalise, qui fait un livre dans lequel il y a un chapitre sur les devoirs des rois. « Vous parlez des rois, dit-il, mieux que Tribonien !... » Je vous recommande encore de ne montrer ma lettre à personne.

LETTRE LXX

DE LA DUCHESSE DE CHOISEUL A MADAME DU DEFFAND

(12-14) juin 1767.

Depuis trois ou quatre jours, ma chère enfant, je forme le projet de vous écrire tous les jours, et je ne l'ai point exécuté parce que j'ai trop de choses à vous dire sur votre lettre et sur celle de Voltaire. Enfin me voilà seule, libre; vous êtes ma première pensée, m'occuper de vous est mon premier objet, je prends la plume; mais la tiendrai-je longtemps?... Le dîner va sonner; mon oncle, madame de Choiseul, l'abbé, tout cela va entrer dans ma chambre, tout cela va me faire des questions à la fois... Je les fais attendre, les plats se refroidissent (le désœuvrement est toujours pressé...). Allons, il faut quitter; il faut les suivre! Quand reprendrai-je ma lettre? Après dîner c'est bien assez de digérer. Me voilà étendue sur un large canapé. La paresse, la douce paresse, la sainte paresse m'endort et m'enchaîne. L'abbé est pourtant encore plus paresseux que moi, car il veut tous les jours vous écrire, et il ne vous écrit pas; la paresse seule l'en empêche... Prévenons-la. Écrivons toujours, et nous finirons quand nous pourrons.

J'avais grande raison d'avoir plus de curiosité de votre lettre que de celle de Voltaire. Quelle différence!... Il n'y a pas de comparaison. Rien de moins galant, de moins délicat que le commencement de la sienne; rien de plus choquant que son enthousiasme pour l'impératrice de Russie; rien de plus révoltant et de moins léger que sa petite plaisanterie : « Je sais bien qu'on lui reproche quelques bagatelles au sujet de son mari; mais ce sont des affaires de famille dont je ne me mêle pas[1]!... »

---

1. Voici le passage de la lettre de Voltaire auquel madame de Choiseul fait llusion :

« ... Il y a une femme qui s'en est fait une bien grande (*réputation*); c'est la

Quoi! Voltaire trouve qu'il y a le mot pour rire dans un assassinat! Et quel assassinat? Celui d'un souverain par sa sujette, celui d'un mari par sa femme! Cette femme conspire contre son mari et son souverain, lui ôte l'empire et la vie de la façon la plus cruelle, et usurpe le trône sur son propre fils, et Voltaire appelle cela *des démêlés de famille!* « Il n'est pas mal, ajoute-t-il, qu'on ait une faute à réparer. » Comment! ces crimes atroces ne sont que des *bagatelles*, des *fautes*, de petits péchés véniels faciles à réparer; il ne lui faut qu'un *meâ culpâ* et une absolution : la voilà blanche comme neige; elle est la gloire de son empire, l'amour de ses sujets, l'admiration de l'univers, la merveille de son siècle!... Vous avez senti cela comme moi et vous lui avez répondu par le persiflage le plus fin et le plus délicat. Puisse-t-il en rougir! Mais quels sont donc les motifs qui justifient la princesse d'Anhalt aux yeux de Voltaire? Quels sont donc les grands exploits qui couvrent tant de crimes? Reprenons le cours de ces derniers : ce n'est encore que par eux que je puis suivre le fil de l'histoire de sa vie. Son mari, son empereur, est arrêté par elle; il perd l'empire, il perd la liberté : on nous dit qu'il voulait lui ôter la sienne. Il meurt, et par son ordre, et dans les tourments les plus affreux : on nous dit qu'il avait proscrit ses jours. Mais qui nous dit tout cela? Elle, elle seule, qui avait tant d'intérêt de nous le persuader; elle, dont la conduite envers son souverain, envers son mari, méritait les traitements les plus sévères, les châtiments les plus rigoureux. Ses propres torts appuyaient et justifiaient seuls ces imputations. Mais je veux que l'intérêt pressant de sa

---

Sémiramis du Nord, qui fait marcher cinquante mille hommes en Pologne pour établir la tolérance et la liberté de conscience. C'est une chose unique dans l'histoire de ce monde, et je vous réponds que cela ira loin. Je me vante à vous d'être un peu dans ses bonnes grâces; je suis son chevalier envers et contre tous. Je sais bien qu'on lui reproche quelques bagatelles au sujet de son mari; mais ce sont des affaires de famille dont je ne me mêle pas; et d'ailleurs il n'est pas mal qu'on ait une faute à réparer, cela engage à faire de grands efforts pour forcer le public à l'estime et à l'admiration, et assurément son vilain mari n'aurait fait aucune des grandes choses que ma Catherine fait tous les jours. »

sûreté l'ait forcée à détrôner son maître, à enfermer son mari : avait-elle besoin d'un plus grand crime? Les déserts de la Sibérie n'enlèvent-ils pas aux malheureux condamnés à l'exil, tout espoir, tout moyen d'échapper à leur misère, de se venger, d'exciter des rébellions? Cependant rien ne l'arrête dans l'accomplissement d'un meurtre. Mais quelle est après sa politique? Elle nous annonce cette mort de la façon la plus maladroite, dans le manifeste le plus infâme, par lequel elle nous fait entendre que le dernier empereur n'était point son mari. Elle semble lui dénier même jusqu'à sa qualité d'empereur. En effet, elle n'en prend point le deuil, elle ne lui fait rendre aucun des devoirs dus à son rang, elle ne remplit aucune des formalités qui constatent son état à son égard. Ainsi, elle n'est donc plus ni veuve, ni mère d'empereur; elle n'est rien en Russie, elle n'est plus rien pour la Russie, elle ôte à son fils les droits de sa naissance. Ce n'est plus le fils de Pierre II, ce n'est plus l'héritier du trône, ce n'est plus le légitime souverain de l'empire : ce n'est plus qu'un étranger, ce n'est qu'un bâtard, c'est l'enfant du vice, et sa mère ne rougit point de le montrer tel aux yeux de l'Europe, et elle ne le fait pas déclarer empereur, quoique ce ne fût que par lui qu'elle pût conserver quelques droits sur l'empire, par lui qu'elle s'y pût maintenir; mais elle l'enlève à son fils, s'en empare seule en son privé nom et sans aucun titre! Voltaire, qui l'admire, a-t-il donc oublié ces beaux vers qu'il met dans la bouche de Mérope :

> L'empire est à mon fils; périsse la marâtre,
> Périsse le cœur dur, de soi-même idolâtre,
> Qui peut goûter en paix dans le suprême rang
> Le barbare plaisir d'hériter de son sang!...

Voltaire pense-t-il la justifier en disant que ce fils n'était qu'un enfant et que son mari était un imbécile? Mais quels droits seront donc certains si ceux des enfants ne le sont pas et si l'on donnait la colique hémorrhoïdale à tous les sots! Grand

Dieu! quelle dépopulation pour l'univers! Cette politique envers son fils est-elle bien adroite? Ne l'obligera-t-elle pas un jour à un nouveau crime, ou ne lui fait-elle pas craindre qu'il ne la punisse un jour de tous les autres? Mais elle ne craint pas d'en commettre de nouveaux : son cœur y est aguerri, elle ne s'en est épargné aucun. Que lui avait fait ce pauvre Ivan pour le comprendre dans ces proscriptions? Il l'aurait laissé régner tranquillement, comme il avait laissé mourir Élisabeth. Pauvre Élisabeth! C'est par elle, dit-on, qu'a commencé le cours des forfaits de Catherine. Elle a été fortement soupçonnée d'avoir abrégé les jours de sa souveraine, de sa bienfaitrice. Demandez à Poissonnier son histoire. Il quittait la Russie; on le croyait déjà bien loin; la cour était à la campagne : un contre-temps l'arrête à Pétersbourg deux jours de plus qu'il ne comptait. Il y apprend que le premier médecin d'Élisabeth vient de mourir avec tous les symptômes les plus incontestables du poison, et la jeune cour est publiquement accusée de cet empoisonnement. Ce médecin était un habile et honnête homme, impossible à gagner, difficile à tromper; attaché à sa maîtresse, il était le premier degré pour arriver jusqu'à elle. Mais voyons donc comment Catherine a réparé tous ces forfaits. Elle a maintenu le traité que son mari avait fait avec le roi de Prusse. S'il était bon, ce n'est pas sa politique qui en a le mérite, c'est celle du ministère précédent. Elle commence son règne par ôter à ses sujets la liberté que son mari leur avait accordée. Elle la leur rend ensuite. Ils devaient donc autant à Pierre II qu'à elle, et plus encore. Elle soumet son clergé et s'empare de ses biens. Mais ce pauvre clergé lui était soumis par sa nature. Le souverain de Russie en est le patriarche-né. Il n'a, de droit, rien à opposer à ses volontés : c'est comme si les évêques de l'État ecclésiastique se révoltaient contre le pape. D'ailleurs, le clergé de Russie, composé de la plus basse et de la plus ignorante espèce de la nation, malgré ses grands biens, ne peut guère opposer à son patriarche et à son souverain ni son existence per-

sonnelle, ni ses lumières, ni ses talents. Pour Catherine, libre
de préjugés ainsi que de principes, désirer les biens de son
clergé et s'en emparer, était une même chose. Or, vous m'avouerez qu'il ne faut pas un grand génie pour désirer de l'argent dont on a besoin, et pour le prendre quand on le peut.
Elle peut avoir bien fait; c'est possible; ce n'est pas ce que je
nie; mais je ne voudrais pas que Voltaire donnât le même mérite à un acte d'arbitraire qu'à une opération d'administration.
Je voudrais surtout qu'à chaque pas, il sentît la différence qu'il
y a entre un État despotique comme la Russie, qui n'a point de
lois, dont aucune partie ne fait corps en particulier, dont aucunes ne sont liées entre elles pour former une force générale,
et les autres États de l'Europe, dont chaque partie a une existence propre, et dont toutes les parties liées entre elles par
des lois particulières à chaque, générales à toutes, relatives à
toutes, forment un tout qui les réunit entre elles, en unissant
le souverain à l'État et l'État au souverain. La différence qu'il
y a du souverain despotique au monarque, c'est que le premier
peut tout en particulier par sa seule volonté, et rien en général,
parce qu'il n'agit que sur des parties séparées et distinctes;
l'autre peut tout en général et rien en particulier, parce qu'il
agit sur un tout dont il ne peut séparer les parties, et voilà
pourquoi le despote peut faire des actes, des règlements, mais
jamais des lois. C'est au monarque seul qu'il appartient d'en
faire. Si le despote veut devenir législateur, qu'il change donc
la constitution de son État, qu'il abjure le despotisme, qu'il
devienne monarque et il fera des lois. C'est peut-être ce que
fera Catherine, et c'est où je l'attends. Il faut les connaître, ces
lois, pour les juger et pour les louer. Je ne serais pas étonnée
qu'elle en fît de bonnes. Tant d'écrits peuvent l'éclairer sur
cette matière! Il y aurait toujours le mérite du choix dont on
devrait lui savoir gré. Mais quelle différence de mérite entre
celui qui crée, qui n'a point d'obstacle, rien à combiner, qui
peut tout parce qu'il le veut, et celui qui conserve, qui rectifie,

qui répare une machine qu'il perdrait s'il en rompait un seul
ressort! Le premier, pour parler vulgairement, taille en plein
drap; l'autre, habile architecte, soutient, défend contre l'injure
du temps, répare, consolide, embellit un vieux bâtiment auquel
il est attaché et sous la ruine duquel il serait écrasé : voilà
l'administration. Comment Voltaire ne sentirait-il pas cette
différence? Sa Catherine va faire le tour de son empire; *il aime
tout ce qui est grand!*... Oui; cela est bon, si le tour de son
empire ne se réduit pas seulement à être un grand voyage. Il
faut attendre ce qu'elle en rapportera avant de commencer à la
louer de cette entreprise. Qu'a-t-elle fait d'ailleurs pour son
État? Quelques fondations d'hôpitaux d'enfants trouvés, quelques prix distribués aux académies! Elle a fait un roi, mais elle
lui fait à présent la guerre; et, comme vous dites fort bien, elle
prêche la tolérance avec 50,000 *hommes.* Oh! la bonne éloquence! Voltaire n'a rien dit de si plaisant! Elle veut peut-être
occuper sa nation d'un grand objet pour détourner ses yeux de
dessus elle, et elle a raison, car sa nation ne verrait que ses
crimes atroces et ses prostitutions infâmes. La bonne, la douce
Catherine souffre que ses amants immolent à leur barbarie les
rivaux de leur ambition... je ne puis dire de leur amour, car je
ne crois pas ces galants bien délicats. Quoi qu'il en soit, elle a
fait le roi de Pologne par vanité (car il n'y avait plus d'amour),
quand personne ne s'y opposait, et elle le détruit aujourd'hui
que personne aussi ne s'y oppose, par légèreté et pour servir
la haine d'un de ses amants nouveaux contre Poniatowski.
Est-ce là ce que Voltaire appelle de la conduite et de la grandeur? Est-ce au moins de la suite, de la conséquence, de la
décence et des mœurs? Mais, dit Voltaire, elle protége les lettres, elle attire chez elle les sciences et les arts. Tout cela est
affaire de luxe et de mode dans le siècle où nous sommes. Ce
fastueux jargon est le produit de la vanité, et non des principes
et des réflexions. Plus on est caillette et plus à présent on a de
philosophie, de lettres, de petites connaissances, d'universalités

superficielles, de petits talents, de grands ridicules!... On sait tout, on parle de tout, on brouille tout, on ne connaît rien, on se rengorge et on a du mérite. Mais l'impératrice de Russie a un autre objet en protégeant les lettres, elle a eu l'esprit de sentir qu'elle avait besoin de la protection des gens de lettres. Elle s'est flattée que leurs bas éloges couvriraient d'un voile impénétrable aux yeux de ses contemporains et de la postérité les forfaits dont elle a étonné l'univers et révolté l'humanité; mais elle s'est trompée, je le sens à mon cœur. Ce n'est plus le temps où de telles aventures peuvent être ensevelies dans la nuit de l'oubli. La vérité et les mœurs parlent au cœur de tous les hommes, et le coupable, quel qu'il soit, y trouve son juste châtiment.

Tel est cependant le nœud qui lie Catherine aux gens de lettres et les gens de lettres à Catherine. Flattés, cajolés, caressés par elle, ils sont vains de la protection qu'ils lui accordent, dupes des coquetteries qu'elle leur prodigue. Ces gens qui se disent, qui se croient les instituteurs des maîtres du monde, s'abaissent jusqu'à s'enorgueillir de la protection que ce monstre à son tour paraît leur accorder, parce qu'il est sur le trône. Que des écrivains obscurs, vils, bas, mercenaires, lui louent leurs plumes abjectes, je leur pardonne; mais Voltaire! Voltaire, l'honneur et la merveille de son siècle, lui dont les écrits immortaliseront notre langue, et la gloire de la nation qui a produit ce grand homme; lui dont tous les ouvrages ne respirent que la vertu, les mœurs, l'humanité! il souille sa plume de l'éloge de cette infâme [1]! Non, j'aimerais mieux être

---

1. La vertueuse et un peu verbeuse indignation de la duchesse de Choiseul contre l'impératrice de Russie et son panégyriste, s'arrête en beau chemin. — *Voltaire, dont les ouvrages ne respirent que la vertu et les mœurs!* Il semble que, lorsque le chantre de la Pucelle, après avoir ridiculisé la gloire de Jeanne d'Arc, se fit l'apologiste de Catherine, il n'avait pas attendu à ce jour pour souiller sa gloire. Cette lettre, du reste, malgré son verbiage, est curieuse comme symptôme de cette fermentation d'idées générales qui agitait alors toutes les têtes. Les sentiments les plus naturels avaient quelque chose de déclamateur.

réduite à la condition la plus vile, en supporter les travaux les plus pénibles et les plus humiliants, que de me couvrir de l'opprobre de louer une femme qui détrône son souverain, qui assassine son mari, qui usurpe l'empire de son fils, et je m'estime mille fois plus de l'horreur qu'elle m'inspire que je ne l'estime des éloges que Voltaire même lui donne. Je lui pardonnerais cependant les idées peu réfléchies qu'il jette dans une lettre qui n'est pas faite pour voir le jour; mais ce que je ne lui pardonne pas, c'est ce froid, ce bas, ce détestable panégyrique de sa *Sémiramis*, qu'il imprime, qu'il donne au public!... Il n'y a de saillant dans tout cet écrit que le ridicule qu'il y donne à un de nos grands hommes. Il ose comparer le panégyrique que l'on peut faire de Catherine avec celui qu'il a fait de Louis XV. Quoi, l'on pourrait louer cette femme comme on a loué le meilleur des rois!... Ce parallèle me révolte. Et pourquoi Voltaire s'étend-il avec tant de complaisance et de pesanteur sur ce panégyrique qu'il a fait du roi?... Il a bien fait, sans doute, de le faire; il est bon, il ne pouvait mieux choisir son sujet; mais est-ce l'ouvrage qui l'a fait connaître, est-ce celui qui a établi sa réputation?... il semble n'avoir fait sa lettre sur les panégyriques que pour en parler. Quelle puérile vanité!... cela ne ressemble pas à « l'*anch' io son pittore!...* » du Corrége, ni à Montesquieu qui prie qu'on ne juge pas en un moment un ouvrage qui lui a coûté vingt ans de travail, et dans lequel « *je crois*, dit-il, *n'avoir pas manqué de génie!* » Ces aveux dans ces grands hommes n'étaient que le sentiment de leur force. Voltaire avait tant de choses à citer pour nous rappeler la sienne! Mais il aime mieux faire le panégyrique de l'impératrice de Russie; il en donne le modèle et l'exemple, il *invite à l'imiter*, et à la honte du siècle, il ne sera que trop suivi. On loue Catherine, et personne ne nous parle d'un simple citoyen qui, avec sa seule fortune, a fait dans sa petite patrie des choses qui illustreraient le règne du souverain du plus grand empire! Ce citoyen est le marquis Ginori, homme de qualité de Toscane, ayant de grandes richesses, qu'il a toutes employées au bien de sa patrie et de l'humanité. Il étendait ses correspondances dans tout le monde connu, pour donner à la Toscane les productions de chaque climat. L'eau, la terre et l'air sont peuplés de poissons, d'oiseaux, d'animaux qui y étaient inconnus avant lui, et qui tous portent son nom et perpétueront sa mémoire. Il a établi plusieurs fabriques de différentes espèces, entre autres une de porcelaine ; une manufacture de camelot, avec des chèvres qu'il a fait venir d'Angora et des gens du pays qui savaient filer cette espèce de poil ; et cette manufacture fait à présent une branche de commerce très-considérable pour la Toscane. Ce n'est pas tout : il a bâti le port et la ville de Cécina ; il a peuplé cette ville et huit à dix lieues de pays qui l'environnent, absolument incultes, entièrement inhabitées avant lui, de plus de dix mille habitants. Il n'est pas à présent de plus riche territoire dans les États du grand-duc. Il était gouverneur de Livourne, et dans toute l'étendue de sa juridiction, pas un bras n'était oisif, pas une bouche inutile. Tous, jusqu'aux enfants, y étaient employés ; tous avaient des talents, exerçaient un art et un art utile, étaient heureux et le bénissaient. Il est à remarquer que toutes ces grandes entreprises avaient été conduites avec tant de sagesse et d'économie, qu'il est mort avec le même bien qu'il avait reçu de ses pères, sans l'avoir augmenté ni diminué en rien. Sa mort fut une calamité publique. Il mourut d'apoplexie. Il respirait encore ; un charlatan s'avisa de conseiller de le frotter avec du sang humain ; alors, sans attendre le succès de la proposition, tous ses domestiques s'empressent, se disputent l'honneur de lui donner leur sang, et plusieurs se percent avant qu'on ait pu les prévenir, et le font couler pour le donner à leur maître. Les pompes funèbres sont défendues en Toscane, et l'exception de cette loi est demandée par le cri général en faveur du marquis Ginori. Mais elle est refusée, et vingt mille citoyens accompagnent son convoi : leurs larmes et leurs sanglots en sont la pompe et font son oraison funèbre. Ces citoyens lui dressent un tombeau : un million est fourni par les seuls habitants de Livourne pour cet objet. Les commerçants de toutes les nations, de toutes les sectes, y contribuent avec un égal empressement, et l'on travaille encore à ce monument. Il avait laissé six filles, elles furent toutes mariées dans l'année de sa mort, et recherchées par toute l'Italie. Voilà, voilà la véritable gloire, celle qui embrase le cœur et l'imagination, et il en reçut le digne, l'inestimable prix. Mais on nous parle de Catherine, et le marquis Ginori nous est inconnu!

Je vous envoie, ma chère enfant, la lettre de M. Walpole, puisque vous le voulez; vous n'y verrez que des louanges : il me parle toujours comme à une femme et à une femme de ministre. J'espère qu'il changera de ton quand nous nous connaîtrons. Il finit par me recommander Rousseau. La compassion l'égare; c'est une surprise de son amour-propre. Que puis-je pour Rousseau? Des secours d'argent, ou ma protection pour les petites-maisons? Mais il est à présent hors de France et à l'abri de mes secours. Le protéger dans sa gloire m'aurait paru un acte de vanité, le protéger dans sa folie serait un acte de folie. Mais Rousseau n'est pas plus fou qu'il n'était alors, et n'était pas plus fou alors qu'il ne l'est à présent. Son exorbitante vanité a toujours tourné sa tête. Il veut qu'on parle de lui, il veut être célèbre à quelque prix que ce soit; il aurait brûlé le temple d'Éphèse. Je ne serais pas étonnée qu'il finît par se faire prophète, qu'il courût les villages, qu'il assemblât le peuple, qu'il fît des miracles, qu'il finît par être pendu, et...

Adieu, ma chère enfant, je vous prie instamment de ne montrer ma lettre à personne. Son indiscrète longueur est la preuve de mon extrême confiance en votre amitié, mais si on la voyait, on se moquerait de moi. Ma tendresse veut bien vous faire le sacrifice de mon amour-propre; mais vous ne devez partager ce sacrifice avec personne.

Quand je dis que l'impératrice de Russie n'a fait rendre à Pierre II aucun des devoirs dus à son rang, ce n'est pas que la cérémonie du baise-main n'ait eu lieu après sa mort, mais seulement pour la constater, et même la mort violente; car on dit que tous les symptômes en étaient marqués sur son cadavre. Son ambassadeur n'a point pris son deuil ici. Je crois que l'on n'a fait part que de l'avénement de Catherine et non de la mort de Pierre, et, dans son manifeste, elle l'appelle *son prochain*; pour son fils, il n'en est pas plus question que s'il n'existait pas.

LETTRE LXXI

DE MADAME DU DEFFAND A LA DUCHESSE DE CHOISEUL

Paris, ce jeudi 18 juin.

Que pensez-vous, chère grand'maman, que je pense de vous? Je ne le sais pas moi-même. Si j'étais dévote, je ferais le signe de la croix pour vous adorer si vous êtes un ange, ou pour vous faire disparaître si vous êtes un diable. Tout ce que je sais, c'est qu'il est impossible que vous ne soyez qu'une femme. Je ne m'éloigne pas de croire aux génies. Il ne me paraît nullement contre la raison de supposer des êtres d'une autre espèce que la nôtre, dont nos cinq sens ne suffisent pas pour nous les faire connaître, et dont la différence d'eux à nous soit bien plus grande et plus totale que celle de nous à des huîtres, des *polypes* ou *polipes*, et des végétaux. Cela supposé, votre figure n'est donc qu'un prestige, et vous êtes un génie pour qui la succession des temps n'est pas semblable à la nôtre. Le passé et l'avenir peuvent être pour vous ce que le présent est pour nous. Ce système est peut-être tout aussi bon qu'un autre, et en partant de cette hypothèse, vous êtes le démon de Socrate, ou celui de tous les philosophes passés, présents et à venir. Après vous avoir admirée, adorée, je vous invoque et vous demande de m'éclairer, de me conduire, de me garantir de l'ennui!... Venons actuellement à votre lettre. C'est un chef-d'œuvre. C'est un meurtre qu'elle soit condamnée à ne pas voir le jour; elle le donnerait à l'univers. Mettez votre main devant votre visage pour vous garantir des coups d'encensoir. Je n'entends rien aux tournures. Il faut que je vous dise le plus grossièrement et le plus maussadement que votre esprit est le plus grand, le plus juste, le plus profond, le plus sublime qu'il y ait jamais eu; et vous vous contentez de n'être connue parfaitement que de moi!... Jamais, non, jamais, il n'y aura d'exemple d'une telle humilité. Votre lettre devrait être imprimée et envoyée dans toutes les parties du monde. N'allez pas dire : Voilà les enthousiasmes de ma petite-fille. Non! il n'y a point d'enthousiasme, et il ne tient qu'à vous que je ne puisse vous le prouver. Permettez-moi de faire imprimer votre lettre, et vous verrez l'admiration qu'elle inspirera, l'effet qu'elle produira. L'admirable Catherine de Voltaire deviendrait catin des rues. Mais dites donc, chère grand'-maman, dans quel temps, dans quel siècle a vécu ce marquis de Ginori? Où avez-vous appris tout ce que vous rapportez de lui? Sa vie est-elle imprimée? Je la voudrais lire. Mais il ne saurait être mieux loué qu'il ne l'est par vous.

Je ne montrerai votre lettre à personne, puisque vous me l'ordonnez, excepté à l'ami d'outre-mer. Je ne suis pas mécontente de la lettre qu'il vous a écrite. L'article de Jean-Jacques est fort bien. Ce Jean-Jacques est ici visiblement caché; il y trouve des protecteurs. Je vous conterai tout cela à votre retour; mais ce retour, quand arrivera-t-il?

Adieu, chère grand'maman, mes expressions ne rendent point mes sentiments; mes organes sont si faibles, que je suis toujours honteuse en relisant ce que j'écris. Je n'ai de la force que par éclairs : la vieillesse augmente cet inconvénient. Mais je vous aime de toutes les facultés de mon âme. Je suis bien fâchée qu'elle ne soit pas plus digne de vous.

Dites à l'abbé, je vous prie, que j'ai fait raccommoder le livre que M. Walpole lui envoie, et qu'il est actuellement très-bien conditionné.

LETTRE LXXII

DE MADAME DU DEFFAND A L'ABBÉ BARTHÉLEMY

Paris, ce 21 juin 1767.

Depuis que j'ai reçu votre lettre, mon cher abbé, je vous sais bien plus mauvais gré de votre paresse. Je regrette le plaisir que vous m'auriez procuré, et je vois qu'il ne vous aurait rien coûté de m'écrire souvent. Vous avez cette facilité de style qui est le charme des lettres; vous avez cette même facilité dans la conversation, et vous entrez pour beaucoup dans la récapitulation que je fais des bonheurs de la grand'maman. Elle jouit ainsi que vous, du vrai bonheur de la vie, l'amitié; vous en avez l'un pour l'autre; vous en avez la réalité et moi la spéculation; et cette spéculation, toute spéculation qu'elle est, a le pouvoir de me faire supporter les maux les plus réels. Quel charme ce serait pour moi que d'être dans un coin du cabinet, d'entendre la grand'maman chanter des scènes d'opéra, de reprendre ses cadences, qui certainement sont trop longues, de m'étonner de son érudition! Je vous en avertis, l'abbé, défiez-vous-en! jetez-lui quelquefois de l'eau bénite. Si elle n'était qu'une femme, et une femme de trente ans, pourrait-elle savoir tout ce qu'elle sait? Mais elle est sensible, c'est ce qui me rassure : ce n'est pas un attribut de purs esprits.

Vous a-t-elle lu sa grande lettre? C'est le plus bel ouvrage qui ait jamais été fait. Vous l'avez lue; il serait par trop singulier qu'elle ne vous l'eût pas communiquée. Mais cette grand'-maman est si singulière, que je ne répondrais pas que vous l'eussiez vue. Quoi qu'il en soit, vous la lirez ou la relirez. Je vais vous transcrire ce que M. Walpole m'écrivit, il y a quelques jours, sur le même sujet : « Voltaire me fait horreur avec sa Catherine. Le beau sujet de badinage que l'assassinat d'un mari et l'usurpation de son trône! Il n'est pas mal, dit-il, qu'on ait une faute à réparer. Et comment répare-t-on un meurtre? Est-ce en retenant des poëtes à ses gages? en payant des historiens mercenaires et en soudoyant des philosophes ridicules à mille lieues de son pays? Ce sont ces âmes viles qui chantent un Auguste et se taisent sur ses proscriptions. L'ambition fait commettre des crimes, et l'avarice les canonise. »

Voyez, mon cher abbé, quelles sont mes correspondances; car vous et l'ami d'outre-mer êtes dignes de la grand'maman; mais moi je ne le suis pas. Je ne suis qu'une chrysalide dont il ne sort qu'un papillon. Je sens toute ma faiblesse, ma puérilité, le peu de tenue qu'il y a dans mes idées, non par légèreté de caractère, mais par faiblesse d'organe et petitesse d'esprit. Cependant, je ne me donne pas moins les airs d'être choquée de la bêtise et de la sottise de tout ce qui m'environne. Oh! que j'aimerais à être au Thabor de Chanteloup! c'est là où je verrais la grand'maman dans toute sa gloire : vous seriez à sa droite, l'outre-mer à sa gauche, et moi je serais au bas de la montagne, où je bâtirais une tente! Voilà jusqu'où s'étend mon érudition. Mais pour les Tertullien, les Jérôme, les Augustin, les Luther, les Calvin, etc., etc., je ne sais rien de tous ces gens-là. Je connais un peu saint Paul et je n'ai pas de goût pour lui. L'abbé, dites-moi quand je pourrai voir la grand'maman, et pourquoi faut-il qu'elle ait ses gens pour nous donner à souper chez elle? Est-ce qu'une poularde ne nous suffirait pas? Les lieux où l'on est font bien quelque chose; jamais je n'ai été si contente que dans son petit appartement. Parlez en faveur de la poularde, et puis laissez-la décider et m'informez de sa volonté.

Adieu, l'abbé, je suis toute stupide; je ne me porte pas bien; mandez-moi quand vous reviendrez.

J'ai oublié de prier la grand'maman de ne point laisser prendre de copie de la lettre de Voltaire : elle est la seule personne à qui je l'ai confiée ; je n'en ai envoyé qu'un petit extrait à M. Walpole.

LETTRE LXXIII

DE LA DUCHESSE DE CHOISEUL A MADAME DU DEFFAND

A Chanteloup, ce 25 juin 1767.

Madame de Choiseul m'a apporté une lettre de vous, ma chère enfant ; il est juste qu'elle vous en rapporte une de moi. J'ai vu votre lettre à l'abbé ; j'en ai été enchantée. Mais pourquoi donc dites-vous toujours que vous n'avez point d'esprit, point de force, et que vous n'avez que des éclairs?... Croyez que la tendresse maternelle ne fascine pas mes yeux à votre égard, que je vous juge comme si je n'étais pas votre grand'mère ; bien plus!... comme si vous ne m'aimiez pas, et je trouve qu'il est impossible d'avoir plus d'esprit, de l'avoir plus continu, plus facile, plus à la main ; d'avoir plus d'imagination, de feu, de force et de grâce que vous en avez. Qui dit force et grâce dit la même chose ; car c'est la force qui donne la facilité, et la facilité qui donne l'à-propos, la précision, la proportion. C'est tout cela qui fait la grâce, tandis que la faiblesse produit les efforts, l'antipode de la grâce. C'est ce que ma faiblesse me fait éprouver. J'ai été ravie de m'être rencontrée pour le sentiment avec M. Walpole. Mais quelle différence pour l'expression ! Il dit en six lignes ce que je dis en douze pages, et par conséquent il le dit bien, et moi très-mal ; c'est le charme du mot propre qui renferme la finesse et la profondeur ; la finesse qui laisse apercevoir tous les rapports directs ; la profondeur qui découvre les plus éloignés ; ce mot propre que j'aime tant, et que je ne trouve jamais. Et cependant vous louez ma lettre avec un enthousiasme que vous avez bien raison de dire que je vous reprocherai, mais dont je suis cependant infiniment flattée, parce qu'il est l'effet de l'amitié.

J'arriverai *le premier*. — J'ai chargé madame de Choiseul de faire tous mes arrangements avec vous. Je n'en connais, je n'en prévois encore aucun. Tout ce que je sais, c'est que je ne pourrai pas vous donner à souper ; mais je vous verrai sûrement avant Compiègne, et je vous embrasserai avec beaucoup de plaisir et de tendresse.

LETTRE LXXIV

DE MADAME DU DEFFAND A LA DUCHESSE DE CHOISEUL

Ce dimanche, 11 juillet.

Je suis bien triste, chère grand'maman, de vous avoir vue partir avec l'intention de ne revenir de mille ans, et ce qui me fâche encore bien plus, c'est ce commencement de rhume. Je suis bien maladroite de ne m'être pas encore fait une amie particulière, ou bien un ami dans votre maison. C'est à quoi je travaillerai à votre retour. Je tâcherai de démêler celui ou celle qui aura le plus de disposition à avoir de la bonté pour moi. Je penche à croire que ce sera mademoiselle Marianne. Qu'en pensez-vous? Aidez-moi de vos conseils. Vous ferez pour vous une très-bonne affaire, vous serez débarrassée de mes questions importunes, et sans que vous ayez la peine de m'écrire un mot, je saurai de vous tout ce que je veux savoir.

Je vous prie de ne pas laisser refroidir le grand-papa sur mes importantes affaires. Il ne s'agit pas seulement des trois dixièmes de ma gratification, mais de 1,200 francs que je perds sur les actions des fermes et l'emprunt de 50 millions, ce qui fait, comme vous voyez, 1,000 écus de rente, diminution un peu forte et qui me mettra hors d'état de soutenir la dignité de petite-fille du grand-papa et de la grand'maman.

Je ne parle pas de la moitié des fonds que je perds sur ces

deux objets, qui rendront mon testament si mince que j'en rougirais si on pouvait rougir après sa mort.

N'allez pas lire cela au grand-papa, il dirait : « Ah ! que la petite-fille est plate ! elle est aussi *to sotte !...* »

Bonjour, chère grand'maman. Dormez-vous ? toussez-vous moins ? Voilà ce qui m'intéresse plus que toute chose au monde.

LETTRE LXXV

DE MADAME DU DEFFAND A M. CRAWFORD

Paris, ce 13 juillet 1767.

J'ai perdu le droit de vous faire des reproches sur votre paresse, vous ayant imité et même surpassé. Mais avec ma vérité ordinaire, je vous avouerai que ce n'est point par négligence ni par oubli que je ne vous ai point écrit, mais très-volontairement et parce que je ne trouvais pas que vous méritassiez de moi des soins, des attentions et même du souvenir ; enfin, j'ai voulu vous rendre la pareille et être aussi fière, aussi indifférente qu'un Anglais. Mais on ne soutient pas longtemps ce qui est contre le caractère, et je reviens à mon petit Crawford, quoique je sache bien qu'il ne se soucie guère de moi. Vous êtes avec milady Sarah, et je sais que vous ne vous êtes point faufilé avec les buveurs de notre nation. Vous allez avoir le comte de Duchester ; il arrive ces jours-ci à Compiègne. N'aurez-vous point aussi la princesse héréditaire avant qu'elle se rende dans ses États ?... Milord March doit lui rendre une visite ; il passera par Paris avec son fidèle ami Selwyn ; mais ce n'est pas de cela de quoi il s'agit, c'est de vous et de M. Walpole. Vous vous annoncez, vous vous promettez et vous ne tenez point parole. Que de raisons j'aurais de ne vous plus aimer, de ne plus m'intéresser à vous, et de n'y plus penser ! Mais je n'en suis pas là ; je n'en ai pas le courage, et je désire passionnément que vous veniez ici le mois prochain comme vous me l'avez promis. Votre jolie milady n'a pas fait grand cas de moi, mais je ne prends point mon amour-propre pour juge; je l'ai trouvée charmante, et je désirerais fort qu'elle passât par Paris. Son esclave Lauzun est toujours très-occupé d'elle.

Vous croyez donc que ç'a été pour vous prouver ma prudence que je ne vous ai rien dit du neveu de M. Walpole? Si je vous l'ai nommé, je vous ai dit tout ce que j'en savais; j'en sais un peu plus long de votre ambassadeur et ambassadrice, mais assurément je ne vous en écrirai rien.

Vous voudriez que je vous envoyasse la lettre de Voltaire et ma réponse. Ah! voilà ce que la prudence me défend. Venez, venez à Paris, et je vous ferai toutes mes confidences. En attendant, ne me trompez pas et dites-moi si je puis compter vous revoir; vous me retrouverez pour vous telle que j'ai été, fort enthousiasmée de vous, mais un peu plus circonspecte dans les témoignages extérieurs d'estime et de préférence. J'aurai un peu de la dignité de madame de Forcalquier, des ténèbres de madame Dupin, que, par parenthèse, il y a plus de six mois que je n'ai vue. Vous serez à l'abri des propositions de vous mener chez elle. Enfin, venez, venez! vous ne vous ennuierez pas plus ici qu'ailleurs. J'espère que vous trouverez M. Walpole et que nous ferons des soupers fort agréables.

Je ne m'attends pas que vous me donniez de vos nouvelles, mais cependant j'ai la bassesse de vous en demander et de vous avouer que je vous aime toujours beaucoup.

LETTRE LXXVI

DE MADAME DU DEFFAND A LA DUCHESSE DE CHOISEUL

Ce vendredi, 17 juillet 1767.

J'ai bien des choses à vous dire, chère grand'maman. Je vous parlerai d'autant plus librement que par nos conditions vous ne me devez jamais répondre; ainsi vous en serez quitte pour quelques moments d'ennui, mais vous n'aurez aucune fatigue. Après ce beau préambule, il faut venir au fait.

J'appris il y a quelques jours que l'on avait supprimé les appointements des officiers-généraux employés, ce qui faisait perdre au chevalier d'Aulan 12,000 francs par an, qui, joints aux 1,000 écus qu'on lui retient pour la veuve de son prédécesseur, font qu'il n'aurait plus que 9,000 francs, et se trouverait avoir pris un bien mauvais parti en remettant au roi la lieutenance de Lille qui lui en valait 18,000, pour le gouvernement de l'île de Ré, qui ne lui en vaut que 12,000, et même que 9,000, vu la retenue des 1,000 écus. Je crus devoir lui rendre de bons offices, et ma première pensée, vous croyez bien, fut de m'adresser à vous. Et puis je fis réflexion que c'était vous causer de l'importunité; que, supposé qu'il ne convînt pas à M. de Choiseul d'accorder des dédommagements aux officiers dans ces circonstances, je ne devais pas vous faire demander ce qu'il ne serait pas possible d'obtenir. Je me suis donc exposée témérairement. J'écrivis mardi dernier à M. le duc de Choiseul, et j'en reçus hier matin la plus charmante réponse. Je vous l'envoie, et je veux, s'il vous plaît, que la vôtre soit de me la renvoyer sans que vous y joigniez une seule syllabe. Je vous demande seulement pour grâce, de marquer votre reconnaissance; car c'est bien certainement à vous que je dois tant de marques de bonté, et c'est ce qui me les rend plus chères. Je trouve un plaisir extrême à pouvoir être une occasion pour votre époux de vous donner des marques de l'empressement qu'il a de vous être agréable.

Le grand abbé, que je vis hier, me dit que vous étiez enrhumée; il est inquiet, et il m'a communiqué son inquiétude. Vous savez que je vous crois un ange. Eh! pourquoi donc vous êtes-vous avisée de prendre un corps?... Je conviens que vous n'en pouviez pas choisir un plus joli. Si vous étiez logée dans celui de madame de Mazarin, vous causeriez moins d'inquiétude. Si cette transmigration pouvait se faire, il serait curieux de voir le parti que votre *célestité* tirerait de son épaisse *térasticité*... Me conseillez-vous de chercher ces mots dans le dictionnaire de l'Académie?...

Je soupai hier avec M. de Montigny-Trudaine [1]. Il me demanda si vous étiez contente des soins et de l'empressement qu'il avait pour les choses qui pouvaient vous être agréables. Je fus prise un peu au dépourvu. Je suis comme feu Noé : je n'ai pas *de monde*, c'est-à-dire pas de présence d'esprit, pas d'à-propos. Je lui dis seulement que nous avions parlé plusieurs fois de lui, que vous l'estimiez infiniment. Il enfila votre éloge, me dit tout le bien que vous faisiez à Chanteloup; me parla de vos manufactures, et puis des ouvriers qu'il vous avait envoyés, qu'ils étaient excellents,... etc. Quand vous le verrez, rendez-lui témoignage de tout le bien que je vous ai dit de lui; faites-lui connaître que vous l'estimez. Vous l'estimeriez beaucoup en effet si vous le connaissiez. C'est un homme bon,

---

1. M. de Trudaine était intendant des finances, ayant le département des fermes et des ponts et chaussées, ce qui le constituait une espèce de ministre; aussi en prenait-il l'air et l'importance, dit Marmontel dans ses Mémoires. Il caressait les philosophes, les attirait chez lui; on lui avait donné le nom de garçon philosophe. Madame de Trudaine, personne aimable et distinguée, se donnait toutes les peines du monde pour rendre sa maison agréable. Deux grands dîners par semaine et un souper tous les soirs attiraient en effet beaucoup de monde, et la conversation était toujours fort animée. Malheureusement la maîtresse de la maison étant faible et malade, on prit l'habitude de n'en tenir aucun compte; elle en fut blessée, et finit par ne plus paraître dans son salon qui n'en resta pas moins ouvert à tout Paris. On venait souper chez elle et on s'en retournait sans l'avoir vue.

Cette famille s'honore d'une réputation de délicatesse et de probité malheureusement trop rares à cette époque. Le régent disait au père de celui dont il s'agit ici, prévôt des marchands à l'époque du système, et disgracié pour avoir refusé son concours à quelque opération sur les rentes : « Je vous ôte votre place, parce que vous êtes trop honnête homme!... » Le petit-fils de celui-là, appelé à succéder à son père dans le conseil des finances et du commerce, pria le roi de lui permettre de ne pas toucher les appointements de sa place : « Pour la rareté du fait je ne veux pas vous refuser, » dit le roi. Il laissa deux fils qui montèrent sur l'échafaud, avec André Chénier, le *8 thermidor*. Le plus jeune, en quittant sa prison, dessina sur le mur une plante avec ces mots : « *Fructus matura tulissem!* »

vrai et simple, fort occupé de faire le bien, point ambitieux, et qui, à ce qu'on dit, a beaucoup de capacité. Je vous ai dit que je lui avais de l'obligation ; c'est le moyen de m'acquitter envers lui, si vous voulez bien lui faire entendre que vous lui en savez gré et que vous partagez ma reconnaissance.

Je ne crois pas vous avoir mandé que je reçus dimanche dernier une lettre d'Angleterre, datée du 7, qui annonçait le retour dans peu de jours. C'étaient les derniers mots de la lettre ; mais, plusieurs lignes auparavant, on me parlait d'un petit accès de goutte qui n'avait pas eu de suites, et qui cependant ne laisse pas de m'inquiéter par le souvenir des accidents de l'année dernière, lorsque cette goutte se jeta sur l'estomac et le conduisit à deux doigts de la mort.

Conservez-vous bien, chère grand'maman, vous êtes un Titus femelle, les délices du monde, l'existence du petit oncle, du grand abbé, et par-dessus tout de la petite-fille.

J'ai reçu une lettre de Voltaire [1] dont vous seriez bien mécontente. Cependant il ne me parle plus de la czarine. Mais il ne cesse de s'attendrir sur les malheurs de mon état, et il ne tient pas à lui d'en augmenter l'horreur par l'excès de sa compassion. On est toujours maladroit en feignant les sentiments qu'on n'a pas.

LETTRE LXXVII

DU DUC DE CHOISEUL A MADAME DU DEFFAND

Compiègne, 15 juillet 1767.

Ne craignez point que l'humeur, fût-elle plus diabolique que vous ne la supposez, puisse jamais effleurer les sentiments que je vous dois, et qui, en vérité, me sont chers. Je

---

[1]. On ne retrouve pas à cette date, dans la correspondance de Voltaire, de lettre adressée par lui à madame du Deffand.

vous en ferai peut-être quelquefois des plaisanteries ; mais je ne mériterai jamais sérieusement que vous ne m'aimiez plus. Je procurerai à la fin de l'année au chevalier d'Aulan une gratification de 6,000 fr., et je ferai en sorte de la rendre annuelle.

Vous pouvez le lui mander. Je m'intéresse à lui tout autant que vous pouvez vous y intéresser. A mon retour de Compiègne, si vous n'êtes pas engagée chez madame de Forcalquier, je vous demanderai de venir souper avec nous. Je partage avec votre grand'maman le plaisir qu'elle a de vous aimer, de vous être attachée.

LETTRE LXXVIII

DE LA DUCHESSE DE CHOISEUL A MADAME DU DEFFAND

A Compiègne, ce 18 juillet 1767.

Pardonnez-moi, ma chère enfant, je vous répondrai, car je ne suis plus dans mon lit, parce que je ne suis plus enrhumée, et je peux écrire quand je ne suis pas dans mon lit ; et quand je peux écrire, c'est à vous que j'écris de préférence. Cela explique pourquoi je réponds à celle-ci malgré votre défense. Quoique j'aie été beaucoup dans mon lit, cela ne m'a pourtant pas empêchée de faire tout ce que j'aurais fait si je n'y avais pas été. J'ai soupé lundi et mardi chez le roi ; j'ai donné à souper tous les autres jours. J'ai dîné hier et aujourd'hui avec cent et tant de personnes, j'en ferai autant demain, puis j'irai à la revue. Mais on m'annonce M. le duc d'York [1]. Oh ! l'impatientante chose ! je ne peux pas vous écrire davantage que si j'étais encore dans mon lit. Vous saurez pourtant, avant que je finisse, que je suis enchantée de la façon dont vous êtes avec M. de Choiseul. J'aime M. de Montigny à la folie ; je ne vous en ai pas parlé,

---

1. Édouard, duc d'York, frère de Georges III. Il mourut l'année suivante.

parce que je ne parle pas de mes affaires. Mais je voudrais qu'il pût lui revenir de toutes parts combien je suis sensible à toutes ses honnêtetés pour moi.

Je ne puis souffrir la lettre de Voltaire sur ce que vous m'en dites. Je me fais un plaisir de revoir l'ami d'outre-mer.

Adieu, adieu, ma chère enfant. Oh! l'insupportable chose que la vie d'ici!...

LETTRE LXXIX

DE MADAME DU DEFFAND A LA DUCHESSE DE CHOISEUL

Ce lundi, 27 juillet 1767.

Vous devez avoir M. de Guerchy; on le regrette beaucoup là-bas et l'on me renvoie à lui pour être bien informée des causes qui font retarder le retour. Je ne les apprendrai de longtemps par lui, il ne quittera pas de sitôt Compiègne.

Nous avons appris ici la gloire et l'éclat qui environnent madame de Ségur. Ah! chère grand'maman, le pays que vous habitez est plein de chimères et d'illusions. Rien n'est apprécié à sa valeur, le verre y est pris pour diamant, le clinquant pour l'or, etc., etc. Je vous vois toute seule dans votre niche, regardant avec pitié les faux dieux et les idolâtres, et distinguant les vrai fidèles. Je reçus hier une lettre de M. de Montigny; je vous le garantis du nombre des vrais croyants. Il est enchanté de vous et m'a dit toutes vos bontés pour moi. Mais je vous ai remerciée une fois pour toutes, pour le passé, le présent et l'avenir.

Savez-vous que le petit oncle m'a fait une seconde visite, et qu'il m'en fera une troisième avant de vous aller trouver? Si ce n'était pas me donner des airs, je vous dirais qu'il est du dernier bien avec moi; mais s'il s'avise de vous enlever pour Tugny, il cessera d'y être bien. Le grand abbé a lu la *Chanteloupade* à madame de Jonsac et au président. Ils en ont été charmés, et moi encore plus contente qu'à la première lecture [1].

Ah! mon Dieu! quand me retrouverai-je entre vous, l'abbé et le petit oncle?... C'est là où je suis dans toute ma gloire. Je n'y sauve personne de la potence, si ce n'est moi, car loin de vous, je suis souvent prête à me pendre.

Pourquoi ne diriez-vous pas un mot de moi à madame de Mirepoix?... Elle est radicalement refroidie pour moi. Il n'y a que vous qui puissiez, en remuant les cendres de notre défunte union, y faire retrouver encore quelques étincelles.

Si vous voyez M. de Beauvau, dites-lui que j'ai de quoi le faire mourir de jalousie; j'ai joué sur le mot aussi bien qu'il aurait pu le faire lui-même. Quand je le verrai, je lui fournirai l'occasion d'en dire autant; j'éprouverai son talent. Voyez quel enfant, quel sot enfant vous avez. Mais il vous aime, cela supplée à tout.

Et votre duc d'York?... On en fait ici de bons contes! Je n'aime pas qu'on se moque des Anglais.

LETTRE LXXX

DE LA DUCHESSE DE CHOISEUL A MADAME DU DEFFAND

A Chantilly, 11 août 1767.

Vous voyez bien, ma chère enfant, que je ne suis plus à Compiègne, puisque je trouve le moment de vous écrire. Ce n'est pas que je ne sois encore ici dans la foule; mais dans la foule hors de chez soi, on peut quelquefois être seule; ma première pensée et mon premier moment sont pour vous. J'ai été si contrariée depuis un mois de ne pouvoir pas répondre à une seule de vos lettres que je veux m'en dédommager. Mais je n'en ai pas une ici, de ces charmantes lettres, à chacune des-

---

1. Ce petit poëme, fort médiocre, a été imprimé. Le titre porte : *La Chanteloupée*.

quelles j'avais quelque chose de particulier à répondre. Il ne m'en reste plus que l'impression générale du plaisir, et presque pas d'idée précise. Vous saurez seulement que la secte des idolâtres augmente, et que cela doit être, car le maître est le premier à encenser l'idole qu'on l'a forcé d'élever. La vanité est la plus dupe de toutes les passions. Il n'en est pas qui se trompe autant dans ses moyens. Pourquoi cela?... C'est que l'instinct dirige les autres, et que la réflexion égare celle-ci. Qu'est-ce que l'instinct? C'est l'opération directe de l'affection du moment. Si la vanité n'est pas dirigée par l'instinct, elle n'est donc pas le fruit d'une affection, encore moins d'un sentiment; elle n'est point par conséquent une passion. Non, jamais; elle est la *réflexion* de tout cela, et le miroir n'est pas toujours juste!... Si vous entendez tout ce galimatias, ma chère enfant, vous serez plus habile que moi.

Quel bonheur! en furetant dans ma chambre je trouve une lettre de vous dont personne ne m'a parlé, et qui y est tombée comme du ciel. Vous voyez bien qu'au milieu de tout ce *brouhaha*, je n'ai pas besoin que vous me fassiez ressouvenir de vous pour y penser, et que je ne m'accoutume pas du tout à vous oublier. Il faut commencer par faire ce à quoi on doit s'accoutumer un jour, et je n'ai jamais commencé à vous oublier.

LETTRE LXXXI

DE MADAME DU DEFFAND A LA DUCHESSE DE CHOISEUL

Ce jeudi, ... août 1767.

Je fus charmée hier au soir, chère grand'maman, en rentrant pour me coucher je trouvai votre lettre de Chantilly. N'êtes-vous pas trop adorable de vous souvenir de votre enfant au milieu d'une cour où il ne tient qu'à vous de voir que vous êtes l'unique objet qu'on révère, qu'on estime et qu'on aime?

Je n'ai rien compris, je l'avoue, à ce que vous me dites de la secte des idolâtres, vous avez l'air de répondre à quelque chose que je vous ai écrit, et je ne m'en ressouviens plus du tout; expliquez-moi cela, je vous supplie, chère grand'maman, je ne veux perdre aucune de vos pensées, aucune de vos idées, elles sont l'aliment de mon âme, elles en entretiennent la vie et la force; tout ce que vous me dites me fait impression, vous et Paméla valez mieux pour moi que Sénèque et Nicole; je me donne des airs quand je dis Sénèque, car je ne l'ai jamais lu, mais il est si souvent cité que cela revient au même. Vos réflexions sur la vanité sont très-bonnes, la vanité s'introduit si l'on n'y prend garde dans toutes les vertus, à la manière des vers qui s'introduisent dans les fruits, qui en mangent le cœur, toute la substance et ne leur laissent plus que l'apparence de ce qu'ils auraient été sans le dommage que leur causent ces vilains petits animaux. Il n'y a que vous, chère grand'maman, dont l'écorce ne soit point trompeuse et qui même n'annonce pas l'excellence de tout ce qu'elle renferme. Ah! mon Dieu, que vous avez de mérite à ne point avoir de vanité! La réflexion, la comparaison, la justesse même de votre esprit, doivent vous faire sentir à tout moment quelle distance immense il y a de vous aux autres; mais vous vous dites apparemment que c'est l'intérêt de votre propre bonheur qui vous rend telle que vous êtes, et que vous ne seriez pas aussi heureuse si vous étiez moins parfaite.

Tout ceci, chère grand'maman, est je crois un peu croqué, et quand je le relirai, je pourrai bien en être très-mécontente, mais je ne me soigne point avec vous, je ne me pare point, je ne me redresse pas, je veux que la grand'maman voie sa petite-fille telle qu'elle est, qu'elle connaisse sa bêtise, son ignorance, en un mot tous ses défauts, afin qu'elle soit plus en état de la conduire, de l'éclairer, et qu'elle puisse avoir un entier honneur à son éducation.

Le petit oncle a des procédés charmants pour moi, remerciez-l'en, je vous prie; je ne suis pas si contente du grand abbé.

Quel jour souperai-je avec vous, chère grand'maman? Sera-ce chez vous, sera-ce chez moi? Nous aurons le Walpole, je crois en être sûre; j'en suis fort aise, et vous aussi, n'est-ce pas?

LETTRE LXXXII

DE LA DUCHESSE DE CHOISEUL A MADAME DU DEFFAND

A Compiègne, ce 25 août 1767.

J'ai mandé ce matin à madame de Choiseul, ma chère enfant, que je voudrais souper chez vous ou chez le président, vendredi. Faites-moi savoir vos intentions. Si nous pouvions avoir M. Walpole, cela serait charmant. M. Stanley me dit à tous moments, en dandinant, nasillant et se tordant le cou : *Je sais que M. Walpole est une de vos nouvelles conquêtes.* Oui, monsieur, je l'espère, je le désire au moins !...

Je mandais aussi ce matin à madame de Choiseul que nous souperions samedi chez M. de Souza; mais cela ne se peut pas, parce qu'il faut que j'aille à Chantilly, où je ne suis pas retournée depuis le voyage du roi, et que je n'ai que ce jour-là pour y aller. Je l'ai fait dire à M. de Souza; faites-le savoir, je vous prie, à madame de Choiseul. Je resterai à Chantilly jusqu'à lundi. Lundi je soupe chez l'ambassadeur de Malte, avec M. de Choiseul; mardi, le souper du roi, chez M. de Soubise; mercredi, je ne sais si ce n'est pas à Choisy; mais vendredi je vous verrai et je serai peut-être plus savante, et nous ferons nos arrangements en conséquence.

Vraiment, oui, ma chère enfant, vous avez totalement oublié ce que vous me mandiez sur l'idolâtrie qu'on avait pour madame de Ségur, à quoi je répondais. Je vous mandais qu'elle augmentait. On disait qu'elle allait souper dans les cabinets. Ces dames en étaient enchantées, parce que ce sont elles qui la protégent, et elles avaient beaucoup de vanité de succès de leur protection. C'est sur quoi je vous mandais qu'il n'y avait pas de sentiment qui égarât plus que la vanité, d'abord parce que ce n'est pas un sentiment. Mais je ne veux pas revenir sur cette discussion. Ce qu'il y a de certain, c'est que soit que ce fût ou que ce ne fût pas leur projet de faire souper cette femme dans les cabinets, c'est-à-dire les jours où il n'y a que nous qui y soyons admises, si elle y fût venue, ces dames auraient été les premières à s'en repentir; non pour madame de Ségur, mais parce que ç'aurait été un exemple d'innovation dont on aurait amplement profité, ce qui aurait fort rabattu de leurs avantages. Elles ne voient pas que toute leur force consiste à être un frein, et ce n'est pas d'elles qu'on doit apprendre à l'enfreindre. Ces dames ont beaucoup d'esprit, mais elles ont moins de prudence et de politique; elles ne savent pas qu'où on ne peut pas être mieux, il ne faut pas changer; que souvent il n'est pas de la sagesse d'entreprendre, et que tout son emploi consiste souvent à empêcher. Cela me rappelle ce que je disais dans ma jeunesse : *Où en serait le monde sans les fous?* Il n'y a qu'eux qui aient opéré dans tous les genres; nous leur devons notre existence. Je disais encore, il y a quelque temps (ma chère enfant, n'êtes-vous pas tentée de dire comme Fontenelle à M. d'Aube sur ses je disais? *Ah! vous disiez*, puis il se rendormait); je disais donc, il y a quelque temps, à un ministre, que *le principal emploi de la sagesse et de la bonté se réduisait à empêcher le mal*. Ce n'est pas à dire pour cela que ce soient des vertus passives. Assurément, elles ont bien encore de quoi s'exercer. Vous devez trouver tout simple que je vous parle de ce que je disais dans ma jeunesse : c'est le métier d'une vieille grand'-mère de rabâcher, et quand on ne pense plus, il faut bien dire ce qu'on pensait. C'est l'état où je me trouve. Celui de mon cœur n'est pas de même, il est toujours animé du plus tendre sentiment pour sa chère enfant.

LETTRE LXXXIII

DE MADAME DU DEFFAND A M. CRAWFORD

Paris, ce 25 août 1767.

Je viens de me faire relire votre lettre. J'aurais quelque scrupule de n'y avoir pas répondu plus tôt, si je pouvais croire que les marques de mon amitié vous fussent nécessaires, utiles ou simplement agréables. Mais, monsieur, je ne m'en flatte pas, et sans être romanesque (comme vous me le supposez), je sais trop comme on pense et comme on agit quand on aime; le hasard m'a fait vous connaître, vous avez pu juger si votre esprit, votre caractère, m'ont plu. Vous avez pu connaître quelle confiance j'avais prise en votre amitié; avouez de bonne foi que vous y avez bien mal répondu.

Je ne prétends pas vous faire des reproches : non-seulement ils ne sont bons à rien, mais ils ne servent qu'à augmenter le mal dont on se plaint. Voici ce que je pense pour vous, l'aveu que je vais vous en faire me servira d'excuse et vous décidera sur votre conduite avec moi; je vous estime, je vous aime, et j'aurais été charmée de trouver en vous un véritable ami; j'ai eu la folie d'imaginer que cela était possible, mais votre conduite m'a détrompée. La différence de nos âges, les mers qui nous séparent, votre nation, la mienne, tout cela sont des barrières que vous ne franchirez jamais; je ne puis espérer de vous revoir; vous n'êtes apparu ici ainsi que M. Walpole que pour me dégoûter de tout ce qui m'environne et puis me laisser là. Je vous ferai plaisir, me dites-vous, de vous écrire, je n'en crois rien. Vous m'écririez si cela était; enfin, il ne m'est plus possible de me faire d'illusions; je me console de tout ce qui m'afflige par le peu de temps qui me reste. Tout ce que je puis vous promettre, c'est que je répondrai très-exactement à toutes vos lettres, et que si vous venez à

Paris, vous trouverez en moi les mêmes sentiments que vous y avez laissés.

M. Walpole est ici depuis avant-hier, vous ne douterez pas du plaisir que m'a fait son arrivée, mais loin d'être accompagnée d'aucune joie, sa présence remplit mon cœur de tristesse. Je ne pense qu'au moment de son départ, qui sera, dit-il, le 27 du mois prochain, sans savoir quand il reviendra, et si je le reverrai jamais; j'ai soixante-dix ans, j'en voudrais avoir cent; il me reste trop de temps à vivre. Vous conviendrez bien que l'ennui fait mourir à petit feu.

Ce que vous me dites de votre santé m'afflige; je viens de recevoir une lettre de l'évêque de Noyon, qui me confirme votre méchant état. Il croit que les eaux de Vaugirard vous seraient bonnes; si cela pouvait être, quel bonheur pour moi! il m'indique un médecin qui en a fait l'analyse; je l'enverrai chercher, je la lui demanderai et vous l'enverrai.

Tenez-moi la parole que vous me donnez de passer par Paris en vous en retournant; mais je remarque que les Anglais ne se piquent pas d'exactitude à leur parole, et jusqu'à mon cher ami Selwyn se mêle d'en manquer. Je ne sais si c'est prédilection pour lui, mais je lui pardonne plus facilement qu'à vous. Si vous venez à Paris, ce sera au commencement du mois prochain, ainsi ce ne serait pas la peine de vous envoyer les lettres que vous demandez; si vous n'y venez pas, je ne vous dois aucune complaisance.

Adieu, Monsieur, je suis si triste que j'en ai l'âme, le cœur et l'esprit engourdis.

LETTRE LXXXIV

DE MADAME DU DEFFAND A M. CRAWFORD

Paris, ce 15 septembre 1767.

Sachez, monsieur, s'il vous plaît, que je ne suis point romanesque et que cette injure m'outrage, mais ceux de votre nation connaissent si peu les attentions et sont si éloignés des besoins, des désirs que donne l'amitié, qu'ils ne les passent pas aux autres. Vous allez vous récrier contre mon ingratitude; il me sied bien mal de me plaindre, tandis que M. Walpole est ici, et que j'ai toutes sortes de sujets de me louer de lui; mais il a été seize mois sans y revenir, mais il est au moment de son départ, mais il ne reviendra peut-être jamais; et vous, mon cher petit Crawford, vous m'avez abandonnée. A peine me donnez-vous une lueur d'espérance de vous revoir; vous savez tous mes malheurs; vous connaissez tout ce qui m'environne, mon caractère, mes sentiments, tout vous est connu. Vous savez s'il est aisé de se défaire de l'ennui, et malgré cela vous traitez mes maux d'*imaginaires.* Au lieu de me gronder, de me dire des injures, venez me rendre une visite. Que j'aie le plaisir de vous entretenir et de me bien confirmer dans l'idée qu'il n'y a que vous et M. Walpole dignes d'estime et d'amitié.

Je ne puis vous dire à quel point je suis inquiète de votre état, c'est une des raisons qui me fait le plus désirer de vous revoir. Ne me refusez pas la satisfaction de passer par ici; satisfaites ma folie sur l'amitié et n'essayez plus de la combattre; c'est cette prétendue folie qui me fait supporter la vie; votre guignon est d'en être l'objet ainsi que M. Walpole, il aurait été plus raisonnable d'avoir fait choix de M. Desault ou du chevalier de Redmont, mais mon étoile ne l'a pas voulu.

Je me reproche de vous avoir tenu rigueur sur la lettre de Voltaire, mais j'espère qu'il n'est plus temps de vous l'envoyer et que vous la viendrez chercher; je voudrais que vous arrivassiez avant le départ de M. Walpole, il en serait fort aise.

On prétend que M. Selwyn va arriver, que j'aurai de choses à vous dire quand je vous reverrai, j'ai des provisions pour vous garantir de l'ennui pendant trois ou quatre jours. Oh! ne me refusez pas, je vous conjure. M. Walpole ne se repent point de la complaisance qu'il a eue, il ne me trouve plus romanesque, il est très-content de moi, je suis très-satisfaite de lui. Venez, venez augmenter mon bonheur, et je vous promets d'écarter toutes les idées qui pourraient le troubler.

LETTRE LXXXV

DE LA DUCHESSE DE CHOISEUL A MADAME DU DEFFAND

A Fontainebleau, ce 24 octobre 1767.

Pour peu que l'on ait quelque espèce de valeur, il vaut mieux, dit le proverbe, arriver tard que jamais. Mais, quoi qu'on en dise, ma chère enfant, toute chose n'a pas son prix, témoin la lettre qui vous arrivera le dernier jour du voyage, et qui aurait dû prévenir toutes les vôtres. Depuis que l'abbé est parti, je voulais vous écrire tous les jours, et je ne l'ai pas pu, privée de la correspondance que vous aviez avec lui. Cette petite agacerie me devenait nécessaire pour avoir de vos lettres, car vos lettres et vos nouvelles me sont devenues très-nécessaires; aussi tous vos amis et amies ont-ils dû vous dire de ma part que, quoique je ne vous écrivisse pas, je vous priais toujours de me répondre. A propos d'amie, vous m'expliquerez apparemment lundi l'*à propos de bottes* qui a fait venir madame de Forcalquier ici. Nous étions assez joliment ensemble, ce me semble; en avez-vous ouï parler?... M. de Choiseul veut souper avec vous mardi dans le petit appartement. Je vous ai promise, et ne sachant pas si je pourrais vous écrire aujourd'hui, je vous ai fait prier, ce qui vous aura paru bien cérémonieux ; il n'y a pas de mal à cela : je me suis si bien persuadée que vous êtes ma petite-fille, qu'il me semble que je vous manque à tout moment de respect. Il est bon pour la décence publique de rappeler quelquefois que je n'ai de droits que ceux que me donne votre indulgence. M. Walpole m'a écrit une lettre charmante où il m'appelle aussi sa grand'maman, parce qu'il est votre mari. Je vous l'envoie pour que vous en ayez aussi le plaisir. Vous me la rendrez lundi, afin que j'y réponde. Il me semble qu'il commence réellement à se mettre à son aise avec moi. C'est comme cela que je l'aime ; pour cette fois, j'en suis très-contente. Vous avez été bien fâchée de son départ, et j'ai beaucoup plus *senti* votre peine que je ne l'ai *sue*[1], j'ai peur que l'abbé ne vous l'ait pas assez dit.

Ne dites pas à madame de La Vallière que vous souperez chez moi, parce que, comme M. de Choiseul ne me l'a pas nommée, je ne l'ai pas priée.

Adieu, ma chère enfant ; à lundi toutes choses nouvelles. Je serai charmée de vous voir et charmée de n'être plus ici. Ainsi je l'espère, vous me trouverez la grâce du plaisir, qui en est une certaine pour tout le monde, même pour M. Bukeley, s'il a jamais eu du plaisir.

LETTRE LXXXVI

DE MADAME DU DEFFAND A M. CRAWFORD

Ce dimanche, 6 décembre 1767,
à 8 heures du matin.

Vos deux lettres de Calais sont à faire mourir de rire ; les voyages et les séparations vous coûtent beaucoup, dites-vous ;

---

[1]. Madame du Deffand avait dit un jour à madame de Choiseul : « Vous *savez* que vous m'aimez ; mais vous ne le *sentez* pas. » Ce mot est souvent rappelé entre ces deux dames.

mais c'est sans doute de la fatigue et de l'argent, car vous n'y perdez ni gaieté ni bonne humeur : jamais vous n'en avez tant eu. Vos lettres renferment tous les genres, galanteries, louanges, protestations, moqueries, ironies, menaces même; tous les sentiments, tous les styles, tout s'y trouve : j'y ai même reconnu celui d'Horace, et je vous crois du penchant à l'imiter; c'est un bon auteur. Vous savez que j'en fais cas et que je suis ses préceptes, ainsi, soyez tranquille, vous ne serez point forcé à m'écrire plus souvent que vous ne voudrez. Je comprends que ce qui a été un amusement dans votre route deviendrait un exercice très-pénible, très-importun, très-ennuyeux, quand vous aurez mieux à faire. Il est bien fâcheux qu'à votre départ je ne vous aie pas donné mon portrait et un bracelet de mes cheveux, votre chirurgien en aurait été bien plus convaincu de l'excès de votre passion ! J'ai envoyé sur-le-champ votre lettre à madame de Roncherolles, et une douzaine de vos biscuits, cela m'a valu sa visite dans l'après-dîner; nous avons beaucoup parlé de vous. Je lui ai dit que je voudrais que vous eussiez en effet une grande passion ici qui nous pût assurer du plaisir de vous revoir. Pourquoi lui souhaiter ce malheur, m'a-t-elle dit? — Et pourquoi serait-il malheureux, Madame? — Parce que son caractère est de l'être quand il aime. — Quelle preuve en avez-vous? — C'est que je crois qu'il l'éprouve actuellement. — Est-ce qu'il a un attachement? — Je crois que oui, et je n'ai point reparti.

Je n'ai point fait voir votre lettre à madame de Cambise parce qu'elle aurait été jalouse de madame de Roncherolles; je ne répondrais pas que toutes les deux le fussent de moi, tandis que ce serait à moi à l'être d'elles. Je démêle la part que j'ai dans votre affection : elle n'est plus aujourd'hui la principale, mais je m'en contente.

M. Francès part aujourd'hui et ne reviendra que dans quinze jours ou trois semaines.

Le cuisinier de milord Carlisle, qui est ici, partira aujourd'hui en huit; je vous enverrai par lui l'épître de La Harpe. Je compte que je recevrai encore une grande lettre de vous, après laquelle nous n'aurons plus rien à nous dire : n'est-ce pas là votre intention ?

Si vous voyez madame Gréville, dites-lui mille tendresses de ma part; je lui écrirai incessamment; je désire qu'elle persiste dans le dessein de venir ici et d'y passer tout le temps qu'elle pourra.

Mademoiselle Sanadon a été très-glorieuse de votre souvenir. Madame de Cambise dit qu'elle vous aime comme son frère, mais je crois qu'elle ne serait pas fâchée que vous l'aimassiez d'une autre sorte. J'ai soupé cette semaine cinq jours de suite avec elle : quatre fois chez moi et hier chez madame de Caraman.

M. Hubert me vient voir souvent; je le fais découper tant que je peux et je l'écoute le moins qu'il m'est possible.

Parlez-moi de votre santé dans le plus grand détail; observez exactement les ordonnances de Bouvard. Je suis persuadée que les voyages, loin de vous être contraires, vous sont très-bons; l'incommodité que vous avez eue dans celui-ci n'a été causée que par votre dîner chez madame du Châtelet, où vous bûtes de toutes sortes de vins, ce qui vous donna une grande indigestion : vous êtes bien heureux qu'elle n'ait pas eu de plus fâcheuses suites. Vous me manderez quel est l'état présent de votre estomac, de vos entrailles; et, si vous voulez pousser la confiance plus loin, vous me parlerez de votre cœur et de votre tête. Je m'intéresse à vous, vous n'en sauriez douter. Nous avons plus de rapports que vous ne croyez, et nous sommes l'un et l'autre bien faibles, bien vaporeux; et par conséquent fort peu heureux. Adieu.

N'oubliez pas de me mander comment vous avez trouvé M. Walpole.

Toutes vos connaissances vous regrettent; vous ne pouvez mieux faire que de les venir trouver le plus tôt possible.

A 3 heures après midi.

P. S. Je reçois une lettre de M. Walpole; sa goutte n'est point finie. J'en suis excessivement inquiète. Vous ne l'aurez sûrement pas trouvé à Londres, et vous ne serez peut-être pas en état de l'aller trouver, ce qui me fâche beaucoup et pour vous et pour lui. Ne me laissez point manquer des nouvelles de vous et de lui, c'est-à-dire des deux meilleurs amis que j'aie au monde.

LETTRE LXXXVII

DE MADAME DU DEFFAND A M. CRAWFORD

Ce mardi, 29 décembre 1767.

C'est par vous que j'ai appris la place qu'on vient de vous donner. Je reçus dimanche au soir votre lettre, et en même temps une de M. Selwyn. J'ouvris d'abord la vôtre, et puis la sienne avec empressement, espérant bien y trouver plus de détails : je ne me suis pas trompée. Il me marque que M. le duc de Grafton fut dîner avec vous; qu'il vous offrit cet emploi avec toutes les marques d'amitié et de considération qui peuvent ajouter au bienfait et en augmenter la reconnaissance. J'en suis ravie, et vous n'en doutez pas. Il s'agit actuellement de vous bien porter; le contentement contribue beaucoup aux bonnes digestions et aux bons effets des remèdes. Tenez vos résolutions, et que rien ne vous détourne du régime du docteur Pomme, tant que vous ne vous apercevrez pas qu'il vous rende plus malade. Ce ne peut être qu'à la longue, et même après un grand espace de temps, que vous pourrez ressentir le bien qu'il vous fera; je souhaite fort votre parfait rétablissement et que vous soyez en état l'été prochain d'exécuter vos projets. Si mes amis veulent me donner des marques d'amitié, d'attention, il faut qu'ils se dépêchent. Je m'aperçois sensiblement du dépérissement que produit la vieillesse; jusqu'à présent mon âme n'en est pour ainsi dire que spectatrice : elle ne vieillit point à proportion de mon corps; ce n'est pas un bonheur.

Le Président est toujours comme vous l'avez vu ; j'espère qu'il passera encore cet hiver. J'ai peu vu la princesse Lubomirska. Je persiste à la trouver aimable; elle va beaucoup au spectacle, et nous avons des sociétés différentes; mais je pourrai bien souper ce soir avec elle; je lui apprendrai votre bonne aventure. Elle est très-constante à M. Pomme : elle s'en trouve bien.

Je n'ai presque point vu M. Mallet, mais cela ne fait rien, je le retrouverai; il a eu des occupations, j'ai eu des dissipations, mais je ne le perds pas de vue, et je compte par la suite en faire beaucoup d'usage.

J'ai eu un plaisir fort vif ces jours-ci : l'affaire de mademoiselle Sanadon est terminée; elle a mille écus de rente, dont elle commencera à être payée au 1ᵉʳ avril. Son revenu est plus que doublé; elle logera à Pâques dans le dehors du couvent : c'est une fille raisonnable et reconnaissante, et j'espère qu'elle me sera de ressource.

M. du Châtelet vous portera cette grande glacière dont vous ne vous souciez guère, mais dont cependant vous ferez usage dans le temps des abricots et des pêches : on les pèle, on en ôte le noyau, on les remplit de sucre, on les met dans le double fond, on met de la glace dans le fond de la glacière; on prépare cela plusieurs heures avant de les servir pour que le fruit soit pénétré de sucre.

J'adresserai votre caisse à M. Walpole, à qui j'enverrai par la même occasion ce que vous savez. Vous serez surpris de la ressemblance; elle a étonné tout le monde. Je ne peux pas exécuter le projet que j'avais fait de vous l'adresser, parce qu'on n'a pas voulu l'encadrer, dans la crainte que la glace ne cassât et ne gâtât la peinture. Vous me manderez, je vous prie, comment vous, M. Walpole et M. Selwyn auront trouvé ce beau portrait. M. Walpole vous dira tout ce que j'ai fait pour mettre au bas. Ce qui est très-fâcheux, c'est que la grand'maman n'est point ressemblante, et qu'il y en a qui trouvent qu'elle pourrait être prise pour la demoiselle Lespinasse.

J'ai fait part à toutes vos connaissances et amis de l'augmentation de votre fortune; si je vous nommais tous ceux qui m'ont chargée de vous faire leurs compliments, je remplirais deux pages : mesdames les Maréchales, mademoiselle Sanadon et tout ce qui est à côté ou intermédiaire.

Madame de La Vallière fera votre commission, mais il faut qu'on lui apporte la boîte que vous voulez changer; je lui donnerai l'argent qu'il faudra pour le surplus; je vous manderai à combien cela se monte; vous me ferez des commissions pour la même somme, ou bien vous la remettrez à M. Walpole. Ne vous en embarrassez point, vous pouvez me donner librement toutes vos commissions.

M. Selwyn m'a mandé qu'il n'y a point de changement dans votre ministère; qu'il est plus affermi que jamais, parce qu'une partie des gens de l'opposition ont des places. En même temps l'ambassadeur me dit que M. K... n'est plus dans le ministère, et qu'il a le treizième régiment; vous m'expliquerez tout cela si vous le voulez.

La beauté de milady Pembrock n'a pas ici un très-grand succès; c'est madame de Luxembourg qui l'a le plus louée. Elle soupa chez moi il y a dix jours; je l'ai trouvée aimable, et madame de Lubomirska et moi avons jugé qu'elle avait de l'esprit. Elle vous aime beaucoup. N'est-ce pas d'elle dont milord Ossory était amoureux?

Adieu. Convenez que je suis une grande bavarde.

Ce jeudi, 31 décembre 1767,
à 7 heures du matin.

Je ne sais plus quand M. du Châtelet partira. M. le duc de Choiseul, avec qui je passai la soirée et soupai hier, me dit que ce ne serait pas avant le 15; cela m'impatiente. Je ne crois pas pouvoir vous envoyer par lui la glacière; la caisse est trop grande pour être mise dans une chaise ou un carrosse, et je crains que tous ses équipages ne soient partis. J'ai reçu hier une lettre de M. Walpole; je n'y répondrai que dimanche.

Adieu. Je veux tâcher de me rendormir; je ne me porte pas très-bien.

LETTRE LXXXVIII

DU DUC DE CHOISEUL A MADAME DU DEFFAND

..... 1768.

Je t'ai comblé de bien, je veux t'en accabler.

Vous sentez bien qu'il y a méprise, la première jatte est à moi, la seconde à vous.

D'impatience de ce que celle que je vous destinais ne venait pas, j'ai dit qu'il fallait vous envoyer la mienne; on a entendu qu'il fallait vous porter les deux, renvoyez-moi donc la première jatte, recevez avec amitié la seconde. Pardonnez-moi la sottise de mes gens et toute la maussaderie qui a été mise dans ces étrennes. Ce n'est pas ma faute, car je désire bien n'être point maussade avec vous, et je voudrais avoir tout l'agrément, tout le sentiment possible, pour l'offrir à ma grand'maman.

LETTRE LXXXIX

DE LA DUCHESSE DE CHOISEUL A MADAME DU DEFFAND

A Versailles, ce 7 .....

J'étais justement à dîner tête à tête avec M. de Choiseul, ma chère petite, quand j'ai reçu votre lettre; il l'a prise, il l'a décachetée, il l'a lue, et il s'est mis à faire ses grands rires que vous lui connaissez. Oh! c'est *vai*, a-t-il dit, je m'en ressouviens à *pesent*, je l'ai appelée ma *gand'*maman dans ma *lette*. Oh! c'est une *gande* sottise que j'ai faite là! et puis de rire; il m'a ensuite conté tout l'imbroglio des jattes, dont il a ri encore, de sorte que votre lettre nous a procuré un petit dîner fort gai. J'ai envoyé chercher avec sa permission le premier commis du dépôt des affaires étrangères, pour lui remettre votre note, il m'a promis de faire toute la diligence possible pour vous procurer tous les éclaircissements que vous désirez. Je serai charmée de souper avec vous mardi, chez votre petite camarade, d'autant plus que je n'y souperai pas mercredi, ayant un souper arrangé chez M. de Cambray.

Avant que mes lettres fussent cachetées, ce maître du dépôt m'a apporté cette note, qui ne remplira pas, je crois, votre objet; c'est, m'a-t-il dit, tout ce qu'il a trouvé sur Richard III. Il n'y a que très-peu de chose, dans le dépôt, de ces temps reculés.

LETTRE XC

DE MADAME DU DEFFAND A M. CRAWFORD

Paris, ce mercredi 13 janvier 1768.

Vous m'accuserez de paresse et vous aurez raison, mais ne vous en prenez qu'à vous-même; c'est l'effet de vos mauvais exemples, vous ralentiriez toute activité, et l'on est si persuadé de votre peu d'empressement à recevoir des nouvelles de vos amis et de votre répugnance à donner des vôtres, que l'on dit tous les jours, il sera assez temps de lui écrire l'ordinaire prochain. Cependant, mon petit Crawford, je n'ai point négligé votre commission; votre commissionnaire m'envoya votre lettre de Douvres, par Boulogne, je la reçus dix ou douze jours avant l'arrivée de cet homme à Paris, il m'a remis votre boîte, madame de La Vallière l'a troquée contre une autre dont se chargerait M. du Châtelet; cette autre est une boîte d'or ovale (peut-être un petit peu trop petite) émaillée, à tableaux de Tenière; on la trouve fort jolie; il vous en coûte neuf louis de retour, l'ancienne a été reprise pour quinze, et celle-ci en coûte vingt-quatre. J'ai rendu les neuf louis à madame de La Vallière, ne prenez nulle mesure pour me les rendre. Je pourrai vous mander dans quelque temps l'usage que je vous prierai d'en faire. M. du Châtelet vous portera aussi cette grande glacière, on y peut mettre des glaces, mais elle conviendra mieux pour y mettre des pêches ou des abricots entiers que l'on pèle, où l'on ôte le noyau et où l'on met à la place du sucre en poudre; on met dans le fond de la glacière de la glace et on laisse le fruit quatre ou cinq heures se confire ou plutôt s'amortir dans le sucre; c'est une sorte de compote qui est très-bonne, il y a des personnes qui mettent du vin avec les pêches. Je ne suis pas de ce nombre. M. du Châtelet portera aussi mon portrait à M. Walpole; tout le monde l'a trouvé d'une ressemblance étonnante; je ne sais s'il a connaissance que je me sois fait peindre, je ne lui en ai pas dit un mot.

Votre M. Mallet ne se soucie point du tout de faire connaissance avec moi. Je n'en entends point parler, cela me fâche, car je crois qu'il me conviendrait très-fort; peut-être est-ce le froid qu'il a fait à qui je dois m'en prendre; mais je soupçonne qu'il me trouve un peu sotte. Je le suis en effet et surtout avec les nouvelles connaissances; mon commencement n'est pas ce que je sais le mieux. Je vois assez souvent votre princesse Lubomirska, je lui trouve de l'esprit, mais je l'ai surprise dans deux jugements très-fautifs sur des personnes, car pour les ouvrages je ne juge pas sur les jugements que l'on en porte, souvent on ne débite que des jugements tout faits. Sa santé ne va pas trop bien depuis quelques jours; elle s'informe de la vôtre : que veut-elle que je lui en dise? est-ce que vous donnez de vos nouvelles? Vous trouverez que dans ce moment-ci les reproches ne me conviennent guère, et que vous seriez en droit de m'en faire, mais allons, il faut mettre son amour-propre sous ses pieds et confesser la vérité, dût-elle nous humilier. Je vous avais écrit une grande lettre il y a huit ou dix jours; avant de la fermer je me la fis lire, je la trouvai si sotte, si bête, que je la mis en mille miettes; je ne me ferai pas lire celle-ci de peur d'en faire autant. Je vous faisais compliment sur votre nouvelle place, je vous félicitais de la devoir à vos amis, je vous priais d'en marquer ma joie à milord Ossory et de lui dire combien j'en augmentais d'estime pour lui; tout cela ayant été une fois écrit m'a donné la tranquillité d'une bonne conscience, et j'ai oublié que ma lettre ne vous avait pas été envoyée[1]; pardonnez-moi ce tort, vous me le ferez bien payer avec usure.

Adieu, mon petit Crawford, portez-vous bien, et vous gouvernerez un jour l'Angleterre.

Mademoiselle Conty, qui entend ce dernier article de ma lettre, s'écrie qu'il faudrait auparavant que vous sussiez vous gouverner vous-même.

LETTRE XCI
DU CHEVALIER DE BOUFFLERS A LA DUCHESSE DE CHOISEUL [2]

Marseille, ce 26 janvier 1768.

Vous qui montez si bien à cheval, madame la duchesse, pourquoi ne venez-vous jamais vous promener en Languedoc ou en Provence? Vous y trouveriez un air pur, un ciel serein et de beaux jours tout faits, au lieu que vous êtes accoutumée à les faire vous-même où vous êtes.

C'est réellement un grand plaisir en hiver que de marcher

---

1. C'est sans doute la lettre ci-dessus, du 29 décembre précédent, qui paraît pourtant avoir été envoyée et être parvenue à son adresse, puisque nous la trouvons en original dans les papiers de M. Crawford.
2. Lettre communiquée par elle à madame du Deffand.

vers le Midi. Il semble que la nature qu'on a laissée morte dans le pays qu'on quitte, se réveille de moment en moment; à chaque pas que vous faites, elle a fait un progrès; chaque heure de marche est un jour de gagné; le printemps a l'air de venir à votre rencontre. Hier vous marchiez sur les glaces, aujourd'hui vous marchez sur les fleurs; mais, aussi, peut-être que demain elles seront flétries, car ici le soleil a bientôt dévoré ses enfants.

Une chose dont je n'avais point encore pris d'idée, c'est le commerce, et surtout le spectacle du commerce. Je trouve qu'il est assez intéressant de voir autour d'un bassin d'eau salée des habitants et des productions de toutes les parties du monde. C'est une belle chose que cette foule innombrable et agissante d'hommes de toutes les couleurs, de toutes les figures, *et sous toutes sortes d'habits*, qui paraissent tous occupés de quelque chose d'important et de raisonnable. Il est vrai que c'est l'intérêt qui les pousse; mais c'est la bonne foi qui les soutient. Le calcul a fait dans le commerce ce qu'il aurait dû faire dans la société : il a lié l'intérêt d'un homme à l'intérêt d'un autre, et le particulier au général. C'est une belle ville que *Marrrsaigle*, comme disent le *gros* duc de Lauzun et le *petit* abbé Barthélemy; mais ses environs sont encore plus beaux; la terre disparaît sous les maisons et la mer sous les vaisseaux. L'homme est peut-être un peu fat quand il se croit le roi de la nature; mais ici la vanité lui est un peu permise; car il joue un grand rôle sur terre et sur mer. L'homme quadrupède et l'homme poisson sont plus puissants que l'éléphant et la baleine.

De Marseille je vais en Corse. J'ai toujours eu la fantaisie des révolutions [1]; je serai bien aise de voir un pauvre peuple secouer un horrible joug. Je me fais une grande idée de Paoli,

---

1. Cette fantaisie ne fut que trop satisfaite et lui avait passé comme à bien d'autres à la fin de sa vie.

de ses vertus, de ses talents. Un homme qui a tout fait sans moyens, qui a résisté à des maîtres plus puissants que lui, qui a policé ses compatriotes, indomptables jusqu'alors, qui n'a employé son autorité qu'à assurer la liberté de sa nation, me paraît un digne successeur des Romains, et des Romains de la grande espèce.

Voilà bien des choses, madame la duchesse. Je ne sais ce qui m'inspire la confiance de vous dire tout ce qui me passe par la tête. Je devrais peut-être vous craindre, je ne peux que vous respecter et vous aimer ; et ces deux mots-là ne sont point des lieux communs comme on vous en dit quelquefois.

Il serait bien beau à vous de me faire donner de vos nouvelles en Corse, chez M. de Marbeuf. J'ai fait ce que j'ai pu, mais inutilement pour en avoir par M. d'Esterhazy, que j'avais chargé de me mettre à vos pieds. C'est ce que je fais actuellement et ce que je ferai avec bien du plaisir à mon retour à Paris.

Monsieur l'abbé Barthélemy, voudrez-vous bien vous ressouvenir de moi auprès de M. de Choiseul, de M. de Thiers et de vous?

LETTRE XCII

DE LA DUCHESSE DE CHOISEUL A MADAME DU DEFFAND

A Versailles, ce 4 février 1768.

Ne m'attendez pas demain, ma chère enfant, je suis plus incommodée et il m'est impossible d'aller à Paris. Vous êtes l'objet de mes plus grands regrets. J'étais chargée de vous parler d'une affaire dont il faut que je vous écrive, puisque je ne vous verrai pas ; ma mission est de savoir si vous voulez marier monsieur votre neveu de Vichy, et si vous vous contenteriez pour lui d'une fille élevée en province, à qui l'on ne pourrait donner que 40 ou 50 mille francs de biens. Mais fille de la plus grande naissance qui a tous ses parents à la cour et possédant les premières charges de ce pays-ci. Jolie, grande, bien faite, aimable, bien élevée, ayant dix-huit ans et voulant bien vivre en province. Si cette idée ne vous convient pas, n'en parlez à personne. On pourrait deviner, et ma demoiselle n'est pas faite pour être jetée à la tête.

Il se présente une occasion de vous envoyer ma lettre, ainsi il faut que je la finisse. Je n'ai que le temps de vous répéter, ma chère enfant, qu'on ne peut vous aimer plus tendrement que je vous aime, et que je désire que le mariage que je vous propose vous convienne encore plus par intérêt pour vous que pour la demoiselle, et par le plaisir infini que j'ai à saisir toutes les occasions de contribuer aux choses qui peuvent vous être agréables.

LETTRE XCIII

DE LA DUCHESSE DE CHOISEUL A MADAME DU DEFFAND

A Versailles, ce 9 février 1768.

Il n'y a rien de si honnête et de si aimable, ma chère enfant, que la façon dont vous répondez à la proposition que je vous ai faite. Si le mariage que vous traitez actuellement a lieu et qu'il vous convienne, je vous assure que j'y prendrai le même intérêt que s'il eût regardé ma demoiselle. S'il venait à manquer et que vous fussiez à temps de revenir à moi, je vous donnerai tous les éclaircissements que vous pourrez désirer et vous me verrez m'y employer avec une ardeur que vous seule pouvez inspirer.

Je vous remercie de l'inquiétude que vous avez sur ma santé, j'ai été au désespoir de ne pouvoir pas aller à Paris dimanche, parce que je vous aurais vue et qu'il y a plus de trois mois que je n'ai eu ce plaisir. A présent que je me porte mieux, je désire ardemment un voyage du Roi pour en profiter et aller embrasser ma chère enfant que j'aime de tout mon cœur.

LETTRE XCIV

DE MADAME DU DEFFAND A M. CRAWFORD

Paris, ce 19 mars 1768.

Non, non, mon petit Crawford, à laver la tête d'un More, dit le proverbe, on y perd sa lessive. Vous me dites que vous m'aimez, cela me suffit. Saint Augustin a dit : Aimez, et faites ce qu'il vous plaira. Il vous plaît d'être paresseux, j'y consens. Depuis que je me suis mise à aimer des Anglais, mon humeur est devenue bien souple et bien facile : trop heureuse, en satisfaisant tous leurs caprices, en souffrant toutes leurs gronderies, si je parviens à me maintenir en bonne intelligence.

On me mande que votre santé est presque rétablie. Oh! la bonne nouvelle! vous pouvez rendre ma joie complète si vous tenez votre promesse, mais c'est ce que je n'espère guère. Je ne me permets plus de rien désirer, de rien prétendre et encore moins de rien espérer; cependant je ne puis m'empêcher de vous prier de me faire savoir si en effet vous vous portez mieux; si c'est l'effet des remèdes de M. Pomme ou de ceux de quelques autres médecins; si vous comptez toujours aller à Spa; ce que signifie ce que vous me dites, que monsieur votre père n'est pas sûr de son élection; cela m'inquiète. Est-ce vous que cela regarde, ou bien est-ce lui personnellement? Jugez par ces questions si je m'intéresse à vous, et si je ne suis qu'une discoureuse d'amitié. On passe aisément dans votre pays pour être précieuse et romanesque, mais dans le mien j'avais évité jusqu'à présent ces ridicules; je passais même pour y être fort contraire.

Je suis charmée de milady Pembrock; MM. Walpole et Selwyn pourront vous dire ce que je leur en ai écrit; je ne la vois pas souvent parce qu'elle est jeune, parce que je suis vieille, parce qu'elle a mieux à faire. L'opéra, la comédie, le temple, le grand monde, valent mieux que le commerce d'une sempiternelle. Je lui trouve de l'esprit; elle parle peu, mais je suis persuadée qu'elle pense beaucoup, qu'elle est pénétrante, sensible et raisonnable; elle vous aime, et nous avons parlé plusieurs fois de vous; on la trouve ici assez aimable; mais on ne sent pas tout ce qu'elle vaut : on ne juge pas mieux dans ce pays-ci que dans le vôtre.

Vous avez trouvé mon portrait ressemblant; il l'est à faire peur; sa vraie place est d'être au milieu des tombeaux : il faut l'y laisser, puisqu'il y est.

Je suis fort aise que vous soyez content de votre tabatière; je ferai vos remercîments à madame de La Vallière, et je ferai lire à milady Pembrock l'article de votre lettre qui la regarde; depuis que je l'ai reçue, je n'ai point vu ces deux dames; elles souperont demain chez moi.

La belle comtesse est plus ineffable que jamais; elle a rencontré une aussi ineffable qu'elle, mais dans un autre genre : c'est votre ambassadrice.

Je me meurs d'envie de vous revoir, mon petit Crawford; il me semble que j'ai cent millions de choses à vous dire; revenez donc promptement, et si ce n'est pas une chose qui vous soit totalement impossible, écrivez-moi quelquefois.

Ce dimanche, 20 mars 1768.

Vous recevrez cette lettre en Écosse, où vous vous ennuyez terriblement; ainsi, je ne risque rien en écrivant encore une ou deux pages.

J'ai vu hier madame Denis et M. et madame Dupuis; ils

sont revenus de Ferney il y a environ quinze jours; ils prétendent que Voltaire les a envoyés à Paris solliciter le payement des rentes qui lui sont dues; ils disent qu'ils iront le retrouver dans trois mois. Tout cela peut être, mais il est très-possible qu'il se soit dégoûté d'eux et qu'il ait été bien aise de faire maison nette. Il n'a avec lui présentement que le père Adam jésuite, un avocat suisse et un Genevois; son cuisinier est renvoyé; il ne veut plus avoir un état de maison. L'ennui, l'avarice, et quelques abus de sa confiance, en lui volant des manuscrits qu'un nommé La Harpe a rendus publics, peuvent être les véritables causes de leur bannissement. J'ai été tentée de lui écrire, et puis la paresse ou bien l'indifférence (cela est synonyme) m'en ont empêché. Je crois, mon petit Crawford, que je ne me soucie plus de rien; ce n'est pas que la vieillesse ait desséché mon cœur, mais elle dessèche ceux des autres; ainsi je n'aime plus rien. Vous prendrez cet aveu en bonne part, et vous conviendrez que j'ai raison si vous êtes de bonne foi.

J'ai vu votre M. Clément; je ne saurais avoir grande idée d'une femme qui en fait sa société journalière, et qui souffre qu'il se dise son amant. Avez-vous entendu parler de sa montre, sur laquelle il a fait graver douze lettres, qui sont deux *ll*, un *c*, une *h*, deux *ee*, deux *rr*, deux *oo*, une *n* et une *s?* Je fus l'autre jour après souper chez votre ambassadrice, à une heure après minuit; je la trouvai attablée avec ce monsieur, un petit milord Mazarin et une complaisante; ils y étaient depuis dix heures, et j'ai su qu'ils y étaient souvent jusqu'à quatre heures du matin. C'est cette société qui charme la divine comtesse et qu'elle préfère à la mienne, pour laquelle elle réserve ses dédains. Je suis piquée contre elle, je l'avoue, parce que les bonnes qualités que je conviens qu'elle a m'avaient donné le désir et l'espérance d'en faire une amie. J'ai totalement abandonné ce projet; je n'en veux plus faire aucun : je me livre au hasard. Je suis devenue plus philosophe que Socrate, mais malgré ma philosophie je serai bien aise, si vous revenez ici, de trouver à qui parler encore une fois dans ma vie. Je ne suis point triste parce que ce n'est point par effort que je deviens indifférente, c'est tout naturellement que je parviens à ce degré de perfection. Adieu.

LETTRE XCV

DE LA DUCHESSE DE CHOISEUL A MADAME DU DEFFAND

A Versailles, ce 30 avril 1768.

Ce ne sera pas l'Empereur, ma chère petite-fille, c'est le Roi qui va mardi sur vos brisées. Voilà qui est en vérité bien majestueux, et l'honneur de lutter contre de tels rivaux doit vous consoler du faible avantage qu'ils vous enlèvent. Mais rien, à ce que j'espère, ne m'enlèvera mercredi au plaisir d'être toute à vous. Je vous prierai seulement de vouloir bien me faire souper à huit heures, si cela ne vous incommode pas, parce que je partirai le lendemain à cinq heures.

Je vous conterai une explication que madame de Beauvau a voulu avoir avec moi sur l'aventure de Compiègne, que je vous ai racontée et qu'on lui a racontée à peu de choses près telle qu'elle est. Elle ne s'en ressouvenait pas du tout, et je lui en ai non pas rappelé, puisqu'elle ne s'en est pas souvenue, mais raconté toutes les circonstances dans la plus grande vérité. J'ai été bien aise que cela lui fût revenu; très-aise d'apprendre qu'elle n'avait pas eu l'intention de me fâcher; très-aise qu'elle ait pris la peine de me le dire. Je désire qu'elle ait été aussi satisfaite de moi que je l'ai été d'elle, car j'ai cru devoir à son honnêteté de lui dire tous les petits sujets que j'avais cru avoir d'ailleurs de m'en plaindre, afin qu'il ne m'en restât plus rien. Il est impossible de se fâcher ou de rester fâchée contre quelqu'un qui n'a pas voulu vous faire de la peine. Ma justice imite un peu celle de Dieu : il n'y a que l'intention qui m'affecte véritablement. Si elle vous en parle, vous pourrez convenir de tout avec elle, car je lui ai dit que je vous l'avais dit ; il serait absurde de vouloir cacher la confiance que votre amitié et ma tendresse pour vous m'inspirent. Je n'ai qu'un regret, c'est de n'avoir pas eu M. de Beauvau pour témoin, mais je m'en rapporte entièrement à la justice de madame.

LETTRE XCVI

DE LA DUCHESSE DE CHOISEUL A MADAME DU DEFFAND

A Chanteloup, ce 9 mai 1768.

Savez-vous, ma chère petite-fille, que j'ai été piquée de recevoir votre lettre hier, parce que je voulais vous écrire aujourd'hui, et que vous croirez que je vous fais une réponse, tandis que je voulais vous prévenir, vous faire dire : Ah ! la grand'maman a pensé à moi en arrivant, aussitôt qu'elle a été reposée ? Vraiment oui, ma chère enfant, j'ai pensé à vous en arrivant, en me reposant, en me fatiguant, en voyageant, en partant : j'y ai toujours pensé. Il est impossible d'être plus aimable que vous le fûtes chez moi la veille de mon départ ; nous en avons beaucoup parlé avec l'abbé, et j'ai déjà eu deux ou trois occasions d'appliquer votre histoire de Raymond et Raymonet. Au dégoût près que j'ai eu d'être prévenue par vous, j'en ai pourtant été charmée, et votre lettre m'a fait le plus grand plaisir. Oh ! je ne doute pas que votre conversation avec madame de Beauvau n'ait été à merveille de votre part, et j'aurais fort désiré que vous trouvassiez occasion de placer que je vous avais conté la même histoire au retour de Compiègne ; car, pour moi, je ne trouve rien que d'honnête dans l'oubli de madame de Beauvau, et de flatteur même dans sa négation, pourvu que son affirmative n'aille pas jusqu'à faire douter de ma vérité, car, pour la soupçonner, elle ne la soupçonne pas, je vous assure.

> Phèdre, au fond de son cœur, me rend plus de justice,

mais elle dit ce qu'il faut, et j'en dois être contente, pourvu qu'elle en reste là.

Vous avez été touchée de mon amitié, ma chère enfant, et j'en suis bien aise, pourvu que vous n'en ayez pas été étonnée, car vous ne pouvez pas croire à ma vérité sans croire à ma tendresse pour vous.

LETTRE XCVII

DE MADAME DU DEFFAND A LA DUCHESSE DE CHOISEUL

Ce lundi, 9 mai 1768.

Je voudrais, chère grand'maman, vous peindre, ainsi qu'au grand abbé, quelle fut ma surprise quand hier matin on m'apporta, sur mon lit, un grand sac de votre part. Je me hâte de l'ouvrir, j'y fourre la main, j'y trouve des petits pois, les premiers que j'eusse vus, et puis un vase. Quel peut-il être ?... je le tire bien vite : c'est... un pot de chambre !... mais d'une beauté, d'une magnificence... que mes gens, tout d'une voix, disent qu'il en fallait faire une saucière. Après les exclamations vinrent les informations. « Qui est-ce qui a apporté ce sac ? — Un homme de la livrée de madame la duchesse. — Qu'a-t-il dit ? — Que le courrier qui arrivait de Charenton le lui avait remis pour me l'apporter. » Je demeure étonnée, et je ne comprends pas comment il n'y a pas un mot d'écrit. Une demi-heure après, mon étonnement cesse : le domestique revient sur ses pas, m'apporte une lettre du grand abbé, et fait mille excuses de ce qu'il l'avait oubliée. Ah! vraiment, elle n'était pas faite pour l'être, et je dirai à l'abbé ce que j'en pense

Pour vous, premièrement, vous êtes mon unique pensée, vous faites le bonheur et le tourment de ma vie. Le bonheur n'a pas besoin d'explication; le tourment, c'est d'être séparée de vous, de ce qu'il me reste si peu de jours à vous dévouer, de ce que jamais je ne pourrai vous faire connaître quelle est ma reconnaissance, ma tendresse, etc., etc.

Le pot de chambre a été en représentation hier toute la soirée, et fit l'admiration de tout le monde. Les pois, dont il y avait une grande casserole toute pleine, furent mangés sans qu'il en restât un seul. Je portai votre santé et on exigea que je vous nommerais tous ceux qui l'avaient célébrée : j'en fis serment; il faut tenir sa parole : mesdames de La Vallière, de Valentinois, Valbelle et Sanadon; MM. de Sardaigne, de Suède, de Saulx, Pont de Veyle, de Listenay, etc. Je vous fais grâce du reste; j'ai quelque chose de mieux à vous dire. Je reçus hier, presque en même temps que la lettre du grand abbé, un billet du grand'papa, qui m'envoyait la réponse de M. Follard. Je vous fais hommage de tous les bonheurs qui m'arrivent. Les attentions du grand'papa vous sont directement personnelles; elles vous prouvent son amitié dans les marques de bonté qu'il me donne. J'ai fait copier son billet; j'y joins ma réponse, que je trouve, telle qu'elle est, sotte, plate, et dont je suis toute honteuse. Mais, si j'étais avec vous, je vous la montrerais, parce qu'il n'y a point de marque de confiance que je ne vous donne, au risque de vous ennuyer : aussi, je vous l'envoie.

Je fus avant-hier à la première représentation du *Joueur*. J'aurais été bien aise de l'entendre avec vous et avec le grand abbé. Je crois que cette pièce se soutiendra. En sortant de la comédie, j'entendis une femme qui disait : « On est saisi sans être touché. » Cela est vrai; c'est son effet; elle fut beaucoup plus applaudie entre chaque acte qu'elle ne le fut à la fin. C'est que le dernier est le moins bon. Molé y joue admirablement. Tous les autres acteurs y jouent bien, excepté Préville, dont le rôle est d'un grand fourbe; et, comme il ne peut pas se défaire du ton comique, on ne trouve point de rapports dans les choses qu'il dit avec le ton dont il les dit, et celui qu'il séduit paraît absurde de se laisser séduire.

LETTRE XCVIII

DE MADAME DU DEFFAND A L'ABBÉ BARTHÉLEMY

Ce mardi, 10 mai 1768.

Je reçois votre seconde, datée du 8. Voici ma troisième. Je commence par vous recommander qu'elle ne devienne point une lecture, et qu'il n'y ait que la grand'maman et vous qui soyez confidents de toutes mes pensées, de toutes mes folies, de toutes mes bêtises. Je vous remercie une fois pour toutes de vos attentions passées, présentes et à venir, et je ne vous en parlerai plus. Votre spectacle d'Orléans m'a tenu en suspens, suivant votre intention; j'étais étonnée qu'il fût survenu à la grand'maman un goût si militaire. Cette grand'maman tire parti de tout : c'est un des sept sages, c'est un oracle, c'est une divinité, c'est une régente et c'est un enfant. L'envoi des pois et du pot de chambre, dont je fis part sur-le-champ au grand-papa, comme vous l'aurez vu par la copie de ma lettre, m'a valu un petit billet dont voici la copie :

« Je mande à madame de Choiseul, ma petite-fille, que l'on
« peut offrir des petits pois, l'on peut aussi offrir des pots de
« chambre; mais des pois dans des pots de chambre... La
« forme du présent est neuve, apparemment que c'est la mode
« en Touraine : cela est *ineffable*. Je n'ai pas le temps de vous
« écrire davantage, ma chère petite-fille, que j'aime de tout
« mon cœur. »

Je ne sais pas si je répliquerai au grand-papa; je marche un peu sur des œufs. Je crois qu'il ne faut pas épuiser les plaisanteries, et vous n'êtes pas ici pour me donner un conseil!

Ce mercredi.

Je fus lundi souper à Ruelle, chez madame d'Aiguillon, avec le chevalier de Listenay et l'évêque de Saint-Brieuc. Celui-ci nous raconta toute la Bretagne : ce n'est point un homme d'esprit, mais il a, je crois, beaucoup de talent pour les affaires; il est honnête homme, adroit, sincère, point mystérieux, expéditif. Il paraît qu'il s'est bien conduit; mais, sur son récit, on doit conclure que jamais l'ordre ne sera rétabli dans cette province, tant que M. d'Aiguillon y commandera. L'esprit de politique s'empara de moi; je voulus trouver des moyens pour finir tous ces désordres. Dans toutes les affaires à conduire, je ne vois jamais que trois hommes qui y soient propres : l'archevêque de Toulouse, le Prince et M. de Castries. Dans cette occasion, on ne peut employer aucun des trois; ainsi, si j'étais le maître, je n'hésiterais pas un moment à envoyer M. de Penthièvre tenir les prochains états, et j'exigerais qu'il restât dans son gouvernement jusqu'à ce que la paix y fût parfaitement établie; on ferait après pour M. d'Aiguillon, pour ou contre, tout ce qu'on voudrait. La grand'maman et vous, vous vous moquerez de moi, et vous direz : Cela sied bien à une petite-fille, de se mêler de raisonner, et vous aurez raison.

Adieu, mon grand abbé, voilà tout ce que vous aurez aujourd'hui; j'écrirai demain à notre divinité.

Le président se porte bien; il nous fit grand' peur hier soir : il voulut ramasser quelque chose par terre, il glissa de dessus son fauteuil, tomba par terre et se donna un coup à la tête qui fit du bruit, mais heureusement ce n'est rien. Je soupe ce soir chez madame d'Enville; j'aurai le plaisir de parler de la grand'maman.

J'oubliais de vous dire que j'ai fait vos compliments au président et à madame de Jonsac, et qu'ils vous les rendent au centuple : que cela soit dit une fois pour toutes.

LETTRE XCIX

DE L'ABBÉ BARTHÉLEMY A MADAME DU DEFFAND

A Chanteloup, mai 1768.

J'avais lu quelquefois, dans des ouvrages imprimés en pays étrangers, que j'étais un savant, et j'en étais fort étonné ; mais je n'ai lu que dans votre lettre que je suis un bel esprit. Au nom de Dieu, ne publiez pas cette découverte, qui me ferait des ennemis. J'ai ouï dire à quelqu'un, je crois que c'est moi, que les prétentions et les droits au titre de bel esprit sont un ridicule ou un crime. Si ma vanité m'avait donné une pareille ambition, un autre sentiment m'en aurait bientôt dégoûté. Si j'avais fait des romans, ma place aurait été après celle du chevalier de Mouhy; et si j'avais fait des vers, je serais resté un peu au-dessous de l'abbé Pellegrin. Je n'ai jamais que les idées de tout le monde, et quand j'ai voulu en approfondir quelqu'une, j'ai trouvé qu'elle tenait à d'autres par tant de fils, qu'il m'était impossible de débrouiller toute cette filasse : aussi rien ne me peine tant que de définir un terme. Voyez la grand'-maman : le mot propre, la définition exacte, ne lui coûte qu'un instant de réflexion. J'aurais pu vous citer un exemple, vous donner aussi des résultats très-justes, non par discussion, car vous n'aimez pas le travail, mais par instinct, ce qui est très-heureux. Je conclus de là que loin d'être un bel esprit, je n'ai que très-peu d'esprit, et le peu que j'en ai est acquis par la lecture ou par la conversation. J'ai obtenu quelques légers succès en devinant des logogriphes sur les antiquités; mais je vous assure qu'avec toutes les peines que je me suis données, un autre aurait été plus loin. Voilà ma confession, qui est très-sincère, et qui répond à tous les éloges que vos bontés pour moi vous inspirent. Vous me voyez en la grand'maman comme le père Malebranche voyait tout en Dieu. Je n'ai que le mérite ou le malheur d'être trop attaché à ceux que j'aime. Je dis le malheur, parce que cette extrême sensibilité est une faiblesse, ou plutôt une espèce de malaise, et la plus cruelle à mon avis de toutes celles qui nous affligent; mais il faut toujours revenir à cette belle maxime : *V'là qu'est comme v'là qu'est* [1].

J'ai cru devoir une fois pour toutes vous parler à cœur ouvert; je n'y reviendrai plus, car je m'ennuie à parler de moi. Revenons à la grand'maman, qui lit toutes vos lettres avant que de me les communiquer, qui sourit en les lisant, qui aime toujours plus tendrement sa petite-fille, et qui me charge de lui en donner la plus vive persuasion. Après le petit rhume dont je vous ai parlé, il lui est resté pendant quelques jours beaucoup de malaise et de langueur; mais cela est passé encore. Nous sortons tous les jours en voiture, à cause du temps affreux que nous avons depuis quinze jours; il pleut à verse depuis hier : tout le monde est dans la consternation. La moisson donnait les plus belles espérances, et la voilà prête à être détruite. C'est inviter à un superbe repas des gens qui meurent de faim, et les empêcher de manger. La grand'maman donne tout ce qu'elle a; elle ramasse avec avidité les pièces de six sous qu'elle gagne au trictrac. Je voudrais que vous vissiez combien elle est aimée ici; il n'y a peut-être pas d'exemple de cette adoration : elle seule en est étonnée. Le grand'papa arrivera le 13, et après quelques jours nous irons vous revoir. J'aimerais pourtant mieux qu'elle restât encore ici quelque temps pour sa santé, mais je ne vois pas que les choses tournent de manière à le faire espérer.

Je viens de parcourir le *Mercure* de ce mois, qui me paraît assez bon; je crois que le fragment sur *Tite-Live*, *Salluste* et *Tacite* est de M. Linguet, quoiqu'il n'y ait pas mis son nom, et qu'il l'ait mis au morceau suivant. J'ai deviné deux ou trois énigmes, qui sont très-claires; j'ai laissé les autres, parce

---

1. Probablement un dicton provençal.

qu'elles m'ennuyaient. Nous avons à présent monsieur et madame l'Intendante de Tours, et voilà tout.

LETTRE C

DE LA DUCHESSE DE CHOISEUL A MADAME DU DEFFAND

A Chantoloup, ce 20 .... 1768.

Le pot aux roses est donc enfin découvert, ma chère enfant, mais qui aurait cru trouver M. de Choiseul au fond de ce pot ; n'est-il pas incroyable qu'il nous ait ainsi attrapé pendant quinze jours? Madame de La Vallière, encore plus heureuse, a dû s'en bien divertir elle-même : elle a fourni un fond qui a produit des incidents merveilleux. L'abbé les a rassemblés et en forme un mémoire historique, auquel il joint les pièces justificatives, dans le goût de celui que M. de Choiseul a fait sur les premières négociations de la paix, qui ont été rompues. Ce grand ouvrage doit être dédié à M. de Choiseul, et nous lui en ferons la lecture à son voyage ici ; c'est pourquoi je vous prie de me renvoyer, si vous l'avez encore, ce que je vous ai écrit à ce sujet, car, dans des choses de cette importance, il faut de l'exactitude et surtout point d'omissions. Je vous renvoie la lettre de madame de La Vallière, que vous avez cru être de l'abbé ; je n'ai plus besoin de l'original, puisque tout est découvert, et j'en garde la copie, qui est la pièce importante de notre recueil, le mot de l'énigme.

La lettre de M. Walpole est réellement charmante ; il m'a fort bien deviné, mais je vois qu'il y a eu de la méprise dans les emballages ; il faut lui expliquer l'intention de l'auteur, afin de rendre à notre plaisanterie tout son sel. C'est aujourd'hui que j'attends notre petite sainte : je serai charmée de la voir. Le chevalier de Listenay me fera aussi grand plaisir, mais croyez, ma chère enfant, que personne au monde ne m'empêchera de vous regretter.

L'abbé me charge de vous dire que non-seulement nous parlons de vous, mais encore que nous ne parlons d'autre chose, et je le certifie.

LETTRE CI

DE L'ABBÉ BARTHÉLEMY A MADAME DU DEFFAND

A Chanteloup, ce 24 mai 1768.

Je vous écris, Madame, sans avoir absolument rien à vous dire. N'avez-vous jamais lu les journaux de marine quand ils n'ont point de tempêtes ou de nouvelles côtes à décrire? ils mettent simplement en note : Calme ou vent favorable. Je vous dirai aussi : Calme, et par intervalles une petit vent frais. Madame la comtesse de Choiseul et M. le chevalier de Listenay sont arrivés, et ne troublent point le repos de notre navigation. L'un et l'autre ont donné à la grand'maman des nouvelles de la petite-fille. Le petit oncle n'est point encore arrivé; on l'attend, non pas à toutes les heures, mais à toutes les minutes. La grand'maman me charge de vous dire qu'elle a reçu les lettres relatives aux petits pois, et qu'elle ne fera usage que des articles qui concernent ce grand événement. Vous devriez lui marquer de se ménager sur la lecture; croiriez-vous qu'elle a déjà fini le second volume du *Dictionnaire des Portraits* qu'elle avait commencé depuis deux mois, et que dans l'espace de vingt jours elle en a lu au moins quinze pages? Elle a commencé *Paméla*, parce que vous l'aimez. J'en serais ravi si elle pouvait se contenir, mais vous verrez qu'elle voudra l'avoir achevée dans trois ou quatre ans. Comme je suis chargé du détail des livres, mon temps se passe à satisfaire la curiosité des lecteurs. Madame la comtesse de Choiseul vint hier à la bibliothèque; elle emporta sept gros volumes. Hier, M. le chevalier de Listenay demanda quelques brochures pour l'amuser, et le voilà qui prend les *Mémoires de Castelnau,* en trois volumes in-folio.

Malgré ces grandes lectures, nous nous promenons assez souvent; le temps est beau; nous montons à cheval; mais nous avons eu un accident bien propre à nous effrayer : avant-hier, Gatti était sur son cheval anglais, nous étions à la fin de notre course; tout à coup ce cheval prend le mors aux dents, le pauvre Gatti le jette dans des broussailles pour pouvoir l'arrêter; la fureur du cheval en augmente :

> Sans doute en ce désordre affreux,
> Un Dieu pressait ses flancs poudreux.

Ce qui est vrai, c'est que nous étions tous saisis d'effroi et dans l'impossibilité de secourir notre pauvre ami qui, ayant vu le long du chemin un endroit garni de bruyères et de buissons, prit le parti de s'y jeter; il en est quitte pour quelques balafres au visage et pour la peur qu'il a eue et qu'il nous a donnée. Je le fis saigner au retour, et voilà la seconde fois depuis trois semaines qu'on lui fait cette opération par mon ordonnance. Je commence à croire qu'il est très-aisé d'être médecin.

Votre grand-papa a fait une jolie galanterie à votre grand'maman : il lui a envoyé les musiciens de sa compagnie, la colonelle-générale, dont il peut disposer puisque c'est lui qui les paye. Ils sont au nombre de six, soit bassons, soit clarinettes; ils nous donnent tous les soirs, au retour de la promenade, un petit concert délicieux : ce sont gens de très-bonne compagnie, et ils ont un ton excellent.

Tout le monde me charge de vous dire un million de choses, et je me joins à tout le monde.

LETTRE CII

DE LA DUCHESSE DE CHOISEUL A MADAME DU DEFFAND

A Chanteloup, ce 31 mai 1768.

Pourquoi, ma chère enfant, m'avez-vous dit que vous étiez triste? mais c'est parce qu'il faut tout me dire, tout ce que vous pensez, tout ce que vous sentez, tout ce qui vous affecte, tout ce que vous avez pensé, tout ce que vous avez senti, tout ce qui vous a affectée, parce que tout cela est intéressant, et très-intéressant pour la grand'maman; puis, ma chère enfant, la tristesse n'est point un défaut, c'est une maladie; et, en bonne aïeule, je serais encore plus empressée à guérir vos maladies, si je le pouvais, qu'à corriger vos défauts. L'âme a ses maladies comme le corps, et elle a aussi ses remèdes : l'amitié est un des plus efficaces, et, pour celui-là, ma chère enfant, je puis vous le dispenser avec profusion.

Ah! M. l'abbé se donne donc les airs de me mêler dans ses caquets, et de faire pleuvoir ses épigrammes sur mes lectures et mon goût pour la littérature! Il prétend que j'ai lu quinze pages en vingt jours! Ah! ma chère enfant, je crois qu'il me fait encore bien de l'honneur; mais n'importe, je veux me venger de son impertinence, et, pour l'en punir, je vous montrerai son Mémoire historique sur le pot de chambre et les pois.

J'ai distribué toutes vos agaceries à tous les habitants de Chanteloup; ils m'ont tous paru fort contents de leurs lots; ils m'ont tous chargée de vous en remercier. Ils regrettent tous que vous ne soyez pas ici des nôtres; ils vous aiment tous, mais aucun ne vous regrette autant que moi, parce que personne, ma chère enfant, soyez-en sûre, ne peut vous aimer autant que je vous aime.

LETTRE CIII

DE MADAME DU DEFFAND A M. CRAWFORD

Ce lundi, 30 mai 1768.

Vous êtes du nombre des *ineffables*, mais vous l'êtes d'un genre différent de celle qui l'est par excellence : vous êtes plus de deux mois sans me répondre, n'ayant rien à faire qu'à bâiller et à détester la vie.

Il n'est pas vrai que vous soyez plus mal que jamais; notre Lindor m'a mandé que vous vous portiez mieux, en m'en demandant le secret; et M. Saint-John, qui n'est pas au fait des affaires, m'a dit tout naturellement que vous vous portiez bien; ainsi, je le crois. Je vous prie, mon cher petit Crawford, de convenir que vous êtes coupable, et de ne point vous donner pour malade pour excuser votre paresse. J'aime bien mieux avoir à me plaindre qu'à être inquiète de votre état : vous avez la preuve de mon indulgence. Ma patience et ma persévérance sont à toute épreuve; elles me rendent peut-être ridicule, mais il faut que chacun suive son caractère : le mien me force d'aimer ce que je trouve aimable, sans en prévoir les faits ni les conséquences. Je suis surprise que vous ayez tant de répugnance pour écrire; vous n'avez point l'air de faire aucun effort, ce devrait être pour vous un amusement. Il y a un article dans votre lettre que je voudrais bien comprendre, et que je vous demande à genoux de m'expliquer; le voici : *Il est horrible d'avoir des sentiments pour être obligé de les déplacer.*

Est-ce de vous, est-ce de moi, que vous entendez parler?

Je suis bien aise que vous soyez du Parlement. Je vous réponds de vos quatorze ans, et bien par-delà; vous avez la plus grande maladie que l'on puisse avoir, et la plus incurable : l'ennui. Mais elle ne tue point, elle fait vivre malgré qu'on en ait : j'en suis la preuve.

J'aurais été parfaitement contente de votre lettre s'il y avait eu un mot d'espérance de vous revoir; vous m'aviez dit, dans celle que vous m'écrivîtes en partant pour l'Écosse, que vous viendriez ici au mois d'août, et peut-être au mois de juillet; avez-vous changé d'avis? dites-le tout naturellement. On doit se faire scrupule de me tromper; je ne puis souffrir les chimères ni les illusions; je ne suis pas assez injuste ni assez vaine pour être étonnée et fâchée qu'on ne vienne point me trouver; mais je n'aime point qu'on me laisse espérer ce qu'on ne veut pas m'accorder.

J'ai une loge à la Comédie avec l'*ineffable*; vous y aurez une place quand vous voudrez. Vous souperez chez moi tant qu'il vous plaira, avec qui il vous conviendra; vous vous ennuyerez ici, sans doute; mais ne vous ennuyez-vous pas ailleurs?

Nous raisonnerons, nous disputerons, nous serons souvent d'accord; nous dirons du bien, du mal de tout le monde, et de nous du mal plus que de tous les autres. Je vous expliquerai ce que je pense de la Milady[1]. La question de Lindor est fort bonne : il est vrai que je ne la vois ni ne l'entends, mais le son de la voix fait pour moi physionomie. Elle a l'abord agréable; le peu de paroles qu'elle dit sont toujours à propos; les jugements qu'elle porte des gens de son pays, que je connais, sont très-justes, et elle devine bien ceux de ce pays-ci; enfin, je lui crois du goût, de la sensibilité, de la prudence, de la justesse, du discernement, et beaucoup d'honnêteté; enfin, enfin, j'ai très-bonne opinion d'elle. Sans être fort gaie, elle aime l'amusement et le plaisir : elle plaît assez généralement ici. Ses succès, cependant, n'approchent pas de ceux de milady Sarah; c'est parce qu'elle n'est pas coquette, et c'est pourquoi, moi, je l'aime mieux.

Ah! quelle idée vous me donnez de l'amie de M. Clément!

---

1. Lady Pembrock.

Il y a mille choses dont je vous parlerais, que je ne peux pas écrire. Venez! venez! mon petit Crawford. N'est-ce pas un plaisir d'avoir quelqu'un qui nous aime? Cela se rencontre-t-il si souvent? Mais vous ne viendrez point : l'argent que vous dites que vous me renverrez est une manière de m'annoncer que vous ne comptez pas me revoir: j'en suis affligée, mais je vous répète que je ne suis pas assez injuste pour être fâchée, c'est-à-dire en colère, je n'ai nul droit de rien exiger de vous.

LETTRE CIV

DE LA DUCHESSE DE CHOISEUL A MADAME DU DEFFAND

A Chanteloup, ce 13 juin 1768.

M. de Choiseul était encore ici, ma chère petite-fille, quand j'ai reçu votre lettre. Mais, hélas! ce n'était pas pour mon bonheur. Jamais votre pauvre grand'maman n'a été si tourmentée. M. de Choiseul a été attaqué, en arrivant, d'un de ses accès de néphrétique, le plus violent qu'il ait encore éprouvé, et qui n'a cessé qu'hier matin, un peu avant son départ. Il a rendu le plus énorme et le plus raboteux gravier, et a retrouvé en un moment la santé, comme s'il n'avait jamais été malade, à la faiblesse près que lui avaient laissée la douleur passée et la diète précédente, de sorte que le jour de son départ a été le plus beau de ceux que j'ai passés avec lui, ce qui ne deva assurément pas être. Il ne s'en est fallu de rien que vous me vissiez arriver avec lui. Le samedi au soir j'avais envoyé un courrier jusqu'à Paris me commander des chevaux sur toute la route; et si M. de Choiseul avait encore souffert, je l'aurais suivi à son insu, car il ne voulait pas que je l'accompagnasse; mais la certitude que j'ai eue qu'il ne souffrait plus m'a retenue ici, où je resterai tant qu'il plaira à Dieu et à mon seigneur et maître. J'ai eu cette nuit un de ses courriers d'Orléans qui m'a donné de très-bonnes nouvelles de sa route, et, ce matin, un autre que j'avais envoyé pour m'en rapporter de sa nuit. J'en attends un troisième demain, qui me rendra compte de l'arrivée. Ah ! ma chère petite-fille, votre grand'maman a été bien malheureuse pendant ces quatre jours ! Cependant il est impossible de souffrir avec autant de douceur et de patience que mon malade ; mais il n'en a été que plus attendrissant. A présent que son accident est passé et que je suis hors de toute inquiétude, il ne me reste que le regret de ce qu'il a perdu l'objet et le fruit de son voyage ; mais j'aime mille fois mieux avoir été témoin de ses souffrances que de l'avoir su souffrant à soixante lieues de moi ; car, quelque diligence que j'eusse faite pour le rejoindre, je serais morte d'inquiétude avant d'arriver.

Il faut que je vous raconte (mais pour vous seule) ce qui s'est passé à cette occasion. Quand j'ai vu M. de Choiseul si malade, je me suis dit : Si j'étais à soixante lieues de lui, et que j'apprisse qu'il est malade, je serais au désespoir de n'avoir pas de détails sur son état, et quoique je haïsse[1] madame de Grammont, cela ne doit pas m'empêcher de faire pour elle ce que je voudrais qu'on fît pour moi ; et sur cela, je lui ai écrit un billet en ces termes :

« Si j'étais à soixante lieues de M. de Choiseul, et que j'apprisse qu'il a une de ses attaques de colique, je serais inquiète et malheureuse : ainsi, je crois vous devoir, dans cette occasion, l'attention dont je vous aurais de la reconnaissance si vous daigniez l'avoir pour moi. » Puis j'entre dans le détail de son état, et je finis par lui dire qu'elle ne doit point être inquiète, puisque je ne le suis pas. En effet, il n'y avait pas sujet de l'être. Ce n'était qu'un sujet de peine et de compassion, et d'attendrissement, dont on connaissait la fin nécessaire et point dangereuse. J'ai continué depuis à lui envoyer des bulletins

---

1. On doit faire observer que cette expression n'avait pas dans le langage habituel du temps tout à fait le même degré d'énergie qu'aujourd'hui.

tous les jours. Mais que croyez-vous qu'elle ait fait ?... Elle a envoyé le médecin, ce qui est assez simple; mais au lieu de me répondre ou de me faire dire un mot de remercîment, elle écrit à M. de Choiseul pour lui reprocher de ce qu'il ne lui a pas écrit par le même courrier que moi; de sorte que M. de Choiseul m'a grondée. Je me suis contentée de lui répondre devant tout le monde, que je n'avais pas cru que l'inimitié qui était entre madame de Grammont et moi dût m'empêcher de faire pour elle ce que j'aurais voulu qu'elle fît pour moi ; et hier en descendant à Orléans, M. de Choiseul l'a trouvée qui était venue l'y attendre plutôt que d'arriver de suite à Chanteloup. Comment trouvez-vous tout cela? Si vous en entendez parler, je vous prie de me mander ce qu'on vous en dira. Mon mauvais succès ne m'empêchera cependant pas de faire toujours ce que je croirai bien; et si jamais j'ai ce malheur de voir M. de Choiseul aussi souffrant, je me conduirai de même et changerai seulement cette phrase à mon préambule: « Comme j'ignore si vous avez été contente ou mécontente des nouvelles que je me suis crue obligée de vous donner de M. de Choiseul, la dernière fois que j'ai eu le malheur de le voir malade, je continuerai à faire pour vous ce que je voudrais que l'on fît pour moi en pareille occasion. »

En voilà bien long sur cet article, ma chère enfant; mais je ne vous en fais pas d'excuse, parce que je suis persuadée que cela vous intéresse, à cause de M. de Choiseul que vous aimez, et parce que cela m'occupe grandement. Je doute qu'après tous ces détails il en reste encore quelques-uns à l'abbé à vous donner sur ce triste voyage. Il ne vous enverra certainement pas sa mauvaise plaisanterie ; mais il vous la rapportera sûrement...

LETTRE CV

DE L'ABBÉ BARTHÉLEMY A MADAME DU DEFFAND

Chanteloup, ce 15 juin 1768.

Vous êtes irritée contre moi, madame, car vous m'appelez mons eur l'abbé ! Daignez m'entendre et vous verrez que votre colère a tort. Je comptais vous écrire tous les jours pendant que M. le duc de Choiseul serait ici. Il arriva le mercredi. Le soir même il eut un de ses accès de colique, et le lendemain matin, il nous fit promettre à tous de ne pas en écrire à Paris. La grand'maman nous le répéta plus d'une fois. Le lendemain de son départ, elle me dit qu'elle vous écrivait ; voilà l'unique cause de mon silence. J'en ai eu du regret ; mais pouvais-je faire autrement, et méritais-je d'être traité de monsieur l'abbé ? Je n'ai pas pu lire à M. le chevalier de Listenay l'article de votre lettre qui le concerne. Il partit hier matin pour les Ormes, et n'en reviendra que vendredi ou samedi. Je lui montrerai votre injustice à son retour. J'ai distribué au petit oncle la petite part que vous lui donnez dans vos reproches. Il m'a dit qu'il était interdit de ses fonctions tout comme moi. Vous devez être contente de ma justification. Si vous ne l'étiez pas, j'en viendrais peut-être aux injures, et, malgré mon respect pour vous, je vous appellerais monsieur l'abbé !

Ce voyage que nous attendions avec tant d'impatience, dont nous nous promettions tant de plaisir, nous a causé bien des chagrins. Votre grand-papa n'est sorti, pendant les quatre jours qu'il a passés ici, qu'une petite fois en carrosse. Il a souffert jour et nuit des douleurs très-vives, sans qu'on s'en aperçût qu'à la sueur de son front, d'une patience et d'une douceur sans exemple dans les souffrances, d'une gaieté charmante au moindre intervalle de repos. Votre grand'maman a souffert autant que lui ; elle l'aurait accompagné dans son voyage si, quatre heures avant son départ, il n'avait pas rendu ce gravier qui nous a tant alarmés. Enfin l'orage a cessé, et nous voilà tranquilles ; mais nous avons depuis quinze jours le plus vilain temps du monde. Nous ne pouvons nous promener ni à pied, ni à cheval. J'en suis désolé pour la grand'maman, à qui l'exercice est absolument nécessaire, et qui n'a point encore retiré de son voyage le fruit qu'elle en avait obtenu les autres années. Elle est très-faible et très-maigre, et, si elle ne se refait pas pendant le séjour qu'elle fera encore à Chanteloup, je redouterai Compiègne, Fontainebleau, Paris et Versailles. C'est un grand malheur qu'elle s'intéresse si fort à la santé de ses amis et si peu à la sienne ; mais ne lui en parlez pas, je vous en conjure, parce que nos sermons ne servent qu'à l'importuner, et qu'elle paraît à présent vouloir mettre le temps à profit. Ne vous alarmez pas non plus sur ce que j'ai l'honneur de vous mander ; car, au fond, elle n'a aucune indisposition, elle ne tousse point, elle dort et mange passablement bien ; il ne lui faudrait que plus de forces pour n'être pas si susceptible de rhumes ou d'autres incommodités. Elle me charge de vous dire : quoi ? Que M. le chevalier de Listenay n'a pas mangé le pot de confitures en chemin. Il craignait d'en être soupçonné, parce qu'elle a toujours oublié de vous en remercier, et moi de vous en parler. Nous les avons mangées à votre santé, ce qui a ajouté un prix à leur bonté naturelle. Le précis historique que j'avais fait des petits pois est si ennuyeux que je bâille en me le rappelant. Je ne sais ce que j'en ai fait, et je n'en regrette point la perte. Mais j'ai les pièces justificatives que j'aurai l'honneur de vous envoyer ou de vous porter.

Recevez, madame, les nouvelles assurances de mon respect et de mon attachement. Ayez la bonté de me marquer au plus tôt vos sentiments à mon égard. Si vous n'êtes plus en colère, je vous aimerai à la folie ; si vous y êtes encore, je... je vous aimerai de même, mais en vrai quiétiste, et sans espoir de retour.

LETTRE CVI

DE LA DUCHESSE DE CHOISEUL A MADAME DU DEFFAND

A Chanteloup, ce 17 juin 1768.

Je ne comprends pas, en effet, ma chère petite-fille, quels peuvent avoir été les motifs de prudence de madame de R... qui l'ont déterminée à vous cacher que mon bulletin (ce n'était point une lettre) était adressé à madame de Grammont; car il me semble que cette attention n'était injurieuse ni pour l'une, ni pour l'autre, et il paraît que madame de Grammont ne l'a pas trouvé elle-même, puisqu'elle l'a montré à tout le monde. Mais, dites-moi, n'est-il pas étrange qu'elle l'ait en effet montré à tout le monde et qu'elle ne m'ait seulement pas fait dire: « *Je vous remercie.* » Je lui dois cependant réparation sur le voyage d'Orléans. J'avais écrit qu'elle était venue y attendre son frère plutôt que de pousser jusqu'à Chanteloup; mais j'ai appris, au contraire, qu'elle n'y était arrivée qu'après lui, et alors cela devient tout simple.

Vous avez beau dire : c'est moins dans cette occasion que dans toute autre que je donnerai à votre dame prudente, le nom de *farine*; car loin d'être insipide, elle vous picotait extrêmement par cette réserve si mal placée, et celui d'*aspic* lui aurait alors bien mieux convenu, quoique assurément son dessein ne fût pas de vous faire de la peine; car il faut convenir que c'est la meilleure femme du monde, et si elle est quelquefois un peu *farine*, comme vous l'appelez, tant mieux ! cela est nécessaire dans la société, et tout serait perdu s'il n'y en avait pas. Je n'aurais pas été si malheureuse si j'en avais trouvé un peu plus dans les premières sociétés où j'ai vécu. Mais au lieu de *farine*, je n'ai trouvé que du *levain*.

Je suis charmée que vous ayez approuvé ma conduite, cela me confirme dans l'opinion que j'avais qu'elle était bonne, en effet. Mais, malgré cela, je serais bien étonnée si on ne cherchait pas à l'empoisonner, et je vous serai bien obligée de continuer à me dire ce que vous en apprendrez.

LETTRE CVII

DE L'ABBÉ BARTHÉLEMY A MADAME DU DEFFAND.

.... Ce dimanche, 19 juin 1768.

Je devais vous écrire hier, madame, j'en étais convenu avec la grand'maman, qui me dit une heure après qu'elle vous avait écrit. J'ai cru que vous aimeriez mieux avoir deux jours de suite de ses nouvelles. Elle me charge de vous renvoyer le billet du grand-papa, et d'y joindre des vers que M. Dupuis lui a fait passer de la part de M. de Voltaire, et qui contiennent un trait contre M. de la Bletterie [1]. Elle vous prie de ne pas les communiquer, parce qu'elle ne veut pas chagriner l'abbé de la Bletterie, à qui vous savez qu'elle s'intéresse. Voilà, je crois, toutes mes commissions faites. Le mauvais temps continue, il pleut sans cesse, et nous ne pouvons sortir. Vous demanderez ce que nous faisons tout le jour. Croyez-vous qu'avec des caractères aussi bruyants que le petit oncle et M. le chevalier de Listenay, on puisse être embarrassé ? Nous jouons au trictrac et nous avons de la musique ; quelquefois nous lisons des pièces de théâtre. Nous avons plusieurs exemplaires de chaque pièce, et c'est un assez joli amusement ; mais nous n'avons pas beaucoup de spectateurs. Les troupes de province ne doivent pas

---

1. Apostat comme ton héros,
Janséniste signant la bulle,
Tu tiens de fort mauvais propos
Que de bon cœur je dissimule.
Je t'excuse et ne me plains pas ;
Mais que t'a fait Tacite, hélas !
Pour le tourner en ridicule?

La Bletterie était auteur d'une vie de Julien et d'une traduction de Tacite.

s'attendre à de grands profits; cependant la grand'maman et M. le chevalier de Listenay pourraient jouer sur tous les théâtres de Paris. Il est un auditeur que nous regrettons souvent et dont nous parlons sans cesse : pourriez-vous le deviner ?

Je rouvre ma lettre pour vous dire de la part de votre grand'maman qu'elle a reçu un billet très-poli de madame la duchesse de Grammont.

LETTRE CVIII

DE L'ABBÉ BARTHÉLEMY A MADAME DU DEFFAND.

Chanteloup, 28 juin 1768.

Vous avez bien fait, Madame, de m'appeler mon cher abbé, je n'aurais jamais osé retourner à Paris, car il faut rester en province, quand on est dans la disgrâce. Nous voilà donc prêts à partir. Ce sera suivant les apparences dans les premiers jours de la semaine. La mort de la reine a dérangé nos projets ; votre grand'maman a rappelé au grand-papa les suites de cet événement pour vous; elle lui a, de plus, envoyé la note concernant M. le vicomte de Vichy, et quoiqu'il n'ait pas besoin d'être sollicité dans tout ce qui vous concerne, elle s'est fait un plaisir de lui en parler.

Vous devez voir aujourd'hui M. le chevalier de Listenay, il vous dira le genre de vie que nous menions ici, et le nombre de fois qu'il a été question de vous, si cependant il a pu les compter, mais il ne vous dira pas combien nous avons été enchantés de l'avoir et affligés de le perdre. Votre grand'maman n'a plus auprès d'elle que le petit oncle, qui restera jusqu'à la fin du voyage. Savez-vous qu'elle a fini *Paméla* depuis trois jours ? C'était une grande entreprise que quatre volumes in-12, et cependant il ne lui a fallu que deux mois pour la terminer.

Elle se porte assez bien, mais elle n'est point engraissée. Je suis bien aise qu'il n'y ait point de camp à Compiègne, elle en sera moins fatiguée. Vous êtes ennuyée des nouvelles de Paris ; ne le seriez-vous pas si je vous disais qu'on a pris l'autre jour un gros loup au trébuchet, que le grand taureau est très-méchant et le petit très-drôle, qu'on a tondu les moutons, que leur laine est très-fine, que votre grand'maman a eu cette année des agneaux qui sont plus gros, plus alertes et presque aussi jolis qu'elle, que l'autre jour elle fit apporter une table de trictrac sur une pièce de gazon très-verte, qu'elle y fit venir ses cent trente moutons avec tous les petits enfants du château qui leur distribuaient du pain et du sel, qu'il faisait alors le plus joli temps du monde, qu'il fait aujourd'hui le plus vilain ; qu'elle fait travailler depuis trois ans à un boudoir, que pendant ce temps-là on a fait des colonnades, des cours, des écuries, de grands bassins, des cascades, mais que le boudoir n'est pas fini, qu'elle avait compté en jouir avant que de partir, mais que des glaces qu'on attendait de Paris et qui doivent être appliquées en dedans des fenêtres se trouvent trop grandes ou trop étroites et faites pour d'autres fenêtres, et que pour s'en servir il faudrait envoyer chercher ces autres fenêtres qui peut-être sont en Franche-Comté ou en Languedoc ; que le petit oncle lit toute la journée des romans qui l'amusent dans le moment et qu'il oublie, à ce qu'il dit, le moment d'après ; que moi je les enregistre dans un catalogue de bibliothèque que j'ai commencé aussi depuis trois ans et qui n'est pas plus avancé que le boudoir ; que nous lûmes hier au soir le discours de réception du grand Corneille à l'Académie française, qui nous divertit grandement ; enfin qu'au milieu de tous ces détails, je trouve que le temps passe aussi vite à Chanteloup qu'auprès de vous. Votre grand'maman vous aime toujours bien tendrement et se fait un grand plaisir de vous voir ; le petit oncle et moi de même. La grand'maman me charge d'ajouter qu'elle ne vous écrira peut-être plus avant son départ, parce qu'elle a beaucoup d'affaires à traiter avec M. de Mondomaine, l'écuyer, M. de Perceval, le capitaine des chasses, M. Bibol, l'intendant, M. Teillier, le concierge, Chauvin, le fermier, Nicolas, le jardinier, Claude, le vacher, Robin, le berger, madame Grisemine, la gardeuse de dindons, etc., etc. Voilà bien des folies, madame, mais je vous dis tout ce que je sais.

Recevez, je vous supplie, les nouvelles assurances de mon respect et de mon attachement sans bornes.

P. S. J'ai dit dans ma lettre que la grand'maman n'avait plus auprès d'elle que le petit oncle; j'ai oublié de vous dire que j'y suis aussi.

LETTRE CIX

DE LA DUCHESSE DE CHOISEUL A MADAME DU DEFFAND

A Chanteloup, ce 6 juillet 1768.

C'est M. de Choiseul, ma chère enfant, qui a déterminé lui-même le jour de mon départ; il me mande qu'il ne pourrait pas me voir, et que je ne pourrais faire ma cour au roi avant le lundi 18, et comme ce sont les motifs apparents qui me rappellent, ne serait-il pas inconséquent de revenir sans les remplir?... Voyez donc si je n'ai pas raison, et ne me soupçonnez pas sur toute chose de me plaire à éloigner le moment de vous revoir.

Vous me faites un grand présent en m'envoyant la tragédie du président, imprimée par M. Walpole [1]; nous nous préparons, l'abbé, le petit oncle et moi, à la lire ce soir. Je trouve la franchise de M. Walpole envers Voltaire extrêmement noble, et j'aime beaucoup mieux ces manières-là; mais pourquoi me dites-vous : « *Ne vous détachez pas de notre ami?* » Vous

---

1. La tragédie de *Cornélie*, par le président Hénault.

savez combien je suis disposée à aimer tous ceux que vous aimez et surtout ceux qui vous aiment, et celui-là plus qu'aucun autre, parce que son personnel me plaît infiniment et que j'ai très-bonne opinion de son cœur et de son âme.

M. de Choiseul m'avait déjà dit, avant de partir, sur votre pension, ce que M. de Saint-Florentin en a dit à M. de Beauvau; mais comme cela ne me rassurait pas entièrement, je lui en ai écrit encore depuis la mort de la reine et n'ai point eu de réponse à cet article, apparemment parce qu'étant bien sûr de son fait, il n'a plus pensé à m'en parler. Voilà pourquoi je vous ai demandé des nouvelles, et je suis charmée d'être tranquille à cet égard[1].

Je ne conçois pas quels sont ces gens qui *prêchent tant contre le sentiment, qui n'en sont pas dénués et qui en ont même beaucoup pour moi*, et qui vous ont chargée de me dire *que l'accident qu'avait eu le grand-papa, à Chanteloup, leur avait tourné la tête*. Étaient-ils aussi à Chanteloup? oh non, je suis une bête; c'est M. de Beauvau! je le voudrais au moins. Mais voyez, ma chère enfant, votre grand'maman est si imbécile et devenue si provinciale, qu'il faut lui dire les choses tout platement pour qu'elle les entende.

Quand nous souperons en petite compagnie avec M. de Choiseul, et qu'il sera en gaieté, nous lui ferons des plaisanteries sur ce qu'il a accordé aux beaux-frères de Vernage ce qu'il refuse à M. votre neveu; ce sera le meilleur moyen d'en tirer parti sans le mortifier. Je voudrais bien être au moment de ces charmants soupers; vous verriez que je ne suis pas cette *méchante grand'maman*, comme vous m'appelez, *que je ne tourne pas* si fort *le dos au sentiment* que vous le dites, et bien moins encore, ma chère enfant, à tout celui que vous méritez.

---

1. La reine Marie Leckzinska avait accordé une pension de 6,000 francs à madame du Deffand, et le payement de cette pension se trouvait compromis par la mort de la reine.

LETTRE CX

DE LA DUCHESSE DE CHOISEUL A MADAME DU DEFFAND

A Compiègne, ce 7 août 1768.

Voici, ma chère enfant, une lettre qui m'est arrivée ce matin de Lyon à mon adresse, celle qui était dessous pour vous était à cachet volant. Je l'ai lue pour remplir l'intention du fondateur. Ah! il est tout à fait de mauvaise humeur de la protection que nous accordons contre lui à La Bletterie et ma chère petite-fille est le houssart qu'il fouette pour mon billet; je crois que nous ferons bien de le laisser tranquille, car pour moi, je ne veux point entrer dans une dispute littéraire[1]. Je ne me sens pas en état de tenir tête à Voltaire, puis l'animadversion des gens de lettres me paraît la plus dangereuse des pestes. J'aime les lettres, j'honore ceux qui les professent, mais je ne veux de société avec eux que dans leurs livres et je ne les trouve bons à voir qu'en portrait. J'entends d'ici la petite-fille qui dit : la grand'maman a raison, il semble qu'elle ait mon expérience [2]. Avouez, ma chère enfant, qu'il n'y a que notre très-cher et bon abbé qui se soit garanti du venin commun des gens de lettres; c'est qu'il n'a sa supériorité que pour lui, son bel esprit que pour nous, et son bon esprit pour tout le monde. Aussi les craint-il presque autant que nous. Le grand-papa vous embrasse, il dit qu'il vous enverra la suite de sa traduction à mesure qu'elle sera faite. J'embrasse aussi la chère enfant, et sur ce je vais me coucher sur la bonne bouche.

1. Voir la lettre de madame du Deffand à Walpole, du 11 août 1768. Il s'agissait d'une discussion que cherchait à engager Voltaire avec M. Walpole sur le mérite comparatif de Shakespeare et de Racine.

2. Allusion aux sujets de plainte que madame du Deffand croyait avoir contre Dalembert.

LETTRE CXI

DE LA DUCHESSE DE CHOISEUL A MADAME DU DEFFAND

A Compiègne, ce 23 août 1768.

Ma chère enfant, je pense partout à vous également, mais je ne peux pas partout également vous le dire. Ici, par exemple, il est vrai que je n'ai pas un moment à moi, mais cela n'empêcherait pas que je n'eusse bien du plaisir à recevoir vos lettres, quoique je n'eusse peut-être pas toujours le temps d'y répondre ; ainsi votre discrétion est mal placée. Je comptais vous faire demander à souper pour vendredi 29, et j'irai, puisque vous le voulez, chez le président, quoique je sois un peu embarrassée d'y être toujours priée par vous. Madame de Biron sera dans ce temps-là à Paris et je ne sais pas ce qu'elle fera, je crois qu'elle serait bien embarrassée de le dire elle-même. Je ne la mène pas comme vous savez, mais je vais tant qu'on veut à sa suite, elle a été charmante ici, plus je la vois et mieux je l'aime, et j'en suis bien fâchée, mais comment résister au plaisir d'aimer ? puis je serais bien étonnée si celle-là m'en faisait jamais repentir. Aimons donc toujours en attendant ; c'est autant de pris sur l'ennemi, car le mal est l'ennemi du genre humain, et de tous les maux il n'y a que la haine qui soit pire que l'indifférence ; ne me demandez donc plus si je vous aime, ma chère enfant. Allez, je serais bien embarrassée de faire autrement que d'aimer. N'allez pas croire, cependant, que j'aime tout le monde, mais croyez au contraire que quand je n'aimerais personne, je vous aimerais encore.

LETTRE CXII

DE MADAME DU DEFFAND A M. CRAWFORD

Ce dimanche 6 décembre 1768.

Je m'impatientais de ne point avoir de vos nouvelles et je vous accusais déjà de manquer de parole. Ce matin, à mon réveil, Wiart m'a dit qu'il avait rencontré hier M. Dubuisson qui lui avait conté tous vos désastres. Votre lettre que j'ai reçue à trois heures me les a confirmés. J'aurais été très-inquiète si je vous avais su dans tout cet embarras; vous en voilà tiré; vous voilà à Londres au milieu de tous vos amis, et il ne vous reste plus rien à faire qu'à m'oublier; c'est de quoi vous vous acquitterez à merveille, et cela doit être, puisque M. Selwyn, que je croyais l'exactitude et la fidélité même, ne m'a pas donné signe de vie depuis sa lettre de Douvres. Oh! je suis bien revenue des Anglais; ils ne seront plus à l'avenir embarrassés de mes empressements.

J'ai vu deux fois depuis votre départ M. Mallet, il n'a point encore soupé chez moi, mais il y dînera demain avec un astronome, un médecin, mon ami Tourville et mademoiselle Sanadon, nous verrons si la compagnie lui déliera la langue; à moins d'être muet on ne peut être plus silencieux, et à moins d'être mort on ne saurait être moins en vie. Cependant je ne me décourage pas; je le trouvai fort bien le jour que je le vis avec vous, il n'est pas si bon dans le tête-à-tête, mais j'ai toute confiance dans votre discernement, ainsi je ne me rebute point.

Pour la princesse Lubomirska, elle s'est extrêmement refroidie pour moi. Je passerai chez elle aujourd'hui, et l'accueil que j'en recevrai décidera de la conduite que j'aurai avec elle. Je lui dirai tout ce que vous m'écrivez pour elle.

Le président ne va pas mal; il eut vendredi seize personnes

chez lui, les maréchales avec qui je suis souverainement bien, les dames de Lauzun, de Valentinois, etc., etc. Le jour d'auparavant, je soupai chez votre ambassadeur. Madame de Forcalquier y arriva après dix heures et n'en fit point d'excuse, elle s'est impatronisée dans cette maison ; elle dit à l'ambassadeur qu'il était le plus aimable de tous les Anglais qu'elle eût jamais vus, elle fut bien vive, brillante, sémillante ; votre flamme se serait rallumée ; je l'aurai ce soir à souper.

J'ai été assez enrhumée, je n'ai point dormi de la nuit, je ne suis ni gaie ni triste, je dicte cette lettre en me coiffant, je sortirai tout à l'heure pour aller chez le président. Je voudrais que vous me donnassiez des nouvelles de votre santé, que vous chantassiez pouille de ma part à M. Selwyn, et que vous m'écrivissiez une fois tous les mois. Adieu, mon petit Crawford, je me garderai bien de vous dire que je vous aime, je ne veux plus être ridicule.

LETTRE CXIII

DE MADAME DU DEFFAND A M. CRAWFORD

Ce mardi, 8 décembre 1768.

Vous êtes du dernier bien avec moi. Jugez si c'est chose difficile ; vos quatre lignes de Douvres m'ont fait un extrême plaisir ; c'est avoir senti l'amitié que j'ai pour vous, l'intérêt que j'y prends, et c'est y répondre ; nous verrons quelle conduite vous aurez à l'avenir ; j'y conformerai la mienne, non pas que je veuille me tenir sur le qui-vive ; ce n'est pas mon goût ni ma manière avec les gens que j'aime, quand je peux penser que mes attentions et empressements peuvent leur être agréables ; mais vous autres, messieurs les Anglais, quoique sans fatuité, vous croyez aisément qu'on vous aime plus qu'on ne doit, et la crainte d'être obligés d'y répondre ou de devenir ingrats, vous rend tout commerce et correspondance ennuyeuses ou incommodes; cela dit, parlons d'autres choses.

Comment vous portez-vous? avez-vous pris votre eau de poulet en route? Si le voyage ne vous a pas fatigué, il doit vous avoir fait du bien; vous me manderez ce qui en est, et où en sont les affaires de M. votre père, et par conséquent les vôtres. Il n'est nul inconvénient à me l'écrire; l'amitié ne s'entretient que par la confiance, et la confiance fait l'agrément de la vie; sans la confiance on est tout seul dans le monde; le monde n'est plus qu'un spectacle où l'on cesse bien promptement de prendre part.

Votre M. Mallet ne vint point dîner hier chez moi comme il me l'avait promis; il me manda qu'il était malade; j'imagine qu'il me craint; votre présence aurait été nécessaire pour donner quelque consistance à cette nouvelle connaissance; je ne sais que vous dire; mais je prévois qu'il ne se formera pas une grande liaison entre nous; ce ne sera pas ma faute, j'en ferai toutes les avances, parce que j'ai beaucoup de confiance en votre discernement, et puis parce que je suis comme feu madame de Staal qui cherchait les nouvelles connaissances par l'ennui qu'elle avait des anciennes. J'ai été chercher la princesse Lubomirska et je ne l'ai point trouvée; sa flamme pour moi est sans doute diminuée; cela ne vous paraîtra pas impossible ni même singulier.

Je reçus hier une lettre de M. Selwyn; il va à Glocester; ainsi je n'entendrai parler de lui de longtemps. Les Pembrock ne sont point encore arrivés. Milord C... m'a laissée là; vos ambassadeurs et ambassadrices font fort peu de cas de moi. Je suis en petit prédicament dans votre nation; ah! j'ai tort. J'eus hier la visite de M. d'E...; il se trouva chez moi en même temps que le chevalier de Redmont; l'un faisait le dessus et l'autre la basse, et ce duo déchirait les oreilles; il faut consentir de bonne grâce à supporter l'ennui et les ennuyeux; en voulant se délivrer des uns, on en retrouve dans les autres, et excepté quelques personnes de qui on est séparée par des obstacles insurmontables, tout le reste doit être égal.

Je ferais des compliments à milord Ossory s'il avait cinquante ans, ou s'il était entre les mains de M. Pomme. Je ne vous parle point de M. Walpole; j'ai découvert qu'il n'avait point écrit à madame d'Aiguillon; je n'en puis concevoir la raison. Le président se porte fort bien ; madame de Jonsac est assez enrhumée ; madame de Forcalquier a plus de dignité que jamais ; vos ambassadeurs lui rendent un culte ; dites-moi pourquoi votre roi a donné deux mille pièces de pension à votre ambassadeur.

Adieu, vous voyez quel est mon style, que je vous dis tout ce qui me passe par la tête, sans ordre, sans suite, sans réflexion ; suivez mon exemple, et surtout ne vous embarrassez point de parler bon français ; et vous verrez qu'il vaudra autant m'écrire que de faire du noir ou rêver à la Suisse.

J'ai oublié dans ma dernière lettre, et j'ai pensé encore l'oublier dans celle-ci, de vous dire que vous devez avoir deux lettres de Voltaire de sa propre main. J'ai prié M. Walpole de vous les redemander ; donnez-les-lui, je vous prie, ou renvoyez-les-moi.

LETTRE CXIV

DE VOLTAIRE A MADAME DU DEFFAND [1]

4 janvier 1769.

Eh bien ! madame, j'écris très-souvent quand j'ai des thèmes. Faites-vous lire la lettre de M. le marquis de Belestat,

---

1. Cette lettre de Voltaire ne se trouve pas dans l'édition de sa correspondance. Nous l'avons prise dans le recueil manuscrit des copies faites par le prince de Beauvau. C'était bien ce vilain homme qui était l'auteur de la brochure offensante pour le président, et qu'il niait si effrontément!... Voir, à ce sujet, la lettre de madame du Deffand à Walpole, du 13 novembre 1768.

et jugez après cela si c'est avec justice qu'on m'a imputé son ouvrage. Jugez si j'ai été fidèle à l'amitié, si j'ai été offensé du mal qu'on disait de M. le président Hénault, et si je n'ai pas pris son parti beaucoup plus que je n'ai jamais pris le mien. Voilà la vérité enfin reconnue, et il faut que le président en soit instruit : j'ai cru sentir dans ses lettres qu'il me soupçonnait, je n'en ai eu que plus de zèle. Oui, madame, je suis vif, et je le serai jusqu'au dernier moment de ma vie, quand je croirai servir l'amitié et la raison.

La Bletterie est encore plus coupable que le marquis de Belestat ; puisqu'il veut être de l'Académie, il ne devait pas outrager un homme de quatre-vingt-deux ans qui fait tant d'honneur à notre corps. Rougissez d'avoir pris le parti de ce pédant orgueilleux. Que votre petite mère ou grand'mère se repente de l'avoir protégé ! Voilà comme sont faits tous ces animaux-là. Ils croient régenter un collége et c'est au collége qu'il faut les renvoyer. Madame la duchesse de Choiseul m'a écrit trois pages de sa main pour m'assurer l'innocence de ce janséniste. Je me repens bien d'avoir répondu gaiement, et d'avoir tourné le tout en plaisanterie. J'aurais dû lui faire connaître un méchant homme, qui abuse de sa protection pour insulter tout le monde. Comptez que La Bletterie ne vaut pas mieux que Jean-Jacques, tout cela est l'excrément du siècle. Le royaume du bon goût et de l'esprit est tombé en quenouille, je ne prétends dire une fadeur ni à vous, ni à madame la duchesse de Choiseul. Ce n'était pas en Sorbonne que le roi de Danemark devait aller ; il devait venir souper chez vous sans façon.

Je suis un de ces étrangers qui regrettent de n'avoir pas cet honneur. Mais je suis bien mieux encore. Je suis un vieux serviteur attaché à votre char depuis quarante ans, vous respectant et vous aimant de toutes mes forces.

LETTRE CXV

DE L'ABBÉ BARTHÉLEMY A MADAME DU DEFFAND

Thugny, près Rethel, 3 février.

Enfin nous voilà à ce Thugny dont le châtelain n'a cessé depuis hier au soir de demander des nouvelles de la petite-fille : que fait-elle ? comment se porte-t-elle ? se souvient-elle de nous ? et tant d'autres questions qui ont été éclaircies à sa satisfaction. Nous eûmes le premier jour un si beau soleil, un temps si doux, que nous croyions être en Italie, le second un ciel si noir et tant de neige, que nous nous crûmes en Laponie. Nous couchâmes à Soissons, l'évêque voulait que ce fût chez lui, la grand'maman préféra rester à la poste pour dormir plus vite, l'évêque assista à son souper ; il est Bourdeille, comme Brantôme, mais quoique ce soit un homme de bien, il ne fait pas de si bons contes. La grand'maman lui dit avec beaucoup d'onction que la grâce semblait la circonvenir, et que la plupart de ses amies étaient dévotes, madame de Choiseul, madame d'Achy, madame de Thiers. Cette réflexion lui valut le lendemain une longue messe à l'évêché et une grande tasse de café. Pendant tout le voyage nous avons parlé du grand-papa, de la petite-fille, des petits soupers, des voleurs de grand chemin, de ceux qui sont à Paris et ailleurs, je ne sais de quoi encore, mais le chemin n'a pas paru trop long.

Nous avons enfin les livres d'Angleterre. La grand'maman me charge de vous raconter une scène qui nous fit bien rire : un moment avant notre départ, elle disait au grand-papa qu'on avait remis chez elle, à Versailles, un ballot contenant trois exemplaires d'un ouvrage imprimé en Angleterre et qu'on ne retrouvait plus. Je l'ai reçu, dit le grand'papa, et j'ai payé à l'ambassadeur d'Angleterre deux cents louis pour les trois exemplaires. — Et qu'en avez-vous fait ? lui dit la grand'maman

—J'en ai envoyé un à la bibliothèque du roi, un second au dépôt des affaires étrangères, j'ai gardé le troisième. — Mais ils n'étaient pas pour vous, ils étaient pour la petite-fille, le petit oncle et l'abbé!... et sur cela des rires sans fin. J'arrive et je prétends qu'outre les deux cents louis, il faut qu'on rembourse au général Irvine les dix-sept louis. Nous demandons pourquoi l'ambassadeur d'Angleterre est mêlé dans cette affaire. Au milieu de cet imbroglio, M. de la Ponce nous dit qu'on lui avait remis, il y a plus de trois semaines, un ballot contenant en effet trois exemplaires d'un ouvrage in-folio. C'est précisément notre ballot; celui qui a coûté deux cents louis contient des généalogies dorées, enluminées, guirlandées, etc. Je vous raconte tout cela assez mal, mais vous pouvez aisément vous représenter cette suite de questions, de surprises et d'embarras. On frappe à ma porte, je vous quitte pour aller ouvrir, et je n'ai que le temps d'ajouter mille tendres choses de la part de la grand'maman, du petit oncle et de la mienne.

Dites, je vous prie, à M. le chevalier de Listenay que monsieur et madame de Thiers l'attendent avec impatience; qu'il peut, en partant à neuf heures, venir coucher à Soissons et le lendemain à Thugny; que de Soissons il ira à Reims, de Reims à Isle, et d'Isle ici. Les chevaux de cette poste sont dans l'habitude de mener à Thugny, qui n'est qu'à une petite demi-lieue de Rhetel.

LETTRE CXVI

DE LA DUCHESSE DE CHOISEUL A M. WALPOLE

A Thugny, 7 février 1769.

J'ai reçu une lettre charmante de mon Horace, de mon cher petit-fils; mais comment cela se fait-il? elle est datée du 13 février et nous ne sommes encore qu'au 7; il est vrai qu'elle marque aussi soixante-huit et que nous sommes en soixante-neuf. Elle a donc un an d'antiquité. Cependant je ne l'ai reçue qu'il y a environ trois semaines ; elle était en réponse à une lettre que j'ai écrite, il y en a environ six, au général Irvine. Mon petit-fils est-il donc comme l'*Éternel* qui réunit tous les temps ? j'aimerais bien mieux qu'il lui ressemblât par le don de remplir l'espace, je l'aurais auprès de moi. En vérité, monsieur, votre présence me serait assez due, il y a assez longtemps que l'on vous désire, vous avez beau écrire des galanteries à votre jeune femme et à votre vieille grand'maman, je ne puis croire que vous les aimiez quand vous êtes deux ans sans les voir. Malgré votre absence, malgré votre indifférence, je ne me repens cependant point de vous avoir fait des agaceries dans ma lettre au général, puisqu'elles m'en ont procuré une si jolie de votre part ; on a beau être vieille et grand'maman, on n'en aime pas moins les douceurs et j'aime particulièrement les vôtres. Trêve donc de reproches, votre lettre vous a tout fait pardonner ; hors une si longue absence, on est toujours sûr du retour d'une femme dont on a su flatter la vanité. Mais croyez-vous cependant que la mienne m'ait assez aveuglée pour m'attribuer un portrait qui ne me ressemble point ? Je ne connais pas cette femme *supérieure à la fortune, qui n'en craint que les faveurs et non les revers,* mais j'en connais une qui tâche d'en jouir sans s'en laisser éblouir et qui cherche à en prévoir les retours pour apprendre d'avance à les supporter, mais je ne connais pas la merveille dont vous me parlez ; si je la trouve, je vous l'indiquerai pour que vous l'aimiez mieux que moi. En attendant, monsieur, aimez-moi comme la femme du monde qui vous rend le plus de justice et qui est la plus pénétrée de tous les sentiments que vous méritez.

Mille choses pour moi, je vous prie, au général, si vous le rencontrez.

LETTRE CXVII

DE LA DUCHESSE DE CHOISEUL A MADAME DU DEFFAND

Ce 24 février 1769.

Vous avez raison, je suis une grande oublieuse, et je ne me pardonne pas de l'être pour les choses qui vous intéressent. J'ai reparlé au grand-papa, d'après votre lettre, de votre pension; il avait oublié aussi de la rappeler à M. d'Invaut; mais il vient de me promettre encore de lui en parler. A l'égard de Saint-Cucufin, il n'a pas achevé de le lire; il me le rendra dès qu'il l'aura lu, pour vous l'envoyer. Quant à ma réponse à M. Guillemet, que je lui avais envoyée aussi pour la donner à M. Hennin, comme il me l'avait lui-même proposé, il l'a fait mettre tout simplement à la poste, d'où elle sera arrivée à Lyon, où il n'y a jamais eu de M. Guillemet. Cependant, j'ai fait écrire pour la ravoir; mais il se peut qu'elle ne parvienne jamais à Voltaire. Vous voyez qu'il y a autant d'oubli dans le ménage d'un côté que de l'autre, et tout ce que produisent nos oublis.

L'abbé m'a raconté une partie *de tout ceci, de tout cela*. *Tout ceci, tout cela* me fait pitié. *Une de celles-là* est venue ici, je lui ai donné à souper; mais j'ai évité de me trouver seule avec elle, parce que je ne voulais pas qu'elle me parlât *de tout ceci, de tout cela*; que je ne puis pas tout approuver, que je ne veux pas improuver, et que sur toute chose je veux éviter les tracasseries [1].

J'ai été bien fâchée de ne pas aller mardi à Paris, parce que je vous y aurais donné à souper. Au lieu de cette bonne compagnie, j'ai soupé absolument seule, et j'ai rempli ma soirée en écrivant une lettre à l'intendant de Chanteloup, dont je

---

1. C'était le moment de la plus grande agitation à la cour, au sujet de la présentation de madame du Barry.

pensais en l'écrivant que vous auriez ri, si vous l'aviez lue. Tout y était : les cochons, les moutons, les vaches, les vignes, les semailles, les petits garçons, les petites filles, les vieillards, les femmes en couches, les ponts, les édifices, le chanvre, les orties, les manufactures, la ville, la campagne, enfin jusqu'à la messe... tout y entrait. J'espère ne pas passer ma soirée à écrire de si belles choses mardi prochain, mais m'en dédommager en en entendant de meilleures, car je compte aller à Paris et vous y donner à souper ; faites donc avertir nos amis et croyez, ma chère enfant, qu'il me tarde d'être à ce jour très-fortuné pour moi, puisque je vous verrai.

LETTRE CXVIII

DE LA DUCHESSE DE CHOISEUL A MADAME DU DEFFAND

Mars 1769.

Bien vite, bien vite, parce qu'on me presse, ou pour mieux dire, je me presse pour vous envoyer par une occasion le paquet de Voltaire que j'ai reçu pour vous sous une première enveloppe à moi. Je ne veux pas vous faire attendre plus longtemps, ma chère enfant ; je ne l'ai que d'aujourd'hui, et je n'ai pris que le temps de le lire et de le faire lire au grand-papa. Ce qui m'en a fait le plus de plaisir, c'est l'endroit de sa lettre où il dit que le grand-papa lui a mandé qu'il avait une femme qui contribuait à son bonheur [1]. O vanité des vanités !... tout n'est que vanité !... Ne le voyez-vous pas bien, ma chère petite-fille, à ma sensibilité pour ce petit bout de

---

[1]. Voici le passage de la lettre de Voltaire qui rend madame de Choiseul si heureuse : «... Il m'est revenu de toute part qu'elle a un cœur charmant. Tout cela joint ensemble fait une grand'maman fort rare... Je me souviens que son mari me mandait il y a huit ans, qu'il avait une très-aimable femme et que cela contribuait beaucoup à son bonheur ; ce sont de petites confidences dont je ne me vanterais pas à d'autres qu'à vous... » (*Lettre de Voltaire à madame du Deffand*, 15 mars 1769.)

phrase?... Adieu, encore une fois, adieu!... car on me parle et on me presse; je suis attristée d'avoir été si longtemps sans vous voir. Je vais demain à Paris, toute seule, parce que j'y ai affaire. Je voudrais bien que quelqu'un me recueillît mardi et mercredi, car je n'aurai pas à souper.

LETTRE CXIX

DE L'ABBÉ BARTHÉLEMY A MADAME DU DEFFAND

A Chanteloup, ce 30 avril 1769.

C'était hier le 29 avril et nous avons eu la chaleur et la poussière du mois de juin. Malgré cela, votre grand'maman a supporté ce voyage beaucoup mieux que moi; elle est arrivée à Chanteloup comme elle arrivait de Versailles chez vous, avec la même gaieté et la même tranquillité. Nous avons mis quatorze heures précises à faire la route. Nous avons trouvé un bon souper; ensuite, votre grand'maman est montée à pied à la pièce d'eau, est entrée dans une petite galiote, a fait le tour de cette mer au bruit du canon et à voiles déployées. Elle s'est couchée, a dormi douze heures, s'est promenée dans le jardin, et nous a laissés pour entrer dans son bain. Je dis nous, parce que, en arrivant hier sur le pont d'Amboise, nous y trouvâmes un homme botté et éperonné qui faisait des cabrioles et des gestes comme ceux du sauvage de Bougainville. Cet homme était Gatti, qui dans l'instant même arrivait de Tours. Voilà bien des détails. Je ne vous ai pas dit que pendant le voyage nous avons souvent, mais très-souvent, parlé de vous, parce que nous revenons si souvent à ce sujet, qu'il est inutile de vous en avertir. Recevez de la part de la grand'maman les plus tendres amitiés, de la mienne, les sentiments les plus sincères. Daignez les partager avec M. le chevalier[1] et M. le baron[2]. J'eus l'hon-

---

1. De Listenay.
2. De Thiers.

neur de passer la veille de mon départ chez M. le président[1] et chez madame la comtesse de Jonsac, sans avoir celui de les voir. Auriez-vous la bonté de leur en témoigner tous mes regrets?

LETTRE CXX

DE MADAME DU DEFFAND A LA DUCHESSE DE CHOISEUL

Ce lundi, 1er mai 1769.

J'espère avoir demain de vos nouvelles, chère grand'maman ; mon capitaine[2] écrira au petit oncle, et que sait-on, peut-être aussi à la petite-fille ; il fera un récit du voyage, il dira à quelle heure vous êtes arrivés, vous avez soupé et vous vous êtes couchés, combien d'heures vous avez dormi ; tout cela n'emplira qu'une demi-page, et pour cette première missive je m'en contenterai. Mais par la suite je demande la feuille in-folio, où chacun griffonnera, jusqu'au petit de Lindre. On me parlera des brebis, des moutons, et la grand'maman se souviendra que les bœufs et les moutons ne sont pas les maris des brebis et des vaches, pas même leurs musiciens, parce qu'ils n'ont pas la voix belle ; mais ce sont de ces messieurs qui tiennent compagnie aux dames du sérail[3].

La plus illustre des comtesses[4] est sur la liste. Je ne sais rien du Salon. Madame la comtesse de La Marche part ces jours-ci pour Baréges ; on a commandé trente-cinq chevaux, elle aura six carrosses ; le voyage coûtera cent mille écus. Voilà ce qui fut dit hier chez moi. Le typographique y soupa ; nous parlâmes de la grand'maman ; il viendra régulièrement chez moi chercher de ses nouvelles. Je vis le baron l'après-dîner. J'irai

---

1. Hénault.
2. L'abbé Barthélemy.
3. On connaît ce mot de Fontenelle : Les bœufs ne sont que les oncles des veaux.
4. Madame du Barry.

vendredi avec lui et le petit dévot à Châtillon, chez les Trudaine. J'espérais hier voir le petit oncle, il ne vint point. J'espère qu'il n'en sera pas de même aujourd'hui. On tendra demain ce lit qui vous a tant fait rire, on ôtera mon tapis et les doubles châssis, et j'irai dîner chez le président, avec mon baron danois, votre peintre suédois, Tourville, etc.

Vous voyez, chère grand'maman, quelle est ma disette; mais comme rien ne peut vous remplacer, tout m'est égal en votre absence.

LETTRE CXXI

DE MADAME DU DEFFAND A LA DUCHESSE DE CHOISEUL

Ce vendredi, 3 mai 1769.

Que vous êtes bonne, chère grand'maman! vous aimez une petite-fille qui n'est guère aimable. S'il vous était possible de me voir en votre absence, vous me trouveriez la plus sotte et la plus ennuyeuse créature. Je ne sais point être orpheline, tout le monde me déplaît, jusqu'au baron; nous nous grondons, nous nous ergotons, il me débite ses sophismes, je les combats par des lieux communs. J'ai des vapeurs, des noirceurs, de l'humeur. Oh! je ne suis rien sans vous.

Je vis avant-hier le petit oncle : il vous ira trouver la semaine prochaine.

Je fus hier à Ruel[1]. Le maréchal de Richelieu y parut un moment en passant pour aller à Marly.

Je vais ce soir à Châtillon chez les Trudaine. On a beau changer de place, de compagnie, quand on n'a pas ce qu'on aime, tout fatigue, tout ennuie. Que l'abbé est heureux!

Ne m'oubliez pas. Deux mois et demi d'absence me paraissent un siècle; je ne sens que le besoin de vous voir, ce senti-

---

1. Chez la duchesse d'Aiguillon douairière.

ment remplit toute mon âme, et j'écrirais trente pages sans pouvoir parler d'autres choses.

J'ai dit au président et à madame de Jonsac ce que l'abbé m'avait ordonné.

Avez-vous deviné les énigmes?

J'ai fait vos compliments au chevalier; il se désespère à sa manière de n'être point avec vous. Son frère ne meurt point. En cherchant l'autre jour une femme pour le chevalier, il me vint dans l'esprit mademoiselle de Senneterre. Le chevalier de Boufflers est à Paris; je trouvai l'autre jour sa mère et lui écris chez moi. Je les ai priés à souper pour dimanche. N'ayez pas peur, je ne souffrirai point de raccommodement.

Je ne sais rien de Marly; on dit qu'il n'y a rien à savoir.

Adieu. Que ne puis-je dormir tout d'un somme jusqu'à votre retour! il n'y a pas de rêve tel qu'il fût, qui ne valût mieux que tout ce qu'il y a de réel loin de vous.

LETTRE CXXII

DE L'ABBÉ BARTHÉLEMY ET DE LA DUCHESSE DE CHOISEUL A MADAME DU DEFFAND

A Chanteloup, .. mai 1769.

Il est arrivé à Paris dans la meilleure santé du monde après s'être longtemps fait attendre, dans le temps qu'on ne l'attendait plus. Ceux qui l'ont vu disent que toutes ses qualités sont tellement assorties, que l'une ne brille pas aux dépens de l'autre; ils ajoutent qu'il n'a ni vice ni défaut, ce qui pourrait le rendre un peu fade; mais le son de sa voix est si touchant qu'on lui pardonne d'être si parfait. Vous jugez bien que je vous parle du piano-forte, et qu'il faut, par conséquent, écrire bien vite à M. le général de ne pas en envoyer un second. Je vous renvoie sa lettre que nous avons trouvée encore plus touchante que le piano-forte. Aurez-vous la bonté de le remercier du souvenir qu'il veut bien me conserver et dont je suis très-flatté?

Je ne puis pas vous envoyer des nouvelles de ce pays-ci : nous sommes encore bien seuls, et les vents nous ayant tenus renfermés jusqu'à présent, nous n'avons eu d'autre exercice que de jouer au trictrac, d'autre plaisir que de penser à nos amis et d'en parler. De vous dire à présent quelle part vous avez à ces conversations, ce serait chose inutile et infinie. Demain nous commencerons un journal de notre inaction. La table, avec l'écritoire, est posée aujourd'hui dans le salon; mais j'imagine que je serai le seul à joindre mon griffonnage aux souvenirs de la grand'maman, à qui je remets la plume.

Voyez un peu comment on est à Chanteloup. Cette lettre est commencée hier par l'abbé, et je n'ai pas trouvé avant le départ de la poste le moment d'y mettre mon mot. Dans toutes les choses qui remplissent ici notre journée, il n'y en a cependant pas qui soient dignes de vous être mandées. Ce qu'on fait de mieux à Chanteloup, c'est de penser à vous et d'en parler, puis d'en parler encore. J'ai reçu hier votre lettre, je l'ai trouvée charmante. Vos lettres font ici un de nos plus grands plaisirs. Je suis bien aise que vous m'aimiez, que vous me regrettiez, mais je ne voudrais pas que vous en fussiez moins heureuse; je vous aime assez pour vous sacrifier mon amour-propre à cet égard. Je ne veux pas non plus que vous en soyez moins aimable, et je ne veux même pas vous en croire sur cet article.

Le frère[1] de ce pauvre chevalier ne meurt donc pas? Je ne l'aurai donc pas cette année? j'en suis bien fâchée. Je n'approuve pas votre projet de mariage : il faut que mon pauvre chevalier soit heureux avant tout.

Savez-vous bien que je crois que je n'aime plus le chevalier

---

1. Le prince de Beaufremont

de Boufllers? cela ne m'a rien fait du tout d'apprendre qu'il était à Paris. Depuis qu'il s'est cloué au roi de Danemarck pour se donner de la considération, j'ai perdu toute celle que j'avais pour lui. Vous verrez que c'est que je suis plus dégoûtée des grandeurs que jamais. Voilà ce que fait la campagne; heureusement elle ne refroidit point les sentiments naturels, je le sens, ma chère enfant, à ma tendresse pour vous.

LETTRE CXXIII

DE L'ABBÉ BARTHÉLEMY ET DE LA DUCHESSE DE CHOISEUL A MADAME DU DEFFAND

Chanteloup, 6 mai 1769.

Ici commencent les grandes chroniques de Chanteloup, contenant les oisivetés, repos, silences, occupations et autres événements remarquables de la vie passive qu'on y mène.

Le 4.

Jour de la benoîte Ascension; on a dit la messe le matin, et le reste de la journée on n'a pas dit grand'chose.

Le 5.

Un gros moine, curé de son métier, âgé de près de quatre-vingts ans, s'est glissé furtivement à la toilette de madame la duchesse, et a entonné d'une voix forte une harangue aussi propre à endormir que celles de l'Académie. Le soir on est monté à cheval.

Le 6.

On s'est levé, on a dîné, on a joué au trictrac, on a monté à cheval, on a soupé, on s'est couché.

Le 7.

Une belle messe avec hautbois, bassons, violons, etc. Le

vent n'a pas permis de se promener. Le *Mercure* est arrivé, on s'est occupé pendant deux heures des énigmes et des logogriphes; on a découvert le mot du premier logogriphe. C'est bourreau, puisqu'il coupe le cou.

Le 8.

La duchesse. — Quoique je n'aie pas le talent de l'abbé pour les journaux, les plaisanteries, les polissonneries, je veux aussi mettre la main à la plume, ou la plume à la main; voyez ce que vous aimez le mieux. Aujourd'hui la journée a commencé par une partie de volant, et finira vraisemblablement par une partie de trictrac. Le décorateur est arrivé, il se plaint de n'avoir pas beaucoup d'ouvrage; cependant la pluie est venue, elle lui est favorable.

Mes fraisiers ont la maladie du baron.

La gouvernante du haras, qui a quatre-vingt-dix ans, veut se remarier, parce qu'elle dit que c'est une bien triste chose qu'une femme toute seule dans sa chambre. — Dans ce moment j'entends un concert délicieux et j'écris à ma petite-fille. Jugez, mon enfant, si je ne suis pas bien heureuse.

Allons, monsieur l'abbé, à vous la plume.

L'abbé. — Aujourd'hui on est revenu aux énigmes; des gens ont prétendu que le premier logogriphe était bon, mais Gatti a toujours soutenu que c'était *bureau, puisqu'il coupe le cul.*

La grand'maman s'imagine que vous avez autant d'esprit qu'elle et que vous connaîtrez au simple exposé la maladie des fraisiers. Il faut vous dire que cette maladie est produite par des vers blancs qui leur coupent la racine. Or, voyez le danger que court le pauvre baron, car, entr'autres risques, ces vers blancs produisent des hannetons, et s'il n'y prend garde, les métamorphoses se feront dans son estomac, et quelque jour nous lui verrons sortir des hannetons par la bouche.

Autre anecdote du jour : vous savez que vis-à-vis de Chanteloup est un château nommé Nazelles, célèbre dans l'histoire, car des gens qui s'en souviennent disent que ce lieu fut le rendez-vous des compagnons de La Renaudie[1]. Le seigneur du château a fait des vers toute sa vie et quelquefois des enfants. Il a une fille très-jolie qui a quatorze ans, et un fils très-espiègle qui en a dix. La fille est en pension à Tours chez un chanoine. Elle est revenue à Nazelles, son frère l'a embrassée; le père, attendri, a fait aussitôt une églogue qui commence par la joie de ses enfants et qu'ils sont venus réciter cette après-midi à la grand'maman; ils étaient habillés en bergers. Le père y était, la mère y était, le chanoine y était; on se préparait depuis huit jours à cette scène. Jamais déclamation plus lente, plus triste, plus maniérée, plus gauche. Oh! Marcel avait raison de dire qu'on n'a de goût qu'à Paris. Dans cette églogue était un grand compliment pour le grand-papa, un autre pour la grand'maman, un autre pour Chanteloup, d'autres pour la double colonnade, pour la frégate qui est sur la pièce d'eau, pour moi, qui y paraît tantôt sous la figure d'Apollon, tantôt sous celle de Mentor, et puis Auguste, et puis Virgile, et puis Ariane, Thésée, Amaryllis. La grand'maman est tour à tour Diane, Cérès, Minerve, mais, dit ensuite le poëte :

> Ne lui compare point l'attrayante Vénus,
> La reine des Amours ne l'est pas des vertus.

Cette églogue ou élégie a plus de deux cents vers et elle a duré près d'une heure.

Le 9

La grand'maman se lève à dix heures, dîne à trois heures et demie, soupe à dix, se couche à minuit. Nous en faisons chacun

---

[1]. Chef de la conjuration d'Amboise, où il fut tué. Le nom de du Barry, le même que celui de La Renaudie venait d'acquérir, une illustration d'un autre genre.

de notre côté à peu près autant. Elle passe sa matinée à sa toilette ou à écrire, M. de Castellane à lire ou à se promener, Gatti à jouer avec le petit de Lindre, moi à la bibliothèque, que j'arrange depuis quatre ans.

Permettez-moi de vous demander qui est plus aimable de Prie-Dieu ou de Fourchette? Quant à nous, nous pouvons vous assurer que Fourchette est charmant ; il se tient pour l'ordinaire au pied du coteau opposé à celui-ci ; de là, il regarde sans cesse Chanteloup et la plaine qui l'en sépare; il a une allée de noyers à sa droite, une grande allée de marronniers à sa gauche; il a de l'apparence, mais point de faste, de l'agrément, sans étude et sans art; vous l'aimeriez à la folie. Nous ne pouvons pas dire la même chose de Prie-Dieu, qui se tient toujours à Tours et que nous n'avons jamais vu. La grand'maman prétend que vous n'entendrez rien à ceci. Eh bien! pauvre d'esprit, apprenez donc que Fourchette est un château très-joli que nous avons été voir ce matin, et que le maître du château s'appelle M. de Prie-Dieu.

LA DUCHESSE. — Et moi, ma petite-fille, je dis qu'il est temps de mettre fin au journal, qui, malgré les galanteries de ces Messieurs et la faconde de l'abbé, pourrait devenir fastidieux.

Devinez, madame, qui est celui qui a l'honneur de vous respecter autant qu'il vous aime [1] ?

---

1. Ces dernières lignes sont de Gatti. Le passage suivant d'une lettre inédite du marquis de Mirabeau à madame de Rochefort, l'ancienne amie de madame du Deffand, fait connaître d'une manière piquante le caractère de ce médecin florentin qui fut très à la mode dans le siècle dernier, et qui contribua à propager l'inoculation :

« Quant à Gatti, il ne peut quitter Fleury. Sa naïveté folle est toujours et en tout état intéressante pour ses amis; mais à présent, il devient fort aimable. Tout est simple ici, et par conséquent lui convient singulièrement. L'après-midi il joue deux sols à une partie de dames, et quand on lui en souffle une, il pleure et se roule comme un enfant. A la promenade, s'il trouve une branche cassée et la peut mettre en équilibre sur sa main, il fait un quart d'heure en zigzag avec cette compagnie, roule comme un égaré dans le salon, et s'attrape vingt fois en pinçant la lumière et la portant à sa bouche parce que c'est de la chandelle. Mais il a vu et sait tant de choses, fait d'ailleurs tant de raisonnements que vous connais-

LETTRE CXXIV

DE LA DUCHESSE DE CHOISEUL ET DE L'ABBÉ BARTHÉLEMY
A MADAME DU DEFFAND

A Chanteloup, 13 mai 1769.

J'avais suspendu le journal, ma chère petite-fille, de peur qu'à la fin il ne vous devînt fastidieux; mais, comme vous dites fort bien, l'abbé qui peut tout faire, hors de l'ennui, trouvera encore le moyen de placer quelques traits qui, grâce à son coloris, sauront vous amuser, comme, par exemple, un cheval dont je suis tombée subitement amoureuse, des ânes par lesquels j'ai été poursuivie, une pouline qui s'amuse à faire avorter des vaches, et M. Christophe qui vient m'en rendre compte à ma toilette. Puis un concile, un synode, un chapitre, je ne sais quoi d'aussi beau que cela qui s'est tenu chez moi; il y avait un archevêque, des curés, des chanoines, et tous criant, jurant, bruyant, suant, puant. L'abbé les a conciliés par un jugement digne de Salomon. C'est à lui à chanter sa gloire et à vanter ses exploits.

> Descends du haut des cieux, auguste Vérité,
> Répands sur *ses* écrits la force et la clarté...
> Viens, parle, et s'il est vrai que la fable autrefois
> Sut à tes fiers accents mêler sa douce voix;
> Si sa main délicate orna ta tête altière,
> Si son ombre embellit les traits de la lumière,
> *Sur les pas de l'abbé* permets-lui de marcher
> Pour orner tes attraits et non pour les cacher.

Pour moi, ma chère petite-fille, je ne puis chanter que

sez, il est au fond si honnête et si bienveillant, si amoureux de la vie, de l'air, des promenades, et prend tant d'intérêt à qui déloge le soir, qu'il est excellent. Aujourd'hui il a été à Paris, et il a fallu le pousser dans son cabriolet. Il doit revenir dîner, et si l'abbé Barthélemy ne l'enlève, il manquera à ce Compiègne dont il a donné parole à mesdames de Choiseul et de Grammont. Voilà l'homme!... »

l'amitié, car mon esprit n'est point fait pour les fictions; je laisse à l'abbé l'heureux avantage de vous amuser; il m'enviera encore, si vous m'accordez celui de vous toucher.

L'abbé. — La grand'maman, qui sait battre la carte beaucoup mieux que moi, vous peindrait les aventures qu'elle n'a fait qu'annoncer, mais il faut la laisser *railler* et lui obéir. Voici les trois aventures :

Elle a depuis quelque temps trois amants : Apollon, Favori et Pagneux; elle s'en sert tour à tour, et tous trois la servent très-bien. Apollon est le plus fort, Favori le plus joli, Pagneux le plus doux. Hier, Favori se conduisit auprès d'elle avec tant d'aménité et d'empressement, il emprunta si bien les qualités de ses confrères, qu'elle lui donna publiquement la pomme, et depuis ce moment elle dit qu'elle n'aime rien tant que Favori. Dans le temps qu'ils étaient l'un sur l'autre et qu'ils allaient leur chemin et nous à leur suite, galopant de toutes nos forces, nous rencontrons environ trente bourriques, autant de paysans, autant de filles transportant de la terre. Nous les dépassons et le premier âne se met à courir après nous, tous les autres le suivent, ânes, filles, paysans, tout se met à courir et à tomber, à crier ou à braire et nous aussi. Après les chevaux et les ânes vinrent les chanoines. Grande contestation entre eux et les curés d'Amboise sur le rang qu'ils auront à la procession de la Fête-Dieu, les uns veulent la droite, les autres la gauche, ceux-ci la tête, ceux-là la queue. Tout Amboise est en rumeur, monseigneur l'archevêque de Tours se rend à Chanteloup, la grand'maman parle avec beaucoup d'éloquence sans savoir un mot de la question. L'archevêque parle avec douceur et n'est point écouté. Les esprits s'échauffent, ne veulent point céder, et les deux partis disent à la grand'maman qu'ils défendent son honneur; dans la crainte de perdre de pareils défenseurs, elle les laisse disputer; enfin on allait se séparer, lorsqu'un particulier (moi, ne vous déplaise) proposa de faire deux grandes processions, l'une le jour de la fête, l'autre à l'octave, et que les chanoines feraient la première et les curés la seconde. Tous les partis, éblouis de cette idée, y souscrivent sur-le-champ, le notaire vient, on dresse la transaction. Le lendemain, le conseil de ville s'assemble et délibère d'aller aux deux processions. Notez que cette délibération n'a duré que cinq heures.

LETTRE CXXV

DE L'ABBÉ BARTHÉLEMY A MADAME DU DEFFAND

A Chanteloup, 15 mai 1769.

Vous nous dites sans cesse que vos lettres sont plates, nous vous assurons sans cesse qu'elles nous plaisent infiniment. Vous pensez donc que les gens de province n'ont point de goût. Oh! je voudrais que vous vissiez les belles épîtres que nous écrit tous les jours le poëte de Nazelles, l'auteur de la belle églogue. Il voudrait la faire imprimer, la grand'maman y consent à condition qu'il supprimera tout ce qui regarde elle, le grand-papa et Chanteloup. De mon côté j'exige qu'il ne parle pas de moi; imaginez qu'il me traite d'Apollon et de Mentor, je ne sais pas pourquoi je suis le second, mais quant au premier il veut absolument que je le sois, 1° parce que je suis d'une académie; 2° parce que j'ai travaillé sur le phénicien; 3° parce que le gouverneur et la gouvernante de Touraine m'honorent de leurs bontés. Je lui ai répondu que s'il veut absolument m'immortaliser par quelque titre, il n'a qu'à m'appeler saint Crépin, mais comme ce nom ne rime pas avec *sacré vallon*, il ne veut pas s'en accommoder et il continue à me désespérer. Mais c'est trop vous parler de cet Apollon, je viens à nos nouvelles. Mardi arriva M. d'Afry[1]; mercredi, mesdames d'Enville[2], de Chabot et de Choiseul; hier, M. de La Rochefoucauld[3], qui est parti ce

1. Il commandait encore les Suisses au 10 août.
2. Louise-Élisabeth de la Rochefoucauld, duchesse d'Enville, et sa fille la duchesse de Chabot.
3. Le duc de la Rochefoucauld, fils de la duchesse d'Enville.

matin avec l'abbé Mably et un vieil officier nommé, je crois, M. de Cireux. Madame d'Enville ne partira que demain samedi. Tout cela s'est très-bien passé, très-simplement. Mais pourquoi le petit oncle ne vient-il pas? Nous désespérons d'avoir M. le chevalier de Listenay, le voilà dans un tourbillon d'affaires; que je le plains! Oserais-je vous demander une grâce? c'est de vouloir bien lui faire mon compliment. Je voulais d'abord avoir l'honneur de lui écrire, mais j'ai craint de l'importuner, et j'ai pensé que l'hommage d'Apollon serait mieux reçu quand il serait présenté par l'esprit. Remarquez, je vous prie, cette phrase et jugez si nous n'avons pas bien du goût en Touraine. Cependant ayez la bonté d'ajouter à votre esprit tous les sentiments que j'ai voués à M. le chevalier.

Savez-vous ce que fait le temps? il pleut à verse, et on dit qu'il fait très-bien. La semaine dernière il gela beaucoup de vignes dans l'Orléanais et dans la Touraine, et certainement il ne fit pas bien. Mais voilà comme il est, faisant le bien et le mal tour à tour, comme tout le monde. En conséquence point de promenade aujourd'hui à Chenonceaux, comme nous nous l'étions proposé.

Ah! mon Dieu! j'oubliais le plus essentiel. Je vous avais parlé de mon projet de processions, il était si beau qu'il conciliait tout, qu'en conséquence tout le monde l'accepta sur-le-champ, et voilà que par une autre conséquence personne n'en a plus voulu depuis. Un des curés consent à marcher devant le chapitre; l'autre, qui depuis vingt ans allait à côté du doyen, ne veut point abandonner sa place. A toutes les raisons il répond: J'ai toujours *émulé* le doyen, et l'on veut aujourd'hui que je sois *touché* par le chapitre. Que diront l'Europe et la postérité quand elles se trouveront ensemble? Le mot *touché* fait toute la difficulté, parce que dans cette province pour dire qu'on chasse un âne devant soi, on dit qu'on le touche.

M. de Castellane me charge de vous remercier de votre souvenir. La phrase n'était pas de lui, mais de Gatti, qui prétendait vous faire un très-joli compliment, et vous dire ce qu'il pense. Je ne vous ferai pas d'excuses de la longueur de cette lettre; je la crois très-plate, mais je m'en soucie fort peu, car je ne serai pas obligé de la lire.

Vous voulez que je vous écrive, j'obéis, et tant qu'il se présente quelque chose je le dis, et puis je me tais, ce qui est très-commode. Cependant il m'en coûte pour ne pas vous exprimer tous mes sentiments. Je me les interdis, parce que vous prendriez les vérités pour des exagérations. La grand'maman, que je n'ai pas vue d'aujourd'hui, à qui je n'ai pas dit hier que je vous écrirais, me remerciera sans doute quand je lui apprendrai tantôt que je vous ai donné de ses nouvelles et que je vous ai assurée qu'elle vous aimait toujours avec l'immobilité de l'éternité; elle est montée ces jours-ci à cheval. Hier une ondée très-forte la prit très-loin du château, des ruisseaux d'eau lui tombaient du visage en telle quantité, qu'à la barbe près, elle ressemblait singulièrement au fleuve Sangar, et moi je ressemble si fort à un bavard, que je finis subitement.

LETTRE CXXVI

DE MADAME DU DEFFAND A LA DUCHESSE DE CHOISEUL

Paris, ce mercredi 24 mai 1769.

Oui, je l'avoue, chère grand'maman, vous êtes une enchanteresse; vous trouvez toujours le secret de rendre l'absence supportable, et vos lettres me font un si grand plaisir, que l'instant où je les reçois peut se comparer à entendre votre voix; cependant, je ne désire pas moins vivement votre retour.

Je soupai hier avec la maréchale ma voisine[1]; l'autre maréchale[2] vint à une heure après minuit; elle venait de souper

---

1. De Mirepoix.
2. De Luxembourg.

chez l'ambassadeur d'Angleterre, avec le grand-papa, mesdames de Grammont et de Lauraguais, de Beuvron, tout le corps diplomatique, etc. Oh! ma grand'maman, que ne puis-je vous parler librement! j'ai eu les oreilles déchirées par ce qu'elles m'ont fait entendre; *fi! fi!* du monde, de ses pompes et de ses œuvres. S'il ne fallait qu'y renoncer et les détester, le paradis me serait bien assuré!

Notre chevalier [1] a toujours la tranquillité de l'âge d'or. Je ne sais pas si ses mœurs en ont toute la pureté. Les lois que les hommes ont faites peuvent rendre quelques-uns de ses déportements peu corrects, mais la loi naturelle ne peut trouver rien à redire en lui. Je trouve que son âme est le chef-d'œuvre de la nature : c'est son enfant favori, son prédestiné! Il y a longtemps qu'il jouit de la rosée du ciel. Il va jouir de la graisse de la terre; il n'en résultera aucun changement. Le prince de Beauffremont sera notre chevalier de Listenay. Il aura soixante mille livres de rente de la substitution. Le grand-papa ne lui laissera pas attendre le régiment et le gouvernement. Il se mariera sans doute; il n'a pas encore jeté le mouchoir. Toutes les mères le postulent pour leurs filles. D'où vient mademoiselle de Senneterre, ne vous plaît-elle pas? Il vous a peut-être rendu compte de tout ce qui le regarde. Il m'a dit vous avoir écrit une très-longue lettre, les quatre pages si remplies qu'il n'y avait plus de place pour dire un mot à l'abbé. Oh! cet abbé peut être tranquille, s'il désire d'être aimé de lui et de moi! nous parlons de lui sans cesse.

Vous croyez bien que je n'ai pas entendu parler du grand-papa et que je n'en entendrai pas parler avant votre retour. On pourra chanter demain à votre maréchale : *Sangaride, ce jour, etc* [2]. Quelle est celle qui lui répondra, et qu'est-ce

---

1. De Listenay.
2. Il était question d'une entrevue avec la favorite. Le duc de Lévis dit dans ses souvenirs : « On blâma la complaisance qu'eut la maréchale de Mirepoix de se montrer en public avec madame du Barry; mais ce fut uniquement par reconnais-

qu'elle lui dira? On prétend que ce sera Cod... Cod... Codette; qui chantera *coqrico?*... on s'en doute.

Adieu, chère grand'maman; je suis tant soit peu pesante et engourdie.

Bonjour, petit oncle; bonjour, grand abbé; vous seriez bien ingrats de ne pas m'aimer !

LETTRE CXXVII

DE L'ABBÉ BARTHÉLEMY A MADAME DU DEFFAND

Chanteloup, ce 26 mai 1769.

MADAME,

Je m'appellons Folio, typographe d'Amboise, à vous servir. Hier, la grand'maman m'envoya chercher et me bailla à imprimer pour vous une lettre de M. Guillemet. — Imprimer, fis-je, depuis trois mille et tant d'années nous n'avons rien imprimé chéux nous. — Eh bien ! faites-en faire une copie par les Cordeliers. — Ils ne savent pas lire. — Par les Minimes. — Ils ne savent pas écrire. — Par vous. — Je n'avons pas une belle main, attendu que je menons souvent la charrue, mais je ferons de notre mieux ; et à qui adresser cette copie? — A ma petite-fille. — Alors je la regardai entre les deux yeux, et il m'apparut qu'elle n'avait guère plus de trente ans. Apparemment, fis-je en moi-même, qu'à la cour où tout se fait vite, on accouche à dix ans. De retour chez moi, je lus la lettre de M. Guillemet, et tout ce que j'en avons pu comprendre ce sont de grandes pauvretés, comme par exemple, quand il parle du cardinal d'Amboise; nous avons ici des chanoines et point de cardinal. Quoi qu'il en soit, j'avons fini la copie que voilà, et si

---

sance pour le roi qu'elle prit ce parti peu conforme à la bienséance, et du moins sut-elle, dans cette situation même, conserver toujours des manières nobles et convenables... »

notre écriture vous plaît, donnez-nous vos ordres, car j'avons appris que vous auriez aussi de belles lettres à faire transcrire, lesquelles lettres le monde se les arrache pour les lire et les relire. On dit que vous écrivez comme tout cela vous vient, mais que tout cela vous vient à merveille, de façon que vous seriez entendue de votre grand'maman qui a tant d'esprit, de M. le curé qui fait si bien les prônes, et de moi qui n'avons jamais appris que ces trois mots latins : *ego te amo*, qui signifient *je vous aime*. Après tout, je n'en avons pas besoin d'avantage, car avec ces trois mots on va partout. Cependant je voudrais avoir un peu d'esprit, car on fête M. Guillemet, parce qu'on croit qu'il en a, et madame la grand'maman fait copier ses lettres. J'avions voulu en avoir de l'esprit dans ma jeunesse, j'avions un oncle qui par son grand génie était devenu sacristain de l'église de Saint-Martin de Tours; il lisait toute la journée, et il avait appris l'arithmétique de lui-même. Je lui dîmes un jeudi : mon oncle, comment faire pour avoir de l'esprit? Rien de si aisé, fit-il, il faut bien concubiner ses idées. Depuis ce temps-là j'avons concubiné tout ce que j'avons vu et n'en sommes guère plus avancé. Si vous aviez quelqu'autre recette à me donner vous me feriez grand plaisir, car je commençons à être las de celle-là, vous devez l'être de ce bavardage, c'est pourquoi je finissons.

LETTRE CXXVIII

DE LA DUCHESSE DE CHOISEUL A MADAME DU DEFFAND

A Chanteloup, ce 28 mai 1769.

Votre enthousiasme, que je ne mérite pas, ma chère enfant, ne me rend pas vaine. Je voudrais avoir tout l'esprit, tous les agréments que vous me supposez pour ne plus tromper votre sentiment qui m'accorde toutes les qualités qui lui plaisent, et si je les avais, je vous écrirais tous les jours et toute la journée pour vous amuser, pour vous plaire, pour justifier votre goût, pour l'exciter sans cesse.

Ce que vous dites du chevalier est charmant et de toute vérité; oui, il est bien l'enfant gâté de la nature; mais comme il ne sait pas qu'il est gâté, il n'est point fat, il jouit de tous ses dons en s'y abandonnant seulement, et c'est pour cela qu'il est si aimable.

Vous demandez ce que j'ai contre mademoiselle de Senneterre? Madame de Villeroy qui, à ce titre, s'emparerait de notre pauvre chevalier et l'excéderait; je veux que notre chevalier soit toujours libre, heureux et à nous.

Je vous dirai pour toute nouvelle que je suis de fort belle humeur. Aujourd'hui, j'aime le roi plus que jamais, et c'est beaucoup dire; le cardinal Ganganelli, cordelier, est pape, et cela me fait plaisir encore parce que j'ai des cordeliers à Amboise, et peut-être aussi pour d'autres petites raisons. La Corse ne va pas mal. M. de Choiseul sera ici mercredi; je le gronderai de ne vous avoir pas été voir; je tâcherai de vous l'envoyer à son retour. Je lui dirai que je vous aime, car c'est toujours ma première pensée, parce c'est mon dernier sentiment, dernier ne veut pas dire ici moindre; c'est-à-dire, ma chère enfant, celui qui est permanent, par lequel on finit, auquel on revient toujours.

L'abbé vous a envoyé la copie de la lettre de M. Guillemet, je vous envoie aujourd'hui un exemplaire de sa dernière petite brochure que vous n'avez peut-être pas. Avez-vous jamais rien vu de si fou et de si joli que la lettre que l'abbé vous a écrite en vous envoyant celle de M. Guillemet? Adieu encore une fois, ma chère enfant, je ne vous écrirai plus qu'après le départ de M. de Choiseul.

LETTRE CXXIX

DE MADAME DU DEFFAND A LA DUCHESSE DE CHOISEUL

Paris, ce jeudi 1ᵉʳ juin 1769,
à 3 heures après midi.

Votre lettre est charmante, chère grand'maman; je l'ai reçue ce matin à mon réveil avec la brochure de M. Guillemet. Si je n'étais pas pénétrée de reconnaissance, de tendresse et d'amour, je mériterais l'état que j'éprouve, de ne pas voir le jour. Mais je devrais avoir des yeux autant qu'Argus, si vous aimer et vous adorer pouvait préserver des ténèbres et pouvait rendre la lumière. J'en ai beaucoup au sens métaphorique; oui, je vous vois telle que vous êtes, et mieux que qui que ce soit ; j'en excepte cependant le grand-papa et mon grand capitaine. Nous sommes vis-à-vis de vous, Élie, Énoch et Moïse; c'est pour nous que vous êtes toujours transfigurée, c'est-à-dire que vous vous laissez voir à nous dans tout l'éclat de votre divinité.

Pour sentir la justesse de cette comparaison, apprenez, si vous ne le saviez pas, que l'humanité de J. C. était un miracle perpétuel, puisqu'elle cachait sa véritable existence: ceci est un peu sublime, je l'avoue, mais demandez à M. le curé si ce que je dis n'est pas vrai.

Vous avez donc le grand-papa avec vous! Vous aimez le roi plus que jamais! en lisant cet article, j'ai pensé crier vive le roi. Oh! qu'il m'a fait plaisir ; j'en avais le pressentiment.

Savez-vous ce que je crois? c'est que le grand-papa pourrait bien n'être plus avec vous quand vous recevrez cette lettre. On débitait hier des nouvelles de Corse qui l'auront peut-être forcé à retourner sur ses pas; on dit que nous nous sommes emparés de Corté ; que nous avons tué douze cents hommes, fait trois cents prisonniers ; que Paoli a pensé être pris; on ajoute que nous avons perdu six cents soldats et soixante officiers. J'ai envoyé aux nouvelles ce matin, et je n'ai pu rien apprendre; je suis inquiète de M. de Lauzun et de deux ou trois personnes; je plains tous les autres, et cela trouble la joie du succès.

L'élection du Père Ganganelli me fait beaucoup de plaisir. N'est-elle pas de notre façon? enfin, enfin, tout nous prospère. Mais, portez-vous bien si vous voulez que je sois parfaitement contente. Je veux absolument, à votre retour, trouver vos petits bras bien ronds, vos belles petites joues bien pleines, ne plus entendre votre vilaine petite toux. Je ne suis pas encore au milieu du terme de l'absence. Mon baron [1] ira vous trouver d'aujourd'hui en huit; jadis il ne devait être admis que par moi, je devais être le prétexte de la préférence que vous lui accorderiez.

Que les temps sont changés depuis cet heureux jour!

Je voudrais faire un vers qui dît que l'abbé m'interdit ce séjour; et comme j'ai l'imagination et la verve pétrifiées, je n'en puis venir à bout. Je l'abandonne pour parler de mon petit prince; il est plus aimable que jamais, aussi calme, aussi tranquille au milieu d'un chaos d'affaires, qu'il l'était en avalant une écuelle de lait et mangeant un fromage à la crème à Chanteloup. Il ne prendra une femme que de votre main; il veut qu'elle soit votre *courtisane*. Si ce mot vous choque, lisez esclave; enfin, il veut qu'elle soit un lien de plus entre vous et lui. Oh! nous sommes, lui et moi, vrais croyants, et nous ne communiquons qu'avec les gens de notre secte.

Je ne vous dis rien pour le grand-papa, 1° parce que je crois qu'il n'est plus avec vous; 2° parce que, s'il y est, je le boude. Oh! il est trop méprisant, il donne trop dans le bel air;

---

1. Le baron de Gleichen, envoyé extraordinaire du roi de Danemarck.

on a des amis à tous prix, et pour ne pas valoir cinquante francs, on n'est pas à dédaigner. Oh! réellement, je suis un peu en colère.

Adieu, je n'ai plus rien à dire si ce n'est au petit oncle; je veux absolument qu'il m'aime.

LETTRE CXXX

DE L'ABBÉ BARTHÉLEMY A MADAME DU DEFFAND

1er juin 1769.

Le grand-papa arriva avant-hier matin à sept heures et demie. La grand'maman en fut très-aise et tout le monde aussi. Hier, il plut toute la journée, et l'on put à peine se promener un moment dans l'après-dînée; il fait un peu plus beau aujourd'hui, mais le vent a succédé à la pluie. Il part demain au soir, le grand-papa, pour être au conseil dimanche : il se porte à merveille; il aime la petite-fille autant que la grand'maman.

Outre la société ordinaire, nous avons ici M. de Poyane qui est arrivé hier, M. le comte de Talleyrand, et M. de Chatelux, neveu du chevalier, qui, en passant pour aller à leur régiment, se sont arrêtés pour faire leur cour à leur ministre. Je n'ai point de nouvelles à vous donner, parce que nous sommes sans événements. J'espère que vous aurez la bonté de me parler de cette lecture dont M. Guillemet serait jaloux. Je croirais que c'est celle des saisons, si nous ne l'avions pas coulée à fond; j'imagine que c'est la relation de Russie par M. de Rulhières ou son épître sur la dispute. J'ai entendu la première qui m'a enchanté; je ne connais pas la seconde, mais on m'en a dit un bien infini et je suis très-porté à le croire. Comme le courrier va partir, que je n'ai point averti que je vous écrirais ce matin, personne en particulier ne m'a chargé de vous faire des compliments; je puis vous attester que vous n'êtes aimée nulle part autant qu'à Chanteloup.

LETTRE CXXXI

DE LA DUCHESSE DE CHOISEUL A MADAME DU DEFFAND

A Chanteloup, ce 4 juin 1769.

Le bonheur des méchants comme un torrent s'écoule.

Ce vers est dans la même tragédie où vous avez pris, ma chère enfant, celui :

Que les temps sont changés depuis cet heureux jour !

Je suis bien aise de vous prouver que nous avons aussi de l'érudition : est-ce que je suis comptée parmi les méchants, mon enfant, que mon bonheur passe aussi rapidement ?

Je n'ai fait que le voir, il n'était déjà plus.

Hier fut le jour fatal de cette triste séparation ; votre lettre arriva le soir, ce fut une consolation ; mais si je n'ai pu m'acquitter de la commission que vous m'avez donnée pour M. de Choiseul, puisqu'il était déjà parti, je l'ai du moins prévenue en le grondant de n'avoir pas été vous voir : je vous assure qu'il n'est point du tout dans l'impénitence finale ; je l'ai trouvé contrit et repentant ; il m'a bien promis de vous aller voir après Marly, c'est-à-dire, ma chère petite-fille, qu'il se l'est promis à lui-même ; il arrive ce soir à Marly, il y est arrivé peut-être ; c'est un beau moment pour lui, sa force est écrite sur son front, la rage est peinte sur celui de quelques autres. Vous avez bien raison ; tout nous prospère en dépit de l'envie. Le plus mauvais ministère que la France ait eu, comme disent quelques-uns, celui qui a perdu le royaume, a pourtant pacifié l'Europe, rétabli la marine, réformé le militaire, diminué les subsides en conservant nos alliés, contenu l'Angleterre, armé le Turc, effrayé la Russie, opéré une révolution en Suède et acquis deux provinces à la France en temps de paix. Je vous ai, je crois, déjà dit tout cela; il m'est permis de rabâcher sur des objets dans lesquels mon orgueil se complaît, d'autant plus que le principe en est cher à mon cœur. Je vous envoie un paquet de brochures que M. de Chandieu m'a adressé pour vous; vous y retrouverez encore les lettres d'Amabed; il y en avait un pareil pour moi. Dites-moi, je vous prie, pourquoi il y a joint l'*Histoire de la félicité*, qui est une des plus anciennes et des plus mauvaises productions de l'abbé de Voisenon.

Je serai charmée de voir le baron, mais croyez que tout ce qui est ici aimerait mille fois mieux vous y voir, vous n'êtes point, je vous assure, comme vous le mandiez à l'abbé, dans le cas de l'envie; et qui pourriez-vous envier? Qui est-ce qui est plus aimable que vous? Qu'est-ce que je pourrais aimer davantage? Rendez-vous plus de justice, rendez-la-moi à moi-même, et nous n'aurons rien à désirer toutes deux en fait de confiance et de sentiment.

Mille et mille choses pour moi à notre petit prince. Puisqu'il veut que je le marie, vous devriez me l'envoyer passer trois ou quatre jours avec moi pour parler de son mariage.

Enfin la pauvre maréchale[1] est donc perdue tout à fait? C'est grand dommage.

LETTRE CXXXII

DE MADAME DU DEFFAND A LA DUCHESSE DE CHOISEUL

Paris, ce mercredi 7 juin 1769.

Voilà mon baron[2], chère grand'maman, je vous en fais le sacrifice, sachez-m'en autant de gré que si j'avais été maîtresse

---

1. De Mirepoix. Elle s'était mise de la cour de madame du Barry.
2. M. Gleichen, envoyé extraordinaire de Danemarck.

de le retenir ; l'intention fait tout, et il vous dira si j'en ai d'autres que de vous plaire.

Je suis comblée de joie de l'état présent: il y a bien des visages allongés. Que le vôtre devienne plus rebondi. Nul bonheur n'est pareil au vôtre, il n'y manque aucune circonstance. Le personnel est un paradis, tout est ineffable en vous excepté la santé ; l'époux triomphe, et de quelle manière! L'abbé, dites tout ce que je pense, je ne puis m'exprimer. La pauvre maréchale est bien triste, bien troublée ; elle veut faire bonne contenance, et pour la première fois de sa vie elle éprouve l'embarras. Je la plains, elle est humiliée, et de ce qu'elle fait et du triomphe de ceux qui ne font pas de même ; elle frappe à bien des portes pour ne pas rester seule, et je ne prévois pas qu'elles lui soient ouvertes, et quand elles le seraient, elle n'en retirerait aucun avantage. Oh ! grand'maman, l'esprit sans le sentiment n'est pas un bon guide.

Le baron vous dira de quel ouvrage je vous ai parlé. Mon plus grand désir serait que vous l'entendissiez. Est-il vrai que vous avez des comédies ? que le petit oncle a fait venir Tonton ? ne m'en parleriez-vous pas de peur d'augmenter mes regrets ? Non ! non, vous savez trop bien que le chagrin d'être éloigné de ce qu'on aime, ne peut être augmenté par de pareilles circonstances ; je suis charmée si vous avez cet amusement. Je voudrais vous envoyer notre petit prince [1] et m'en dépouiller en votre faveur ; mais jusqu'à présent, il ne lui paraît pas possible de s'éloigner, il sera forcé de faire un tour en Franche-Comté ; il ne veut penser à son mariage qu'à son retour ; on lui fait chaque jour une nouvelle proposition, celle qui le tente le plus ne vous déplaira pas ; mais je crois que ce n'est pourtant pas la même que celle que j'imagine être la vôtre, c'est le même nom, mais pas la même personne. Je fus samedi dernier à Versailles avec lui, nous irons demain à Ruel [2] ensemble :

---

1. M. de Beaufremont, auparavant chevalier de Listenay.
2. Chez la duchesse douairière d'Aiguillon.

nous parlerons de la grand'maman tout à notre aise, c'est-à-dire tout le long du chemin. Le grand-papa vint hier à Paris, le président et madame de Jonsac[1] le rencontrèrent chez madame Rouillé. Ah! je remets à le revoir à votre retour. Je vous attends le 8 ou le 10 de juillet, ai-je tort de prendre ce terme? est-il trop court? Sachez sans exagération que vingt-quatre heures sont pour moi ce qu'est une année pour vous. Le baron, s'il vous dit la vérité, vous confirmera ce que je vous écris. Je n'ai plus personne aujourd'hui à qui parler, ce qui me console c'est que je n'ai plus rien à dire.

Adieu, je sais et je sens que je vous aime.

J'ai reçu vos brochures, je vous en remercie. C'est, ce me semble, bien peu de chose.

LETTRE CXXXIII

DE MADAME DU DEFFAND A LA DUCHESSE DE CHOISEUL

Ce dimanche, 11 juin 1769.

Je regrette mon baron; c'était le seul bien qui me restait et d'Hector et de Troie. Mais cependant, chère grand'maman, je vous en renouvelle à tout moment le sacrifice. Je ne trouve de bonheur que dans le vôtre. Je vois tout en vous; vous êtes pour moi ce qu'était le Verbe divin pour le Père Malebranche; gardez-vous de me pousser sur cette application, vous me jetteriez dans un grand embarras.

Mon Dieu! que j'aurai de plaisir quand je pourrai causer avec vous. Les lettres sont un faible dédommagement; on a une langue, sans pouvoir parler, des oreilles qui ne font rien entendre, il ne reste qu'un cœur qui fait tout sentir, tout désirer et tout craindre.

J'ai fait un voyage à Ruel, j'ai été parfaitement contente de

---

1. Nièce du président Hénault, et dont le mari était frère du maréchal d'Aubeterre.

la dame du château[1] ; tous ses sentiments sont honnêtes ; et comme elle parle toujours sans écouter, tous les serpents du monde ne sauraient la séduire. J'aurais voulu qu'elle eût été notre première mère, nous vivrions éternellement.

Oh ! ma grand'maman, revenez. Je ne puis plus me passer de vous. Mon courage est à bout. Votre chevalier souffre de votre absence, mais c'est à sa manière et non à la mienne, la patience lui est naturelle, et elle est en moi un grand effort.

Ce vilain grand abbé ne m'écrira donc plus, et je vais être actuellement très-mal soignée ; parce qu'il se reposera sur le baron, le baron sur lui, et il faudra, si vous ne voulez pas que votre petite-fille soit abandonnée, que vous seule entreteniez la correspondance ; j'y gagnerais beaucoup, mais ce serait une fatigue pour vous qui diminuerait mon plaisir et ma satisfaction. Le baron a bien débuté, je doute qu'il persévère. Il avait besoin d'épancher sa joie ; il aurait parlé aux échos, s'il ne m'avait écrit. Je lui répondrai demain ; il ne trouvera plus les fâcheux à son retour ; c'est la famille des Thomasseau ; je crois que c'est lui qui me les attirait, car je ne les ai jamais vus qu'en sa présence.

Adieu. J'ai reçu aujourd'hui une lettre d'Angleterre qui n'est point d'un fâcheux ! On me dit, à la suite d'un raisonnement, *il n'y a que la bonne tête et le cœur encore meilleur de la grand'maman qui sait résister à toutes les illusions.*

Il y a dans cette lettre une comparaison de l'éducation à l'inoculation, qui est très-triste et très-ingénieuse. J'ai une admiration stupide pour tout ce qui est spirituel. Je suis pénétrée de ma bêtise et de la crainte qu'on ne daigne plus me parler.

---

[1]. Madame la duchesse d'Aiguillon, douairière.

LETTRE CXXXIV

DE L'ABBÉ BARTHÉLEMY A MADAME DU DEFFAND

Chanteloup, 11 juin 1769.

La grand'maman vous écrivit avant-hier, le baron hier et votre capitaine aujourd'hui. Il arriva vendredi matin (le baron) brillant de gloire et de fraîcheur; nous lui parlâmes d'abord de vous, ou de lui, et puis nous en reparlâmes, et puis nous en avons reparlé. Vous êtes plus présente ici qu'à Saint-Joseph; vous nous accompagnez dans nos voyages et vous devez être bien étonnée des longues courses que vous faites avec nous. Le baron a déjà vu une grande partie de la terre, nous le menons de château en château. Lui et moi, placés sur des grands chevaux, ressemblons assez à des chevaliers errants, la grand'-maman à une héroïne de roman, Gatti à un enchanteur. Le petit oncle et la petite sainte sont si bien à cheval que je ne sais à qui les comparer. Hier on nous dit qu'à la Bourdaisière, à trois lieues d'ici, était une grotte dont on n'avait jamais pu trouver la fin. Il y avait des serpents, des lutins, des trésors. Aussitôt nous voilà à cheval, nous arrivons, nous nous armons de pieux et d'épées; vingt chandelles éclairent notre marche; nous parvenons à force de courage au bout d'une galerie, nous en enfilons une seconde que nous parcourons entière; notre guide enthousiaste nous en montre plusieurs autres. Vous voyez ces trois têtes : c'est ici que périrent de faim trois moutons qui s'étaient égarés; là, trois hommes pensèrent périr parce que leur chandelle s'était éteinte. — Où est donc le trésor? — Partout et nulle part, on le cherche depuis mille ans. Nous entendîmes beaucoup d'autres propos. Et savez-vous ce que sont ces souterrains, ces galeries, etc., des carrières d'où l'on avait tiré les pierres du château de la Bourdaisière.

Madame la comtesse de Choiseul compte partir samedi.

Nous en sommes tous bien fâchés, car c'est une vraie perte pour nous. C'en est une bien considérable que l'absence de M. le chevalier de Listenay, que nous regrettons tous les jours. Nous vous regrettons aussi infiniment et nous sommes bien fâchés de ce que vous voyez si noir. Je conçois que les propos de Paris doivent vous affliger, mais ils sont si légers, si ridicules, si peu fondés, qu'on devrait à la fin n'en être plus affecté. Je trouve que tout au plus ils doivent faire l'effet d'une mauvaise musique. Vous en auriez une excellente si vous pouviez entendre le concert de nos sentiments.

LETTRE CXXXV

DE LA DUCHESSE DE CHOISEUL A MADAME DU DEFFAND

A Chanteloup, ce 16 juin 1769.

Où en seriez-vous, ma chère petite-fille, si vous ne comptiez que sur moi pour entretenir votre correspondance? ces messieurs disaient aujourd'hui que j'étais bête, nulle, langoureuse, paresseuse ; ils ont raison : je n'ai point votre abondance, votre imagination, votre gaieté ; vous qui vous plaignez toujours, vous êtes une ingrate envers la nature ; vous animez tout, c'est vous qui inspirez les autres, et si vous ne parvenez pas à m'inspirer de l'esprit, je suis bien sûre au moins que vous inspirez le sentiment. Il n'y a rien de si joli que la description que vous faites à l'abbé de vos cavalcades avec madame la duchesse du Maine ; cet abbé prétend qu'il n'a point mérité vos reproches ni vos soupçons, qu'il a toujours été un correspondant fort exact et le sera toujours. Le baron était dans la résolution de se conduire à merveille avec vous pendant son séjour ici ; pour le petit oncle, ce n'est pas sa faute si on ne vous parle pas de lui, car il parle sans cesse de vous.

Je suis bien aise que vous soyez délivrée de vos *fâcheux*. Faites bien mes compliments à l'ami d'Angleterre, qui n'est point un *fâcheux*, et remerciez-le de la bonne opinion qu'il a de mon cœur et de ma tête.

Rien n'est si plaisant que le regret que vous avez que madame d'Aiguillon mère n'ait pas été notre première mère, parce qu'elle aurait été *inséductible;* c'est un mot que je fais pour vous répondre; vous valez bien la peine qu'on crée des mots en votre faveur : j'ai bien ri de votre idée.

Je vois que les Montigny ont beaucoup de part à vos courses, j'en suis bien aise; j'aime infiniment M. Trudaine, j'ai reçu une lettre de lui il y a quelques jours, la plus honnête, la plus franche, la plus remplie d'amitié; j'en ai été extrêmement touchée, je vous prie de le lui bien dire.

Ce sera la petite sainte qui vous portera cette lettre; nous la perdons demain à mon très-grand regret. C'est une excellente femme à l'usée; il est impossible qu'elle perde jamais, et elle gagne toujours. Elle vous dira, ma chère petite-fille, combien on vous aime ici, combien on y est occupé de vous, et combien la grand'maman renchérit sur tous les sentiments que tout le monde a pour vous.

LETTRE CXXXVI

DE L'ABBÉ BARTHÉLEMY A MADAME DU DEFFAND

A Chanteloup, ce 21 juin 1769.

Il est trois heures du matin. Je ne pouvais pas dormir. Je me suis levé, je suis monté sur ma fenêtre, où est un balcon ou balustrade qui règne tout le long du corps de logis et qui me sert de pupitre pour vous écrire. J'ai sous mes yeux le plus beau des spectacles, l'air est pur, le ciel serein, toute la nature est dans l'attente, le soleil va se lever. D'un côté, la nuit replie ses voiles; de l'autre, les roses, les grenats, les rubis, les émeraudes tombent à gros bouillons de dessus la colline ; en face, les flots argentins de la Loire, la verdure dorée des coteaux ; sous ma fenêtre, des fleurs qui exhalent leurs parfums, le zéphir qui se joue au milieu d'elles, et des ânes qui vont au travail et qui se mettent à braire. C'est un trait qui manque au poëme des saisons. Je laisse là tout ce galimatias pour vous parler un peu de la société. Votre baron, qui m'a enlevé ma chaise auprès de vous, que je devrais haïr et que je suis forcé d'aimer, se porte comme un ange, vit comme un enfant, pense comme un novateur et court toute la journée dans les forêts comme un daim. Il lit des romans ; je conçois aisément que ce genre doit lui plaire, parce que le merveilleux le touche infiniment. La grand'maman mène toujours la même vie, de l'écriture le matin, du trictrac le reste du jour, peu de promenade à cause du mauvais temps. Elle a reçu de vous hier au soir une lettre très-aimable et dont elle était enchantée comme des précédentes. Je pense qu'elle ne partira d'ici que le 12 ou le 13, qu'elle séjournera deux jours à Paris et ira se tranquilliser dans les camps de Compiègne.

Le petit oncle m'a chargé mille fois de vous dire mille choses pour lui. J'ai grand tort de l'avoir oublié, mais j'oublie toujours les choses simples et qui vont d'elles-mêmes, c'est ce qui fait que je ne vous ai jamais parlé des sentiments qui m'attachent à vous.

LETTRE CXXXVII

DE LA DUCHESSE DE CHOISEUL A MADAME DU DEFFAND

A Chanteloup, ce 23 juin 1769.

Voici mon tour pour vous écrire, ma chère petite-fille, et je le vois arriver avec grand plaisir. J'ai rendu les lettres à leur adresse, c'est-à-dire que j'ai dit à chacun ce qui lui revenait de la vôtre, mais j'ai gardé à part moi vos actes d'humilité, parce que je n'aime pas l'humilité. Je me suis bien gardée de faire des questions au baron sur le temps de son séjour, et le moment de son retour, de peur que mes questions ne l'avisassent qu'il n'était pas à Paris ; il a l'air de se trouver bien ici, j'en suis fort aise ; j'espère qu'il s'y oubliera par distraction jusqu'à la fin de mon voyage, mais comme il ne vous oubliera pas, ce souvenir pourrait bien me le faire perdre et vous le ramener ; alors il faudra bien vous rendre générosité pour générosité ; vous me l'aviez cédé, il faudra vous le rendre, et dire : si ma petite-fille en profite, je n'aurai rien perdu.

C'est vous qui m'avez appris l'accident de M. de Pontchartrain ; je vous remercie d'avoir pensé à moi dans ce moment, mais vous pouvez vous en rapporter de ma sûreté à ma poltronnerie plus encore qu'à la prudence de l'abbé ; cet accident l'a encore augmentée et je la croyais déjà à son comble : cela prouve qu'en moral il n'y a rien de fini.

Je ne vous plaindrai point, ma chère enfant, d'avoir à nous faire la chouette ; vous êtes à Paris, au sein de la meilleure société, au centre de toutes les nouvelles, et tous ces avantages sont soutenus chez vous par une imagination brillante et un esprit fertile ; au lieu que nous sommes de pauvres provinciaux qui ne savent rien, à qui on ne dit rien, qui ne voyons tout au plus que le soleil quand il veut bien prendre la peine de nous éclairer, et il nous fait rarement cette faveur ; réduits à nos pauvres forces, nous avons bientôt épuisé entre nous toutes nos ressources, et nous n'avons à vous offrir que notre stérilité, du moins pour moi, les autres ne trouveraient peut-être pas bon que je fisse ainsi leurs honneurs ; c'est donc pour moi que la correspondance est difficile à soutenir, mais le sentiment la soutient et me fera vaincre tous les obstacles pour prouver à ma chère petite-fille combien je l'aime.

LETTRE CXXXVIII

DE MADAME DU DEFFAND A LA DUCHESSE DE CHOISEUL

Ce mardi, 27 juin 1769.

« *Imagination brillante, esprit fertile...* » — Et c'est de moi que vous parlez? Ah! chère grand'maman, si vous n'étiez pas la bonté même, je prendrais ces éloges pour la plus grande ironie; mais je veux croire, et même je le crois, que c'est l'amitié, la reconnaissance et l'habitude de dire tout ce qui peut être le plus agréable qui conduit votre plume.

Vous vous passez de moi, je ne le trouve point extraordinaire; quelle place puis-je occuper dans votre âme? Elle est trop bien et trop hermétiquement remplie pour que je ne doive pas être étonnée et ne pas vous savoir un gré infini des soins que vous prenez pour satisfaire en quelque sorte mes sentiments pour vous. Je sens tout l'excès de votre bonté; aussi, malgré toutes les privations que j'éprouve, je ne me permets pas, non-seulement de m'en plaindre, mais d'en être mécontente.

Gardez mon baron, il est difficile que je tire un grand mérite de ce consentement, il est du genre des sacrifices qu'on fait à Dieu, il s'en contente, et vous ferez de même. Je souffre *de bon cœur* ce que je ne peux empêcher.

J'écrivis l'autre jour un petit billet au grand-papa, je lui proposais de venir souper chez moi samedi prochain; sa réponse est très-jolie, il me marque plus de désirs qu'il ne me donne d'espérance. Je ne compte point qu'il y vienne; et pourquoi y viendrait-il? Oh! je ne suis point injuste. Je pense que le vrai bonheur de la vie doit se borner à bien manger, à bien digérer, à bien dormir, tout le reste est vanité des vanités.

M. de Pontchartrain est beaucoup mieux; on espère qu'il

ne mourra pas. Je crois vous avoir mandé ou bien à l'abbé que madame de Valentinois m'avait prié à souper samedi dernier avec les deux maréchales ; j'étais dans l'intention d'y aller et je m'en faisais un vrai plaisir, j'appris que le comte de Luzace, M. de Sponheim, y devaient être ; cela changeait l'objet que je m'étais proposé et je n'y fus pas. A la place, je fus prendre du thé l'après-dîner avec madame de Mirepoix ; le souper fut bien remplacé et j'eus toute la satisfaction que je désirais.

Ah! grand'maman, je fis l'application d'un trait de madame de Sévigné, elle dit que la vérité est toujours triomphante, tandis que la fausseté reste accablée sous un monceau de paroles. Rien n'inspire tant de pitié que de voir quelqu'un qui se noie, qui s'accroche à tous les roseaux qu'il entraîne après soi.

On dit que le roi part le 11 pour Chantilly, qu'il sera le 13 à Compiègne, mais vous savez tout cela mieux que moi. Ce que je voudrais savoir, c'est ce que vous comptez faire et quel est le jour que je puis espérer de vous apercevoir.

Vous a-t-on mandé un trait de M. de Richelieu assez plaisant? Je suppose que non. A un voyage de Saint-Hubert pendant le wisk, il établit un petit lansquenet pour enseigner ce jeu à ceux qui ne le savaient pas, il y perdit 250 louis ; les acteurs du wisk se moquèrent de lui, on ne comprenait pas comment, à un si petit jeu, il avait pu perdre une telle somme : Ah! dit-il, en faisant des épaules et des coudes les grâces ou les contorsions que vous lui connaissez, et pesant sur chaque mot :

> ... « Le plus sage
> S'enflamme et s'engage
> Sans savoir comment!... »

Le wisk trouva la plaisanterie bonne et en rit beaucoup. Je tiens ceci de madame de Mirepoix.

Adieu, chère grand'maman. Depuis sept ou huit jours mes

insomnies sont revenues; elles me rendent triste, bête, de mauvaise humeur et très-indigne de vous entretenir.

LETTRE CXXXIX
DE LA DUCHESSE DE CHOISEUL A MADAME DU DEFFAND

Chanteloup, ce 30 juin 1769.

Le baron m'a montré sa lettre, ma chère petite-fille; elle est charmante, et les miennes très-plates. Je suis accoutumée à la supériorité de l'abbé, et je la lui pardonne ; mais celle des autres m'humilie. Je m'en suis vengée sur votre lettre en critiquant : « *hermétiquement remplie.* » C'est une critique à la Beauvau !... Je critique bien plus encore la pensée. Je ne me passe pas de vous, ma chère enfant, puisque mon cœur ne consent pas à cette privation et qu'il en souffre.

Ne criez plus après votre baron; vous l'aurez dimanche, et il vous portera toutes les tendresses de la grand'maman. Malgré la jalousie que sa prose m'inspire, je suis obligée de convenir qu'il a été très-aimable ici, et que je le vois partir avec regret.

Nous avons passé notre journée à commenter la plaisanterie de M. de Richelieu, dont nous n'entendons pas la fin; elle ne serait bonne qu'autant que ce serait une épigramme, et si c'est une épigramme, ce n'était pas à lui à la faire. Ce n'était pas aux gens qui en ont ri à en rire[1]; et ce n'était pas à la personne qui vous l'a rapportée à la conter[2]; si ce n'était pas une épigramme, il n'y avait pas le mot pour rire. Expliquez-nous donc cette énigme, nous n'avons pas l'esprit de la deviner. Les provinciaux ont l'esprit lourd et grossier; mais les Parisiens, et es courtisans surtout, à ce que je vois, l'ont fin et délicat,

---

1. Au roi.
2. A la maréchale de Mirepoix.

ils entendent finesse à tout et ont toujours le mot pour rire.

Mandez-moi le succès de vos *billets au grand-papa*. Je le plains bien s'il ne peut pas se rendre à vos ordres. Il n'y a point de souper que je ne quittasse pour le vôtre, point de bons mots auxquels je ne fermasse l'oreille pour en entendre un de votre bouche. Point de vanité littéraire que je ne sacrifiasse au plaisir de vous dire tout simplement, tout bêtement, tout grossièrement, mais très-sensiblement que je vous aime de tout mon cœur.

LETTRE CXL

DE MADAME DU DEFFAND A LA DUCHESSE DE CHOISEUL

Ce dimanche, 2 juillet 1769.

Ah! oui, chère grand'maman, vous êtes un peu rouillée; quoi, vous croyez la décence nécessaire à un bon mot, et c'est positivement l'indécence qui fait tout le sel de celui-ci. Celui qui l'a dit, celui à qui il a été dit, celle qui l'a raconté, c'est tout cela qui le rend charmant! C'est ce maudit abbé qui vous a empêchée d'en sentir tout le plaisant. Je n'ai vu que lui au monde allier deux choses aussi contraires, le pédantisme dans ses jugements, et la facilité, la grâce, la gaieté, la simplicité, etc., etc., dans ce qu'il dit et ce qu'il écrit. Il dira : pourquoi m'appelle-t-elle *maudit?* Parce que vous l'êtes par moi, monsieur l'abbé, entendez-vous? — Vous êtes abominable de retenir la grand'maman, de ne vouloir pas que sa petite-fille partage avec vous le plaisir de la voir; vous êtes un envieux, un jaloux; enfin, je vous déteste. Vous vous amusez à faire de la grand'maman votre écolière. Elle place dans sa lettre, sur le mot hermétiquement, deux lignes qui auraient été bien mieux remplies par ces paroles : *Ma petite-fille, je m'ennuie trop de ne vous point voir pour rester ici jusqu'à la dernière extrémité. J'arriverai au plus tard le 9, je resterai avec vous cinq ou six jours, et le plaisir que je vous causerai me paraît préférable à la pluie et au vent de Chanteloup.* Voilà, monsieur l'abbé, ce qu'il fallait laisser dire à la grand'maman, mais c'est que vous voudriez qu'elle ne fût hermétiquement qu'à vous et qu'il n'y eût de place pour personne ; cela est vilain, mais très-vilain.

Oui, ma grand'maman, je verrai mon baron ce soir. Que de questions je lui ferai, et combien sa lenteur m'impatientera ; il ne trouvera pas les fâcheux ; mais madame de Chateaurenaud, qui me fait fort bien à cause de vous.

Vous voulez savoir le succès des billets au grand-papa? Vous vous en doutez bien ; aucune suite ; on le voit à l'Opéra, chez madame Rouillé, que sais-je, partout, et moi je n'en entends pas parler. A l'égard du souper d'hier, ce n'est pas sa faute, il ne vint point à Paris, il y avait conseil. Ce souper se tourna tout de travers ; la princesse[1] a des hémorrhoïdes qui l'empêchèrent de venir et qui l'empêcheront d'aller en Lorraine ; j'avais la meilleure chère du monde, et nous ne fûmes que trois qui soupâmes ; le Toulouse[2], le chevalier et moi ; le prince et l'aîné Chabot avaient dîné. En sortant de table nous montâmes en carrosse et nous fûmes visiter la princesse, chez qui nous trouvâmes la princesse belle-fille[3] et M. de Bezenval. Je fais mon possible pour retenir mon chevalier[4], qui veut partir mercredi 5. Je fais ce que je peux pour le faire retarder jusqu'au mercredi 12, en le flattant de l'espérance de vous revoir. Si vous m'écrivez promptement et que je puisse lui dire le jour de votre arrivée, je ne doute pas qu'il ne vous attende. Vous recevrez cette lettre mardi au soir, je puis recevoir votre réponse vendredi matin. L'abbé hausse les épaules et s'étonne qu'on puisse mettre tant de vivacité aux choses qui ne lui font rien. Mais, monsieur l'abbé, à

---

1. De Beauvau.
2. M. de Brienne, archevêque de Toulouse, depuis cardinal de Loménie.
3. La princesse de Poix.
4. De Listenay, prince de Beaufremont.

votre place je penserais de même, rien ne vous manque, vous êtes satisfait de tout point. Vous diriez comme madame de Chalais, qni répondait à quelqu'un qui se plaignait de la colique : *que pour elle, elle se portait bien.*

M. le maréchal de R.[1] donne ce soir un grand souper à trois dames, qui sont : Du Barry, de Talmont[2], de Valentinois. On espère madame la princesse de Conty; il y aura dix-huit personnes.

Adieu, chère grand'maman, cette lettre est assez longue, elle est assez remplie, je vais la sceller hermétiquement.

LETTRE CXLI

DE L'ABBÉ BARTHÉLEMY A MADAME DU DEFFAND

Chanteloup, 2 juillet 1769.

Il se présentera chez vous un homme qui s'appelle le baron de Gleichen; c'est une espèce d'aventurier qui va de pays en pays, débitant ses agréments et son esprit, et quand il a gagné tous les cœurs, dans une ville ou dans un château, il les laisse là et s'en va d'un autre côté. C'est ainsi qu'il nous a traités, et comme il vous traiterait de même, je vais tacher de vous prévenir contre lui. Je crois avoir dit qu'il a de l'esprit, mais il en fait rarement usage, et il a souvent la perfidie d'écouter en silence les bêtises et les platitudes; il fait plus, il s'oublie à tout moment lui-même et il exagère le mérite des autres, excepté le vôtre et celui de la grand'maman. Vous lui demanderez si cette grand'maman l'a bien accueilli; il baissera la

---

1. Le maréchal de Richelieu.
2. La princesse de Talmont, Polonaise, alliée à la reine Marie Lèczinska, avec qui elle vint en France, où elle épousa en premières noces un prince de la maison de Bouillon. Elle était fort de la société de madame du Deffand qui, a fait son portrait, fort spirituelle et surtout fort bizarre. Elle fut longtemps la maîtresse du Prétendant.

voix et les yeux et il vous répondra qu'elle l'a reçu avec beaucoup de bonté ; il ne vous dira pas qu'elle était enchantée de le voir, qu'elle était sans cesse occupée de lui, qu'elle l'a vu partir avec le plus grand regret et que nous avons tous partagé ces sentiments. Un autre défaut que je lui trouve, c'est d'être menteur au suprême degré, non qu'il déguise la vérité, mais il l'altère, mais il n'a pas le mot propre, mais il est tout de feu pour les idées et tout de glace pour les sentiments. Vous voudrez savoir de lui si la grand'maman vous aime, si nous parlons de vous, si nous désirons de vous voir, il vous répondra simplement : oui, madame ; et ne vous dira point que vos souvenirs sont plus doux pour nous que tous nos autres plaisirs, et vos lettres plus que la gazette, parce que nous aimons mieux l'histoire de vos pensées que celle de toutes les guerres du monde. Il était bon que vous fussiez instruite de ces petits détails afin que M. le baron ne vous donnât pas de fausses idées de nous et de lui.

LETTRE CXLII

DE LA DUCHESSE DE CHOISEUL A MADAME DU DEFFAND

A Chanteloup, ce 5 juillet 1769.

Oui, ma chère enfant, votre lettre est arrivée mardi au soir, qui était hier ; mais la poste ne part que le matin, ainsi je ne puis y répondre qu'aujourd'hui mercredi, et si c'est aujourd'hui que notre chevalier doit partir, vous ne la recevrez pas à temps pour l'en empêcher ; cependant je me hâte de vous obéir pour que vous ne disiez pas : la grand'maman est une marâtre qui n'a nulle complaisance pour son enfant ; le chevalier, avec toute sa douceur, n'aurait sûrement pas la complaisance de m'attendre jusqu'à mon retour ; je ne serai point encore le 12 à Paris, je ne sais quand j'y arriverai, mais vous en serez sûrement informée, ma chère enfant ; tout ce que je sais, c'est que j'irai sûrement à Compiègne, que je ne m'arrêterai à Paris que pour souper, et que si vous le voulez bien, vous serez de ce souper; j'aurais fort voulu que notre chevalier en pût être aussi, mais je vois bien qu'il y faut renoncer; dites-lui, je vous prie, si vous le voyez encore, que je suis étonnée et inquiète de n'avoir point de ses nouvelles et de celles de ses affaires, que je le prie de m'en donner toujours quand même il n'aurait rien à me dire. Tout cet arrangement va bien vous faire injurier l'abbé et moi-même, vous devriez plutôt me plaindre de ce que je vous verrai trop tard et trop peu.

Vous avez grande raison, ma chère enfant, je suis bien bête, il faut trancher le mot; vous dites *rouillée* par politesse, c'est M. de Choiseul qui se rouille en allant voir madame Rouillé de préférence à vous, car pour moi, j'ai toujours été bête et je le serai toujours; je n'entends rien à l'indécence; si M. de Richelieu n'a pas dit bêtement une grosse bêtise, il a dit insolemment une grande insolence; voilà mon opinion sur son bon mot, et je la conserverai vraisemblablement jusqu'à ce que vous m'ayez illuminée par votre présence.

N'insultez pas au climat de Chanteloup; il fait aujourd'hui le plus beau temps du monde; je meurs de fatigue et de chaud, et je vous embrasse, ma chère enfant, pour me rafraîchir et me reposer.

LETTRE CXLIII

DE L'ABBÉ BARTHÉLEMY AU BARON DE GLEICHEN

Chanteloup, 5 juillet 1769.

Vous n'êtes plus avec nous, mon cher baron; cette idée m'afflige sensiblement, et quand nous irons vous rejoindre, vous serez peut-être à Compiègne; voilà le cercle de la vie, on se cherche sans se trouver, ou bien on se trouve pour se quitter. Nous vous avons suivi depuis votre départ; dimanche au soir nous disions : voilà qu'il entre à Saint-Joseph, voilà la petite-fille qui fait un cri, voilà le baron sur sa chaise, et tout de suite nous faisions les demandes et les réponses. Mais, malgré de nouveaux efforts, nous ne sentions pas mieux le mérite de la réflexion du M.[1] Votre lettre nous donne un petit jour, et peut-être qu'après une longue méditation, nous entendrons mieux cette plaisanterie.

Vous n'avez pas connu l'abbé Le Beuf, de l'Académie des belles-lettres, il a fait plus de cinquante volumes dont la petite-fille n'a jamais ouï parler, il connaissait à merveille tous les détails de l'histoire du moyen âge, il vous aurait dit dans quelle année et peut-être dans quel mois la chasuble a commencé d'être ouverte par les côtés et le manipule a cessé d'être un mouchoir, il était prodigieusement savant, il avait lu tous les chroniqueurs, tous les légendaires, mais n'avait jamais rien lu de Racine, de Quinault, de La Fontaine, etc. Un jour que M. Duclos discourait à l'Académie je ne sais sur quel sujet, il dit en passant que les lettres et les plaisirs rapprochaient tous les états[2]. J'étais auprès de l'abbé Le Beuf, il ouvrait tant qu'il pouvait les yeux, la bouche et les oreilles. Un gros quart d'heure après, et pendant que la lecture continuait, je vis le bon abbé Le Beuf éclater de rire, je lui en demandai la raison : Je ris, me dit-il, de ce qu'a dit M. Duclos, que les gens de lettres ont bien du plaisir, il a raison !... Mon cher baron, je vous avoue que dans bien des occasions je suis comme l'abbé Le Beuf, je n'atteins pas ce qui est trop fin, et je vois souvent louche où les autres voient clair. Mais je me sais bon gré d'une chose, c'est que je laisse là ce que je ne comprends pas,

---

1. Du maréchal de Richelieu. (Voir les lettres des 27, 30 juin et 2 juillet).

2. Duclos, plus qu'aucun des auteurs de ce temps, se plaisait au rapprochement des hommes de lettres et des grands seigneurs, et aimait à afficher ses relations avec la bonne compagnie. Sa vanité en amenait facilement l'occasion ; par exemple, quand on lui demandait son opinion sur quelque ouvrage qui venait de paraître : Voici, répondait-il, ce que j'en disais au duc de... qui me faisait la même question.

à moins que ce ne soit du phénicien. Si l'on n'avait pas dit qu'il ne faut pas disputer des goûts, je crois que je l'aurais dit, mais j'aurais ajouté qu'il ne faut pas disputer des faits, parce qu'il vaut mieux les éclaircir, ni des jugements, parce que chacun juge comme il voit, ni de rien, parce que rien au monde ne mérite qu'on en dispute, à moins qu'on ne trouve du plaisir à disputer, et, dans ce cas, on peut disputer de tout. Mais, mon cher baron, je bâille en vous écrivant tout ceci, et je pense que vous en faites autant en le lisant, effaçons vite cette impression. La grand'maman vous fait mille compliments, Gatti tant que vous en voudrez. La présidente a souri tendrement à votre souvenir. M. de Castellane et M. de Thiers sont partis ce matin, M. de Sarsefield hier, nous restons avec nous, nous parlons de la petite-fille et de vous. Chanteloup est encore aimable. Adieu.

LETTRE CXLIV

DE MADAME DU DEFFAND A LA DUCHESSE DE CHOISEUL

Ce samedi, 8 juillet 1769.

J'ai reçu votre lettre hier matin, chère grand'maman. Notre chevalier était parti de la veille avec un grand regret de n'avoir pu vous attendre. Il court de fâcheux bruits sur votre retour. Je soupai hier chez les Trudaine. On parle d'un départ pour le 22, d'une arrivée pour le 20, que la place que laissera le 22 sera remplie par le 20, qui arrivera. Le 21 sera pour qui il appartiendra; je serai de ceux-là, ne vous en dédites pas, je vous prie, je ne sais en vérité ce que je deviendrai si je suis toujours séparée de vous; mais je ne veux pas vous attrister, je connais la bonté de votre cœur, vous faites pour votre petite-fille tout ce qui dépend de vous. Ce sont les circonstances qui me sont contraires. Je pourrais me plaindre du mystère qu'on m'a fait, j'avais conçu des espérances qui sont toutes renversées, je ne vois dans l'avenir que des absences continuelles, je reste tout isolée, tout abandonnée; ah! chassons ces idées.

J'eus hier une frayeur épouvantable; le président fit une chute la nuit d'avant celle-ci; contre l'ordinaire, personne n'avait couché dans sa chambre; il eut besoin de sa table de nuit, elle n'était point auprès de son lit, il se leva pour l'aller chercher; ensuite, voulant remonter dans son lit, il n'en eut pas la force, il tomba tout de son long sur le parquet, et, ne pouvant se relever, il y resta jusqu'à ce qu'on vînt naturellement dans sa chambre, au bout de deux heures qu'il avait resté dans cette situation. Heureusement la tête n'a point porté, il vint chez moi l'après-dîner, je le trouvai comme à son ordinaire; cet accident n'aura point de suite et fera prendre de plus grandes précautions à l'avenir.

Croiriez-vous que le baron avait fait le projet d'être huit jours sans me voir, pour rendre, me disait-il, ses devoirs à ses autres amis? mais j'ai trouvé hier en rentrant un petit billet qui m'annonce qu'il abandonne ce méchant projet. J'en suis bien aise, il n'y a que lui que j'ai du plaisir à voir, parce que nous parlons sans cesse de vous.

Le général Irvine arrivera, je crois, ces jours-ci; M. Walpole s'annonce pour le mois d'août; je ne suis pas fâchée qu'il arrive si tard, parce que, devant être peu de temps ici, son voyage aurait été très-mal placé s'il était venu dans les premiers jours de votre séjour à Compiègne.

Ma grand'maman, ne vous dégoûtez point de votre petite-fille, ne l'abandonnez jamais; le moindre refroidissement de votre part serait le comble du malheur, daignez juger de mon cœur par le vôtre.

Adieu. Je vous fais le sacrifice du temps que vous restez à Chanteloup; s'il est utile à votre santé, je chérirai votre absence.

LETTRE CXLV

DE L'ABBÉ BARTHÉLEMY AU BARON DE GLEICHEN

Chanteloup, 8 juillet 1769.

Madame la duchesse n'a pas un moment pour vous répondre, mon cher baron, elle me charge de ce soin; vous y perdrez, j'y gagnerai. Elle est très-sensible à votre attention, vos nouvelles de la santé, étant plus fraîches que celles qu'elle en avait reçues par un courrier, l'ont tout à fait tranquillisée. Peut-être n'auriez-vous pas dû lui parler de votre affaire dans le temps qu'il souffrait ou qu'il venait de souffrir; mais ce qui est fait est fait, et puisque cette négociation doit se reprendre à Compiègne, elle s'en félicite, parce qu'elle pourra contribuer plus directement au succès. Après cela beaucoup de compliments de sa part. M. de Thiers partit hier, il ira voir demain la petite-fille, dont je reçus avant-hier une lettre charmante et pleine de reproches, vous me demanderez pour qui? et pour qui serait-ce si ce n'est pour moi? C'est un mal de famille, quand la grand'maman ne sait que faire, elle me gronde, sa petite-fille en fait autant, j'en suis toujours étonné, parce que je ne me reproche rien. Tout ce que j'en conclus, c'est qu'apparemment je suis un scélérat sans remords. Je n'en ai point de ce que la petite-fille n'est pas venue à Chanteloup, mais j'en ai véritablement du regret. Comment peut-elle croire que je me sois opposé au désir qu'elle avait d'y venir, et que mon opposition eût pu avoir la moindre influence? Bon Dieu! qu'elle me connaît mal, ou plutôt qu'elle se connaît mal elle-même! J'ai cru pendant longtemps qu'elle m'accusait par plaisanterie, mais sa dernière lettre est très-sérieuse; et comme elle dit que c'est son dernier mot, je n'ose pas entreprendre une justification en forme, et je vais tâcher de faire entrer cette idée dans mon esprit. Je gouverne si absolument la grand'-

maman que j'exclus qui il me plaît du voyage de Chanteloup, et pour donner un exemple de mon pouvoir, j'ai commencé par exclure la personne du monde qu'elle verrait certainement avec plus de plaisir!... D'après ce principe, vous me ferez votre cour, mon cher baron, et je vous donnerai la permission de venir ici, à Compiègne, partout où elle sera. Adieu, je vous embrasse un millier de fois. Savez-vous bien que nous ne sommes plus que Gatti et moi?

LETTRE CXLVI

DE L'ABBÉ BARTHÉLEMY A MADAME DU DEFFAND

Chanteloup, ce 10 juillet 1769.

J'ai fait tout mon possible pour être fâché contre vous ou plutôt contre vos accusations qui ne sont pas vous. Je ne voulais plus vous écrire, mais alors vous seriez fâchée contre moi, et je ne puis pas supporter cette idée. Cependant, comme je veux me venger, je veux vous faire un récit qui peut-être vous ennuiera.

Sur les bords de la Loire, à moitié chemin de Chanteloup à Tours, est une butte fort élevée sur laquelle est un petit village nommé Bondésir, qui appartient aujourd'hui au grand-papa, et qui avait appartenu à madame la comtesse de *Fiche-en-Bas*. C'est le nom que les habitants donnent à madame de Furstemberg. Là est une chapelle dédiée à la bonne Vierge, où l'on assure qu'il s'est fait quantité de miracles. On y venait en procession de par-ci, de par-là, de toute la Touraine. Elle était desservie par trois chanoines qu'on vient de réunir au chapitre d'Amboise. Les habitants en sont au désespoir, et la bonne Vierge, qui ne l'est pas moins, fait plus de miracles que jamais; l'autre jour un paysan tomba dans la rivière; il y fut très-longtemps, et pendant qu'il achevait de se noyer, il lui vint dans l'esprit de s'adresser à Notre-Dame-de-Bondésir. Aussitôt il sentit une main très-douce sous son pied qui le souleva. Avant-hier elle se manifesta à un paysan ; elle se plaça sur le toit de sa maison, brillante de lumière, habillée de blanc, mais ne disant pas un mot. Nous ne savions rien de toutes ces merveilles ; nous allâmes à Bondésir la semaine dernière. Le peuple s'assembla autour de la grand'maman, et la prit pour la bonne Vierge qui venait les revoir. Nous vîmes dans la foule une jeune fille fort jolie, âgée de seize ans, très-timide, très-intéressante. La grand'maman lui fit quelques caresses. Nous vîmes ensuite le concierge, qui est un jeune paysan de vingt-deux ans, très-bien fait, qui meurt de peur de tirer à la milice et d'envie de se marier. Hier, en nous rappelant cette course, nous dîmes qu'il faudrait marier le joli paysan à la jolie paysanne ; aussitôt la grand'maman demande des chevaux, des voitures ; mais il pleut à verse, il tonne à faire trembler !... N'importe, il faut se mettre en route. Nous allons travailler au bonheur de ces enfants, il faudra bien que la pluie et le tonnerre cessent. Nous partons, et vous sentez bien que pendant le voyage nous ne parlâmes d'autre chose. « Il faut les marier tout à l'heure, disait la grand'maman : ces deux pauvres enfants s'aimeront bien, ils s'aiment déjà, ils feront les plus jolis enfants du monde !... On leur achètera un petit coin de terre, nous ferons un petit trousseau à la mariée. » Après une marche de trois lieues, nous arrivons ; nous parlons à la mère de la fille, qui consent à la marier. Le paysan n'était pas dans le village ; on sonne toutes les cloches, il vient aussitôt. La grand'maman le prend en particulier : « Je viens ici pour vous marier. — Madame, vous me faites bien de l'honneur. — Si l'on vous donnait une jolie fille avec une dot, la prendriez-vous ?—Madame, je ferai ce qui vous plaira. — Mais n'avez-vous pas quelque inclination ? — Oui, madame. — Et qui ? — C'est la fille d'un vigneron qui demeure à une lieue d'ici. — L'aimez-vous beaucoup ? — Oui, madame. — Vous n'en prendriez donc pas une autre ? — Ce sera, madame, tout comme il vous plaira. — Mais je ne veux pas gêner votre inclination ; ainsi, vous épouserez celle que vous aimez. » Nous avions encore une espérance, c'est que la jolie petite paysanne aurait aussi une inclination. Elle n'en avait point. La grand'maman eut beau lui demander son secret en particulier et en présence de la mère, tout fut inutile. Il fut donc décidé que le mariage du paysan se ferait incessamment, et que la mère de la fille lui chercherait un mari pour l'année prochaine. Le jeune paysan viendra ce matin présenter sa prétendue, qui certainement sera bien laide. Voilà comment se termina notre course dont la perspective nous a fait passer des moments très-agréables. Hier au soir la grand'maman reçut votre lettre qui nous amusa beaucoup, parce que nous eûmes bien de la peine à comprendre le 22 qui part, le 20 qui arrive, le 21 qui reste, et nous crûmes d'abord que c'était un secret d'État, ensuite un terne pour la loterie de l'École militaire, ensuite une explication théologique. La grand'maman vous en parlera. Gatti part demain, et nous la semaine prochaine.

Monsieur le baron, je vous fais mille compliments, mademoiselle Sanadon, je vous présente mes respects, quant à la petite-fille, je la supplie de croire que j'ai pour elle tous les sentiments qu'elle mérite et que son capitaine est le plus dévoué de ses serviteurs.

LETTRE CXLVII

DE LA DUCHESSE DE CHOISEUL A MADAME DU DEFFAND

Chanteloup, ce 11 juillet 1769.

J'aurais voulu, chère petite-fille, qu'on ouvrît votre lettre à la poste. Certainement on aurait cru que le 20 et le 22 étaient les plus grands personnages de l'État, et que le remplacement de l'un par l'autre cachait les mystères de la plus profonde politique. Je me divertis à imaginer M. Jannel cherchant à déchiffrer cette énigme, n'en pouvant venir à bout, et disant au roi : « *Cela cache quelque chose d'important, Sire ; il faut examiner toutes les correspondances de la grand'mère et de la petite-fille ! On ne ferait peut-être pas mal d'examiner leur conduite ; enfin, on ne peut veiller de trop près les personnes suspectes...* » Et nous voilà décidées suspectes, ma chère enfant, dans le conseil de M. Jannel !... Voilà ce qu'aura produit votre prudence à ne pas vouloir nommer les masques. Ne vous souvenez-vous plus de ce que vous disiez à M. de Bernstorff, qu'il était « circonspect et suspect? » Eh bien, il vous est arrivé la même chose. Vous avez voulu être circonspecte avec M. Wiard, et vous êtes devenue suspecte à M. Jannel, et presque à moi. Je ne comprenais rien aux 20, 21, 22, et sans l'abbé Barthélemy, qui est accoutumé à déchiffrer toutes les langues, j'aurais cru que la tête vous avait tourné ou à votre secrétaire. Vous allez lever les épaules et dire : La grand'maman est bien bête. Oh ! ce n'est pas tout, ma chère enfant ; vous allez encore dire : Elle est bien imprudente ! Car je vais répondre *en clair* à votre chiffre. (*En clair*, je vous prie de croire que c'est le terme de l'art.) J'arriverai le 19 au lieu du 20, et je serai le 20 à Compiègne, au lieu d'être à Paris le 21 ; mais, ingrate que vous êtes, loin d'être une marâtre, comme vous le faites entendre, de vous négliger, de vous oublier, je ne suis occupée que de vous, et ce sera à vous que je donnerai cette seule soirée du 19 que je passerai à Paris où vous souperez chez moi, si M. de Choiseul peut m'envoyer un marmiton pour nous donner une côtelette. Sinon, ce sera vous qui me donnerez à souper, au risque que je vous porte toute ma maussaderie, ma fatigue et ma poussière. Mais je vous prie de songer que, dans tous les cas, je ne puis voir que vous. Après cela, direz-vous que vous êtes abandonnée, et doutez-vous de toute la tendresse de la grand'maman ?

J'ai partagé votre frayeur de la chute du pauvre président. J'ai eu une lettre du chevalier avant son départ. Je suis bien aise de l'arrivée du général, mais mille fois plus de celle de mon Horace. Voici une fort mauvaise brochure que Voltaire m'a envoyée, quoiqu'elle ne soit pas de lui. J'y joins la lettre qu'il m'a écrite en même temps.

Comme je ne sais qu'y répondre et qu'il me parle de vous, vous lui répondrez pour moi et nous y gagnerons tous les trois.

LETTRE CXLVIII

DE MADAME DU DEFFAND A LA DUCHESSE DE CHOISEUL

Ce vendredi, 14 juillet 1769.

Dans un instant, grand'maman, je répondrai à votre lettre que Gatti m'a rendue hier. Mais il faut, auparavant, que je vous débride toutes les pensées qui m'ont occupée cette nuit. Je l'ai passée sans fermer l'œil. Elle n'a pas été bien longue, à la vérité. Je n'ai quitté madame de Beauvau, chez qui j'avais soupé, et où étaient la maréchale de Luxembourg, la marquise de Boufflers et le comte de Chabot, qu'à quatre heures du matin. Ce n'est point à ce que nous avions dit que j'ai pensé, cela n'en valait pas la peine; mais j'ai réfléchi sur le désir que nous avons de trouver le bonheur. Quel moyen avons-nous pour l'attraper? Connaissons-nous ce qui peut nous le procurer? Oh! oui, nous le connaissons, et je suis bien sûre que nous sommes du même avis. Il ne tient jamais qu'à un seul objet; tout ce qui n'est pas cet objet, tout ce qui n'y a pas de rapport, n'est que palliatif, distraction!... Madame de Prie est morte du besoin de gouverner l'État; un autre mourra de la diminution de ses richesses; mais vous, mais moi, nous ne mourrons pas de ces maladies-là!... Notre objet n'est point des êtres imaginaires; ce sont des individus qui ont chair et os, que nous aimons, dont nous voulons être aimées; point de bonheur sans celui-là. Mais à quoi connaît-on qu'on est aimé?

Ah ! voilà où l'on se trompe ! il est des apparences flatteuses qui nous élèvent au-dessus de la sphère ; mais elles s'évanouissent et nous replongent dans l'abîme. Quel remède à cela ? Voilà ce qui m'a occupée. Pour m'en distraire je vais relire votre lettre et y répondre.

Je suis ravie, charmée de mon style de Nostradamus. Il vous a tenu lieu de *Mercure* et m'a valu une réponse dont le style est divin. Vous attrapez la perfection sans perdre la facilité et le naturel. Oh! vous êtes une singulière grand'maman. Comment avez-vous pu faire une si sotte petite-fille ? Pourtant vous lui avez passé une petite portion de votre tact et de votre bon goût. Oui, monsieur l'abbé, rien n'est si vrai ! Ne haussez point les épaules, et ne dites point : « Voilà une créature bien vaine. » Je vous confondrai en vous nommant, pour preuve de ce que je dis. Voyez quelles sont les gens que j'estime et que j'aime, en commençant par vous qui êtes à la tête et en finissant par mon baron qui est à la queue. Cette queue est souvent tortillée et je n'ai pas le projet de la redresser. Ce baron partira le jour que la grand'maman arrivera. Mais vraiment voici une belle aventure dont il faut vous prévenir. Madame de Chateaurenaud m'est arrivée, tandis que Gatti était chez moi. Après avoir demandé de vos nouvelles, elle a voulu savoir le jour de votre retour. « Mercredi, a-t-il dit. — Ah ! j'irai l'attendre chez elle. — Mais, madame, ai-je dit, elle pourra arriver bien tard et ne vouloir voir personne. — Oh ! qu'est-ce que cela fait ? je l'attendrai... » Je vous en préviens ; faites donner des ordres à votre suisse.

Vous envoyez donc des extraits de mes lettres, et vous me faites des tracasseries. M. de Gontaut a montré à madame de Luxembourg ce que je vous avais écrit de M. de Lauzun. Vous voulez me mettre mal avec tout le monde ; nous nous brouillerons tout à fait mercredi ; mais ce sera sans éclat ; je ne veux de confident que M. Jannel.

Je n'ai encore lu que la préface, l'épître dédicatoire et la première scène des *Guèbres*. Je crois la préface et l'épître de Voltaire ; les vers ne me paraissent point ridicules, nous verrons comment sera la suite.

Je me garderai bien de vous donner à souper. En vérité, cette proposition est-elle raisonnable ? Il faut qu'en arrivant, vous vous mettiez dans votre lit, que vous ayez un poulet, pour vous, l'abbé et moi. Je ne pourrais pas vous supporter dans ma chambre. Je croirais que j'achèverais de vous tuer, et puis j'aurais le déplaisir de vous voir partir ; je ne veux point être promptement quittée. Capitaine, n'allez pas penser que je ferai veiller la grand'maman. Non, je me retirerai quand vous me l'ordonnerez ; mais je veux que ce soit moi qui parte ; enfin, je veux la quitter à mon tour.

Adieu, grand'maman, adieu, l'abbé. Que je serai aise mercredi ! Songez que j'ai bien à jaboter ; adieu, adieu.

LETTRE CXLIX

DE MADAME DU DEFFAND A VOLTAIRE

Paris, ce 16 juillet 1769.

J'ai reçu deux de vos présents, monsieur, par la grand'maman. Elle a joint au dernier la copie de la lettre de M. Guillemet, où il est fait mention de moi. J'avais résolu de ne point écrire à M. Guillemet, jusqu'à ce qu'il me fît quelque agacerie ; je me souvenais qu'il m'avait dit qu'il écrivait volontiers quand il avait un thème, mais qu'il n'aimait pas à écrire quand il n'avait rien à dire. C'était une leçon qu'il me faisait ; je m'y soumettais avec peine ; mais je me serais fait scrupule de ne la pas suivre. Vous avez levé l'interdiction ; ainsi, prenez-vous-en à vous-même si je vous importune.

Vos lettres d'Amabed m'ont fait beaucoup de plaisir. La préface et l'épître dédicatoire des *Guèbres* ne me paraissent pas de la même main que la tragédie. La petite-fille aime toujours les vers ; mais ce sont les vers de M. Guillemet qu'elle aime. Elle trouve que les Guèbres vaudraient bien mieux s'ils parlaient en prose et du même style que la préface et l'épître dédicatoire.

Monsieur de Voltaire, ayez pitié de moi ! tous les vivants m'ennuient ; indiquez-moi quelques morts qui puissent m'amuser. J'ai relu vingt fois les livres qui me plaisent, et je suis toujours obligée d'y revenir. Je voudrais une brochure de vous toutes les semaines. Je suis persuadée que vous pouvez fournir à cette dépense. Je crois qu'il n'y a qu'une certaine dose d'imagination pour chaque siècle, et qui est éparpillée dans les différentes nations. Vous vous en êtes emparé subitement et n'en avez pas laissé un grain à personne. C'est donc à vous à distribuer vos richesses, et dans vos largesses il faut préférer votre bonne et ancienne amie.

La grand'maman est à Chanteloup depuis le 29 avril. Son absence a mis le comble à mes ennuis ; elle arrive mercredi, mais pour aller tout de suite à Compiègne. Si vous connaissiez cette grand'maman, vous en seriez fier. Elle est comme vous, elle a tout envahi. Ah ! son siècle n'est pas digne d'elle.

Je crois que M. Guillemet ne se flatte pas qu'on lui écrive des gazettes. D'ailleurs ce n'est pas mon talent, et de plus, la nouvelle du jour est détruite par celle du lendemain. Il y a un livre ici qui fait beaucoup de bruit, dont il n'y a que trois ou quatre exemplaires ; je ne l'ai pas encore lu. On dit qu'il est de main de maître. J'ai pris des mesures pour l'avoir. Nous avons eu ici un opéra comique qui a eu un succès inouï, c'est le *Déserteur*. Il vous fera plaisir. Les paroles sont de Sedaine. Je ne sais si les ouvrages de cet auteur passeront à la postérité. Je ne sais s'il ne serait pas dangereux qu'il devînt modèle, les *Genuit* dégénèrent toujours, mais ce Sedaine a un genre qui fait grand effet. Il a trouvé de nouvelles cordes pour exploiter la sensibilité, il va droit au cœur et laisse là tous les détours d'une métaphysique que je trouve détestable en tout genre. On la place aujourd'hui partout, même en musique. Plus la musique est recherchée et travaillée, plus elle a de succès. Il y a ici un fameux joueur de violon qui fait des prodiges sur sa chanterelle. Un homme disait à un autre : « Monsieur, n'êtes-vous pas enchanté?... Sentez-vous combien cela est difficile?... — Ah! Monsieur, dit l'autre, je voudrais que cela fût impossible!... » C'est ce que je dirais de tous les auteurs qui sautent à pieds joints sur le bon sens pour nous faire des raisonnements fatigants, ennuyeux et faux. Je mettrais à leur tête M. Jean-Jacques et puis tous ses prosélytes.

Adieu, Monsieur : cette lettre est d'une insupportable longueur ; ne craignez pas la récidive, vous me ferez toujours taire quand vous voudrez.

LETTRE CL

DE LA DUCHESSE DE CHOISEUL A MADAME DU DEFFAN

A Chanteloup, ce 16 juillet 1769.

Votre lettre, ma chère petite-fille, m'a sauvée de tomber dans le panneau le plus fâcheux. Voltaire m'en avait écrit une seconde pour me dire de ne pas montrer la tragédie des *Guèbres*; cette précaution ne m'avait point encore avisée que la pièce pût être de lui, tant elle me semblait mauvaise, et en lui répondant je lui mandais tout ce que j'en pensais ; heureusement ma lettre n'était point encore envoyée quand j'ai reçu la vôtre ; ce que vous me dites nous a dessillé les yeux ; nous avons reparcouru la pièce, l'abbé et moi, et, soit l'effet de la prévention que vous nous aviez donnée, soit celui de ma peur, nous avons cru reconnaître Voltaire, mais nous n'en sommes pas moins restés à dire que la pièce était détestable. Je me suis seulement contentée de ne le pas dire dans la lettre que je lui ai répondue. Ainsi, tenez-vous pour avertie, ma chère petite-fille, de ne point prêter les *Guèbres* à personne, car je promets à Voltaire qu'elle ne sera pas connue par nous. Voici ma dernière lettre, ma chère enfant, et l'abbé va la finir. Je compte toujours vous donner à souper mercredi et je m'en fais le plus grand plaisir.

DE L'ABBÉ BARTHÉLEMY

Il est bien tard. Le petit garçon de la poste attend; le dîner attend; la grand'maman attend pour fermer son bureau; elle me dit de finir cette lettre que je n'ai pas lue; je ne sais comment m'y prendre. J'invoque notre sainte Trinité, dont je ne connais pas le père, mais je vous souhaite le bonheur temporel et éternel au nom du Fils, et du Saint-Esprit, que j'aime et que j'adore autant que vous.

Prenez garde, je vous prie, à l'heureuse équivoque de cette expression *autant que vous*.

Parcourez le sixième volume des comédies de Dancourt pour nous dire à votre retour ce que vous en pensez.

LETTRE CLI

DE L'ABBÉ BARTHÉLEMY A MADAME DU DEFFAND

17 juillet 1769.

Vous allez me détester, parce que je vais vous contrarier. La grand'maman ne pourra pas souper mercredi avec la petite-fille, quoiqu'elle le lui eût proposé dans sa lettre d'hier. Elle n'est pas malade, elle désire infiniment de vous voir; cependant, si elle part mercredi, ce ne sera que le soir, peut-être même ne partira-t-elle pas ce jour-là; tout dépend de certaines circonstances que je ne puis vous expliquer. Si je vous le disais et qu'elle vît ma lettre, elle me donnerait de dessus sa chaise longue cent soufflets et cent coups de pied. Dès que nous aurons quelque chose de plus certain sur l'instant du départ et de l'arrivée, je vous l'annoncerai, et si vous ne comprenez rien à ma lettre, je vous l'expliquerai dès que je serai à portée de vous faire ma cour.

Nous n'avons jamais rien su de l'effroi que vous a causé M. le baron.

LETTRE CLII

DE M. WALPOLE A GEORGE MONTAIGU [1]

Paris, 7 septembre 1769.

Ma chère vieille amie a été charmée de votre souvenir et m'a fait promettre de vous envoyer mille compliments; elle ne comprend pas pourquoi vous ne voulez pas venir ici; ne sentant en elle-même aucune différence entre la vivacité de soixante-treize ans et celle qu'elle avait à vingt-trois ans, elle croit qu'il n'y a aucun empêchement pour faire ce qu'on veut, excepté la privation de la vue.

Si elle n'en était pas privée, je crois que rien ne pourrait l'empêcher de me faire une visite à Strawberry-Hill. Elle fait des chansons, les chante, et se rappelle tout; ayant vécu dans le siècle le plus agréable jusqu'au plus raisonneur, elle a tout ce qui était aimable dans l'autre avec ce qui est sensé dans celui-ci, sans la vanité du premier, ni la pédante impertinence du dernier.

Je l'ai entendue discuter avec toutes sortes de personnes, sur toutes sortes de sujets, et je ne l'ai jamais vue dans le faux. Elle humilie les savants et trouve une conversation pour chacun. Affectueuse comme madame de Sévigné, elle n'a aucun de ses préjugés, mais elle a un goût plus universel, et avec la santé la plus délicate, son activité la pousse à une vie fatigante qui me tuerait si je restais ici. Si nous revenons à une heure du

---

1. On donne ici cette lettre écrite par M. Walpole pendant le séjour de six semaines qu'il fit à Paris, à cause des détails qu'elle renferme sur l'état où il a trouvé madame du Deffand.

matin de souper à la campagne, elle propose d'aller sur le boulevard ou à la foire Saint-Ovide parce qu'il est trop tôt pour se coucher. J'ai eu beaucoup de peine à lui persuader hier au soir, n'étant pas bien portante, de ne pas rester levée jusqu'à deux ou trois heures du matin pour voir la comète. Elle avait fait dire à un astronome d'apporter son télescope chez le président Hénault, pensant que cela m'amuserait.

En tout, sa bonté pour moi est si excessive que je ne me sens pas honteux de produire une personne desséchée dans un cercle de divertissements que j'ai abandonnés chez moi. Je vous fais un conte. Je me sens honteux et je soupire après mon tranquille château et mon cottage, mais je sens de l'angoisse lorsque je réfléchis que je n'aurai probablement jamais assez de résolution pour faire un autre voyage afin de revoir cette amie si bonne et si sincère qui m'aime autant que ma mère m'aimait. Mais c'est folie de penser à l'avenir. Qu'est-ce que l'année prochaine? Une bulle d'eau qui peut crever ou pour elle ou pour moi avant même que l'année qui s'enfuit arrive au bout de l'almanach. Faire des projets dans une vie aussi précaire que la nôtre, ressemble aux châteaux enchantés des contes de fées, où chaque porte était gardée par des géants et des dragons. La mort ou la maladie barrent chaque porte où nous voulons passer, et quoique nous puissions parfois surmonter l'obstacle et parvenir à la dernière chambre, c'est d'un aventurier absurde de placer ses espérances au bout d'une telle avenue.

Adieu, mon cher George, etc.

LETTRE CLIII

DE LA DUCHESSE DE CHOISEUL A MADAME DU DEFFAND

A Fontainebleau, ce 10 octobre 1763.

Oui, ma petite-fille, cinq louis, je le veux bien. J'espère que ce sera une belle chose que cette poupée et que vous en jouirez avant de l'envoyer à ma nièce; prenez garde pourtant qu'elle ne soit pas beaucoup plus belle que celle de miss Fanny, afin de ne pas mettre de jalousie entre deux petites filles qui sont toute la journée ensemble.

Ma chère enfant, je n'ai rien à vous dire d'ici. Les maréchales y sont; je n'ai vu que celle de Luxembourg; il y a d'ailleurs peu de monde, les tracasseries ne sont point encore arrivées; les spectacles sont commencés et n'ont point encore chassé l'ennui que j'ai trouvé établi à poste fixe dans mon salon. Je vous aime, c'est le sentiment qui m'approche de l'éternité; il est pour moi le commencement et la fin et il remplit l'intervalle.

LETTRE CLIV

DE MADAME DU DEFFAND A LA DUCHESSE DE CHOISEUL

Ce mercredi, 11 octobre 1769.

Je le vois bien, chère grand'maman, il faut que je m'abandonne sans réserve à ceux que j'aime; ils savent mieux que moi ce qu'il me faut, et je suis bien plus flattée d'être prévenue que d'avoir obtenu.

Toutes vos commissions seront faites, l'abbé aura ce matin votre lettre; j'ai eu tort de ne pas la lui avoir envoyée dès hier au soir, j'étais dans son quartier, je soupais chez le président, mais j'avais après souper un rendez-vous avec la princesse. Je m'occupais de la conduite que j'aurais, cela absorba toutes mes autres idées; ce n'est pas que je ne pensasse beaucoup à vous, mais c'était dans un autre genre. Si je vois l'abbé cette après-dîner, je lui rendrai compte de la conversation, si je ne le vois que demain, j'y en ajouterai une autre, car la princesse soupe chez moi ce soir. Devinez avec qui j'ai espérance que ce sera? avec qui désireriez-vous que ce fût? C'est avec quelqu'un qui n'est que sa connaissance, qui est votre ami, qui est le mien, que je ne savais où prendre pour exécuter vos ordres ! Ah ! c'est mon chevalier, dites-vous ? Eh bien, oui, c'est lui ! J'appris son arrivée un quart d'heure après que j'eus reçu votre lettre; je la lui envoyai sur-le-champ avec un billet d'invitation à souper pour ce soir. Il n'était point chez lui, on lui laissa votre lettre et mon billet; il était chez mademoiselle d'Andrezelle, qui loge à la porte de la princesse. J'envoyai l'y relancer; à minuit, il en était déjà parti. Ainsi je ne sais que son arrivée et rien de plus.

Ah ! oui, chère grand'maman, j'écrirai à votre petit-fils, ne fût-ce que pour lui envoyer l'article de votre lettre, il en est bien digne.

Je suis bien flattée de tout ce que vous me dites de madame de Durfort, je m'estimerais heureuse de lui plaire; vos bontés pour moi et mon attachement pour vous la préviennent en ma faveur. Quand elle me le permettra, je serai fort empressée de lui faire connaître que ce serait un grand honneur et un grand plaisir pour moi d'être du nombre de ses amies.

Le baron vous aura parlé de la poupée. Chargez-moi de toutes vos commissions. Madame Cholmondley m'aidera; elle est charmée de votre souvenir. Je me suis chargée de ses adorations.

LETTRE CLV

DE MADAME DU DEFFAND A LA DUCHESSE DE CHOISEUL

Ce vendredi, 14 octobre 1769.

Vous ne croiriez pas, chère grand'maman, qu'ayant reçu votre lettre avant-hier, je n'aie pas eu le temps d'y répondre; c'est pourtant vrai : hier je fus hors de chez moi toute la journée; on tendit mon lit d'hiver, on mit des doubles châssis, on calfeutra, etc. Je reçus mon capitaine chez madame Cholmondley; aucune de vos bontés ne lui échappe, elle sent la délicatesse et la politesse infinie de vos attentions; elle me soupçonnait d'exagération quand je lui parlais de vous, actuellement elle trouve qu'on reste toujours en arrière.

Nous avons tenu un conseil, discuté et raisonné sur tout ce qu'il faut pour la poupée; je vous rendrai compte de l'exécution.

Savez-vous l'aventure de votre petit-fils[1]? Il arrive à Calais le samedi au soir, il comptait s'embarquer le dimanche de bonne heure, le vent retint les vaisseaux à Douvres et il n'en arriva à Calais que lundi au soir. Je compte qu'il s'est embarqué mardi, mais je n'en aurai des nouvelles que dimanche.

Votre loge à la Comédie me fait grand plaisir; les Richemont y vont tous les jours, ce sont les meilleurs amis de monsieur Walpole. Ainsi, directement ou indirectement, il n'y a point de sortes d'obligations que je ne vous aie; ce sont bien vos bontés qui sont l'éternité pour moi; elles sont si continues que je n'en puis sentir la succession. Si le baron n'est pas toujours à vos pieds, s'il ne représente pas pour le petit oncle, le grand abbé et moi, je lui déclare que la petite chaise sera pour le premier venu, pour les Bedées, les Fanchaw, etc. Il sera infiniment au-dessous d'eux si, dans les moments où il peut être avec vous, il est assez dépourvu de bon sens, d'esprit et de goût pour être ailleurs.

Les oiseaux sont envolés, il faut qu'ils soient retournés à Steinkerque[2]. Depuis dix jours je n'en entends pas parler. Il y en aura demain huit que vous êtes partie; dans quatre semaines je pourrai vous revoir, n'est-ce pas? Que j'aurai de plaisir à me trouver dans votre petit appartement à côté de votre fau-

---

1. Walpole. Il était parti de Paris pour Londres le 3 octobre.
2. Les oiseaux de Steinkerque. — La marquise de Boufflers; sa fille, madame de Boisgelin, et sa nièce, madame de Cambise. Ces trois personnes sont souvent désignées ainsi dans ces lettres, sans que le prétexte de cette plaisanterie soit connu.

teuil! Vous aurez la princesse dimanche ou lundi; elle attend demain ou après-demain sa bonne amie de cinquante francs; dès qu'elle aura passé une soirée avec elle, elle ira trouver celle qui n'a point de prix.

Adieu, chère grand'maman, votre petite-fille est une petite sotte, elle voudrait vous amuser, elle n'en a pas l'esprit.

LETTRE CLVI
DE LA DUCHESSE DE CHOISEUL A MADAME DU DEFFAND

A Fontainebleau, ce 16 octobre 1769.

Je ne suis point étonnée, ma chère petite-fille, que vous n'ayez pas le temps de m'écrire, car je n'ai point non plus le temps de vous écrire, et la preuve que je ne l'ai pas, c'est que je ne vous écris pas.

Ne faites point d'imprécations contre le baron, il a les meilleurs procédés du monde pour moi; il mérite toutes vos bontés, et il est plus digne que jamais de conserver la distinction de la petite chaise auprès de votre tonneau. A propos de votre tonneau, les oiseaux, dites-vous, sont envolés. Comment, tout de suite, comme cela, sans raison? Cela ressemble bien, en effet, à des oiseaux, j'avoue que je n'en suis pas trop fâchée. Vous savez que je ne partage pas le goût de madame de La Vallière pour les oiseaux : tant de grâces, de légèreté, ne conviennent point à une grand'mère. Si ces oiseaux vous amusaient cependant, je désire qu'ils vous reviennent, on ne peut disconvenir qu'ils n'aient un très-joli ramage. J'imagine que le retour du chevalier aura été leur épouvantail. Envoyez-le-moi donc, ce pauvre chevalier, je meurs d'impatience de le voir.

Nous avons eu bien de la peine, le baron et moi, à comprendre l'aventure du petit-fils. A la fin nous avons pourtant entendu que, puisque tous les vaisseaux étaient à Douvres, il ne pouvait pas, en effet, s'embarquer à Calais, parce qu'il n'a point le don de saint Pierre de marcher sur la mer.

L'abbé me mande qu'il vous a trouvée toute triste de la flotte russe. Cela m'a fait ressouvenir d'une comédie que j'ai vue à Rome, intitulée : *lo Speciale*. Faites-vous-la raconter par l'abbé. Heureusement, vous vous êtes bientôt consolée des Russes avec la poupée. C'est un parti fort sage : rien de si philosophique que de jouer à la poupée ! on dit que ce sera la plus jolie chose du monde que cette poupée ; je vous remercie, vous et madame Cholmondley, de tous les soins que vous y donnez.

Adieu, ma chère enfant, je vous embrasse et vous aime de tout mon cœur. Dites mille choses pour moi à madame Cholmondley ; je suis bien aise qu'elle m'aime, elle ne sème point en terre ingrate.

LETTRE CLVII

DE MADAME DU DEFFAND A LA DUCHESSE DE CHOISEUL

Ce lundi, 16 octobre 1769.

Ah ! je n'arriverai pas la première, le grand abbé me gagnera de vitesse ; il était chez moi hier quand les oiseaux de Steinkerque y arrivèrent ; ils m'apportèrent quatre petits vers qu'ils avaient trouvés dans de vieilles chroniques, nous nous hâtâmes d'en prendre copie. L'abbé, lui dis-je, vous voulez me prévenir ? — Oui, me dit-il. Nous nous entendîmes sans plus grande explication. Vous me manderez lequel sera arrivé le premier.

J'ai deux grandes affaires à traiter avec vous ; la première de vous prier d'obtenir du grand-papa sa loge à l'Opéra pour tous les jours qu'il n'en a pas disposé, la seconde de vouloir bien faire écrire à M. Français de faire partir successivement par le courrier deux livres de thé qu'on lui a remis depuis plus d'un mois; elles sont, je crois, à votre adresse; si elles n'y sont pas, elles doivent être à la mienne ou à celle de madame Cholmondley. Pardon, chère grand'maman, de la liberté grande.

Bon, voici encore une autre demande : je vous prie de traiter de haut en bas M. l'envoyé du Danemarck, ci-devant mon baron; il perdra à tout jamais ce titre s'il a la fatuité de ne vouloir m'écrire qu'en réponse. J'exige, et il le sait bien, qu'il me donne au moins deux fois la semaine des nouvelles de ma chère grand'maman, de mon bon grand-papa; il pourrait y ajouter, sans faire trop l'important, quelques petites nouvelles qui m'amusassent. Je ne le prie point de me mander ce qu'il sait de la flotte russe, quoique j'en sois inquiète, mais les nouvelles de Fontainebleau, que je n'apprends jamais que le surlendemain qu'elles sont arrivées.

Bonjour, chère grand'maman, je me hâte de faire partir ma lettre.

Voici les vers :

> Broussin, dès l'âge le plus tendre,
> Posséda la sauce à Robert,
> Sans que son précepteur lui pût jamais apprendre
> Ni son *Credo*, ni son *Pater*.

Ce Broussin était un ami de Chapelle, ces vers sont pour le moins aussi vieux que moi.

LETTRE CLVIII

DE MADAME DU DEFFAND A LA DUCHESSE DE CHOISEUL

Ce lundi, 16 octobre 1769.

Ma grand'maman, vous ne recevrez cette lettre que mercredi ou jeudi, elle aura pourtant été écrite le lundi à quatre heures du soir, vous ayant déjà écrit le même jour à quatre heures du matin. Dans la première lettre, je ne parlais que de chanson, de thé, de loge à l'Opéra, mais dans celle-ci il s'agit bien d'autre chose. C'est un régiment, grand'maman, ou bien un brevet de colonel que je supplie le grand-papa de donner à mon cousin le marquis de Chavigny. Si M. du Châtelet n'a point trompé ledit cousin, M. le duc de Choiseul doit être prévenu en sa faveur, et le cousin doit avoir beaucoup d'espérance; il s'est obstiné à obtenir ma puissante protection. Malgré ma résistance et tout ce que je lui ai pu dire de mon peu de crédit, il a absolument voulu une lettre, la voici, et pour vous gagner par les présents il vous porte un sac de petits grains.

Je ne doute pas que vous ne fassiez connaître à mon cousin que je m'intéresse fort à lui et que vous voudrez bien lui accorder votre protection.

Quelle importunité je vous cause! et puis on désire des enfants!

LETTRE CLIX

DE MADAME DU DEFFAND A LA DUCHESSE DE CHOISEUL

Ce jeudi, 19 octobre 1769.

Ma grand'maman, je suis tout embarrassée, décontenancée, déconcertée; je viens de recevoir une lettre du baron sublimement sèche. N'entend-il point la plaisanterie, et aurait-il pris de travers mes plaintes et mes menaces? il me dit qu'il est l'être le plus *libre,* le plus révolté, qu'il ne s'est jamais assujetti à écrire à son cher père et à sa chère mère autant qu'il m'a écrit, qu'il va à la campagne et me fait ses adieux. Voilà ce qui le regarde; mais voici ce qui m'inquiète le plus. Je crains de vous avoir importunée par la puérilité de mes demandes; aucune certainement ne me tenait à cœur, et la loge et le thé sont deux choses dont je puis facilement me passer. Je n'avais jamais imaginé que M. le duc de Choiseul ni vous dussiez prendre la peine d'écrire à Londres, mais j'avais cru possible que vous en donnassiez l'ordre à quelque secrétaire et que vous fassiez écrire à M. Français à Londres, comme vous aviez fait écrire pour le tabac à M. Follard à Munich. Dès qu'il y a la plus petite difficulté, le plus petit embarras, certainement je n'y pense plus et je vous demande un million de pardons de vous avoir importunée. Je me flatte que vous ne l'aurez pas été de mes sollicitations pour le régiment que demande M. de Chavigny ; vous avez dû voir qu'il m'aurait été difficile de lui refuser une sollicitation.

Venons à un autre article : *les oiseaux de Steinkerque.* L'abbé aura pu vous mander qu'il les a vus et que leurs visites sont longues, mais que faire? rien, ce me semble, ne doit vous être plus indifférent ; si cela ne vous l'était pas, je renoncerais sur-le-champ à cette volatile, leur ramage ne m'enchante pas assez pour que ce sacrifice me coûte beaucoup. Je ne prévois rien de dangereux dans leur commerce. Les opéras, les comédies, les ouvrages tant anciens que modernes, les robes, les rubans, les pompons, voilà les sujets de nos conversations. Je ne prends jamais votre nom en vain, je me contente d'être flattée et honorée de vos bontés, de votre amitié, mais la vanité ne me fait point chercher à m'en vanter, ni à m'en prévaloir. Je crois, chère grand'maman, que cette explication n'était pas nécessaire, aussi ne la fais-je pas comme remède, mais comme préservatif. Votre enfant vous aime uniquement et comme il vous convient d'être aimée ; soyez-en à tout jamais persuadée.

LETTRE CLX

DE LA DUCHESSE DE CHOISEUL A MADAME DU DEFFAND

A Fontainebleau, ce 21 octobre 1669.

Si le baron, ma chère petite-fille, vous a donné de l'inquiétude par le ton de sa réponse, c'est, n'en déplaise à son esprit, par sottise qu'il s'est mal exprimé, car je suis sûre que vous n'avez pas pu lui déplaire, et je vous en réponds, quoique je ne l'aie pas vu, parce qu'il est à la campagne. S'il vous a mal rendu mes commissions, c'est que je les lui ai mal données, parce que je les ai données très-précipitamment. Je vous ai envoyé pour vendredi dernier le billet de la loge à l'opéra; j'avais chargé le baron de vous mander que je ne voulais pas la demander *in globo* au grand-papa, parce qu'elle lui est quelquefois demandée et qu'il serait gêné de ne pouvoir pas en disposer, qu'ainsi il valait mieux que vous la lui demandassiez chaque fois que vous en aurez envie; il ne l'aura plus que de demain en huit pour le reste de la semaine.

Les boîtes de thé ne pouvaient pas faire le plus léger embarras; on écrira mardi à M. Français de les envoyer successivement à mon adresse. Il faut seulement que vous ayez l'attention de mander qu'on les lui remette, sans quoi il ne saurait où les prendre.

Votre tabac va arriver, mais au lieu de trois livres que vous attendiez, il n'y en a qu'une et demie. M. de Saint-Florentin m'a remis aujourd'hui l'ordonnance de votre pension. Je l'ai donnée sur-le-champ à madame d'Invault, en la priant très-instamment d'engager son mari à l'acquitter le plus tôt possible. J'irai l'en solliciter moi-même dès que je pourrai sortir.

Votre sac est la plus jolie chose du monde, je vous en remercie. Je suis fâchée de n'avoir point vu M. de Chavigny, qui a pris la peine de me l'apporter; mais j'étais dans ma chambre, il y avait du monde, je n'ai pu lire votre lettre que quand ce monde a été sorti, et alors M. de Chavigny, qui était l'objet intéressant de la lettre, n'était plus dans le salon. Ce malheur a été réparé, parce que j'ai fait lire la lettre au grand-papa. C'était la meilleure recommandation que je pusse faire. Voilà, je crois, tout ce que vous vouliez savoir? Ah! si fait. Il faut encore répondre aux oiseaux de Steinkerque. Tranquillisez-vous, ma chère enfant, je vous assure qu'ils ne me nuisent pas plus qu'ils ne me duisent. Voilà tout ce que le baron vous aurait dit s'il était ici à faire son devoir de secrétaire; il y aurait ajouté beaucoup d'esprit et de grâce, que je retranche, parce je ne saurais où les prendre, et que je n'ai pas le temps de les chercher parce qu'il faut me coucher, car vous saurez que c'est toujours sur mon sommeil qu'il me faut prendre le temps de vous écrire; je me contenterai donc de vous embrasser, ma chère enfant, et de vous embrasser bien tendrement.

Et mon pauvre chevalier!... il ne veut donc pas arriver?...

Et la poupée!... quand l'enverrez-vous donc à ma nièce?...

LETTRE CLXI

DE L'ABBÉ BARTHÉLEMY A LA DUCHESSE DE CHOISEUL

26 décembre 1769.

J'ai l'honneur de vous envoyer, madame la duchesse, tout ce que vous demandiez, à l'exception des mirlitons de madame d'Achy. Je croyais que la boîte était donnée et je n'y avais plus pensé. S'il me vient quelque chose, je vous en ferai part. J'ai été plus affligé qu'étonné de la vivacité de madame de Thiers; le jour que nous la vîmes avec madame de Castellane, il nous parut qu'elle prenait fort à cœur l'honneur de M. le duc; il est vrai que personne n'avait imaginé de le placer là.

Je vis hier la petite-fille, fort occupée du roi de Portugal, dont on parle beaucoup, du roi d'Angleterre, contre lequel on vient de publier à Londres une déclamation brûlante, pleine d'injures et de menaces, enfin, de la poupée que vous lui avez demandée[1]. Il a fallu la refaire, parce qu'on avait déjà cassé la tête de l'ancienne. La marchande produisit la nouvelle avec une

---

1. La duchesse de Choiseul destinait cette poupée à sa nièce, fille de la comtesse de Choiseul-Stainville.

éloquence emphatique, mais elle mit encore plus d'emphase dans le prix qu'elle en exigeait ; elle ne peut la donner à moins de 100 francs!! Grande fureur de la part de la petite-fille. « Non, mademoiselle, je ne la prendrai point à ce prix-là, il faudrait être folle! — Madame, je ne puis pas la laisser à moins et je n'en suis pas embarrassée. — Tenez, mademoiselle, tout ce que je puis faire, c'est de vous en donner 96 francs, mais il serait souverainement ridicule de vous en donner 100. — Non, madame, je ne puis pas en rabattre un sol. — Eh bien, mademoiselle, vous n'avez qu'à l'emporter ; qui a jamais payé une poupée 100 francs ? L'abbé, parlez donc. » Alors je parle, et je dis à la marchande : « Il est vrai que la poupée ne vaut pas 100 francs, mais vous pourriez la laisser à 99 francs, parce que cela fait quatre louis et un petit écu. — Monsieur, comme vous êtes un honnête ecclésiastique, je m'en rapporte à votre jugement. » La petite-fille, enchantée, dit à Wiard de compter vite 99 francs. Mais la marchande s'avise de demander pour la fille de boutique les 20 sols qu'on lui a ôtés. Nouvelle scène de la part de la petite-fille, qui consent enfin à donner les 20 sols de sa poche. Pendant qu'on faisait le compte, nous calculons ce qu'a pu coûter la mousseline et le droguet, et, d'après ce calcul, on appelle la marchande. « Mademoiselle, avez-vous le détail de vos fournitures ? — Madame, je n'en donne jamais. — Vous n'en donnez jamais, mademoiselle ? et moi je ne donne point d'argent à ceux qui ne donnent point de détails ; emportez votre poupée et qu'il n'en soit plus question. » Aussitôt elle rend l'argent, emporte la poupée et disparaît. Il faut observer que cette poupée avait le panier et le jupon de l'ancienne, de manière que mademoiselle de Choiseul n'a plus de poupée à présent. Alors madame de Narbonne arrive, on lui fait le récit de l'aventure. On crie beaucoup contre la marchande et on conclut qu'il faut envoyer acheter ce matin la poupée sous un nom emprunté.

Madame de La Vallière reçut, il y a deux jours, un pot-pourri; elle passa chez madame de Forcalquier, qu'elle soupçonnait de le lui avoir envoyé, et fit écrire à sa porte :

> Ce pot-pourri
> Est si joli,
> Qu'il me semble
> Qu'il vous ressemble [1].

LETTRE CLXII

DE MADAME DU DEFFAND A LA DUCHESSE DE CHOISEUL

Ce mercredi, 26 décembre 1769,
à 5 heures du soir.

Ma chère grand'maman, je viens de prendre mon thé dans la plus jolie petite tasse, qui était sur le plus joli petit plateau, et à côté du plus joli pot à sucre ; ces trois jolies choses viendraient-elles de la plus jolie des grand'mamans? Ce serait contre les traités les plus solennels, vous aviez juré que vous ne me donneriez point d'étrennes. Je vous avais pardonné l'escobarderie de la tabatière en faveur de l'orthodoxe qui est dessus, mais pour un charmant déjeuner je ne puis avoir la même indulgence. Eh bien, sachez donc quel parti je prends : C'est de vous en remercier, de l'accepter avec grand plaisir; de me dire : Je suis la petite-fille qui ne doit pas compter avec sa grand'maman. Comblez-moi donc tant qu'il vous plaira de grâces et de bienfaits, je ne vous en aimerai pas davantage, par une raison, c'est qu'il est impossible de rien ajouter à mes sentiments.

Par le grand savoir-faire de madame de Narbonne, nous

---

1. Madame de Forcalquier aurait pu rendre madrigal pour madrigal en rappelant à madame de La Vallière celui qu'elle avait inspiré à madame d'Houdetot. Elle avait alors cinquante ans.

> La Nature prudente et sage
> Force le Temps à respecter
> Les charmes de ce beau visage
> Qu'elle n'aurait pu répéter.

avons la poupée pour trois louis et demi. L'abbé fut témoin hier de mes débats, il voulait que j'entreprisse un procès, il aurait été ravi d'exercer son éloquence en faisant les plaidoyers.

Vous me manderez si l'arrangement de samedi subsiste; j'ai invité la petite sainte en lui mandant qu'il pourrait arriver que le souper fût chez vous. Qui voulez-vous que je prie? voulez-vous du baron[1] et du petit dévot[2]? Pour le marquis[3] et le petit oncle[4], cela va sans dire.

LETTRE CLXIII

DE MADAME DU DEFFAND A LA DUCHESSE DE CHOISEUL

Ce mercredi, 14 février 1770.

Oh! non, grand'maman, je ne suis pas assez injuste pour me plaindre de vos injustices. Sachez que je suis née sous le signe de la Balance; cet ascendant garantit de toute méprise sur les sentiments qu'on inspire et sur ceux qu'on doit avoir. Ainsi il ne dépendrait pas de moi de ne pas connaître vos bontés et de n'en être pas reconnaissante.

Je vis notre prince-chevalier à son débotté[5], comme il venait de vous quitter; il me dit qu'il irait vous retrouver demain jeudi. Mon indiscret et impétueux amour me fit former sur-le-champ le projet d'aller vendredi à Versailles, d'y mener le chevalier de Boufflers et peut-être madame Cholmondley, et de ramener avec nous, après souper, notre prince-chevalier. Cette idée m'a occupée jusqu'à hier après dîner que je l'ai communiquée au grand abbé; il m'en a fait sentir la témérité. Peut-être

---

1. Le baron de Gleichen.
2. M. de Souza.
3. Le marquis de Castellane.
4. Le comte de Thiers.
5. Le chevalier de Listenay, depuis la mort de son frère aîné, s'appelait le prince de Beauffremont.

ne souperez-vous pas chez vous; madame de Guémené, madame de Durfort, pourraient vous avoir engagée chez elles; il a joint à ces raisons celle de mon rhume qui pourrait en augmenter, mais la première a suffi. Ainsi, grand'maman, je vous attendrai en paix, si cela m'est possible; l'impatience est l'antipode de la tranquillité. Le chevalier vous dira tout ce qu'il saura de moi, et je le questionnerai bien à son retour pour apprendre tout ce qu'il saura de vous.

J'aurai ce soir à souper le chevalier de La Tremblay. Le prince vous racontera ses faits et gestes. Je tremble que le chevalier de Boufflers ne fasse quelque folie qui l'irrite contre moi; il est l'ami des Maulevrier, que j'ai des raisons de ménager.

Avouez, grand'maman, que voilà un rabâchage où vous ne comprenez rien. Rien ne serait plus ennuyeux que de vouloir vous l'expliquer, mais quand on est une petite-fille, il faut bien avoir des enfantillages.

Adieu, je n'ai pas le sens commun.

LETTRE CLXIV

DE L'ABBÉ BARTHÉLEMY A MADAME DU DEFFAND

Versailles, 4 mars 1770.

Je fus avant-hier à Saint-Joseph, vous étiez à la comédie de *Tartuffe*. Mon désespoir m'inspira l'idée de quitter Paris et de venir voir votre grand'maman pour me plaindre de votre conduite; elle m'a répondu qu'elle avait votre ordonnance des six derniers mois de l'année, que celle des six premiers mois était entre les mains de M. Leclerc; qu'elle verrait demain M. le contrôleur-général à son retour de Paris pour lui demander le payement de l'une et de l'autre; que le grand-papa venait de lui dire qu'il lui en parlerait très-fortement et que cela serait fait; qu'il n'avait pas pu terminer l'autre affaire que vous lui avez recommandée parce que M. de La Borde avait été à la Ferté, et que d'ailleurs l'affaire de la caisse d'escompte[1]; que le grand-papa le reverrait à son retour de La Ferté, et que son premier soin, celui qui intéressait le plus son sentiment, serait l'arrangement projeté par la petite-fille. Voilà, je crois, tout ce que j'avais à vous mander. Non, j'oublie le plus essentiel, la grand'maman se porte bien, elle ira à Paris mardi, elle donnera à souper à sa petite-fille. Quant à moi, je prendrai mon parti ; puisque je ne vous trouve point chez vous, je me ferai Tartuffe, et vous viendrez me voir.

Pour supplément. La grand'maman vous écrira quand elle aura vu M. le contrôleur général.

Autre supplément, ou plutôt errata : après ces mots, *et que d'ailleurs l'affaire de la caisse d'escompte*, ajoutez : a beaucoup occupé M. de la Borde.

LETTRE CLXV

DE LA DUCHESSE DE CHOISEUL A MADAME DU DEFFAND

Chanteloup, ce 13 mai 1770.

Je vous envoie, ma chère petite-fille, une requête que Voltaire m'a envoyée. Vous verrez qu'elle est adressée au roi, et qu'il dit en note que l'instance est au conseil. Cet écrit, comme vous pensez bien, n'est pas fait pour être amusant, mais le sujet en est très-intéressant. La cause qu'il défend est certainement bonne en soi ; mais je crains bien que la manière un peu trop philosophique dont elle est traitée et le nom de Voltaire y nuisent beaucoup. Comme il ne m'a point écrit en me l'envoyant, je suis ravie de n'avoir point à lui répondre à ce sujet; mais comme le commerce de lettres que vous avez avec Voltaire est plus régulier que le mien, je vous prie, la première

---

1. Voyez le *Post-scriptum*.

fois que vous lui écrirez, de lui accuser pour moi la réception de cette requête et de l'en remercier. Dites-lui en même temps, vous qui êtes en droit de lui tout dire, que vous ne lui conseillez pas de badiner avec le roi, que les oreilles des rois ne sont pas faites comme celles des autres hommes, et qu'il faut leur parler un langage plus mesuré [1].

Je vous prie aussi d'envoyer la requête au grand-papa, dès que vous l'aurez lue ; je la lui annonce, et j'aime mieux la lui faire passer par vous que vous la faire passer par lui, parce qu'il l'aura sûrement et promptement de cette manière, et que je ne répondrais pas que vous l'eussiez jamais de l'autre.

Dites-moi, ma chère petite-fille, le grand-papa est-il remonté mercredi, après m'avoir mise dans mon carrosse ? a-t-il parlé de moi ? qu'en a-t-il dit et de quel ton ? Il me semble qu'il commence à n'être plus honteux de moi, et c'est déjà un grand point de ne plus blesser l'amour-propre des gens dont on veut être aimé !... Avouez que c'est un excellent homme que ce grand-papa ; mais ce n'est pas tout d'être le meilleur des hommes, je vous assure que c'est le plus grand que le siècle ait produit. On s'apprivoise avec sa bonhomie, et on ne remarque pas les talents supérieurs et les qualités sublimes qui sont auprès et que sa modestie couvre ; on les reconnaîtra quand il n'y sera plus ; et il sera bien plus grand dans l'histoire qu'il ne nous le paraît, parce qu'on n'y verra pas ses fai-

---

[1]. La duchesse de Choiseul n'était pas seule à donner cet avis à Voltaire... « Êtes-vous sage à soixante-dix ans ?... » lui écrivait le 19 mai 1759 le roi de Prusse, « apprenez donc à votre âge de quel style il vous convient de m'écrire. Comprenez « qu'il y a des libertés permises et des impertinences intolérables aux gens de let-« tres et aux beaux-esprits !... » Cette fois, en effet, Voltaire avait dépassé toutes les bornes : « Comptez, avait-il écrit au roi-philosophe, que je suis toujours assez sot pour vous aimer ! » Qu'aurait dit son royal correspondant s'il avait eu connaissance d'une lettre adressée la même année par Voltaire à d'Argental ? « Je n'aime point *Luc*, il s'en faut beaucoup. Je ne lui pardonnerai jamais ni son infâme procédé avec ma nièce, ni la hardiesse qu'il a de m'écrire deux fois par mois des choses flatteuses, sans avoir jamais réparé ses torts. Je désire beaucoup sa profonde humiliation... »

blesses, relevées du public son contemporain, parce qu'il est jaloux du bonheur de ceux qui en profitent; faiblesses qui sont le fruit d'un caractère facile, d'un cœur trop sensible, d'une âme franche et tout à découvert ; faiblesses dont les inconvénients ne portent sur aucune chose essentielle et ne peuvent le dégrader dans l'histoire, où le souvenir ne s'en conservera même pas. Je ne crois point que ce jugement soit l'effet de l'aveuglement du sentiment ou de la vanité. Vous dont j'estime la justesse et la justice, je désire que vous le confirmiez. Il est bien ridicule de parler de son mari ; il est plus ridicule encore de le vanter ; mais je parle à ma petite-fille qui m'aime et qui aurait de l'indulgence même pour une faiblesse. Doutez-vous de mon sentiment, ma chère enfant, après cette confiance ? Montrer tout ce qu'on pense, tout ce qu'on sent, me paraît en être la grande preuve, et vous êtes peut-être la seule du monde à qui j'osasse la donner.

LETTRE CLXVI

DE L'ABBÉ BARTHÉLEMY A MADAME DU DEFFAND

Chanteloup, 15 mai 1770.

Grand'maman reçut hier une lettre charmante de sa petite-fille ; elle en avait reçu le jour d'auparavant une de M. de Voltaire pour sa petite-fille, et cette lettre est charmante aussi. Elle répondra à sa petite-fille par une lettre qui sera sans doute charmante ; pour moi, je ne suis qu'un gazetier qui annonce ce que font les autres, et qui ne peut vous plaire que par les nouvelles qui vous intéressent.

La grand'maman commence à se mieux porter ; elle a toussé encore quelques jours ; c'est ce rhume qu'elle avait pris à la cour et qui n'en était pas moins tenace. Nous ne sommes que quatre encore, vous en connaissez trois ; madame d'Achy, que vous ne connaissez pas, est la meilleure et la plus douce femme du monde. Vous voudriez savoir comment nous passons le temps : nous ne le passons point, c'est lui qui nous passe bien vite pour nous mener je ne sais où; c'est toujours la même vie que les autres années. La grand'maman se lève à dix heures; quand elle ne monte pas à cheval, voici l'emploi de la matinée : la grand'maman écrit, madame d'Achy entend la messe, Gatti prend du café au lait, je reste dans le bain; on dîne à deux heures, et, quoique la chère soit excellente, on ne mange que des légumes ou du laitage pour augmenter les douceurs de nos caractères. Après le dîner, le trictrac, la promenade, une ou deux heures de retraite, le souper, minuit; bonsoir, madame la duchesse! bonsoir toute la compagnie! et chacun s'en va coucher tout seul. Quand M. de Choiseul et M. de Beauffremont seront ici, notre paix n'en sera pas troublée; la seule chose qui l'altère, c'est le récit de la misère de cette province, on y meurt de faim. Malgré les secours abondants que les pauvres d'Amboise reçoivent du grand-papa et de la grand'maman, ils ont de la peine à subsister; le pain y vaut 4 sols, et toutes les denrées à proportion. Comment fait-on dans les endroits où l'on ne distribue pas de si grandes charités? Je l'ignore; mais je sais bien que rien n'est si capable d'exciter la pitié.

M. de Voltaire a joint à votre lettre l'article de son Encyclopédie concernant le mot *âme;* il ignore ce qu'il signifie. Cependant, il n'y a pas de petit vicaire de village, pas de petit écolier de philosophie ou de théologie, qui ne croie avoir une idée bien nette de son âme. Je conclus de là que, pour savoir ce que c'est que l'esprit et la matière, il faut avoir plus de matière que d'esprit; il en est de même de la raison, du sentiment, d'une foule d'autres termes très-communs, et que les meilleurs esprits ont de la peine à définir et qui n'embarrassent jamais les sots. Il faut donc sans cesse revenir à ce refrain : vivent les sots! Rousseau a dit quelque part qu'un homme qui pense est un être dégradé. Je voudrais bien qu'il me dît comment je dois me tirer de toutes ces réflexions pour finir ma lettre; pour moi, je n'y vois qu'un moyen, c'est qu'on sonne le dîner, et que Boileau a dit qu'un dîner réchauffé ne valut jamais rien. J'ai encore le temps de vous dire un million de choses de la part de la grand'maman. Je présente mes respects à madame Cholmondley et à mademoiselle Sanadon; je ne vous parle pas du départ du baron, qui nous afflige autant que vous.

LETTRE CLXVII

DE MADAME DU DEFFAND A LA DUCHESSE DE CHOISEUL

Paris, ce mercredi 16 mai 1770.

La bergère n'eut pas plutôt quitté son troupeau qu'il fut dispersé; il n'y a que son retour qui puisse le rassembler. La brebis la plus tendre et la plus fidèle se vit abandonnée; elle ne cesse de gémir. Vous comprenez bien que le grand-papa ne remonta point, et qu'excepté le prince, je ne revis plus personne.

Je viens d'écrire au grand-papa en lui envoyant la requête; je voudrais que les avocats en imitassent le style. Je n'ai rien à ajouter au jugement que vous en portez. Ce n'est que parce que mes jugements sont toujours soumis aux vôtres que je me crois de la justesse.

Ce que vous me dites sur le grand-papa est charmant; il y a un article qui m'a fait venir les larmes aux yeux : *il me semble qu'il commence à n'être plus honteux de moi, etc.* Quelle modestie, quelle tendresse, quelle délicatesse! quel vernis, quel éclat le véritable amour donne à toutes les vertus! Si le grand-papa ne sentait pas son bonheur, je ne lui accorderais aucune estime; mais il le connaît, il le sent, et je suis bien sûre de ne pas me tromper en croyant que vous êtes ce qu'il aime le mieux et peut-être uniquement. Mais comment, l'aimant autant que vous faites, pouvez-vous vous en séparer volontairement? Quelles raisons, quels prétextes aurez-vous le mois prochain? J'admire en tout votre conduite, excepté dans cette occasion où elle me semble ineffable. J'ai peut-être tort, mais on ne voit que par ses lunettes; il me paraît impossible de se résoudre à l'absence quand on peut l'éviter.

Vous ne vous souciez pas que je vous parle des fêtes, ni de tout ce qu'on dira de madame la Dauphine. Je m'ennuierai si fort à en entendre parler, que je serais trop ennuyeuse à le répéter.

J'attendrai des nouvelles de Voltaire pour lui écrire; je lui dirai ce que vous m'ordonnez.

Tous les jours, mon réveil est bien triste; n'avoir point l'espérance de vous voir, ni même le plaisir de parler de vous, rendent l'âme paralytique. Vos nouvelles me raniment. Demain, il y aura une semaine de passée; je voudrais qu'il y en eût douze et que vous fussiez de retour de Compiègne. Si les souhaits que l'absence me fait faire pouvaient s'accomplir, il me resterait bien peu de jours à vivre; mais je ne fais cas de la vie que pour vous voir, pour vous aimer et pour vous le dire.

LETTRE CLXVIII

DE LA DUCHESSE DE CHOISEUL A MADAME DU DEFFAND

A Chanteloup, ce 17 mai 1770.

Vous écrivez à l'abbé, ma chère petite-fille, pour m'empêcher de vous écrire, mais vous ne réussirez pas. Ce n'est pas cependant que j'aie rien à dire, car je ne pense pas, et c'est le charme de la vie que je mène ici de ne penser à rien! c'est l'état le plus doux; je crois que c'est celui des Limbes; mais si je ne pense pas, je sens beaucoup, et je sens surtout que je vous aime. Voilà pourquoi j'ai besoin de vous parler sans avoir rien à vous dire, et voilà ce que mon bon génie vous disait l'autre jour en songe; mais ce n'est point en songe que je vous aime! Mes sentiments ne sont jamais illusoires, et ceux que j'ai pour vous sont très-réels.

Je suis charmée que le grand-papa soit enfin parvenu à vous faire payer de votre ordonnance; vous avez grande raison, la forme n'y fait rien, mais celle du billet du grand-papa est très-aimable! Je suis persuadée qu'il ira vous voir comme il vous le promet, car c'est une fête qu'il se fait plutôt qu'il ne vous la donne.

Croiriez-vous que M. Leclerc ne s'est pas donné la peine de me répondre à la lettre que je lui ai écrite pour le prier de vous payer votre ordonnance? Vous voyez la grande considération que j'ai dans les bureaux de la finance; mais, puisque vous êtes payée, je prends le même parti que vous de ne point m'attacher aux formes.

A propos de formes, j'ai reçu une lettre de Voltaire, adressée à ma femme de chambre; il m'envoie six montres, qui ont été faites à Ferney par les émigrants de Genève; il veut que le roi les achète pour les présents qu'il a à faire à des gens en sous-ordre à l'occasion du mariage. Je les ai envoyées bien vite à M. de Choiseul, en le menaçant de les prendre toutes sur mon compte s'il ne les prend pas sur celui du roi. Je vous enverrai la lettre de Voltaire dès que ma femme de chambre lui aura répondu.

Je laisse à l'abbé le soin et le plaisir de vous donner des nouvelles de mes moutons, de mes manufactures de laine, de soie, de cuirs, etc. Tout cela est trop métaphysique pour moi, je ne suis bonne qu'à vous aimer, je ne me plais qu'à vous le dire.

LETTRE CLXIX

DE L'ABBÉ BARTHÉLEMY A MADAME DU DEFFAND

Chanteloup, 22 mai 1770.

Une boîte, six montres, M. de Voltaire, la grand'maman, ses femmes de chambre, tout cela vous sera mieux expliqué par les deux lettres que je joins ici. Vous aurez donc la bonté d'envoyer au grand-papa celle de M. de Voltaire, après l'avoir fait copier. Vous pourrez brûler la réponse après qu'on l'aura transcrite; elle est de la grand'maman, et vous la trouverez très-jolie.

Voilà toutes nos nouvelles; celles que vous nous envoyez nous amusent par la manière dont elles sont contées.

La grand'maman débute assez bien, et ses premiers pas dans la grande affaire du salut me font plaisir sans me rassurer. Sept à huit jours détruiront à son retour l'avantage que lui aura procuré Chanteloup; il faudrait un temps plus considérable pour raffermir sa santé.

J'ai suivi avec attention l'effet que faisait sur elle le séjour de Chanteloup; son voyage a mieux réussi dans les premières années pour deux raisons : 1° elle était plus forte et n'avait pas tant à réparer; 2° il faisait plus beau temps, et cette circonstance, indifférente pour toute autre, est extrêmement essentielle pour elle, parce que c'est de là que dépend la douceur de l'air, la promenade à cheval, etc. J'en ai pour preuve l'exemple de l'année dernière. Elle vint ici très-incommodée; pendant tout le mois de mai et une partie de juin, nous eûmes le plus vilain temps du monde : elle put à peine, dans cet intervalle, monter sept à huit fois à cheval, et fut presque toujours malade. Vers la fin de juin, la saison devint plus belle; elle reprit tous les jours cet exercice, elle continua à se coucher de bonne heure, et nous vîmes tous les jours des progrès sensibles de son rétablissement. Dans le moment qu'elle commençait à se fortifier et à reprendre de l'embonpoint, il fallut partir pour Compiègne, où tout le monde trouva qu'elle se portait à merveille, mais où elle reprit le genre de vie qui lui est si contraire dans l'état actuel, et son bien-être ne fut pas de longue durée parce qu'il n'avait pas eu le temps de s'affermir. S'il avait été possible alors de passer quelques mois de plus à Chanteloup, je suis très-persuadé qu'elle en serait venue au point de ne plus donner d'alarmes sur sa santé. La même chose arrivera encore cette année; elle manquera l'occasion, et Dieu sait quelles en seront les suites, car il ne faut pas se dissimuler que depuis le rhume qu'elle eut à Compiègne il y a deux ou trois ans, et celui de Fontainebleau de l'année dernière, sa poitrine s'affecte très-aisément, qu'elle y ressent de temps en temps des chaleurs et des étouffements qu'elle n'avait pas; que sa voix s'enroue ou s'éteint à la moindre occasion; qu'elle est toujours à la veille d'un rhume, et qu'un rhume est à présent pour elle une maladie très-grave, qu'elle préviendrait certainement en prenant des forces et du repos. Pour cela, il faudrait un sacrifice de quelques mois, et malheureusement ce sacrifice tomberait dans le temps de Compiègne ou de Fontainebleau, où il est convenable qu'elle se trouve. Je sens parfaitement cette convenance, mais j'en connais une plus forte encore.

Voilà ma confession que je vous fais parce que vous aimez la grand'maman, et qu'un mot dit à propos peut la confirmer dans la résolution qu'elle prend quelquefois de songer tout de bon à sa santé. Cependant, je vous prie de ne pas lui en écrire; et, si vous voulez me répondre sur cet article, ayez la bonté d'envoyer votre lettre chez moi, parce qu'on me la fera tenir avec les autres, sous une enveloppe générale. Je suis fâchée de vous alarmer, mais je crois qu'il est bon que vous soyez instruite.

LETTRE CLXX

DE L'ABBÉ BARTHÉLEMY A MADAME DU DEFFAND

Chanteloup, ce 25 mai 1770.

Si les menuets de province étaient aussi importants que ceux de Versailles, j'aurais toujours de quoi remplir mes lettres, mais on ne danse plus ici, et, si l'on y dansait, on y verrait d'autres intrigues que celles de la préséance. Vous voudriez savoir ce qu'on fait dans les hameaux? au lieu de danser, on meurt de faim, ce qui n'est pas si gai. Heureusement les soins de vos parents, et plus encore leurs bienfaits, vont faire cesser cette misère.

Notre système de vie est toujours le même; nous parlons de vous, nous pensons à vous, nous vous écrivons, nous relisons vos lettres. Nous attendons le prince incomparable et la petite sainte. Quelquefois on reçoit des visites distinguées. Hier, par exemple, M. l'archevêque de Tours vint avec son grand vicaire; il faut que je vous dise comme la grand'maman le reçut.

Avant dîner, elle les envoya promener sur la pièce d'eau; après dîner, on fit venir les moutons sur une pièce de gazon qui est devant le salon. Nous les invitâmes à venir dans le salon; les plus hardis s'avancèrent, attirés par des morceaux de pain, entre autres un bélier superbe, qui, par le plus heureux hasard du monde, s'appelait *Cathédrale*. Il se promenait au milieu de nous, et sa beauté, ainsi que son nom, lui conciliait l'estime générale; malheureusement il eut un besoin, et, comme il s'y livrait paisiblement, un petit chien aboya, Cathédrale prit la fuite, et comme le parquet était fort glissant, il fit quatre ou cinq culbutes qui réjouirent fort la compagnie.

Après ce premier spectacle vint la mère Roby et sa suivante, ayant l'une et l'autre sur leurs poings des *haraz*, les uns bleus, les autres rouges; ce sont les gardes françaises et les gardes suisses de Chanteloup. Ils furent présentés à Monseigneur; on leur donna force noix, et savez-vous ce qu'ils en firent? ils les mangèrent.

Troisième entrée : celle des makis, qui étaient l'année dernière à Paris, et qu'on a fait venir à Chanteloup. Ils sont jolis, faits comme des petits chats, avec une longue queue et un long museau; on leur donna des pommes; savez-vous ce qu'ils en firent? ils les mangèrent.

Quatrième entrée : celle d'un singe habillé en grenadier, son sabre au côté, un fusil sur l'épaule, un petit chapeau, un habit d'ordonnance, les joues couvertes de rouge de carrosse; méchant comme un diable, marchant sur ses deux pieds comme un homme. On lui donna des dragées, et vous devinez sans doute qu'il les mangea.

Les vaches devaient faire la cinquième entrée; mais, comme il était tard, on fit approcher le carrosse de Monseigneur, qui s'en retourna à Tours, et nos chevaux pour aller à la promenade.

Je puis vous assurer que tous ces spectacles se sont passés avec autant d'ordre que de tranquillité, et que tout le monde a rendu justice à l'habileté des acteurs et des entrepreneurs.

La grand'maman continue à se bien porter. Nous avons d'abord été fort scandalisés de la manière dont le baron vous avait quittée; cependant, en discutant cette matière, nous avons trouvé qu'on pouvait parfaitement justifier son procédé. Il est certain que ceux de l'amitié peuvent varier à l'infini, et que le sentiment peut, dans les mêmes circonstances, produire des démarches totalement opposées.

Ma dernière lettre était trop triste, celle-ci ne contient que des puérilités. A propos de lettres, savez-vous le tour que m'a joué la grand'maman? elle lisait tout haut une de vos dernières : tout à coup elle s'arrête, et lit le reste tout bas. Il y avait donc des secrets qu'elle ne pouvait me communiquer; et, puisque ni l'une ni l'autre, ne m'en avait jamais caché aucun, je conclus que vous, lui disiez du mal de moi. Cependant, je n'en ai pas moins dormi depuis ce temps-là ; je suis si content de moi, par rapport à vous deux, que, si vous n'en êtes pas si contentes, c'est votre faute.

LETTRE CLXXI

DE MADAME DU DEFFAND A LA DUCHESSE DE CHOISEUL

Paris, ce samedi, 26 mai 1770.

Voilà le prince, chère grand'maman ; recevez-en le sacrifice comme Dieu reçoit ceux qu'on lui fait. Il daigne en savoir gré, quoiqu'ils ne soient pas volontaires. J'ai plus de mérite vis-à-vis de vous, car s'il était en mon pouvoir de retenir le prince, je ne le retiendrais pas un seul instant. Je voulais vous envoyer la copie de ma lettre à Voltaire, ainsi que celle que j'ai écrite au grand-papa. Je les lus hier au prince, je les trouvai infiniment plates. Il vous dira que j'avais raison. Je les ai cependant envoyées, parce que cela était nécessaire ; mais il ne l'est pas de vous ennuyer en pure perte. Je dis un mot au grand-papa sur l'affaire de M. de Richemond ; je lui annonce vos sollicitations ; vous voudrez bien lui en faire. Vous sentez bien que ce n'est pas la personne de M. de Richemond qui m'intéresse ; mais le succès de cette affaire décidera, je crois, du retour de M. Walpole.

On dit que madame de Grammont ne partira que le 20 du mois prochain et Marly sera à peu près dans le même temps ; on y restera quinze jours ou trois semaines. Aussi Compiègne pourrait n'être que le 15 juillet. Ce terme est bien éloigné et ne me laisse l'espérance de vous voir qu'à la fin d'août ou au commencement de septembre. Je ne sais dans quel état vous me trouverez. Il me semble que ma tête s'affaiblit beaucoup et que je m'achemine à arriver au point où en est le président. Il est certain que depuis quelques jours je suis tout hébétée. Il n'y aurait pas grand mal si on ne s'apercevait pas soi-même de son changement : mais il est triste de se survivre.

Le prince vous parlera de tous les tracas[1]; il est du parti des révoltés, et moi je les blâme. Je crois M. de Mercy extrêmement piqué; au moins il doit l'être. Je n'ai encore vu personne qui ait pu me mettre au fait de l'intrinsèque de toute cette affaire. Jusqu'à présent je n'ai pas entendu nommer le grand-papa, et ce n'est que pour lui que je m'y intéresse, ainsi qu'à l'affaire de M. d'Aiguillon. J'ai entendu dire que le roi, depuis l'examen qu'il a fait des pièces du procès, n'est pas content de la conduite de M. de Saint-Florentin, et que, pour le punir, il aura un brevet d'honneurs.

Vous savez que les grandes et petites entrées chez M. le dauphin sont ôtées. On est enchanté de madame la dauphine, et je ne doute pas, sur tout ce qu'on en dit, qu'elle ne soit la plus aimable du monde.

Savez-vous la forme qu'on avait donnée au monstre qui veut dévorer Andromède? Celle de ce poisson qui noie les singes quand ils veulent passer pour hommes[2].

Je vous quitte; engagez l'abbé à m'écrire au moins une fois la semaine; ne craignez point que mes lettres à venir ressemblent à celle-ci, je ne m'y donnerai pas la même licence.

Dans cet instant il m'arrive une lettre de l'abbé; ah! quelle lettre! je ne doute pas que vous ne l'ayez lue, et que vous n'en ayez été aussi charmée que moi. Quel extrême bonheur d'avoir pour ami un tel abbé! Je l'aime par toutes les

---

1. Sur la préséance, aux fêtes qui eurent lieu à l'occasion du mariage du dauphin, depuis Louis XVI, avec Marie-Antoinette d'Autriche. Le menuet que devait danser à la cour mademoiselle de Lorraine, fille de madame de Brionne, sœur du prince de Lambesc, avait provoqué de vives réclamations et porté les pairs, joints à la noblesse, à présenter au roi une requête contre les prétentions des princes lorrains.

2. Voir la fable de La Fontaine : *le Singe et le Dauphin*.

lettres de l'alphabet : par F, parce qu'il est fou ; par S, parce qu'il est sage ; je lui écrirai ces jours-ci, sans l'espérance et encore moins sans la prétention de lui rendre jamais le plaisir qu'il me donne. Je le prie de faire mes compliments à Cathédrale [1], j'aime son affabilité et son usage du monde ; il ne s'étourdit de rien, rien ne lui en impose. Ah ! je me trompe, les petits chiens lui font faire la culbute. Ce n'est peut-être pas par peur, mais pour être plaisant.

LETTRE CLXXII

DE LA DUCHESSE DE CHOISEUL A MADAME DU DEFFAND

A Chanteloup, ce 28 mai 1770.

Soyez moins aimable quand je vous vois, ma chère petite-fille, et écrivez-moi de moins jolies lettres, si vous voulez me persuader que vous vieillissez ; tout ce que je vois de vous a les grâces et la gaieté de la jeunesse ; vous êtes une véritable petite-fille, et un enfant charmant, non un enfant qui promet, mais un enfant qui produit ; on serait bien fâché que celui-là cessât d'être enfant.

Vous croyez bien que j'ai été ravie de voir notre prince, mais j'ai été attendrie du sacrifice que vous m'en avez fait, tout vous manque à la fois ; voilà le baron parti, le pauvre prince qui n'y est plus ; je crains que vous ne vous ennuyiez, et c'est l'ennui que vous prenez pour la vieillesse.

Je ne vous pardonne pas de ne m'avoir point envoyé la lettre que vous avez écrite à Voltaire ; le prince dit que vous n'avez point de goût si vous la condamnez, il prétend qu'elle est charmante ; vous ne réservez donc votre goût que pour juger des productions des autres ; il n'y a alors que votre indulgence qui puisse y porter atteinte.

---

1. On avait donné ce nom à un beau bélier du troupeau de Chanteloup.

Je n'ai point vû cette lettre que l'abbé vous a écrite et qui vous a fait tant de plaisir ; il est insupportable, il ne me montre rien.

J'ai écrit, comme vous savez, à M. de Choiseul pour les Richemond, c'est-à-dire pour M. de Walpole, j'attends sa réponse, et jusque-là je ne peux vous parler que de ma bonne volonté et non du fond de l'affaire.

J'ai oublié de répondre à l'article de votre précédente lettre concernant le petit Dumont, je n'ai pas ouï parler de lui, et je parierais qu'il n'est pas vrai qu'il soit page de la petite écurie ; cela me semble impossible parce qu'il faut des titres, et qu'il me semble que vous m'avez dit qu'il n'en avait pas.

Il m'est arrivé ici deux boîtes de thé pour vous, je vous les renvoie par madame d'Achy qui sera dans quelques jours à Paris.

Adieu, adieu, ma chère petite-fille, je vous ferai écrire par l'abbé ; il a de bien plus belles choses à vous dire que moi, mais il n'a pas plus d'amour à vous donner.

LETTRE CLXXIII

DE L'ABBÉ BARTHÉLEMY A MADAME DU DEFFAND

Chanteloup, ce 1er juin 1770.

Je me suis reproché tous les soirs de ne pas vous avoir écrit de la journée et le matin je n'en ai pas le temps, je vous avouerai même que je ne savais que vous dire, et je ne le sais pas mieux aujourd'hui. Je ne suis pas assez gai pour vous dire des folies, ni assez triste pour vous parler avec sagesse. Je laisserai donc aller ma plume, qui vous dira tout ce qui lui viendra à l'esprit. L'esprit d'une plume?... Pourquoi pas?... Je crois qu'on a dit quelquefois l'esprit de Dacier, l'esprit de l'abbé Trublet, et qu'il doit y avoir des rapports entre une plume et un commentateur. Je ne sais pas pourquoi vous dites du bien de mes lettres; mais je sais bien pourquoi on n'en saurait trop dire des vôtres, qui font nos délices.

La petite sainte [1] est arrivée, le prince sans pair est arrivé; nous sommes cinq en tout, si je sais bien compter. Ce n'est pas la cour de Caussin, mais c'est une cour douce et généreuse, et si éloignée de l'intrigue, que je n'y ai jamais vu la moindre dispute sur le rang. Pour toutes nouveautés, nous sommes parvenus à n'avoir qu'un service, soit à dîner, soit à souper. On a tout ce dont on a besoin, et on n'a pas au delà du besoin. Le prince s'abreuve de lait et de crème; il vous écrira un de ces jours, s'il peut cependant triompher de la paresse. Nous avons, depuis cinq à six jours, un très-vilain temps, et nous ne sommes pas montés à cheval. Nous avons remplacé le cheval par madame de Nemours, dont nous avons lu les Mémoires sur la Ligue. Ils sont amusants, quoique abrégés dans les détails, et quelquefois prolixes dans le style; mais ils sont écrits simplement, et ils font assez bien connaître quelques-uns des principaux personnages.

Savez-vous que la pieuse fille que nous devions marier l'année dernière, et qui, depuis un an, cherche un mari, ne l'a pas trouvé encore? Elle est venue demander encore une année. Je la plains; car rien ne doit être si ennuyeux que de penser si longtemps à faire un choix.

Il y a, aux environs de Chanteloup, un homme vertueux, plein de mérite, peu connu, et qui ne désire pas de l'être. Il est chargé d'une assez grande administration, dont il s'occupe depuis cinq heures du matin jusqu'à dix heures du soir, sans se distraire par aucun amusement, aucun désir étranger à ses devoirs. Il ne connaît d'autre besoin que de satisfaire ses maîtres; et, comme ils sont toujours contents de lui, il l'est aussi de lui-même, et ne croit pas, pour cela, valoir mieux

---

1. La comtesse de Choiseul-Stainville.

qu'un autre. Tous ceux qui travaillent sous lui semblent participer à son bonheur. Il leur distribue, de ses propres mains, leur nourriture et leur entretien, sans la moindre préférence de sa part, sans la moindre jalousie de la leur. L'exercice modéré qu'il leur prescrit les rend extrêmement forts, et cependant tout ce qu'ils font est plein de candeur et de douceur. Il passe une partie de la journée dans un laboratoire, où il prépare des remèdes pour ceux qui sont malades et pour ceux qui se portent bien; mais ses préparations, loin d'avoir rien d'amer et de dégoûtant, sont préférables aux meilleurs ragoûts. Cet homme s'appelle Christophe. Il a soin de la laiterie et des vaches de Chanteloup. Il n'a pas découvert l'Amérique, comme Christophe Colomb; mais il fait la meilleure crème et les meilleurs fromages de France...

LETTRE CLXXIV

DE L'ABBÉ BARTHÉLEMY A MADAME DU DEFFAND

Chanteloup, ce 7 juin 1770.

Votre dernière lettre m'a tellement saisi de froid que je n'ai pu me réchauffer, surtout le vent de bise étant survenu tout à coup. Vous m'appelez monsieur, et pourquoi, s'il vous plaît? J'ai fait mon examen en commençant par les péchés mortels; je n'en ai commis aucun contre vous. Je ne parle pas des véniels, il y en a tant! On est si plat quand on veut les éviter, et puis je sais qu'un acte d'amour suffit pour en effacer cent mille. Seriez-vous fâchée de ce que j'ai dit que vos lettres font nos délices? Est-ce ma faute si rien au monde n'est plus vrai? Je l'ai dit, je le dis encore, dussiez-vous m'appeler monseigneur, et si vous vous en fâchez de nouveau, je vous appellerai madame.

La grand'maman se porte un peu mieux, excepté que depuis trois jours elle se plaint de ne pas trop bien dormir;

elle a bon visage et est assez gaie. M. de Lauzun est venu pour la voir; il part aujourd'hui et nous le regrettons. On attend incessamment mesdames de Belzunce qui vont aux eaux. La grand'maman leur écrivit sur la route pour les prier de venir se reposer ici; elles ont accepté; elles arriveront peut-être aujourd'hui. Nous attendons aussi monsieur et madame de Thiers.

Le massacre de Paris[1] fait horreur, on devrait bien se dégoûter de toutes ces fêtes. La meilleure qu'on pourrait donner au peuple, ce serait de lui ôter quelques petits droits d'entrée, et ensuite de le faire danser dans les jardins publics, sur les boulevards, aux Champs-Élysées. Trois ou quatre cents violons, trois ou quatre cents gardes-françaises, et trois ou quatre cents barriques de vin suffiraient pour exciter la joie publique et coûteraient trois ou quatre cents fois moins que ce qu'on fait. Vous m'avez parlé grec, je vous parle politique.

Hier nous fûmes à la chasse. Rien de si beau que ce spectacle. Nous avions à notre tête M. de Perceval, capitaine des chasses, qui a été longtemps de celles du roi en qualité de garde-du-corps. Il avait un petit surtout de taffetas, couleur de rose, et un grand cheval qui de temps en temps s'arrêtait et tournait quatre à cinq fois sur lui-même. Après venait le lieutenant des chasses, qui avait la voix et la figure d'un petit docteur que j'ai vu à la Comédie italienne; un premier piqueur avec son cor autour du col, et qui ressemble à M. Western de *Tom-Jones*; trois ou quatre autres piqueurs, cinq à six gardes et sept à huit chiens superbes et un peu plus grands que la petite chienne de la grand'maman. Nous lançâmes un chevreuil et tuâmes un loup, à peu près comme les généraux gagnent des batailles, c'est-à-dire que nous entendîmes le coup, que nous courûmes au bruit, que nous vîmes l'ennemi étendu sur

---

1. L'accident arrivé au feu d'artifice tiré par la ville à l'occasion du mariage du dauphin.

le carreau, que nous en eûmes peur, et que nous nous retirâmes en bon ordre. Dans ce moment, la petite sainte, qui était restée dans la calèche, avertit qu'elle avait vu passer le chevreuil dans une petite route. Tous les chasseurs s'assemblèrent auprès d'elle. On vérifia le fait. Ce chevreuil était un lièvre. Le sonneur de cloches d'Amboise, qui se trouvait là par hasard, dit qu'il avait vu un sanglier s'enfoncer dans un taillis voisin; nous l'entourâmes, et sans une grosse pluie qui tombait depuis une heure sur nous, nous l'aurions forcé. Je crois pourtant que ce sanglier était un hanneton. Tout le monde fit des merveilles. La grand'maman, le prince sans pair et M. de Lauzun couraient avec un courage effroyable quand le chemin était beau. Gatti trottait ses deux poings appuyés sur sa selle et le corps tout courbé, à cause de sa sciatique. Après tous ces héros, je n'ose me nommer; mais j'allais assez bien sur un cheval si petit que mes jambes traînaient par terre et se confondaient avec celles du cheval, excepté qu'elles n'étaient pas si jolies.

La grand'maman me charge de vous envoyer les articles de l'*Encyclopédie* qu'elle a reçus de Genève, et la lettre que vous écrit à ce sujet M. de Voltaire et qu'il avait mise à son adresse.

LETTRE CLXXV.

DE LA DUCHESSE DE CHOISEUL A MADAME DU DEFFAND

A Chanteloup, ce 13 juin 1770.

Nous sommes inquiets de vous, ma chère petite-fille. Il y a longtemps que nous n'en avons entendu parler; est-ce que vous êtes malade, que vous nous oubliez ou que vous ne nous aimez plus? Si vous nous oubliez, nous vous ferons ressouvenir de nous à force de persécutions; si vous ne nous aimez plus, nous vous forcerons à nous rendre votre tendresse à force de vous accabler de la nôtre; mais, si vous êtes malade, nous nous inquiéterons et nous gémirons jusqu'à ce que la santé vous soit rendue.

Voltaire a les meilleurs procédés pour nous; il nous envoie tous les articles de son *Encyclopédie* à mesure qu'ils paraissent; c'est à moi qu'il les adresse pour vous, ce qui fait que vous les recevez plus tard, parce que nous leur faisons payer le port en les lisant. L'abbé a dû vous envoyer ce matin ses derniers articles avec sa dernière lettre. Il me semble par cette lettre qu'il n'est pas trop content que j'aie craint que son nom ne nuisît à l'affaire des habitants de Sainte-Claude. Il veut que nous soyons charmés de l'article : *Anciens et modernes*. J'en suis fort contente, parce que je le trouve fort raisonnable, que je suis absolument de son avis, et que je suis toujours contente de Voltaire quand je le trouve raisonnable; mais, ce qui me charme le plus de son dernier envoi, c'est que l'article *âne* suive immédiatement l'article *ange*; cela est assez gai.

Croiriez-vous que le grand-papa n'a jamais voulu me répondre s'il avait trouvé à employer ses montres, quoique je le lui demande à tout moment? Vous qui le voyez tant que vous le voulez, ma chère enfant, vous qui lui dites tout ce qui vous plaît, vous qui avez enfin l'oreille du ministre, vous qui savez tout ce qu'il fait; mandez-moi ce qu'il a fait des montres de Voltaire.

L'abbé, qui a de l'esprit comme tous les anges du paradis et comme tous les ânes dont Voltaire relève si bien l'éloquence, vous dit les plus belles choses du monde d'ici. Pour moi, qui n'ai pas l'esprit du moindre de ces animaux, je n'ai rien à vous en dire, si ce n'est que je pense à vous, que je parle de vous, et que je vous aime, ma chère enfant, autant que partout, et plus que jamais.

LETTRE CLXXVI

DE L'ABBÉ BARTHÉLEMY A MADAME DU DEFFAND

Chanteloup, ce 18 juin 1770.

La grand'maman n'a pas été malade depuis qu'elle est ici, et quand je vous ai dit qu'elle se portait mieux, je devais ajouter, qu'elle ne faisait à Paris. Je devais prévoir que cette omission pourrait vous inquiéter, puisqu'elle m'aurait inquiété à votre place; je vous en demande bien des pardons. D'un autre côté, comme je ne vous avais jamais caché son état, mon silence dans mes lettres antérieures pouvait vous rassurer. Je la trouve à présent un peu plus forte qu'elle n'était quand nous sommes arrivés; mais elle n'est point engraissée, et les restes du rhume de Fontainebleau de l'année dernière continuent encore, c'est-à-dire du graillonnage le matin, quelquefois de la douleur dans la poitrine et toujours une disposition prochaine à être enrhumée ou du cerveau ou de la poitrine. C'est cette extrême sensibilité qui m'inquiète et c'est ce qui fait désirer à Gatti qu'elle ait plus de temps pour se rétablir entièrement, mais elle ne l'aura pas ce temps si nécessaire, peut-être le seul qui pût la garantir du danger. Nous ne serons ici qu'une quinzaine de jours encore, et elle reprendra ce train de vie qui l'a épuisée et qu'elle n'est plus certainement en état de soutenir.

Elle a eu, pendant trois ou quatre jours, M. et madame de Thiers, qui arriva mourante et qui partit vendredi à peu près dans le même état. Le petit oncle ne se portait pas très-bien non plus. Ce pauvre homme me dit, les larmes aux yeux : « En partant de Paris, j'étais soutenu par l'idée de venir à Chanteloup; mais, à présent, je n'ai devant les yeux que des objets de tristesse. » Il monta tout de suite en voiture, et me laissa le cœur déchiré.

Je vous envoie la gazette anglaise et la traduction ; cela me paraît bien plat et bien extravagant.

La petite sainte part demain ; c'est encore un sujet de chagrin pour nous. Les yeux, l'esprit, le cœur, se reposent si doucement sur elle ! Elle a promis de revenir avec le grand-papa. Le prince sans pair vous fait mille tendres compliments, mais ne prendra jamais sur lui de vous écrire une seule ligne. Je devrais en vérité l'imiter, car vous me faites rougir quand vous me parlez de mes lettres... Dans celle du baron à la grand'maman, il y avait une expression qui m'a charmée.. En parlant de ses regrets de n'être plus à portée de venir ici, il l'appelle Notre-Dame-de-Chanteloup. J'avais envie de composer un petit office à son honneur, mais je n'en ai pas eu le temps. Je finis parce qu'on va dîner. Nous avons fait six lieues ce matin, moitié à cheval, moitié en voiture, avec un temps couvert mais un peu frais. Il me serait impossible de vous répéter tout ce que la grand'maman, le prince sans pair, la petite sainte, tout le monde me charge de vous dire.

Nous n'avons plus ici que M. l'intendant et madame l'intendante de Tours.

LETTRE CLXXVII

DE LA DUCHESSE DE CHOISEUL A MADAME DU DEFFAND

Chanteloup, ce 20 juin 1770.

Ne vous reprochez jamais ce que vous m'écrivez, ma chère petite-fille ; ne me privez jamais de ce que vous m'aurez écrit. Je partage tous vos sentiments, j'entre dans toutes vos raisons, je m'approprie tous vos projets, vos intérêts deviennent les miens, vous ne perdrez jamais avec moi que ce que vous voudrez me faire perdre ; je n'ai cependant rien perdu cette fois-ci. J'ai lu la lettre que vous écriviez à l'abbé, qui contenait celle du 11, que vous aviez voulu me soustraire ; elle est sensible et n'est point triste, elle est raisonnable et n'est point ennuyeuse. Vous avez raison de prévoir le temps où vous aurez besoin de vous assurer une société qui ne vous manquera pas et qui ne vous gênera pas. Vous faites fort bien de calculer vos moyens, et de voir qu'ils ne vous permettront pas d'en attirer une nombreuse et brillante chez vous, et de chercher à vous en procurer une solide. Je suis plus faite pour entendre et pour sentir tout cela que personne, et je voudrais bien pouvoir vous assurer l'abbé Sigorgne, qui remplit toutes ces conditions, et que vous désirez. Mais, malheureusement, j'avais écrit à l'évêque d'Orléans pour lui demander pour un autre le prieuré que vous désirez pour votre abbé, et il me l'a refusé, de sorte que je ne peux plus lui reparler de cette affaire ni aller contre ma première recommandation; mais je vais suivre le conseil de l'abbé que je trouve excellent. Je vais envoyer au grand-papa cette lettre du 11, que vous aviez proscrite; il en sera touché comme je l'ai été, et je suis persuadée qu'il fera tout ce qu'il pourra afin d'obtenir le prieuré pour M. l'abbé Sigorgne.

Je vous prie de faire mes compliments à madame Cholmondley sur la mort de M. son beau-père. Je crois que, par votre moyen, je puis fort bien me dispenser de lui écrire à cette occasion, du moins je le désire.

Ah! mon Dieu! je pense bien comme vous sur l'humeur; c'est un défaut qui équivaut à tous les vices; il rend injuste, parce qu'on ne peut se justifier ses propres torts que par son injustice; il rend haineux, parce que l'on hait ceux à qui on fait injustice; il rend vindicatif, parce que le propre de la haine est la vengeance; il donne de la férocité au caractère le plus doux, de la dureté au cœur le plus sensible; il rend léger, parce qu'il change l'amour en haine; il rend inconséquent, parce qu'il rend léger; il donne l'apparence de la fausseté, parce qu'il rend inconséquent. Si j'avais une prière à adresser à Dieu, je lui dirais tous les matins : Mon Dieu!

gardez-moi de l'humeur que je pourrais avoir et de celle que je pourrais donner.

Je n'ai rien à vous dire pour Voltaire, ma chère petite-fille ; il faut que l'on me donne des idées quand je n'ai pas de sentiments. Je crois que je manque souvent d'idées en vous écrivant, mais je m'en embarrasse peu, parce que je suis bien sûre de ne jamais manquer de sentiments.

LETTRE CLXXVIII

DE L'ABBÉ BARTHÉLEMY A MADAME DU DEFFAND

Chanteloup, ce samedi 21 juin 1770.

Vous reçûtes une de mes lettres le jour que vous vous êtes plainte de mon silence à la grand'maman. Je sens tout ce que vous avez dû souffrir en la croyant malade. J'ai eu tant de ces terreurs dans ma vie, que je devrais les épargner à ses amis ; cependant, je n'aurais pu prévoir celle-là, et je croyais vous avoir écrit assez souvent pour vous en garantir. Je serai plus exact pour le peu de temps qui nous reste. Soyez d'abord bien assurée que votre grand'maman n'a pas été malade depuis qu'elle est ici. La seule chose dont nous sommes affligés, c'est qu'elle n'y a pas pris un degré de force et d'embonpoint capable de mettre à l'abri des accidents, et que sa poitrine est plus susceptible d'impressions que les autres années. La petite sainte, que vous aurez vue peut-être, ne vous aura pas dit autre chose. Nous sommes bien fâchés de perdre le prince sans pair ; il part le 26, mardi prochain, pour aller se faire recevoir bailli-greffier, je ne sais quoi, au parlement de Besançon. C'est un voyage de trois semaines environ. C'est son frère qui en est cause. Jamais mort ne nous a causé plus de regrets que la sienne. La grand'maman n'aura donc plus avec elle que Gatti et votre capitaine, et peut-être quelques ennuyeux qui viendront par-ci par-là. Il a fait de si vilains temps ces jours passés, qu'il nous était impossible de sortir; nous les avons passés à jouer au trente-et-un. C'est à peu près la même chose que le vingt-et-un, excepté qu'on n'est du jeu que quand on veut, et que, lorsque les deux points supérieurs sont égaux, il y a poule, ce qui met beaucoup d'intérêt au jeu.

Nous avons lu les Mémoires de M. d'Aiguillon. M. Linguet a une grande fécondité d'expression. On vient de nous en envoyer un second que nous n'avons pas lu.

Je suis enchanté que le grand-papa ait été souper chez vous; la grand'maman l'est infiniment, et je crois que, si elle n'avait été qu'à trente lieues de Paris, elle aurait été vous surprendre. Elle ne peut pas supporter que vous soyez triste, que vous soyez bête; vous n'avez pas de raison pour être tout cela, et vos lettres prouvent le contraire. Il y a plus, nous prétendons que vous ne pouvez pas être l'un et l'autre à la fois, parce que, si vous étiez bête, vous ne penseriez point et vous ne seriez pas triste. A propos de tristesse, vous qui êtes si savante, pourriez-vous nous dire si les poules du Thibet sont gaies ou tristes. La grand'maman vient d'apprendre, par une lettre de Chandernagor, qu'on lui envoie un coq et une poule du Thibet. Si l'un des deux vient à mourir en chemin, que fera-t-on de son compagnon? Aura-t-il commerce avec des poules européennes?... Elle a su aussi, par un de ses correspondants établi sur les bords du Gange, qu'elle devait recevoir des cerfs de ce pays-là, pareils à ceux de la ménagerie. Ils sont très-petits et très-jolis; ils sont jolis parce qu'ils sont petits. Vous n'avez jamais voulu résoudre ce problème que je ne vous ai peut-être jamais posé : pourquoi les grands animaux ont tant d'agrément à nos yeux quand ils sont en petits, et les petits en auraient-ils si peu s'ils étaient d'une taille monstrueuse? Une puce qui aurait le volume d'un éléphant ferait peur; un éléphant gros comme une puce serait charmant, n'est-il pas vrai? Je crois qu'il en est de même dans le moral, et qu'on voit souvent dans les premiers rangs des gens qui, sans ce grand volume de dignité et de vanité, seraient très-aimables ou du moins très-bonnes gens. Je crois aussi que je bavarde; et, puisque j'ai le bonheur de m'en apercevoir, je dois vous épargner le malheur d'en être plus longtemps ennuyée.

LETTRE CLXXIX

DE L'ABBÉ BARTHÉLEMY A MADAME DU DEFFAND

Chanteloup, 27 juin 1770.

Je ne vous ai pas écrit depuis quelques jours parce que je n'en ai pas eu le temps. Vous en serez surprise; cependant, rien n'est si vrai; mes matinées sont employées à me lever tard, à me mettre au bain, à monter à cheval, à placer des étiquettes sur six mille volumes : toutes choses fort nécessaires, à ce qu'on dit, pour faire passer un mal que j'ai à la bouche, qu'on appelait dartre à Paris, et qu'ici on nomme *feu volage*. L'après-dînée, nous tenons compagnie à la grand'-maman, qui est à présent bien seule. Le prince sans pair est parti hier matin; il nous a laissé des regrets qu'il ne partage peut-être pas; son départ doit vous rassurer sur l'état de la grand'maman, supposé que vous ayez ouï dire qu'elle avait été incommodée. Elle l'a été pendant deux ou trois jours d'un rhume qu'elle avait depuis longtemps dans le cerveau, et qui était tombé sur la poitrine; mais cela s'est dissipé en deux jours, et nous voilà tranquilles. Je vous prie même de n'en pas parler dans votre lettre, afin qu'il ne paraisse pas que je vous ai instruite de cette misère.

Le grand-papa a été enchanté de votre souper; il l'a mandé à la grand'maman. Il lui marque aussi qu'il s'intéressera avec très-grand plaisir à M. l'abbé Sigorgne.

Voici une suite du Dictionnaire encyclopédique de M. de Voltaire, avec une de ses lettres pour vous, et une autre pour la grand'maman. Elle vous prie, si vous voyez M. de Prescronier, de le dissuader de faire le voyage de Chanteloup. Il lui en demande la permission dans la lettre qu'elle a reçue de lui ; elle le prie, dans sa réponse, de ne pas prendre cette peine ; et en effet elle serait embarrassée de cette visite.

Avez-vous lu la critique que Fréron a faite du poëme des *Saisons?* Il y a de l'esprit, et nous qui croyons en avoir, nous pensons que parmi les traits en bien et en mal qu'il rapporte de cet ouvrage, il n'a choisi ni les meilleurs ni les plus mauvais. Nous pensons aussi qu'au lieu de chicaner sur quelques expressions impropres, il fallait montrer le vice essentiel de ce poëme, qui est l'uniformité ; vice attaché au plan, et que l'auteur ne pouvait changer. Ce plan amenait nécessairement une multiplicité de tableaux et d'images qu'on ne peut distinguer que par des nuances. Il y a, de la part de l'auteur, bien de l'adresse à marquer ces nuances ; mais elles sont plus pénibles qu'intéressantes pour le lecteur attentif, et échappent totalement au lecteur qui ne l'est pas. D'ailleurs l'ouvrage est bien long pour un ouvrage en vers, et pour une nation qui n'aime qu'à s'instruire et à s'amuser. C'est une chose assez singulière que cette nation soit peut-être celle qui aime le moins la poésie, et qui produise le plus de poëtes ou de versificateurs. Après tout, il n'y a pas grand mal à cela : ils sont heureux, ces auteurs, parce qu'ils ont un petit monde de partisans ; les imprimeurs le sont, parce qu'ils ont des acheteurs, et les lecteurs, parce qu'ils ont le plaisir d'admirer ou de censurer. Ainsi tout est bien, comme dit l'autre, et je trouverai qu'il a raison si vous m'aimez un peu et si vous êtes persuadée de mon attachement.

LETTRE CLXXX

DE LA DUCHESSE DE CHOISEUL A MADAME DU DEFFAND

A Chanteloup, ce 9 juillet.

Moi qui vous oublie, ma chère petite-fille?... Moi qui cesse de vous aimer? Comment avez-vous pu le penser? Comment avez-vous osé le dire? Il n'y a point de jour où je ne pense à vous; il n'y en a pas où je ne parle de vous avec l'abbé. A tout moment c'est : « *Ah! l'abbé, il ne faut pas oublier de mander cela à la petite-fille!...* » Comment pouvais-je croire avec cela qu'il fût huit jours sans vous écrire? Aussi a-t-il été bien grondé. Il prétend cependant qu'il vous a écrit il y a quatre jours. Quant à moi, vous n'en exigez pas une grande exactitude; vous savez qu'elle me serait impossible.

Mon Dieu, je savais déjà l'état de ce pauvre président, et j'en étais bien affligée pour vous. Je n'essaye pas de vous rassurer, parce qu'une erreur ne sert jamais, et je ne cherche point à vous consoler, parce que je sais qu'on ne console point; mais si ce malheur arrive, et qu'il se joigne à un autre, j'ai des projets à vous proposer pour me consoler, moi!...

Adieu; je fais des vœux pour votre santé dans ce désastre; elle m'inquiète, et je vous prie instamment de m'en faire donner des nouvelles. C'est une attention que vous devez à la tendresse de la grand'maman [1].

---

1. La duchesse de Choiseul revint de Chanteloup le 20 juillet, mais elle ne fit que traverser Paris, et se rendit directement à Compiègne où était la cour.

LETTRE CLXXXI

DE LA DUCHESSE DE CHOISEUL A MADAME DU DEFFAND

A Compiègne, ce 16 août 1770.

Je n'ai pas perdu un moment, ma chère petite-fille, à m'acquitter de la commission de madame la maréchale de Luxembourg. J'espère avoir la grâce de son déserteur, mais il faut qu'il garde soigneusement l'asile qu'il s'est procuré, car la moindre imprudence pourrait lui faire casser la tête avant que les bureaux en fussent informés et pussent l'empêcher.

Oui, ma chère petite-fille, je retourne le 20, l'abbé a dû vous le dire ; je l'ai chargé de vous instruire de tous nos arrangements. Je n'ai pas compté sur vous pour le jour de mon arrivée, parce que je sais que vous avez un souper arrangé pour ce jour-là, pour lequel il vous faut même du gibier. M. de Choiseul a ordonné qu'on vous en tue à Gennevilliers, qui vous sera envoyé dimanche. Je lui ai dit ce que vous me mandez du bien que lui font ses ennemis. On le lui dit souvent, et cela fait toujours plaisir à entendre ; ainsi il est bien fait de le lui répéter.

Je vous renvoie votre lettre de Voltaire et son pot-pourri. Il y a de très-jolies choses dans ce pot-pourri, mais je n'en aime pas tout également ; par exemple, je ne me soucie guère d'être Vénus Uranie, ni que mon mari soit Mars. En tout, j'aime mieux sa lettre, au galimatias philosophique près, et je suis pleinement de son avis sur Rousseau, quoi qu'en dise l'abbé.

Adieu ; je vous embrasse de tout mon cœur, et je compte sur vous mardi et tous les jours suivants.

Faites-moi le plaisir d'envoyer prier madame de Beauvau et madame de Poix à souper chez moi pour mardi ; le grand-papa y sera. L'absence de madame de Grammont me fait un bien infini ; il m'est impossible de ne le pas sentir.

LETTRE CLXXXII

DE MADAME DU DEFFAND A M. CRAWFORD

Ce lundi, 26 novembre.

D'abord, je commence par vous dire que le président mourut avant-hier à sept heures du matin. Si vous voulez en savoir quelques détails, je vous renvoie à M. Walpole, à qui je les ai mandés. Parlons de nous. Je suis très-contente de votre dernière lettre, et vous me ferez un plaisir extrême si vous continuez à m'écrire de cette sorte ; vous me prouverez votre amitié et vous affermirez la mienne. J'ai un grand désir de savoir comment vous vous portez ; si vos vapeurs sont dissipées, si vous avez été à la campagne, ou bien si, tout le monde étant revenu à Londres, vous y êtes resté, si vous vous amusez, si vous avez repris un peu de gaieté. Je voudrais bien, mon cher petit Crawford, être à portée de vous voir une heure par jour, de causer avec vous. Votre dernier voyage ici m'a laissé un grand regret d'être séparée de vous ; si nous évitons cette maudite guerre, promettez-moi de me venir voir, mon exemple vous sera fort utile. Je suis devenue un prodige de raison ; je ne sais pas si je dois m'en glorifier. C'est peut-être parce que je n'ai présentement aucun sujet de mécontentement que je me crois raisonnable ; mais, gare la moindre traverse, je deviendrais peut-être aussi vaporeuse, aussi poule mouillée que j'aie jamais été. Aurons-nous la guerre ? dites-le-moi si vous le savez ; pour moi, je le crois, et je crois que c'est vous qui la voudrez et non pas nous. Ce qui me la fait craindre n'est pas, je vous jure, la misère qui s'en ensuivra, mais c'est les absences qu'elle produira. Je chasse cette pensée autant qu'il m'est possible, mais est-on maître de ses sentiments ?

Ah! mon Dieu! non; si on l'était, les placerait-on par delà les mers, et rendrait-on son bonheur dépendant de la politique, des passions et des intérêts publics?

M. Walpole me mande qu'il se porte à merveille; j'en ai une joie extrême. Il avait été trois semaines sans recevoir de mes nouvelles; c'était le départ de sa nièce qui en était cause, je l'avais chargée d'une lettre que je ne voulais pas envoyer par la poste. Croiriez-vous que je n'ai point encore eu de lettres de madame Cholmondley? elle m'a seulement fait écrire un mot par sa fille, mais je compte en recevoir mercredi, si la poste ne retarde pas comme elle a fait depuis quelque temps. Je regrette peu cette dame, elle ne m'était d'aucune ressource, et je ne m'aperçois point du tout de son absence; ce n'est pas qu'elle ne soit aimable, mais elle est folle; elle a un assez bon cœur, de la sensibilité, point d'attachement; elle raisonne bien, et pas un brin de raison dans sa conduite; son âme a beaucoup de mouvement et n'a nulle suite; on ne peut en faire son amie. La grand'maman est bien différente, j'en suis contente au delà de toute expression; elle ne me laisse en vérité rien à désirer dans son amitié. Je voudrais que vous eussiez une amie comme elle; vous l'avez bien en moi, mais je ne suis pas avec vous, et je voudrais que vous eussiez la ressource de la confiance. C'est le plus grand charme de la vie; vous pouvez l'avoir avec moi par lettres autant que vous voudrez. Soyez sûr que vos lettres seront brûlées toujours sur-le-champ; tout ce que vous me direz m'intéressera beaucoup.

Je vous envoie l'épître de Voltaire au roi de la Chine; vous la montrerez à M. Walpole. Celle qu'il m'a écrite n'en vaut pas la peine; elle est jolie, mais pas assez pour être envoyée si loin.

Adieu, mon cher petit Crawford, je suis bien aise que M. votre père se porte bien, mais je ne trouve pas bon qu'il vous donne si souvent de vaines alarmes.

Je vous exhorte à ne vous point ruiner au jeu; c'est, de toutes les folies, la plus extravagante et celle qui cause le plus grand malheur. Je vous exhorte aussi à voir souvent M. Walpole; sa conversation et son exemple peuvent vous être fort utiles, et je trouverai du plaisir à savoir que les deux personnes que j'estime et que j'aime le plus sont bien ensemble.

Ce mercredi 27.

Je passe les nuits sans dormir, et je ne comprends pas à quoi cela tient; je n'ai de mal nulle part: mais à quelque chose le malheur est bon. J'ai tout le temps de faire des réflexions qui ne me sont pas inutiles. Je m'applique à démêler le vrai du faux, à pénétrer le caractère des gens qu'il m'importe de connaître, à chercher quelle doit être ma conduite, enfin à me prescrire des règles qui tôt ou tard m'amèneront à avoir l'esprit de mon âge, lequel doit être de me détacher de tout. J'y fais plus de progrès que vous ne pouvez croire, et je puis vous en donner la preuve. Je croyais qu'on ne pouvait être heureux quand on n'aimait rien; aujourd'hui l'indifférence ne me fait plus de peur; c'est ce qu'on trouve dans tout le monde. Pourquoi se distinguer? C'est la monnaie courante; il n'en faut pas donner de meilleure que celle qu'on reçoit. Voilà, mon petit Crawford, quelles sont mes réflexions, et dans lesquelles je m'affermirai, à ce que j'espère, de plus en plus. Je vous exhorte d'en faire autant, mais je désire que nous nous exceptions l'un pour l'autre de cette résolution.

Madame Cholmondley a dit à M. Walpole que madame de La Vallière était fort malade; il n'en est rien. Pour madame de Belzunce, il n'est que trop vrai qu'elle est morte; c'est grand dommage. Songez que je veux vous voir avant que d'en faire autant.

LETTRE CLXXXIII

DE LA DUCHESSE DE CHOISEUL A MADAME DU DEFFAND

Chanteloup, 26 décembre 1770.

Comment vous portez-vous, ma chère petite-fille? Dans quel état je vous ai laissée! Vous m'affligiez hier, vous m'inquiétez aujourd'hui. Vous m'avez crue insensible jusqu'à la férocité. Ah! que vous connaissiez mal le cœur que vous déchiriez. La vanité me défendait de me livrer à ma sensibilité, sur l'objet de laquelle on aurait pu se méprendre. La vanité peut donner des armes au courage, mais heureusement elle n'en a pas contre le sentiment, et vous me l'avez bien fait éprouver! L'abbé a dû vous donner de nos nouvelles. Le grand-papa se porte à merveille. Le voyage, un grand événement, une puissante diversion, m'ont fait du bien. Je venais de perdre un ami, et un ami qui m'aimait tant[1]! C'est là le vrai malheur. Mais conserver l'honneur, mais gagner la paix et le repos, n'est-ce pas là du bien? Je ne puis m'affliger, même par pudeur. Je suis avec ce que j'aime le mieux, dans le lieu qui me plaît le plus. Vous y serez aussi, ma très-chère petite-fille; je le désire et je l'espère. Mais attendez la belle saison. En l'attendant, pensez à moi et aimez-moi toujours comme je vous aime.

Le grand-papa vous embrasse. Dites mille choses tendres pour moi au prince[2].

---

1. M. de Thiers, frère de son père, M. du Châtel; celui qu'elle appelle le petit oncle.
2. D'après la date de cette lettre et ces mots : « vous m'affligiez *hier*... » on doit croire que la duchesse de Choiseul partit le 25 pour Chanteloup, qu'elle vit madame du Deffand avant de se mettre en route, et qu'elle lui écrivit aussitôt après son arrivée. Ce fut le 24 décembre que le roi signifia au duc de Choiseul sa disgrâce et son exil. Peu de jours auparavant, madame du Barry lui avait fait dire que, s'il voulait consentir à un rapprochement, elle ferait la moitié du chemin. La personne chargée par la favorite d'assurer le ministre de ces dispositions con-

LETTRE CLXXXIV.

DE MADAME DU DEFFAND A LA DUCHESSE DE CHOISEUL

Ce jeudi, 27 décembre 1770.

Que vous dirai-je, chère grand'maman? Vous avez vu ma douleur. Je ne cesse de penser à vous. Si je pouvais être consolée, ce serait de voir que tout le monde est consterné, et d'entendre parler de vous et de votre époux dans des termes dont je suis bien contente. Je soupai hier chez la petite sainte[1], avec madame d'Enville et le pauvre abbé. Vous saurez par lui où il en est avec madame de La Vallière. J'espère qu'il vous ira bientôt trouver. Mon seul désir présentement, chère grand'maman, est d'avoir de vos nouvelles et de celles du grand-papa. N'oubliez point votre petite-fille.

LETTRE CLXXXV

DE MADAME DU DEFFAND A LA DUCHESSE DE CHOISEUL

Ce dimanche, 30 décembre 1770.

Avez-vous cru, chère grand'maman, sécher mes larmes par votre charmante lettre? Elle m'en a fait répandre avec plus d'abondance; elles n'étaient point amères; elles se ressentaient de la douceur et de la paix de votre âme. Oui, vous êtes heu-

---

ciliantes, le pressait d'en profiter, ajoutant qu'on avait souvent vu les maitresses chasser des ministres, mais que les ministres ne faisaient guère renvoyer les maitresses. Toutes les représentations furent inutiles : M. de Choiseul avait épuisé avec madame de Pompadour toute son indulgence pour les faiblesses de son maitre.

1. La comtesse de Choiseul-Betz, que l'on avait surnommée ainsi à cause de ses habitudes religieuses, malheureusement trop rares dans sa société. C'était de plus, paraît-il, une personne charmante : « Les yeux, l'esprit, se reposent doucement sur elle, » disait d'elle l'abbé Barthélemy.

reuse, je n'en puis douter; vous êtes avec ce que vous aimez uniquement; vous serez sans cesse occupée de lui, et vous aurez la satisfaction de lui faire trouver un bonheur qu'il ne connaissait pas et préférable à celui qu'on a voulu lui faire perdre!

Si vous saviez de quelle façon on parle de vous, malgré toute votre modestie, vous en seriez flattée. Aucun mouvement d'envie n'affaiblit les louanges que l'on vous donne, et je crois que vous êtes la seule personne au monde qui se soit fait admirer au point où vous l'êtes, sans faire naître aucune jalousie; votre lettre est un chef-d'œuvre; vous y démêlez et peignez vos sentiments avec une éloquence qui est celle de la vérité. Ah! ma grand'maman, que je vous aime! vous me mettez dans l'impossibilité de pouvoir aimer qui que ce soit. Quelle comparaison!... Oui, je vous l'avoue; si je n'avais pas l'espérance de vous revoir, je voudrais mourir. Je n'écoute point ce que me dit la raison, ni la générosité, ni la délicatesse; je ne puis que vous être à charge; je ne puis contribuer au plaisir, à l'amusement; je ne devrai qu'à vos vertus, tranchons le mot, à votre compassion, de me souffrir auprès de vous! Mais je suis faible; je n'ai pas le courage de renoncer à un bien qui peut-être sera un mal pour vous; cependant, si le grand-papa n'y donnait son consentement que par complaisance pour vous, et qu'il prévît avec raison que je n'apporterai que de l'ennui, je renoncerais à ce projet qui, dans le moment présent, fait toute ma consolation [1].

J'appris hier par madame de Beauvau l'ordre qu'elle avait reçu. J'espère que l'abbé aura bientôt sa permission. Je soupai

---

1. La sincérité de l'affection que portait madame du Deffand à la duchesse de Choiseul ne peut être mise en doute. Peu de jours auparavant elle écrivait à Walpole : « Vous avez fait de moi une prosélyte parfaite. J'ai tout votre scepticisme sur l'amitié. Cependant j'ai peine à l'étendre sur la grand'maman. Il serait difficile de vous faire entendre quels sont ses procédés pour moi, et, quelque disposée que je sois à la méfiance, j'ai peine à la soupçonner d'indifférence. J'aurais bien plus de peine encore à en avoir pour elle. »

avant-hier avec lui et le prince chez madame d'Enville; c'est une digne femme et qui mérite bien que vous l'aimiez.

Je ne vis point hier le prince; je lui ferai vos compliments aujourd'hui.

Le grand-papa consentira, j'en suis sûre, que vous l'embrassiez pour moi.

LETTRE CLXXXVI

DE MADAME DU DEFFAND A LA DUCHESSE DE CHOISEUL

Ce dimanche, 30 décembre 1770.

Je vous ai écrit ce matin, je vous ai parlé pour la dernière fois de mes regrets, de mes douleurs. Il n'en sera plus question à l'avenir. Vous n'avez pas besoin d'être attristée. Je vous manderai tout ce que je saurai, tout ce que je croirai pouvoir vous amuser, vous intéresser et vous être utile. Pour ce dernier genre, un chiffre serait nécessaire. Je me souviens de vous l'avoir proposé et que vous n'avez pas voulu y consentir, disant qu'on les devinait tous. Il est cependant facile de se garantir de cet inconvénient, en appliquant le nom des gens de ma connaissance à ceux que je ne voudrais pas nommer, et en ajustant des petits faits de société qui seront énigmatiques pour vous. Peut-être ne serai-je jamais dans le cas d'en faire usage, mais il est bon de se précautionner. Je vais écrire mon chiffre, j'en aurai le double, afin de ne m'y pas méprendre.

Dois-je être bien fâchée de l'ordre qu'a reçu madame de Beauvau[1]? Non, en vérité, si ce n'est que cela prouve la colère; mais qui sait s'il n'y a pas eu un peu de vengeance de la part de la maréchale[2], et si elle n'a pas eu le désir de vous servir? C'est ce que je saurai quand je la verrai; elle est à Versailles depuis votre départ.

1. De ne point aller à Chanteloup.
2. De Mirepoix, sœur de M. de Beauvau.

Madame d'Aiguillon, qui soupa hier chez moi, me parut penser que madame votre belle-sœur courait quelque risque; mais je crois que c'était sur des bruits populaires, et qu'elle n'est pas dans la confidence de son fils.

Si vous avez quelque commission à donner, dont je ne sois point incapable, je vous demande la préférence; enfin, souvenez-vous que je suis votre petite-fille, et que je n'aime rien tant dans le monde que ma grand'maman.

Le comte de Broglio arriva hier, à cinq heures du soir. Il envoya sur-le-champ chez moi. Il savait que j'y soupais; mais je ne pus me résoudre à le lui proposer. C'était bien assez de la grosse duchesse, dont la politesse ne couvrait pas assez la satisfaction.

Vous ne recevrez cette lettre que jeudi. La petite sainte vous la rendra en particulier et vous la brûlerez sur-le-champ.

LETTRE CLXXXVII

DE VOLTAIRE A LA DUCHESSE DE CHOISEUL

31 décembre 1770.

Madame,

Je parie que vous avez l'âme plus forte que moi. Mais vous êtes malade, vous devez être accablée d'affaires. On dit que vous avez une santé faible, et que la nature ne vous a donné de force que celle de l'esprit. Je voudrais être sous-secrétaire des Suisses [1] pour être auprès de vous, pour vous faire voir à tout moment que mon cœur est pénétré de la reconnaissance qu'il vous doit. Je n'ai que peu de jours à vivre, mais ces jours vous seraient consacrés. Je suis à vos ordres au milieu des neiges. Je vous enverrai tout ce qu'il y aura de nou-

---

1. L'abbé Barthélemy était secrétaire des Suisses, dont le duc de Choiseul était colonel-général.

veau et qui pourra vous amuser quelques moments ; mais surtout, madame, ayez grand soin d'une santé si précieuse à tous ceux qui ont des yeux et des sentiments.

Agréez ma reconnaissance, qui certainement n'est point en paroles, mon inviolable attachement et mon très-sincère respect.

L'ermite du Mont-Jura, V.

LETTRE CLXXXVIII

DE LA DUCHESSE DE CHOISEUL A MADAME DU DEFFAND

A Chanteloup, le 4 janvier 1771.

Votre lettre m'a été remise bien secrètement, ma chère petite-fille, bien mystérieusement par la petite sainte. Il semble que nous tramions une conspiration ensemble. Elle n'était pas de fraîche date, cette lettre ; car la petite sainte a été quatre jours en chemin ; et ce n'était pas encore assez pour elle, ou c'était trop de chemin, car elle nous est arrivée malade comme je l'avais prévu, et j'en suis au désespoir. Elle s'est mise au lit en arrivant ; elle y est encore aujourd'hui ; elle soutient qu'elle n'est pas plus malade qu'à l'ordinaire en pareil cas. Je le souhaite assurément ; je voudrais même qu'elle fût mieux. Ça été un grand plaisir pour moi de la revoir. C'est auprès de son lit que je vous écris. Ah ! quand j'aurai mon abbé, combien nous parlerons encore de vous ensemble! C'est que j'ai oublié de vous dire que nous en avons bien parlé, la petite sainte et moi. Sans cette explication, vous n'auriez pas entendu la transition d'elle à l'abbé.

J'ai bien ri quand elle m'a remis votre chiffre. Nous n'aurons jamais occasion de nous en servir, ma chère petite-fille ; car je vous avertis que je n'écrirai jamais par la poste ; cependant je vais le serrer bien soigneusement en cas de besoin. On dit que nous sommes entourés d'espions ; ainsi je vous conseille, quand vous voudrez me mander quelque chose qu'il serait dangereux de laisser connaître, de ne pas vous en fier même à Demanges, que nous avons laissé à Paris, et de donner directement vos lettres aux personnes qui nous les apporteront ; personnes de bonne compagnie s'entend, ni courriers ni domestiques, à nous ou à d'autres. Ces excessives précautions vont encore redoubler vos frayeurs, car il me semble que vous mourez tous de peur à Paris. Que voulez-vous donc que l'on nous fasse encore ? Le roi ne frappe pas à deux fois. C'est une des raisons pour lesquelles cet exil est heureux, et il l'est à tous égards. Les scélérats qui ont eu le crédit de l'obtenir pouvaient peut-être dans le moment faire pis. Je me trouve bien heureuse d'en être quitte à si bon marché, et croyez qu'à présent ils ont trop à faire entre eux pour penser encore à nous longtemps. La terreur a gagné nos amis au point qu'il y en a qui craignent que l'intérêt public même n'aigrisse contre nous. Je crois bien qu'il aigrira. Mais en même temps si on voulait nous faire plus de mal, ce serait lui qui retiendrait ; on n'oserait pas. Il y aurait révolte générale. Qu'on le laisse donc aller, cet intérêt, il est trop flatteur pour nous en priver. Qu'on le perpétue, s'il est possible. Il assure la gloire de mon mari ; il le récompense de douze ans de travaux et d'ennuis ; il le paye de tous ses services ; nous pouvions l'acheter encore à plus haut prix, et nous ne l'aurions pas cru trop payer par le bonheur immense et d'un genre nouveau dont il nous fait jouir. M. de Choiseul le sent bien, et pour moi, il faut vous l'avouer ! j'en ai la tête tournée... Ah ! si je pouvais vous tenir ici et mon abbé, que je serais heureuse ! Non ! non ! rien au monde ne manquerait à mon bonheur. Consolez-vous donc, je vous en conjure ; consolez-vous en pensant que nous sommes heureux. Ne craignez point de m'attrister ; vous pourriez m'attendrir, parce que mon âme est toujours ouverte à la sensibilité, et surtout pour vous. Mais vous ne m'attristerez pas, parce qu'elle ne fut jamais plus éloignée de la tristesse.

Vous avez raison : la défense faite à madame de Beauvau de venir ici n'est point un malheur personnel pour moi ; mais c'est une niche abominable contre M. de Choiseul, et que j'ai ressentie plus vivement que lui ; ainsi j'en ai été très-fâchée. Je l'ai fait dire à madame de Beauvau, et vous ferez bien de lui dire encore. D'ailleurs, quoique je n'aime pas madame de Beauvau, quoique madame de Beauvau ne m'aime pas, je suis persuadée que nous serons fort bien ensemble. Il me semble que c'est le ton de la maison de vouloir être bien avec moi. Madame de Grammont y est à merveille. Je le soutiendrai ce ton, le plus que je pourrai, avec douceur et fermeté. J'ai eu avec madame de Grammont, le jour de son arrivée, en présence de M. de Choiseul, une conversation qui doit assurer ma tranquillité. J'y ai mis beaucoup de politesse, d'honnêteté pour madame de Grammont, de tendresse et de soumission pour mon mari, de franchise et peut-être même de dignité pour moi. J'ai déclaré que je voulais être la maîtresse dans ma terre et dans ma maison ; que chacun le serait chez soi pour tout ce qui lui serait propre ; que je n'exigeais l'amitié de personne ; que je m'engageais à faire de mon mieux pour contenter tout le monde, et que tout le monde se trouvât bien chez moi ; mais que je ne m'engageais ni à l'amitié ni à l'estime de tout le monde ; qu'à l'égard de l'estime, j'en avais pour elle, madame de Grammont ; qu'à l'égard de l'amitié, je ne lui en promettais ni le lui en demandais ; mais que nous devions bien vivre ensemble pour le bonheur de son frère, qui nous rassemblait ici ; que si elle se conduisait bien avec moi, je lui répondais qu'elle en serait contente : que si elle se conduisait mal, j'espérais qu'elle en serait contente encore. Je mets en effet mon application à attirer ici tous les gens qui peuvent plaire à M. de Choiseul. Madame d'Amblimont[1] m'a écrit pour y venir. J'ai vu que cela ferait le plus grand plaisir du monde à M. de

---

1. Parente et favorite de madame de Pompadour, qui l'appelait *mon torchon*. Elle était fort des amies du duc de Choiseul.

Choiseul, et je l'ai prévenu en disant que je voulais qu'elle vînt. C'est à cette occasion que j'ai dit que je ne m'engageais pas à l'estime pour tout le monde, et aussi à celle de M. de Voyer, en ajoutant que j'aurais seulement désiré, pour ma propre satisfaction, à M. de Choiseul des amis plus faits pour lui faire honneur. Ils m'ont après parlé de leur frère. J'ai répondu que je les connaissais tous ; que je les avais servis tous (et j'ai interpellé M. de Choiseul en témoignage); que j'aurais encore mieux fait pour eux si je l'avais pu ; que je n'en aimais aucun, mais que j'avais toujours bien vécu avec eux, et que j'y vivrais toujours bien ; qu'ils ne feraient sûrement de tracasseries à personne avec moi, mais que, s'ils en faisaient, je saurais encore prendre mon parti sur cet événement. On a voulu entrer en justification sur le passé. J'ai brisé court en disant qu'il ne fallait pas rappeler des choses qui ne pouvaient que renouveler l'aigreur ; que, puisque nous ne nous engagions point à nous aimer, nous en avions assez dit pour savoir à quoi nous en tenir sur notre conduite future. On a été très-content de cette conversation. Depuis, tout va bien ; pas la moindre humeur, beaucoup de liberté ; je sais même qu'on est enchanté de moi, et moi je suis fort contente de tout monde. Je ne serais pas étonnée, comme vous le dites, que ce fût madame de Mirepoix qui eût fait défendre à madame de Beauvau de venir ici, mais purement par esprit de vengeance contre elle, et non dans le dessein de m'obliger. J'en serais révoltée à tous égards. Savez-vous qu'elle a écrit à madame du Barry, votre petite maréchale : « *Madame, je vous fais mon compliment sur votre triomphe, qui est aussi brillant que votre conquête !...* » Ne vous imaginez jamais, je vous prie, ma chère petite, sous quelque prétexte que ce soit, quelque tournure que vous preniez, pour quoi que ce soit au monde, de nous rendre le plus léger service par la maréchale. Il n'y a point de maux que je ne préférasse à l'opprobre de devoir à quelqu'un que je méprise ! Songez bien qu'il ne faut servir ses amis que selon leur goût, et que l'ami le plus tendre ne pardonnerait pas qu'on le servît aux dépens de son honneur. Voici quelqu'un qui vient m'interrompre chez la petite sainte. Sur ce, j'embrasse ma chère enfant, et je l'assure avec vérité que je l'aime plus tendrement que jamais.

J'ouvre ma lettre pour vous avertir de la brûler, ainsi que toutes celles où je vous parlerai de mon intérieur, ou des ministres, ou des affaires publiques [1].

LETTRE CLXXXIX

DE MADAME DU DEFFAND A LA DUCHESSE DE CHOISEUL

Ce samedi, 5 janvier 1771.

Je ne vous ai point écrit, chère grand'maman, depuis votre lettre du 31. Que puis-je vous dire, ne voulant plus vous parler de mes regrets ? Je vous vois entourée de gens que je ne connais que peu ou point ; il me semble que j'arriverais là mal à propos ; que le grand-papa n'est pas dans une position à penser à la petite-fille ; que vous-même vous n'avez pas l'esprit assez libre, et que tout ce que je vous dirais serait hors de propos. J'ai bien de l'impatience que l'abbé soit avec vous. Ce sera alors que j'aurai de vos nouvelles ; jusqu'à ce moment, il faut me résoudre à tout ignorer. Excepté hier, je l'ai vu tous les jours ; mais j'appris par notre prince, qui venait de le quitter, qu'il avait vu M. de La Vrillière, qui lui avait donné l'espérance d'avoir bientôt sa permission. Je l'attends aujourd'hui, ce grand abbé. C'est ce que j'aime le mieux présentement, parce que je parle sans cesse de vous avec lui. J'ai pourtant

---

1. Cette lettre fait honneur au caractère de la duchesse de Choiseul, et l'on a pensé que, après quatre-vingts ans écoulés, sa publication, et celle de plusieurs autres de même nature appartenant à cette correspondance, ne pouvait présenter aucun des inconvénients que voulait prévenir leur auteur en réclamant leur destruction.

bien du désir de ne plus le voir, et je suis dans une crainte continuelle qu'il ne tombe malade. Il vous dira la vie que je mène, et si je m'occupe de vous. Tous mes amis veulent que je vous les nomme : l'évêque de Rhodez, MM. Walpole, de Creutz, de Sikingen, etc.

Dites mille choses pour moi à la petite sainte. Le voyage ne lui a-t-il pas fait mal ? et vous, chère grand'maman, comment vont vos étouffements ? Dormez-vous ? Ne vous êtes-vous point enrhumée ? Vos fenêtres, vos portes ferment-elles bien ? Vos cheminées ne fument-elles plus ? Comment se porte Rosette ?

Madame Defresne recevra deux sultans. Faites-en accepter un au grand-papa, que je n'ai seulement pas remercié de son étrenne.

Adieu ; la petite-fille n'est pas d'assez bonne humeur pour parler davantage.

LETTRE CXC

DE MADAME DU DEFFAND A LA DUCHESSE DE CHOISEUL

Ce lundi, 7 janvier 1771.

M. de Lauzun me quitte ; jugez de la joie que j'ai eue de le voir. Oh ! la charmante lettre ! J'ai cru vous voir, vous entendre ! Vous avez de bien fortes armes ; vous triompherez de tous. Je ne sais quelle est la vertu dominante en vous ; mais celle que j'adore et que je préfère à toutes, c'est la noble franchise. Quand elle est jointe à une grande fermeté, tout doit lui céder. Le grand-papa doit vous adorer !...

Non, non ! n'ayez pas peur que je cherche à vous faire avoir aucune obligation à la maréchale. L'abbé, que vous avez actuellement avec vous, vous répondra de moi ; j'ai oublié de lui confier la lettre de cette maréchale à madame du Barry. Il ne se souviendra pas de toute l'histoire, comment elle a pu la ravoir. En cherchant un autre papier sur la cheminée de cette créature, elle trouva sa lettre, et comme elle savait qu'elle faisait du bruit, elle l'a reprise et me l'a donnée. Les amis dont elle parle sont les Broglie et le Maillebois. Je ne lui cachai point que j'étais scandalisée du mot *triomphe* ; elle m'en parut honteuse.

Ne croyez pas que je ne sente pas combien il est avantageux au grand-papa que les regrets et les éloges soient extrêmes. Je suis bien éloignée de penser qu'il y faille mettre aucune réserve ; mais je crois qu'il faut se contenir sur le mal que l'on peut dire de ses ennemis, et qu'il faut paraître les mépriser au point de n'en pas parler. Cependant, je suis fort tentée, en écrivant à M. Walpole, de lui citer ces vers d'*Esther* :

> Ciel ! verra-t-on toujours par de cruels esprits
> Des princes les plus doux l'oreille environnée,
> Et du bonheur public la source empoisonnée ?

Enfin, en lui écrivant, je me figurerai écrire au roi, et je ne me méprendrai peut-être pas !...

J'ai vu partir l'abbé avec une joie infinie, quoique son absence mette le comble à toutes mes privations. Il me restait pour parler de vous. Je n'ai plus que le prince, qui vous est certainement bien dévoué, mais dont l'âme n'a pas la chaleur de celle de l'abbé, ni, en vérité, de la mienne. On est bien malheureux d'aimer ; mais je serais pourtant bien fâchée de vous aimer moins. L'exil ne sera pas éternel, et peut-être vivrai-je assez pour le voir finir. C'est pour moi un grand plaisir d'entendre les louanges qu'on vous donne, l'éloge qu'on fait du grand-papa. Compatriotes, étrangers, tous s'expriment de même. Cela me charme, mais cependant me fait craindre que la haine des scélérats n'en augmente et n'éloigne le rappel. Enfin, il faut l'avouer, mon âme n'est point forte comme la vôtre. Je suis faible, je n'ai ni soutien ni appui ; je dissipe ma vie sans en jouir ; mais c'est trop vous parler de moi.

Je verrai ce soir quelqu'un qui a bien de la force; mais ce n'est pas à votre manière. Sa force n'est pas accompagnée de tant de douceur et de modestie; elle a pour fondement un grand orgueil. A cette définition, vous devez reconnaître la princesse de Beauvau. Je lui dirai combien vous la regrettez.

Comme cette lettre vous sera portée par M. de Gontaut, et qu'il ne partira que mercredi, je la quitte dans ce moment et je la reprendrai demain.

Ce mardi.

Madame de Poix arriva chez moi hier à huit heures. Elle m'apportait des excuses de sa belle-mère, qui avait une grosse migraine. Elle offrit de rester. J'insistai pour qu'elle l'allât retrouver, et elle partit. J'eus la maréchale[1] et madame de Lauzun; elle me dit que madame de Lauzun ne pouvait pas aller à Chanteloup; que M. de Choiseul le lui défendait, et, pour me le prouver, elle me lut la lettre qu'il lui avait écrite; et moi, en conséquence de cette lettre, je la priai de trouver bon que samedi je vous écrivisse par elle.

Les opinions sont bien partagées ici. Je vois que celle qui s'accrédite le plus, c'est que le tyran breton le deviendra de toute l'Europe. Cela veut dire qu'il aura les affaires étrangères. D'autres disent que le prince de Condé n'y consentira pas; qu'il a une grande adversion pour lui; mais ce qui n'est pas équivoque, c'est l'horreur qu'on a pour le chancelier. L'assemblée d'hier, dont vous saurez plus de détails que je ne suis en état de vous en dire, loin d'assurer ses succès, annonce sa défaite.

Ne craignez ni tiédeur ni zèle indiscret de ma part. Ne pouvant vous être utile, j'écoute avec grande attention et intérêt tout ce qui se débite; mais je ne parle point. Je suis dans cette

---

1. De Luxembourg.

tragédie une suivante des héros, dont le personnage est d'être muet. Surtout, je prie M. de Choiseul de n'avoir nulle inquiétude de ma liaison avec la maréchale. Elle ne subsiste que parce qu'il m'a dit qu'il ne voulait pas que je la rompisse. Si on la veut rendre suspecte, j'espère qu'on n'y réussira pas, et que madame de Grammont et madame de Beauvau tenteraient en vain à vouloir faire croire que mon attachement et ma fidélité cèdent en rien aux leurs. Qu'elles se contentent de jouer partout les premiers rôles ; ma vanité, c'est de rester à ma place, que je sais ne devoir pas être la première. Je ne suis touchée que de ce qui part du sentiment. Un mot d'amitié de M. de Choiseul m'aurait fait plaisir, je l'avoue. Je n'ai point voulu lui écrire ; mais si j'omets dans ma conduite quelque marque d'attention et d'empressement, il faut m'en savoir gré, c'est par discrétion ou par méfiance qu'elles soient agréables.

Je viens de recevoir une lettre de M. Walpole ; il serait bien tenté de vous écrire, mais je l'en détournerai. Il est bien persuadé de l'état où je suis.

Adieu, chère grand'maman.

LETTRE CXCI

DE LA DUCHESSE DE CHOISEUL A MADAME DU DEFFAND

A Chanteloup, ce 12 janvier 1771.

Ce sera votre bon ami M. de Stainville, ma chère petite-fille, qui vous portera cette lettre. Il part le 15. J'espère qu'en effet madame de Lauzun arrivera avant qu'il parte, quoiqu'en effet nous ne voulussions pas la voir avant le carême, à cause des fêtes. Le zèle de l'exil l'emporte chez elle sur l'ardeur des bals. Cela est bien honnête à elle, à madame de Luxembourg et à M. de Gontaut. Je ne fermerai point ma lettre qu'elle ne soit arrivée, en cas que j'aie quelque chose à y ajouter.

Je suis bien aise que vous ayez été contente de ma conversation. Il est certain qu'elle ne pouvait mieux réussir. Nous vivons depuis dans une union parfaite, et sans qu'il y ait la moindre gêne des deux parts. Le grand-papa m'en paraît enchanté. Je le crois véritablement heureux, et nous le sommes tous de cette confiance. Le noir Gontaut est tout autre depuis qu'il est ici. Les soupçons, les craintes, et jusqu'à la goutte même, fuient devant le bonheur dont nous jouissons.

Comme j'ai eu la brutalité et la fatuité de le dire, je n'ai à me défendre que d'aimer et d'être aimée, et je m'en défendrai bien. C'est une bonne chose que d'aimer; mais le rabâchage ne vaut rien, en amitié comme en amour. Venez donc ici, puisqu'on y est si bien. Venez-y, je vous en conjure. Le grand-papa est à vos pieds pour vous en prier. Venez-y respirer l'air de la paix et de la liberté; il est plus doux que vous ne pensez. Venez au sein de l'amitié. Vous serez ici aussi bien que dans votre tonneau, et vous y aurez deux tonneaux comme à Saint-Joseph, un dans votre chambre, un dans le salon. Amenez Wiard pour lecteur; vous en trouverez encore d'autres ici. Amenez mademoiselle Conty, qui vous voudrez encore. Arrivez tout au commencement de la belle saison, pour échapper aux rigueurs de la mauvaise; mais, hélas! vous n'en avez nulle envie!... Je ne suis point du tout contente de vos lettres à cet égard; elles ont l'air de défaites. Pourquoi me croyez-vous entourée de gens que vous ne connaissez pas? Est-ce que le grand-papa, moi, l'abbé, la petite sainte, M. et madame de Beauvau, madame de Poix, le prince, quand ils y seront tous rassemblés, vous sont inconnus? Pourquoi ne me croyez-vous pas l'esprit libre? Il l'est plus que jamais. Exempte désormais de craintes et de précautions mille fois plus importunes que les craintes, je serai toute à ce que vous me direz, et si par hasard mon esprit s'égarait, vous savez que mon cœur ne s'égare jamais. Ne vous suffit-il plus? Pourquoi craignez-vous d'être hors de propos? Peut-on l'être avec les gens dont on est aimé? Toutes ces craintes, je le répète, sont de mauvaises défaites, et ces mauvaises défaites affligent et alarment votre grand'maman.

Vous pouvez juger du plaisir que j'ai eu à revoir mon abbé, que vous m'avez si généreusement sacrifié, et combien ce plaisir a été augmenté par le plaisir de parler de vous ensemble.

Je n'ai rien eu de plus pressé que de demander à Marianne les deux sultans que vous m'annoncez pour le grand-papa et pour moi. Elle m'assure n'en avoir pas entendu parler. J'espère qu'ils nous arriveront par madame de Lauzun. Nous ne voulons rien perdre de ce qui vient de vous. Dites, je vous prie, tout ce que vous pourrez trouver de mieux à tous ceux qui ont eu la bonté de vous parler de moi.

Vous voulez que je vous parle de tout ce que je sens, de tout ce que je fais, de tout ce que j'éprouve! Je n'ai plus d'étouffements; le voyage les a absolument guéris. Je ne me suis point enrhumée. Nos chambres commencent à s'échauffer, grâce au papier qui calfeutre toutes les fenêtres et aux peaux de mouton qui entourent toutes les portes. Nos cheminées commencent aussi à fumer un peu moins, grâce aux soins du fumiste qui y travaille sans cesse. Rosette vous prépare un petit chien. Quant à nous, nous faisons assez bonne chère. Nous passons des nuits fort tranquilles et toute la matinée à nous parer de perles et de diamants comme des princesses de roman. Je n'ai jamais été si bien coiffée ni si occupée de ma parure que depuis que je suis ici. Je veux redevenir jeune, et, si je peux, jolie! Je tâcherai au moins de faire accroire au grand-papa que je suis l'une et l'autre, et comme il aura peu d'objets de comparaison, je l'attraperai plus facilement.

Je suis charmée que vous pensiez comme moi sur les obligations qu'il ne faut contracter qu'avec les gens que l'on estime. Vous avez parfaitement bien fait de reprocher à la maréchale son mot *triomphe*. Il est infâme! L'abbé m'avait déjà raconté cette histoire, mais j'ai été bien aise de la tenir de vous. Je suis bien de votre avis, les ennemis de M. de Choiseul ne valent pas la peine que l'on pense à eux, et la prudence ne permet pas d'en dire du mal. Mais leur puissance ne doit point empêcher qu'on dise de M. de Choiseul tout le bien qu'on en pense. Le temps, l'inutilité dont il est devenu, le besoin qu'on aura des autres, le feront assez tôt oublier! N'accélérons pas ce triste oubli. L'intérêt qu'on lui marque, l'amour qu'on lui porte, sont sa gloire et font son bonheur; bonheur qu'il ressent vivement et qui peut seul le soutenir, en attendant que ses amis soient rassemblés et qu'il soit accoutumé au nouveau genre de vie auquel il est forcé. Ne craignez pas que les éloges qu'on lui donne aigrissent ses ennemis; ils ont épuisé les moyens de lui nuire, et ils ont tant à faire entre eux, que bientôt ils ne penseront plus à lui; et quand il sera question de le faire revenir, ce qui ne peut certainement pas être de sitôt, peut-être même de la vie du roi, tout ce qui se passe à présent ne peut accélérer ni retarder son retour, et j'aime mieux, quoi qu'il en puisse arriver, que les regrets publics donnent à penser au maître, et importunent ses ennemis, que de le voir privé d'une s douce gloire.

Il n'y a nul inconvénient à envoyer à votre Horace les trois vers d'Esther. Ils ne seront pas pour lui seul; mais il n'y a pas de mal à cela. Remerciez-le de ma part de l'intérêt qu'il nous marque; empêchez-le de m'écrire, parce que je serais embarrassée de lui répondre; mais dites-lui que les Français savent aussi bien se repaître de l'honneur, et mépriser les grâces et les disgrâces de la cour que les Anglais.

Je vous assure que je voudrais bien que M. d'Aiguillon fût ministre des affaires étrangères, pourvu que le Parlement reprît son procès. Le ministère de plus ajouterait du piquant et de la décence à l'aventure. Le Parlement a repris ses fonctions. On y a dénoncé le chancelier. La dénonciation n'a pas été admise. Je n'aime point les coups d'épée dans l'eau.

Pourquoi êtes-vous si modeste que de céder le premier rang à mesdames de Beauvau et de Grammont? n'êtes-vous pas la première dans notre cœur? Vous avez l'air de craindre que le grand-papa ne soit alarmé de vos liaisons avec la maréchale. Mon Dieu, non! Nous avons une confiance bien entière dans votre amitié et dans votre discrétion. Vous avez l'air aussi de n'être pas trop contente du grand-papa, parce que vous n'avez pas entendu parler de lui. C'est bien ma faute assurément ; quand je vous écris, je suis toute personnelle. Je ne songe à vous parler que de moi et de ma tendresse pour vous qui est infinie. Il est bien vrai que le grand-papa vous embrasse de tout son cœur, et qu'il est bien fâché de n'avoir pas votre sultan.

Le 14.

Vos sachets nous sont arrivés par une de nos voitures. J'en ai donné un au grand-papa, qui vous remercie. La lettre que vous avez écrite par mon neveu à l'abbé m'a bien fait rire, votre inquiétude surtout de la visite de l'ambassadeur de l'empereur. En lui écrivant, je me suis souvenu qu'il pourrait peut-être avoir une occasion pour Naples que vous n'auriez pas, et dans ce cas, je le chargeais de vous retirer ma lettre. Adieu, je vous embrasse encore ; ne m'oubliez pas auprès des gens qui ont la bonté de se souvenir de moi.

LETTRE CXCII

DE L'ABBÉ BARTHÉLEMY A MADAME DU DEFFAND

14 janvier 1771.

M. le comte de Stainville part demain pour Paris. J'espère qu'il voudra bien se charger de cette lettre. Je vous ai promis des détails et de vous dire la vérité. Je vais m'en donner le plaisir. Je commence par le grand-papa. Il est tel que vous l'avez vu avant son départ : gai, tranquille, indifférent sur tout ce qui s'est passé ; n'ayant pas la moindre crainte sur l'avenir, parce qu'il n'est pas en lui de craindre ; plus aimable que jamais, et devenu encore plus intéressant par la gloire dont sa retraite est accompagnée. La grand'maman a le même calme et la même fermeté; elle est heureuse jusqu'au fond de l'âme. Elle s'est réunie avec sa belle-sœur pour faire le bonheur du grand-papa; elles se préviennent l'une et l'autre par toutes sortes d'attentions et de politesses. Vous savez de quoi la grand'maman est capable. Il faut rendre justice à madame la duchesse de Grammont; ses procédés sont on ne peut plus honnêtes. Je leur dois l'accueil que j'en ai reçu en arrivant. J'eus depuis l'honneur de la voir en particulier : elle se loua beaucoup de sa belle-sœur; elle s'en loua sans affectation, sans froideur, comme il le fallait, comme la grand'maman se loue d'elle. Je crois qu'elles sont au véritable point. Je ne crois pas qu'elles s'aiment jamais comme elles se sont aimées autrefois, quoique la grand'maman y soit portée plus qu'elle ne pense; mais comme elles s'estiment toutes deux, qu'elles sont toutes deux très-estimables, qu'elles ont le même objet, le même intérêt, j'espère que la paix subsistera longtemps et fera leur commun bonheur. Après la discussion de ce point, le plus essentiel pour vous et pour nous tous, je vais vous dire à quoi on passe la journée.

Le grand-papa se lève à neuf heures et la grand'maman à dix. La matinée est employée à écrire d'un côté, à faire sa toilette de l'autre, ensuite à des arrangements domestiques, tous les détails d'un nouvel établissement. On dîne à deux heures. Après le dîner des parties de whist ou de trictrac. On se retire depuis six ou sept heures jusqu'à dix qu'on soupe. Un pharaon après souper jusqu'à une heure. Avec de pareils amusements, le temps nous emporte si vite que je crois toujours n'être arrivé que hier au soir. Remarquez bien que je n'ai pas compté les promenades, parce qu'il est impossible de sortir du château ; nous y sommes assiégés par la neige, la glace, une bise épouvantable, un gâchis affreux. On n'est occupé qu'à se garantir du froid ou de la fumée. On n'a que le second inconvénient au rez-de-chaussée, où sont la grand'maman, le grand-papa et madame de Grammont. Au second où je suis, j'éprouve le premier dans toute sa force. Mon appartement fait le coin du château; il est en plein nord, et ce nord est tout entier dans ma chambre; je grelotte auprès du feu, dans mon lit. Cette nuit je me suis levé, et j'ai mis sur moi tout ce que j'ai trouvé en tâtonnant, redingotes, habits, chaises, livres, etc., et j'étais à moitié gelé ce matin. Ne me parlez pas de cela dans vos lettres; je ne veux pas que la grand'maman en soit inquiète. Je vais faire calfeutrer mes fenêtres; et puis ce vilain temps ne durera pas toujours; et puis j'ai tant d'autres bonheurs qu'il ne faut pas être trop difficile sur de petites misères. A propos de bonheur, ne me parlez pas trop de celui que l'on goûte ici; il me semble que l'envie est toujours aux écoutes. La grand'-maman serait très-disposée à la braver. Elle a un courage de lion, mais moi qui n'ai que celui des lièvres

> Je crains tout, cher Abner, et n'ai point d'autre crainte!...

M. de Gontaut m'a apporté une de vos lettres. Madame de Lauzun m'en donna hier une seconde. Elles font nos délices; mais je vois avec une vraie douleur que vous vous laissez aller à votre chagrin. Que j'ai du regret de n'être pas à Paris, quand je pense à vous! que j'ai du plaisir à songer que vous serez ici dans quelques mois! Oui, vous y serez. Vous ferez le voyage à petites journées; vous aurez un appartement commode. Le grand-papa et la grand'maman vous désirent également. Ne vous fatiguez point l'esprit par des craintes imaginaires. Pouvez-vous douter que vous ne soyez chérie et recherchée partout où vous serez? Nous avons déjà distribué plusieurs fois tous les moments de votre journée; vous serez avec vos parents, avec vos amis, avec ce que vous aimez et ce qui vous aime le mieux. Nous regardons ce projet comme immanquable, et c'est une de nos plus douces espérances.

J'ai oublié de vous prier d'envoyer les *Contes marins* par la poste, au grand-papa.

LETTRE CXCIII

DE LA DUCHESSE DE CHOISEUL A MADAME DU DEFFAND

A Chanteloup, ce 17 janvier 1771.

Il ne faut pas que mon neveu parte sans porter un mot de tendresse à ma chère petite-fille. Elle a assez de soin de ses parents pour qu'ils en aient d'elle aussi. Vous avez envoyé *la Belle et la Bête* au grand-papa; cette attention lui a été d'un grand secours. A présent, il a un petit rhume qui le tient au lit et qui lui a fait cracher du sang. Il se fait lire des contes de fées toute la journée. C'est une lecture à laquelle nous nous sommes tous mis; nous la trouvons aussi vraisemblable que l'histoire moderne. N'allez pas dire que le grand-papa soit malade : on croirait qu'il a la maladie des ministres, et on ne peut en être plus éloigné qu'il ne l'est; ne pensez pas qu'il soit ici sans occupation : il s'est fait dresser dans le salon un métier de tapisserie auquel il travaillait, je ne puis dire avec la plus grande adresse, mais du moins avec la plus grande ardeur, quand sa petite maladie est venue interrompre le cours de ses travaux. Malgré cet excès de zèle, je doute cependant qu'il devienne jamais aussi grand ouvrier qu'il était bon ministre. Vous allez dire que je n'ai pas le mot propre, qu'il fallait dire bon ouvrier et grand ministre. Ne voyez-vous pas que c'est par modestie que je fais cette transposition? C'est auprès du lit du grand-papa que je vous écris. Il me surprend à l'œuvre. Il demande si je vous parle de lui; il veut que je vous dise tant et tant de choses de sa part, que je ne sais comment m'y prendre pour commencer, ni comment m'arrêter pour finir. Je m'en rapporte à votre imagination et à votre justice. Je ne puis ajouter pour moi que l'embrassement le plus tendre aux douceurs que vous dit le grand-papa; vous ne daigneriez plus écouter les miennes.

LETTRE CXCIV

DE MADAME DU DEFFAND A M. CRAWFORD

Ce dimanche, 20 janvier 1771.

Ah! nous aurons la paix, j'espère; c'est le seul baume à mes blessures. Je vous verrai ce printemps, mon petit Crawford, vous me tiendrez parole; nous aurons bien des choses à nous dire, que nous ne pouvons nous écrire ni confier à personne. J'ai été très-réservée avec vos petits messieurs.; je ne m'en fais pas un grand mérite, ils n'induisent pas à la confiance. Je vous ai dit ce que je pensais précédemment de Charles Fox, je n'ai point changé; j'ai du penchant à croire le Fitz-Patrick aimable; le Spencer (qui nous est resté) est silencieux, je n'ai aucun avis sur lui, mais tous les trois sont si jeunes que je ne me suis pas appliquée à les connaître, ils ont soupé assez souvent chez moi, et j'ai soupé quelquefois avec eux chez madame de Boufllers, ils n'étaient occupés que du jeu et nous n'avons point recherché mutuellement à lier aucune conversation, il me paraît que le Fox dit et fait tout *en passant;* il lui faudrait, ce me semble, plutôt des ailes que des pieds, pour que l'allure de son corps fût conforme à celle de son esprit. Laissons là vos messieurs et venons au grand événement dont vous me parlez. Je ne vous ai point écrit, et vous en avez deviné la raison. Je ne peux point entretenir les muets, il faut qu'on me réponde ou bien je me tais. Actuellement, je vous dirai qu'on ne peut être plus affligée que je le suis, j'ai perdu toute la douceur et l'agrément de ma vie; je suis bien disposée à suivre vos conseils, mais il y a quelques réflexions à faire avant de me mettre en chemin; nous en raisonnerons ensemble, si vous me tenez parole. Nous nous sommes bons l'un à l'autre, nous parlons la même langue, celle du sentiment; nous l'avons juste; il ne nous égarera jamais quand nous suivrons ce qu'il nous conseille. Mais sitôt que l'esprit s'en mêle, on ne prend que de fausses mesures, que de mauvais partis. Voilà de la métaphysique que j'éclaircirais difficilement dans une lettre, je remets à votre arrivée à vous l'expliquer.

Je reçois des lettres charmantes de Chanteloup, du style le plus tendre et le plus sincère, et il faut être aussi méfiante que je le suis, pour ne pas prendre tout à l'heure la ferme résolution de les aller trouver.

Je suis née imprudente, je l'avoue; la ferme résolution que j'ai prise de me corriger me jette dans l'excès contraire, je suis devenue méfiante et circonspecte; remarquez-le, mon petit Crawford, il n'y a que les qualités naturelles qui soient dans leur juste proportion, toutes les acquises sont en deçà ou au delà.

M. Walpole me fait espérer de le voir bientôt, il ne me marque point le temps, vous jugez du plaisir que j'aurai, mais il sera troublé par mille inquiétudes, sa santé, son ennui; je ne voudrais pas que la bonté de son cœur et son amitié pour moi lui causât la plus légère incommodité et la moindre déplaisance. Je suis parfaitement contente de tout l'intérêt qu'il me marque. Je sens parfaitement le bonheur singulier dont je jouis, votre amitié, la sienne, et je puis ajouter celle de la grand'maman. Je conserve ses lettres, je vous en ferai lire quelques-unes, et vous jugerez si l'on peut avoir plus d'esprit, une âme plus élevée et un cœur plus sensible; oui, je le répète, quand on a de tels amis, on ne peut être malheureux.

Je ne vous mande point de nos nouvelles, je n'ai pas le talent des gazetiers, et puis que vous importe! car c'est de vous que dépend la paix ou la guerre.

Adieu, mon petit Crawford, comptez sur mon amitié pour toute ma vie.

Vous écrivez à merveille, je ne dis point cela pour vous

encourager, car vous devez vous mettre fort peu en peine d'être un beau diseur, il ne m'importe pas que vous me disiez d'un beau style comment vous vous portez et si vous m'aimez toujours.

LETTRE CXCV

DE MADAME DU DEFFAND A LA DUCHESSE DE CHOISEUL

Ce dimanche, 20 janvier 1771.

Je dis mille et un *meâ culpâ* d'avoir eu l'indignité de soupçonner la plus excellente des grand'mamans, la plus tendre amie, la plus juste des femmes, d'un oubli dont elle est incapable. Pardonnez-moi, chère grand'maman, et soyez persuadée que voilà mon cœur fermé, tant que je vivrai, à toutes sortes de défiances; vous prévenez, vous satisfaites tous mes désirs; vous remplissez toutes mes idées sur l'amitié, vous m'aimez comme je prétends qu'on doit aimer, en un mot, comme j'aime, c'est le *nec plus ultra*.

Voltaire a dit de l'amitié :

Change en bien tous les maux où le Ciel m'a soumis.

Voilà l'effet que votre amitié produit sur moi. Ce n'est plus un malheur d'être vieille, aveugle, etc., ma grand'maman, loin de m'en aimer moins, m'en aime peut-être davantage, je jouis d'un bonheur que j'ai toujours désiré et que j'ai été prête à croire une pure chimère, je suis aimée, je le suis de vous et de mon Horace. Souffrez, ma grand'maman, que je vous confie le contentement où je suis de lui, la tête lui a tourné du grand événement; son attachement pour vous y tient une grande place, et sa tendresse pour moi lui fait imaginer tout ce qui peut adoucir mon malheur.

Je ne doute pas qu'il ne fasse bientôt un voyage ici, et

qu'un de ses motifs, qui le lui fera avancer, c'est que rien ne retarde mon voyage à Chanteloup, quand vous me donnerez l'ordre de vous venir trouver. Ne suis-je pas bien heureuse, chère grand'maman, d'avoir si bien placé mes affections? vous, le grand-papa, lui et notre excellent abbé, voilà ce que j'aime, ce qui m'occupe, ce qui m'intéresse. Tout le reste sont des flonflons, des lanturelu et des vogue la galère, des remplissages.

L'on s'attend aujourd'hui à de grands événements[1], mais vous savez que je ne suis pas forte sur les nouvelles et que j'y prends peu d'intérêt.

Bon, j'allais oublier de vous dire que M. de Stainville arriva mercredi au soir; que le lendemain jeudi, soupant à l'hôtel de Luxembourg, j'appris qu'il avait distribué toutes les lettres de Chanteloup, que, désespérée de n'en point avoir, je ne pus me défendre de vous accabler de reproches, et que, pendant que je vous écrivais, j'envoyais chez lui m'informer s'il n'avait point de lettre pour moi, il me fit dire qu'il en avait et qu'il me l'apporterait l'après-dînée, c'était vendredi; je passai toute cette journée à l'attendre inutilement, et ce ne fut qu'hier qu'il vint, à six heures, et qu'il me remit votre lettre; j'aurais dû lui faire des reproches, mais la joie de recevoir cette lettre, de pouvoir lui parler de vous me fit tout pardonner, je le priai à souper, il l'accepta, et nous sommes le mieux du monde ensemble.

Je n'écrirai point à l'abbé aujourd'hui, ce sera pour demain; il est dix heures, il faut que cette lettre soit à la poste avant midi. Adieu, chère grand'maman, donnez-moi toutes vos commissions. Je ne veux être occupée que de vous, activement comme passivement. Je voudrais être informée de toutes les occasions par où je pourrai vous écrire. Ayez, je vous prie,

---

1. Le renvoi du Parlement, remplacé par une nouvelle assemblée connue sous le nom de Parlement Maupeou.

la complaisance d'embrasser pour moi le grand-papa. Mille compliments à la petite sainte. Cent mille tendresses à l'abbé, et, si vous le jugez à propos, quelque chose à M. de Gontaut.

LETTRE CXCVI

DE LA DUCHESSE DE CHOISEUL A MADAME DU DEFFAND

22 janvier 1771.

J'étais bien étonnée, ma chère petite-fille, que vous me soupçonnassiez d'avoir manqué une occasion de vous écrire, j'en suis au contraire si avide, que je profite d'un chanoine d'Amboise qui va à Paris pour vous écrire encore. J'ai chargé l'abbé de vous envoyer une épître en vers que j'ai reçue de Voltaire. Ne la trouvez-vous pas charmante? elle ne l'est pas plus que la lettre que j'ai reçue de vous hier. Qu'elle est tendre, cette lettre! que votre cœur est sensible, et que votre sensibilité me touche!...

Je suis bien aise que vous soyez contente de votre ami Horace, et je vous suis bien obligée de vous être mise à la raison pour votre voyage de Chanteloup. Grand-papa et grand'maman le veulent absolument, et tout le monde ici vous désire.

M. de Gontaut a été tout enorgueilli que vous m'ayez fait mention de lui ; je suis chargée de ses remercîments, de ceux de la petite sainte, des adorations du grand-papa, des compliments de tout le monde, sans oublier le grand abbé et le docteur Gatti. Remerciez aussi tous ceux qui vous parlent de moi, l'ambassadeur de Sardaigne, Robert[1], et surtout le pauvre Creutz, qu'on dit qui deviendra fou de notre disgrâce. Vous allez rassurer tous nos amis, et croyez qu'il n'y a rien de si heureux que ce qui nous est arrivé. Comparez le trouble de la

---

1. Robert Walpole, cousin d'Horace.

cour à la tranquillité dont nous jouissons, le mépris des gens en place à l'honneur qui nous a suivis dans notre retraite, et répétez avec nous que nous sommes trop heureux. Le grandpapa est toujours enrhumé, je crains de le devenir ; mais ce n'est rien que tout cela. Je ne sais si Rosette vous donnera satisfaction ; on ne lui remarque encore aucun signe de grossesse. Ses enfants, si elle en a, seront bien à votre service. On me presse, j'ai froid ; je vous quite pour me chauffer, et je vous embrasse de tout mon cœur.

LETTRE CXCVII

DE LA DUCHESSE DE CHOISEUL A VOLTAIRE

Chanteloup, ce 24 janvier 1771.

Non, monsieur, il n'y a rien de comparable à votre Barmécide ; rien de si charmant que la peinture que vous en faites ; rien de si délicat que les éloges que vous lui donnez ; rien de si séduisant que le désir de lui ressembler ; rien de si flatteur que le plaisir de s'y reconnaître. Loin de nous ces moralistes triviaux, ces casuistes imbéciles qui condamnent l'amour-propre. Sublime orgueil, père de Lucifer et père des vertus, je m'abandonne à vous ! si je savais faire des vers, j'en ferais à l'honneur de l'orgueil, comme vous en faites à celui de Barmécide. Mais je ne me sens point en disposition de soutenir un style si élevé. Je renonce à l'enthousiasme qui égare, mais je ne renonce pas à l'amour-propre qui est dans la nature. Mon sentiment pour Barmécide m'associe à sa gloire. J'ai toujours eu la vanité des gens que j'aime ; c'est ma façon d'aimer. Votre Barmécide est juste et généreux. Le mien joint à ces vertus l'avantage d'être heureux et la science de jouir de son bonheur : son bonheur est un triomphe, sa jouissance est sagesse.

Vous m'écrivez que vous me croyez l'âme forte. Je ne sais ce que c'est que la force. Je cède à toutes les impressions qui me sont propres; je me refuse à toutes celles qui me sont étrangères. Voilà pourquoi je n'ai point connu les biens de convention, et pourquoi je ne souffre pas d'un mal imaginaire. Je n'étais pas heureuse quand j'excitais l'envie, et je le suis parfaitement aujourd'hui que les sots me plaignent. Est-ce là ce que vous appelez courage?

Vos lettres à M. de Choiseul m'ont attendrie. Ce sont là de ces impressions auxquelles je me livre tant qu'on veut; rien de plus touchant que la proposition que vous lui faites de le venir trouver. Hélas, hélas! et pour vous, et pour nous, nous ne devons pas l'accepter de sitôt. Voilà ce que le prudent Barmécide me charge de vous dire. Jugez, monsieur, de ce que cette prudence nous coûte; il n'a pas l'honneur de vous répondre, parce qu'il ne se permet guère d'écrire. Autre prudence qui n'est guère moins onéreuse que la première quand elle vous a pour objet.

J'ai reçu une lettre de votre M. de Prescrassier, qui veut plus que jamais que je le mette à l'épreuve. Voulez-vous bien, monsieur, vous charger de le remercier pour moi de sa lettre et de ses épreuves?

En voici une que l'abbé Billardy m'a adressée pour vous.

N'oubliez pas, je vous prie, la promesse que vous me faites de remplir notre solitude de vos productions. C'est dans la retraite que se forme le goût; le nôtre le sera par vos ouvrages. Nous aurons, il est vrai, tout le temps de les admirer. Il est difficile, monsieur, d'ajouter à l'admiration que nous leur portons déjà et à tous nos sentiments pour vous [1].

---

1. Voici la pièce de vers dont la duchesse de Choiseul remerciait Voltaire :

BENALDUKI A CARAMOUFTÉE
FEMME DE GIAFAR LE BARMÉCIDE. — (1771.)

De Barmécide épouse généreuse,
Toujours aimable et toujours vertueuse,
Quand vous sortez des rêves de Bagdat,
Quand vous quittez leur faux et triste éclat,

LETTRE CXCVIII

DE LA DUCHESSE DE CHOISEUL A MADAME DU DEFFAND

Chanteloup, ce 27 janvier 1771.

Que dites-vous, ma chère petite-fille, de tout ce qui se passe[1]...? La consternation publique est arrivée jusqu'à moi ; mais cette calamité me fait encore mieux sentir le bonheur d'une disgrâce qui nous soustrait au déshonneur et au danger de ces troubles. Nous menons ici une vie charmante. On ne s'assemble qu'à six heures du soir ; on fait un dîner-souper ;

> Et que, tranquille aux champs de la Syrie,
> Vous retrouvez votre belle patrie ;
> Quand tous les cœurs en ces climats heureux
> Sont sur la route et vous suivent tous deux,
> Votre départ est un triomphe auguste ;
> Chacun bénit Barmécide le juste,
> Et la retraite est pour vous une cour.
> Nul intérêt ; vous régnez par l'amour :
> Un tel empire est le seul qui vous flatte.
> Je vis hier sur les bords de l'Euphrate
> Gens de tout âge et de tous les pays ;
> Je leur disais : « Qui vous a réunis ?
> — C'est Barmécide. — Et toi, quel Dieu propice
> T'a relevé du fond du précipice ?
> — C'est Barmécide. — Et qui t'a décoré
> De ce cordon dont je te vois paré ?
> Toi, mon ami, de qui tiens-tu ta place,
> Ta pension ? qui t'a fait cette grâce ?
> — C'est Barmécide. Il répandait le bien
> De son calife, et prodiguait le sien. »
> Et les enfants répondaient : « Barmécide. »
> Ce nom sacré sur nos lèvres réside
> Comme en nos cœurs. Le calife, à ce bruit
> Qui redoublait encor pendant la nuit,
> Nous défendit de crier davantage.
> Chacun se tut, ainsi qu'il est d'usage ;
> Mais les échos répétaient mille fois :
> « C'est Barmécide ! » et leur bruyante voix
> Du doux sommeil priva, pour son dommage,
> Le commandeur des croyants de notre âge.
> Au point du jour, alors qu'il s'endormit,
> Tout en rêvant, le calife redit :
> « C'est Barmécide ! » Et bientôt sa sagesse
> A rappelé sa première tendresse.

1. L'exil du Parlement.

on reste en compagnie jusqu'à deux heures du matin ; on joue, on lit, et surtout on rit ; on a de grandes matinées pour dormir si l'on veut, ou faire ses affaires. C'est précisément la vie qui vous convient, car je parie qu'en cas de besoin, vous trouveriez encore des veilleurs si vous en aviez envie, ne fût-ce que le prince, qu'il faut absolument que vous ameniez avec vous. Soyez sûre que vous seriez ici à merveille ; mais si bien, si bien, que j'espère que vous n'en sortiriez plus, ce qui vous conviendrait fort encore à d'autres égards. Car, moi qui suis avare, je pense à vos affaires que je ne crois pas bonnes, et que vous arrangeriez pendant ce temps. Je prie votre noblesse de ne pas se révolter contre ma parcimonie. Puis à la fin des disgrâces (car il faut que tout finisse), nous nous en irions tous ensemble, sans nous être jamais séparés, et ayant toujours été heureux. Je me fais un si grand délice de ce projet, que j'ai une impatience extrême que la belle saison vous permette de l'exécuter. Le grand-papa n'en a pas moins d'impatience que moi, et me charge de vous en assurer. Son rhume est passé, et j'ai été quitte du mien pour la peur.

Mandez-moi si l'on a été prendre la mesure de votre tonneau, comme je l'avais ordonné.

J'ai oublié de répondre à la question que vous m'avez faite pour des éventails d'Angleterre. Je serais au désespoir d'y mettre trente pistoles. J'en veux une demi-douzaine de jolis, qui jouent le beau, et qui ne me coûtent pas bien cher. Madame Cholmondley m'avait promis de m'envoyer de la soie pour faire du filet, elle m'a oubliée ; je vous prie de l'en faire souvenir. Je vous prie aussi de payer tout de suite pour moi toutes les commissions qu'on me fera en Angleterre, puis nous réglerons nos comptes ensemble.

Adieu ; je ne puis vous dire combien je vous aime.

LETTRE CXCIX

DE L'ABBÉ BARTHÉLEMY A MADAME DU DEFFAND

Chanteloup, 27 janvier 1771.

Oh ! pour le coup, c'est moi qui ai tort, j'ai été sans vous écrire trois jours, quatre jours, peut-être davantage. Mais la grand'maman vous a écrit dans l'intervalle. Savez-vous ce qui m'a arrêté? c'est qu'elle avait un commencement de rhume qui semblait ne devoir pas durer, et j'aurais voulu vous en annoncer la fin, mais il subsiste encore et, quoiqu'il soit assez léger, il m'inquiète ; cependant il ne faut pas qu'il produise le même effet sur vous. Je sens que je n'ai ni force ni raison, quand la grand'maman a la moindre indisposition, parce qu'elle est si frêle que je crains toujours de la voir se briser. Son rhume a été occasionné par du froid aux pieds qu'elle a essuyé dans le salon, plutôt que de les mettre dans un sac qu'elle a fait faire exprès. La première nuit elle toussa un peu, la seconde, qui était celle d'hier, point du tout ; je ne sais pas encore de nouvelles de celle-ci, je vous en donnerai à la fin de cette lettre. Hier au soir, elle toussait assez fréquemment en jouant au pharaon, car elle se lève, se met à table tout comme à l'ordinaire ; elle n'a point eu de fièvre, et cette toux même n'est pas bien forte. Vous voyez que j'entre dans les plus petits détails et que je ne vous cache rien. Le grand-papa est encore enrhumé ; mais beaucoup moins. Il sort tous les jours et monta hier à cheval ; il ne crache plus de sang depuis plusieurs jours.

La grand'maman a parfaitement bien dormi et n'a point toussé de toute la nuit ; elle a un peu toussé ce matin, mais avec expectoration. Le rhume commence à mûrir ; j'espère qu'il n'aura point de suites.

M. de Gontaut part demain lundi ; j'en suis fâché, mais il

reviendra; il est très-sensible à tout ce que vous m'avez chargé de lui dire. M. de Lauzun ne tardera pas à venir. Si vous aviez quelque paquet de livres à me faire tenir, vous en auriez la facilité par M. Bertin, écuyer du grand-papa, qui doit partir le 30, ou par M. Ribot, son intendant, qui partira quelques jours après.

Je vous enverrai ensuite les *Contes marins*, et vous aurez la bonté de m'envoyer la liste des contes de fées que vous m'avez promise. Savez-vous un arrangement qui vous conviendra à merveille? on ne fait plus qu'un repas à six heures, après lequel on ne se quitte plus jusqu'au coucher. Ce souper finit à sept heures ou sept heures un quart, après viennent les parties de trictrac ou de whist qui durent jusqu'à dix heures environ, ensuite une lecture. C'est pour le moment M. de Saint-Simon; elle dure jusqu'à minuit; la poste arrive, et on se met au pharaon jusqu'à une heure ou une heure et demie. On a pendant la journée beaucoup de temps pour écrire, lire, se promener quand il fait beau. Le grand-papa témoignait ces jours-ci sa satisfaction sur cet arrangement en ce qu'il vous conviendrait singulièrement, que vous ne changeriez rien à votre façon de vivre, et que vous seriez tous les jours dans le sein de votre famille que vous aimez et qui vous aime également. Je vous écrirai plus souvent à l'avenir, soyez-en persuadée, car le meilleur moyen d'excuser ses fautes, c'est de les réparer.

LETTRE CC

DE MADAME DU DEFFAND À LA DUCHESSE DE CHOISEUL

Paris, ce mercredi 30 janvier 1771,
3 heures après midi.

A peine ma lettre pour l'abbé était partie par M. Bertin, que j'en ai reçu deux de vous, chère grand'maman, l'une du 22 et l'autre du 27. Je ne sais pourquoi celle du 22 ne m'avait point été rendue; Wiart, qui était chargé de remettre à M. Bertin ma lettre pour l'abbé, a appris que M. de Gontaut était arrivé hier à trois heures; il a eu l'esprit d'aller savoir de ses nouvelles de ma part et de lui demander s'il avait une lettre pour moi. Il lui a dit que oui et qu'il l'avait remise à M. Ribot, et pendant ce temps-là, le valet de M. Ribot m'apportait vos deux lettres de la part de son maître. M. Bertin a dit qu'il partait demain matin; je lui enverrai ce soir cette lettre-ci. Je ne vous y parlerai que de ma tendresse et de ma reconnaissance. Vous me ferez savoir, je vous supplie, quand quelqu'un de vos parents ou amis ira vous trouver; vous pouvez comprendre pourquoi je veux le savoir, si vous vous souvenez de ce que vous m'avez prescrit dans votre première lettre.

Oui, oui, chère grand'maman; je vous crois *presque* aussi heureuse que vous méritez de l'être, car pour *autant*, cela n'est pas possible; mon estime pour vous s'augmente si fort tous les jours, que la gloire des neuf chœurs des anges ne serait pas suffisante pour vous. A mon avis, vous êtes faite pour être au-dessus des Trônes, Dominations, Puissances, Principautés, etc.; mais savez-vous que vous me persuadez *presque* qu'il ne tient qu'à moi d'être aussi heureuse que vous ? Ce *presque* ne signifie que la crainte que j'ai que votre extrême politesse, que votre excessive bonté ne vous engage à me faire une offre qui vous causerait peut-être embarras et ennui, si j'avais l'indiscrétion de l'accepter. Voilà ce qui m'empêcherait d'être parfaitement heureuse auprès de vous. Je vous représente donc aujourd'hui, chère grand'maman, que j'ai soixante-quatorze ans, qu'il faut me conduire; vous savez tout cela, je l'avoue, mais ce que vous ne savez peut-être pas, c'est que ma tête s'affaiblit. Plus de mémoire, plus capable d'aucune application, plus d'entendement, nulle gaieté, nulle imagination ; voilà l'état de votre petite-fille. Après cette peinture qui est fidèle, pourriez-vous persister à vouloir d'elle ? Je dois vous faire cette représentation.

S'il était possible que, malgré cela, vous voulussiez de moi et qu'après vous avoir consultée, vous fussiez bien sûre que vous me supporteriez, je vous avouerai alors ingénument que ce serait pour moi le comble du bonheur d'être auprès de vous, et que j'y mènerais la vie que j'ai écrite ce matin à l'abbé; que rien ne me pourrait séparer de vous et que je ne regretterais rien. Ah! cela est bien sûr, chère grand'maman, et du reste, si vous saviez combien votre souvenir, votre idée enlaidit et rend difforme tout ce qui m'environne, vous ne douteriez pas du plaisir que j'aurais à m'en séparer; je mourrais d'ennui si je n'étais soutenue par tout ce que j'entends dire de vous; vous jouissez du plus grand bonheur qu'il y ait dans la vie, d'une considération parfaite et unanime, vous et une autre personne êtes positivement les deux contraires. Mais je n'en dis pas davantage, la prudence m'étouffe, c'est un corps étranger en moi; je dois apprêter à rire au grand-papa, mais si jamais j'arrive à Chanteloup, ce sera une belle débâcle.

Quelle bonté de penser à un tonneau! il ne m'est point nécessaire, pourvu qu'il y ait un fauteuil bien bas, cela me suffit.

Je vais écrire à Horace de vous faire choisir six éventails dont le plus cher ne soit que de deux louis, et d'envoyer aussi de la soie. Vous ne dites pas combien; je crois qu'une demi-livre suffira. Je lui demanderai de deux grosseurs différentes, du plus fin et de celui au-dessous.

Wiart va vous faire un catalogue de tout ce que j'ai de contes; apparemment que celui que j'avais envoyé est perdu. Si j'en ai que vous n'ayez pas, mandez-le-moi, je vous les enverrai sur-le-champ. J'aurai peut-être plusieurs choses à mander à l'abbé sur mes tracasseries avec messieurs de Presle, Favancourt et quelques autres. Je compte en apprendre des circonstances ce soir. J'ai bien à me plaindre de ces gens-là, mais j'ose me flatter que ma conduite avec eux est si irréprochable et j'ose dire si noble, que toute la honte leur en restera. Ce sont des misères, que je ne veux point vous expliquer ; il n'y a qu'avec l'abbé que je me donne toute licence.

Adieu, chère grand'maman, ménagez-moi toujours l'amitié du grand-papa ; je l'aime plus que jamais. Guérissez vos rhumes et ne troublez point mon repos en me donnant de l'inquiétude de votre santé.

Je crois pouvoir envoyer cette lettre ; je ne l'ai fait voir à personne, pas même au prince ; je ne le vois jamais seul. Il est plus épris que jamais. Je commence à croire que le grand-papa a beau jeu.

Je viens d'envoyer savoir des nouvelles de M. le maréchal de Biron : il a eu un redoublement ; mais la bile coule, et il crache facilement. On le trouve mieux.

LETTRE CCI

DE L'ABBÉ BARTHÉLEMY A MADAME DU DEFFAND

Chanteloup, 2 février 1771.

L'autre jour, un de nos frères cordeliers d'Amboise prêchait sur les vertus théologales, et voici l'extrait de son sermon :

« Sans la foi, l'espérance et la charité, point de salut dans ce monde ni dans l'autre. Commençons par celui-ci que nous connaissons mieux, parce qu'il est plus voisin de nous. Tout le monde connaît la force de l'espérance et de l'amour ; mais que peuvent ces vertus sans la foi, sans la confiance qui doit en être la base ?

« Mes chers frères, les exemples vous persuaderont mieux que les raisons. Si une petite fille éloignée de ses parents leur écrivait : « J'ai l'espérance de vous aller voir ; cette espérance fait mon bonheur, parce que je vous aime autant qu'on peut aimer ; mais je crains de ne pas vous paraître aimable, » on lui dirait : « Pourquoi doutez-vous qu'on vous aime, puisque

vous ne voulez pas qu'on doute que vous aimez? Ignorez-vous
que la charité, suivant Paul, couvre la multitude des péchés?
Ignorez-vous que saint Augustin a dit : Aimez et tout vous sera
pardonné[1]? Ignorez-vous qu'on déplaît, en effet, lorsqu'on craint
toujours de déplaire? » La défiance empoisonne ou détruit le
sentiment. Elle n'est point l'ouvrage de la nature. Voyez les
enfants; voyez avec quelle franchise ils aiment. S'ils ont des
défauts, on les fouette; mais aux premières caresses qu'on leur
fait, ils viennent se jeter entre vos bras. Savez-vous pourquoi,
mes chers frères? C'est qu'ils ne calculent pas. C'est la raison
qui a inventé le calcul, et, par conséquent, les soupçons, les
craintes, les fausses interprétations. L'instinct ne connaît ni
principes, ni conséquences, ni écarts; c'est par l'instinct qu'on
aime et qu'on est aimé véritablement. Fiez-vous à lui, mes
très-chers frères, il vous guidera mieux, quand il s'agira de
sentiment, que les grands raisonnements des philosophes, que
la trompeuse expérience du monde, et que les sophismes dangereux de votre raison ! ».

Ce bon père continua, et je m'en allai, parce qu'il commençait à m'ennuyer, et que mon instinct ne peut supporter
l'ennui; cependant, j'ai entrevu dans son discours quelques
vérités applicables à la petite-fille qui fait enrager sa grand'-
maman à force de défiance et de timidité. Eh! mon Dieu!
laissez là toutes ces vaines réflexions, et ne vous occupez que
de l'espérance de remplir votre projet et du plaisir infini que
vous ferez. Le grand-papa s'impatiente quand la grand'maman
lui parle de vos craintes. Que voulez-vous qu'on fasse pour
vous tranquilliser? Supposez que vous ayez tous ces défauts,
qui ne sont aperçus que de vous, qui doit mieux les excuser
que ceux qui vous ont mis au monde? Enfin, vous aurez beau
dire, beau faire, beau vous tourmenter, vous verrez vos parents
un jour, et vous serez bien étonnée de voir que vous vous

---

1. Voyez la lettre de madame du Deffand à Walpole, du 15 février 1771.

êtes si fort trompée. Ils se portent très-bien l'un et l'autre, ils me chargent de vous faire mille compliments. Nous avons su, par M. Bertin, que vous aviez vu M. de Stainville; rappelez-moi, je vous prie, dans le souvenir de ceux qui se souviennent de moi.

Ce qui nous plut dans le Barmécide, c'est l'idée ingénieuse et touchante. Il nous a paru que ce refrain à toutes les questions, était l'éloge le plus flatteur. Il est vrai que ces questions ne roulent que sur des grâces dont tout autre ministre aurait été capable, et par conséquent ne caractérisent pas le grand-papa. Il est vrai encore que les vers ont été faits à la hâte, et qu'il y en a quelques-uns d'assez prosaïques; mais, je le répète, l'idée est très-jolie et fait pardonner les autres défauts, à nous surtout qui sommes près de l'objet, et toujours disposés à nous enflammer.

Vous n'êtes pas seule à rire de la grosse bête du procureur, nous en avons bien ri aussi.

J'ai reçu le catalogue de vos contes de fées et vous en remercie. Je vous enverrai les *Contes marins*.

LETTRE CCII

DE LA DUCHESSE DE CHOISEUL A MADAME DU DEFFAND

A Chanteloup, ce 3 février 1771.

Vous me dites toujours la même chose, ma chère petite-fille, à quoi je répondrai toujours la même chose : vous croyez que je vous aime par complaisance et que je veux vous voir par politesse; eh bien, non! Je vous aime, parce que je vous aime. Je ne dirai pas parce que vous êtes aimable, car vos craintes, vos méfiances, vos discrétions ridicules me donnent trop d'humeur pour vouloir vous dire une galanterie quelque vraie qu'elle puisse être. Je ne prétends pas vous rendre justice, je ne veux que me la faire, je vous aime encore parce que vous m'aimez et que je suis personnelle, parce que je suis sûre de vous, et que j'ai autant de méfiance des autres que vous en avez de moi. Je veux vous voir parce que à tort ou à raison je vous aime. Si vous radotez, votre radotage me plaît. Il vaudra bien mon rabâchage ; car je suis rabâcheuse. Si votre tête s'affaiblit, elle sera plus au niveau de la mienne ; si vous perdez la mémoire, vous vous rapprochez de moi qui n'en ai jamais eu. Ainsi tous vos inconvénients me conviennent; si vous avez soixante-quatorze ans, c'est à cause de cela qu'il faut être dans un château où vous pourrez avoir à votre choix la compagnie et la solitude, sans vous donner de soins pour la trouver ni pour vous en débarrasser ; si vous avez besoin d'être conduite, vous aurez l'abbé et nous tous pour vos bâtons ; si vous êtes infirme, vous aurez tous les secours de la faculté et tous les soins de l'amitié, sans l'importunité des visites comme à Paris. Je veux, s'il vous plaît, que vous ayez votre tonneau. J'ai bien grondé de ce qu'on n'avait pas encore été en prendre la mesure. Je voudrais que vous trouvassiez dans votre chambre de Chanteloup tout ce qui est dans celle de Saint-Joseph, et alors soyez sûre que cette habitation vous conviendrait mille fois mieux à tous égards. Je crois vous avoir déjà mandé le genre de vie qu'on y mène. C'est précisément celui qui s'accorde le plus avec le vôtre. Ainsi, venez donc, ma chère petite-fille, et n'en parlons plus, car vous m'avez véritablement affligée. Demandez plutôt à l'abbé qui est mon confident. Je vous dirai de plus que le grand-papa n'a qu'un cri après vous. Votre dernière lettre à l'abbé, où vous faites les arrangements du voyage, m'a pourtant un peu raccommodée avec vous. Votre carrossée me plaît infiniment, l'évêque d'Arras[1] et le prince[2]. Je suis bien aise que vous soyez en jouissance du premier. Il écrit une lettre charmante à l'abbé, toute pleine de

---

1. M. de Conzié, évêque d'Arras, frère de l'évêque de Saint-Omer.
2. Le prince de Bauffremont.

sentiments pour vous. Vous savez combien je l'aime ; dites-le-lui bien, mais très-bien ; parlez comme pour vous.

Je ne puis vous quitter sans vous dire un mot de tout ce qui se passe. On doit être bien consterné à Paris ! J'en juge par la consternation qui a passé jusqu'à nous. Ah! Dieu! que je suis heureuse de ne voir que de loin d'aussi horribles objets ; tout n'est pas dit encore ; vous en verrez bien d'autres : ne fût-ce qu'à cause de cela, il vaut bien mieux être ici, avec nous, au sein de la paix et de l'amitié.

Je vous envoie une lettre que j'ai reçue du baron de Gleichein[1], qui m'a paru charmante. Chargez-vous de l'en remercier pour moi; car, d'ici à longtemps, vous sentez bien que je ne veux ni ne dois plus écrire dans les pays étrangers.

L'archevêque de Toulouse[2] m'a écrit qu'il allait avoir la bonté de s'occuper de mon collége. Je vous prie de l'en bien remercier de ma part.

La soie que je demande en Angleterre est une espèce de soie particulière pour faire ce qu'on appelle du filet. Cela est nécessaire à expliquer.

Voilà le grand-papa qui veut que je vous embrasse pour lui.

LETTRE CCIII

DE MADAME DU DEFFAND A L'ABBÉ BARTHÉLEMY

Ce mercredi 5 février 1771.

Je crois avoir trouvé le fait de madame Ménage, et que M. et madame de Jonsac la prendront pour être concierge à

---

1. Envoyé extraordinaire de Danemark en France, et l'un des meilleurs amis de madame du Deffand. « Il me voit souvent; son esprit n'est pas à mon unisson; mais il en a; son cœur est bon; il me marque du goût et de l'amitié. Eh bien, il est rappelé! J'en suis fâchée, je le trouverai à redire; je disputais avec lui; il valait mieux pour moi qu'aucun des gens qui me restent... » (Lettre à Walpole, du 24 janvier 1770.)

2. M. de Brienne, neveu de madame du Deffand.

leur petite maison de Villiers. Si ceci nous manque, nous aurons une autre ressource, le Port-à-l'Anglais ; mais j'aimerais mieux Villiers.

Que dites-vous, l'abbé, de tout ce qui arrive ? L'affaire de Danemark n'est-elle pas ineffable ? Quelle influence aura-t-elle sur notre baron ? J'ai peur de sa maudite étoile. Il y a des gens à qui le firmament et toutes ses constellations sont et seront toujours contraires ; mais il en est d'autres sur qui le malheur ne peut pas avoir de prise, et à qui les choses les plus fâcheuses en apparence tournent à leur gloire et à leur profit ; et ces derniers, ce sont nos amis. Cher abbé ! ils triompheront, j'en réponds ; en voilà déjà un à terre. Patience, patience ! il s'en suivra d'autres, et nous nous retrouverons encore en petit comité dans le petit appartement. En vérité, je le crois, je n'aurai pas le plaisir de vous apprendre la plaisanterie du bal de dimanche ; il y eut six masques avec un nez bleu d'un pied de long, avec cet écriteau : Promotion de 72.

Mon Dieu, l'abbé, que vous me manquez ! Je n'ai plus à qui parler depuis dix ou douze jours. Je sors toutes les après-dînées, ce qui me contrarie beaucoup. Je vais voir mon pauvre ami Pont de Veyle ; mais j'espère que cela ne durera pas longtemps, il est beaucoup mieux.

Je comptais avoir aujourd'hui des nouvelles d'Angleterre : mais il n'y a point eu de courrier. Ce roi breton a une étrange famille ; madame sa sœur est une jolie personne ! On dit qu'on fera le divorce. Pour le médecin, il sera exécuté. Vous êtes en jouissance du prince et de la princesse [1], je vous en félicite. Je soupai hier avec la sœur maréchale [2], elle retourne aujourd'hui.

Le tyran breton [3] a un peu de fièvre. Le maître se porte bien ; il va à la chasse. On parle d'un Marly pour les premiers

---

1. De Beauvau.
2. De Mirepoix.
3. Le duc d'Aiguillon.

jours de la semaine prochaine. La dame sera alors tout à fait rétablie.

Voilà tout ce que je sais, l'abbé. Parlez de moi sans cesse à la grand'maman, et que je sois toujours entre vous deux.

C'est de L'Isle qui vous rendra cette lettre. Son départ est un impromptu, il devait souper chez moi samedi, et il me mande qu'il part cette nuit.

Je reçois dans le moment, par la petite poste, une lettre signée *l'abbé du Vernet*. Il fait, dit-il, la vie de Voltaire, et il me prie de lui apprendre des faits, des anecdotes qui le regardent; il me demande de me venir voir. J'y consentirai pour voir quel homme c'est. Il ne recevra pas grande instruction de moi; je n'aimerais pas à être citée dans son ouvrage.

LETTRE CCIV

E LA DUCHESSE DE CHOISEUL A LADY CHATAM[1]

Chanteloup, ce 6 février 1771.

Quoi, ma chère milady, vous auriez songé à vous inquiéter pour moi? vous auriez cru devoir me plaindre? Vous me faites injure. Mon mari n'est-il pas parti avec tout son honneur? Les regrets de la France ne sont-ils pas un triomphe pour lui? La joie que votre nation a sans doute de notre disgrâce n'assure-t-elle pas à jamais sa gloire? Parlez-moi de cette joie, ma chère milady; rappelez-moi ce qu'un membre de votre Parlement dit dans la Chambre des communes, pendant la guerre de Corse :

« *Il vaudrait mieux pour nous que la France eût dix pro-*
« *vinces de plus comme la Corse, qu'un ministre comme M. de*
« *Choiseul!* »

C'est de votre nation, généreuse rivale, qu'il a toujours

---

1. Ou peut-être à lady Cholmondley. Nous ne trouvons sur l'original de cette lettre aucune indication de la personne à qui elle est adressée.

reçu les éloges les plus flatteurs. Répétez-moi que milord North a dit, en apprenant son exil :

« *Il y a plus d'un an que j'ai fait ce que j'ai pu pour cela*[1]. »

Que milord Chatam, informé de la consternation publique qu'avait produite cet événement, s'est écrié :

« *Et il se croirait malheureux!* »

Non, non! il ne se le croit pas. Milord Chatam a raison : il n'est digne que d'envie, et point de pitié. Ne me plaignez donc point, ma chère milady ; votre mari me rend plus de justice que vous, et je lui en suis bien obligée. Songez plutôt à partager mon bonheur; c'est le seul sentiment que votre amitié me doive. Croyez que l'honneur est libre par tout pays, et que, par tout pays, il suffit au bonheur. Dans les républiques, il ne fait que jouir de sa liberté ; dans les États monarchiques, il brave le danger et supporte l'oppression. Tant que M. de Choiseul a été dans le ministère, j'ai craint la perte de sa gloire, aujourd'hui je ne songe plus qu'à en jouir.

Tandis que le feu de la guerre qu'il a allumée entre le Turc et la Russie, pour l'éloigner de nos foyers, n'est pas encore éteint et que la paix dont nous jouissons est son dernier ouvrage; tandis que l'Europe retentit de son nom, il coule ici des jours tranquilles, exempts de remords et de craintes; je les partage avec lui : est-ce là ce que vous croiriez devoir plaindre [1] ?

---

1. « On se dit à l'oreille que la France a suscité ces troubles. On impute cette imprudente levée de boucliers des Ottomans aux intrigues d'un ministre disgracié, homme de génie, mais d'un esprit inquiet, qui croyait qu'en divisant et troublant l'Europe, il maintiendrait plus longtemps la France tranquille. Vous qui êtes l'ami de ce ministre, vous saurez ce qu'il faut en croire. » (Le roi de Prusse à Voltaire, 19 mars 1771.)

LETTRE CCV

DE L'ABBÉ BARTHÉLEMY A MADAME DU DEFFAND

Chanteloup, ce 6 février 1771.

Savez-vous combien il y a de jours que nous n'avons reçu de vos lettres ? Un, deux, trois, quatre... j'en ai oublié le nombre ; mais il est immense. Si vous n'êtes pas malade, nous vous gronderons ; si vous l'êtes, nous serons bien affligés. Otez-nous donc au plus tôt cette inquiétude qui n'est plus supportable.

Ne concluez rien de mes indispositions. Ce sont des maux de nerfs qui me prennent sans savoir pourquoi, qui s'en vont de même. Gatti m'ordonne de monter à cheval et de ne point manger. J'ai des chevaux et j'en use ; mais je trouve difficile de ne pas user d'un bon souper quand on l'a sous les yeux. Gatti a pourtant raison, car le bonheur ne consiste que dans les privations, et non dans la jouissance, comme on l'a cru depuis cinq à six mille ans ; privation de café, de vin et de ragoût, dans le physique : de sentiment, et par conséquent de chagrins, dans le moral ; de ministre et de Parlement, dans la politique. Avec ces petits retranchements, vogue la galère tant qu'elle peut aller ! Celle que nous montons ici, et dont je suis le mousse, continue d'aller son train paisiblement. Hier et avant-hier nous avons suivi le grand-papa à la chasse. Le premier jour il tua la moitié d'un lièvre, qui fut achevé par Perceval. Hier, environ le quart d'une bécasse, qui fut emportée par les trois autres quarts. Aujourd'hui on a lancé le cerf, et voici comment cela se fait en Touraine : on prend un cerf qu'on a dans l'écurie, et qu'on a eu par hasard ; on lui garrotte les mains et les pieds ; on le fait porter par quatre hommes vigoureux jusque auprès de la forêt. Maîtres et valets, tout le monde court, les uns en voiture, les autres à pied ou à cheval. Quand on est arrivé au lieu de la scène, on délie le cerf, il s'enfuit et l'on revient. Nous avions une belle meute, c'étaient : Blanche, Lindor et la petite Rosette. Tout cela s'est passé dans le plus grand ordre. Un duc et pair, un cardinal, un archevêque et trois chevaliers de Saint-Louis ont honoré ce spectacle de leur présence. Vous épuiseriez votre tête pour savoir qui étaient les trois chevaliers de Saint-Louis. M. de Choiseul la Baume, M. de Perceval, M. Bertin et M. de Mondomaine. En voilà quatre ; je ne sais pas pourquoi je n'en ai dit que trois. Les dames y étaient aussi, et quoiqu'elles soient toutes fort lestes et en état de faire tous les jours à pied cinq à six fois le tour du salon, il n'y en a pas une qui coure aussi vite que le cerf. Si vous me demandez pourquoi on l'a mis en liberté, je vous répondrai : 1° que, suivant Grotius et Hobbes, tout être vivant a des droits sur sa liberté ; 2° que ce pauvre animal s'ennuyait, et qu'il n'y a rien de si triste que l'aspect de l'ennui ; 3° que le grand-papa a voulu réformer sa maison. Je devrais bien réformer mon badinage ; mais aimeriez-vous mieux que je vous disse des choses triviales et peu intéressantes ? Par exemple, que le grand-papa et la grand'maman se portent à merveille ; qu'ils sont toujours très-gais et très-contents ; qu'ils aiment leur petite-fille ; qu'ils demandent tous les soirs : Vous a-t-elle écrit ? que madame la duchesse de Grammont est très-aimable ; que nous lisons toujours du Saint-Simon ; qu'on fait aujourd'hui ce qu'on a fait hier et ce qu'on fera demain ; qu'on s'occupe du dîner-souper comme de l'affaire la plus importante de la vie, et qu'on ne se plaint de rien au monde que de son estomac ? La grand'maman vient de m'apprendre qu'elle reçut avant-hier de vos nouvelles par le prince incomparable. Ah ! ah ! vous vous portez bien et vous n'écrivez pas ? Je vais vous gronder, vous êtes une paresseuse, une oiseuse, une museuse, une persifleuse, une..., le respect m'arrête... Je vous souhaite le bonsoir, souhaitez-moi bon appétit, car je vais souper.

LETTRE CCVI

DE MADAME DU DEFFAND A LA DUCHESSE DE CHOISEUL

Ce dimanche, 10 février 1771,
à 6 heures du matin.

...N'êtes-vous pas charmée, chère grand'maman, de la dernière lettre de cet abbé? Je l'ai reçue hier. Je lui répondrai incessamment.

Les nouvelles du jour sont peu divertissantes. Loin de m'en occuper, à peine puis-je les écouter; par conséquent, je n'en retiens aucune. Je sais cependant que les princes de Suède arrivèrent à Paris lundi au soir; le mardi ils furent à l'Opéra. Le comte de Scheffer me fit une petite visite; ce même jour il soupa chez madame d'Aiguillon. Le mercredi, M. d'Aiguillon dîna chez eux. Ils ont fait plusieurs visites. Hier ils furent chez madame de Beauvau, avant d'aller à Versailles, où ils ont dû souper avec le roi. Ils reviennent aujourd'hui à Paris. M. de Creutz est absorbé en eux; son âme est gonflée de sentiments; il en a tant, et tant d'idées, que, ne pouvant les exprimer toutes à la fois, il n'en peut articuler aucune.

Voici ce qu'un Anglais mandait l'autre jour à un de ses amis:

« Milord Chatam a dit, en plein Parlement, que depuis M. le cardinal de Richelieu, la France n'avait point possédé un aussi grand ministre que M. le duc de Choiseul, et qu'il avait emporté les regrets de tous les ordres de l'État. Notre peuple, qui ne connaît M. de Choiseul que par la peur qu'il leur avait faite, a une manière de louer toute différente, et se félicite de sa chute. Ce n'est pas un éloge à mépriser. »

Je suis charmée de la lettre que vous avez reçue du baron. Aurez-vous le courage de n'y pas répondre?

Adieu; vous voyez l'heure qu'il est. Il faut bien tâcher de

dormir. Il y a plus d'un mois que je passe les nuits sans dormir et les jours à m'ennuyer.

La dernière lettre de l'abbé me donne une envie extrême qu'il fasse un roman ou un conte de fées. Je voudrais savoir si le grand-papa et madame de Grammont ont lu sa lettre. Satisfaites cette curiosité, je vous supplie.

LETTRE CCVII

DE LA DUCHESSE DE CHOISEUL A MADAME DU DEFFAND

A Chanteloup, ce 10 février 1771.

Voilà Gatti, ma chère petite-fille, et avec lui voilà ma lettre qu'il vous porte. Elle sera courte, parce que l'uniformité de notre vie ne fournit pas grand'chose à dire, et parce que je ne veux pas interrompre le cours des questions que vous avez à lui faire. Il vous en rendra bon compte, de cette vie tout uniforme qu'elle est. Il vous dira qu'il ne se passe pas un jour sans que nous parlions de vous, que nous ne vous désirions, et que nous ne formions des projets pour votre arrivée. Ah ! soyez-en bien sûre, c'est notre projet favori, celui de notre cœur.

Nous avons reçu, par d'autres que vous, le pâté de Périgueux dont vous parliez à l'abbé dans une de vos dernières lettres. Je vous avoue que je l'ai trouvé charmant. Nous nous amusons ici à faire un recueil de tout ce qui paraît pour et contre, faites-en un aussi de votre côté ; vous nous l'apporterez, et nous le confronterons avec le nôtre, pour ajouter à l'un ce qui manquera à l'autre.

Gatti vous dira que le seul malheur que j'aie éprouvé depuis que je suis ici est la maladie de mes moutons. Il y a eu sur cela de grandes inquiétudes, de grandes colères. Tous les troubles de Paris, toutes les intrigues de la cour ne m'ont paru rien auprès d'un objet si important. J'espère cependant en conserver quelques-uns, et que *Cathédrale* aura l'honneur de vous faire sa cour à votre arrivée. Je ne vois pas une des lettres que l'abbé vous écrit. C'est le plus mystérieux des hommes. Je sais cependant qu'elles sont d'une folie à le faire mettre aux Petites-Maisons. Je ne comprends pas où il trouve toutes les folies dont il les remplit; je ne sais qu'être contente; je ne sais pas être gaie. En revanche, je vois toutes les lettres que vous lui écrivez, et votre sagesse et votre prudence me dédommagent de la privation de ses folies.

Dites bien des choses pour moi au prince et à madame de La Vallière, à tous ceux de mes amis qui vous parleront de moi. Je serais curieuse de savoir ce que le prince royal de Suède[1] a dit et pensé de la disgrâce de M. de Choiseul, et ce qu'il pense de l'état actuel de la cour et du gouvernement. Tâchez de me découvrir cela.

Adieu. Pensez souvent à vos parents, qui vous aiment bien tendrement, et moi plus qu'eux tous ensemble.

LETTRE CCVIII

DE LA DUCHESSE DE CHOISEUL AU CHEVALIER DE BOUFFLERS

A Chanteloup, 11 février 1771.

Vous avez chaussé le cothurne, monsieur le Chevalier; votre ton est bien tragique; il me semble que vous n'avez pas trouvé le mot pour rire à la petite plaisanterie de notre exil; pour nous, nous n'y avons pas trouvé de motif d'affliction; si vous perdez au changement de ministre, ce sera pour nous un motif de regrets, nous ne pouvons en avoir que de ce genre.

Mais vous n'aurez perdu qu'un ministre et non pas un ami; vous ne trouverez de changement à notre situation, que plus de

---

1. Le prince royal de Suède était alors à Paris, où quelques jours après il reçut la nouvelle de la mort de son père, qui l'appelait au trône.

bonheur, de gaieté et de tranquillité. M. de Choiseul me charge de vous dire qu'il sera enchanté que vous veniez ajouter à tous ces avantages par votre présence ; il ne voit nul inconvénient à ce que, chemin faisant, la grande Serpente, le prince de Limoges ou le monarque vous amène ici, pourvu que ce soit à travers champs ; car si vous passiez par Paris, on pourrait bien vous empêcher d'y venir, comme on a fait à madame de Beauvau ; il n'y a personne ici qui ne vous désire; moi plus qu'aucun autre, monsieur le Chevalier, dont vous connaissez les vieux sentiments pour vous ; ils doivent vous répondre du plaisir avec lequel j'aurai l'honneur de vous recevoir.

LETTRE CCIX

DE MADAME DU DEFFAND A LA DUCHESSE DE CHOISEUL

Ce jeudi, 11 février 1771,
à 7 heures du matin.

Il faut commencer par vous dire que madame de Poix, après un travail de près de vingt-quatre heures, et des plus rudes, est accouchée cette nuit, à deux heures, d'un garçon [1]. On m'a réveillée pour me l'apprendre de la part de M. de Beauvau ; car, contre mon ordinaire, j'étais endormie. Vous jugez de la joie de tous les parents et amis. L'enfant et la mère se portaient bien.

Je ne sais comment vous faites ; mais vos lettres sont bien éloignées d'être arides, non plus que celles de l'abbé. Ce sont des idylles, des églogues, des géorgiques, de charmantes descriptions des occupations de la vie champêtre. Je ne pourrais vous rendre en échange que des odes ; car tout ce que j'aurais

---

1. Le comte Charles de Noailles, depuis duc de Mouchy, père de madame la vicomtesse de Noailles. « N'est-il pas cruel de souffrir tant que cela pour faire un petit Poix!... » disait la pauvre femme pendant le travail.

à vous peindre est du genre de la définition qu'en fait Despréaux [1].

Je vis hier M. de Creutz pour la première fois depuis l'arrivée de ses princes. Il m'a dit qu'ils comptaient souper chez moi ; qu'ils viendraient me voir et m'en demander permission. Je fis tous les actes du centenier, et puis je dis que je ferais ce qu'ils voudraient. J'ai cru ne pouvoir pas dire autrement. Si ce souper a lieu, vous croyez bien que je vous en rendrai compte. Ils reviendront ce matin de Marly. Il me semble que tout le monde parle bien d'eux, qu'on loue leur maintien, leur politesse, leur simplicité, leur facilité. Ils cherchent à plaire, et je ne doute pas qu'ils n'y réussissent. Ils soupent ce soir chez madame d'Enville, et demain chez madame d'Usson. Je n'ai encore vu qu'un moment le comte de Scheffer ; mais je le verrai bientôt. C'est mon ancien ami ; j'espère qu'il n'est point changé, et que nous serons mutuellement bien aises de nous retrouver.

Est-il possible que l'abbé ne vous fasse point voir tout ce qu'il m'écrit? Grondez-l'en beaucoup, et dites-lui que je vous enverrai ses lettres ; et effectivement je vous en enverrai une par M. de Lauzun, à condition que vous me la renverrez. Gatti m'a dit que vous ne l'aviez pas vue. C'est là de ces modesties ridicules, misérables, pitoyables, et même détestables. Il a des moyens pour vous amuser, et il les néglige ! Cela est très-mal. Pour moi, si je pouvais vous divertir, je ne cesserais de vous écrire ; mais je suis bridée de toutes façons !

Je vous ai, je crois, mandé qu'il y a ici une sœur de M. Walpole, qu'on appelle milady Churchill. Elle a avec elle sa fille, qui a vingt ans ; on la trouve fort agréable, et qu'elle ressemble beaucoup à madame la dauphine. La mère est très-aimable, et elle vous plairait. Elle a bien du regret d'avoir pris si mal son temps pour venir ici. Son frère me parle de vous

---

1. Un beau désordre...

dans toutes ses lettres. Je l'ai détourné, suivant vos ordres, de vous écrire ; j'ai quelque espérance qu'il fera un petit voyage ici. Il croit que j'ai besoin de consolation ; en vérité, il ne se trompe pas.

Je voudrais bien que ce fût un bonheur pour vous d'être aimée parfaitement ; j'aurais certainement la satisfaction de vous le procurer. Dites au grand-papa que parmi le nombre innombrable de tous les cœurs qui lui sont attachés, je le prie de distinguer le mien comme le plus tendre et le plus constant.

LETTRE CCX

DE L'ABBÉ BARTHÉLEMY A MADAME DU DEFFAND

Chanteloup, ce 18 février 1771.

Madame la comtesse de Choiseul part ce matin ; nous en sommes bien affligés, et d'autant plus qu'elle ignore quand elle pourra revenir. Vous la verrez, elle vous dira tous les détails de la vie qu'on mène ici ; l'union qui continue d'y régner et le désir que l'on a de vous y posséder. Elle veut bien se charger de vous porter les *Contes marins* que vous nous aviez prêtés. Ainsi je n'ai pas grand'chose à vous dire aujourd'hui. Je me rappelle que vous voulez savoir ce que madame la duchesse de Grammont pense de moi. Il me serait difficile de vous satisfaire ; elle me traite avec toutes sortes de bontés, comme dans les premières années de son séjour à Paris. J'avais alors l'honneur de la voir tous les jours, et je me rappelle avec reconnaissance l'intérêt qu'elle prenait à moi.

Quand la division se mit entre elles[1], je fus écarté. Je ne la voyais plus que de loin en loin, et par hasard ; alors tout se bornait à quelques politesses assez froides. En venant ici, je

---

1. Les deux belles-sœurs.

craignais que cette froideur ne continuât; mais elle me reçut à merveille, et ce traitement est toujours le même. Ce n'est pas seulement par rapport à moi qu'elle s'est conduite de cette manière, c'est par rapport à tout le monde. Infiniment honnête, polie, aimable; pas la moindre humeur; pleine de prévenances et d'attentions; ne disant que des choses agréables et inspirant la confiance et la liberté. Elle a pour sa belle-sœur les meilleurs procédés possibles, et la belle-sœur en est fort contente. Voilà tout ce que je puis vous dire sur ce sujet. Je suis très-touché de la curiosité que vous m'avez témoignée à cet égard, elle ne vient que de l'intérêt que vous avez pour moi, et cet intérêt sera satisfait de ma réponse, car si vous mettiez à part les préventions favorables que vous m'accordez, vous verriez que je suis fort heureux d'être si bien traité. Au fond, je ne suis pas aimable; aussi n'étais-je pas fait pour vivre dans le monde; des circonstances que je n'ai pas cherchées m'ont arraché de mon cabinet où j'avais vécu longtemps, connu d'un petit nombre d'amis [1], infiniment heureux, parce que j'avais la passion du travail, et que des succès assez flatteurs dans mon genre m'en promettaient de plus grands encore. Le hasard m'a fait connaître le grand-papa et la grand'maman. Le sentiment que je leur ai voué m'a dévoyé de ma carrière. Vous savez à quel point je suis pénétré de leurs bontés, mais vous ne savez pas qu'en leur sacrifiant mon temps, mon obscurité, mon repos et surtout la réputation que je pouvais avoir dans mon métier, je leur ai fait les plus grands sacrifices dont j'étais capable; ils me reviennent quelquefois dans l'esprit, et alors je souffre cruellement. Mais comme, d'un autre côté, la cause en est belle, j'écarte comme je puis ces idées, et je me laisse entraîner par ma destinée. Je vous prie de brûler ma lettre. J'ai été conduit à vous ouvrir mon cœur par les marques d'amitié et de bonté dont toutes vos lettres sont remplies. Ne cher-

---

1. Il était garde du cabinet des médailles, quand le duc de Choiseul le décida à venir à Rome avec lui, lors de son ambassade.

chez pas à me consoler. Assurément, je ne suis pas à plaindre. Je connais si bien le prix de ce que je possède, que je donnerais ma vie pour ne pas le perdre. Au nom de Dieu, ne laissez rien transpirer de tout ceci, ni dans vos lettres ni dans vos conversations avec la grand'maman. Elle s'affligerait si elle pouvait soupçonner que je regrette encore quelque chose. Ne vous en affligez pas vous-même pour moi, car ces regrets ne sont pas de longue durée, et je sens tous les jours qu'ils deviennent moins vifs. Il n'en est pas de même des sentiments qui m'attachent à vous.

LETTRE CCXI

DE LA DUCHESSE DE CHOISEUL A MADAME DU DEFFAND

A Chanteloup, ce 20 février 1771.

Voici mon monsieur arrivé, ma chère petite-fille, et qui part demain. Ainsi j'espère que vous aurez cette lettre encore plus tôt que celle que vous porte la petite sainte, et que vous n'aurez pas de reproches à me faire d'avoir tardé jusqu'à présent de répondre aux deux importantes questions que présentent vos dernières lettres : la première, pourquoi je ne répondrais pas au baron; la seconde, que je vous trace un plan de conduite pour votre voyage. Je garde cette dernière pour la bonne bouche, comme la plus intéressante à mon cœur, et je commence par le baron. Sa lettre est véritablement charmante et m'a sensiblement touchée. Je l'ai lue à M. de Choiseul, à qui elle a fait le même effet; mais je ne puis y répondre, parce que je ne veux pas absolument écrire à un étranger, ni dans un pays étranger. C'est une précaution que notre situation m'inspire, et que l'extrême envie qu'on a de trouver des prétextes pour faire des tracasseries à M. de Choiseul me rend nécessaire. Vous avez vu les soins que je me suis donnés pour la première lettre que j'ai écrite au baron, la peur que j'ai eue qu'elle ne fût pas envoyée sûrement ; il faut s'éviter autant qu'on peut toutes ces chicanes. Répondez-lui donc pour moi. L'abbé lui écrira aussi, dites-lui pour M. de Choiseul et pour moi tout ce que vous pourrez imaginer de plus sensible et de plus tendre.

Me voici toute à vous. Vous voulez charger le prince [1] de demander votre permission en même temps que la sienne ; il me mande aussi que vous lui avez dit que j'avais une requête à lui présenter pour vous. Je n'ai point répondu à cet article de sa lettre, et voici le pourquoi : Primo, le prince ne viendra pas, parce qu'il ne peut s'adresser qu'à M. de Saint-Florentin pour le demander ; que tout l'honorifique du ministère du petit saint consiste à faire valoir les exils et les lettres de cachet, et qu'on n'a rien de lui qu'à coups de bâton. Or, comme notre pauvre prince ne lui en donnera pas, il n'aura pas sa permission. Secundo, ce sera une assez grande affaire pour lui d'avoir la sienne à obtenir, qu'il n'obtiendra pas, sans avoir à demander la vôtre ; et entre lui et M. de Saint-Florentin, ils gâteraient votre affaire, plutôt que de l'avancer. Le parti à prendre donc est de se passer de cette permission dont vous n'avez nul besoin, et de payer d'effronterie ; mais j'y mettrais les formes, et voici comme je m'y prendrais. Au retour de la belle saison, et quand j'aurais déterminé le temps de mon départ, je ferais mes paquets sans en rien dire à personne, puis je ferais un trou à la lune, et je laisserais en partant une belle lettre pour M. de Saint-Florentin, dont le contenu serait à peu près :

« Monsieur, mon âge, mon état et mon genre de vie ne peuvent rendre suspecte aucune de mes démarches ; ils garantissent ma liberté et m'assurent de l'indifférence ou de l'ignorance du gouvernement sur toutes mes actions. La médiocrité de ma fortune m'oblige à passer une partie de l'année en campagne. J'ai choisi Amboise pour ma retraite et le château de

---

1. De Beauffremont.

Chanteloup, où sont tous mes amis, pour mon habitation. Tout autre choix m'eût été libre, et je n'en aurais dû compte à personne. Celui-ci me l'eût été aussi dans toute autre circonstance; mais les égards que cette circonstance m'impose m'obligent à vous faire part de mon voyage. J'ai l'honneur d'être, etc. »

Tel est, ma chère petite-fille, l'avis du grand-papa, de toute la société, et même du grand abbé, qui approuve ma lettre. Je lui laisse auprès de vous le département des folies. J'ai pris celui de la raison, c'est-à-dire de l'ennui. C'est pourquoi je ferai bien de finir; d'ailleurs, si vous pouviez voir comme cette lettre est griffonnée et raturée, vous jugeriez combien je suis pressée. Adieu donc, ma chère enfant, je vous aime et vous embrasse du plus tendre de mon cœur.

Si vous voyez M. l'archevêque de Toulouse, n'oubliez pas, je vous prie, de lui dire combien le grand-papa et moi sommes reconnaissants de ses bontés pour nous, et des peines qu'il se donne pour terminer une affaire qui nous intéresse infiniment.

LETTRE CCXII

DE LA DUCHESSE DE CHOISEUL A MADAME DU DEFFAND

A Chanteloup, ce 26 février 1771.

Comment, ma chère petite-fille, vous aviez imaginé de laisser partir M. de Lauzun sans m'écrire par lui à moi directement, cela aurait été d'un beau sel! Je vous renvoie votre lettre du baron, j'en suis fort touchée, je vous prie de le lui dire, mais vous savez ce que je vous ai déjà mandé là-dessus. Je ne puis lui écrire; je vous en envoie une que m'a écrite Voltaire, qui est une réponse à une réponse; je vous l'envoie d'abord parce que vous aimez toutes les lettres de Voltaire, ensuite pour que si, dans vos moments perdus, la fantaisie vous prenait de lui écrire, vous répondiez pour moi à celle-ci des honnêtetés, du bavardage, des coquetteries. Que si sa santé lui eût en effet permis de venir, s'il eût pu obtenir un *firman* pour son voyage, j'aurais regardé comme un bonheur la circonstance qui m'aurait procuré le plaisir de le voir. Puis, si vous voulez, des plaisanteries sur le *firman* dont il doute que je sache la signification, comme qui dirait, par exemple, qu'on nous a trop familiarisés avec les mœurs turques pour que nous ignorions leurs usages, enfin ce qu'il vous plaira. Vous trouverez et direz beaucoup mieux que moi. Je ne prétends pas vous faire votre lettre à Voltaire comme celle à M. de La Vrillière. L'abbé la trouve très-bien, cette lettre ; le grand-papa dit qu'il faut que vous la suiviez de point en point et que vous la fassiez remettre par M. de Beauvau deux jours après votre départ. Ce n'est que par ces conseils que je répondrai aux méfiances que vous avez sur le grand-papa et sur moi. L'arrivée ici de M.[1] et de madame de Tingry, la facilité qu'ils ont eue à obtenir leur permission ; celle qu'a obtenue madame de Château-Renaud par leur moyen, vous prouve que les difficultés à cet égard viennent seules de ce petit saint, de cette petite vrille, de ce petit président Mognon, de ce gros vilain crapaud ; on n'aura rien de lui qu'en se passant de lui, comme je vous conseille de le faire ; aussi attendez-vous à ne voir jamais le prince ici ou à ne l'y voir que des derniers ; j'en serai fâchée pour moi qui l'aime, et cela ne sera décent ni pour lui ni pour la petite vrille ; mais il y a longtemps que j'ai fait mon deuil de la décence de la petite vrille et de toutes les décences de la cour. Laissez faire le prince et ne lui dites rien de tout ceci, qui ne servirait qu'à le tourmenter en pure perte.

J'imagine que M. de Beauvau aura demandé sa permission aujourd'hui, et qu'il l'aura obtenue pour madame de Beauvau et pour lui. Nous les attendons incessamment. Je serai très-aise de les voir, et surtout le prince qui a moins d'éloignement pour moi que la princesse, et qui ne me méprisera ni ne me pro-

---

1. Le prince de Tingry, de la maison de Montmorency, capitaine d'une des quatre compagnies des gardes du corps ; la princesse de Tingry (mademoiselle du Laurent), sa troisième femme.

tégera. Ce que je hais le plus dans le monde, est d'être protégée, et je crois que toutes mes tracasseries ne me sont venues que de n'avoir pas voulu l'être ; et comme je me pique de beaucoup de justice, je ne crois pas qu'on puisse me reprocher, dans tout le ministère de mon mari, d'avoir eu le ton, l'air ou le projet de protéger personne. Il y a une grande différence entre rendre des services ou accorder sa protection. Quoi qu'il en soit, je sais un gré infini à madame de Beauvau de la véritable amitié qu'elle porte à M. de Choiseul dans cette circonstance ; la reconnaissance que j'en ai m'a fort rapprochée d'elle, et il ne tiendra qu'à madame de Beauvau que je la trouve aussi aimable qu'elle l'est, si elle veut prendre le ton qu'a pris madame de Grammont, dont je ne puis dire assez de bien, et dont je suis on ne saurait plus contente et plus édifiée. Tout ceci entre nous, comme vous sentez bien.

Je vous fais mon compliment sur le départ de votre petit Walpole. Je suis fâchée que vous perdiez des sociétés et des amis. Je voudrais que vous vous trouvassiez assez bien ici pour n'avoir rien à y regretter.

Ce sera encore votre ami, M. de Stainville, qui vous portera cette lettre ; je n'ai pas eu le temps de vous écrire hier par l'abbesse. Pour n'être plus si pressée je commence ma lettre dès aujourd'hui, quoique monsieur de Stainville ne parte que vendredi, et je ne la fermerai que jeudi au soir pour vous donner des nouvelles du grand-papa, qui a aujourd'hui un peu de courbature, et que je crains qu'il ne recommence un autre rhume. Son intention était de vous écrire pour vous dire lui-même combien il vous désire ; mais je ne sais si ses affaires et sa santé le lui permettront.

Je ne sais pas pourquoi, ma chère petite-fille, vous vous êtes tant refusée aux empressements des princes de Suède ? Pourquoi ne pas souper avec eux puisqu'ils avaient envie de souper avec vous, et pourquoi ne leur pas donner à souper puisqu'ils avaient envie que vous leur en donnassiez ? Je ne vois pour le dernier qu'une raison d'économie qui pût vous faire approuver par mon avarice, mais pour l'autre c'est être aussi trop modeste. Je suis bien aise de tout le bien qu'on dit d'eux à cause de celui qu'ils disent de M. de Choiseul; mais je serais bien fâchée qu'ils vinssent ici, comme on dit que c'est leur projet, parce que je serais fort embarrassée d'eux. Le Prince Royal m'a envoyé des gants de Suède par M. de Stainville. J'ai écrit à M. de Creutz pour l'en remercier, et j'ai été bien aise de trouver l'occasion de faire des amitiés au pauvre Creutz, qui nous en a beaucoup marqué, et qu'on dit qui ne se console pas de M. de Choiseul.

Ce 28.

Le rhume de M. de Choiseul n'est rien. La lettre que vous m'avez fait passer est du général Irwine. C'est celle d'un bon homme, je vous l'enverrai.

Il paraît par votre lettre à l'abbé, que monsieur de Creutz m'a écrit, et je n'ai point reçu sa lettre. La mienne était dans son genre, n'est-il pas vrai? De la philosophie, des grands mots qui ne signifient rien; oh! je me flatte d'avoir bien réussi! Je suis charmée de la résolution que vous avez prise de suivre mon conseil, j'écris à la petite sainte de vous y encourager; mais pour que le projet réussisse, il faut n'en rien dire. Le grand-papa m'a encore répété aujourd'hui qu'il voulait vous écrire, mais je ne sais s'il le pourra; tout ce que je sais, c'est qu'il vous aime réellement de tout son cœur, mais je sens que je vous aime encore mieux que personne.

LETTRE CCXIII

DE LA DUCHESSE DE CHOISEUL A MADAME DU DEFFAND

A Chanteloup, ce 3 mars 1771.

Vous avez très-spirituellement écrit à l'abbé, ma chère petite-fille, par l'occasion particulière, et à moi par la poste. Mais cela ne fait rien, car vos lettres sont très-bien. Votre prudence vous sert en toute occasion. Je défie qu'on trouve rien à redire à tout ce que vous me mandez; mais, malgré cela, j'aime mieux que vous profitiez des occasions particulières quand il y en a.

Je suis bien de votre avis pour le régime; il ne tiendra pas à moi qu'on ne s'y tienne. L'empressement des Tingri a été une chose bien extraordinaire. Il n'en est pas moins flatteur pour nous, et nous leur devons beaucoup de reconnaissance. Mais je suis persuadée qu'il a fait tort à d'autres. J'attends avec impatience des nouvelles de l'effet qu'aura produit la lettre de M. de Beauvau. Je vous avoue que j'ai peur. Je désire de les voir, pour eux; puis parce que ce refus aurait l'air d'une petite vengeance de la maréchale [1], dont il serait dur de souffrir, et parce que ce serait une marque de rigueur contre M. de Choiseul, dont je suis sûre qu'il serait fort piqué.

Madame de Château-Renaud n'est point ici, comme vous le croyez; mais elle a sa permission, et on dit qu'elle viendra après Pâques. Le duc de Noailles a demandé pour lui, sa fille et son fils, en même temps que M. de Beauvau. C'était trop à la fois, et je suis persuadée qu'ils se sont nui réciproquement; mais il n'en faut rien dire; car notre charge, à présent, est d'être obligés à tout le monde. De notre côté, nous sommes fort discrets. M. de Guéménée est venu avec mon neveu jusqu'à

---

1. De Mirepoix.

Amboise; mais il a passé tout debout sans nous voir, et nous n'avons pas même voulu le recevoir au Chatellier, qui est une petite maison à une demi-lieue d'ici, dont nous avons donné la jouissance à mon neveu. Ce petit fait est bon à répandre.

J'ai reçu les éventails, qui, en effet, ne sont pas trop beaux; mais c'est ma faute de n'avoir pas voulu y mettre plus d'argent. Je charge Ribot de vous les aller payer, ainsi que la soie, si vous en savez le prix; mais ne vous attendez pas à avoir une bourse de ma façon pour votre peine, je n'en sais pas faire; c'est pour mademoiselle de Caumont que j'ai fait venir cette soie; elle est très-belle. Remerciez bien, je vous en prie, M. Walpole de la bonté qu'il a eue de faire ma commission, et dites-lui que j'ai été contente de tout.

Je vous envoie la lettre du général, que je vous ai promise, j'y joins ma réponse, que je vous prie de remettre à milord Harcourt, en le priant de ne l'envoyer que par un de ses courriers. Je vous assure qu'il serait très-mal vu à la poste que j'écrivisse en pays étranger, et que cela ferait beaucoup de tort à M. de Choiseul. Il ne s'est pas permis de répondre à aucun étranger, et c'est ma raison pour n'avoir pas répondu au baron.

Le rhume du grand-papa est à sa fin, malgré ses imprudences. Il l'a mérité et n'a rien négligé pour l'entretenir. Malgré tous ses défauts, il faut bien l'aimer, ce grand-papa; car il est plus aimable que jamais. Il a de plus, vis-à-vis de moi, le mérite de vous aimer à la folie. Pour moi, ma chère enfant, je ne vous dirai plus rien de mes sentiments, ils sont presque aussi vieux que moi et doivent vous être bien connus.

Ce 4.

Le prince n'a point encore sa réponse. C'est affreux et très-effrayant pour le refus. La nouvelle de la mort du roi de Suède m'oblige à écrire un compliment à M. de Creutz. Je vous prie de lui remettre ma lettre et de lui recommander de ne jamais dire qu'il en ait reçu de moi. A propos, je n'ai point encore celle que vous avez mandé à l'abbé qu'il m'avait écrite. Informez-vous s'il me l'a en effet envoyée et si c'est par la poste. Ce petit fait est curieux à éclaircir.

LETTRE CCXIV

DE MADAME DU DEFFAND A LA DUCHESSE DE CHOISEUL

Ce mardi, 5 mars 1771.

Les porteurs de cette lettre, chère grand'maman, pourront lui nuire. La joie que vous aurez de les revoir refroidira bien la réception que vous lui feriez si elle vous était rendue par toute autre voie. Aussi l'abrégerai-je infiniment et ne vous dirai-je que le nécessaire. Ce qui m'aurait été fort nécessaire, ç'aurait été de savoir des nouvelles du rhume du grand-papa. Vous m'assuriez le 28 que ce ne serait rien. J'aurais voulu que cela m'eût été confirmé.

M. et madame de Beauvau vous diront que ce n'a pas été sans peine qu'ils ont obtenu leur permission. Que de choses ils auront à vous dire, et quel plaisir vous aurez à entendre la princesse !... Voilà votre cour suffisamment garnie de pairs ; le temps viendra que les sibylles vous arriveront. L'on m'a dit que madame de Château-Renaud ne partait qu'après Pâques. Je voudrais être aussi heureuse qu'elle, et avoir ma permission d'avance. Pour l'incomparable [1], il n'éprouve que des refus ; il s'en afflige paisiblement ; son genre, comme vous savez, n'est pas l'emportement ; mais tout paisiblement, tout tranquillement il se séparera de sa Dulcinée et ira vous trouver avec une satisfaction sincère, et qu'il n'exagérera point. Il n'a plus les mêmes assiduités pour moi. Ce n'est plus une société journalière ; mais nous soupons souvent ensemble chez moi, chez

---

1. Le prince de Beauffremont.

sa dame[1], chez les Caraman, et quelquefois chez madame d'Enville. Nous irons vendredi chez celle-ci. Il y a longtemps que je ne l'ai vue. Je ne saurais me résoudre à faire aucune visite. Je ne me trouve bien que dans mon tonneau. Je voudrais que lui et moi fussions déjà transportés à Chanteloup.

Voltaire voudrait donc y être aussi? Vraiment, je le crois bien! Sa lettre est jolie, et vous m'avez fait plaisir de me l'envoyer. Il n'y a pas longtemps que je lui ai écrit. J'attendrai sa réponse pour lui récrire.

J'envoie à l'abbé les *Lettres sur les animaux*. S'il y a longtemps que vous n'avez lu *Gil Blas*, au nom de Dieu, relisez-le; c'est ce que je fais actuellement. Il est écrit à merveille; il me fait des plaisirs indicibles.

J'aurais bien une grâce à vous demander, mais je n'oserais; je crains qu'elle ne soit indiscrète. Adieu, il faut que je ferme mes paquets pour les envoyer chez les Beauvau, qui prétendent partir à dix heures. Je soupe ce soir chez la petite sainte; charmante occasion de parler de vous, dont je profiterai bien.

LETTRE CCXV

DE MADAME DU DEFFAND A LA DUCHESSE DE CHOISEUL

Paris, ce 7 mars 1771.

M. Ribot est venu ce matin, chère grand'maman, il m'a remis votre lettre du 3 et du 4 (c'est d'assez vieille date), il a payé votre dette. C'est être bien exacte. Je ne comprends point comment vous n'avez pas reçu la lettre de Creutz; j'éclaircirai ce fait. Je ne doute pas qu'il n'en ait conservé la minute : si cela n'était pas, j'en ai une copie, ainsi vous n'y perdrez rien.

L'épître du général est parfaite; je ne hais pas le baragouin,

---

1. Madame de Boufflers.

il faut lui en savoir gré. Mais ce pauvre général est plein d'airs et vous lui faites une faveur en lui répondant, que j'aurais trouvée mieux placée au pauvre baron.

Vous avez dû être bien surprise de l'arrivée des Beauvau. Je compte que l'abbé m'en fera le récit. Vous avez tort d'avoir des soupçons contre la maréchale; je suis convaincue qu'elle ne veut point de mal au grand-papa, qu'elle vous veut beaucoup de bien, et qu'elle aime trop son frère pour vouloir lui causer du chagrin. Si elle pouvait nuire à la femme sans blesser le mari, elle ne s'en ferait, je crois, pas de scrupule, parce que la haine est très-réciproque; mais vous savez que son caractère n'est pas la violence; son défaut, c'est la légèreté, et je ne la crois pas capable d'une grande suite dans sa haine, non plus que dans son amitié. J'entretiens tout doucement ma liaison avec elle, sans vivacité, sans recherche; je la vois une fois tous les huit ou quinze jours; je ne cherche point à lui arracher ses secrets; j'écoute ce qui lui échappe pour en faire usage selon l'occasion; je ne la crois pas fort instruite, ni qu'elle ait un crédit bien prépondérant. Elle m'a dit qu'elle avait fait avoir une pension de quatre mille francs à sa sœur Monrevel, mais sans pouvoir expliquer comment et sur quoi; ainsi je doute qu'elle soit fort solide. Je ne sais pas si ce qui la regarde l'est beaucoup davantage. Que tout ce que je vous dis sur elle soit, je vous supplie, entre nous. Je crains les tracasseries comme le feu.

Cette lettre ne partira que dimanche, elle sera à plusieurs reprises, et dans ce moment je la quitte pour me lever.

Ce vendredi, 8.

Je donnai hier votre lettre pour le général à l'ambassadeur, et je donnai à M. de Creutz la sienne. La réponse qu'il vous avait faite, et dont je vous envoie copie, le baron de Breteuil s'était chargé de vous la faire tenir. Que peut-elle être devenue? c'est ce que M. de Creutz ne comprend pas.

Le roi de Suède me fit prier hier à souper. J'étais engagée ailleurs, mais je n'hésitai pas à l'accepter. Devinez quelles étaient les dames que j'y trouvai, et que M. de Creutz m'avait nommées auparavant? Mesdames d'Aiguillon!... Le souper fut très-gai; rien de si aimable que le roi de Suède. Je suis désolée que vous ne le connaissiez pas, je suis sûre que vous en seriez charmée. Madame de Beauvau vous en aura sans doute beaucoup parlé et fait l'éloge. Il me traita à merveille. Je rapportai à mon attachement pour vous et le grand-papa le bon accueil, les politesses, les attentions qu'il eut pour moi.

Madame d'Aiguillon la mère fut charmante; elle ne tire point tout à elle, et, quoique très-parlante, elle laisse aux autres leur part dans la conversation; elle me mit en valeur autant qu'elle put, et je fus aussi à mon aise que je le suis avec vous. Il n'y avait de compagnie que le petit prince, MM. d'Eisestein, de Scheffer et de Creutz. Ce dernier ne se mit point à table. Avant le dîner nous lûmes le discours que d'Alembert avait fait la veille à l'Académie des sciences, où le roi avait été. Je vis qu'il en portait un très-bon jugement, et qu'il n'est point entêté de la philosophie moderne. Ce discours en est l'éloge. Les persécutions qu'éprouvent les philosophes dans leur propre pays, tandis qu'ils sont recherchés et considérés chez les étrangers; l'exemple de Socrate ne fut pas oublié; beaucoup de lieux-communs; mais bien écrit. Ensuite vinrent des louanges panégyriques de tous les souverains qui nous sont venus visiter. Le prince héréditaire, le roi de Danemarck et puis le roi présent; on dit un mot du feu roi son père, de la reine sa mère et de ses deux frères. L'éloge du roi est assez bien, mais celui du roi de Danemarck parut ridicule et diminua beaucoup de la valeur des autres éloges.

Après le souper, M. de Creutz lut une lettre de M. d'Angevilliers, où le roi de Suède est loué avec une emphase, une exagération épouvantable, et qui ne plut nullement au roi. On parla du chevalier de Boufflers; on chanta son ambassade;

et puis madame d'Aiguillon fit chanter la chanson des philosophes. Le roi et toute la compagnie demandèrent l'auteur. On dit des vers de Voltaire, que je ne connaissais pas. Je tâcherai de les avoir et de vous les envoyer. On se retira à minuit. Les dames partirent les premières. Le roi alors s'approcha de moi, et me dit : « Je vous prie, quand vous écrirez à Chanteloup, de dire à M. de Choiseul combien je lui suis attaché, et le regret infini que j'ai de ne le point voir ; dites-en autant à madame de Choiseul ; j'aurais été charmé de la connaître. »

Madame de Luxembourg, mesdames de Lauzun et comtesse de Boufflers souperont ce soir chez lui. Demain il soupera à Ruel ; la compagnie sera mesdames d'Aiguillon et MM. de Richelieu et de Maurepas (cette accolade est extraordinaire), et après-demain il aura chez lui mesdames de Brionne et d'Egmont. On dit qu'il partira lundi ; mais je n'en crois rien ; plusieurs raisons peuvent l'arrêter ; il attend un frère de M. de Scheffer, qui lui apporte je ne sais pas quoi de nécessaire ; et puis, j'ai dans l'idée qu'il attend encore autre chose : la nomination d'un ministre des affaires étrangères. Il croyait ces jours passés qu'il serait nommé aujourd'hui, et, sur la parole de M. de Creutz, j'avais parié un louis qu'il le serait dimanche matin. Je ne doute pas que mon pari ne soit perdu. Non-seulement dimanche il ne sera pas nommé, mais peut-être d'un, deux, trois ou quatre mois. On ne doute nullement que ce ne soit M. d'Aiguillon. De deviner pourquoi ces délais, cela est difficile.

Je ne vous parlerai point aujourd'hui de M. de Maillebois[1]. Avant-hier il avait gagné son procès, hier il l'avait perdu. Il

---

1. Yves-Denis Desmarets, comte de Maillebois, fils du maréchal, servit avec distinction sous le maréchal de Richelieu, au siège de Mahon, se brouilla avec le maréchal d'Estrées, son chef, après la bataille d'Hastenbeck, et publia contre lui un Mémoire supprimé et sévèrement condamné par le tribunal des maréchaux de France, qui ne permirent jamais que M. de Maillebois reprît du service ; il mourut émigré en 1791.

faut voir ce qu'il en sera aujourd'hui. J'attends d'être mieux instruite.

Je vous dirai que je n'aime point cette lettre anonyme à la noblesse[1], qui l'invite à écrire à M. le duc d'Orléans, en envoyant le modèle de la lettre. Tout cela est de la bouillie pour les chats, ne sert qu'à irriter, à augmenter l'indisposition, à retarder le retour. Je crains que les amis ne soient plus nuisibles que les ennemis ; il y a longtemps que je le pense. Pour M. le duc d'Orléans, je suis persuadée qu'il est au désespoir d'être le premier prince du sang. C'est le médecin malgré lui.

Je vous quitte encore pour me lever. Je continuerai demain.

Ah! j'ai oublié que dans le discours de d'Alembert il y a l'éloge du roi et du roi de Prusse, et qu'il est beaucoup question de Descartes et du tombeau que le roi de Suède lui a construit, élevé ou réparé ; je ne sais pas lequel.

Ce samedi 9.

Je ne compte pas vous apprendre que c'est fait de M. de Maillebois. M. de Muy est à sa place, en attendant celle de M. de Monteynard. Je ne sais pas qui aura celle de M. Terray. On peut dire dans tous les sens et toutes les acceptions possibles que le grand-papa a bien laissé du vide ; il fallait qu'il y en eût terriblement dans les têtes à son départ ; on s'en aperçoit bien. Je n'aime pas qu'il s'enrhume si fréquemment.

J'ai appris hier avec transport que vous aviez M. de Castellane. C'est madame d'Enville, chez qui je soupai hier, qui me l'a appris. Voilà ce que je désirais, lui et l'abbé ; voilà qui est bel et bon. Dites : *il ne manque plus que la petite-fille.* Vous ne l'attendrez pas longtemps, s'il plaît à Dieu.

---

1. Pour l'engager à demander le rappel du Parlement.

LETTRE CCXVI

DE L'ABBÉ BARTHÉLEMY A MADAME DU DEFFAND

A Chanteloup, ce 10 mars 1771.

Je n'ai plus qu'un quart d'heure avant le souper; je le destine à vous écrire. J'aurais pu m'y prendre plus tôt, mais j'ai marché toute la matinée sur l'eau et toute l'après-midi sur la terre, l'une dans un bateau, l'autre dans la boue, et tout cela pour faire de l'exercice, pour dissiper mes langueurs d'estomac, tiraillements de nerfs et autres infirmités, que n'éprouvent pas les sauvages, c'est-à-dire les peuples qui ne sont pas aussi bien policés que nous.

Quoi qu'il en soit, me voilà à ma table, bien fatigué de ma course, et cherchant à me délasser par cette lettre. Je vous place devant moi et je vous dis : « Recevez mon compliment sur la mort de Adolphe-Frédéric de Holstein-Ripen. Quelque légitime que soit votre douleur, je vous conseille de vous consoler; le trône de Suède ne restera pas vacant, et il a laissé un fils qui a du mérite. Vous voilà en relations avec un roi, cependant vous n'en serez pas plus glorieuse, et je n'aurai pas plus de respect pour vous. Je vous remercie d'avoir parlé de mon neveu à M. de Scheffer. Je ne sais pas ce que cet enfant deviendra[1]; je m'en inquiète souvent; mais je ne veux pas en parler. M. de Scheffer approuve donc tout ce qui se fait parmi nous? Je n'en suis pas surpris. Il a éprouvé les abus de l'autorité qui balance celle du roi de Suède; il juge d'après son intérêt particulier; peut-être même contre ses lumières. Dans le nord, ainsi que dans le midi, c'est le cœur et non la raison qui décide.

---

[1]. Vingt-cinq ans plus tard, il devint l'un des cinq membres du Directoire, à la satisfaction de tous les honnêtes gens. M. le marquis de Barthélemy, ancien pair de France, est son neveu.

Vous avez réuni leurs suffrages quand vous avez si bien parlé de la grand'maman à M. et madame de B... Vous n'avez rien dit que de très-vrai ; mais croyez-vous que cela produise le moindre effet ? Non, rien ne détruit de pareilles préventions, et il me semble qu'il est plus simple, dans ces circonstances, de rester paisiblement dans son opinion et de laisser les autres dans la leur. Vous ne pensez pas comme moi parce que vous avez plus de courage. Quand je suis éloigné de la grand'maman et que je trouve des gens qui viennent de la quitter, et qui n'ont pas pour elle les sentiments qu'elle mérite, je ne leur en demande pas même des nouvelles, parce que je crains de démêler dans leur réponse une indifférence qui m'inpatienterait.

Vous jugez aisément que l'arrivée de M. et de madame de Beauvau a produit ici la joie la plus vive. Ils traitent fort bien la grand'maman. Ne vous tourmentez point par la crainte de dissonances et des anciens préjugés ; tout est suspendu, parce que tout se réunit quand on a des ennemis communs. Il n'y a ni parti ni division. Les amis de M. de Choiseul deviennent ceux de la grand'maman, du moins en apparence, et cela suffit pour la tranquillité intérieure. Madame de Grammont se conduit d'une manière supérieure et céleste : elle a pour la grand'-maman les attentions les plus aimables et l'honnêteté la mieux soutenue. La grand'maman en est attendrie et a raison de l'être. Quand vous verrez madame de Grammont, vous l'aimerez, je vous en réponds. Elle sera certainement empressée à vous plaire, et il vous serait difficile de lui résister. Personne ne met plus facilement à son aise, n'est plus indulgent et n'applaudit avec plus de plaisir à ce qui mérite de l'être ; personne n'écoute et ne répond mieux, ne dit des choses plus agréables à chacun, et ne les dit d'une manière plus simple et plus naturelle. Je vous prédis que vous en serez très-contente. Je ne trouve pas les mêmes attraits dans son amie ; je sais qu'elle est très-honnête ; je vois qu'elle est très-polie et qu'elle a beaucoup d'esprit; mais je lui trouve un ton de décision qui m'effarouche. Cela vient peut-être de ce que je ne puis souffrir la tyrannie. Vous voudrez savoir ce que fait la grand'maman au milieu de tant de belles choses? Elle est très-simplement, elle s'occupe de son ménage, elle répond à toutes les politesses qu'elle reçoit, n'élève guère de questions, dit son avis sans opiniâtreté et ne se fâche sérieusement que contre le trictrac ou le vingt-et-un. Le rhume de grand-papa ne fait aucun tort à sa gaieté, et quand il ne tousse pas il rit.

M. de Bézenval part après-demain. J'en suis véritablement fâché. Il a été très-aimable et il met beaucoup dans la société. M. et madame de Beauvau partiront à la fin de la semaine. M. et madame de Tingri d'aujourd'hui en huit. Je crois que M. de Boufflers restera un peu plus de temps.

Je ne commettrai jamais d'indiscrétion par rapport à vos lettres. Je les lis tout seul; je les donne à la grand'maman qui me communique les siennes. S'il s'y trouve quelque trait ou quelque nouvelle, on le dit tout haut; le reste est entre nous et pour nous.

LETTRE CCXVII

DE LA DUCHESSE DE CHOISEUL A MADAME DU DEFFAND

A Chanteloup, ce 11 mars 1771.

Vous êtes aussi par trop modeste, ma chère petite-fille, de croire qu'il est des événements qui peuvent me distraire du plaisir que me font vos lettres. L'arrivée de M. et madame de Beauvau a produit une grande joie dans la maison; elle a été d'autant plus vive, qu'on n'osait plus les attendre; mais moi qui ne perds jamais la tête dans les grandes occasions, j'ai demandé tout de suite votre lettre; je l'ai lue avec la même avidité que si c'eût été un polisson qui me l'eût apportée. La princesse veut être bien ici et y réussira; mais je serai bien trompée si vous ne trouvez madame de Grammont encore plus aimable. Le prince est à merveille, ils ont chacun leur piquant, la princesse celui du naturel et le prince celui de la simplicité, et ces deux piquants ne se ressemblent point du tout ; la simplicité est toujours dénuée de prétentions, et le naturel est quelquefois sans souci de l'opinion des autres.

J'ai reçu la lettre de M. de Creutz qui est si remplie de sentiments pour le grand-papa qu'elle m'a infiniment touchée. J'ai su aussi que le roi avait permis que l'on remît au roi de Suède, alors prince royal, la réponse que M. de Choiseul lui avait faite. Ainsi, c'est une question de moins qu'il reste à éclaircir avec M. de Creutz. A propos d'étrangers, tâchez de voir le petit dévot[1] pour lui dire des amours de ma part ; et, à propos d'amours, je vous prie de dire les plus tendres pour moi à madame de la Vallière.

Le prince n'a pas sa permission, je vous l'ai bien dit ; il ne l'aura jamais, et j'en suis très-fâchée. Mais pourquoi dites-vous, ma chère petite-fille, que vous voudriez avoir votre permission comme madame de Château-Renaud ? est-ce que vous renoncez à notre projet ?

J'ai une extrême curiosité de savoir ce que c'est que la grâce que vous avez à me demander ; pourquoi ne l'avoir pas dit tout de suite ? vous me laissez dans l'inquiétude. Le rhume du grand-papa dure encore, grâce à ses déportements ; mais grâce à l'arrivée de son médecin, j'espère qu'il va passer parce qu'il s'est mis dans le régime ; il me charge, ce grand-papa, de vous dire mille tendres choses pour lui ; mais je crois, en vérité, qu'à moi toute seule je ressens plus de tendresse pour vous que tout le monde à la fois, quoique tout le monde, ma chère petite-fille, doive vous aimer.

Voulez-vous bien remettre ma lettre à M. l'archevêque de Toulouse ?

---

1. M. de Souza, ministre de Portugal.

Ribot arrive à l'instant, ma chère petite-fille, qui me remet votre grande lettre. Ah! pour celle-là, elle m'a fait un plaisir infini, et justement parce qu'elle est grande. Oh! quelle abomination que celle de Voltaire[1]! Le grand-papa en est indigné; il veut vous en écrire. Pour moi, je ne veux plus écrire à Voltaire; car je suis sûre que cette lettre est de lui, comme si je l'avais vue sortir de sa plume. Quoique je me sois permis de la montrer, je n'ai point fait de même pour la vôtre. J'ai seulement lu au grand-papa l'article des princes de Suède. Soyez sûre que ce qui n'est que pour moi n'est que pour moi. J'ai, au contraire, fait votre cour aux puissances et dominations. Je suis enchantée de votre souper, il a dû être charmant. Je trouve seulement que le roi de Suède ménage bien les d'Aiguillon. Je suis persuadée que c'est que le d'Aiguillon aura les affaires étrangères, quoiqu'on nomme aujourd'hui le comte de Broglie, ou qu'au moins le roi de Suède le croit.

Que dites-vous de l'étrange aventure de Maillebois? Je ris de voir que tous ceux qui ont contribué à la disgrâce de M. de Choiseul, ou qui s'en sont réjouis, y ont perdu, sans excepter le Terray, qui est sur le bord du précipice, et le chancelier, qui ne passe pas des nuits plus tranquilles.

Et le rêve de madame du Barry? Pourriez-vous me dire ce que signifie cette nouvelle machine?

---

1. A. M. Marin, 27 janvier : « Si j'avais accès auprès de M. le chancelier, comme vous, je voudrais, mon cher correspondant, savoir s'il est bien vrai que les pauvres gens de province ne seront plus obligés d'aller plaider à cent cinquante lieues de chez eux; si on prépare un nouveau code, dont nous avons tant besoin. Il faudra en même temps qu'on prépare une couronne civique pour M. le chancelier... Croyez-vous que nous aurons un ministre des affaires étrangères? Nomme-t-on toujours M. le duc d'Aiguillon? On peut être très-entaché dans le Parlement et très-bien servir le roi, mais le grand point est qu'on se réjouisse à Paris. Je dis toujours : « O Welches! ayez du plaisir et tout ira bien. Mais pour avoir du plaisir, il faut de l'argent, et on dit que M. l'abbé Terray n'en donne guère... »

Le duc de Choiseul, renversé par le chancelier, et qui, comme tous les ministres renvoyés, voulait qu'on crût tout perdu depuis qu'il n'était plus au pouvoir, fut naturellement très-blessé de cette lettre.

Vous savez que la lettre de M. de Creutz ne m'est arrivée que par les Beauvau. Je n'ai répondu au général que pour lui dire que je ne lui écrirais plus, et parce que j'avais un moyen sûr et facile de lui faire parvenir ma lettre. Je n'écris point au pauvre baron, que j'aime assurément infiniment mieux, parce que les moyens me manquent pour lui. J'ai fait lire votre lettre à l'abbé pour qu'il fût plus directement grondé ; il est chez lui, où je crois qu'il répare ses torts.

J'ai dit à Castellane que vous étiez bien aise de le savoir avec moi, et nous avons tous dit en chœur : Il nous manque encore la petite-fille et elle nous manque beaucoup. Le pauvre homme garde sa chambre pour un gros rhume ; il m'a chargé d'une infinité de choses pour vous, car il vous aime réellement beaucoup. *Et qu'est-ce qui ne l'aimerait pas, Roger !* Pour moi, ma chère enfant, il est bien vrai que je vous aime à la folie.

Si vous avez encore occasion de voir le roi de Suède, je crois qu'il sera à propos que vous lui exprimiez beaucoup de respect et de reconnaissance de notre part sur ce qu'il vous a chargé de nous mander de la sienne.

LETTRE CCXVIII

DU DUC DE CHOISEUL A MADAME DU DEFFAND

A Chanteloup, ce 11 mars 1771.

Ma chère petite-fille, l'abbé et votre grand'maman vous écrivent si exactement, que je vous ai épargné les rabâchages de votre vieux grand-père ; il faut cependant que je vous marque le désir passionné que j'ai que vous réalisiez le projet de venir visiter vos vieux parents. Tout franchement, je meurs d'envie de vous voir arriver, et je serai, je vous assure, très-heureux si vous avez l'amitié et le courage de venir ici. J'espère que vous y serez bien. Le sentiment le plus tendre vous y soignera. Je ne crois pas que vous ayez besoin de permission, nous sommes de la même famille.

Faites-moi le plaisir d'écrire à Voltaire que vous m'avez envoyé la lettre à son ami et le mémoire d'articles qui courent Paris, et qui, ainsi que la lettre, sont de lui, et que, en réponse à cet envoi, je vous avais prié de lui mander que j'avais reçu les deux pièces. Cette lettre, très-simple de votre part, lui fera faire quelques réflexions.

Adieu, ma chère petite-fille; écrivez-nous donc positivement que vous viendrez ici.

LETTRE CCXIX

DE L'ABBÉ BARTHÉLEMY A MADAME DU DEFFAND

Chanteloup, ce 15 mars 1771.

Vous vous plaignez de mon silence, mais je suis bien plus en droit de me plaindre de la lettre par laquelle vous me le reprochez. Savez-vous ce que vous avez fait? vous ne l'avez pas datée! Dites-moi donc, je vous prie, comment s'y prendra-t-on dans deux mille ans pour la mettre à sa place? On y verra que la petite-fille nous accuse d'indifférence, de lui causer les plus grands chagrins, de la réduire au désespoir, et comme on retrouvera dans toutes nos réponses la même tendresse et les mêmes sentiments, on ne pourra concilier ces contradictions. Alors quelque savant prouvera, par le défaut de date, que la lettre est supposée, et on fera des livres pour et contre.

En attendant, je vais répondre très-exactement à toutes vos questions. Vous demandez quand M. de Castellane est arrivé? Il y a quinze jours. Comment? En chaise de poste, et par la grande route d'Orléans. Si le grand-papa a envoyé cinquante louis à madame la maréchale de Luxembourg la veille de son départ? Non. Si M. de Beauvau nous a lu son discours? Oui. Si nous en sommes contents? Oui, sans doute. La lecture s'en fit en particulier. On voulut bien m'y admettre. Quelqu'un avait prévenu le grand-papa qu'on trouverait peut-être mauvais que l'auteur ne parlât que des événements glorieux de son ministère, sans faire la moindre mention de ce qui s'était fait auparavant. Je trouvai que cette observation était fondée. Je ne le déclarai que lorsqu'on m'eut forcé de m'expliquer. Je proposai d'ajouter quelques traits antérieurs à ce qui s'est passé dans les dernières douze années : comme la figure de la terre déterminée par les opérations de nos astronomes ; l'acquisition de la Lorraine ; d'autres faits qui ont illustré le règne du roi, et qui auraient amené naturellement les derniers événements de ce règne. M. de B. répondit que ces faits avaient été si souvent célébrés, qu'il aurait fallu répéter platement ce qui en avait été dit, et qu'il est naturel, dans de pareils discours, de ne parler que des faits les plus récents; d'autant plus qu'il en attribue toute la gloire au prince. Il a peut-être raison ; mais dans un temps où les intentions les plus pures sont empoisonnées, il aurait peut-être fallu prendre quelques précautions. Je vous prie de ne leur en pas parler, ni à personne. Le discours m'a paru très-bien écrit. La transition à l'éloge de madame la dauphine n'en est pas une; mais il y a deux ou trois traits sur le roi qui sont charmants. Le portrait du président m'a frappé par sa vérité. Il est si bien fait que je n'aurais pu distinguer du reste une phrase qui peint à merveille, et qui vient de vous. Il y a dans tout le discours de la noblesse et du courage. Je crois qu'il réussira.

Mais que dites-vous de celui de M. de Senlis, de cette prodigieuse quantité de mots, de cet enfantement d'Homère? Je n'ose pas vous parler de celui l'abbé de Voisenon, parce que j'aime l'auteur, mais j'en aurais bien ri s'il avait été d'un autre.

Le grand-papa traite son rhume cavalièrement. Il sort quand il fait beau, et tout le régime qu'il observe est de ne pas jouer de la flûte. Auparavant il venait tout doucement trouver sa femme à sa toilette, sur les quatre heures. Elle se mettait au clavecin, et jouait à livre ouvert tout ce qui se présentait, sans succès et sans gloire, mais avec beaucoup d'intrépidité et de plaisir. J'avais découvert ces petits rendez-vous ; je m'y trouvais toujours, et je faisais l'assemblée. La grand'maman est sur sa chaise longue ; ne lui en écrivez pas, elle me gronderait de vous l'avoir marqué. Du reste, elle se porte bien ; toujours même union dans l'intérieur, mêmes attentions de part et d'autre. La princesse[1] m'a fait l'honneur de m'en parler, elle m'a paru satisfaite de ce qu'elle voyait. Mais je persiste toujours à trouver plus d'agréments dans son amie[2], en lui rendant néanmoins à elle-même toute la justice qu'elle mérite. Elle partira dimanche. M. et madame de Tingri lundi. J'ai été bien content de ces derniers ; il me semble que tout le monde l'est aussi. Madame de Lauzun est arrivée aussi fraîche que si elle sortait de son lit. Voilà bien des détails.

A propos, que pensez-vous de Voltaire ?

LETTRE CCXX

DE MADAME DU DEFFAND A LA DUCHESSE DE CHOISEUL.

Paris, ce samedi 16 mars 1771.

Je n'entends point dire que personne parte pour Chanteloup. M. de Stainville m'avait dit qu'il irait le 14 ou le 15 ; m'aurait-il oublié ? oserait-il vous aborder sans avoir à vous remettre une lettre de la petite-fille ? Oh ! je crois, chère grand'maman, que vous le trouveriez bien mauvais. Je me flatte qu'il n'est point parti. Je souhaite que ce soit la lieutenance-générale de M. de Stainville qui fasse différer son départ. La maréchale m'a dit qu'il avait parlé au roi, et qu'il lui avait répondu : nous verrons. Ce n'est pas être tout à fait écon-

1. De Beauvau.
2. La duchesse de Grammont.

duit. Enfin, qu'il parte ou non, je vais toujours vous écrire.

M. de Creutz me quitte dans le moment. Je lui ai dit tout ce que vous m'aviez mandé pour lui et pour son roi. On ne peut être plus reconnaissant et plus attaché qu'il l'est à vous et au grand-papa, et il m'a bien dit que son roi avait un regret infini de quitter la France sans voir le grand-papa, et que sans l'événement qui le force à retourner dans son pays, il aurait demandé l'agrément de vous aller rendre visite. Le petit prince a la dyssenterie, le roi, qui part demain, pourra bien le laisser ici.

Madame de Luxembourg s'est prise de la plus grande passion pour ce roi. Je mande au grand-papa qu'il lui avait demandé son portrait telle qu'elle est aujourd'hui. Ce n'est pas vrai, il se contente d'avoir la copie de celui telle qu'elle a été. Il veut avoir aussi les portraits de mesdames d'Egmont et de La Marck. On dit qu'il n'y aura point de ministre des affaires étrangères, que les prétendants sont plus loin que jamais. Tout ce qu'on dit en vérité est ineffable, par où tout cela finira est inimaginable. On peut faire l'application des chansons qu'on fit en Perse au rappel d'un grand-visir qui avait été exilé :

> Lui à l'écart, tous les hommes étaient égaux.

Ce n'est point là un vers, mais Chardin le donne pour tel.

Je ne me porte pas bien aujourd'hui; je n'ai point dormi; je n'ai pas la plus petite pensée, et si je ne vous aimais pas autant, je ne saurais pas si je suis en vie. Cette lettre a été écrite à deux reprises, et dans l'intervalle j'ai vu M. de Stainville.

Je viens de recevoir dans ce moment une lettre de l'abbé que M. de Lauzun m'a envoyée. J'y répondrai demain, et M. de Stainville vous portera mardi toutes mes dépêches.

Ce lundi 18.

Deux heures après avoir reçu la lettre de l'abbé que m'apportait M. de Lauzun, j'ai reçu encore par lui un petit billet de vous; il est court, mais il me contente. Je sais mieux que personne qu'on n'a pas toujours quelque chose à dire, mais un mot suffit et satisfait quand il vient de ce qu'on aime.

J'ai remis votre lettre à M. de Toulouse.

LETTRE CCXXI

DE MADAME DU DEFFAND A LA DUCHESSE DE CHOISEUL

Ce mardi, 19 mars 1771.

J'ai encore le temps de vous écrire, chère grand'maman. J'envoyai hier mes paquets chez M. de Stainville, et j'appris qu'il ne partait que cette nuit.

Je reçus hier au soir votre lettre par M. de Beauvau; j'étais sortie quand il l'apporta. Ainsi je n'ai pu encore causer avec lui. J'espère que j'aurai ce plaisir cette après-dînée.

Ce pauvre petit prince de Suède est toujours très-malade; il fut saigné deux fois avant-hier au soir, et hier matin pour la troisième fois. J'ai cru devoir aller chez le roi, le Creutz m'ayant dit que j'étais sur la liste de ceux qu'on devait laisser entrer. J'y fus hier à huit heures; je n'y trouvai que M. de la Rochefoucault, et je n'y restai pas un demi quart d'heure. Après quelques détails de la maladie du prince, le roi me demanda si j'avais eu des nouvelles de Chanteloup. Je lui dis que oui, que M. de Creutz devait lui en avoir rendu compte, que je lui avais dit tout ce que vous me mandiez de votre attachement, de vos regrets, etc., etc. Il me dit que M. de Creutz le lui avait dit, et qu'il voulait savoir si depuis j'avais reçu de vos nouvelles. Je dis que oui et que toutes vos lettres étaient pleines des sentiments que vous et M. de Choiseul aviez pour

Sa Majesté; à quoi il répondit par des témoignages d'estime, de reconnaissance et de regret. Ah! je les crois bien sincères. Tout ce qu'il voit, tout ce qu'il entend et tout ce qu'il éprouve ne permettent pas d'en douter. J'ai envoyé ce matin chez M. de Scheffer m'informer des nouvelles du prince; il s'est relevé vingt-huit fois cette nuit. Je crains qu'il ne meure. Il faut que le roi parte, et ce sera, à ce qu'il m'a dit, à la fin de la semaine.

Quelle idée il emportera de nous, cela fait horreur! On regarde comme certain que le d'Usson n'ira point en Suède, ni le Breteuil à Vienne. Cependant, selon ce que m'a dit hier le comte de Broglio, le sort de celui-ci n'est pas absolument décidé. Le Broglio, de qui il est ami, a eu une audience de la dame et lui a parlé avec beaucoup d'énergie. Il lui a dit des choses si raisonnables et si convaincantes, que, à moins qu'elle n'ait pas l'ombre du sens commun, il doit l'avoir persuadée; il s'en flatte. Est-ce l'amitié particulière ou l'intérêt de la chose publique qui l'a fait agir? a-t-il quelque raison personnelle? je n'en sais rien. Mais, ma grand'maman, tout va périr. On a donné, il y a deux jours, la croix de Saint-Louis au petit de Langeac; on disait qu'on la lui ôterait; mais M. de Stainville vous dira ce qui en est.

La maréchale de Mirepoix s'est donné une entorse qui la fait beaucoup souffrir et lui fera peut-être garder le lit longtemps. Madame d'Aiguillon la mère a un abcès au pied qui lui fait garder la chambre. Enfin tout va *cahin caha*. Croyez-moi, on n'est bien qu'à Chanteloup; c'est là où est le centre de la gloire, de l'honneur et du bonheur, et c'est bien là où je voudrais être.

Je fis hier tous mes arrangements avec l'évêque d'Arras. Il part aujourd'hui ou demain pour son diocèse et pour ses États. Il reviendra à la fin du mois de mai apporter ses cahiers; et tout de suite nous nous embarquerons sans dire un mot à personne, pour vous aller trouver. Je suis on ne peut plus contente de lui. Il a bien du bon sens, et je ne suis nullement étonnée du cas que vous en faites ; il me paraît vous être véritablement attaché. Vous devez être bien fatiguée de m'entendre ; depuis quatre au cinq jours je ne cesse de vous parler ; j'entends que vous me dites : taisez-vous, petite-fille ! je me tais, mais je vous embrasse de tout mon cœur.

LETTRE CCXXII

DE L'ABBÉ BARTHÉLEMY A MADAME DU DEFFAND

20 mars 1771.

Depuis cette lettre qui n'était point datée, nous n'avons plus reçu de vos nouvelles. La grand'maman est inquiète, je le suis aussi ; nous attendons tous les soirs le courrier avec impatience. Si c'est pour me punir du silence dont vous m'avez fait des reproches et dont je vous ai fait des excuses, c'est une cruelle vengeance. Mais nous avons quelque chose de plus cruel à craindre.

Serait-ce votre santé qui vous empêcherait d'écrire ? Pourquoi ne pas nous en avertir ? Deux mots de Wiard auraient suffi. M. le comte de Stainville doit arriver aujourd'hui ou demain. Nous espérons qu'il nous apportera une de vos lettres ; et d'ici à ce moment je n'ai pas la force de vous dire la moindre chose. Vous voulez des détails de ce qui se passe ici ; vous en avez reçu dans les commencements de mon séjour à Chanteloup. Ce que je vous ai marqué alors regarde le passé, le présent et l'avenir ; parce que la vie est si uniforme qu'elle ne peut donner lieu à des récits différents. Madame de Lauzun part demain, voilà le plus grand événement de ce pays-ci. Savez-vous que personne en France ne possède à un plus haut degré une qualité que vous ne lui connaissez pas, celle de faire des œufs brouillés ; c'était un talent enfoui ; elle ne se souvient pas du temps où elle l'a reçu. Je crois que c'est en naissant. Le hasard l'a fait connaître; aussitôt on l'a mis à l'épreuve. Hier matin, époque à jamais mémorable dans l'histoire des œufs, pendant le déjeuner, on apporta tous les instruments nécessaires à cette grande opération, un réchaud, de la nouvelle porcelaine, celle qui, je crois, vient de vous, du bouillon, du sel, du poivre et des œufs; et voilà madame de Lauzun qui d'abord tremble et rougit, et qui ensuite, avec un courage intrépide, casse ses œufs, les écrase dans la casserole, les tourne à droite et à gauche, dessus, dessous, avec une précision et un succès dont il n'y a point d'exemple. On n'a jamais rien mangé d'aussi excellent. L'expérience fut faite en petit, car il n'y avait que six œufs; on l'essayera aujourd'hui en grand. Si elle réussit de même, c'est une supériorité décidée.

M. de Castellane est mieux. Nous avons avec lui M. de Salis et M. de Boufflers. On espère avoir un peu plus de monde au mois d'avril; vous savez que madame de Château-Renaud a la permission. On dit que madame de Tessé l'a aussi. Je n'ai pas l'honneur de connaître cette dernière. On dit qu'elle a infiniment d'esprit; cependant j'aime mieux les œufs brouillés de madame de Lauzun.

M. de Salis est le meilleur homme du monde. M. de Boufflers est plus instruit qu'il ne le paraît. Nos journées passent toujours fort vite et si vite que je ne vois pas la grand'maman en particulier. Imaginez qu'elle n'a que deux heures de temps à elle, et ces deux heures sont pour sa toilette et ses lettres. Le calcul est très-simple : elle se lève à onze heures; à midi le déjeuner, suivi d'une conversation qui dure jusqu'à trois ou quatre heures; le dîner à six, et ensuite le jeu et la lecture des Mémoires de madame de Maintenon.

Vous avez annoncé à la grand'maman que vous aviez un plaisir à lui demander; elle est fort curieuse de savoir lequel. Elle vient de recevoir une lettre de l'ermite de Gex, qui ne lui a pas fait autant de plaisir que les autres. On ne peut pas être flatté de l'approbation d'un homme qui approuve tous ceux dont il a besoin. Mais notre pauvre baron m'en a écrit une délicieuse; je les joins l'une et l'autre ici: Je ne sais pourquoi je cause si longtemps avec vous. Ce n'est pas ma faute. Je suis bien aise que vous ayez fait connaissance avec M. Marin; il est bien de mes amis, il l'est depuis bien longtemps; c'est un honnête homme et un homme d'esprit.

M. de Stainville est arrivé ce matin, il nous a enfin apporté de vos nouvelles. Je vous en remercie. Nous en avions grand besoin. Je n'ai pas le temps de vous en dire davantage parce que je n'ai plus de papier. Malgré votre défense j'ai lu votre rêve à madame la duchesse de Grammont qui en a été enchantée, et qui me charge de vous témoigner, outre infinité d'autres choses, son désir de vous posséder ici.

LETTRE CCXXIII

DE LA DUCHESSE DE CHOISEUL A MADAME DU DEFFAND

A Chanteloup, ce 2) mars 1771.

Enfin, enfin! M. de Stainville arrive et me remet les deux lettres de la chère petite-fille. J'en étais affamée, c'était pour moi un besoin de première nécessité. Depuis madame de Lauzun, nous n'avions point entendu parler de vous. Chaque soir nous nous disions : Point de lettre de la petite-fille; et l'inquiétude s'augmentait chaque jour. Nous craignions que vous ne fussiez malade. Je dis *nous*, parce que ce sentiment était commun entre tous, chère petite-fille.

Votre franchise est la dupe de la duplicité du roi de Suède. Il est certain que c'est un petit intrigant qui a fait ce qu'il a pu, avec son comte de Scheffer, pour avoir M. d'Aiguillon. Devant les amis de M. de Choiseul, il est son partisan par air; avant sa disgrâce il était son serviteur par besoin. Il n'y a que le pauvre comte de Creutz qui se soit garanti de la gangrène qui a gagné tous ces Suédois, et qui est resté bon, franc, loyal, galant homme et plein d'amour pour M. de Choiseul. Aussi en ai-je infiniment pour lui. Je lui ai écrit à l'occasion de la mort du feu roi et de l'avénement à la couronne de celui-ci. Est-ce que ce n'est pas à vous que j'ai envoyé ma lettre? Vous me dites que vous avez remis à l'archevêque de Toulouse celle qui était pour lui, et vous ne me dites rien de celle-ci. A propos de monseigneur l'archevêque de Toulouse, je ne sais assez vous dire combien j'ai à me louer de ses procédés, et je vous prie de ne pas manquer une occasion de le lui marquer. J'ai reçu une lettre de mon bon évêque d'Arras. Je suis ravie que vous l'aimiez. Je ne crois pas qu'il existe un plus galant homme dans le monde. Je serais enchantée qu'il pût venir avec vous, mais je n'approuve pas qu'il entreprenne ce voyage sans permission. Comme évêque, il est trop considérable pour n'être pas obligé à prendre l'aveu de la cour, et sa présidence des États est un lien de plus qui le met dans une dépendance directe. Je lui écrirais tout cela si je pouvais lui écrire sûrement; mais je compte qu'il est déjà retourné en Artois et je ne veux confier ni mes réflexions, ni mes sentiments à la poste. Cependant, s'il est encore à Paris, je vous prie de lui faire part des uns et des autres; s'il n'y est plus, tâchez de les lui faire parvenir comme vous pourrez. Quant à vous, je suis ravie que vous ayez pris votre résolution de partir sans mot dire; elle n'a point d'inconvénient pour vous, et c'est la seule façon de nous assurer le plaisir de vous voir, plaisir dont nous sommes passionnés et dont nous nous occupons sans cesse. Oui, vous serez mieux ici qu'à Paris, j'ose m'en flatter. Vous y serez au sein de l'amitié et vous partagerez avec nous la paix, la tranquillité, le bonheur, la liberté dont nous jouissons, car il est vrai que nous n'avons jamais été aussi libres que depuis que nous sommes exilés. C'est un grand esclavage que d'avoir chaque jour les oreilles souillées, le cœur navré, l'esprit révolté, l'imagination effrayée de toutes les horreurs qui se passent, qu'on entend dire et qu'on a à craindre pour soi ou pour ses amis. L'affaire du baron de Breteuil et de M. d'Usson[1] fait beaucoup de bruit et est en droit d'en faire. Chacun s'alarme sur le mot *propriété* qui retentit à présent de toute part. Ce n'est pas leur aventure qui devait réveiller l'attention à ce sujet, car quelque injuste et quelque absurde qu'il soit d'ôter des emplois à ceux à qui on vient de les donner, et avant qu'il ne les aient exercés et prouvé s'ils en étaient capables ou incapables, il n'en est pas moins vrai que le roi est libre de changer ses ambassadeurs quand il lui plaît, et qu'une ambassade n'est point une propriété. Mais on a dû être alarmé quand on a vu ôter au président Hogier, à Compiègne, l'année passée, une charge qu'il avait achetée de ses propres deniers, que le roi lui avait confirmée par deux lettres consécutives, dont l'une était quinze jours avant qu'on ne l'en dépouillât, pour donner cette charge à un autre; quand on a vu M. le chancelier ôter la première présidence du parlement de Toulouse à M. de Vandeuil, en vertu d'une démission qu'il n'avait point acceptée, et dont celui-ci s'était désisté; quand on lui a vu escamoter la commission de ce bon M. Bon-Repos; quand l'édit de décembre, qui déclare que le roi est le seul maître des lois, qu'il peut les casser, les créer à volonté, sans le secours d'aucun tribunal;—déclaration qui rend tous les citoyens esclaves d'un despote; — quand, dis-je, cet écrit n'a fait que mettre en principe tous les actes d'autorité arbitraire qui l'avaient précédé, et a donné le masque de la loi à tous ceux qui l'ont suivi; quand enfin la confiscation des charges du Parlement a privé chacun de ses membres, les uns d'une partie de leur patrimoine, les autres de la totalité; charges qu'ils ne pouvaient perdre que par un jugement légal et pour cause de forfaiture. Il n'y a point eu de tribunal pour les juger. Il n'y a point eu de jugement porté. Il n'y a point eu d'accusation de

---

[1]. Sa nomination comme ministre en Suède venait d'être révoquée. Il était aussi question de destituer le baron de Breteuil, ambassadeur à Vienne.

forfaiture intentée; mais il y a eu une sentence *ad libitum*, militairement exécutée. Voilà ce qu'on appelle attaquer les propriétés, voilà ce qui devait porter l'alarme dans le cœur de tous les citoyens.

Le pauvre Voltaire ne sait où donner de la tête. Il ménage la chèvre et le chou. N'ayant rien à craindre ni à espérer de l'un ni de l'autre, il loue le chancelier et M. de Choiseul. Voici encore une lettre qu'il m'écrit et que je vous envoie, parce que tout ce qui vient de lui est curieux, jusqu'à ses faiblesses; mais je vous avoue que, depuis son Avis à la noblesse, ses lettres me dégoûtent; et depuis qu'elles me dégoûtent, je ne les entends plus. Celle-ci m'a paru un vrai galimatias. Adieu, aimez toujours une grand'maman qui raffole de vous. Le grand-papa vous embrasse.

A propos, j'oubliais de vous parler de notre prince de Beauffremont. Je suis au désespoir de ne le point voir, mais j'en ai fait mon deuil, parce qu'il ne viendra sûrement pas, parce qu'il a fait la sottise d'en demander la permission. Ayant été refusé, il ne peut plus partir sans que la défense soit levée; et comme il ne peut s'adresser qu'à M. de Saint-Florentin, elle ne le sera point, parce qu'on n'a rien par lui. Il vient de refuser à la pauvre madame d'Achy de venir ici. Jugez où vous en auriez été s'il eût fallu vous adresser à lui.

LETTRE CCXXIV

DE L'ABBÉ BARTHÉLEMY A MADAME DU DEFFAND

Chanteloup, ce 21 mars 1771.

La plaisanterie de M. de Gontaut a eu le plus grand succès. Il avait fait sa toilette dans l'avenue; vos parents furent au-devant de lui dans le vestibule. Nous entendîmes des éclats de rire; tout le monde courut, et nous vîmes le blond Phébus avec sa chevelure d'or. Vous imaginez aisément la joie et l'admiration. La grand'maman voulut essayer la perruque, la garda longtemps, fut se remettre à sa toilette, se couvrit de son peignoir, et appela ses femmes pour la coiffer. Elles vinrent en courant, et Angélique, sans s'apercevoir de rien, ayant pris un peigne, resta la bouche béante, les yeux ouverts, la main suspendue, et avec une surprise qui produisit un rire *inextinguible*, comme dit La Motte. Jamais facétie n'a mieux réussi; l'auteur en est très-glorieux, et ne l'est pas moins des articles qui le concernent dans vos lettres. Je le serais infiniment de mon côté, si je pouvais me laisser séduire par les éloges que le serpent tentateur m'a donnés par votre bouche; mais je connais les détours de votre politique; vous ne louez mes lettres que pour les multiplier, et recevoir plus souvent des nouvelles de la grand'maman. Je pardonne le piége en faveur du motif. Je n'ai jamais eu la folie du bel esprit, et je sens que, si j'en avais été atteint, j'y aurais renoncé comme un homme raisonnable renonce à de vieux parchemins dont il reconnaît la fausseté. Mais je me suis mis à portée, à force de travail, d'entendre l'esprit des autres; mes succès ont été si heureux, que j'entends M. Thomas presque tout de suite. J'ai déjà lu la moitié de son ouvrage. Il est vrai que je n'en conçois pas encore l'objet, et que, dans quelques endroits, je suis tenté de dire avec M. Fontenelle : « Sonate, que me veux-tu? » Mais Dieu permettra que tout cela s'éclaircisse.

Je ne vous parle plus de nos chasses, parce que nous ne chassons plus; de nos lectures, parce qu'on ne lit plus; de nos promenades, parce que nous ne sortons point. Que faisons-nous donc? Les uns jouent au billard, d'autres aux dominos, d'autres au trou-madame. Nous défilons, effilons, parfilons. Le temps nous pousse et nous le lui rendons bien. Ah! qu'il nous ferait aller plus vite si vous étiez ici! Non, certainement, vous n'y seriez pas déplacée. Ou pourriez-vous l'être? Vous y seriez très-aimable, très-heureuse, et certainement très-aimée. M. de Stainville part demain, il veut bien se charger de ma lettre, et il se propose de vous voir avant son départ pour la Lorraine. M. Gayot doit arriver demain. M. d'Emery et M. de Schomberg partiront mercredi prochain. Nous avons encore pour quelque temps M. de Gontaut, M. et madame de Choiseul La Baume, leur fils, les deux fils de la petite sainte [1]; M. de Boufflers et un grand abbé qui vous aime bien, malgré toutes vos louanges.

LETTRE CCXXV

DE L'ABBÉ BARTHÉLEMY A MADAME DU DEFFAND

27 mars 1771.

Nouvelle infidélité ! j'ai dit à madame de Grammont vos craintes sur votre rêve ; elle m'a répondu que, quand même vous l'auriez composé à loisir, elle aurait droit d'en être flattée; mais elle ne le croit pas. Elle me charge de vous remercier de votre souvenir, ainsi que ces messieurs, ainsi que le grand-papa et la grand'maman. Il n'y a pas d'endroits dans le monde où vous soyez autant aimée qu'ici. Les sentiments de la grand'-maman augmentent à proportion de la longueur de l'absence. Je voudrais qu'elle eût le temps de les répandre sur le papier; ce seraient les torrents de madame Guyon. A propos de torrent, c'est ainsi que la neige est tombée ces jours-ci, et nous avons par-dessus un vent de bise qui nous tient claquemurés. Vous avez raison de vous plaindre des saisons. Mais il y aurait un problème à proposer. Est-ce nous qui les avons perverties ou nous ont-elles tourné la tête ? Mais quand nous pourrions résoudre cette difficulté, nous n'en serions pas plus avancés.

Nous lisons les Mémoires de madame de Maintenon, qui nous impatientent à l'excès. L'auteur a de l'esprit, mais vous rappelez-vous son mauvais ton, la pesanteur de sa marche, la

---

1. MM. de Choiseul-Gouffier et de Choiseul-d'Aillecourt.

multiplicité et la stérilité de ses réflexions? J'en passe les trois quarts en les lisant, et ce qui reste est encore bien long. Cet ouvrage fit beaucoup de bruit dans le temps, parce qu'il contient beaucoup d'anecdotes qu'on ne savait pas encore. Il ne réussirait pas aujourd'hui ; le goût est bien plus difficile. Voltaire nous a rendu ce mauvais service, ainsi que les auteurs du dernier siècle. Vous êtes persuadée que nous leur avons de grandes obligations, parce que vous ignorez quelles sont les vraies béatitudes des lecteurs. Heureux les pauvres de goût, parce qu'il faut peu de chose pour les contenter! Heureux les pauvres de mémoire, parce que tout leur paraît nouveau! Heureux les pauvres d'esprit, non-seulement parce que le royaume du ciel leur appartient, mais encore parce qu'ils jouissent avec plaisir de toutes les sottises qu'on écrit! Et les béatitudes des écrivains, les savez-vous ? Heureux ceux qui font de gros livres, parce qu'ils peuvent évaluer leur mérite sur la grosseur de leur volume! Heureux sont ceux qui font des ouvrages bien plats, parce que le nombre de ceux qui ne sont pas en état de les juger est bien au-dessus de ceux qui les condamnent! Aussi rien ne peut égaler la félicité d'un auteur qui n'est arrêté ni par le goût ni par la réflexion. Je veux à ce sujet vous conter une histoire qui vous ennuiera peut-être, mais qui m'amusera. A mon arrivée à Rome, je courus à la bibliothèque du Vatican. Celui qui en avait la garde était un des plus savants hommes de l'Italie; il avait fait un ouvrage en quatre volumes in-folio, intitulé : *Bibliothèque Orientale,* où l'on trouve en latin, en grec, en syriaque et en arabe tout ce qu'il y a de plus intéressant à savoir sur les nestoriens, les jacobites, les monothélites, etc. C'est un ouvrage excellent, et que je vous conseille de lire, si vous ne l'avez pas lu. Pénétré de respect pour M. Allemani, c'est le nom de l'auteur, je demande avec empressement à le voir. On me le montre écrivant, avec une rapidité étonnante, sur un cahier de papier du plus grand format in-folio. Je cours à lui ; il soulève sa tête et sa plume, et après les premiers compliments il me dit : « Je suis ici depuis quatre heures du matin (il était alors près de midi), et j'ai écrit une, deux, trois, quinze, vingt, trente et trente-cinq pages dans ma journée. C'est la fin de mon quinzième volume in-quarto de mon Traité sur les églises moscovites. J'en ai achevé douze in-quarto sur les églises des nestoriens ; j'en ai dix in-quarto sur celle des maronites ; malheureusement, je ne trouve point d'imprimeurs ; mais, par Dieu, ils ne m'empêcheront pas d'écrire !... » Et aussitôt il se rejette sur son papier et il écrit sur les églises mocovites. Vous sentez bien que cet homme était souverainement heureux ! Aussi, quoique âgé de soixante-quinze ans, je n'ai jamais vu de corps plus robuste et de santé si brillante ; ce n'était pas la lampe du génie qui brillait sur son front, mais c'étaient les couleurs les plus vives, l'embonpoint le plus naturel et la vanité la mieux satisfaite ; il était plus glorieux d'avoir rempli ses trente-six pages qu'il ne l'aurait été d'avoir fait le discours de M. le prince de B[1]... Je ne suis pas surpris que ce discours ait réussi. C'est certainement un des meilleurs qu'on ait faits. Nous n'avons pas encore celui de M. Gaillard. Je finis, de peur d'imiter M. Allemani.

LETTRE CCXXVI

DE MADAME DU DEFFAND A LA DUCHESSE DE CHOISEUL

Ce jeudi, 28 mars 1771.

Les occasions d'écrire deviennent bien rares, chère-grand'-maman. C'est à mes recherches que je dois celle de demain ; mais je prendrai le parti d'écrire par la poste, d'autant plus que je n'ai rien de bien mystérieux à mander. J'ai cru vous avoir dit que j'avais remis votre lettre à M. de Creutz, et raconté le plaisir qu'elle lui avait fait. Tous ses princes sont partis.

---

1. Beauvau.

Nous avons eu de grandes terreurs tous ces jours-ci. Heureusement elles ne paraissent pas fondées; mais il en faut profiter pour redoubler de prudence et de précautions. Faites-y de sérieuses réflexions; je ne hasarderai point de vous communiquer les miennes, je paraîtrais trop poltronne. J'écrirai à M. d'Arras, comme vous me l'ordonnez; j'en aurai tout le temps, il ne doit revenir ici qu'à la fin de mai, et c'est dans ce temps que lui et moi projetons de vous aller trouver.

Je suis très-curieuse de savoir comment vous avez trouvé les discours de MM. Gaillard et de Voisenon. J'eus beaucoup de plaisir à la séance de l'Académie [1]. M. Duclos y fut extrêmement ridicule. En qualité d'historiographe, il a fait l'histoire de cette Académie. Il en rapporta toutes les anecdotes; il parla de l'élection d'un M. de Lamoignon. A ce nom, ce fut un claquement de mains, des battements de pieds, enfin un tel applaudissement, que jamais il n'y en a eu de pareil. M. de Malesherbes était présent, et tous les regards se fixèrent sur lui. Rien n'est plus flatteur, rien n'est plus sensible; j'en eus les larmes aux yeux.

On parle de nouvelles remontrances de Rouen, qu'on dit être supérieures à toutes les autres; on veut me les faire lire, je les lirai donc; mais je doute qu'elles soient aussi excellentes, c'est-à-dire aussi solides et aussi bien écrites que votre dernière lettre; c'est un chef-d'œuvre.

La maréchale [2] est depuis huit ou dix jours à Paris pour une entorse. Je ne crois pas qu'elle soit sitôt en état de retourner à la cour. Elle me paraît peu instruite. Mais de quoi peut-on l'être? A-t-on des desseins, forme-t-on des plans, prend-on des mesures, peut-on rien prévoir? Tout est *ineffable*, chère grand'maman, je ne connais de réel que mon attachement pour vous et vos bontés pour moi.

---

1. Pour la réception du prince de Beauvau, qui remplaça le président Hénault.
2. De Mirepoix.

LETTRE CCXXVII

DE LA DUCHESSE DE CHOISEUL A MADAME DU DEFFAND

A Chanteloup, ce 31 mars 1771.

Je ne sais pas, ma chère petite-fille, si les occasions pour écrire deviennent rares, mais je sais que vos lettres le sont devenues extrêmement, et cette privation en est une très-grande pour moi. Je ne sais ce que c'est que les terreurs dont vous me parlez. Tout ce que je sais, c'est qu'on dit que l'acharnement est plus grand que jamais contre M. de Choiseul. Je ne sais ni pourquoi cet acharnement, ni pourquoi ce redoublement; mais je trouve que vous avez très-grande raison d'attendre qu'il soit passé pour venir. Quand vous viendrez, je crois que vous ne pourrez pas mieux faire que de suivre la marche que je vous ai indiquée; mais quoi qu'il m'en coûte, ma chère petite-fille, il faut en convenir, vous ferez mieux d'attendre. J'aurai soin de vous avertir quand je croirai le moment favorable. Vous pouvez vous en rapporter au désir extrême que j'ai de vous voir; il est plus fort que je ne peux vous l'exprimer.

La terreur de vos amis n'a point passé jusqu'à nous; je ne crois pas qu'on puisse ou qu'on veuille nous faire du mal, à moins qu'eux ou nous y donnions lieu par des imprudences. Mais j'ai le cœur navré de voir tous les amis ou employés par M. de Choiseul proscrits pour cette seule raison qu'ils étaient de ses amis ou avaient été employés par lui. L'affaire de M. d'Usson et celle du baron de Breteuil m'ont fait de la peine; mais la disgrâce de l'évêque d'Orléans m'a désolée[1]. Il est

---

1. L'abbé de Jarente, évêque d'Orléans, venait d'être exilé; il avait longtemps été chargé de la feuille des bénéfices. C'était un prélat de mœurs peu édifiantes. Mademoiselle Arnoux disait à propos de mademoiselle Guimard, danseuse de l'Opéra, que l'on comparait à un ver à soie, à cause de sa maigreur : « Elle vit pourtant sur une bonne feuille!... »

bien malheureux pour M. de Choiseul d'être la cause du malheur de ses amis.

Vous me demandez mon avis sur le discours de M. Gaillard. Celui de M. de Beauvau est, sans nulle prévention, celui de tous qui m'a plu davantage. Pour ceux de l'abbé de Voisenon, on n'en peut pas parler; c'est de la *ripopée*. Laissez-vous persuader de lire les remontrances de Rouen. Je vous promets qu'elles vous plairont. Ce ne sont pas des mots, ce sont des choses.

Adieu; je vous embrasse bien vite, parce que je suis bien pressée; mais pressée ou non, je vous aime de tout mon cœur; M. de Choiseul aussi, madame de Grammont aussi, tout le monde aussi, mais moi plus que tout le monde.

A propos, dites-moi, je vous prie, ce que veulent dire ces entorses de la maréchale. Vous ne m'avez pas encore expliqué ce que c'est que cette grâce que vous vouliez me demander. J'en suis toujours inquiète [1].

LETTRE CCXXVIII

DE MADAME DU DEFFAND A LA DUCHESSE DE CHOISEUL

Paris, ce lundi 1er avril 1771.

Je soupai hier chez la petite sainte avec M. et madame de Choiseul, qui partent demain pour Chanteloup; ils ont bien voulu se charger de cette lettre.

Que vous dirai-je, chère grand'maman? Toujours les mêmes choses; mes regrets sont les mêmes; le désir de vous aller trouver est extrême. Je ne puis comprendre qu'il n'y ait guère plus de trois mois de votre départ. Tout ce qui est arrivé et tout ce qui n'arrive point rempliraient des années. Voilà M. de Beauvau de quartier. Nous avons eu de grandes terreurs; mais

---

[1]. Voir la lettre à Walpole, du 26 mars 1771.

tout semble adouci, tout paraît enrayé, du moins pour quelque temps. Les paris sont ouverts pour les places vacantes. J'en ai déjà perdu quelques-uns, mais ils sont de façon qu'on peut croire jouer à qui perd gagne.

Vous aurez bien ri de l'aventure de M. de Monteynard. L'histoire que j'ai promise à l'abbé vous aura peut-être été déjà contée; mais la petite sainte m'a dit qu'on vous fâchait quand on vous parlait d'une nouvelle qu'on ne vous racontait point, parce qu'on supposait que vous la saviez déjà, tandis que vous l'ignoriez. Voici donc l'histoire :

Un M. Charpentier, officier d'un bailliage à Châlons ou à Soissons, vint à Paris il y a quelques jours. Le lendemain de son arrivée on lui annonça un hoqueton de M. le chancelier. Cet homme frémit à l'ordre qu'il reçut de l'aller trouver le lendemain matin. Arrivé dans l'antichambre du chancelier, qu'il trouva remplie, on le fit entrer dans le cabinet. Il était hors de lui, tremblant comme une feuille, fit des courbettes jusqu'à terre. « Ah! mon ami, dit le chancelier en lui frappant sur l'épaule, quel bonheur pour moi que vous soyez ici! j'attends de vous le plus important service. — De moi, monseigneur! En quoi puis-je vous être utile? — Dans la chose la plus importante; il faut que vous me raccommodiez avec le Roi! — Moi, monseigneur! — Oui, vous; vous savez qu'il établit des conseils supérieurs; je lui porte la liste de ceux dont on veut faire choix. Je lui présentai l'autre jour celle du conseil supérieur de Châlons; après l'avoir lue, il me la rejeta avec indignation. « A quoi pensez-vous, me dit-il, je ne trouve pas là le nom de Charpentier! un homme d'un mérite supérieur! un juge excellent, fait pour les grandes places de la magistrature! — Ah! sire, je conviens que j'ai tort. C'est un oubli impardonnable, mais il peut se réparer. » Vous voilà, mon ami; il vous faut sur-le-champ accepter une place dans ce conseil. Ce ne sera pas de conseiller, comme vous le croyez bien, il vous en faut une plus importante. Vous serez président, oui, président! et de plus, comme je connais votre discernement, je vous charge de choisir neuf ou dix membres qui nous manquent pour remplir ce conseil. Il faut partir demain dès le grand matin pour exécuter cet ordre. » Le grand Charpentier se confond en remerciements, part le lendemain de grand matin, arrive à Châlons bouffi de gloire, déclare sa nouvelle dignité et la mission dont il est chargé. Tout le monde le hue, lui fait des cornes, le traite avec mépris. Honteux et confus il revient trouver monseigneur, lui rend compte de ses succès et lui donne sa démission.

Le conseil de Clermont-Ferrand a déjà plusieurs membres, entre autres quatre officiers réformés, dont il y en a un qui a été mousquetaire; mais on croit qu'ils savent lire et écrire. Tout s'arrange à merveille comme vous voyez; on ne peut s'empêcher d'en pleurer et d'en rire.

Quand serai-je assez heureuse pour que ce soit avec vous? J'attends que ce mois-ci soit passé pour m'occuper sérieusement de mon voyage. Je me croirai en paradis quand j'habiterai une cellule à Chanteloup et que je me verrai dans mon tonneau, dans un coin du salon, souvent auprès de vous; que je vous entendrai dire et au grand-papa : « Petite-fille, faites ci, faites cela, qu'on l'amène ici, qu'on l'amène là! » que mon capitaine viendra me prendre, que nous jouerons au tracqnar. Oh! mon Dieu, que je serai aise et que je me moquerai de ceux qui se croiront plus heureux que moi! Mais en attendant je m'ennuie beaucoup. Je m'excite à la patience et j'ai bien de la peine à la pratiquer. J'ai ici pour le présent, monsieur, madame et mademoiselle Churchill. Ils sont infiniment aimables et vous plairont beaucoup. Ils logent à la place des Victoires, ce qui fait que je ne les vois pas bien souvent. Ils s'en iront le mois prochain. J'ai quelque espérance que mon ami Horace fera un petit voyage ici. Je ne sais pas positivement dans quel temps; mais je voudrais l'attendre, et le jour qu'il repartira pour son pays, partir de mon côté pour me trouver dans mon centre, entre vous et le grand-papa. Approuvez-vous cet arrangement?

L'abbé vous aura conté l'aventure d'Horace ; elle est ineffable. Il y a toute apparence qu'elle ne sera jamais éclaircie [1]. Madame d'Enville est à la campagne. La maréchale a toujours son entorse. Le prince incomparable est plus amoureux que jamais ; mais il ne se mariera pas. Voilà déjà six mois de passés ; le grand-papa n'a pas beau jeu [2].

M. d'Aiguillon revint samedi de *Veret* ; il rencontra un carrosse à six chevaux qui allait à Chanteloup, qui venait du côté d'Angers. Est-ce M. de Voyer?

Que dites-vous du discours de M. Gaillard, surtout de l'éloge du cardinal de Richelieu? Mon district est de vous dire des rien, parce que je suis moins que rien. Je laisse aux important les choses importantes.

Adieu, chère grand'maman.

LETTRE CCXXIX

DE LA DUCHESSE DE CHOISEUL A MADAME DU DEFFAND

A Chanteloup, ce 3 avril 1771.

Vous allez, ma chère petite-fille, perdre le plaisir de la correspondance de l'abbé ; mais vous allez gagner celui de sa société. Il nous quitte pour quelques jours, ce pauvre abbé ; il va vous voir, nous oublier auprès de vous, où l'on doit oublier tout le monde. Je vous prie de le faire ressouvenir de moi ; car vous auprès de qui on oublie tout le monde, vous n'oubliez pas vos amis. Je ne vous dédommagerai point de sa correspondance

---

[1]. On avait trouvé au domicile de M. Walpole, à Londres, *Arlington street*, toutes les serrures forcées et les meubles vides au milieu des appartements, sans qu'aucun objet manquât.

[2]. Ce mariage, qui ne se fit pas, du prince de Beauffremont avec madame de Boufflers, avait été l'occasion d'un pari entre madame du Deffand et le duc de Choiseul.

pendant son absence, car je ne sais point être gaie, je ne sais qu'être contente. Vous me mandez pourtant quelquefois que mes lettres sont admirables, c'est-à-dire qu'elles sont ennuyeuses. Oh! je le crois bien, on pourrait dire de mes lettres ce qu'on disait de la conversation de mon père : *Il disserte toujours, il ne cause jamais.* Mais qu'importe, ma chère enfant! pourvu que je vous aime, n'est-ce pas tout ce que vous voulez de moi? et vous avez en vérité satisfaction, car je vous aime de tout mon cœur.

Madame de Choiseul La Baume arrive à l'instant et me remet votre charmante lettre; vraiment charmante! M. de Choiseul a ri à pâmer de l'histoire du grand Charpentier.

Celle de M. Walpole est ineffable. Écrivez-moi toujours tout ce que vous saurez. Les nouvelles sont l'amusement des provinciaux et des gens désœuvrés. Nous avons pris le sage parti de rire de tout, et quand vous serez ici vous en rirez avec nous.

LETTRE CCXXX

DE MADAME DU DEFFAND A LA DUCHESSE DE CHOISEUL

Ce mercredi, 3 avril 1771.

C'est assurément du ciel que m'est tombée la lettre que je reçus hier; c'est un être invisible qui me l'a apportée. Je voudrais bien qu'il vînt aussi chercher et vous porter les miennes, tout indignes qu'elles soient de cet honneur. Je n'ose l'espérer et cependant je vais faire comme si je m'attendais à cette bonne fortune.

Je commencerai par vous dire, chère grand'-maman, que je suis bien troublée; mais vous savez que cet accident m'arrive aisément. Tout est ici dans une fermentation effroyable. La certitude qu'il n'est pas en ma puissance d'être utile et la crainte des imprudences me tiennent dans une grande réserve,

Je n'ose pousser de questions. Je ne veux pas qu'on me soupçonne d'être espion, ni me rendre suspecte au point qu'on n'ose rien dire devant moi. J'écoute ce qui échappe. Ce que je comprends de la disposition présente est une grande irritation, un désir de pousser la vengeance le plus loin qu'on pourra. Je crains le départ des dames qui veulent vous visiter. L'empressement qu'on marque est pris pour bravade. Il serait peut-être prudent et nécessaire de laisser passer six semaines ou deux mois sans demander de permission, ou sans faire usage de celles qu'on croit avoir reçues, ce qui est, dit-on, équivoque. On prétend qu'on a seulement dit sur le mois d'avril : « Nous verrons! » La lettre anonyme à la noblesse a fait un effet terrible. Les remontrances qui pleuvent de toutes parts, les difficultés insurmontables qu'on trouve à tous les projets, inspirent la fureur. Vous savez ce que produit la faiblesse. Voltaire la définit ainsi :

Tyran qui cède au crime et détruit la vertu!

Ah! la vertu est bien loin, gare l'arrivée du crime! Si ce pouvait être celui que madame Pelletier projetait, à la bonne heure; il ne fâcherait ni ne scandaliserait personne. Cependant tout ne serait pas dit; il resterait encore bien des monstres à combattre. En vérité, la paix de la bonne conscience ne peut rassurer. Si vous me dites : « Mais quel est donc le sujet de vos craintes? » Qu'on ne vous laisse pas en paix à Chanteloup, qu'on ne vous envoie plus loin! Un moment d'humeur peut en faire signifier l'ordre. Il faut donc bien prendre garde de l'exciter.

L'entorse de la maréchale est très-véritable. Elle la retiendra encore plusieurs jours à Paris. Je ne puis vous dire sur elle que la même chose que je vous ai dite bien des fois : loin d'augmenter les mauvaises intentions, je suis persuadée qu'elle les adoucirait s'il était en son pouvoir. Son avis est de suspendre les visites pour quelque temps, comme je vous l'ai marqué. Sur d'autres égards il n'y a rien à faire, sinon de prévoir les accidents qui peuvent arriver. Tous les princes ne sont pas des Beauvau et des Beauffremont. Il en est d'autres qui sont tant soit peu avides du bien d'autrui. Quelles précautions y a-t-il à prendre? Je n'en sais rien. — Je continuerai cette lettre jour par jour jusqu'à ce que je puisse vous l'envoyer.

Ce jeudi 4.

J'ai lu, par ordre de votre grand-maternité, les troisièmes remontrances de Rouen et son arrêté. N'exigez pas que j'en lise jamais davantage; celles-ci sont la girandole, toutes les autres ne sont et ne peuvent être que fusées ou pétards. Tout ce qui est venu de Rouen est pour moi ce qu'était pour l'abbé Pellegrin sa pélopée. On dit que l'auteur est M. Brochot. Le grand-papa sait bien quel est cet homme. Il vend sa plume au plus offrant. Vous ne devineriez point avec qui j'ai fait cette lecture. Avec les deux La Galaisière. Le père bouffissait de colère et je lui disais de temps en temps : « A vous, monsieur, des rubans verts! » Le fils, qui faisait la lecture, cachait sa pensée autant qu'il pouvait; mais j'ai démêlé qu'il n'était pas mécontent.

Je soupai hier chez la maréchale; elle était dans son lit; son pied s'est enflé de nouveau. La compagnie était M. de Boufflers, M. de Creutz, Pont de Veyle et moi. Je n'ai point eu de conversation particulière. On vous mande apparemment que depuis quelques jours on nomme M. d'Aubeterre pour les affaires étrangères. Le prince de Beauvau, de qui je reçois une lettre dans ce moment, écrite hier soir, dit qu'il en est bruit à la cour. C'est bien le cas de trouver ce choix ineffable; mais en vérité, en vérité, je ne puis le croire. Le prince me mande qu'il a chassé et soupé avec le roi. Il le traite plus froidement qu'à l'ordinaire; il ne lui a point parlé pendant tout le souper, ni même à M. de Coigny, contre sa coutume.

On ne croit pas que la disgrâce de l'évêque d'Orléans ait été directement par rapport au grand-papa. Il avait bien des ennemis, et sa conversation avec madame Adélaïde a achevé de déterminer. On fait, dit-on, de grandes recherches sur les économats. On prétend qu'on en a diverti des sommes considérables pour corrompre le Parlement. Le ministre des affaires étrangères, tel qu'il puisse être, ne paraît pas devoir être nommé avant huit jours. Le roi a dit aux étrangers de venir chez M. de la Vrillière mardi prochain.

Il y a eu un beau voyage de Passy chez la comtesse de Valentinois. Elle y fut lundi et elle en revient ce soir. Elle a invité tout ce qu'elle connaît à venir y dîner et souper, excepté moi qui suis dans sa disgrâce. Elle avait hier à dîner vingt-cinq personnes. Elle était à table entre le contrôleur-général et M. de La Borde. N'allez pas trouver quelque ressemblance au Calvaire. Il y avait des ministres étrangers. Votre petit dévot y était. Il y a mille ans que je ne l'ai vu. On dit qu'il a été malade et qu'il est fort changé.

L'abbé vous a conté l'aventure de notre ami Horace. Elle ne s'est point éclaircie et ne s'éclaircira jamais. On a répandu ici que c'était au petit Walpole qu'elle était arrivée, et qu'on voulait se saisir de ses dépêches. Depuis qu'on a su que c'était à son cousin, on dit que ç'a été pour découvrir sa correspondance avec le grand-papa. Enfin, que vous dirai-je? On ne sait ce qu'on dit; on ne sait ce qu'on fait, on ne sait ce qu'on fera, on ne sait ce qu'on veut ! Le Grand-Conseil remplacera-t-il le Parlement? Le président Déguille, qui est arrivé de Provence, sera-t-il premier président? Si vous le savez, dites-le-moi. A demain.

Ce vendredi 5, à 7 heures du soir.

On ouvre ma porte; on m'annonce l'évêque de Rhodez. « Ah! vous voilà, monseigneur, il y a longtemps que je ne vous ai vu. » Il s'approche, me prend la main, jargonne quel-

que mots. Ah! mon Dieu, mon Dieu, c'est l'abbé Barthélemy!
Jugez de ma joie, de ma surprise, de la rapidité de mes questions, de ma volubilité à lui rendre compte de tout; enfin, mon rhume en est fort augmenté. Pour ce pauvre abbé, il tombait de faiblesse; il n'avait rien pris d'aujourd'hui. Il vient de me quitter. Il m'a fait la lecture de votre lettre. Je reprendrai celle-ci demain. Dans ce moment-ci je suis épuisée.

Ce samedi 6.

Je reprends ma gazette. Je soupai hier chez madame de Caraman avec madame de Cambise; rien que nous trois. La conversation fut vague, quoique sur des matières intéressantes. On plaida pour et contre sur la maréchale et la princesse, et nous convînmes unanimement de cette parodie de La Fontaine :

Deux coqs vivaient en paix, mais deux poules survinrent, etc.

Mais le vers de La Fontaine tel qu'il est a aussi son application bien juste.

Des nouvelles il n'y en a point, ou du moins je n'en sais pas.

J'ai écrit à l'abbé en m'éveillant que je le priais de me venir voir cette après-dînée; que je ferais fermer ma porte et que je causerais avec lui avec plus de calme et de bon sens que je ne fis hier. Je vous rendrai compte de notre conversation; je vous dirai présentement que vous vous jugez tout de travers. Vos lettres m'enchantent; j'ai toujours pour vous un redoublement d'amour quand j'en reçois. Elles sont si tendres, si vraies, que je ne sais pas comment je puis résister à l'impatience qu'elles m'excitent de vous aller trouver. C'est sur cet article que je compte beaucoup raisonner avec l'abbé. Je vous prie d'avance d'ajouter foi à tout ce qu'il vous dira de mes sentiments pour vous. Croyez que je suis tout isolée quand je suis séparée de vous. Il me vient quelquefois des doutes;

il me semble impossible qu'on m'aime. Je suis affreuse à mes propres yeux, triste, vieille, ennuyeuse; je ne puis espérer que quelque reconnaissance. Heureusement votre sensibilité vous en rend très-susceptible. Voilà sur quoi je fonde ma confiance, et elle me conduira à Chanteloup tout aussitôt qu'il sera possible.

Ce lundi 8.

Je vais laisser le soin à l'abbé de vous raconter tout ce qu'il saura; je lui dirai tout ce que je sais, et même je lui donnerai ce journal que je ne continuerai plus. Je vais m'en tenir à parler de vous avec lui. Il sera mon secrétaire, mon historien, mon interprète. Je suis comme mademoiselle Lemaure, qui disait qu'elle n'avait pas plus d'esprit qu'un cheval mort. Voilà mon état présent. Tout effort serait inutile pour m'en tirer. Il tient peut-être à ma santé. Je n'en sais rien.

Vous avez actuellement la plus belle compagnie du monde. Mon intérêt, indépendamment du vôtre, fait que j'en suis fort aise; elle aplanit mon chemin.

Adieu, je vais faire cacheter cette lettre; je la donnerai à l'abbé, il se chargera de vous la faire tenir; je ne suis point avertie des occasions; je ne la lui donnerai point à lire. Je m'apercevrais combien il la trouve sotte, et je n'aurais pas le courage de vous l'envoyer. Je vous crains moins que personne au monde. Je connais votre indulgence, et que l'amitié vous tient lieu de tout.

P. S. La petite sainte me mande dans ce moment que madame de Brionne part demain, et qu'elle lui enverra ma lettre qu'elle mettra dans son paquet. J'étais bien tentée de jeter cette lettre au feu; mais j'aime mieux vous paraître imbécile que de vous laisser douter que j'ai été huit jours sans m'occuper de vous.

Je suis aujourd'hui d'une tristesse profonde; elle n'est fondée sur rien de nouveau, mais je sens un abandon général; je ne tiens à rien, je me crois seule dans l'univers. Ce sont des vapeurs qui passeront, mais elles reviendront souvent jusqu'à ce que je sois auprès de vous. Ce moment-ci n'est pas celui où je désirerais le plus d'y être; toutes ces belles dames me feraient grand'peur; elles vous diront sans doute tout ce qu'il y a à dire. Je n'entends que des conjectures; rien ne m'intéresse que ce qui vous regarde. Je n'ai pas de nouveaux sujets de craintes; j'espère qu'on vous laissera en paix. Il y a des couplets enragés; peut-être ces dames les auront; on me les a promis; mandez-moi si vous les avez vus, pour que je ne vous les envoie pas.

Ma citation des deux coqs et des deux poules, qui est bien bête, sera même inintelligible si je ne vous l'explique. C'est le roi et le grand-papa qui sont les coqs; c'est la maréchale de Mirepoix et la princesse de Beauvau qui sont les poules. C'est bien sot, n'est-ce pas?...

Voilà quatre petits vers qu'on nous dit hier :

> O France ! le sexe femelle
> A toujours réglé ton destin :
> Ton salut vint d'une pucelle,
> Ta perte vient d'une catin !...

J'apprends que M. de Malesherbes est exilé à Malesherbes.

LETTRE CCXXXI

DE MADAME DU DEFFAND A LA DUCHESSE DE CHOISEUL.

Ce mardi, 9 avril 1771.

Il faut bien un second tome; je n'ai pas trop de quoi le remplir. Je n'appris rien hier dans la journée, si ce n'est une chanson que je suis sûre que vous avez depuis dix jours, sur l'air de la *Fée Urgèle*. J'ai peine à me résoudre à vous l'envoyer. Le premier mouvement est un peu d'indignation contre les répétitions.

Je ne vis point hier la maréchale; j'appris par madame de Cambise, qui soupa chez moi, qu'elle était sortie pour aller à l'Opéra-Comique; qu'elle s'était fait porter dans sa loge, qui est la même de M. le prince de Conti et de neuf ou dix autres personnes. Elle était avec madame de Caraman, MM. de Lévy et d'Entragues. Elle y trouva mesdames de Beauvau et de Poix. Je ne crois pas que la conversation ait été vive. J'en saurai des nouvelles ce soir par la maréchale, chez qui je soupe, et demain par les princesses, à qui je donne à souper.

Je ne puis me persuader que la poste ne m'apporte pas un billet de l'abbé. Suivant l'avis qu'il me donna en partant, j'ai envoyé chez M. de la Ponce, et c'est lui qui vous portera cette lettre.

Le pauvre Creutz vous trouve toujours un *anche* et me parle sans cesse de vous. C'est ma compagnie la plus assidue, ainsi que l'ambassadeur d'Angleterre. Vous voyez qu'il n'y a pas de quoi mourir de rire; mais ce sont de bonnes gens, d'honnêtes gens. Je suis plus stérile et plus triste qu'eux : les gens plus gais et plus agréables m'embarrasseraient.

Ah! je me rappelle une histoire à vous raconter dont je me tirerai mal; mais il n'importe. Non, je ne vous la raconterai pas. Wiart dit que je vous l'ai racontée dans ma dernière lettre, à vous ou à l'abbé. Voyez combien j'ai peu de mémoire. Oh! vous savez sûrement la chanson de la *Fée Urgèle*; je ne vous l'enverrai pas.

Je finis. Je suis une radoteuse, une rabâcheuse; mais telle que je suis, je vous aime, et le grand-papa, et le grand abbé, et le marquis. Il y aurait trop de confiance et de présomption de vouloir me faire nommer à madame la duchesse de Grammont et même à M. de Gontaut; mais je puis bien, je crois, n'être pas si réservée avec M. de Boufflers, et lui faire mille compliments.

A 3 heures.

Vous saurez qu'on dit ici que M. de Bissy a la lieutenance-générale. On ne le dit encore que tout bas, mais on le dira bientôt tout haut. N'est-ce pas avoir toute honte bu?

Mon évêque de Mirepoix arrive ce soir ; j'en suis ravie, surtout à cause de mon souper de demain. Je ne savais qui donner aux princesses. Mais je voudrais être avec vous et laisser là tout le reste.

LETTRE CCXXXI

DE LA DUCHESSE DE CHOISEUL A MADAME DU DEFFAND

A Chanteloup, ce 12 avril 1771.

Cette lettre dont vous dites tant de mal, ma chère petite-fille, si longue, si plate, si ennuyeuse, est justement une de celles que vous m'avez écrites qui m'a fait le plus de plaisir. Éloignée de tout et par ma situation intéressée à tout, ce ne sont pas des lettres de pur agrément qu'il me faut (et les vôtres ne s'en séparent jamais), ce sont précisément des journaux qui m'instruisent des événements de chaque jour, des opinions du public et des sentiments particuliers de mes amis. Continuez donc, quelque ennuyeux que puisse vous paraître le métier de gazetier. Vos lettres n'en auront jamais la sécheresse pour moi; elles me plairont, m'instruiront, m'intéresseront à plus d'un titre, et vous aurez la certitude de m'amuser et de m'être utile. Je suis fâchée de vos inquiétudes par le mal qu'elles vous font au moral, et par celui que je crains qu'elles vous fassent au physique. Je ne sais si elles sont fondées, mais je vous assure qu'elles ne me paraissent rien moins que déraisonnables. Je sais que la haine contre M. de Choiseul, loin de se calmer, s'aigrit chaque jour. Je ne sais quel mal elle aurait la volonté ou le pouvoir de nous faire; mais je sais qu'il ne faut pas l'aigrir. Je ne sais si l'empressement de ses amis pour le venir voir est imprudent, mais le caractère de M. de Choiseul l'éloigne de tout ce qui s'appelle ménagement, et je ne connais point de digue à opposer au caractère. Je ne voudrais pas que vos craintes me privassent du plaisir de vous voir. Je ne veux cependant pas que vous hasardiez aucune démarche sur ma périlleuse parole. Tout ce que j'exige de vous, c'est que vous ne vous adressiez point à M. de Saint-Florentin, parce que ce serait une façon sûre d'être refusée, et qui vous priverait de tous les autres moyens et m'ôterait totalement l'espérance de vous voir. Consultez M. de Beauvau quand vous serez prête à partir; s'il approuve la marche que je vous ai indiquée, suivez-la; s'il ne l'approuve pas, attendez qu'il soit à portée de demander lui-même votre permission au roi.

J'imagine que vous aurez encore fait bien du noir avec l'abbé, car c'est un grand poltron. Si vous étiez ici, notre sécurité vous tranquilliserait. J'ai encore appris bien des nouvelles depuis votre lettre : vous avez deux ministres de nommés, la feuille et la marine. Le petit esclandre arrivé au cours au chancelier me fait croire que ceux qui nous font du mal peuvent bien avoir plus de peur que nous. Vous avez encore un tribunal de moins. On nous menace aussi de supprimer la Chambre des comptes et le Châtelet, et l'on dit que quand il n'y aura plus de Châtelet, on ne pourra plus naître, mourir, tester, se marier légalement, et moi je dis que plus on détruira, moins je croirai à la destruction.

Ne voyez-vous pas que quand on dit qu'il y a des sommes considérables des économats qui ont été détournées pour gagner le Parlement, ce sont des pierres que l'on veut jeter dans le jardin du grand-papa? Mais elles n'y tomberont pas, car je suis certaine : 1° que les économats sont en très-bon état; 2° que l'évêque d'Orléans n'en pouvait rien détourner, parce qu'il y a un bureau particulier, sans l'aveu duquel on ne peut employer aucun de ces fonds; 3° que M. de Choiseul n'a point gagné le Parlement ; 4° qu'il aurait eu d'autres fonds à prendre plutôt que de gagner celui qui disposait des économats.

Je trouve l'application des deux coqs fort bien et j'aurais eu assez d'esprit pour la deviner sans l'explication ; mais je ne puis convenir que le grand-papa et l'autre coq soient des animaux de même espèce.

J'ai ri de l'espièglerie que vous avez faite aux La Galaisière de vous faire lire par eux les remontrances du Parlement de Rouen. Vous avez dû en être contente.

Savez-vous que je ne serais point du tout étonnée de l'explication qu'on donne à l'aventure de votre Horace[1] ?

Renvoyez-moi mon abbé ; vous jugerez aisément que j'en ai besoin. Il devrait déjà être revenu avec le baron de Bézenval. Il est peut-être en route avec M. de Gontaut. A tout hasard je lui écris encore.

Le grand-papa vous embrasse. Parlez un peu de moi à nos amis, le prince incomparable, le prince de Beauvau, la princesse, le petit dévot, le pauvre comte de Creutz et notre bonne madame de la Vallière, qu'on dit être dans un fâcheux état.

LETTRE CCXXXIII

DE MADAME DU DEFFAND A LA DUCHESSE DE CHOISEUL

Ce vendredi, 12 avril 1771.

Comment cela se peut-il, chère grand'maman, il me semble qu'il n'y a qu'un instant que l'abbé est arrivé et qu'il y a mille ans que je n'ai eu de vos nouvelles. Vous ne devez point être en train d'écrire, la moindre gêne engourdit la main

---

1. Il en a été question dans les lettres précédentes. Quelques personnes pensèrent qu'on avait eu pour but la découverte d'une correspondance secrète qu'on supposait exister entre le duc de Choiseul et M. Walpole, et que la police de Paris aurait eu recours à des voleurs de Londres pour ce nouveau genre de perquisition.

et la tête; vos deux grandes dames vous plaisent certainement beaucoup, mais je le répète, vous n'êtes pas en train d'écrire.

Pour mon capitaine, votre grand abbé, il met en train de tout. Je vous aime tant, chère grand'maman, que j'ai autant de désir de ne plus le voir qu'il en a à me quitter. Il vous arrivera tout chargé, lardé, bardé de nouvelles. Nous attendons celles de demain sans pouvoir deviner ce qu'elles pourront être. Un lit de justice à Versailles; quel est le Parlement qui s'y trouvera? qu'est-ce qui en résultera? y aura-t-il de nouveaux exils, de nouveaux ministres? Oh! sans vous et le grand-papa, je me moquerais bien de tout ce qui se passe. Mes frayeurs et mes vapeurs me reprennent souvent. Depuis quelques jours elles sont moins fortes. Il me semble qu'on ne pense plus à vous. La princesse de B.[1] est venue ici pendant le voyage de la Muette. Elle ne m'est pas venue voir, elle s'est contentée d'un message. Je ne suis point en faveur; son mari ne m'écrit point; elle est fort liée avec la maréchale de L.[2], avec le temple[3] et les idoles[4]. Je ne crois pas que tout cela fasse de bonne besogne.

Voilà deux lettres de Voltaire; j'y joins la réponse aux remontrances de M. de Malesherbes, qui, je crois, est de lui, et de très-méchants couplets sur l'air des *Pendus*.

'J'ai confié à l'abbé mon secret sur cette chose que je désire et que je crois si difficile à obtenir. Il me donne quelque espérance et se charge de la négociation. Je me tais; ce sera l'abbé qui terminera cette lettre.

1. Beauvau.
2. Luxembourg.
3. Le prince de Conti.
4. Mesdames de Boufflers et de Cambise.

DE L'ABBÉ BARTHÉLEMY

La petite-fille ne savait pas que je venais de vous écrire quand elle m'a remis cette lettre. Elle m'a confié ce qu'elle croit si difficile à obtenir. Elle me l'a confié sous le secret, et c'est pour cela même que je vais vous le dire. Elle attend M. Walpole. Elle voudrait, pendant son séjour à Paris, lui faire lire les Mémoires de Saint-Simon, en donnant parole d'honneur qu'elle ne les fera pas copier et qu'elle ne les prêtera à personne. Elle les renverrait d'abord après que M. Walpole les aurait lus, et ne les demanderait qu'après son arrivée.

LETTRE CCXXXIV

DE MADAME DU DEFFAND A LA DUCHESSE DE CHOISEUL

Ce lundi, 15 avril 1771.

Voilà votre abbé, chère grand'maman. Rien ne peut mieux vous prouver l'excès de ma tendresse que l'impatience que j'avais qu'il fût auprès de vous. Je l'ai vu presque tous les jours. Savez-vous qu'après vous, il est ce que j'aime le mieux? Il vous dira mes projets, mes désirs; il est chargé de mes négociations.

Je suis enchantée que vous vous accommodiez de ma bêtise, et puisque cette lettre dont j'étais honteuse ne vous a pas déplu, vous en aurez tant et plus de cette sorte. Rien n'est si doux que d'être à son aise. On aime aussi à y sentir les autres, et c'est pourquoi je préfère les plus grandes platitudes aux choses sublimes qui sont guindées.

Je distribuerai vos compliments. J'en ai déjà fait à votre petit dévot[1], avec qui je soupai hier chez la maréchale de M...[2]. Il est devenu totalement muet.

---

1. M. de Souza, ministre de Portugal.
2. Mirepoix.

Dans ce moment je reçois un billet de madame de Beauvau, qui est en ces termes :

« Madame de Beauvau se flatte d'avoir l'honneur de passer
« la soirée avec madame du Deffand un des jours de la semaine
« prochaine, si les bruits d'exil qui sont très-publics ici pour
« les pairs et capitaines des gardes, ne se réalisent pas. »

Je n'en entendis pas dire un mot hier; mais je me rappelle que madame d'Aiguillon me parut fort sérieuse. Je me figure aujourd'hui qu'elle est occupée de tous les désastres qui pourront arriver. Je lui trouve bien des rapports avec Agrippine, avec la différence que le trône de son Néron ne lui aura pas coûté de crimes; mais elle pourra bien être une de ses victimes.

Il est trois heures, je vais vitement me lever. J'irai chez la maréchale, et si j'en tire quelque chose, je l'ajouterai à cette lettre ou je le dirai à l'abbé.

A 5 heures.

J'arrive de chez la maréchale; elle dit qu'elle ne sait rien, qu'elle croit cependant pouvoir répondre qu'il n'y aura pas d'exil; mais qu'il pourrait bien y avoir d'autres punitions. Elle n'a pas voulu s'expliquer davantage, disant qu'elle ne savait pas lesquelles ce serait; et, en effet, je crois qu'elle l'ignore. Son petit d'Hénin [1] a parlé comme un fou; j'ai pris la liberté de le faire taire et de lui dire qu'il se faisait un tort infini en donnant une très-mauvaise opinion de son caractère. La maréchale m'a approuvée. Tout cela est de petite importance. On croyait que le d'Aiguillon entrerait hier dans le conseil; peut-être attend-il que tous les grands coups soient portés. C'est ce que nous saurons vraisemblablement dans l'espace de vingt-quatre heures. Tout cela est horrible! Mais ce que je désire, ce que j'espère même, c'est que rien de tout ceci ne vous

---

1. Le prince d'Hénin, qu'on appelait le nain des princes, frère du prince de Chimay et neveu de la maréchale de Mirepoix.

regarde; qu'on n'ajoute rien à votre disgrâce et que je puisse avoir le bonheur infini de vous aller trouver et d'oublier près de vous le reste de la terre!...

Adieu. L'abbé sera mon chancelier. Plût à Dieu qu'il fût celui de la France! Mais c'est Belphégor, Belzébuth, les trois Furies, enfin tout l'enfer réuni qui forme le personnage qui porte ce titre.

Au nom de Dieu ne me laissez perdre aucune occasion de vous écrire. Je ne prévois pas vous rien apprendre. Je vous crois des correspondants mieux instruits que moi; mais enfin, je me satisferai moi-même en m'occupant de vous et en me flattant de vous occuper de moi quelques instants.

LETTRE CCXXXV

DE MADAME DU DEFFAND A LA DUCHESSE DE CHOISEUL

Ce lundi, 22 avril 1771,
A 3 heures après midi.

Je n'ai jamais été si longtemps sans avoir de vos nouvelles, chère grand'maman; les occasions d'en recevoir deviennent tous les jours plus rares, et moi j'en deviens tous les jours plus malheureuse. Quand je pense que telles et telles personnes sont avec vous, qu'il ne tient qu'à madame de Château-Renaud de vous aller trouver, et que moi je suis captive dans mon tonneau, je tombe dans des vapeurs affreuses.

Je désirais le départ de l'abbé; je suis ravie qu'il soit avec vous. Rien ne vous prouve plus le cas que je fais de lui et l'excès de ma tendresse pour vous. Ah! oui, je vous aime beaucoup! et si vous saviez ce que je souffre de notre séparation; vous me trouveriez plus à plaindre que M. Michaut et que le conseiller qu'on vient, dit-on, d'envoyer au Mont-Saint-Michel.

Je serais bien embarrassée de vous dire des nouvelles. Tout

est dans un taudis où l'on ne débrouille rien. On accepte, on se démet, on proteste sans nécessité ; on meurt de peur ; on attend des nominations. Elles doivent être faites le lendemain : il se passe huit jours sans en entendre parler.

L'entorse [1] dure toujours. Elle a été très-véritable ; mais il pourrait bien y avoir quelque fiction dans sa durée ; on voit beaucoup de monde ; la famille est nombreuse, plusieurs courtisans. Madame de Mazarin est très-assidue. Elle n'abandonne point le projet de s'introduire. On ne veut point d'elle, on le lui dit très-clairement ; elle ne fait pas semblant d'entendre ; un jeu continuel. Tout cela me rend cette maison peu agréable, quoique j'en trouve la maîtresse toujours très-aimable. On parlait devant elle de gens qui font les importants, les politiques, les beaux esprits. « Ah ! oui, dit-elle, ce sont des personnages de *serres chaudes*. » J'adopte cette définition. Je la trouve applicable à bien des gens.

Je m'ennuie à mourir. Si je ne voyais pas un terme à ma captivité, je crois que je prendrais le parti du couvent ou de la province. Être réduite dans Paris à ne voir personne ou bien des ennuyeux, me fait sentir la vérité de ce que Marivaux fait penser à Marianne, lorsqu'elle était dans la rue : « *Elle se serait trouvée moins seule dans un désert.* » Y a-t-il, en effet, une plus grande solitude que de ne tenir à rien ? que de ne voir que des objets à qui on est indifférent et qui nous le sont parfaitement ? Ah ! quand je pense à Chanteloup, et que je serai totalement persuadée que ce ne sera point complaisance de votre part, bonté, humanité, qui me font supporter, je serai alors infiniment heureuse !

L'abbé a dû vous rendre compte de mes projets, si tant est que l'occupation où il était de vous lui ait permis de faire attention à autre chose. Je vais donc vous les répéter : Premièrement, ce n'est pas le moment de demander des permissions.

---

1. L'entorse de la maréchale de Mirepoix.

Il n'y a personne que je pusse y employer. M. de Beauvau est comme Oreste, quand Iphigénie l'appelait à son secours. La maréchale se tient éloignée et je ne sais quel parti elle prendra. Je suis bien résolue de ne jamais m'adresser à M. de La Vrillière, et partir sans congé serait, je crois, une grande imprudence.

Ce n'est pas assurément que je ne sois persuadée de mon peu d'importance; mais comme on est à l'affût d'inventer et de chercher des torts au grand-papa, on lui ferait un crime d'avoir consenti à me recevoir, et j'aime mieux souffrir de l'absence, quelque cruelle qu'elle soit, que d'avoir à me reprocher de lui attirer la moindre peine. Je voudrais bien que tous ses amis eussent pensé de même.

Secondement : j'attends M. Walpole; mais je ne l'attends qu'au mois de juillet; il ne passera pas plus d'un mois ici; ainsi c'est à la fin d'août ou au commencement de septembre que j'ai l'espérance de vous aller trouver. Il faudrait alors que l'abbé vînt faire son petit tour à Paris, et nous partirions ensemble. Tenez, cette idée me réjouit et écarte pour quelques moments l'abominable ennui où je suis livrée, et que j'ai en vérité bien de la peine à supporter.

L'abbé a dû vous dire le plaisir que vous me ferez si vous consentez à m'envoyer les Mémoires de Saint-Simon; vous pouvez être sûre de ma fidélité.

La maréchale de Luxembourg est d'avant-hier à Montmorency, avec le temple et toutes les idoles. Elle y restera jusqu'au 5 de mai. L'incomparable et sa Dulcinée[1] y vont demain; il ne la quitte pas. Il en est plus épris que jamais; ils viennent de faire un voyage à Versailles. Le prince et la princesse la traitent à merveille. L'incomparable me voit beaucoup moins. C'est le plus doux et le plus facile de tous les hommes; ce sont ses vertus, ce sont ses défauts.

1. Le prince de Bauffremont et la marquise de Boufflers.

Brienne, où est encore l'archevêque, m'enlève la meilleure partie de ma société, deux évêques qui me plaisent : le Mirepoix, le Rhodez. Mon meilleur, et peut-être mon seul ami, Pont de Veyle, va aujourd'hui à Montmorency. Je suis réduite à rien ; mais parlons d'autre chose.

Savez-vous la chanson sur l'air de *l'Allure mon cousin?* il vaut mieux que vous l'ayez deux fois que de l'ignorer.

> Ne venez pas ici, mon cousin,
> C'est mon ordre suprême.
> Et dites à mes autres cousins
> Qu'ils en fassent de même, mon cousin ;
> Sur ce je prie Dieu qu'il vous ait, mon cousin,
> En sa sainte et digne garde [1] !

LETTRE CCXXXVI

DE L'ABBÉ BARTHÉLEMY A MADAME DU DEFFAND

24 avril 1771.

M. de Bezenval part demain matin. La grand'maman voudrait écrire à sa petite-fille, elle n'en a pas le temps parce qu'à Chanteloup on n'a le temps de rien. Qu'est-ce qu'on y fait? rien exactement, mais on y pense à ce qu'on aime, et voilà pourquoi la grand'maman veut que j'écrive mille amours à sa petite-fille. Je puis l'assurer en même temps que le rhume n'a point eu de suite et ne l'a pas empêchée de courir avant-hier après son mari, qui courait après un sanglier qui fut tué. Elle est fort contente de la compagnie qu'elle possède actuellement. Ces dames sont très-aimables pour elle et pour tout le

---

[1]. Le roi écrivit de sa main aux princes du sang qui ne s'étaient point rendus au lit de justice, pour leur interdire sa présence. C'est à l'occasion de la déclaration faite par le roi à ce même lit de justice, que le duc de Nivernois répondit à la favorite ce mot charmant, trop fin pour elle : « Monsieur le duc, lui disait-elle, il faut espérer que vous vous départirez de vos oppositions, car, vous l'avez entendu, le roi a dit qu'il ne changerait jamais. — Oui, madame ; mais, en disant cela, Sa Majesté vous regardait ! »

monde; madame de Brionne partira samedi, et madame de
Tessé, quelques jours après. Vous aurez par l'une et l'autre,
peut-être par toutes les deux, une lettre de la grand'maman
qui vaudra mieux que les miennes. J'ai cru, en arrivant ici,
arriver dans l'autre monde. Pendant mon peu de séjour à
Paris, j'avais les oreilles si occupées de Parlement, de pairs
et d'exils, que je n'avais plus d'autre idée ; on n'en parle
guère ici, et d'autant moins que personne n'ose plus écrire
par la poste. Savez-vous à présent notre amusement? C'est
d'écrire en particulier des vers, n'indiquer que la première
lettre de chaque mot suivie d'autant de points que le mot contient de lettres, et de donner à deviner. Le grand-papa s'en
amuse beaucoup. C'est surtout après le déjeuner qu'on propose ces problèmes, et alors tout le monde est à l'œuvre. Je
finis parce que je n'ai plus rien à vous dire, mais je ne finirais
pas si je voulais exprimer en détail tous mes sentiments.

LETTRE CCXXXVII

DE LA DUCHESSE DE CHOISEUL A MADAME DU DEFFAND

Chanteloup, ce 26 avril 1771.

Je suis encore plus ennuyée, ma chère petite-fille, d'avoir
été si longtemps sans vous écrire, que vous ne pouvez l'être
d'avoir été si longtemps sans recevoir de nos lettres. Pour
comble de malheur, je n'ai pas pu vous écrire par le baron de
Bezenval, parce que je n'en avais pas le temps ; j'en ai chargé
l'abbé pour moi ; il me supplée, et le supplément vaut mieux
que la base ; il est, comme vous dites fort bien, mon chancelier, et il vaut mieux que celui de France. J'imagine que vous
aimez que l'on vous réponde exactement. Ainsi je vais reprendre
vos lettres par ordre pour satisfaire à tous les articles. Cette manière tient plus de la conversation, elle rapproche les distances ;
il ne faut pas négliger les plaisirs d'illusion ; je ne sais s'il en

est de plus réels. J'ai trois lettres de vous, y compris celle que j'ai reçue hier par madame de La Ponce, et qui est en deux volumes. J'aime beaucoup cette forme, elle est d'un plus grand produit. Je ne répondrai pas à l'annonce du lit de justice, de la création du nouveau Parlement et des menaces d'exils qui remplissaient la plus grande partie de la lettre du 12. Les événements qui l'ont suivi ont offert à chacun la même matière à réflexion; mais je vous renvoie les lettres de Voltaire qui y étaient jointes. Qu'il est pitoyable, ce Voltaire, qu'il est lâche! Il s'excuse, il s'accuse, se noie dans son crachat pour avoir craché sans besoin. Il chante la palinodie, il souffle le froid et le chaud. Il ne sait ce qu'il dit; il fait dégoût et pitié.

Je ne trouve pas la chanson sur l'air *des Pendus,* que vous m'envoyez dans cette même lettre, si mauvaise que vous le dites, *et le prince se rendormit* est une chute heureuse. L'abbé finit pour vous et me dévoile ce grand mystère qui m'inquiétait tant. Ce sont les Mémoires de Saint-Simon que vous voulez avoir pour les faire lire à M. Walpole? vous les aurez, ma chère petite-fille, ou je ne pourrai. Je vous promets de les demander dans le temps au grand-papa.

Votre lettre du 15 est une continuation de celle du 12, et ne me fournit pas de nouvelles réflexions, si ce n'est que je suis charmée de la petite leçon que vous avez donnée à ce sot enfant de d'Hénin. Enfin celle des 22 et 23 est remplie d'une tendresse pour moi qui me touche beaucoup, parce qu'elle répond à celle que j'ai pour vous, qui, je vous assure, est extrême. Je vois avec douleur que vous êtes dans la solitude, que la solitude produit chez vous l'ennui, et je sais que l'ennui est un vrai malheur. De plus, vous avez des vapeurs, et qui n'en aurait pas à tout ce qu'on voit, à tout ce qu'on entend, à tout ce qu'on craint? Je n'ai d'autres remèdes à vous donner à tous ces maux que de vous étourdir. J'y ai souvent recours pour dissiper les terreurs qui commencent à me saisir et le dégoût qui me gagne quand je vois que les ouvrages de destruction s'avancent, et que la résistance n'est pas égale à l'attaque.

L'abbé m'avait déjà dit tous vos arrangements et toutes vos raisons. Je gémis qu'il me faille encore attendre jusqu'au mois de septembre, non l'espérance de vous voir, mais la décision de mon bonheur ou de mon malheur. Cependant j'approuve vos raisons et votre prudence.

On m'a envoyé en effet les chansons sur l'air : *Mon cousin l'Allure, mon cousin*, et de la *Fée Urgèle*. Mais ce n'est point une raison pour que vous ne m'ayez pas envoyé la dernière, car il se pouvait qu'elle ne m'eût pas été envoyée, et il n'y a pas de proportion entre l'inconvénient de la privation et celui du superflu. Vous me supprimez aussi une histoire que vous prétendez m'avoir racontée et que je ne retrouve dans aucune de vos lettres, que l'abbé ne m'a point dite, ou que je ne me souviens pas qu'il m'ait dite; vous prétendez être radoteuse, et moi je suis sûre d'être oublieuse; ces deux qualités se conviennent fort. Ainsi, ma chère petite-fille, ne vous gênez pas, radotez tant que vous voudrez avec moi, et je croirai toujours que vous me donnez du neuf.

J'ai ri de l'entrevue de la maréchale et de madame de Beauvau dans la loge de l'Opéra-Comique. Elle a dû être bien chaude.

Vous me croyez embarrassée de mes grandes dames : vous vous trompez; les puissances m'imposent moins que les dominations [1]. Madame de Brionne est ici sans prétention; elle est douce et facile à vivre. Madame de Tessé a certainement de l'esprit, et je suis sûre qu'elle vous plairait fort.

Ce n'est que par vous que j'ai eu la nouvelle de la lieutenance générale de M. de Bissy. M. de Stainville, qui écrit à M. de Choiseul, ne s'en doutait pas encore.

---

1. Allusion à la princesse de Beauvau.

Vous êtes inquiète de mon rhume, ma chère petite-fille, et je ne suis plus enrhumée. Voilà ce que c'est que l'éloignement, on ne sait jamais que ce qui a été. Cela est insupportable. Hélas! quand nous rapprocherons-nous?

J'ai fait vos compliments à tout le monde et tout le monde y a été fort sensible, et chacun à sa manière m'a chargé de vous les rendre; celle du grand-papa est de vous embrasser, parce que, comme dit l'abbé, il a les bras longs.

Je suis très-touchée du souvenir du pauvre comte de Creutz, et je l'aime de tout mon cœur, mais je suis toujours dans l'inquiétude sur une lettre que je lui ai écrite à la mort de son feu roi et à l'avénement à la couronne du nouveau; je crains qu'il ne l'ait pas reçue parce que je n'en ai point eu de réponse; il y avait dedans une phrase que je ne voudrais pas qui eût été à une autre adresse; la voici: en parlant de son nouveau roi, je disais: *Ce qu'il a vu en Suède et ce qu'il voit ici sont de grandes leçons pour un grand homme. Rien de trop, dit Lafontaine, c'est la devise du sage, et la sagesse est la première des grandeurs, c'est la puissance conservatrice.* Tâchez de tirer cela au clair sans l'exciter à me répondre. Je ne veux que ma sûreté de conscience.

Adieu, ma chère petite-fille. Je ne sais ni finir ma lettre ni finir de vous aimer.

LETTRE CCXXXVIII

DE MADAME DU DEFFAND A LA DUCHESSE DE CHOISEUL

Ce vendredi, 3 mai 1771.

La petite sainte prétend avoir une occasion pour demain; Dieu le veuille, ainsi soit-il. Je lui enverrai ma lettre ce soir; il ne s'agit plus que d'avoir de quoi la remplir. Si je me permettais de vous dire, chère grand'maman, tout ce que je ressens de tendresse, le chagrin que j'ai d'être séparée de vous, l'impatience que j'ai de voir arriver le moment de vous aller trouver; tous mes projets, toutes mes craintes, j'aurais de quoi remplir quatre pages; mais si vous connaissez le cœur de votre enfant, vous n'apprendriez rien de nouveau. Mais le grand abbé vous parle-t-il de moi, lui échappe-t-il quelquefois de dire involontairement: Ah! si nous avions la petite-fille! Je suis trop vaine de penser que cela puisse être. Il ne pense qu'à vous, vous effacez tout le reste. Je serais bien de même si j'étais à sa place. J'y serai un jour, non pour la lui ôter (j'en serais bien fâchée), mais pour la partager. Il ne m'écrit plus, ce grand abbé.

> Je ne vois plus pour moi ses secourables mains,
> Par des récits charmants, dissiper mes chagrins;
> L'arche sainte est muette et ne rend plus d'oracles.

J'excuse sa *paresse*; j'ai tort de qualifier ainsi son silence. Je sais par expérience qu'il est des temps de stérilité; l'âme sommeille. Cet état est pénible, il faut se le pardonner mutuellement. Il n'y a que celle de ce maudit chancelier qui soit toujours en mouvement. Je vous crois mieux instruite que moi de toutes ses entreprises, de toutes ses opérations. Il nous inonde de petits écrits, de feuilles volantes si plates, si ennuyeuses, qu'on ne peut achever d'en lire aucune. Mais, ma grand'maman, je trouve qu'il ne faudrait plus écrire sérieusement sur tout ce qui se passe. On en a assez démontré l'illégalité, les inconvénients, les terribles conséquences. Il faudrait aujourd'hui prendre un nouveau ton, en faire sentir le ridicule : des chansons, des épigrammes, des satires ménippées; rapprocher les contradictions qui se trouvent en abondance, et rendre tous ces gens-là aussi ridicules qu'ils sont pervers. Leurs nouveaux tribunaux offrent une ample matière. Parmi ce taudis de tant de brochures, il me paraît qu'il n'y a rien de Voltaire. Je ne lui écris plus. S'il s'aperçoit de mon silence, il en devinera la cause.

La maréchale partit hier pour s'établir à sa petite campagne. Je ne sais pas combien de temps elle y restera ; mais elle ne peut pas retourner à la cour pour le mariage. Elle ne saurait se tenir debout, ni marcher sans un bâton. Bien des gens pensent qu'elle est fort mal avec madame du Barry; mais cela n'est pas vrai. La correspondance subsiste à peu près de même. Ce qui est ineffable, c'est ce qui regarde M. D... [1]. Je parierais toujours pour lui ; mais sur cet article comme sur bien d'autres, vous êtes (je n'en doute pas) mieux informée que moi. Ainsi, je crois devoir vous épargner tous les propos, tous les verbiages, toutes les conjectures qu'on entend depuis le matin jusqu'au soir, et qui font périr d'ennui.

Je vous félicite de l'arrivée de M. et madame de La Borde, et surtout de la bonne grâce qu'on a mise à leur permission; j'en conçois quelques espérances. Serait-il vrai que j'en pourrais prendre pour les Mémoires de Saint-Simon? Soyez sûre que vous me feriez le plaisir le plus sensible et qui serait certainement sans inconvénients. Vous obligeriez l'homme du monde qui vous est le plus attaché. Il me parle de vous dans toutes ses lettres. J'ai été fort mal avec lui pour ne pas vous en avoir envoyé une qu'il vous avait écrite; je ne la trouvai pas assez bonne, et je lui mandai que je l'avais retenue pour vous épargner la peine d'y répondre. Il ne s'est pas payé de cette raison, parce que, en effet, il vous en aurait dispensée, et qu'il croit que vous pouvez le soupçonner d'ingratitude pour vos bontés et de peu d'intérêt pour vous et pour le grand-papa. Ah! vous lui feriez une grande injustice! Je renoncerais à lui pour jamais s'il était aussi coupable. Son petit cousin nous va revenir, dont je suis fort aise. Je ne me plais qu'avec les gens qui sont véritablement attachés à mes parents. Le pauvre Creutz est bien de ce nombre. Je suis une espèce de centre pour eux; ils me voient assidûment, ils pensent à vous

---

[1]. Aiguillon.

en me recherchant, et ils disent comme Cérès en parlant de sa fille :

C'est Jupiter que j'aime en elle.

Adieu. Voilà une lettre qui n'est pas *forte de choses* [1].

J'allais oublier de vous dire qu'il y a un livre nouveau qui me plaît extrêmement. Il est de M. Gaillard. Il a pour titre : *Rivalité de l'Angleterre et de la France*. Je ne répondrais pas qu'il vous fît plaisir; vous êtes, comme de raison, bien plus difficile que moi, et bien meilleur juge. Cependant je hasarde de vous conseiller cette lecture. J'ai donné à souper à ce M. Gaillard; il me paraît honnête homme. Il est fort attaché à M. de Malesherbes, auprès de qui il est actuellement.

Madame de Luxembourg reviendra demain de Montmorency, où elle est depuis quinze jours. Je ne lui ai rendu qu'une visite d'après-dînée. Je lui donnerai à souper mardi, avec les comtesses et la marquise de Boufflers. L'incomparable est comparable à tous les esclaves d'Asie, d'Afrique et d'Amérique. La petite sainte prétendait l'autre jour que je perdrais mon pari. On lui avait dit que sa dame devait aller avec lui en Lorraine et en Franche-Comté. Je ne le crois pas.

Ne dites ce que je vais vous dire qu'à l'abbé. La princesse de Beauvau soupa, il y a quelques jours, chez moi; nous n'avions qu'un tiers, qui était l'évêque de Mirepoix. C'est un de nos féaux. Après mille propos du passé, du présent, de l'avenir, on s'arrêta sur la situation présente du grand-papa. La princesse de Beauvau se récria sur tous les avantages qu'il y trouvait; que c'était le plus beau moment de sa vie; que jamais il n'avait joui d'un plus grand bonheur. Je me mordis la langue pour m'empêcher de lui dire : « Vous devez vous en applaudir, madame; il vous en a toute l'obligation ! » Ah! vanité des

---

1. Expression de La Motte qui parut d'abord ridicule, et qu'on finit par admettre.

vanités, tout n'est que vanité! J'en excepte cependant de vous admirer et de vous aimer.

LETTRE CCXXXIX

DE LA DUCHESSE DE CHOISEUL A MADAME DU DEFFAND

A Chanteloup, ce 5 mai 1771.

Depuis quinze jours, ma chère petite-fille, nous n'avons eu qu'une lettre de vous à l'abbé; encore était-elle si petite, que ce n'est pas la peine d'en parler. Vous lui mandez que votre âme est engourdie, que vous n'avez point d'idées!... Quand votre âme est engourdie, la mienne est morte tout à fait; vous seule lui redonnez la vie; je ne vous écris donc que pour vous écrire; je vous ai écrit une grande lettre par madame de Brionne, et je vois qu'elle a été fort exacte à vous la faire tenir par M. de Béthisy, comme je le lui avais recommandé.

Je vous dirai pour toute nouvelle que votre tonneau du salon est fait; M. de Gontaut l'a essayé. On fait à présent celui de votre chambre; quoique l'espérance de vous voir se soit éloignée, je m'en occupe tant que je peux pour charmer mon ennui.

Le grand-papa veut que je vous parle de lui; madame de Grammont aussi; et l'abbé arrive qui s'écrie : Et moi, donc!... Que me restera-t-il à dire pour moi, si tant de gens veulent que je vous parle d'eux? Que je vous aime, ma chère petite-fille; le sentiment est la première éloquence.

Dites-moi ce que devient notre prince; je n'entends plus parler de lui; il mériterait bien que je l'oubliasse; mais ses torts ne m'empêchent pas de l'aimer. Je suis bien inquiète de notre pauvre madame de La Vallière. Si vous la voyez, parlez-lui de moi, je vous prie.

LETTRE CCXL

DE LA DUCHESSE DE CHOISEUL A MADAME DU DEFFAND

A Chanteloup, ce 8 mai 1771.

Si je suis stérile, ma chère enfant, je profite de l'abondance des autres pour vous en faire jouir. Je vous envoie une lettre du chevalier de Boufflers que j'ai trouvée charmante. Je souhaite qu'elle vous fasse autant de plaisir qu'elle m'en a fait. Montrez-la à madame de Boufflers. Je veux lui faire ma cour pour qu'elle me cède un peu notre prince, car il est bien juste que j'en aie aussi ma part. Mon sort est d'aimer tout ce qu'elle aime. Cela fait honneur à mon goût, et si je voulais être impertinente, je dirais aussi à ses œuvres; car vous connaissez mon faible pour le chevalier de Boufflers, mais vous ne connaissez pas mon fort pour le marquis [1]. C'est mon sentiment solide. Je ne crois pas qu'il y ait une plus honnête et plus sensible créature dans le monde. Il a donné et il donne chaque jour à M. de Choiseul des marques d'amitié les plus touchantes. Je finis pour ne pas vous retarder le plaisir de la lecture du chevalier. Après lui il faut se taire, et devant lui il faut baisser pavillon. Adieu donc. Je vous embrasse, ma chère petite-fille, et je vous aime de tout mon cœur.

Renvoyez-moi la lettre, parce qu'elle est bonne à garder, et parce qu'il faut que j'y réponde.

1. Frère aîné du chevalier.

LETTRE CCXLI

LE CHEVALIER DE BOUFFLERS A LA DUCHESSE DE CHOISEUL

(Incluse dans la précédente.)

Presbourg, ce 21 avril 1771.

J'ai l'honneur de vous envoyer, madame la duchesse, une caisse de vin de Tokay bien proportionnée à votre ivrognerie. Il y en a de quatre espèces différentes, parce que je ne sais pas si vous aimez à boire tous les jours le même vin. Je voudrais bien arriver à Chanteloup en même temps que mon magnifique présent, mais il faut que je reste encore quelque temps dans ce pays-ci, pour des raisons que vous feriez fort bien de ne pas lire, parce qu'elles pourront vous ennuyer autant que moi.

Me promenant en Hongrie, au mois de décembre dernier, j'ai trouvé les confédérés polonais à Éperies. Ces messieurs, instruits du désir que j'avais de faire la guerre, m'ont proposé de rassembler tous les soldats français et allemands qui ont été chercher fortune en Pologne, et de m'en composer un corps de troupes qui devait être porté de deux mille six cents à trois mille hommes. Ce ramas de coquins devait être le corps d'élite et le modèle de la discipline de l'armée polonaise. J'acceptai, à condition que ces messieurs m'obtiendraient l'agrément du ministère. Ils écrivirent sur-le-champ pour le demander. Dans l'intervalle j'appris des nouvelles qui me firent tout perdre de vue. Je croyais qu'on ne pensait pas plus à mes affaires que moi, lorsque je reçois au commencement du mois une permission expresse, quoique tacite, du roi, d'aller commander la troupe en question. Cette permission supposait une troupe. Je pars sur-le-champ pour l'aller chercher et je ne trouve pas un homme! J'ai attendu quelque temps sur la frontière pour voir s'il y avait quelques arrangements à prendre; mais je n'ai trouvé que de la froideur, des chicanes et de la mauvaise volonté dans MM. les confédérés. Cela m'a appris que les Polonais étaient des fripons, ce que je savais déjà très-bien, et que j'étais un sot, ce que je ne savais pas encore assez [1]. Je suis à présent en chemin pour Vienne, où je vais attendre plus commodément qu'en Hongrie l'issue de mon entreprise. Vous voyez par là, madame la duchesse, que si je ne me bats pas comme un César, au moins j'attends comme un Fabius. Mais ce que j'attends le plus impatiemment, c'est le moment de vous faire ma cour et de prendre ma part du bonheur dont vous jouissez et dont vous faites jouir chez vous. Je me fais une fête d'y voir Curtius à sa charrue. Il doit être bien content de n'avoir plus que celle-là à mener. Celle qu'il quitte est bien mal attelée. Ce ne sont pourtant pas les bêtes qui manquent.

Je voudrais bien vous mander des nouvelles, mais je n'en sais pas. C'est ici comme chez nous; tout le monde ment à qui mieux mieux! Les uns ne savent ce qu'ils disent, et les autres ne savent ce qu'ils feront. Le grand défaut de l'univers, c'est de n'avoir pas le sens commun; mais dans le fond, il n'est pas aussi nécessaire qu'on le croit. On parle ici de guerre le matin, et de paix le soir. Je voudrais que cela prît ce train-là, parce qu'on ferait de l'exercice le jour et qu'on se reposerait la nuit. On m'avait assuré, dans la Haute-Hongrie, qu'il y avait quatre cents pièces de gros canon à Bude. J'ai passé à Bude, et je n'ai trouvé dans l'arsenal qu'une centaine de vieux mousquets. On

---

[1]. Voltaire écrit, le 6 juillet, à l'impératrice Catherine : « Si je questionnais le chevalier de Boufflers, je lui demanderais comment il avait été assez follet pour aller chez ces malheureux confédérés qui manquent de tout, et surtout de raison, plutôt que d'aller faire sa cour à celle qui va les mettre à la raison; je supplie Sa Majesté de le prendre prisonnier de guerre; il vous amusera beaucoup; rien n'est si singulier que lui, et quelquefois si aimable. Il vous fera des chansons, il vous dessinera, il vous peindra, etc. » L'impératrice ne badinait pas sur les secours que les volontaires français apportaient aux confédérés. « J'ai un remède, écrit-elle à Voltaire, pour les petits-maîtres sans aveu qui abandonneraient Paris pour servir de précepteurs à des brigands. Ce remède vient en Sibérie, ils le prendront sur les lieux. » (30 mars 1772.)

dit depuis plus de deux mois qu'il est parti grand nombre de troupes d'Italie et de Flandre pour se rassembler à Bude. J'ai passé à Bude et je n'ai trouvé que cinq ou six cents invalides. J'avais entendu qu'on avait exigé des différents comitats de Hongrie plusieurs milliers de bœufs, et qu'on les avait envoyés à Bude. J'ai passé à Bude et à peine ai-je trouvé du bœuf pour mon dîner. Vous jugerez par là, madame la duchesse, que la vérité, bannie de la terre, ne s'est point retirée à Bude.

Ce qui est très-vrai, c'est l'estime et l'amitié avec lesquelles l'impératrice parle de M. de Choiseul et de vous; elle m'en a parlé à plusieurs reprises, et a fini par me dire qu'elle supposait du mérite à tout ce qui vous était attaché. Vous jugez bien tous les deux quel amour-propre cela m'a donné. L'archiduchesse Christine m'a chargé de mille et mille choses pour vous, madame la duchesse. Elle vous aime comme si elle vous connaissait, et elle est aimable comme si elle vous ressemblait. La grande Serpente est aussi sensible qu'elle le doit, madame la duchesse, à l'honneur de votre souvenir. Elle *se et me* porte fort bien. Voici déjà deux voyages qu'elle a faits au cœur de la Hongrie. C'est un cœur fort dur quand il gèle, et fort tendre quand il pleut. Je compte la ramener d'un saut au cœur de la France pour voir celui et celle qui sont toujours dans le cœur des Français.

Recevez tous mes respects, madame la duchesse, et partagez-les avec celui avec qui vous partagez tout.

Je m'aperçois que ma lettre est fort longue et qu'elle n'est pas trop propre; mais j'aurais beau la laver, elle ne le serait pas davantage.

LETTRE CCXLII

DE MADAME DU DEFFAND A LA DUCHESSE DE CHOISEUL.

Ce jeudi, 9 mai 1771.

J'espère en M. de Lauzun. J'ignore le jour de son départ; mais j'y veux être toute préparée, et qu'il ne reste plus qu'à cacheter ma lettre quand on me dira qu'il va partir.

Il est donc vrai, chère grand'maman, vous n'oubliez point votre petite-fille, elle a déjà sa place marquée dans votre salon. L'intervalle pour l'occuper est encore long et c'est ce qui me désole.

J'ai eu une singulière imagination : je ne sais si vous l'approuverez. Je ne sais si elle réussira. J'ai prié le comte de Noailles [1], que je connais fort peu (mais qui, par extraordinaire, vint chez moi le jour du baptême), de demander ma permission en même temps que celle de sa belle-fille. Il fut un peu surpris, et je ne puis pas me vanter qu'il ait mis beaucoup de chaleur dans la réponse qu'il me fit; mais, cependant, il parlera pour moi. En mettant les choses au pis, on dira non. J'en serai fâchée; mais ce sera sans perdre l'espérance. Je crois avoir des moyens certains, et que je garde pour ressource. Si la réponse au comte de Noailles est *oui*, j'aurai une joie inexprimable, et je m'occuperai tous les jours des préparatifs de mon voyage. Vous ne sauriez vous imaginer, chère grand'maman, le plaisir que j'aurai de vous revoir et de ne plus entendre les nouvelles de chaque jour. Les Parlements, le Châtelet, les craintes qui se renouvellent à tout moment!... Paris est un séjour abominable. Dieu m'a envoyé un secours qui me soutient un peu; c'est l'évêque de Mirepoix. Il est dans la bonne voie; sa sorte d'esprit et son caractère me convien-

---

1. Qui fut depuis le maréchal de Mouchy; il était père du prince de Poix.

nent beaucoup. Je le vois tous les jours, nous faisons souvent ensemble de petits voyages; nous irons demain à Versailles souper chez les Beauvau, qui ne sont pas bien assurés sur leurs jambes. Hier, nous fûmes souper au Port-à-Langlois [1], où l'on n'est pas encore fort assuré sur ses pieds. Il y a véritablement du physique; mais il se pourrait faire qu'il y eût aussi du moral. On pourrait bien attendre l'issue de quelques événements, et s'ils étaient d'un certain genre, non-seulement on clocherait d'un pied, mais de tous les deux. La position n'est pas stable. Il n'y a point de brouillerie, mais beaucoup de froideur. On est toujours fort liée avec M. de Soubise, et c'est le chaînon le plus fort.

On espère le renvoi prochain du Terray. On compte y gagner beaucoup, surtout si c'est le Foulon qui le remplace.

Pour le d'Aiguillon, on ne sait plus qu'en penser. Bien des gens croient qu'il n'en est point question. On nommait hier le prince Louis. Cela est peu vraisemblable. On ne sait plus où l'on en est. Je me persuade que tout ira bien à force de mal aller. Il semble impossible que la situation présente puisse subsister. Quel changement y aura-t-il? On ne peut le prévoir, on ne peut l'imaginer.

Vous savez que les princesses iront à la célébration et au banquet royal, et n'assisteront à aucun spectacle. On vous mande sans doute tous ces détails. On dit qu'il n'y a que sept ou huit cents personnes qui aient demandé des billets pour les fêtes du mariage; et à celui de l'année passée, il en fut distribué sept ou huit mille. Le bonheur, la gloire, etc., etc., tout est relégué à Chanteloup; c'est là où il faut être pour être heureux. Je reprendrai demain cette lettre.

Ce vendredi, 10.

M. de Lauzun ne part plus. Son voyage est remis après le

---

[1]. Chez la maréchale de Mirepoix.

mariage. Je viens d'écrire à l'abbé, et je ne répéterai pas ce que je lui mande.

Dans ce moment M. de Mange m'envoie un paquet délicieux. J'exécuterai vos ordres pour le prince. Je lirai à madame de Boufflers vos coquetteries, dont elle sera charmée ; je lirai à elle, au prince son frère, au prince son esclave, à la princesse sa belle-sœur, la lettre du chevalier, qui est admirable, agréable, charmante. Mais me voici dans un grand embarras : vous m'avez jadis ordonné de ne vous point écrire par aucun domestique. Puis-je confier ma lettre à M. de Mange ? Je vous fais cette question, comme si je pouvais avoir votre réponse ; cela n'a pas le sens commun. Je demanderai conseil ce soir à madame de Beauvau, et j'ajouterai à cette lettre tout ce que je pourrai apprendre.

Ce lundi, 13.

J'écris par M. de Mange ; c'est l'avis de madame de Beauvau. C'est une occasion de plus ; elles sont trop rares pour en négliger aucune.

Les princes n'iront point au mariage. C'était une imagination que cette demande du comte de Provence au roi. Mais ce qui est une vérité, c'est que le comte de Provence a la nomination de tous les bénéfices de son apanage, excepté les évêchés.

Vous savez sans doute les noms des seigneurs accompagnant M. le comte de Provence ; mais, en cas que vous les ignoriez, les voici : MM. de La Châtre, de Virieu, de Béarn, de Modène, de Montbel, Donnissan, de Bernis, de Fumel, de Sparre.

L'apanage consiste en trois provinces : le Maine, le Perche et l'Anjou. Tous frais faits, le revenu en sera de deux cent mille livres, qui ne sont que pour les menus plaisirs ; toute la maison, table, charges, écuries, seront défrayées ; ce qui monte, dit-on, à trois millions cinq cent mille livres. Selon toute apparence, le princesse est laide; car on la dit *bien faite.*

L'abbé vous lira sans doute ma lettre, ainsi je ne vous répète point ce que je lui mande. Depuis que je lui ai écrit, j'ai eu des nouvelles du petit Walpole; sa lettre est du 7, il me mande que le jour de son retour n'est pas encore fixé, mais il reviendra, j'en suis fort aise. La disette de compagnie est grande, il s'en faut peu que je ne sois réduite pour mes soirées, à mademoiselle Sanadon, ce qui est bien triste. Je vous prie, mais je vous le demande en grâce, de lire : *La rivalité de l'Angleterre et de la France.* J'ose vous assurer que vous en serez parfaitement contente. Il n'y a encore que trois volumes, qui finissent à Charles-le-Bel et à Édouard II. Il y en aura, dit-on, neuf. Cette lecture me charme.

Je vous envoie la lettre que j'ai reçue de Voltaire; vous me la renverrez. J'y réponds très-succinctement. Je lui dis que je fais grand cas de la philosophie, mais fort peu de ceux qui n'en prennent que le masque, et qui, prêchant l'égalité et la liberté, sont les plus orgueilleux et les plus dominants des hommes; que, grâce à mon incapacité, je ne m'occupe point des événements présents; que je lis peu des écrits qui paraissent; que je ne le reconnais point dans ceux qu'on lui attribue; que je vous envoie sa lettre; que j'espère qu'elle vous confirmera la continuation de son attachement et de sa reconnaissance pour vous et le grand-papa; que vous jouissez l'un et l'autre du respect et de la parfaite estime du public; que lui et moi nous devons l'emporter sur tout le monde dans nos sentiments pour vous, et que c'est ce qui fonde le plus notre fraternité, etc.

Adieu. Je vous quitte à regret, mais je vous reprendrai bientôt; M. de Lauzun ne peut tarder à partir.

Il faut que je vous dise un mot sur M. de Boufflers. On prétend qu'il est dans quelque embarras par rapport au régiment dont il avait l'inspection. Vous savez ce qui en est; que faut-il en croire? que faut-il en dire?

LETTRE CCXLIII

DE LA DUCHESSE DE CHOISEUL A MADAME DU DEFFAND

A Chanteloup, ce 12 mai 1771.

Vous n'aurez pas une moindre querelle avec moi, ma chère petite, pour m'avoir privée de la lettre que m'a écrite M. de Walpole, que vous ne l'avez eue avec lui pour avoir refusé de me l'envoyer. J'aurais été charmée de recevoir de lui-même des marques de son intérêt et de son amitié pour le grand-papa et pour moi, et d'avoir une occasion de lui marquer directement combien nous y sommes sensibles. Puisque vous m'avez fait perdre cette occasion, réparez du moins vos torts en lui exprimant tout ce que vous savez que nous pensons pour lui. Vous mériteriez bien, pour vous punir, que je ne vous envoyasse pas les Mémoires de Saint-Simon; mais comme M. Walpole partagerait la punition, je tâcherai de les obtenir pour le temps qu'il sera à Paris, et ce ne sera qu'à lui que vous le devrez.

Je suis bien fâchée que la maréchale n'aille pas au mariage avec son petit bâton. Elle aurait eu vraiment l'air de la fée Urgèle!

Je ne suis point étonnée que vous vous ennuyiez de tout ce qui se passe, de tout ce qu'on en dit, de tout ce qu'on en écrit. Je voudrais bien comme vous, qu'on trouvât le moyen d'égayer la matière. Mais je crois ce moyen fort difficile à trouver. Il est permis de rire quand on vous chatouille, mais il est difficile de rire quand on vous coupe la tête, et M. le chancelier coupe la tête à notre constitution. Dans nos guerres civiles, il a pu arriver quelques accidents particuliers plus barbares pour ceux qui les éprouvaient, mais c'étaient des commotions passagères qui ne pouvaient entraîner que la ruine de l'un ou l'autre parti, sans bouleverser les lois fondamentales de l'État, ce lien universel de la société. Que les protestants eussent triomphé du temps de la Ligue, nos tribunaux, nos magistrats, les droits respectifs de chaque citoyen seraient restés les mêmes; que les Guises eussent réussi dans leur détestable projet, la France eût été gouvernée par une nouvelle maison; mais le gouvernement eût subsisté tel qu'il a été, en passant de la première race à la seconde, et de la seconde à la troisième [1], les changements qui y sont arrivés ayant été insensibles, graduels, déterminés par la nécessité ou entraînés par les circonstances. Philosophiquement parlant, il est indifférent à une nation d'être gouvernée par tel ou tel individu. Cet individu n'est jamais qu'un représentant, à moins qu'il ne soit un conquérant ou un législateur, c'est-à-dire un fléau ou une divinité. Ce ne sont que les lois qui gouvernent réellement, parce que ce sont elles qui réunissent toutes les forces et tous les intérêts. Le plus coupable de tous les projets est celui de les détruire; le plus atroce des crimes est l'exécution de ce projet. Dans les guerres civiles, chacun était en action pour son compte, l'activité de l'âme ne lui permettait pas de se replier sur elle-même et de s'abandonner à la tristesse. L'effet de la suppression des lois doit être l'engourdissement total; nous n'avons rien à faire, nous ne pouvons que nous affliger! Voilà pourquoi nous étions en effet plus gais dans des secousses plus violentes; nous faisions; et celui qui fait, ne travaille que pour être bien; il espère le fruit de son travail. L'activité et l'espérance équivalent à la jouissance réelle. Aujourd'hui nous n'avons rien à faire, nous ne pouvons que sentir, craindre et gémir. Voilà une explication tout aussi ennuyeuse de votre tristesse que ce qui l'a produite. Je ne vous conseille pas de vous adresser à moi quand vous craindrez les

---

1. La hardiesse de ces idées prouve bien que la révolution était déjà commencée dans les esprits : l'*institution monarchique* est bien menacée, quand l'indifférence pour la dynastie et le rationalisme en fait d'hérédité commencent à se répandre ainsi!

vapeurs et que vous voudrez vous faire faire de la gaieté.

Guérissez-vous donc de la manie de me croire instruite, et dites-moi tout; car je ne sais rien. Je n'en sais pas plus, entre autres, sur le d'Aiguillon; mais je parierais bien avec vous qu'il aura les affaires étrangères, et par la seule raison que ce département n'est pas nommé.

Mes compliments au prince et à tous nos amis; vous me parlez de M. de Creütz, et vous ne me parlez pas de la commission que je vous ai donnée pour lui, cela m'étonne.

LETTRE CCXLIV

DE MADAME DU DEFFAND A LA DUCHESSE DE CHOISEUL

Paris, ce jeudi 16 mai 1771.

Hier j'avais mille choses à vous mander, chère grand'maman. Je me désolais de ce qu'il n'y avait pas d'occasion. J'apprends à mon réveil, par la petite sainte, que le secrétaire du grand-papa part demain. Ne voilà-t-il pas que je ne trouve rien à écrire!

La fée Urgèle[1] n'a pas voulu paraître à la cour dans ce moment-ci. Elle se réserve pour Marly. On trouve son absence un peu longue, et on ne lui en sait pas gré. Je crois vous avoir mandé tous ses projets. Je crains pour elle qu'ils ne réussissent pas. Elle retomberait dans l'abîme des dettes. Je m'étais comme engagée d'aller passer les fêtes à son Port-à-Langlois. Mais au fait et au prendre, je ne saurais m'y résoudre. J'aime bien mieux y aller simplement souper. Je voulais faire l'essai d'être quelques jours hors de chez moi; c'était comme un échantillon sur lequel je voulais juger. Mais je trouve que j'aurais tort; il n'y a nul rapport d'être chez vous ou d'être ailleurs.

Je ne vis personne hier de la journée, qui arrivât de Ver-

---

1. La maréchale de Mirepoix.

sailles. Je vis une ou deux personnes qui en avaient vu et auxquelles on avait dit que la *Provençale* était laide. Mais malgré votre défense, je vous dirai encore ce que vous m'interdisez de vous dire, vous apprendrez mieux par d'autres tous ces détails que par moi.

Je soupai avant-hier à Ruel. J'avais porté l'*Observation sur la protestation*. C'est un bel ouvrage. S'il était moins fleuri, moins rempli de métaphores et de poésie, je croirais qu'il nous arrive de Constantinople. C'est de là que l'auteur a pris ses idées sur l'autorité royale. Il est fait pour révolter les esprits les plus soumis. Ce fut le soir, en rentrant chez moi, que je trouvai votre dernière lettre. J'ai été bien tentée de l'envoyer à mon ami Horace. Je l'aurais peut-être pu sans danger, en la faisant mettre dans le paquet de l'ambassadeur ; mais j'ai tant de peur de commettre la plus petite imprudence sur ce qui a rapport à vous et au grand-papa, que je me suis contentée de faire l'extrait de ce qui le regarde. Rien n'est plus obligeant ; il me prend envie de vous dire que vous êtes véritablement une très-bonne femme, que vous avez le cœur de la plus vieille des grand'mères ; vous êtes très-bien nommée grand'maman ; vous n'êtes point de ce siècle. Il faut que je sois née pour être bien malheureuse, de me trouver séparée de vous, peut-être, hélas ! pour le peu de temps qu'il me reste à vivre.

On vient de refuser la permission à madame de Chabannes par un *non* très-sec, qu'on a dit à elle-même. J'ai été si frappée de ce dernier refus, que j'ai écrit sur-le-champ à M. de Beauvau que je le priais de dire au comte de Noailles de ne point parler de moi. J'imagine que je pourrai obtenir ma permission par l'évêque d'Arras. Vous jugerez par sa lettre que je vous envoie, si cette idée est absurde. Sa besogne l'a rendu certainement très-agréable à la cour, et je suis parfaitement convaincue qu'il ne doit pas pour cela être désagréable à Chanteloup ; il est très-attaché au grand-papa, et vous est parfaitement dévoué.

Madame d'Aiguillon ne me paraît pas douter que son fils n'ait les affaires étrangères, malgré tous les accrocs du chancelier qui voudrait les avoir pour lui. Elle n'est pas dans l'intime confidence de son fils, mais quand elle ne jugerait de ce qui le regarde que par les mouvements de chagrin ou de contentement qu'on ne saurait dissimuler aux gens qui nous connaissent, je m'en rapporterais à elle qui a toute l'impartialité qu'il faut pour rendre les jugements moins suspects. Je crois donc qu'il est toujours question de son fils, mais que le chancelier en retardera la nomination encore quelque temps; elle me paraît persuadée qu'on ôtera les commandements à MM. de Duras et de Beauvau. J'avoue que j'en ai grand' peur pour ce dernier, quoiqu'on le traite bien et avec la familiarité accoutumée. Pour le duc de Noailles, on ne lui parle point. La comtesse de Grammont[1], qui va à Baréges, doit demander la permission de vous faire une visite. Je doute qu'elle l'obtienne. Madame d'Achy vient d'être refusée de nouveau. Mais pour elle, cela ne prouve rien : c'est un nouveau trait du petit La Vrillière. Elle l'avait cependant fait solliciter par madame de Maurepas.

Mais, ma grand'maman, pourquoi me reprochez-vous toujours de ne pas vous répondre sur M. de Creütz? Je vous ai dit deux ou trois fois que je lui avais remis en mains propres votre lettre. Je l'ai pressé de vous répondre; il m'a dit à chaque fois qu'il vous écrirait, et qu'il me remettrait sa lettre. Je parierais qu'il a fait plusieurs brouillons dont il n'aura pas été content; vous savez que *vous êtes un anche !...* Il ne sait apparemment quelle est la langue dont il faut vous parler. Je le forcerai à vous écrire chez moi. Je vous réponds qu'il vous aime à la folie.

Pour votre petit dévot[2], je ne doute pas qu'il ne devienne

---

[1]. Voir la lettre de madame du Deffand à M. Walpole, 6 août 1770. La comtesse de Grammont, belle-sœur de la duchesse et veuve du comte, frère cadet du duc de Grammont, était une demoiselle de Faux, de Normandie, fort riche. C'est par ses descendants qu'est porté aujourd'hui le titre de duc de Grammont.

[2]. M. de Souza, ministre de Portugal à Paris.

fou! Il ne vient jamais chez nous. Il y a plus de six semaines que je ne l'ai vu. La dernière fois, ce fut chez la fée Urgèle. Il y soupa, il y joua et n'ouvrit pas la bouche. On pense que c'est la douleur de votre absence, parce qu'on le croit amoureux de vous. D'autres disent que c'est le mariage de sa fille, dont il ne se console pas. Dieu sait ce qui en est! Pour moi, je l'ignore.

J'ai fait de grands changements dans ma vie. Je ne veux plus avoir plus de six personnes à souper chez moi, et je veux y souper journellement avec petite compagnie, tantôt les uns, tantôt les autres; et, en n'admettant point la mauvaise compagnie, ne me rendre pas trop difficile sur la bonne, me contenter de la plus facile à avoir, et laisser celle qui est trop merveilleuse. Nos repas sont très-frugals : la grosse pièce, deux entrées, un plat de rôti, deux entremets, voilà quel sera mon ordinaire, que je pourrai soutenir si ma pension est payée. Si elle ne l'est pas, j'examinerai si je n'aimerai pas mieux me passer d'équipage que de compagnie. Je ne compte pas renoncer à aller souper chez mes connaissances et chez mes amis ; mais je ne les rechercherai point. J'irai dimanche chez madame d'Enville, avec notre prince. Elle nous en pria hier tous deux chez moi. Ce matin, j'ai reçu une autre invitation, pour le même jour, chez la petite sainte. J'en suis fâchée, car les occasions de la voir sont très-rares.

On vous aura mandé que madame de La Vallière avait reçu ses sacrements. Son intention n'a été que de faire ses Pâques. Sa porte m'a été fermée plus de quinze jours; elle me fit dire hier qu'elle me verrait. J'irai incessamment; mais madame de Caraman, qui l'a toujours vue, prétend qu'elle n'est point aussi malade qu'on le dit, et que Pomme en espère beaucoup.

Les Caraman partirent hier pour Roissy. Madame de Jonsac est actuellement en Saintonge ou sur le chemin. Il n'y a presque plus personne de ma connaissance à Paris.

Je crains que le petit Robert ne revienne point, parce que

son ambassadeur a ordre de rester. Enfin, que vous dirai-je? Je suis dans la plus grande disette. Tout le monde est dispersé; mais mes regrets ne sont point éparpillés. Ils sont tous rassemblés sur vous, le grand-papa et mon grand abbé. Mais, à propos, il ne répond point à la lettre où j'avais mis deux couplets en lettres initiales avec des points. Elle a été mise à la poste; y aurait-on soupçonné du mystère? l'aurait-on supprimée? Elle commençait par ces mots: *Un capucin*. En aurait-on fait un chancelier? Cela serait plaisant. Mandez-moi si cette lettre vous est parvenue, et si vous avez rempli les points.

Je ne puis vous rendre l'excès de ma reconnaissance sur les Mémoires de Saint-Simon. Oh! vous êtes la perle des grand'-mamans, ainsi que la perle des *anches*, et moi la perle des bavardes et des ennuyeuses. Adieu.

Ce vendredi 17.

La beauté de la *Provençale* n'éblouit pas le clergé. Le Toulouse et le Mirepoix la trouvent affreuse. Les demi-courtisans disent qu'elle est passable. Quand le dauphin l'aperçut à Fontainebleau, il courut au bout du cabinet en faisant: *Prou! hou! hou! la mienne est plus jolie!* Mercredi matin, on cherchait quel nom on donnerait à son enfant. Dans la journée, où il y eut un plus amplement informé, l'affaire fut appointée; mais elle ne tardera pas cependant à être jugée. On en a bonne opinion. Voilà ce qui s'appelle de *fichues nouvelles*. Mais vous voulez qu'on vous dise tout; c'est votre ordre. Je ne vous dirai pourtant rien du Châtelet. Plus j'en entends parler, moins je suis au fait; mais! mais tout ira bien à force de mal aller, j'en suis sûre. Nous n'avons plus que cette espérance, nous n'avons plus que cette ressource.

J'ai relu hier l'*Observation sur la protestation*. L'auteur n'est pas un sot, et il n'a pas tort de faire entendre aux princes qu'il n'est pas bien sûr qu'ils expriment leurs véritables sentiments; qu'ils pourraient ne pas bien démêler ce qu'ils pensent, et qu'il y a telle circonstance où ils ne parleraient pas de même.

Le roi va à Saint-Hubert aujourd'hui, et moi au Port-à-Langlois. Je fis hier, chez moi, mon petit souper; nous n'étions que six. Je me trouve bien de ce nouvel arrangement. Il me prend envie de vous écrire les couplets que j'ai envoyés à l'abbé, et que je n'ai fait que pointer. Si au bureau on a gardé la lettre, vous ne saurez pas à quelle occasion ils ont été faits. Je lui en racontais le sujet; je le lui répéterai, s'il n'a pas reçu cette lettre; les voici [1] :

AIR : *Il n'y a que sept lieues de Paris à Pontoise.*

Un capucin qui prêchait le carême,
Nous fit un jour un argument bien fort :
L'enterrement précédait le baptême,
Quand Dieu, dit-il, vint changer notre sort :
Par un effet de sa bonté suprême,
Il a remis la vie avant la mort.

AUTRE.

Un capucin dit à son auditoire :
Sachez quel sort nous était destiné,
Si le bon Dieu, pour sa plus grande gloire,
N'en avait pas autrement ordonné :
Nous devions tous, je l'ai lu dans l'histoire,
Cesser de vivre avant que d'être né.

LETTRE CCXLV

DE LA DUCHESSE DE CHOISEUL A MADAME DU DEFFAND

A Chanteloup, ce 21 mai 1771.

Je suis parfaitement contente de vous, ma chère petite-fille, de vos deux grandes lettres, de vos deux journaux. J'aime

---

[1]. Le premier couplet est de madame de Boufflers et le second de madame du Deffand.

à la folie à savoir tout ce que vous faites, tout ce que vous dites, tout ce que vous pensez, tout ce qu'on vous dit, et vos grands projets et vos petits arrangements; je crois voir et entendre tout cela; je crois être avec vous, et toute illusion qui m'en rapproche m'est chère; entretenez-la jusqu'au moment où elle ne cédera qu'au bonheur de la réalité. Je vous assure que ce bonheur est attendu et désiré de tout le monde ici, je ne puis dire comme de moi, mais, en vérité, tout autant dans la proportion. Le grand-papa, entre autres, m'en parle tous les jours. Vos derniers baisers ont été bien reçus, et je suis chargée de vous les rendre avec usure.

Je ne sais si vous faites bien d'empêcher le comte de Noailles de demander votre permission. Le refus de madame de Chabannes est une chose personnelle à elle; celui de madame d'Achy une gaucherie de M. de La Vrillière. Je ne crois pas que vous ayez de personnalité à craindre. Il faut voir ce que produira le moyen de l'évêque d'Arras. Je le crois bon aussi. Vous prêchez une convertie en me disant du bien de lui. Je compte infiniment sur son amitié pour M. de Choiseul, et je serais bien trompée s'il n'était pas le plus honnête homme du monde. Tous les projets que vous faites, tous les arrangements que vous prenez pour votre voyage, m'enchantent. Dieu veuille que ce ne soit pas encore une illusion. Vous avez bien fait de faire ma cour à madame de Boufflers pour qu'elle me cède son incomparable esclave, mais je vous avoue que j'ai presque renoncé à l'espérance de le voir.

J'aurais été bien aise que M. Walpole lût dans l'original tout ce que je pense pour lui; mais ma lettre ne valait pas la peine de lui être envoyée, et autant qu'il m'en peut souvenir, il aurait été dangereux de la risquer au hasard de la poste. Toutes les lettres où je me livre à vous parler des affaires du temps, vous feriez bien mieux de les jeter au feu après les avoir lues, que de les garder. Je crains toujours que quelque hasard ne les fasse connaître, et je ne voudrais pas que le grand-papa fût à la Bastille pour mes belles pensées. Quand on écrit librement à son ami on supprime tous les intermédiaires inutiles, qui sont des sous-entendus entre gens qui parlent la même langue, et cette soustraction, en donnant plus d'énergie aux pensées, les rend plus susceptibles d'interprétations malignes ou calomnieuses. M. Walpole me rappelle l'Angleterre; l'Angleterre M. Stanley, et M. Stanley la commission que l'ambassadeur vous a donnée pour nous de sa part. En voici la réponse : M. de Choiseul et moi serons très-aises de voir M. Stanley; mais il nous serait impossible de le recevoir s'il n'avait obtenu une permission de la cour pour venir ici. Il faut donc qu'il la fasse demander par son ambassadeur, et nous désirons vivement qu'il l'obtienne.

La lettre de Voltaire que je vous envoie est pitoyable. Il en avait déjà écrit une dans le même genre à M. de La Ponce, remplie d'amour pour nous, d'invectives contre le Parlement, et d'éloges sur les opérations du chancelier. Il croit, en rassemblant tous ces contraires, se donner un air de candeur et prendre le ton de la vérité. Il vous mande qu'il est fidèle à ses passions ; il devait dire à ses faiblesses ! Il a toujours été poltron sans danger, insolent sans motifs, et bas sans objet. Tout cela n'empêche pas qu'il ne soit le plus bel esprit de son siècle, qu'il ne faille admirer ses talents, meubler sa tête de ses ouvrages, s'éclairer de sa philosophie, se nourrir de sa morale; il faut l'encenser et le mépriser; c'est le sort de presque tous les objets de culte.

Je ne serais pas du tout étonnée que votre petite fée quittât sa partie pour la reprendre huit jours après ; tout cela serait la conséquence de son inconséquence.

Il n'est pas vrai que M. de Boufflers ait de l'embarras pour les régiments dont il avait l'inspection. Vous pouvez en être sûre, et le dire à qui il appartiendra.

Je suis comme vous; je n'entends rien au Châtelet. Ce que je vois de plus clair dans tout ceci, c'est que les fêtes du mariage laissent au moins respirer les personnages menacés, et ce que je crois de plus vrai, c'est que le chancelier et le d'Aiguillon cherchent réciproquement à se faire niche. Je crois bien avec vous que le dernier l'emportera.

N'êtes-vous pas fâchée de notre pauvre madame de La Vallière? quoiqu'on la dise mieux, je crois qu'elle n'ira pas loin.

Je lirai, puisque vous le voulez, la *Rivalité de la France et de l'Angleterre*; j'ai bonne opinion de tout ce qui vous plaît.

Je n'ai point reçu cette lettre dont vous parlez, où était ponctuée la chanson du Capucin; quoi qu'il en soit, je la trouve très-plaisante.

Adieu, ma chère petite-fille, faites mes compliments à tous nos amis, et croyez qu'on ne peut pas aimer plus tendrement que je vous aime.

LETTRE CCXLVI

DE MADAME DU DEFFAND A LA DUCHESSE DE CHOISEUL

Samedi, ce... mai 1771.

Vous ne savez pas, chère grand'maman, tous les effets que vous produisez; vous vous souvenez bien que vous abrégiez les moments que je passais auprès de vous, et que souvent, quand j'entendais sonner deux heures, je croyais qu'il n'était que minuit : si vous l'avez oublié, l'abbé s'en souviendra bien, et de ses colères contre moi; aujourd'hui c'est tout différent, les cinq mois qui se sont passés depuis votre départ me paraissent un siècle. Je ne saurais comprendre qu'il n'y ait que cinq mois que je vous ai vue partir. Je suis de même pour vos lettres; quand je suis huit jours sans en recevoir, ou de celles de l'abbé, je crois tout perdu...

Je ne puis vous dire l'étonnement où je suis de ce que la

lettre où j'avais ponctué les deux couplets sur le capucin ne vous est pas parvenue. On aura cru que c'était un chiffre. J'en suis fâchée; cette bêtise pourra me nuire, c'est-à-dire nuire à mes projets, et pour me mettre à l'abri de cet inconvénient, je vais écrire à l'abbé par la poste, lui envoyer les deux couplets ponctués, et je les mettrai après tout du long.

Au nom de Dieu, ayez une entière confiance en ma prudence; ne craignez rien de vos lettres; jamais je ne serai l'occasion de la plus petite peine et du plus léger embarras. J'ai eu la pensée, il est vrai, d'envoyer à Horace la lettre où vous me parliez de lui; j'aurais voulu qu'il eût lu ce que vous aviez tracé de votre main pour lui; de plus, toute cette lettre est admirable. J'aurais été bien aise de lui faire admirer votre esprit, vos lumières et la solidité de vos raisonnements. Je comptais que mon paquet serait inséré dans celui de l'ambassadeur (et en ce cas, il n'y aurait eu aucun risque); mais dès que j'ai su l'occasion manquée, j'ai repris votre lettre, et je copiai seulement l'article qui le regardait. Cet Horace ne se porte pas bien; je crains que la goutte ne lui survienne, qu'elle ne dérange ses projets. Son cousin Robert ne revient pas; il reste à Londres tant que l'ambassadeur restera ici. Je dirai à cet ambassadeur ce que vous me dites sur M. Stanley, pour qu'il le lui fasse savoir; mais je suis bien sûre qu'il ne demandera pas la permission, sans laquelle le grand-papa ne veut pas le recevoir.

Vous savez sans doute que M. d'Affry a été refusé; j'en suis surprise. Mais ce qui me fâche beaucoup, c'est que madame d'Enville l'ait été aussi. Les *non* se disent avec trop de facilité dans le moment présent; peut-être dans deux mois l'habitude en sera perdue.

Je porte de votre évêque le même jugement que vous; je le crois un parfaitement bon et honnête homme; il est occupé du bien de son pays, et pourvu qu'il parvienne à le procurer, il ne lui importe de la main qui y contribue. Je compte qu'il arrivera ces jours-ci.

Je suis ravie que vous soyez tranquille sur M. de Creutz. Je vous avais mandé plus d'une fois que je lui avais remis votre lettre en main propre. Je l'ai fort peu vu depuis quelque temps; il est abîmé dans ses dépêches. Il y a bien du tracas dans son pays. Son roi, sans doute, est fort aimable; reste à savoir s'il a beaucoup de capacité. Les événements nous l'apprendront.

Le bal paré a été superbe, on n'a jamais rien vu de plus beau. Madame de Lauzun a remporté tous les prix de la bonne grâce, de la danse, de la magnificence. La comtesse de Provence a eu celui de la laideur; mais son époux l'adore.

La fée retourne jeudi à la cour. Je crois que ce n'est pas sans répugnance. Son maintien y sera cahin-caha. Elle compte aller au voyage de Saint-Hubert et à celui de Marly, qui sera depuis le 8 jusqu'au 22. Le voyage de Compiègne est, dit-on, le 10 ou le 12 de juillet.

Ce lundi.

Je vis hier madame Corbie; je l'embrassai bras dessus, bras dessous; je lui fis cent questions; elle me satisfit à toutes. « La grand'maman m'aime-t-elle? — Oui. — Parle-t-elle de moi? — Oui. — Me désire-t-elle? — Oui. — Ne lui serai-je point à charge? — Non. — N'est-ce point par complaisance qu'elle veut de moi? — Non. — Ah! madame Corbie, que vous me faites plaisir! » Et de l'embrasser de nouveau.

Je fus souper hier à Versailles. Nous étions très-petite compagnie. Le bruit était depuis quelques jours que M. d'Aiguillon devait entrer hier au conseil. On dit aujourd'hui que ce sera jeudi. Il y eut de grands pleurs, mercredi, de la dame; le sujet apparent était un poulet qu'on ne voulut pas qu'elle mangeât à table. Elle pleura toute la soirée et toute la matinée du lendemain. Je ne sais plus quel jour, elle dit à la personne [1] qui est le plus près d'elle à table : « Vous êtes un menteur, oui, un menteur, et le plus grand menteur qu'il y ait au monde! » Cela ne fut pas dit à haute voix, mais assez haut et assez distinctement pour que beaucoup de personnes l'entendissent.

On veut à Paris qu'il y ait une négociation. On nomme les négociateurs : MM. de Penthièvre, de Soubise et le président Molé. On annonce toujours un changement de contrôleur général, et il n'arrive pas.

Le prince de Beauvau a eu un petit différend avec la dame. Il vous l'aura raconté, s'il a jugé que cela en valait la peine, et il ne vaut pas celle d'être conté deux fois.

Le prince incomparable, autrement dit l'esclave, vous aime toujours tendrement, j'en suis caution. Mais il est comme Ladislas : « J'allais, j'étais... l'amour a sur moi tant d'empire!... » Je ne le vois plus que par congés. Il faut qu'on les demande, il faut qu'on les accorde!...

Adieu, chère grand'maman.

LETTRE CCXLVII

DE LA DUCHESSE DE CHOISEUL A MADAME DU DEFFAND

A Chanteloup, ce 2 juin 1771.

Vous êtes bien aimable, ma chère petite-fille, d'avoir si bien reçu ma pauvre Corbie...; j'ai imaginé que vous seriez bien aise de la voir, et je me ménageais le plaisir d'avoir une personne de plus qui vous parlât de moi et qui me parlât de vous; je vous remercie de n'avoir pas trahi ma confiance; assurément elle n'a pas trahi la vérité quand elle vous a dit que vous étiez aimée, chérie ici, désirée, attendue avec tout

---

1. Cette personne ne peut être que le roi, assez clairement désigné.

l'empressement possible, et que vous deviez bien être à l'abri de la crainte d'y ennuyer.

Votre petite fée [1] a bien raison d'avoir tant d'empressement de retourner à la cour, elle y est d'une façon si agréable!... La seule marque d'intérêt qu'elle ait reçue du Roi pendant son accident est cette question de madame du Barry au bout de six semaines : *A propos, comment va le vieux pied de cette petite maressale* [2]? Ne trouvez-vous pas, ma chère petite-fille, que le ton, le propos et la manière sont tout à fait flatteurs?... C'était bien la peine de se prostituer pour cela à soixante-trois ans.

Nous avons su ici la petite affaire de la loge. Il faut avouer que le maître de cette loge est aussi ferme et courageux que décent.

C'est M. de Choiseul, ma chère petite-fille, qui vous a fait la niche de vous faire croire que nous n'avions pas reçu vos couplets ponctués; nous nous y sommes prêtés avec répugnance, de peur que l'inquiétude qu'elle vous causerait ne fût trop forte, mais enfin nous nous y sommes prêtés, la niche a parfaitement réussi, et le grand-papa a fait ses grands rires de tout ce que vous me mandez dans votre dernière lettre des précautions que vous prendrez pour me les faire parvenir, pour les expliquer, pour effacer les mauvaises impressions qu'aurait pu produire cette espèce de chiffre, et détruire les mauvaises interprétations qu'on aurait pu lui donner. Il vous demande pardon de sa malice, il vous prie de l'oublier dans un embrassement bien tendre dont il me charge pour vous, et d'en rire avec lui; je vous embrasse aussi, ma chère petite-fille, et tout aussi tendrement que peut le faire le grand-papa.

Voici des lettres de Voltaire adressées pour moi à M. de La

---

1. La maréchale de Mirepoix.
2. Madame du Barry zézeyait.

Ponce; je ne lui réponds pas, mais je charge M. de La Ponce de lui répondre pour moi, et je lui indique ce qu'il faut répondre, entre autres que je le prie de ne parler de nous ni en bien, ni en mal, ni en public, ni en particulier; mais cette prière est placée de manière, et entourée de tant de flagorneries, qu'il ne peut s'en fâcher, et que j'espère que nous n'entendrons plus parler de lui.

LETTRE CCXLVIII

DE L'ABBÉ BARTHÉLEMY

2 juin 1771.

Je vois tous nos écrivains, grands et petits, ne plus se souvenir des faits, ou ne s'en occuper que pour remonter à leurs causes et se mettre en état de suivre les progrès de nos idées ; car nous ne sommes plus dans le siècle frivole de Racine, où l'on ne cherchait qu'à plaire, mais dans le siècle de la raison, où l'on ne cherche qu'à connaître. Nous pensons, et c'est ce qui fait que nous sommes si raisonnables et si gais. Eh bien, je vais penser aussi. Je vous avais parlé du genre de vie que nous menons ici ; je dois vous rendre compte des changements qui s'y sont introduits et des motifs qui les ont occasionnés. J'espère que ce détail pourra quelque jour figurer dans l'histoire de l'esprit humain.

Nous ne faisions qu'un repas qui était fixé à cinq heures. Il a été retardé, et successivement nous soupons à présent à huit heures. La cause de ces variations tient au système général de la nature et à la mobilité de ses mouvements. Autrefois le jour finissait à cinq heures, et il est prouvé par l'astronomie qu'il doit finir plus tard à mesure qu'on avance vers le solstice d'été.

Il est aussi prouvé par la physique que les jours sont plus chauds en été qu'en hiver; enfin, il est démontré en médecine qu'en été il est plus avantageux de se promener à six heures du soir qu'à trois heures après midi. Il a donc fallu reculer le souper, et comme dans une société bien policée on ne peut, suivant Platon, faire la moindre innovation qu'elle n'influe sur le système de cette société, il a fallu supprimer la lecture qui se faisait après souper; car le plus ou le moins d'intervalle qui est entre le repas et le coucher doit procurer plus ou moins d'amusements et d'occupations. Je crois que cela est prouvé par l'algèbre. Dès que nous ne lisons plus, il est clair que nous n'avons plus d'idées; nous ne pouvons vous écrire, cela est prouvé par l'expérience. Les après-midi étant plus longues, on chasse plus longtemps. Nous allons dans la forêt, dans des voitures bien fermées; nous y trouvons des chevaux; nous courons après les sangliers et les chevreuils; le grand-papa et la grand'maman sont toujours à la tête. Je n'ai jamais vu de sangliers ni de chevreuils, on n'en a point tiré depuis deux mois que nous chassons; en voici la raison. On avait un piqueur, on l'a renvoyé parce qu'il mettait tous les jours une poule dans son pot, et que pour la mettre dans son pot il la volait dans le poulailler. On en avait pris un autre qui est allé à Paris, où il s'est jeté dans le grand monde. On avait de grands chiens qu'on renvoya parce qu'ils couraient trop vite, et on a pris des bassets qui ne savent pas encore courir. Dans une de ces chasses un chat sauvage passa devant... (Je m'aperçois dans ce moment que la feuille de papier n'était pas entière, mais je n'ai pas le courage de recommencer ma lettre)... Il passa donc devant un des gardes qui le tira à trois balles. Hélas! que vouliez-vous qu'il fît contre trois? Il mourut et se comporta mieux qu'Horace. Nous ne voyons pas de cerfs dans la forêt, mais nous en voyons tous les soirs dans le ciel. C'est un cerf-volant qui fait notre bonheur. Le grand-papa ne connaissait pas ce spectacle; il en est ravi. Les habitants des environs durent bien être étonnés, hier soir, entre onze heures et minuit. Il parut, à une très-grande élévation, trois lumières sur une même ligne. C'étaient trois lanternes attachées à la queue du cerf-volant. Les gens de la maison s'occupent fort des moyens d'embellir ce spectacle; ils ont essayé d'attacher un chat au cerf, mais il faisait trop de vent. On nous promet, pour jeudi prochain, une représentation avec des chats et des lumières. Il sera permis à tous les habitants de la campagne, des villes, villages et hameaux, de voir le spectacle gratis.

La grand'maman continue à se bien porter; du moins à ce que je vois et entends dire, car il n'y a plus moyen de causer avec elle en particulier. Du reste, elle est contente, et c'est ce qui doit suffire à ceux qui lui sont attachés. Madame de Grammont est plus accessible et aussi aimable qu'elle nous l'a paru le premier jour. Un rien l'amuse ou l'intéresse; elle se prête avec une facilité singulière à toutes les plaisanteries, et on ne peut pas avoir plus d'indulgence. Ne croyez pas que j'en aime moins la grand'maman. Je lui reprocherais volontiers de paraître moins aimer ses amis quand elle les a sous les yeux, que lorsqu'ils sont éloignés. Mais quoiqu'elle ne leur démontre rien, ils doivent être sûrs de ses sentiments, et l'avantage inestimable que l'on trouve avec elle est de ne jamais en appréhender du changement. Elle ne vous oubliera point quand vous serez ici, elle vous aimera tendrement, elle sait que l'expression de ses sentiments vous est nécessaire, et à coup sûr vous n'aurez pas à craindre d'éclipses.

Vous ne m'avez pas parlé du discours de l'abbé Arnaud. Est-ce que vous ne l'avez pas lu? J'en ai trouvé le commencement assez bien; mais je n'ai point été content d'une digression sur les Grecs, qui rend ce discours d'une longueur insupportable. Cette digression est remplie de contradictions, d'obscurités, de faits manifestement faux et de prétentions extraordinaires dans le style [1]. Cet abbé Arnaud a beaucoup d'esprit, et une chaleur que j'entends beaucoup prôner et qui

---

1. Cette peinture s'accorde avec le surnom d'abbé Fatras, qui fut donné à Arnaud. « L'abbé Fatras, de Carpentras, etc. »

me refroidit. Il me paraît être dans le goût de Diderot. Je l'ai connu et aimé autrefois. J'ai eu ensuite à me plaindre beaucoup de lui, et je ne l'aime plus. C'est peut-être ce qui m'a prévenu contre son discours. Je vous prie, cependant, de ne pas dire ce que je vous en dis ici, parce que cela est inutile et ne servirait qu'à m'occasionner des tracasseries.

Je viens de relire l'endroit de ma lettre qui concerne la grand'maman. J'en ai du scrupule. J'ai peur que vous ne pensiez que j'ai à m'en plaindre. Oh! mon Dieu, non! Si elle ne nous dit rien, c'est qu'elle n'a rien à nous dire.

L'essentiel est qu'elle se porte bien, et qu'elle est heureuse. D'ailleurs, je sais le moyen d'avoir des douceurs de sa part. Je n'ai qu'à aller à Paris, et j'en aurai les plus jolies lettres du monde.

Je vous prie de dire un million de choses pour moi au prince incomparable. Je voudrais bien qu'il eût sa permission; c'est une de celles que je désire le plus. Et la vôtre, quand la demanderez-vous? Au mois d'août, sans doute; car votre projet est de venir au mois de septembre. Le grand-papa demande toujours si vous viendrez en effet.

Voici une petite anecdote dont il ne faut pas parler du tout. M. de l'Isle est ici. Il va faire un petit tour en Poitou; et, comme il n'a point de permission, nous ne parlons pas de son arrivée. Il ne tient à rien, et il n'est pas assez connu à la cour pour qu'on prenne garde à lui. Cependant il vaut mieux qu'on garde le plus profond silence. Il est très-bon homme et d'un commerce très-facile.

Je voudrais bien que vous m'étendissiez aux pieds de madame la maréchale de Mirepoix, et que vous puissiez lui bien exprimer combien j'ai été pénétré de ses bontés. C'est M. Gayot qui portera cette lettre et dont le départ me chagrine, car il est de bien bonne compagnie.

LETTRE CCXLIX

DE LA DUCHESSE DE CHOISEUL A MADAME DU DEFFAND

A Chanteloup, ce 23 juin 1771.

J'ai une bien mauvaise nouvelle à vous apprendre, ma chère petite-fille, et vous allez être bien en colère contre M. de Choiseul et contre moi. Vous n'aurez pas les Mémoires de Saint-Simon. Je les avais demandés, je les avais obtenus ; madame du Chatelet devait vous les porter ; tout était arrangé, et je jouissais déjà du plaisir que j'allais vous procurer, quand M. de Choiseul a été averti qu'on avait connaissance qu'il possédait ces Mémoires. On a même su qu'ils avaient été lus chez vous, et vous ne pouvez pas vous imaginer de quelle conséquence il est pour le grand-papa que le ministère, M. de Saint-Simon, et d'autres encore, ignorent qu'il a ces Mémoires ; et cependant c'est M. de Saint-Simon qui le sait. Il peut en résulter les plus grands inconvénients pour lui. Il a pris le parti de le nier et de les enfermer très-étroitement et très-secrètement. Il vous dira toutes ses raisons quand vous serez ici, et vous les approuverez plus que personne [1]. Cependant, comme il est au désespoir de vous refuser, de priver M. Walpole d'un plaisir auquel il s'attendait, et comme il serait enchanté

---

1. Les Mémoires du duc de Saint-Simon ont été publiés partiellement en 1788, 89 et 1818. Ce n'est qu'en 1829 qu'il en a été fait une édition complète. Il en existait des copies plus ou moins fidèles ; et le duc de Choiseul en avait probablement fait faire une. Mais l'original de la main de l'auteur, et formant huit volumes in-folio ou plutôt huit portefeuilles armoriés, dans lesquels les cahiers sont attachés par des fils, étaient déposés aux archives des affaires étrangères. Ce précieux manuscrit a été rendu, sous la Restauration, à M. le marquis de Saint-Simon. Évidemment, d'après ce que dit ici madame de Choiseul, ils avaient déjà été réclamés par la famille, qui n'obtint satisfaction que beaucoup plus tard. C'est M. Decazes, ministre de l'intérieur, qui restitua au marquis de Saint-Simon ce précieux héritage.

d'avoir l'honneur de le voir, il me charge de vous prier de l'engager, à l'appât de ces Mémoires, de vous accompagner ici. Je me joins au grand-papa pour le prier instamment d'en faire demander la permission par son ambassadeur. S'il l'obtient, nous serons trop heureux de le posséder ici quelque temps avec vous; nous lui donnerons les Mémoires de Saint-Simon, qu'il aura le plaisir de lire dans sa chambre tant qu'il voudra, et, le reste du jour, nous jouirons de sa société. Ah! ma chère petite-fille, que j'aime à vous entendre parler de ce voyage! Votre dernière lettre est du 7; mes réponses ne seraient plus de saison. M. d'Aiguillon est déjà un vieux ministre [1], et ce choix si extraordinaire était cependant si fort attendu qu'il n'a étonné personne.

Voltaire m'a envoyé sa troisième édition des *Peuples aux Parlements*. J'y ai lu ce qu'il voulait que j'y lusse, et le reste, qu'il aurait bien voulu que je ne lusse pas. C'est à ce sujet que je l'ai fait prier de traiter M. de Choiseul comme Dieu, dont il ne fallait parler ni en bien ni en mal.

Madame de Château-Renaud prétend que si vous ne lui avez pas envoyé de lettres, c'est par un mésentendu de valet de chambre, car elle vous a fait dire qu'elle partait très-incessamment, et que vous pouviez lui envoyer vos dépêches. Elle ne voulait pas dire le jour de son départ, par une de ces prudences à la Château-Renaud, que vous connaissez.

Madame du Chatelet n'est arrivée de Cirey que la veille qu'elle est partie pour Chanteloup; elle n'a vu personne et n'a rien fait dire à personne. Voilà, ma chère petite-fille, la véritable histoire de mes malheurs.

Je ne vous dis rien pour l'abbé, parce que je crois qu'il vous écrira par madame de Château-Renaud, qui part après-demain, et madame du Chatelet demain. Je ne vous ennuierai pas deux jours de suite de mes lettres, non assurément que

---

[1]. Il avait été nommé le 5 juin.

je ne voulusse m'occuper de vous tous les jours et tous les moments de ma vie.

Je vous prie d'engager l'ambassadeur d'Angleterre à charger un de ses courriers de la lettre ci-jointe, pour M. Stanley.

FIN DU TOME PREMIER.

TABLE

DU TOME PREMIER.

Pages.

LETTRE 1re. — Le 26... (sans date). De la duchesse de Choiseul à Mme du Deffand. — Elle ne peut soutenir l'idée du malheur des autres. 1

LETTRE 2. — ... De la même à la même. — Réflexions sur la sensibilité. — Nouvelles de Mme de Pompadour 2

LETTRE 3. — De Chatellier, ce 24 (sans date). — De la même à la même. — Ne veut pas être comparée à Mme de Flamarens. — Ne croit rien que sur le témoignage de ses sens. Ne s'ennuie jamais 3

LETTRE 4. — 7 mai 1761. Du duc de Choiseul à Mme du Deffand. — Compliments affectueux 6

LETTRE 5. — De Saint-Joseph, 11 mai 1761. — De Mme du Deffand au duc de Choiseul. — Elle le sollicite pour son neveu. 6

LETTRE 6. — 13 mai 1761. Du duc de Choiseul à Mme du Deffand. — Réponse à la précédente. 7

LETTRE 7. — 22 mai 1761. Du même à la même. — Même sujet. 7

LETTRE 8. — 20 septembre 1761. De Mme du Deffand à Voltaire. — Lui reproche de ne vouloir pas faire un compliment au président Hénault sur la mort du comte d'Argenson. 8

LETTRE 9. — De la duchesse de Choiseul à Mme du Deffand. A Versailles, décembre 1761. — Une journée à la cour, tableau exact. 9

LETTRE 10. — Du duc de Choiseul à Mme du Deffand. 1763. — Billet sur la pension de Mme du Deffand 11

LETTRE 11. — De Mme du Deffand à la duchesse de Choiseul. 1763. — Même sujet. 11

LETTRE 12. — De la duchesse de Choiseul à Mme du Deffand. Fontainebleau, 1763. — Même sujet 13

LETTRE 13. — Du duc de Choiseul à Mme du Deffand. Fontainebleau, 1763. — La pension est accordée. 14

	Pages.
Lettre 14. — De la duchesse de Choiseul à Mme du Deffand. 1763. — Même sujet.	14
Lettre 15. — De la même à la même. 19 décembre (sans date). — Demande la voix de Dalembert pour M. Poissonnier à l'Académie des sciences.	15
Lettre 16. — De la même, à la même. Décembre (sans date). — Mme de Pompadour est hors d'affaire.	15
Lettre 17. — De la même à la même. Mars 1764. — Même sujet.	16
Lettre 18. — De la même à la même. Mars 1764. — Nouvelles de Mme de Pompadour.— Mme de Choiseul l'aime et l'estime.	16
Lettre 19. — De la même à la même. A Choisy, ce 22 mars 1764. — Même sujet.	17
Lettre 20. — De la même à la même. 1765. — Ne voit guère M. Hume et le regrette	18
Lettre 21. — De la même à la même. 1766. « ... Les cœurs froids sont réprouvés. »	19
Lettre 22. — De la même à la même. A Chanteloup, ce 23... 1766.—Conseils contre l'ennui.— Elle a vieilli avant le temps.—La sagesse est de jouir, la bonté de faire jouir.	21
Lettre 23. — De Mme du Deffand à M. Craufurt. 8 mars 1766. — Questions sur son voyage, sa santé. Se défend de vouloir des amis passionnés. — Mme de Lambert est morte.	23
Lettre 24. — De la même au même. 12 avril 1766. — M. Walpole se dispose à partir. Ils se sont montrés l'un et l'autre pour la dégoûter de ce qui l'entoure.	28
Lettre 25. — De la duchesse de Choiseul à Mme du Deffand. Avril (sans date).—Le duc vient d'être nommé ministre des affaires étrangères.—Fait faire des compliments à M. Walpole. (Note.).	32
Lettre 26. — De la même à la même. Versailles, 24 mai 1766. — Expédie à M. Walpole une tabatière avec le portrait de Mme de Sévigné.	33
Lettre 27. — De Mme du Deffand à M. Craufurt. 3 juin 1766.— Il l'a induite à aimer M. Walpole. — A une mauvaise tête. — Sa *versade* avec Mme de Forcalquier. (Note.).	34
Lettre 28. — De la même au même. 15 juin 1766. — Différence des mots *conséquencieux* et *conséquent*. — La boîte adressée à M. Walpole.	37
Lettre 29. — De la duchesse de Choiseul à Mme du Deffand. Versailles, juin 1766. — Détails intimes de santé.	38
Lettre 30. — De Mme du Deffand à la duchesse de Choiseul. 18 juin 1866. — Remerciments. — Les ingrats préférables aux ennuyeux.— M. Walpole a envoyé des livres à la bibliothèque du roi	39
Lettre 31. — De Mme du Deffand à la duchesse de Choiseul. — Mercredi, 18 juin 1766.— Détails sur la surprise de M. Walpole en recevant la prétendue lettre de Mme de Sévigné.	41
Lettre 32. — De la duchesse de Choiseul à Mme du Deffand. 21 juin, 1766. — Même sujet.—Se défend d'avoir des lumières. — Attend la comtesse de Biron.—Billet annexé de M. de Guerchy.	42

DU TOME PREMIER. 447

Pages.

LETTRE 33. — De Mme du Deffand à la duchesse de Choiseul. 25 juin 1766. — Surprise de M. Walpole en recevant la boîte 46

LETTRE 34. — De Mme du Deffand à M. Craufurt. 29 juin 1766. — Elle le charge de compliments pour M. Hume 47

LETTRE 35. — De Mme du Deffand à la duchesse de Choiseul. 5 juillet 1766. — Elle a soupé avec Mme de Biron revenant de Chanteloup. M. Walpole attribue à la duchesse de Choiseul la prétendue lettre de Mme de Sévigné. 48

LETTRE 36. — De la même à la même. 13 juillet 1766. — Mme de Biron est aussi aimable qu'on peut l'être par signe. Lettres de M. Hume au baron d'Holbach contre Jean-Jacques.— Note à ce sujet. 50

LETTRE 37. — De la duchesse de Choiseul à Mme du Deffand. 17 juillet 1766. — La duchesse de Luxembourg se tourmente des malheurs qu'attirent à Rousseau ses folies fastueuses. — Jugement de la duchesse de Choiseul sur ce dernier 53

LETTRE 38. — De Mme du Deffand à la duchesse de Choiseul. 22 juillet 1766. — Réponse à la précédente. Affaire de Rousseau et de Hume 56

LETTRE 39. — De la duchesse de Choiseul à Mme du Deffand.—Chanteloup, 25 juillet 1766.—Éloges de l'esprit de Mme du Deffand. — Elle se trompe pourtant sur le jugement qu'elle porte du caractère de la duchesse. — Confidences à ce sujet. 59

LETTRE 40. — De Mme du Deffand à M. Walpole. 5 août 1766.—Protestations contre l'amitié.—Elle lui propose de loger chez elle à Paris.—A toujours méprisé Jean-Jacques.—Voltaire a fait demander un asile au roi de Prusse. 61

LETTRE 41. — De Mme du Deffand à M. Craufurt. 1 septembre 1766. — Les défauts des Anglais préférables à ceux de nos compatriotes.—M. Hume lui a écrit. — Elle regrette sincèrement la mort du chevalier Mac-Donnald. 66

LETTRE 42. — De la même au même. 16 novembre 1766. — Lui demande des nouvelles de M. Walpole 69

LETTRE 43. — De la duchesse de Choiseul à Mme du Deffand. Novembre 1766. — Remerciment pour le portrait qu'a fait d'elle Mme du Deffand.— Ce portrait en note 70

LETTRE 44. — De la même à la même. 1766. — Recommande le secret pour ce portrait 71

LETTRE 45. — De Mme du Deffand à la duchesse de Choiseul. 28 décembre 1766.—Se plaint d'un pamphlet où M. Walpole est maltraité, et voudrait que le duc de Choiseul en parlât à M. de Sartines. 72

LETTRE 46. — De la duchesse de Choiseul à Mme du Deffand. 28 décembre 1766.—Réflexions sur son propre caractère.—N'est pas d'avis de faire parler à M. de Sartines du pamphlet qui n'en vaut pas la peine.— Les injures n'ont jamais fait de mal à personne. 73

LETTRE 47. — De Mme du Deffand au duc de Choiseul. 29 décembre 1766. — Signale à la sévérité du duc un article de Fréron offensant pour M. Walpole. 75

LETTRE 48. — De Mme du Deffand à la duchesse de Choiseul. 29 décembre 1766. — Même sujet. — Envoie à la duchesse sous cachet volant la lettre précédente 76

TABLE

Pages.

LETTRE 49. — De la duchesse de Choiseul à Mme du Deffand. Versailles, 29 décembre 1766. — Même sujet que les précédentes. 77

LETTRE 50. — De Mme du Deffand à la duchesse de Choiseul. 31 décembre 1766. — Même sujet.— M. Walpole ne veut pas qu'on réprimande Fréron pour ses articles contre lui. — Il aime trop la liberté de l'imprimerie. — (Note.). 78

LETTRE 51. — De la duchesse de Choiseul à Mme du Deffand. Versailles, 31 décembre 1766. — Remercie d'une corbeille que lui a envoyée Mme du Deffand. — Fera de son mieux pour que Fréron soit réprimandé. . . . 80

LETTRE 52. — Du duc de Choiseul à Mme du Deffand. 7 janvier 1767.— C'est le censeur qui a tort et non pas Fréron. — Ils seront cependant corrigés l'un et l'autre. 81

LETTRE 53. — De Mme du Deffand à la duchesse de Choiseul. 10 janvier 1767.— Demande deux exemplaires d'un pamphlet saisi par la police. . 82

LETTRE 54. — De la duchesse de Choiseul à Mme du Deffand. Janvier 1767. — Elle envoie le pamphlet demandé. — Réflexions sur le procès de Jean-Jacques avec David Hume, attribuées à Palissot. — Réflexions sur les gens de lettres, tyrans de nos opinions. — Il doit être agréable de les voir se détruire entre eux. 83

LETTRE 55. — De la même à la même. Janvier...— Lui reproche de montrer le portrait qu'elle lui avait recommandé de ne pas laisser voir. 85

LETTRE 56. — De Mme du Deffand à M. Craufurt. 13 février 1767.—Les Anglais n'aiment rien et ne croient pas à l'amitié.—Elle a eu la passion du jeu pendant trois mois. Succès de lady Sarah. — L'esprit de Mme Dupin est le sublime du galimatias 85

LETTRE 57. — De Mme du Deffand à la duchesse de Choiseul. 13 mars 1767. — La prie de lui faire donner de ses nouvelles par l'abbé Barthélemy. . 89

LETTRE 58.— De Mme du Deffand à M. Craufurt. 19 mars 1767.—Les Anglais ne sont pas fous à demi. — Elle a deviné plus tôt que lui que lady Sarah était aimable. 90

LETTRE 59. — De Mme du Deffand à M. Walpole. 4 avril 1767.—Elle se soumet sans murmurer à tout ce que décidera M. Walpole.—Voudrait pouvoir lui envoyer son âme à la place d'une lettre.—A soupé plusieurs fois avec la duchesse de Choiseul. — Le duc lui parle du *Château d'Otrante*, roman de M. Walpole.—Hors lui qu'elle aime et la duchesse qu'elle estime, tout le reste lui paraît personnages de comédie 92

LETTRE 60. — De Mme du Deffand à la duchesse de Choiseul. 16 mai 1767. —Comédie chez la duchesse de Villeroy. — Mlle Clairon. — Jugement sur *Bajazet*. — Elle s'ennuie. 96

LETTRE 61. — De la duchesse de Choiseul à Mme du Deffand. Chanteloup, 17 mai 1767.—A souvent eu besoin de faire du courage.—Conseils contre l'ennui. 98

LETTRE 62. — De la même à la même. Chanteloup, 23 mai 1767.—Le philosophe à quatre pattes de Jean-Jacques. — Sa vie à Chanteloup. . . . 99

DU TOME PREMIER.

LETTRE 63. — De Mme du Deffand à la duchesse de Choiseul. 23 mai 1767. — Se plaint d'une tracasserie qu'on a voulu lui faire avec le duc de Choiseul 102

LETTRE 64. — Du duc de Choiseul à Mme du Deffand. 24 mai. — Réponse à la précédente. 103

LETTRE 65. — De la duchesse de Choiseul à Mme du Deffand. Chanteloup, 26 mai 1767. — Même sujet que la précédente. 104

LETTRE 66. — De Mme du Deffand à la duchesse de Choiseul. 29 mai 1767. — Même sujet. — Apologie pour sa conduite envers le duc et la duchesse. 105

LETTRE 67. — De la duchesse de Choiseul à Mme du Deffand. Chanteloup, 3 juin. 1767. — Réponse à la précédente. — Explications. 106

LETTRE 68. — De Mme du Deffand à la duchesse de Choiseul. 14 juin 1767. — Envoie à la duchesse une lettre qu'elle a reçue de Voltaire, et sa réponse. 108

LETTRE 69. — De la duchesse de Choiseul à Mme du Deffand. 14 juin 1767. — Billet d'envoi de la lettre suivante. 109

LETTRE 70. — De la duchesse de Choiseul à Mme du Deffand. 12-14 juin 1767. — Réponse à un jugement de Voltaire sur Catherine de Russie. — Sévérité de la duchesse pour cette princesse. — Le marquis Ginori. . . 110

LETTRE 71. — De Mme du Deffand à la duchesse de Choiseul. 18 juin 1767. — Réponse à la précédente. — Jean-Jacques est à Paris *visiblement caché* et trouve des protecteurs. 120

LETTRE 72. — De Mme du Deffand à l'abbé Barthélemy. 21 juin 1767. — Compliments sur le style de sa lettre. — Entre pour beaucoup dans la récapitulation des bonheurs de la grand'maman. 122

LETTRE 73. — De la duchesse de Choiseul à Mme du Deffand. Chanteloup, 25 juin 1767. — Annonce son retour à Paris pour le premier du mois prochain 124

LETTRE 74. — De Mme du Deffand à la duchesse de Choiseul. 11 juillet 1767. — Elle perd mille écus de rente aux nouvelles mesures financières. . . 125

LETTRE 75. — De Mme du Deffand à M. Craufurt. 13 juillet 1767. — Le duc de Lauzun esclave de lady Sarah. — Refuse d'envoyer une lettre de Voltaire à elle, et sa réponse. 126

LETTRE 76. — De Mme du Deffand à la duchesse de Choiseul. 17 juillet 1767. — Fait solliciter le duc de Choiseul pour M. d'Aulan. — A soupé chez M. de Montigny-Trudaine. (Note sur cette famille.). 127

LETTRE 77. — Du duc de Choiseul à Mme du Deffand. Compiègne, 15 juillet 1767. — Promesses pour M. d'Aulan. — Assurances d'amitié. 130

LETTRE 78. — De la duchesse de Choiseul à Mme du Deffand. Compiègne, 18 juillet 1767. — A soupé lundi et mardi chez le roi. — On lui annonce le duc d'York. 131

LETTRE 79. — De Mme du Deffand à la duchesse de Choiseul. 27 juillet 1767. — On a appris la gloire et l'éclat qui environne Mme de Ségur, nouvelle maîtresse du roi. — L'abbé a lu la *Chanteloupade*. 132

LETTRE 80. — De la duchesse de Choiseul à Mme du Deffand. Chantilly, 11 août 1767. Nouvelles de la cour. — Réflexions sur la vanité. 133

450 TABLE

Pages.

Lettre 81. — De Mᵐᵉ du Deffand à la duchesse de Choiseul. Jeudi... août 1767. — Réponse à la précédente. — La duchesse et Paméla valent mieux que Sénèque et Nicole................................ 134

Lettre 82. — De la duchesse de Choiseul à Mᵐᵉ du Deffand. Compiègne, 25 août 1767. — Lui demande à souper pour vendredi. — L'*idolâtrie* augmente pour Mᵐᵉ de Ségur. — Où en serait le monde sans les fous?.... 136

Lettre 83. — De Mᵐᵉ du Deffand à M. Craufurt. 25 août 1767. — Reproches sur son silence. — Lui est apparu avec M. Walpole pour la dégoûter de tout ce qui l'entoure................................ 138

Lettre 84. — De la même au même. 15 septembre 1767. — Proteste qu'elle n'est pas romanesque. — M. Walpole est à Paris, prêt à repartir. — Sa prétendue folie sur l'amitié lui fait seule supporter la vie....... 140

Lettre 85. — De la duchesse de Choiseul à Mᵐᵉ du Deffand. Fontainebleau, 24 octobre 1767. — M. Walpole lui a écrit une lettre charmante où il l'appelle sa grand'maman. — Elle a *senti* la peine de Mᵐᵉ du Deffand, plus qu'elle ne *l'a su*................................ 141

Lettre 86. — De Mᵐᵉ du Deffand à M. Craufurt. 6 décembre 1767. — Compliments sur ses lettres — A beaucoup parlé de lui avec Mᵐᵉ de Roucherolles. — Elle fait découper M. Hubert................ 142

Lettre 87. — De la même au même. 29 septembre 1767. — Compliments sur la place que vient de lui donner le duc de Grafton. — La princesse Lubomirska très-aimable. — La beauté de lady Pembroke n'a pas grand succès. — Elle envoie à M. Walpole un tableau qui représente elle et la duchesse de Choiseul................................ 145

Lettre 88. — Du duc de Choiseul à Mᵐᵉ du Deffand. ... 1768. — Envoi d'une jatte de porcelaine pour ses étrennes............. 148

Lettre 89. — De la duchesse de Choiseul à Mᵐᵉ du Deffand. A Versailles, ce 7... — Même sujet que la précédente.............. 148

Lettre 90. — De Mᵐᵉ du Deffand à M. Craufurt. 13 janvier 1768. — Rend compte d'une commission faite par Mᵐᵉ de La Vallière. — M. du Châtelet lui portera une glacière...................... 149

Lettre 91. — Du chevalier de Boufflers à la duchesse de Choiseul. Marseille, 26 janvier 1768. — C'est une belle ville que Marseille. — Il compte passer en Corse. — A toujours eu la fantaisie des révolutions. (Note.) . 151

Lettre 92. — De la duchesse de Choiseul à Mᵐᵉ du Deffand. Versailles, ce 4 février 1768. — Proposition de mariage pour M. de Vichy....... 153

Lettre 93. — De la duchesse de Choiseul à Mᵐᵉ du Deffand. 9 février 1768. — Même sujet que la précédente.................. 154

Lettre 94. — De Mᵐᵉ du Deffand à M. Craufurt. 19 mars 1768. — Depuis qu'elle s'est mise à aimer les Anglais, son humeur est devenue bien souple et bien facile. — A vu M. et Mᵐᵉ Denis. — M. et Mᵐᵉ Dupuits arrivant de Ferney. — Détails sur Voltaire.................. 155

Lettre 95. — De la duchesse de Choiseul à Mᵐᵉ du Deffand. Versailles, 30 avril 1768. — Tracasserie avec Mᵐᵉ de Beauvau. — Explication provoquée par la duchesse............................ 158

DU TOME PREMIER.

LETTRE 96. — De la même à la même. Chanteloup, 9 mai 1768. — Même sujet que la précédente.................. 159

LETTRE 97. — De Mme du Deffand à la duchesse de Choiseul. 9 mai 1768. — Le pot de chambre et les petits pois. — Première représentation du *Joueur*. — Molé y est admirable................. 160

LETTRE 98. — De Mme du Deffand à l'abbé Barthélemy. 10 mai 1768. — L'évêque de Saint-Brieuc lui a raconté les affaires de Bretagne. — Jamais l'ordre n'y sera rétabli tant que M. d'Aiguillon y commandera. — Ne voit que trois hommes propres aux affaires. — Accident arrivé au président. 162

LETTRE 99. — De l'abbé Barthélemy à Mme du Deffand. Chanteloup, mai 1768. — Proteste contre le titre de bel esprit. — N'a jamais que les idées de tout le monde. — Nouvelles de la grand'maman............ 164

LETTRE 100. — De la duchesse de Choiseul à Mme du Deffand. Chanteloup, 20... 1768. — Imbroglio des petits pois et du pot de chambre...... 166

LETTRE 101. — De l'abbé Barthélemy à Mme du Deffand. Chanteloup, 24 mai 1768. — Nouvelles de Chanteloup. — Lectures de la duchesse de Choiseul. — Gatti fait une chute de cheval. — Sérénade donnée par le duc à la duchesse de Choiseul.................... 167

LETTRE 102. — De la duchesse de Choiseul à Mme du Deffand. Chanteloup, 31 mai 1768. — La tristesse n'est pas un défaut, mais une maladie. — N'a pas même lu quinze pages en vingt jours............ 169

LETTRE 103. — De Mme du Deffand à M. Craufurt. 30 mai 1768. — Il vient d'entrer au Parlement. — Il est malade de l'ennui. — On n'en meurt pas. — Jugement sur lady Pembroke................. 170

LETTRE 104. — De la duchesse de Choiseul à Mme du Deffand. Chanteloup, 13 juin 1768. — Le duc de Choiseul a été malade à Chanteloup. — La duchesse se plaint de sa belle-sœur, Mme de Grammont........ 172

LETTRE 105. — De l'abbé Barthélemy à Mme du Deffand. Chanteloup, 15 juin 1768. — Même sujet. — Nouvelles de la santé de la duchesse. — Elle s'intéresse plus à celle de ses amis qu'à la sienne............. 175

LETTRE 106. — De la duchesse de Choiseul à Mme du Deffand. Chanteloup, 17 juin 1768. — Mme de Grammont ne l'a pas remerciée de son attention de lui donner des nouvelles du duc. — N'a trouvé dans le monde que du levain........................ 177

LETTRE 107. — De l'abbé Barthélemy à Mme du Deffand. 19 juin 1768. — La grand'maman a reçu un billet très-poli de Mme de Grammont..... 178

LETTRE 108. — Du même à la même. Chanteloup, 28 juin 1768. — Éloge du chevalier de Listenay. — La grand' maman a fini *Paméla*. — Elle a eu cette année des agneaux qui sont plus gros et presque aussi jolis qu'elle. 179

LETTRE 109. — De la duchesse de Choiseul à Mme du Deffand. Chanteloup, 6 juillet 1768. — Tragédie du président Hénault, imprimée par M. Walpole. — Sollicitations à M. de Saint-Florentin pour faire continuer à Mme du Deffand, après la mort de la reine, la pension qu'elle en recevait. 181

LETTRE 110. — De la duchesse de Choiseul à Mme du Deffand. Compiègne, 7 août 1768. — Voltaire de bien mauvaise humeur de la protection accordée à La Bletterie. — La duchesse ne veut de société avec les gens de lettres que dans leurs livres. 183

Lettre 111. — De la même à la même. Compiègne, 23 août 1768. — Éloges de Mme de Biron. — Comment résister au plaisir d'aimer?. 184

Lettre 112. — De Mme du Deffand à M. Craufurt. 6 décembre 1768. — Nouvelles de société. — Mme de Forcalquier impatronisée à l'ambassade d'Angleterre. 185

Lettre 113. — De Mme du Deffand à M. Craufurt, 8 décembre 1768. — Les Anglais croient aisément qu'on les aime plus qu'on ne doit. — Mot de Mme de Staal sur les nouvelles connaissances. — Redemande deux lettres de Voltaire, de sa propre main à lui prêtées 186

Lettre 114. — De Voltaire à Mme du Deffand. — Nie être l'auteur d'un pamphlet contre le président Hénault. — Injures contre La Bletterie. — Il aime Mme du Deffand depuis quarante ans. 188

Lettre 115. — De l'abbé Barthélemy à Mme du Deffand. Thugny, 3 février 1769. — Nouvelles du voyage. — Couché à Soissons. — L'évêque Bourdeilles comme Brantôme ne fait pas de si jolis contes. — Compliments au chevalier de Listenay. 190

Lettre 116. — De la duchesse de Choiseul à M. Walpole. Thugny, 7 février 1769. — Remerciments d'une lettre charmante qu'elle en a reçue. — Le presse de venir à Paris. 191

Lettre 117. — De la duchesse de Choiseul à Mme du Deffand. 24 février 1769. — A parlé à M. d'Invault pour la pension de Mme du Deffand. — Agitation à la cour au sujet de la présentation de Mme du Barry. 193

Lettre 118. — De la même à la même. Mars 1769. — Envoi d'un paquet de Voltaire. — Passage de sa lettre qui fait le plus de plaisir à la duchesse 194

Lettre 119. — De l'abbé Barthélemy à Mme du Deffand. Chanteloup, 30 avril 1769. — Nouvelle du voyage. — On a mis quatorze heures à faire la route. — Gatti sur le pont d'Amboise 195

Lettre 120. — De Mme du Deffand à la duchesse de Choiseul. 1er mai 1769. — La plus illustre des comtesses (Mme du Barry) est sur la liste. ... 196

Lettre 121. — De la même à la même. 3 mai 1769. — Visite à Ruel, chez la duchesse douairière d'Aiguillon. — Le duc de Richelieu y vient un moment. 197

Lettre 122. — De l'abbé Barthélemy et de la duchesse de Choiseul à Mme du Deffand. Mai 1769. — Arrivée du piano-forté. — Le Chevalier de Boufflers cloué au roi de Danemark. 199

Lettre 123. — De l'abbé Barthélemy et de la duchesse de Choiseul à Mme du Deffand. 6 mai 1769. — Les grandes chroniques de Chanteloup. — Un voisin poëte. — Mot ajouté par Gatti. — Note sur ce personnage. ... 200

Lettre 124. — Des mêmes à la même. Chanteloup. 13 mai 1769. — Contestation entre des curés et des chanoines apaisés par l'abbé. 204

Lettre 125. — De l'abbé Barthélemy à Mme du Deffand. Chanteloup, 15 mai 1769. — Encore le voisin poëte. — Hôtes arrivés à Chanteloup. — L'accommodement proposé aux chanoines n'a pas réussi. 206

LETTRE 126. — De Mme du Deffand à la duchesse de Choiseul. 24 mai 1769. — Les maréchales de Mirepoix et de Luxembourg. — Soupé à l'ambassade d'Angleterre. — Le chevalier de Listenay, prince de Bauffremont. — Présentation de Mme du Barry 208

LETTRE 127. — De l'abbé Barthélemy à Mme du Deffand. Chanteloup, 26 mai 1769. — Envoi d'une lettre de Voltaire sous le nom de M. Guillemet. . . 210

LETTRE 128. — De la duchesse de Choiseul à Mme du Deffand. Chanteloup, 28 mai 1769. — Le cardinal Ganganelli pape. — Elle aime le roi plus que jamais. — Les affaires vont bien en Corse 211

LETTRE 129. — De Mme du Deffand à la duchesse de Choiseul. 1er juin 1769. — Affaires de Corse. — Elle est inquiète de M. de Lauzun. — Le prince de Beauffremont ne prendra femme que de la main de la duchesse . . 213

LETTRE 130. — De l'abbé Barthélemy à Mme du Deffand. 1er juin 1769. — Relation de Russie, par M. Rulhière. — Visites à Chanteloup 215

LETTRE 131. — De la duchesse de Choiseul à Mme du Deffand. 4 juin 1769. — Succès du ministère du duc de Choiseul. — Brochures envoyées par M. de Chandieu à Mme du Deffand 216

LETTRE 132. — De Mme du Deffand à la duchesse de Choiseul. 7 juin 1769. — Le baron de Gleichen part pour Chanteloup. — Se réjouit des succès politiques obtenus par le duc de Choiseul. — Le prince de Beauffremont. 217

LETTRE 133. — De la même à la même. 11 juin 1769. — Visite à Ruel chez la duchesse douairière d'Aiguillon. — A une admiration stupide pour tout ce qui est spirituel 219

LETTRE 134. — De l'abbé Barthélemy à Mme du Deffand. Chanteloup, 11 juin 1769. — Promenades à cheval à la Bourdaisière. — Cas qu'on doit faire des propos de Paris 221

LETTRE 135. — De la duchesse de Choiseul à Mme du Deffand. Chanteloup, 16 juin 1769. — Il est fâcheux que la duchesse d'Aiguillon n'ait pas été notre première mère. — Elle aime infiniment M. Trudaine. — La Petite Sainte (comtesse de Choiseul) est une excellente femme à l'user . . . 222

LETTRE 136. — De l'abbé Barthélemy à Mme du Deffand. Chanteloup, 21 juin 1769. — Admire par sa fenêtre un beau lever de soleil 223

LETTRE 137. — De la duchesse de Choiseul à Mme du Deffand. 23 juin 1769. — Elle n'aime pas l'humilité. — Accident arrivé à M. de Pontchartrain . 224

LETTRE 138. — De Mme du Deffand à la duchesse de Choiseul. 27 juin 1769. — Prend pour de l'ironie les éloges qu'on lui donne. — Application d'un mot de Mme de Sévigné. — Trait plaisant de M. de Richelieu 226

LETTRE 139. — De la duchesse de Choiseul à Mme du Deffand. Chanteloup, 30 juin 1769. — Ne comprend pas le trait de M. de Richelieu rapporté dans la lettre précédente 228

LETTRE 140. — De Mme du Deffand à la duchesse de Choiseul. 2 juillet 1769. — Explique le trait de M. de Richelieu. — Ce dernier donne à souper à Mme du Barry et deux autres dames 229

LETTRE 141. — De l'abbé Barthélemy à Mme du Deffand. Chanteloup, 2 juillet 1769. — Le baron de Gleichen retourne à Paris. — Son portrait . . 231

                                                                                    Pages.
Lettre 142. — De la duchesse de Choiseul à Mme du Deffand. Chanteloup, 5 juillet 1769. — Si le duc de Richelieu n'a pas dit une bêtise, il a dit une insolence... 232

Lettre 143. — De l'abbé Barthélemy au baron de Gleichen. — Anecdote sur l'abbé Lebœuf, de l'Académie des belles-lettres, et M. Duclos. — (Note.) 233

Lettre 144. — De Mme du Deffand à la duchesse de Choiseul. 8 juillet 1769. — Chute dangereuse du président Hénault. — M. Walpole s'annonce pour le mois d'août...................................... 235

Lettre 145. — De l'abbé Barthélemy au baron de Gleichen. Chanteloup, 8 juillet. — Se défend d'avoir empêché Mme du Deffand de venir à Chanteloup, et de gouverner la duchesse de Choiseul................ 237

Lettre 146. — De l'abbé Barthélemy à Mme du Deffand. Chanteloup, 10 juillet 1769. — La duchesse de Choiseul prise pour la sainte Vierge. — Elle veut marier une jeune fille............................ 238

Lettre 147. — De la duchesse de Choiseul à Mme du Deffand. Chanteloup, 11 juillet 1769. — Envoi d'une brochure de Voltaire............ 240

Lettre 148. — De Mme du Deffand à la duchesse de Choiseul. 14 juillet 1769. — Mme de Prie morte du besoin de gouverner l'État. — Jugement sur *les Guèbres*... 242

Lettre 149. — De Mme du Deffand à Voltaire. 16 juillet 1769. — Compliments sur *les Lettres d'Amabed* et *les Guèbres*. — *Le Déserteur* de Sedaine. — Jugement sur cet auteur............................... 244

Lettre 150. — De la duchesse de Choiseul à Mme du Deffand. Chanteloup, 16 juillet 1769. — La pièce *des Guèbres* détestable. — *Post-scriptum* de l'abbé Barthélemy...................................... 246

Lettre 151. — De l'abbé Barthélemy à Mme du Deffand. 17 juillet 1769. — Détails singulièrement intimes sur la santé de la duchesse....... 247

Lettre 152. — M. Walpole à M. Montaigu. Paris, 7 septembre 1769. — Détails sur Mme du Deffand................................. 248

Lettre 153. — De la Duchesse de Choiseul à Mme du Deffand. Fontainebleau, 10 octobre 1769. — Elle la charge d'acheter une poupée pour Mlle de Choiseul...................................... 249

Lettre 154. — De Mme du Deffand à la duchesse de Choiseul. 11 octobre 1769. — Réponse pour la poupée........................... 250

Lettre 155. — De la même à la même. 11 octobre 1769. — Même sujet. — Voyage de M. Walpole. — Les oiseaux de Steinkerque............ 251

Lettre 156. — De la duchesse de Choiseul à Mme du Deffand. Fontainebleau, 16 octobre 1769. — Les oiseaux de Steinkerque............ 253

Lettre 157. — De Mme du Deffand à la duchesse de Choiseul. 16 octobre 1769. — Demande la loge à l'Opéra pour tous les jours où on n'en a pas disposé. — Vers sur Broussin, ami de Chapelle.................. 254

Lettre 158. — De la même à la même. 16 octobre 1769. — Demande un brevet de colonel pour son cousin le marquis de Chavigny....... 255

Lettre 159. — De la même à la même. 19 octobre 1769. — Craintes d'une tracasserie avec le baron, d'avoir ennuyé la duchesse par ses demandes. — Les oiseaux de Steinkerque. 256

Lettre 160. — De la duchesse de Choiseul à Mme du Deffand. Fontainebleau, 21 octobre 1769. — Elle la rassure et lui rend compte de ses commissions. 257

Lettre 161. — De l'abbé Barthélemy à la duchesse de Choiseul. 26 décembre 1769. — Négociations pour l'achat d'une poupée. — Pot-pourri à Mme de Forcalquier par Mme de La Vallière. — (Note.) 259

Lettre 162. — De Mme du Deffand à la duchesse de Choiseul. 26 décembre 1769. — Remerciments pour un déjeuner de porcelaine. — On a la poupée pour trois louis et demi. 261

Lettre 163. — De la même à la même. 14 février 1770. — A eu le projet d'aller la voir à Versailles, mais y a renoncé. 262

Lettre 164. — De l'abbé Barthélemy à Mme du Deffand. Versailles, 4 mars 1770. — Démarches pour le payement de la pension de Mme du Deffand. 263

Lettre 165. — De la duchesse de Choiseul à Mme du Deffand. Chanteloup, 13 mai 1770. — Requête au roi par Voltaire, adressée à la duchesse. (Note.) — Confidences touchantes sur sa tendre affection pour son mari. 264

Lettre 166. — De l'abbé Barthélemy à Mme du Deffand. Chanteloup, 15 mai 1770. — Nouvelles de la santé de la duchesse. — Comment on passe son temps à Chanteloup. — Article de Voltaire pour l'*Encyclopédie*, sur le mot âme 266

Lettre 167. — De Mme du Deffand à la duchesse de Choiseul. 16 mai 1770. — Transmet au duc de Choiseul la requête de Voltaire. — Le grand-papa connaît et apprécie les sentiments dont il est l'objet. 268

Lettre 168. — De la duchesse de Choiseul à Mme du Deffand. Chanteloup, 17 mai 1770. — Voltaire envoie des montres à la femme de chambre de la duchesse pour les faire acheter par le roi. 269

Lettre 169. — De l'abbé Barthélemy à Mme du Deffand. Chanteloup, 22 mai 1770. — Détails sur la santé de la duchesse. — Prière de ne pas lui en écrire. 271

Lettre 170. — De la même à la même. Chanteloup, 25 mai. — Visite de l'archevêque de Tours et de son grand-vicaire. — Misère dans la campagne. — Nouvelles de Chanteloup. 273

Lettre 171. — De Mme du Deffand à la duchesse de Choiseul. 26 mai 1770. Tracasseries à la cour au sujet des fêtes pour le mariage du Dauphin. — On est enchanté de la Dauphine. 275

Lettre 172. — De la duchesse de Choiseul à Mme du Deffand. Chanteloup, 28 mai 1770. — A écrit à M. de Choiseul pour les Richemont, c'est-à-dire pour M. Walpole. 277

Lettre 173. — De l'abbé Barthélemy à Mme du Deffand. Chanteloup, 1er juin 1770. — Nouvelles de Chanteloup. — On lit les Mémoires de Mme de Nemours sur la Ligue. — Christophe, chef de la laiterie et de la vacherie à Chanteloup 278

Lettre 174. — Du même à la même. 7 juin 1770. — Accident arrivé à Paris au feu d'artifice. — Une chasse à Chanteloup. 280

Pages.

Lettre 175. — De la duchesse de Choiseul à Mme du Deffand. Chanteloup, 13 juin 1770. — Voltaire envoie les articles de son *Encyclopédie* à mesure qu'ils paraissent. — Anciens et modernes 282

Lettre 176. — De l'abbé Barthélemy à Mme du Deffand. Chanteloup, 18 juin 1770. — M. et Mme de Thiers arrivés et partis fort malades. — Éloge de « la Petite Sainte »................ 284

Lettre 177. — De la duchesse de Choiseul à Mme du Deffand. Chanteloup, 20 juin 1770. — Ne peut recommander l'abbé Sigorgne pour un prieuré. — L'humeur est un défaut qui équivaut à tous les vices........ 285

Lettre 178. — De l'abbé Barthélemy à Mme du Deffand. Chanteloup, 21 juin 1770. — On a lu à Chanteloup les Mémoires de M. d'Aiguillon..... 287

Lettre 179. — Du même à la même. 27 juin 1770. — Nouvelles de Chanteloup. — *Dictionnaire encyclopédique* de Voltaire. — Critique du poëme *des Saisons*, par Fréron................. 289

Lettre 180. — De la duchesse de Choiseul à Mme du Deffand. Chanteloup, 9 juillet. — S'afflige de l'état du président............. 191

Lettre 181. — De la même à la même. Compiègne, 16 août 1770. — Demande la grâce d'un déserteur protégé par la maréchale de Luxembourg. — L'absence de Mme de Grammont lui fait un bien infini....... 292

Lettre 182. — De Mme du Deffand à M. Craufurt. 26 novembre. — Mort du président Hénault. — N'a point encore eu de lettres de Mme Cholmondley. — Une amie comme la grand'maman est le plus grand charme de la vie. 293

Lettre 183. — De la duchesse de Choiseul à Mme du Deffand. Chanteloup, 26 décembre 1770. — Départ de Paris et arrivée à Chanteloup après la disgrâce. — Elle console Mme du Deffand. (Note.).......... 296

Lettre 184. — De Mme du Deffand à la duchesse de Choiseul. 27 décembre 1770. — Son seul désir maintenant est d'avoir des nouvelles de Chanteloup. — Comtesse de Choiseul-Betz. (Note.)........... 297

Lettre 185. — De la même à la même. Ce 30 décembre 1770. — Sympathie générale qu'on éprouve pour elle et son mari à Paris. — Ordre qu'a reçu Mme de Beauvau...................... 297

Lettre 186. — De la même à la même. 30 décembre 1770. — Demande un chiffre pour correspondre. — Satisfaction de la grosse duchesse (d'Aiguillon)......................... 299

Lettre 187. — De Voltaire à la duchesse de Choiseul. 31 décembre 1770. — Compliments sur sa disgrâce................. 300

Lettre 188. — De la duchesse de Choiseul à Mme du Deffand. Chanteloup, 4 janvier 1771. — Arrivée de la Petite Sainte. — N'écrira jamais en chiffres. — Heureuse de l'intérêt qu'on leur témoigne. — Explication avec sa belle-sœur. — Mme d'Amblimont et M. de Voyer demandent à venir... 301

Lettre 189. — De Mme du Deffand à la duchesse de Choiseul. 5 janvier 1771. — L'abbé espère avoir bientôt sa permission............ 305

Lettre 190. — De la même à la même. 7 janvier 1771. — Lettre de la maréchale de Mirepoix à Mme du Barry. — L'abbé parti pour Chanteloup. — Citation d'*Esther*. — On croit que le tyran breton le deviendra de

DU TOME PREMIER.

toute l'Europe. — La duchesse ne doit avoir aucune inquiétude de la liaison de Mme du Deffand avec la maréchale de Mirepoix. 306

LETTRE 191. — De la duchesse de Choiseul à Mme du Deffand. Chanteloup, 12 janvier 1771. — On attend Mme de Lauzun, en qui le zèle de l'exil l'emporte sur l'ardeur des bals. — L'explication avec Mme de Grammont a fort bien fait. — Prière pressante de venir à Chanteloup. — Voudrait que M. d'Aiguillon fût ministre pour que le Parlement reprît son procès. 309

LETTRE 192. — De l'abbé Barthélemy à Mme du Deffand. 14 janvier 1771. — Le duc de Choiseul est gai, tranquille, plus aimable que jamais. — La duchesse heureuse jusqu'au fond de l'âme. — Vie qu'on mène à Chanteloup. 313

LETTRE 193. — De la duchesse de Choiseul à Mme du Deffand. 17 janvier 1771. — Le duc de Choiseul se fait lire des contes toute la journée. — Il fait de la tapisserie. 316

LETTRE 194. — De Mme du Deffand à M. Craufurt. 20 janvier 1771. — Son opinion sur Charles Fox. — Elle a perdu la douceur et l'agrément de sa vie. — M. Walpole se fait espérer bientôt. 317

LETTRE 195. — De Mme du Deffand à la duchesse de Choiseul. — 20 janvier 1771. — On s'attend à de grands événements 319

LETTRE 196. — De la duchesse de Choiseul à Mme du Deffand. 22 janvier 1771. — Elle a reçu une épître en vers de Voltaire. — Elle la charge de compliments pour toutes les personnes de sa société. 321

LETTRE 197. — De la duchesse de Choiseul à Voltaire. Chanteloup, 24 janvier 1771. — Compliments sur le *Barmécide*. (Cette pièce en note.) . . 322

LETTRE 198. — De la duchesse de Choiseul à Mme du Deffand. Chanteloup, 27 janvier 1771. — Réflexions sur les événements. — Instances pour décider Mme du Deffand à venir à Chanteloup. 324

LETTRE 199. — De l'abbé Barthélemy à Mme du Deffand. Chanteloup, 27 janvier 1771. — Nouvelles des santés. — On ne fait plus qu'un repas à six heures 326

LETTRE 200. — De Mme du Deffand à la duchesse de Choiseul. 30 janvier 1771. — S'excuse sur son âge de n'être pas déjà à Chanteloup. — Considération unanime dont jouit la duchesse. 327

LETTRE 201. — De l'abbé Barthélemy à Mme du Deffand. Chanteloup, 2 février 1771. — Réfute toutes ses raisons pour ne pas venir à Chanteloup. — Éloge du *Barmécide*. 330

LETTRE 202. — De la duchesse de Choiseul à Mme du Deffand. Chanteloup, 3 février. — Assurances d'amitié et instances pour la décider à venir. — Envoie une lettre du baron de Gleichen. (Note.) 332

LETTRE 203. — De Mme du Deffand à l'abbé Barthélemy. — S'occupe de placer M. et Mme Ménage. — Mascarade politique. — Affaire de Danemark. — Struensée 334

LETTRE 204. — De la duchesse de Choiseul à lady Chatam. (Note.) Chanteloup, 6 février 1771. — Le duc de Choiseul dans sa disgrâce n'est digne que d'envie et point de pitié. 336

LETTRE 205. — De l'abbé Barthélemy à Mme du Deffand. Chanteloup, 6 février 1771. — Monte à cheval et chasse. — On lit les Mémoires de Saint-Simon 338

LETTRE 206. — De Mme du Deffand à la duchesse de Choiseul. 10 février 1771. — Les princes de Suède à l'Opéra. — Éloge du duc de Choiseul par lord Chatam... 340

LETTRE 207. — De la duchesse de Choiseul à Mme du Deffand. Chanteloup, 10 février 1771. — Gatti part pour Paris. — Maladie des moutons, seul chagrin de la duchesse. — Les princes de Suède 341

LETTRE 208. — De la duchesse de Choiseul au chevalier de Boufflers. Chanteloup, 11 février 1771. — Il n'a perdu qu'un ministre et pas un ami. — On l'attend à Chanteloup................................. 342

LETTRE 209. — De Mme du Deffand à la duchesse de Choiseul. 11 février 1771. — Mme de Poix accouchée d'un garçon. (Note.) — Les princes de Suède lui demandent à souper. — Lady Churchill, sœur de M. Walpole. 343

LETTRE 210. — De l'abbé Barthélemy à Mme du Deffand. 18 février 1771. — Mme de Grammont le traite avec bonté. — Pleine de politesse et d'attention pour tout le monde, et a les meilleurs procédés pour sa belle-sœur. — Confidences intimes sur sa situation personnelle, et regrets de sa liberté 345

LETTRE 211. — De la duchesse de Choiseul à Mme du Deffand. Chanteloup, 20 février 1771. — S'interdit toute correspondance avec des étrangers. — Conseils sur son voyage et sur la permission à demander........ 347

LETTRE 212. — De la même à la même. Chanteloup, 26 février 1771. — Elle la prie de répondre à une lettre de Voltaire, ce qu'elle ne veut faire elle-même. — A fait son deuil de toutes les décences de la cour. — Sait gré à Mme de Beauvau de son amitié pour le duc de Choiseul. — Est bien aise du bien qu'on dit des princes de Suède.................. 349

LETTRE 213. — De la même à la même. A Chanteloup, 3 mars 1771. — Prière de ne plus écrire par la poste. — Craint que la permission soit refusée aux Beauvau. — Compliment à M. de Creütz sur la mort du roi de Suède... 353

LETTRE 214. — De Mme du Deffand à la duchesse de Choiseul. 5 mars 1771. — M. et Mme de Beauvau partent pour Chanteloup. — Caractère du prince de Beauffremont. — Il se séparera de sa dulcinée........... 355

LETTRE 215. De la même à la même. 7 mars 1771. — La maréchale de Mirepoix ne veut pas de mal au duc de Choiseul. — Elle aime son frère, mais déteste sa belle-sœur. — Le roi de Suède l'a fait prier à souper avec Mmes d'Aiguillon. — Le roi la charge de compliments pour Chanteloup. — Affaire de M. de Maillebois. (Note.) 356

LETTRE 216. — De l'abbé Barthélemy à Mme du Deffand. Chanteloup, 10 mars 1771. — Compliment sur la mort du roi de Suède. — Remercîment d'avoir parlé de son neveu à M. de Scheffer. (Note.) — Mme de Grammont pleine de soins pour sa belle-sœur, qui y est sensible....... 361

LETTRE 217. — De la duchesse de Choiseul à Mme du Deffand. Chanteloup,

DU TOME PREMIER. 459

Pages.

11 mars 1771. M. et Mme de Beauvau reçus avec joie. — Le duc de Choiseul sensible à une lettre de M. de Creütz. — Lettre de Voltaire à M. Marin. — Étrange aventure de M. de Maillebois. 363

Lettre 218. — Du duc de Choiseul à Mme du Deffand. Chanteloup, 11 mars 1771. — La presse d'arriver à Chanteloup 366

Lettre 219. — De l'abbé Barthélemy à Mme du Deffand. Chanteloup, 15 mars 1771. — M. de Beauvau a lu en particulier son discours à l'Académie. — Il est très-bien écrit. — Petits concerts du duc et de la duchesse. . . . 367

Lettre 220. — De Mme du Deffand à la duchesse de Choiseul. 16 mars 1771. — Mme de Luxembourg s'est prise de passion pour le roi de Suède. — Il veut avoir son portrait et ceux de Mmes d'Egmont et de Lamark. . . 369

Lettre 221. — De la même à la même. 19 mars 1771. — Le petit prince de Suède très-malade. — Mme du Deffand fait une visite au roi. — M. d'Usson n'ira pas en Suède, ni M. de Breteuil à Vienne. — La maréchale de Mirepoix s'est donné une entorse 371

Lettre 222. — De l'abbé Barthélemy à Mme du Deffand. 20 mars 1771. — Talent de Mme de Lauzun pour faire des œufs brouillés. — On lit les Mémoires de Mme de Maintenon. 373

Lettre 223. — De la duchesse de Choiseul à Mme du Deffand. Chanteloup, 21 mars 1771. — M. de Stainville apporte des lettres dont on était affamé. — Le roi de Suède est un petit intrigant. — Bons procédés de l'archevêque de Toulouse. — Éloges de l'évêque d'Arras. — L'affaire de MM. d'Usson et de Breteuil fait beaucoup de bruit. — Les procédés du gouvernement tendent à rendre tous les citoyens esclaves d'un despote. 375

Lettre 224. — De l'abbé Barthélemy à Mme du Deffand. Chanteloup, 21 mars 1771. — Arrivée de M. de Gontaut et sa plaisanterie. — N'a jamais eu la folie du bel esprit, mais s'est mis à portée, à force de travail, d'entendre celui des autres. — Arrivant et partant de Chanteloup. 378

Lettre 225. — Du même à la même. 27 mars 1771. — Mémoires de Mme de Maintenon. — Le goût littéraire bien plus difficile depuis Voltaire. — Béatitudes des lecteurs. — Anecdote sur M. Allemani. 380

Lettre 226. — De Mme du Deffand à la duchesse de Choiseul. 28 mars 1771. Séance de l'Académie pour la réception du prince de Beauvau. — Duclos ridicule. — Entorse de la maréchale de Mirepoix. 382

Lettre 227. — De la duchesse de Choiseul à Mme du Deffand. Chanteloup, 31 mars 1771. — On dit l'acharnement plus grand que jamais contre M. de Choiseul. — A le cœur navré de voir tous les amis du duc persécutés à cause de lui. — Disgrâce de l'évêque d'Orléans. (Note.) — Discours académiques. 384

Lettre 228. — De Mme du Deffand à la duchesse de Choiseul. 1er avril 1771. — Tout semble s'adoucir. — Aventure de M. de Monteynard. — On ne peut s'empêcher de pleurer et de rire. — Mariage du prince de Beauffremont. 385

Lettre 229. — De la duchesse de Choiseul à Mme du Deffand. Chanteloup, 3 avril 1771. — L'abbé va partir pour Paris. — Vol tenté à Londres chez M. Walpole 388

	Pages.
Lettre 230. — De Mme du Deffand à la duchesse de Choiseul. 3 avril 1771. — Tout est dans une fermentation effroyable. — Les remontrances pleuvent de toutes parts. — Elle craint qu'on ne les laisse pas à Chanteloup. — Entorse de la maréchale de Mirepoix. — L'abbé Barthélemy à Paris. — Vers sur Mme du Barry.	389
Lettre 231. — De la même à la même. 9 avril 1771. — Nouvelles de la cour	395
Lettre 232. — De la duchesse de Choiseul à Mme du Deffand. 12 avril 1771. — La haine pour M. de Choiseul s'aigrit chaque jour. — Changements dans la magistrature. — Tentative de vol chez M. Walpole. (Note.)	397
Lettre 233. — De Mme du Deffand à la duchesse de Choiseul. 12 avril 1771. — Lit de justice à Versailles. — Il semble qu'on ne pense plus tant aux Choiseul. — *Post-scriptum* de l'abbé Barthélemy.	399
Lettre 234. — De la même à la même. 15 avril 1771. — L'abbé repart pour Chanteloup. — Les Beauvau craignent d'être exilés. — Elle fait taire le prince d'Hénin (Note.)	401
Lettre 235. — De la même à la même. 22 avril 1771. — Tout est dans un taudis où on ne débrouille rien. — Encore l'entorse de la maréchale de Mirepoix. — Elle attend M. Walpole et s'excuse de ne pas partir pour Chanteloup	403
Lettre 236. — De l'abbé Barthélemy à Mme du Deffand. 24 avril 1771. — Nouvelles de Chanteloup et des santés.	406
Lettre 237. — De la duchesse de Choiseul à Mme du Deffand. 26 avril 1771. — Qu'il est pitoyable et lâche, ce Voltaire! — On lui prêtera le manuscrit qu'elle demande des Mémoires de Saint-Simon. — Leçon au prince d'Hénin. — Mme de Brionne à Chanteloup, douce et facile à vivre	407
Lettre 238. — De Mme du Deffand à la duchesse de Choiseul. 3 mai 1771. — Plaintes du silence de l'abbé. — Activité du chancelier Maupeou. — M. Delaborde a obtenu la permission d'aller à Chanteloup. — La princesse de Beauvau accusée d'avoir contribué à l'exil des Choiseul	410
Lettre 239. — De la duchesse de Choiseul à Mme du Deffand. Chanteloup, 5 mai 1771. — On l'attend avec impatience à Chanteloup.	414
Lettre 240. — De la même à la même. 8 mai 1771. — Envoi d'une lettre charmante du chevalier de Boufflers. — Éloge du marquis son frère aîné.	415
Lettre 241. — Du chevalier de Boufflers à la duchesse de Choiseul. Presbourg, 21 avril 1771. (Incluse dans la précédente.) — Nouvelles de Pologne. (Note.) — On parle de guerre le matin et de paix le soir. — Estime de l'impératrice pour le duc de Choiseul.	416
Lettre 242. — De Mme du Deffand à la duchesse de Choiseul. 9 mai 1771. — A fait demander sa permission pour le comte de Noailles. (Note.) — Paris est un séjour abominable. — Bruits politiques. — Fêtes du mariage du Dauphin. — Apanage du comte de Provence. — Envoi d'une lettre de Voltaire.	419
Lettre 243. — De la duchesse de Choiseul à Mme du Deffand. Chanteloup,	

12 mai 1771. — Tâchera de lui envoyer les Mémoires de Saint-Simon. — Le chancelier coupe la tête à notre constitution. — Réflexions politiques d'une singulière hardiesse. (Note.) 423

Lettre 244. — De Mme du Deffand à la duchesse de Choiseul. 16 mai 1771. — La maréchale de Mirepoix, sous le nom de la fée Urgèle, soupe à Ruel. — La permission refusée à M. de Chabannes. — Le duc d'Aiguillon aura les affaires étrangères. — Changements dans sa manière de vivre. — Mme de La Vallière administrée. 425

Lettre 245. — De la duchesse de Choiseul à Mme du Deffand. Chanteloup, 21 mai 1771. — Encouragements à venir le plus tôt possible. — Mme de Boufflers ne lâchera pas son esclave (le prince de Beauffremont). — Pitoyable lettre de Voltaire. 430

Lettre 246. — De Mme du Deffand à la duchesse de Choiseul. Mai 1771. — Permission refusée à M. d'Affry. — Mme de Lauzun admirée au bal paré. — La duchesse de Mirepoix retourne à la cour. — Colère de Mme du Barry contre le roi. 433

Lettre 247. — De la duchesse de Choiseul à Mme du Deffand. Chanteloup, 2 juin 1771. — La fée Urgèle. — Manière dont on la reçoit à la cour. — Lettres de Voltaire et réponses qu'on lui fait faire. 436

Lettre 248. — De l'abbé Barthélemy à Mme du Deffand. 2 juin 1771. — Changements dans le genre de vie adopté. — Chasses à courre. — Cerfs-volants. — Bienveillance de la duchesse de Grammont. — Discours de l'abbé Arnaud. (Note.) — M. de l'Isle. 438

Lettre 249. — De la duchesse de Choiseul à Mme du Deffand. Chanteloup, 23 juin 1771. — Ne peut envoyer les Mémoires de Saint-Simon. (Note.) — Prière à Voltaire de traiter M. de Choiseul comme Dieu, dont il ne faut parler ni en bien ni en mal. 442

FIN DE LA TABLE DU TOME PREMIER.

PARIS. — J. CLAYE, IMPRIMEUR, RUE SAINT-BENOIT, 7.

www.ingramcontent.com/pod-product-compliance
Lightning Source LLC
Chambersburg PA
CBHW070358230426
43665CB00012B/1173